LA LÉGISLATION

DE

L'INSTRUCTION PRIMAIRE

EN FRANCE.

LA LÉGISLATION

DE

L'INSTRUCTION PRIMAIRE

EN FRANCE

DEPUIS 1789 JUSQU'A NOS JOURS.

RECUEIL

DES

Lois, Décrets, Ordonnances, Arrêtés, Règlements, Décisions, Avis, Projets de lois,

SUIVI D'UNE TABLE ANALYTIQUE ET PRÉCÉDÉ D'UNE INTRODUCTION HISTORIQUE

PAR

M. GRÉARD

Inspecteur général de l'Instruction publique, Directeur de l'Enseignement primaire de la Seine.

TOME II.

De 1848 à 1874.

PARIS,

CHARLES DE MOURGUES FRÈRES,

IMPRIMEURS DE LA PRÉFECTURE DU DÉPARTEMENT DE LA SEINE,

Rue Jean-Jacques-Rousseau, 58.

—

1874.

LOIS, DÉCRETS, ORDONNANCES

ARRÊTÉS, RÈGLEMENTS, DÉCISIONS, AVIS

PROJETS DE LOIS

RELATIFS A L'INSTRUCTION PRIMAIRE

Depuis 1789 jusqu'à nos jours (1).

TOME II.

DE 1848 A 1873.

Avis relatif à la présentation des candidats par le comité d'arrondissement.

3 *mars* 1848.

Le Conseil,

Ouï le rapport duquel il résulte que par suite de la démission de l'instituteur public de la commune de Senones (Vosges), le conseil municipal de cette commune, la nomination du comité

(1) Pour permettre de distinguer plus aisément les lois votées et les règlements édictés des lois et des règlements restés en projet, un caractère différent a été adopté : les projets sont imprimés en petit texte.

supérieur de Saint-Dié, le jeune Parmentier élève sortant de l'École Normale, qui a obtenu à la session du mois d'août dernier un brevet de capacité du degré supérieur ; que le comité d'arrondissement, tout en reconnaissant l'aptitude du sieur Parmentier aux fonctions pour lesquelles il était présenté, a refusé de le nommer par le motif qu'il est trop jeune ;

Estime qu'il conviendrait, dans le silence de la loi et pour faire cesser un conflit préjudiciable à l'instruction publique, d'inviter au préalable le comité local et le conseil municipal de Senones à présenter un autre candidat, sauf, en cas de refus, à charger le comité supérieur d'en désigner un d'office, ou sinon par le Ministre à faire une nomination provisoire.

Avis relatif à la reconnaissance légale d'une congrégation.

10 *mars* 1848.

Le Conseil,

Vu deux avis du conseil d'État en date des 4 août 1837 et 29 octobre de la même année, relatif le premier à un projet d'ordonnance tendant à autoriser la supérieure de la congrégation de Saint-Charles, établie à Lyon, à accepter le legs qui a été fait à cette congrégation par la demoiselle Marguerite de Lahorie, les deux avis du conseil d'État ayant pour objet de supprimer l'intervention du recteur dans l'acceptation des legs, en s'appuyant sur la jurisprudence du conseil royal de l'instruction publique, consacrée par sa délibération en date du 2 avril 1839, qui a reconnu aux frères des écoles chrétiennes le droit d'accepter par eux-mêmes des legs et donations ;

Sur la question de savoir si cette jurisprudence, qui ne stipule que pour les frères et qui a été confirmée par l'avis du conseil de l'Université du 17 décembre 1847, est applicable aux deux espèces actuelles ;

Attendu, en ce qui touche le legs fait à la congrégation de Saint-Charles de Lyon, qu'il est convenable de renfermer l'avis du conseil dans les limites de la jurisprudence indiquée dans la délibération du 2 avril 1839 ; que d'après les principes posés en cet avis, il n'y a pas lieu à l'intervention des recteurs dans l'acceptation des libéralités faites en faveur d'établissements d'instruction primaire dirigés par les frères des écoles chrétiennes, régulièrement autorisés ; qu'il y a lieu, en conséquence et par application des mêmes principes, quant aux legs faits à la congrégation des sœurs de Saint-Charles, à se conformer aux règles posées dans l'ordonnance d'autorisation qui n'exige pas l'intervention de l'Université dans l'acceptation des legs faits à la congrégation dont il s'agit ;

En ce qui touche le legs fait aux deux salles d'asile de Dijon, attendu que leur organisation comme leur destination communale, et que la surveillance au point de vue des mœurs et de l'instruction appartient à l'Université, que la propriété des legs faits à une salle d'asile ne saurait être dévolue à l'administration universitaire, laquelle par conséquent n'a aucune qualité pour intervenir dans l'acceptation des donations et legs de cette espèce ;

Est d'avis, sur le premier point :

Qu'il n'y a pas lieu de faire intervenir M. le recteur de l'Académie de Lyon dans l'acceptation du legs fait à la congrégation des sœurs de Saint-Charles établie à Lyon.

Sur le second point :

Qu'il n'y a pas lieu non plus à intervention du recteur dans l'acceptation du legs fait aux deux salles d'asile de Dijon par M. Fauneau de Lahorie ;

Faisant toutefois réserve, sur l'un et l'autre point, comme sur toute autre demande du même genre, de l'avis préalable du conseil de l'Université.

Règlement relatif aux examens des aspirantes au brevet de capacité.

21 *mars* 1848.

Nous Ministre provisoire au département de l'instruction publique et des cultes,

Vu l'ordonnance du 31 octobre 1841;

Vu le règlement du 7 mars 1837 sur les institutions et les pensions de demoiselles du département de la Seine;

Vu les lettres de M. le préfet de ce département, en date des 18 juillet, 25 août et 23 décembre 1847;

Avons arrêté et arrêtons ce qui suit :

Art. 1. — Les examens des aspirantes aux diplômes de Maîtresses d'études, de pension et d'institution de demoiselles dans le département de la Seine, seront, à l'avenir, l'objet de quatre sessions annuelles fixées aux époques suivantes :

La première, le 3 janvier;

La deuxième, le 1er avril;

La troisième, le 1er juillet;

La quatrième, le 15 octobre.

Les examens de chaque session se continueront sans interruption jusqu'à ce que toutes les aspirantes inscrites pour les trois diplômes aient été successivement appelées devant le jury.

Art. 2. — L'inscription des aspirantes aura lieu directement à la préfecture de la Seine, quinze jours avant chaque session, et la liste sera définitivement close avant l'ouverture de l'examen.

Il devra être justifié par chaque aspirante au moment de l'inscription :

1° D'un extrait de son acte de naissance;

2° D'un extrait de l'acte de célébration de son mariage, si elle est mariée;

3° D'un extrait de l'acte de décès de son mari, si elle est veuve;

4° D'un certificat délivré, sur l'attestation de trois témoins, par le maire du lieu ou de chacun des lieux où elle aura résidé pendant les trois dernières années; ledit certificat constatant que, par sa conduite et par ses qualités morales, elle est apte à se livrer à l'enseignement.

Art. 3. — La durée des épreuves à subir par chaque aspirante est fixée ainsi qu'il suit:

Dictée et composition, une heure;

Pour le premier examen, un quart d'heure pour chacune des facultés;

Pour le deuxième examen, vingt minutes pour chacune des facultés;

Pour le troisième examen, vingt-cinq minutes pour chacune des facultés.

Art. 4. — Les aspirantes, parvenues à l'âge de vingt ans, pourront passer dans la même session les deux examens conférant les deux diplômes de maîtresse d'études et de maîtresse de pension.

Les personnes âgées de vingt-cinq ans pourront passer également dans la même session les trois examens conférant les diplômes de maîtresse d'études, de maîtresse de pension et de maîtresse d'institution.

Cette disposition ne déroge en rien à celles du règlement du 7 mars 1837, relativement à l'âge fixé pour l'exercice.

Art. 5. — Le jury, présidé par un des membres du conseil municipal, se compose de deux vice-présidents, membres de l'Université, et de huit examinateurs.

La présence des cinq personnes ci-dessus désignées sera indispensable pour la validité des examens.

Il sera, en outre, adjoint au jury six dames assistantes qui siégeront à tour de rôle, mais qui ne participeront ni aux examens ni aux délibérations de la commission.

Les dames assistantes seront chargées de tenir le registre sur lequel sera porté le résultat des examens d'après les procès-verbaux rédigés et signés par le président.

Art. 6. — Les dispositions qui précèdent recevront leur exécution à compter du 1er avril prochain.

Dispositions transitoires.

Art. 7. — Il sera préparé, pour chacune des parties de l'enseignement, des programmes contenant un certain nombre de questions qui seront tirées au sort par les aspirantes.

Cette dernière mesure ne sera mise en vigueur que lorsque lesdits programmes auront été approuvés par l'autorité supérieure.

Art. 8. — Les dispositions des règlements antérieurs auxquelles il n'est pas dérogé, continueront à avoir leur plein et entier effet.

Avis relatif à l'autorisation d'annexer un pensionnat à une école gratuite.

7 *avril* 1848.

Le Conseil,

Vu la demande de Mme Peysselon, sœur de la congrégation de Saint-Charles, à l'effet d'obtenir l'autorisation d'annexer un pensionnat primaire à l'école particulière de jeunes filles qu'elle tient à Saint-Dizier-d'Azergues (Rhône);

Après avoir pris connaissance des statuts des sœurs hospitalières de Saint-Charles de Lyon, autorisées par décret impérial du 22 octobre 1810;

Considérant qu'aux termes de ces statuts, les sœurs de

Saint-Charles sont tenues expressément de donner l'instruction gratuite, et cela sans distinction ni réserve possibles;

Est d'avis qu'il n'y a pas lieu d'accorder à Mme Peysselon l'autorisation qu'elle sollicite (1).

---

(1) Un conseiller usant de la faculté accordée à tout membre du conseil, par l'article 84 du décret du 17 mars 1808, saisit cette occasion d'exprimer sa conviction intime, que tenir une école d'externes où les enfants pauvres sont instruits gratuitement, et tenir, avec autorisation spéciale, un pensionnat où les enfants aisés sont élevés et instruits aux frais de leurs parents, sont deux services publics également importants pour le bonheur des familles et pour le repos de la société; que ces deux services sont parfaitement compatibles dans l'instruction primaire comme dans l'instruction secondaire ; que cette compatibilité est surtout évidente et incontestable lorsque l'établissement où se trouvent l'école et le pensionnat est sous la direction d'une association religieuse et charitable, telles que celles qui ont été autorisées, soit par les lettres patentes de septembre 1724 et par le décret du 17 mars 1808, soit par les ordonnances du 29 février 1816, du 23 juin 1820 et autres semblables, puisque, grâce au régime de ces associations, il y a toute facilité pour assurer constamment les deux services, sans que l'un souffre de l'attention, du temps, et des soins donnés à l'autre.

Une puissante raison motive encore et justifie, ce semble, cette opinion du soussigné. Il lui est démontré par maints exemples, que très-souvent, la tenue d'un pensionnat accessible aux familles riches a été pour les associations et communautés le moyen de procurer aux enfants des familles pauvres le bienfait d'une instruction gratuite. Sans les légitimes bénéfices qui résultaient du pensionnat, elles auraient été dans l'impossibilité de faire cette bonne œuvre.

En vain objecte-t-on à ces simples raisonnements que, aux termes de leurs statuts, certaines communautés sont obligées de donner l'instruction *gratuitement*, sans distinction de riches et de pauvres; d'où l'on conclut qu'elles doivent donner l'instruction *gratuite*, même aux enfants des familles riches, et qu'ainsi elles ne peuvent être autorisées à tenir des pensionnats où l'instruction est payée. La réponse est facile. Et d'abord n'y a-t-il pas quelque chose de singulier à prétendre, nous laïques, nous hommes du monde, interpréter les statuts d'une communauté religieuse mieux que la communauté elle-même, quand il s'agit d'une obligation qui intéresse la conscience ? La communauté qui croit que ses statuts lui permettent de tenir en conscience et une école d'externes pour les pauvres et un pensionnat pour les riches, n'a-t-elle pas pour elle cette maxime générale que tout ce qui n'est pas défendu est permis? N'est-il pas manifeste que l'obligation d'instruire gratuitement a pour objet unique de donner l'instruction à ceux qui sont hors d'état de la payer? N'est-ce pas le vœu de la raison, de l'humanité, de la justice? N'est-ce pas le cri du bon

Avis relatif à l'autorisation d'annexer un pensionnat à une école gratuite.

7 *avril* 1848.

Le Conseil,

Vu la demande de Mme Faure, sœur de la congrégation de Saint-Charles, institutrice à Saint-Etienne (Loire), à l'effet d'obtenir l'autorisation d'annexer un pensionnat primaire à son école ;

Attendu qu'aux termes de leurs statuts, autorisés par décret impérial du 22 octobre 1810, les sœurs hospitalières de Saint-Charles, de Lyon, sont tenues de donner l'instruction gratuitement, et cela sans distinction ni réserve possibles;

Est d'avis qu'il n'y a pas lieu d'accorder à Mme Faure l'autorisation qu'elle sollicite.

---

sens? Ne faudrait-il pas une disposition bien expresse, bien supérieure, pour imposer la gratuité de l'enseignement aux familles riches qui, sans cela, auraient honte d'accepter cette aumône aux dépens ou de l'État, ou de la commune, ou de l'association charitable? On insiste, et l'on dit qu'il est des statuts dans lesquels on a soin d'exprimer si l'on donnerait l'instruction gratuitement aux pauvres et, dans ce cas, on veut bien permettre à ces communautés de tenir des pensionnats. Mais, selon le soussigné, se décider par une semblable argumentation, c'est attacher aux statuts une interprétation par trop judaïque et beaucoup trop peu libérale. C'est forcer la valeur d'une expression surabondante. C'est, en cas d'abandon de cette expression superflue, sacrifier à une vaine forme les intérêts les plus respectables.

Le soussigné est d'avis, en conséquence, qu'il y avait lieu d'accorder l'autorisation de tenir un pensionnat primaire aux sœurs de la congrégation de Saint-Charles qui demandaient cette autorisation comme institutrices, l'une à Saint-Etienne (Loire), l'autre à Saint-Dizier-d'Azergues (Rhône).

Arrêté portant création d'une École maternelle Normale des salles d'asile, à Paris.

28 *avril* 1848.

Le Ministre,

Arrête :

Art. 1. — Les salles d'asile, improprement qualifiées établissements charitables par l'ordonnance du 22 décembre 1837, sont des établissements d'instruction publique. Ces établissements porteront désormais le nom d'*écoles maternelles*.

Art. 2. — Il est institué près l'Académie de Paris une école maternelle normale, pour l'instruction des fonctionnaires des écoles maternelles, en remplacement de la maison provisoire établie à Paris, rue Neuve-Saint-Paul.

Art. 3. — Cette école recevra des élèves âgées de vingt ans au moins, et de quarante ans au plus.

Art. 4. — Il s'y fera tous les ans des cours d'études, chacun de quatre mois, y compris les examens.

Art. 5. — Ces études auront pour objet de compléter l'instruction élémentaire des élèves, et principalement de leur apprendre à diriger les écoles maternelles dans l'esprit de la république.

Art. 6. — Dans ce but, une école maternelle sera annexée à l'École Normale, et les élèves seront admises à s'y exercer sous la surveillance de la directrice. Les élèves compléteront leur éducation en assistant aux exercices de l'école maternelle modèle de Paris.

Art. 7. — Les fonctionnaires de l'école maternelle normale seront :

1° Une directrice des études, chargée spécialement des exercices relatifs à la direction des écoles maternelles ;

2° Une maîtresse d'instruction scolaire;
3° Une maîtresse de musique;
4° Une maîtresse de dessin;
5° Une économe.

Art. 8. — Il sera admis à l'école maternelle normale des pensionnaires, suivant les conditions qui seront ultérieurement déterminées.

Art. 9. — Un programme spécial déterminera le règlement de l'école.

Avis relatif à l'acceptation d'un legs.

12 *mai* 1848.

Le Conseil,

Vu le testament olographe en date du 6 décembre et le codicille également olographe en date du 20 mars, par lesquels la duchesse Bossinet, veuve du sieur Laboureys-Château-Favier, a institué pour son légataire universel le frère Philippe, supérieur général de l'institut des Frères des Écoles chrétiennes, à la charge d'acquitter divers legs indiqués auxdits testament et codicille;

Ces legs particuliers représentant dans leur ensemble une valeur de 14,800 fr., et la fortune totale de Mme veuve Laboureys-Château-Favier, en biens meubles et immeubles, s'élevant, au moment de son décès, à 38,100 fr., il en résulte que le montant du legs universel est d'environ 23,300 fr.;

Vu toutes les pièces à l'appui;

Vu une première délibération du conseil exprimant le désir que des renseignements soient demandés au supérieur général de l'institut des Frères des Écoles chrétiennes sur deux points : 1° sur la destination qui serait donnée par les frères à la somme provenant dudit legs; 2° sur l'affectation qu'aurait reçue une donation faite aux frères en 1823 par les époux Laboureys-Château-Favier, donation montant à 40,000 fr. environ;

Vu une lettre en date du 14 février de M. le supérieur général de l'institut des Frères des Écoles chrétiennes, en réponse aux éclaircissements qui lui ont été demandés;

Estime que les renseignements fournis n'étant point satisfaisants, et que les doutes élevés au sujet des dispositions faites par Mme veuve Laboureys-Château-Favier n'étant point complétement éclaircis, il n'y a pas lieu de donner un avis favorable à l'acceptation du legs (1).

---

(1) Un conseiller, usant de la faculté donnée à tout membre du Conseil par l'article 84 du décret du 17 mars 1808, expose ainsi qu'il suit son opinion personnelle relativement au legs fait par Mme Laboureys-Château-Favier, en faveur de l'école primaire existante à Aubusson, sous la direction des frères de la Salle.

Cette école primaire a été fondée, il y a 15 ans, au moyen de deux donations provenant de la libéralité de M. et Mme Château-Favier qui avaient perdu leur enfant et cherchaient dans la bienfaisance une noble consolation. 20,000 francs donnés en 1819 à la ville d'Aubusson, ont été employés à l'acquisition de la maison où devait être établie l'école chrétienne; les autres 20,000 francs, donnés aussi à la ville d'Aubusson en 1823, ont été placés sur l'État et ont produit une rente de 1,590 francs.

Mais ce revenu, auquel la ville ajoute, chaque année, une subvention de 600 francs, ne suffit pas à couvrir les dépenses de l'établissement, lesquelles s'élèvent à 3,200 francs; il en résulte un déficit annuel de 1,010 francs.

Mme de Château-Favier, veuve et sans enfants depuis 1821, avait à cœur de compléter le bienfait d'une école primaire gratuite, tenue par l'institut des frères dans la ville où elle et son mari avaient constamment vécu; elle était maîtresse absolue de ses biens; elle résolut de mettre, en effet, à cette bonne œuvre le sceau de ses dernières volontés.

Sa fortune ne se composait plus que d'un capital de 38,100 francs. Par un testament, le 6 décembre 1838, et un codicille du 17 mars 1845, elle fit plusieurs legs particuliers montant à 15,800 francs, et il n'est pas inutile de remarquer qu'au nombre de ses légataires étaient, pour une somme de 8,000 francs, deux enfants d'une dame Raidot, sa cousine-germaine du côté paternel.

Quant au surplus, qui était de 22,300 francs, Mme de Château-Favier institue pour son légataire universel le frère Philippe, supérieur général des frères des

Avis relatif à l'autorisation d'annexer un pensionnat à une école gratuite.

19 *mai* 1848.

Le Conseil,

Vu la délibération du conseil, en date du 8 février

écoles chrétiennes, « à la charge par ledit supérieur général de fournir trois frères pour diriger l'école fondée par feu mon mari et moi. » Ce sont les termes exprès du testament.

La testatrice est décédée à Aubusson, le 5 novembre 1846, avec la juste confiance que tout seconderait ses louables et généreuses intentions.

Dès le 10 décembre, le frère Philippe a envoyé au Ministre de l'instruction publique son acceptation provisoire du legs, et depuis (lettre du 14 février 1848) il a expressément déclaré que le produit total de la succession de Mme Château-Favier serait placé sur l'État et la rente employée à combler le déficit annuel qu'éprouve son école primaire d'Aubusson.

Le 20 mai 1847, le recteur de l'Académie de Limoges a émis un avis favorable, en ajoutant qu'il ne prévoyait aucune réclamation fondée en droit.

Le 16 mai suivant, le conseil municipal d'Aubusson, considérant que la commune pouvait avoir intérêt à l'acceptation de ce legs, a été également d'avis qu'il fût accepté.

Le 24 juillet, le sous-préfet a exprimé un avis semblable, dont il a développé les motifs en ces termes : « Le legs est d'un intérêt majeur pour la ville d'Aubusson; il est reconnu que cette libéralité n'a été l'effet d'aucune suggestion; que les héritiers de la testatrice ne sont que des collatéraux et se trouvent dans une honnête position de fortune. »

Le 10 août, pareille déclaration de M. l'évêque de Limoges sur la convenance de l'acceptation : il estime qu'il sera très-avantageux pour la ville d'Aubusson, sous le rapport spirituel comme sous le rapport moral, d'avoir un établissement de frères des écoles chrétiennes assuré par la succession de Mme veuve Laboureys.

Le 20 du même mois, le préfet de la Creuse ayant l'intime conviction que la donation testamentaire serait respectée par tous (lettre au Ministre de l'instruction publique) et adoptant les considérations qui ont motivé l'avis du sous-préfet, a pensé aussi qu'il y avait lieu d'autoriser l'acceptation du legs; il a énoncé la même opinion dans une seconde lettre du 15 décembre.

Enfin les 8 et 10 septembre, le sous-préfet de Saint-Malo, où demeure une héritière collatérale de Mme Château-Favier, a informé M. le préfet d'Ille-et-

dernier, portant qu'il y a lieu d'accorder l'autorisation

Vilaine que cette dame, Mme Jonanjan, veuve d'un ancien notaire, *tient dans la société un rang honorable et jouit de quelque aisance*, grâce à la simplicité de ses habitudes.

Tout semble donc se réunir pour réaliser les bienfaisantes dispositions de Mme Château-Favier en faveur des pauvres enfants d'Aubusson.

Un seul obstacle a retardé jusqu'ici l'exécution de son testament. Cette même héritière collatérale qui, suivant les expressions du sous-préfet de Saint-Malo, *paraît être dans une position aisée*, Mme Jonanjan a réclamé contre le testament de sa cousine germaine, dans son propre intérêt et dans celui de ses quatre enfants.

On se contentera de faire observer que des quatre enfants deux sont l'un *richement marié, l'autre célibataire* et capitaine dans un régiment; deux autres, qui sont deux filles non mariées, vivent avec leur mère laquelle, on le répète, tient dans *la société un rang honorable et jouit de quelque aisance*. Il est remarqué, en outre, que Mme Jonanjan, seule réclamante, n'est pas seule héritière, et son frère, M. Cer, employé à Paris, n'a élevé aucune réclamation.

On a dit que Mme Château-Favier avait reçu, par son contrat de mariage, en 1774, une somme de 50,000 francs qui devait, un jour, revenir à la ligne maternelle; cette objection tombe évidemment devant l'article 732 du Code civil.

On a osé parler de *suggestion, d'affaiblissement des facultés d'une vieille femme*, pour expliquer un legs destiné à compléter, en 1846, une bonne œuvre commencée dès 1823; mais les rapports des autorités civiles repoussent toute idée de suggestion, et certes la persévérance de la testatrice dans ses intentions charitables est une preuve de haute intelligence, de forte et ferme volonté.

Que faut-il donc voir ici ?

D'un côté, une héritière collatérale mécontente d'avoir été passée sous silence dans le testament d'une parente éloignée; mais, après tout, jouissant d'une certaine aisance et vivant honorablement avec ses enfants.

D'autre côté, une ville industrielle, manufacturière, peuplée de près de 6,000 âmes, et, au moyen de la nouvelle libéralité que lui fait une dame veuve, sans enfants, assurée de posséder à toujours une école entièrement gratuite, où, sous les auspices de la religion chrétienne et sous la surveillance des autorités universitaires et municipales, d'habiles instituteurs distribueront aux enfants pauvres l'immense bienfait de l'instruction primaire.

Par respect pour les dernières volontés de la bienfaitrice, dans l'intérêt plus pressant et plus sacré que jamais de l'instruction des classes ouvrières, le soussigné demande que l'autorisation d'accepter le legs de Mme Château-Favier, en faveur de l'école primaire d'Aubusson, soit accordée au supérieur général des frères des écoles chrétiennes.

de recevoir des pensionnaires à deux sœurs de la congrégation de Saint-Joseph, la dame Porte, sœur Saint-Michel, institutrice à Montaud (Loire), et la dame Testenoire-Desfuts, sœur Augustine, institutrice à Saint-Étienne (Loire);

Vu de nouveau les pièces de ces deux affaires, notamment de la congrégation de Saint-Joseph, aux termes desquelles les membres de la congrégation doivent enseigner gratuitement;

Ayant déclaré dans la séance du 28 avril dernier, relativement à un avis du conseil d'État tendant à refuser l'autorisation de tenir pensionnat à tout membre d'une congrégation obligée par ses statuts de donner l'instruction gratuite, que cet avis était conforme à la jurisprudence du conseil et devait servir de règle dans toutes les affaires de ce genre;

Estime qu'il y a lieu de rectifier, conformément à cette déclaration, l'erreur contenue dans la délibération précitée du 8 février, et de refuser, en conséquence, l'autorisation de recevoir des pensionnaires aux dames membres de la congrégation de Saint-Joseph qui sont dénommées dans ladite délibération (1).

---

(1) Un conseiller usant du droit que donne à tout membre du conseil l'article 84 du décret du 17 mars 1808, expose ainsi qu'il suit les motifs de son opinion personnelle, différente de l'avis adopté par le conseil relativement aux demandes en autorisation de recevoir des pensionnaires, formées par les sœurs de la congrégation de Saint-Joseph et par les sœurs de l'instruction chrétienne.

Il reconnaît que d'après la législation existante, aucun pensionnat, même primaire, ne peut être régulièrement établi sans avoir obtenu du conseil une autorisation formelle; autorisation que le conseil est maître d'accorder ou de refuser, soit à des individus, soit à des membres de congrégation religieuse ou d'association charitable.

Mais plus que jamais il persiste à penser que l'obligation d'*enseigner gratuitement*, insérée dans les statuts d'une association quelconque, ne saurait être une raison suffisante pour refuser l'autorisation de tenir un pensionnat; qu'évidemment, et par la nature des choses et par les plus simples et les plus clairs raisonnements, le bienfait de l'instruction gratuite ne doit s'entendre que de l'instruction donnée aux enfants pauvres dans des classes d'externes, et n'a aucun rapport avec l'instruction et l'éducation que des enfants appartenant aux familles en état d'en payer les frais, reçoivent dans des pensionnats, plus

Avis relatif à l'acceptation d'une donation faite à une fabrique.

19 *mai* 1848.

Le Conseil,

Vu l'acte publié en date du 17 juin 1847, par lequel le sieur Bressaud a fait donation à la fabrique de l'église succursale de Chargey-les-Ports (Haute-Saône) d'une rente de 122 fr. sur l'État, à la charge, entre autres conditions, de payer annuellement :

1° 25 fr. à l'instituteur de la commune pour l'écolage des enfants pauvres;

2° 25 fr. à l'institutrice de la même localité pour l'écolage des filles pauvres ;

3° A chacun des deux élèves de la commune (garçons et

---

ou moins dispendieux ; qu'ainsi l'ont toujours compris toutes les associations et congrégations vouées à l'instruction de la jeunesse et capables apparemment de connaître le sens et la portée des statuts qui les régissent ; qu'ainsi l'ont entendu les autorités locales qui apprécient tout le bien résultant de ces établissements pour les villes où ils sont en possession de la confiance publique, et ne manquent pas d'appuyer de leurs témoignages et de leurs vœux les demandes présentées par les sœurs, comme cela est arrivé pour les sœurs de l'Instruction chrétienne et de Saint-Joseph ; vœux et témoignages d'autant plus frappants que les comités et les autres autorités universitaires ont partagé les sentiments et les désirs des autorités civiles.

Le soussigné, à l'appui des observations précédentes sur un point si important pour la bonne éducation de la jeunesse, des femmes surtout, croit devoir faire remarquer que, plusieurs fois déjà, il a été question de proclamer l'instruction publique généralement *gratuite et à tous les degrés.* Mais dans ce système on ne sera pas tenté sans doute de conclure que désormais tout pensionnat primaire ou secondaire devrait être déclaré illégal et impossible.

Le soussigné est d'avis, par toutes ces déclarations, qu'il y a lieu d'accorder aux sœurs de Saint-Joseph et de l'Instruction chrétienne l'autorisation de recevoir des pensionnaires.

filles) une somme de 10 fr. pour être distribuée en prix d'encouragement;

Vu le certificat de vie du donateur ;

Vu l'avis favorable du conseil municipal de Chargey-les-Ports, en date du 21 septembre dernier ;

Vu l'ordonnance du 2 avril 1817, relative aux legs ;

Vu l'avis de M. le préfet du département de la Haute-Saône, en date du 29 mai 1846 ;

Vu l'avis de M. le recteur de l'Académie de Besançon, en date du 14 avril 1848 ;

Est d'avis qu'il y a lieu d'autoriser l'acceptation de la donation faite par le sieur Bressaud à la fabrique de l'église succursale de Chargey-les-Ports.

Arrêté qui fait rentrer l'instruction publique en Algérie dans les attributions du Ministère de l'instruction publique.

30 *mai* 1848.

Au nom du peuple français,

La commission du pouvoir exécutif,

Sur la proposition du Ministre de la guerre;

Arrête :

....

L'instruction publique, en Algérie, rentre dans les attributions du Ministère de l'instruction publique.

Les Ministres de l'instruction publique et de la guerre sont chargés, chacun en ce qui le concerne, de l'exécution de la présente ordonnance.

Projet de loi sur l'enseignement primaire.

1 *juin* 1848.

Au nom du peuple français,

Le président du conseil des Ministres, chargé du pouvoir exécutif,

Arrête :

Le Ministre de l'instruction publique et des cultes est autorisé à présenter à l'Assemblée nationale le projet de décret dont la teneur suit, à en exposer les motifs et à en soutenir la discussion.

TITRE Ier.

DISPOSITIONS GÉNÉRALES.

ART. 1. — L'enseignement primaire comprend :

1° La lecture, l'écriture, les éléments de la langue française, les éléments du calcul, le système métrique, la mesure des grandeurs, des notions élémentaires sur les phénomènes de la nature et les faits principaux de l'agriculture et de l'industrie ; le dessin linéaire, le chant, des notions élémentaires sur l'histoire et la géographie de la France ;

2° La connaissance des devoirs et des droits de l'homme et du citoyen ; le développement des sentiments de liberté, d'égalité, de fraternité ;

3° Les préceptes élémentaires de l'hygiène, et les exercices utiles au développement physique.

L'enseignement religieux est donné par les ministres des différents cultes.

ART. 2. — L'enseignement primaire est obligatoire pour les enfants des deux sexes.

ART. 3. — Il est donné dans les écoles publiques, dans les écoles privées et dans l'intérieur des familles.

ART. 4. — Les écoles primaires publiques sont celles où l'enseignement est donné par l'État.

ART. 5. — Les écoles privées sont celles qui sont établies librement par les particuliers.

ART. 6. — Dans les écoles publiques, l'enseignement est gratuit.

TITRE II.

DE LA CONDITION DES INSTITUTEURS ET INSTITUTRICES.

Art. 7. — Dans toute école publique, l'instituteur est nommé par le Ministre de l'instruction publique, sur la présentation du conseil municipal.

Le conseil municipal choisit le candidat qu'il présente sur une liste de trois candidats désignés par le comité central.

Si les formalités ci-dessus n'ont pas été accomplies dans le délai d'un mois, le Ministre nomme d'office sur l'avis du recteur.

Art. 8. — Nul ne peut être nommé instituteur, s'il n'est âgé de dix-neuf ans accomplis, et pourvu d'un certificat d'aptitude.

Art. 9. — Il y a quatre classes d'instituteurs.

La promotion d'une classe à l'autre peut avoir lieu sans que l'instituteur change d'école. Elle est arrêtée par le Ministre, en considération du mérite et de l'ancienneté, sur le rapport du recteur.

Dans chaque département, sur cent instituteurs :

10	sont de	1re	classe.
20	—	2e	—
30	—	3e	—
40	—	4e	—

Art. 10. — Le traitement de l'instituteur est payé par l'État.

Il est ainsi réglé :

4e classe.	600	francs.
3e classe.	800	—
2e classe.	1,000	—
1re classe.	1,200	—

Dans les communes au-dessus de 5,000 âmes, l'instituteur reçoit, en outre, une indemnité basée sur le chiffre de la population, dans les proportions ci-après :

De 5,000 à 10,000 âmes.	200	francs.
10,000 à 20,000 —	400	—
20,000 à 40,000 —	800	—
40,000 à 60,000 —	1,200	—
60,000 et au-dessus	1,800	—

Art. 11. — L'instituteur a droit à une pension de retraite, calculée sur le traitement, dans les mêmes conditions que les autres fonctionnaires de l'instruction publique.

Art. 12. — Tout citoyen nommé instituteur ou instituteur adjoint est dispensé du service militaire, s'il contracte l'engagement de se vouer à l'instruction primaire pendant dix ans.

Art. 12 *bis.* — Nul instituteur ne peut exercer d'autres fonctions sans l'autorisation du recteur.

Art. 13.— L'instituteur ne peut être suspendu ou révoqué que dans le cas et aux conditions indiquées ci-après.

Art. 14. — L'instituteur adjoint est nommé directement par le Ministre.

Il doit remplir les conditions d'âge et d'aptitude mentionnées dans l'article 8. Il a droit au traitement d'instituteur de 4e classe.

4e classe................	500 francs.
3e classe................	700 —
2e classe................	800 —
1re classe................	1,000 —

Art. 15. —L'indemnité allouée à l'institutrice, dans les communes au-dessus de 5,000 âmes, est égale aux deux tiers de celle qui est accordée à l'instituteur.

TITRE III.

DES ÉCOLES PRIMAIRES.

Chapitre Ier. — *Des écoles primaires publiques.*

Art. 16. — Il y a, dans toute commune, dont la population excède trois cents âmes, au moins une école primaire publique.

Toute école de plus de cent cinquante élèves peut être divisée, ou recevoir un ou plusieurs instituteurs adjoints ou institutrices adjointes.

Le Ministre en décide sur le rapport du comité central.

Art. 17. — Dans les communes où l'école de garçons n'est pas séparée de l'école de filles, les travaux spéciaux aux filles se font sous la direction d'une maîtresse désignée et révocable par le comité central. Il est alloué à cette maîtresse une indemnité annuelle de 100 francs.

Art. 18. — Les communes doivent fournir et entretenir, tant pour la tenue des écoles que pour le logement des instituteurs et institutrices, des locaux conformes aux règlements de salubrité arrêtés par l'autorité publique.

Un préau et un jardin sont joints à chaque école.

Art. 19. — Les communes, dont la population n'excède pas trois cents âmes, peuvent être autorisées par M. le Ministre de l'instruction publique, à se réunir à une ou plusieurs communes voisines pour entretenir une école.

En cas de contestation sur celle des communes où l'école doit être placée, le préfet décide sur l'avis du comité central.

Art. 20. — Le matériel des écoles, le chauffage, l'éclairage, les livres et les fournitures scolaires sont à la charge des communes, et mises au nombre de leurs dépenses obligatoires.

Chapitre II. — *Des écoles primaires privées.*

Art. 21. — Toute personne pourvue du certificat d'aptitude, qui veut diriger une école primaire privée, en fait la déclaration au recteur de l'Académie et au maire de la commune, qui accusent réception dans les huit jours. L'école ne peut être ouverte qu'un mois après la déclaration faite à la mairie.

Cette déclaration doit contenir les nom, prénoms, âge de la personne qui veut ouvrir l'école, l'indication des professions qu'elle a exercées depuis dix années et des localités qu'elle a habitées dans le même intervalle.

Elle demeure affichée pendant trois mois à la mairie de la commune.

Art. 22. — Aucune école privée ne peut réunir des enfants des deux sexes.

Art. 23. — Toute école privée qui aura été ouverte sans la déclaration préalable prescrite par l'article précédent, ou à la suite d'une déclaration fausse, sera immédiatement fermée et ne pourra être ouverte de nouveau sans l'autorisation expresse du recteur.

Il en sera de même de toute école privée dont l'entrée aura été refusée à un inspecteur de l'instruction publique, à un membre ou à un délégué des comités.

Toute école où les règlements de salubrité arrêtés par l'autorité publique ne seront pas observés pourra être fermée.

Art. 24. — Toute personne tenant une école privée, pourra être, sur la demande du recteur ou du comité central, traduite, pour cause d'inconduite ou d'immoralité, devant le tribunal civil de l'arrondissement et interdite de l'exercice de l'enseignement à temps ou à toujours.

L'appel devra être interjeté dans le délai de dix jours à compter de la notification du jugement : il ne sera pas suspensif.

Art. 25. — Nul ne peut tenir école, s'il a été condamné à des peines afflictives ou infamantes; s'il a été condamné pour vol, escroquerie, banqueroute, abus de confiance ou attentat aux mœurs, ou s'il a été privé par jugement de tout ou partie des droits civils, civiques ou de famille.

Nul ne peut, sans l'autorisation du Ministre, tenir école dans la commune où il a été révoqué comme instituteur d'une école publique.

TITRE IV.

DE L'OBLIGATION.

Art. 26. — Tout père dont l'enfant âgé de dix ans accomplis est signalé par la notoriété publique comme ne fréquentant aucune école et ne recevant pas l'instruction primaire, est tenu, sur l'avertissement du maire, de le présenter à la commission d'examen scolaire.

ART. 27. — Si l'enfant n'est pas présenté, ou s'il est constaté qu'il ne fréquente aucune école et ne reçoit aucune instruction, le père pourra être cité, à la requête de la commission d'examen, devant le juge de paix, et condamné à la réprimande. Le jugement sera affiché à la mairie pendant un mois.

ART. 28. — Si la commission d'examen constate, l'année suivante, qu'il n'a pas été tenu compte de la réprimande, le père sera cité devant le tribunal civil de l'arrondissement et pourra être condamné à une amende de 20 à 500 francs et à la suspension de ses droits électoraux, pendant un temps qui ne pourra être inférieur à un an ni excéder cinq ans.

La peine cessera de droit, lorsque la commission aura constaté que l'enfant a reçu l'instruction primaire.

ART. 29. — Les mêmes dispositions sont applicables aux tuteurs.

TITRE V.

DES AUTORITÉS PRÉPOSÉES A L'INSTRUCTION PRIMAIRE.

ART. 30. — La surveillance des écoles est exercée :

1° Par un comité communal ;

2° Par un comité central placé au chef-lieu d'arrondissement ;

3° Par un conseil de perfectionnement placé au chef-lieu du département ;

4° Par les inspecteurs de l'instruction primaire.

CHAPITRE Ier. — *Des comités de conseil et de perfectionnement.*

ART. 31. — Le comité communal est composé du maire de la commune où l'école est située, président de droit du comité, et de quatre membres au moins ou douze au plus. Le nombre des membres est déterminé par le préfet.

Ces membres sont élus moitié par le conseil municipal ou les conseils municipaux des communes réunies, moitié par le comité central.

L'instituteur ne peut faire partie du comité communal.

ART. 31 *bis*. — Le comité est renouvelé en même temps que le conseil municipal de la commune.

Il se réunit au moins une fois par mois.

Le comité s'adjoint, pour les affaires relatives à l'enseignement des filles, une ou plusieurs déléguées qui, pour ces affaires, assistent aux séances avec voix délibérative.

ART. 31 *ter*. — Le comité communal veille à la bonne tenue et à la salubrité des écoles publiques, et fait connaître au comité central leur état et leurs besoins.

Il surveille les écoles privées.

Il tient la liste des enfants de la commune en âge de recevoir l'instruction primaire.

Art. 32. — Le comité central est composé du préfet ou du sous-préfet, présidents de droit, et de dix membres nommés moitié par le conseil général du département, moitié par le Ministre de l'instruction publique.

Le comité est renouvelé en même temps que le conseil général.

Le comité nomme dans chaque canton au moins un délégué permanent et désigne un médecin chargé de la surveillance sanitaire des écoles du canton.

Il peut aussi, pour des missions spéciales, nommer des délégués ou déléguées. Tout délégué a droit d'assister aux séances avec voix délibérative pour les affaires concernant sa mission.

Art. 33. — Le comité central concourt à la nomination des instituteurs et institutrices, conformément à l'article 7.

Il prend part à leur jugement, selon le mode indiqué ci-après.

Il surveille les écoles de l'arrondissement et adresse, chaque année, un rapport sur les écoles au conseil de perfectionnement.

Art. 34. — Le conseil de perfectionnement est composé du préfet, président, de deux membres du conseil général désignés par ce conseil, de l'inspecteur supérieur délégué par le recteur, des inspecteurs d'arrondissement, du directeur de l'École Normale, d'un délégué de chaque comité central.

Le conseil de perfectionnement se réunit tous les ans sur la convocation du préfet.

Art. 35. — Le conseil de perfectionnement délibère sur les moyens de perfectionner l'enseignement primaire dans le département.

Il adresse chaque année, au Ministre et au conseil général du département, des rapports détaillés sur l'état des écoles de son ressort.

Chapitre II. — *Des inspecteurs de l'instruction primaire.*

Art. 36. — Il y a dans chaque arrondissement au moins un inspecteur primaire nommé par le Ministre.

Les inspecteurs primaires d'arrondissement sont de trois classes.

Sur 10 inspecteurs :

2 sont	de 1re	classe.
3 —	2e	—
5 —	3e	—

Leur traitement est ainsi réglé :

3e	classe 1,500	francs.
2e	— 1,800	—
1re	— 2,000	—

Il leur est accordé, dans les villes au-dessus de 40,000 âmes, une indemnité ainsi réglée :

40,000 à 60,000.....	500 francs.
60,000 et au-dessus...	1,000 —
Paris..............	1,500 —

Il leur est alloué, en outre, des frais de tournée. Ils ont droit à la retraite.

Les inspecteurs de 3e classe sont exclusivement choisis par le Ministre parmi les instituteurs de 1re classe; les divers fonctionnaires de l'instruction publique, ayant au moins cinq années de service; les citoyens ayant appartenu, pendant cinq ans au moins, à un comité central, comme membres ou comme délégués; les instituteurs privés ayant dix ans d'exercice.

Les inspecteurs des deux autres classes sont choisis parmi les inspecteurs de la classe immédiatement supérieure.

Art. 37. — Les inspecteurs d'arrondissement doivent visiter, deux fois par an au moins, toutes les écoles de leur ressort.

Ils ont droit d'assister à tous les comités, et ces comités peuvent être convoqués extraordinairement sur leur demande.

Art. 38. — Il y a dans chaque Académie au moins un inspecteur supérieur de l'instruction primaire.

Les inspecteurs supérieurs sont assimilés aux inspecteurs d'Académie.

Le Ministre les choisit exclusivement parmi les inspecteurs d'arrondissement et les directeurs d'École Normale.

Ils sont chargés de l'inspection supérieure de l'instruction primaire dans le ressort de l'Académie.

Art. 39. — Il y a, près le Ministre de l'instruction publique, quatre inspecteurs généraux de l'instruction primaire.

Ils sont assimilés aux inspecteurs généraux de l'instruction publique.

Ils sont choisis, moitié au moins, parmi les inspecteurs supérieurs de l'instruction primaire.

Chaque département sera visité tous les ans par un inspecteur général au moins.

Les inspecteurs généraux sont chargés de faire un rapport annuel au Ministre sur l'état de l'instruction primaire dans la République. Ils lui signalent les enfants dignes d'être adoptés par l'État.

Chapitre III. — *Des commissions d'examen.*

Art. 40. — Une ou plusieurs commissions sont instituées dans chaque département pour examiner les aspirants au certificat d'aptitude exigé par l'article 8.

Ces commissions sont composées du recteur ou d'un inspecteur supérieur de l'instruction primaire désigné par lui, président, et de huit membres nommés pour trois ans, moitié par le Ministre de l'instruction publique, moitié par le conseil général du département.

Les examens ont lieu publiquement et à des époques déterminées par le Ministre de l'instruction publique.

Pour l'examen des aspirantes, la commission s'adjoint deux examinatrices qui ont voix délibérative.

Les aspirants ou aspirantes peuvent choisir la commission devant laquelle ils se présentent.

Art. 41. — Une commission d'examen scolaire se réunit, tous les ans, dans chaque commune. Elle est composée du maire, président ; des membres du comité communal, du délégué cantonal et de l'inspecteur de l'instruction primaire de l'arrondissement ou d'un examinateur spécial désigné par le recteur.

Cette commission est chargée de délivrer à tous les enfants qui en sont jugés dignes les certificats d'instruction primaire.

TITRE VI.

DES PEINES ET DES RÉCOMPENSES.

Art. 42. — Les peines des instituteurs sont :

1° La réprimande simple ;

2° La réprimande avec privation d'une partie du traitement ;

3° La révocation.

L'instituteur, après trois ans d'exercice, n'est passible de ces peines que dans les cas et avec les formes qui suivent.

Art. 43. — En cas de faute grave ou de négligence habituelle, l'instituteur peut être cité devant le comité central, soit d'office, soit sur la plainte d'un inspecteur ou du comité communal.

Le comité central, après avoir instruit l'affaire, peut le condamner à la réprimande ou le renvoyer devant le Conseil académique, s'il est d'avis qu'une peine plus grave doit être appliquée.

L'instituteur condamné à la réprimande, avec privation d'une partie du traitement ou de révocation, a toujours droit de se pourvoir, dans le délai d'un mois, devant le Ministre qui prononce en dernier ressort, en conseil de l'instruction publique. Le pourvoi n'est pas suspensif.

Art. 44. — L'instituteur, pendant les trois premières années d'exercice, et l'instituteur adjoint sont révocables par le Ministre, sur la plainte du comité central ou celle du recteur.

Art. 45. — Les récompenses des instituteurs sont :

1° La promotion à une classe ou à un emploi supérieurs ;

2° Les distinctions honorifiques décernées par le Ministre, sur le rapport du conseil de perfectionnement.

Art. 46. — Les mêmes dispositions sont applicables aux institutrices et institutrices adjointes.

TITRE VII.

MESURES TRANSITOIRES.

Art. 47. — Le Ministre de l'instruction publique, dans le délai de trois mois, présentera à l'assemblée ou déterminera par les règlements, dans la limite de ses attributions, toutes les mesures transitoires nécessaires à l'exécution de la présente loi.

Avis relatif à l'acceptation d'une donation.

2 *juin* 1848.

Le Conseil,

Vu les pièces concernant l'association des Frères de la Doctrine chrétienne du diocèse de Nancy, notamment :

1° L'ordonnance du 17 juillet 1822, qui autorise l'association *destinée à fournir des maîtres aux écoles primaires dans les départements de la Meurthe, de la Meuse et des Vosges*, et qui investit le conseil de l'Université du droit de recevoir tous legs et donations qui seraient faits en faveur de l'association et de ses écoles;

2° La lettre du préfet de la Meurthe, en date du 24 avril 1838; les lettres écrites par le recteur à Nancy, les 5 avril 1838, 19 juin 1838, 8 juillet et 18 août 1843, 26 avril et 23 octobre 1843, constatant que l'association dont il s'agit n'a jamais rendu de services dans les trois départements auxquels elle devait fournir des instituteurs, et qu'elle s'est toujours affranchie des obligations qui lui étaient imposées par l'art. 1 de l'ordonnance constitutive du 17 juillet 1822 ;

3° Le rapport des inspecteurs généraux, en date du 3 juillet 1845, sur les Frères de la Doctrine chrétienne du diocèse de Nancy, alors établis à Sion-Vaudremont, et sur les frères de cette congrégation exerçant les fonctions d'instituteurs primaires dans le département du Jura ;

4° La lettre écrite le 30 avril 1847, dans laquelle l'abbé Baillard, ancien supérieur général, avoue au préfet de Nancy que l'association est inutile dans les départements de la Meurthe, de la Meuse et des Vosges, et que les frères ne sont appelés dans aucune commune de ces départements;

5° Les avis du conseil de l'Université, en date du 25 juin 1839 et du 8 novembre de la même année ;

6° L'acte authentique par lequel M. Joseph Fréchard, prêtre, demeurant à Vézelise, fait donation entre-vifs à la congrégation des Frères de la Doctrine chrétienne du diocèse de Nancy, dits Frères de Sion-Vaudremont, d'une maison située à Vézelise et estimée à 15,008 fr.;

7° L'acceptation provisoire de l'abbé Gridel, nouveau supérieur général de la congrégation, en date du 4 février 1848 ;

8° La lettre du recteur de l'Académie de Nancy, en date du 2 février 1843 et celle du préfet de la Meurthe en date du 10 du même mois, par lesquelles ces deux fonctionnaires donnent un avis favorable à l'acceptation ;

Spécialement l'article 3 de l'ordonnance du 2 avril 1817 ;

Considérant d'une part que, depuis son origine jusqu'à présent, l'association des Frères de la Doctrine chrétienne du diocèse de Nancy n'a jamais rempli les obligations qui lui étaient imposées par l'article 1 de l'ordonnance du 17 juillet 1822 ; qu'entre autres preuves, elle ne possède aujourd'hui qu'une seule école dans le département de la Meurthe, et n'en possède aucune dans les deux départements de la Meuse et des Vosges ;

Considérant, d'autre part, que l'association ne s'est point renfermée dans la circonscription qui lui était assignée par l'art. 1 de l'ordonnance précitée, nonobstant les injonctions qui lui ont été fréquemment adressées par l'autorité universitaire;

Est d'avis qu'il n'y a pas lieu d'autoriser l'association des Frères de la Doctrine chrétienne du diocèse de Nancy, dits Frères de Sion-Vaudremont, à accepter la donation qui a été faite par M. Joseph Fréchard d'une maison sise à Vézelise (Meurthe) et estimée 15,008 fr.

Avis relatif à une reconnaissance légale et à une autorisation d'acquérir.

16 *juin* 1848.

Le Conseil,

Vu la double demande formée par la congrégation hospitalière des sœurs d'Ernemont, à l'effet d'obtenir : 1° la reconnaissance légale d'une succursale qu'elle a fondée à Elbeuf (Seine-Inférieure), et qui dépend de la communauté déjà établie dans cette ville avec école de filles et pensionnat; 2° l'autorisation d'acquérir définitivement l'immeuble affecté à cette succursale;

Vu les statuts qui régissent la congrégation d'Ernemont et qui lui prescrivent la gratuité de l'enseignement;

Vu la délibération du conseil municipal d'Elbeuf, ensemble le procès-verbal d'enquête;

Vu l'avis motivé du préfet de la Seine-Inférieure, en date du 15 juin 1847;

Vu le rapport de M. le recteur de Rouen, en date du 17 juillet suivant;

Vu l'ordonnance du 12 avril 1847 sur les legs et donations;

Vu la loi du 24 mai 1825 sur les congrégations religieuses de femmes, ensemble l'ordonnance du 23 juin 1836 sur les écoles élémentaires de filles;

Est d'avis qu'il n'y a pas motif pour l'Université de s'opposer à ce que l'État 1° reconnaisse la création d'un nouvel établissement à Elbeuf par la congrégation d'Ernemont, avec la faculté de tenir école aux termes et dans les limites des statuts de la congrégation, qui, en lui prescrivant la gratuité de l'enseignement, s'opposent à l'autorisation de tenir pensionnat;

2° Autorise ladite congrégation à acquérir définitivement l'immeuble dont il s'agit (1).

---

(1) OPINION D'UN MEMBRE.

Un conseiller usant du droit qui appartient à tout membre du conseil, aux termes de l'article 84 du décret du 17 mars 1808, consigne ainsi qu'il suit son opinion personnelle en ce qui concerne la demande formée par les sœurs d'Ernemont et tendant à obtenir : 1° la reconnaissance légale d'une communauté de leur ordre établie à Elbeuf (Seine-Inférieure), avec école de filles et pensionnat; 2° l'autorisation d'acquérir un nouveau terrain.

L'article 1 des statuts des sœurs d'Ernemont, dont la maison-mère est à Rouen, porte que l'objet de leur institut est l'*instruction chrétienne et gratuite des pauvres filles* dans les villes et dans les campagnes, et le soulagement des malades indigents.

Le conseil municipal d'Elbeuf, l'archevêque de Rouen, le préfet de la Seine-Inférieure, le recteur de l'Académie, dans divers avis et rapports, en date des 24 mai, 11 et 15 juin et 10 juillet 1847, ont exprimé des avis favorables, motivés sur ce que les dames d'Ernemont rendent les plus grands services à toute la population, tant pour l'instruction qu'elles propagent dans tous les rangs de la société que pour l'éducation religieuse et morale dont elles répandent les bienfaits dans les classes qui en ont le plus besoin; et ont ajouté que tout accroissement d'un établissement aussi éminemment utile ne pouvait que profiter au pays.

Des renseignements joints aux pièces, il résulte que la ville d'Elbeuf, dont la population dépasse 10,000 habitants, possède 4 écoles primaires de filles; que deux de ces écoles, tenues par des institutrices laïques, sont fréquentées par 150 élèves, et que les deux autres, dirigées par des institutrices religieuses, comptent 500 élèves.

Dans ces circonstances, le soussigné, considérant que l'Université doit protection et appui à toutes les maisons d'éducation qui savent se concilier la confiance des familles; que toutes les autorités locales, civiles et religieuses sont favorables à la demande des sœurs d'Ernemont; que si les statuts de la congrégation prescrivent l'*instruction gratuite*, ils disent expressément que

Arrêté concernant l'instruction publique en Algérie.

16 *août* 1848.

Le président du Conseil, chargé du pouvoir exécutif,
Vu l'arrêté de la commission du pouvoir exécutif, en date du 30 mai dernier, portant que l'administration de l'instruction publique en Algérie sera remise au Ministère de l'instruction publique,

Arrête :

ART. 1. — La direction de l'instruction dans les écoles françaises et israélites sera du ressort exclusif du Ministre de l'instruction publique.

Le service de l'instruction publique pour les écoles des indigènes musulmans reste placé dans les attributions du Ministre de la guerre.

ART. 2. — La législation relative à l'administration de l'instruction publique en Algérie, est celle qui régit la métropole, sauf les modifications qui seront reconnues nécessaires, et qui sont arrêtées de concert entre le Ministre de l'instruction

---

cette prescription est faite en faveur des *pauvres filles* ; qu'on ne peut conclure de ces expressions un empêchement à l'instruction payée des filles riches ; que pour motiver une pareille prohibition, il faudrait une défense formelle, puisqu'autrement la communauté a droit d'invoquer la règle générale qui déclare permis tout ce qui n'est pas défendu et ne nuit pas à autrui ;

Considérant que les sœurs d'Ernemont accomplissent leurs statuts en ce qui regarde l'enseignement, lorsqu'elles sont fidèles à donner l'instruction gratuite aux pauvres filles ; que la tenue d'un pensionnat ayant lieu en même temps et dans l'enceinte des mêmes bâtiments, bien loin de préjudicier à leurs devoirs envers les pauvres externes, est pour elles, au contraire, un moyen de se mettre en état d'assurer et d'étendre le bienfait de leur instruction gratuite ;

Par tous ces motifs, estime qu'il y a lieu d'accueillir dans son intégralité la demande formée par les sœurs d'Ernemont établies à Elbeuf.

publique et celui de la guerre, chargé de l'administration générale du pays.

Art. 3. — Le chef du service de l'instruction publique, en Algérie, correspondra directement et exclusivement avec le Ministre de l'instruction publique, pour tout ce qui concerne les écoles françaises et juives, en territoire civil et mixte.

Art. 4. — Le chef de l'instruction publique correspondra directement avec tous les chefs des écoles françaises et israélites.

Art. 5. — Le Ministre de l'instruction publique nommera à tous les emplois dans les écoles françaises et juives.

Dans les territoires mixtes, les nominations seront concertées avec le Ministre de la guerre.

Art. 6. — En territoire civil, les directeurs des affaires exerceront, en matière d'instruction publique, toutes les attributions déférées en France aux préfets.

Ces fonctionnaires correspondent directement, pour les détails de service, avec le Ministre de l'instruction publique.

Art. 7. — Les dépenses de l'instruction publique en Algérie, imputables sur les fonds généraux de l'État, seront réglées exclusivement par le Ministre de l'instruction publique.

Le même Ministre réglera également les dépenses de l'instruction publique, mises par les lois et ordonnances à la charge des communes et départements, en se concertant au préalable avec le Ministre de la guerre.

Art. 8. — Les bourses fondées aux frais de l'État, dans le lycée d'Alger, seront la récompense de services rendus en Algérie, préférablement à tous autres.

La désignation des élèves-boursiers appartiendra, pour les deux tiers, au Ministre de la guerre, qui devra se conformer, à cet égard, aux règlements sur l'admission des élèves-boursiers dans les lycées de la métropole.

Avis relatif à l'acceptation d'une donation.

8 *septembre* 1848.

Le Conseil,

Vu l'acte public du 9 novembre 1847, passé à Villemur (Haute-Garonne), aux termes duquel M. l'abbé Dieuzet, curé de cette commune, a fait donation d'une maison et dépendances à ladite commune de Villemur pour servir à l'établissement d'une école tenue par les Frères de la Doctrine chrétienne ;

Vu deux délibérations prises par le conseil municipal de Villemur, les 9 mai et 10 novembre 1847, pour l'acceptation de cette libéralité ;

Vu les délibérations antérieures du 18 août 1844, 9 mars 1845 et 7 novembre 1846, relatives aux ressources dont la commune peut disposer pour l'entretien de trois frères directeurs de l'école projetée;

Vu le rapport de M. le recteur de Toulouse, du 5 juin 1848;

Considérant que l'entretien de trois frères à Villemur coûterait 1,800 francs par an; que le revenu de la donation ne présente qu'une valeur de 250 francs ; que l'imposition extraordinaire votée par le conseil municipal s'élève à 980 fr. seulement, et que le surplus devrait être fourni par les fonds de l'État;

Que la subvention de l'État se trouverait hors de proportion avec celles qu'il accorde ordinairement et dont le chiffre est nécessairement très-limité, afin de satisfaire à tous les besoins ;

Considérant, en outre, que la moitié de la somme de 1,800 francs, nécessaire à l'entretien de l'école chrétienne, serait suffisante pour le traitement d'un instituteur laïque ;

Est d'avis, par ces divers motifs, qu'il n'y a pas lieu d'autoriser l'acceptation de la donation faite à la commune de Villemur (Haute-Garonne) par M. l'abbé Dieuzet.

Avis relatif à l'autorisation d'une congrégation et à l'acceptation d'une donation.

22 *septembre* 1848.

Le Conseil,

Vu la demande formée par la congrégation enseignante des Sœurs de la Providence de Rouen, à l'effet d'obtenir : 1° la reconnaissance légale d'un établissement de son ordre à Fécamp ; 2° l'autorisation d'accepter deux immeubles qui lui ont été donnés par M. Dubec, à la charge d'entretenir à perpétuité, dans l'église de Saint-Étienne, à Fécamp, des sœurs chargées d'enseigner gratuitement les jeunes filles pauvres de cette paroisse ;

Vu les statuts de ladite congrégation ;

Vu l'acte notarié du 18 février 1847, contenant la donation faite par M. Dubec aux sœurs de Rouen, ensemble le certificat de vie du donateur ;

Vu l'avis du conseil municipal de Fécamp ; ensemble le procès-verbal d'enquête *de commodo vel incommodo ;*

Vu également les avis de l'archevêque de Rouen et du préfet de la Seine-Inférieure ;

Vu le rapport de M. le recteur de Rouen, en date du 25 juillet dernier ;

Vu l'ordonnance du 2 avril 1817 sur les dons et legs ;

Attendu que la congrégation enseignante des Sœurs de la Providence a été légalement reconnue et régulièrement autorisée, et que les statuts l'obligent à fournir gratuitement l'enseignement élémentaire aux enfants pauvres du sexe féminin ;

Attendu que la ville de Fécamp doit retirer un grand avantage de l'établissement de cette congrégation, et que la donation du sieur Dubec a pour objet de la consolider ;

Attendu que cet avantage municipal et la considération des services rendus par la congrégation de Rouen peuvent faire oublier l'établissement irrégulier et illégal de cette congrégation à Fécamp, antérieurement à l'autorisation sollicitée aujourd'hui pour la première fois en présence d'une donation dont l'acceptation est nécessaire à la congrégation;

Est d'avis qu'il y a lieu :

1° D'autoriser l'établissement à Fécamp des Sœurs de la Providence de Rouen, à la charge par elles de se renfermer dans les statuts de la congrégation;

2° D'autoriser également l'acceptation de la donation faite par le sieur Dubec, soit par la congrégation, soit par le maire de Fécamp, dans l'intérêt de la ville (1).

---

(1) OPINION D'UN MEMBRE.

Conformément à l'article 84 du décret de 1868, un conseiller émet une opinion contraire au vote de la majorité du conseil dans la donation faite par le sieur Dubec à la congrégation des sœurs de Rouen, établie à Fécamp, se défendant sur les deux raisons suivantes :

1° Les sœurs de Rouen n'avaient pas obtenu l'autorisation de s'établir à Fécamp; elles n'y étaient établies que d'une manière illégale, quand la donation du sieur Dubec leur a été faite, et elles n'ont commencé à demander l'autorisation que quand elles en ont eu besoin pour accepter la donation. M. Poirson ne veut pas autoriser une violation de la loi que les sœurs ont à se reprocher en votant pour la donation qui leur est faite.

2° La donation est faite au détriment d'un héritier direct, d'un fils. M. Poirson, avant que l'on votât sur le fond, aurait désiré qu'une instruction préalable fût faite par les autorités locales, pour établir si le fils n'était pas lésé trop fortement par la donation et si la donation était convenable au point de vue moral. Le conseiller insiste d'autant plus sur ce dernier point, que depuis fort longtemps les donations faites aux congrégations religieuses le sont au détriment non d'héritiers directs, de fils, mais seulement de parents ordinairement fort éloignés.

—

Un autre membre s'associe à la seconde observation présentée par M. Poirson, observation sur laquelle il aurait désiré que le conseil délibérât.

Avis relatif à l'acceptation d'une donation.

22 *septembre* 1848.

Le Conseil,

Vu le testament olographe en date du 17 janvier 1846, par lequel le sieur Doloz a légué à la commune de Rainaut (Jura) la somme de 8,000 francs, à charge pour cette commune de rétribuer une *institutrice religieuse*, qui tiendrait pendant l'hiver une école de filles, et pendant l'été une salle d'asile;

Vu l'acte de décès du testateur, en date du 25 février 1846;

Vu le consentement donné à la délivrance du legs dont il s'agit par la veuve du testataire, la légataire universelle;

Vu l'avis de M. le préfet du Jura;

Vu la délibération du conseil municipal de Rainaut, sur l'acceptation du legs;

Vu le rapport de M. le recteur de Besançon, en date du 25 août dernier;

Vu l'ordonnance du 2 avril 1817;

Est d'avis qu'il y a lieu d'autoriser l'acceptation du legs dont il s'agit, à la condition que *l'institutrice religieuse* appartiendra à une congrégation dûment reconnue.

Avis relatif à l'acceptation d'une donation.

22 *septembre* 1848.

Le Conseil,

Vu le testament olographe du 13 janvier 1842, par lequel la demoiselle Julie Coquet de Guéneville a légué : 1° à la commune de Saint-Hymer (Calvados) une rente perpétuelle de 180 francs; 2° à la commune de Clarber (même département) une rente de 50 francs, sous la condition que les *arrérages de ces rentes serviront à subventionner une ou plusieurs religieuses de la Providence, qui instruiront les jeunes filles pauvres desdites communes;*

Vu l'acte de décès de la testatrice du 10 mars 1845;

Vu la délibération des collèges municipaux de Saint-Hymer et de Clarber, relative aux legs dont il s'agit;

Vu les avis de M. l'évêque de Bayeux et de M. le préfet du Calvados;

Vu le rapport de M. le recteur de Caen, en date du 29 juillet dernier;

Vu l'ordonnance du 2 avril 1817;

Vu l'acceptation provisoire de la communauté des sœurs de la Providence de Lisieux;

Est d'avis qu'il y a lieu d'autoriser les communes de Clarber et de Saint-Hymer (Calvados), et la congrégation des Sœurs de la Providence de Lisieux, à accepter, chacune en ce qui la concerne, les legs dont il s'agit.

Avis relatif à l'autorisation d'annexer un pensionnat à une école gratuite.

29 *septembre* 1848.

Le Conseil,

Vu la nouvelle demande formée par Mme Peyselon, dite sœur Saint-Polycarpe, supérieure des religieuses de la communauté de Saint-Charles, à l'effet d'être autorisée à joindre un pensionnat primaire à l'école des jeunes filles qu'elle dirige à Dazergues (Rhône);

Vu la délibération du conseil en date du 7 avril dernier, ainsi conçue : « après avoir pris connaissance des statuts des « sœurs hospitalières de Saint-Charles à Lyon, autorisées par « décret impérial du 22 octobre 1810;

« Considérant qu'aux termes de ces statuts les sœurs de Saint-
« Charles sont tenues expressément de donner l'instruction
« gratuite, et cela sans distinction ni réserves possibles ;
« Est d'avis qu'il n'y a pas lieu d'accorder à Mme Peyselon
« l'autorisation qu'elle sollicite. »
Maintient la décision précitée du 7 avril 1848.

Avis relatif à l'autorisation d'annexer un pensionnat à un école communale.

7 *octobre* 1848.

Le Conseil,

Vu la demande formée par M. Chevalier, directeur de l'école primaire supérieure établie à Moulins, à l'effet d'obtenir l'autorisation de joindre à son établissement une classe pour les enfants qui commencent l'étude du latin ;

Attendu que, bien que l'impétrant remplisse les conditions exigées des aspirants au titre de maître de pension, il ne peut cumuler ce titre avec celui d'instituteur communal dont il est pourvu, ces deux fonctions ayant toujours été reconnues incompatibles ;

Est d'avis qu'il n'y a pas lieu d'accueillir la demande de M. Chevalier.

Avis relatif à la reconnaissance d'une congrégation.

13 *octobre* 1848.

Le Conseil,

Vu la demande formée par la congrégation des sœurs de la

Providence dont le chef-lieu est à Remillé-sur-Loire (Sarthe), tendant à obtenir l'autorisation : 1° d'accepter une donation faite en sa faveur par Mme veuve Trillard, d'une maison sise à Remillé (Ille-et-Vilaine); 2° de fonder dans cette maison un établissement de son ordre;

Vu l'expédition de l'acte de donation entre-vifs de ladite maison, passé par-devant Me Desjardins, notaire à Remillé;

Vu le certificat de vie de la donatrice;

Vu la lettre d'avis de M. le préfet d'Ille-et-Vilaine, en date du 31 janvier 1848;

Vu la lettre de M. le Ministre de l'intérieur, en date du 3 mai 1848, favorable à l'acceptation de ladite donation;

Vu les avis de MM. les évêques de Rennes et du Mans;

Vu l'article 910 du code civil et la loi du 24 mai 1824;

Vu la lettre de M. le recteur de l'Académie de Rennes, en date du 21 septembre dernier;

Est d'avis qu'il y a lieu d'autoriser la congrégation : 1° à accepter la donation de la maison sise à Remillé (Ille-et-Vilaine); 2° à fonder dans ladite maison un établissement de son ordre.

Avis relatif à l'autorisation d'annexer un pensionnat à une école gratuite.

13 *octobre* 1848.

Le Conseil,

Vu la demande formée par Mme Molard, sœur de la congrégation de Saint-Joseph, de Lyon, à l'effet d'obtenir l'autorisation de joindre un pensionnat primaire à l'école qu'elle dirige à Saint-Glaud, ensemble les pièces à l'appui;

Vu la lettre de M. le recteur de l'Académie de Lyon, en date du 10 juin 1848;

Vu l'article 1 des statuts des sœurs de Saint-Joseph, ainsi conçu : « Les sœurs de la congrégation de Saint-Joseph, de Lyon, ont pour fin le service des malades et des infirmes, soit dans les hôpitaux, soit à domicile ; *l'instruction gratuite des pauvres*, et généralement toutes les œuvres de charité et de miséricorde ; »

Est d'avis qu'il n'y a pas lieu d'accorder aux sœurs de Saint-Joseph l'autorisation de recevoir des pensionnaires (1).

---

(1) OPINION D'UN MEMBRE.

Un conseiller, usant de la faculté accordée à tout membre du conseil par l'article 84 du décret du 17 mars 1808, expose ainsi qu'il suit les motifs de son opinion personnelle, différente de l'avis du conseil :

Le 31 décembre 1847, les sœurs de Saint-Joseph, dirigeant l'école communale de Saint-Glaud, cédant aux sollicitations d'un grand nombre de pères de famille qui les conjuraient de recevoir dans leur établissement, à titre de pensionnaires, des jeunes filles hors d'état de franchir, pendant la mauvaise saison, les chemins qu'elles avaient à parcourir pour se rendre à l'école, ont demandé l'autorisation de tenir, en effet, ce pensionnat. C'était le seul moyen d'empêcher que ces enfants ne demeurassent privées d'instruction durant une partie considérable de l'année.

Le comité local reconnaissant la justesse des observations présentées par les sœurs, compatissant à ce défaut d'instruction pour un certain nombre d'enfants de la commune, après s'être assuré des bonnes dispositions du local, a donné un avis favorable à l'établissement d'un pensionnat (délibération du 13 juin 1848).

Sur les deux avis suivants, le comité d'arrondissement, touché de ce que cet établissement était désiré par tous les habitants de la localité, a donné de même un avis personnel.

Le 10 juin, M. le recteur a fait son rapport sur la demande des sœurs de Saint-Joseph ; il a déclaré d'abord que l'accomplissement des conditions exigées jusqu'à ce jour semblait devoir suffire pour faire obtenir l'autorisation demandée ; mais il a joint à ces premières paroles diverses observations qu'il a terminées en disant que, malgré quelques précédents contraires, il lui paraissait juste de refuser cette autorisation aux sœurs de Saint-Joseph, puisque le conseil l'avait refusée aux sœurs de Saint-Charles.

Le rapport de M. le recteur donne lieu à une observation très-importante ; on y lit : *que le Ministre lui a renvoyé avec autorisation des demandes ana-*

Avis relatif à la demande d'une subvention pour les cours d'adultes.

13 *octobre* 1848.

Le Conseil,

Vu la demande, en date du 15 juin 1848, formée par Mgr l'évêque de Limoges, à l'effet d'obtenir pour les cours d'adultes de la ville de Limoges un secours de 1,700 fr., laquelle somme serait ainsi divisée : 1,200 fr. aux frères chargés des cours, 500 fr. pour achat de livres à donner en prix ;

---

logues formées par les sœurs de Saint-Joseph ; mais on y lit en même temps cette grande, très-grande assertion : « Je sais que précédemment les sœurs de Saint-Joseph, dans l'extrait de leurs statuts, n'ont pas compris la condition de gratuité qui a motivé le refus fait aux sœurs Saint-Charles. »

Si les sœurs Saint-Joseph avaient omis à dessein cette condition de gratuité, ce ne serait pas de la prudence, ce serait une dissimulation coupable.

Mais le conseil a eu sous les yeux le texte des statuts approuvés par une ordonnance du 2 mars 1828, et l'article 1 de ces statuts est conçu en ces termes : « Les sœurs de la congrégation de Saint-Joseph de Lyon, ont pour fin le service des malades et des infirmes, soit dans les hôpitaux, soit à domicile, l'instruction gratuite des pauvres et généralement toutes les œuvres de charité et de miséricorde. »

La condition de gratuité n'a donc pas été ignorée du conseil ; c'est en toute connaissance de cause qu'il a précédemment accordé les diverses autorisations mentionnées dans les rapports de M. le recteur.

Le conseiller rappelle donc avec confiance ces précédentes autorisations émanées du conseil de l'instruction publique. Il persiste à penser que l'obligation de donner l'instruction publique aux ouvriers ne fait point obstacle à ce qu'un pensionnat soit ouvert comme asile à des enfants que leur dissémination dans des hameaux lointains empêche de se rendre journellement à l'école et prive conséquemment de toute instruction ; il croit que l'Université, que l'État doivent seconder à cet égard la bonne volonté des sœurs Saint-Joseph et suivre, comme ces bonnes sœurs, l'impulsion de la charité chrétienne (expression de la pétition du 31 décembre 1847).

Par toutes ces considérations, le conseiller estime qu'il y a lieu d'accorder l'autorisation demandée.

Vu la lettre d'avis de M. le préfet de la Haute-Vienne, en date du 9 septembre dernier ;

Attendu que des secours peuvent être accordés et ont été en effet accordés pour premier établissement, et dans quelques circonstances exceptionnelles pour achat de livres, prix, etc., mais que l'État ne peut prendre à sa charge le traitement régulier et permanent d'instituteurs communaux ;

Attendu, d'ailleurs, que treize frères sont employés dans la journée aux écoles primaires et peuvent suffire aux écoles d'adultes ;

Est d'avis qu'il n'y a pas lieu d'accorder la subvention demandée pour les cours d'adultes de la ville de Limoges.

Avis relatif à l'autorisation de créer une école.

13 *octobre* 1848.

Le Conseil,

Après avoir entendu les avis des sections réunies de l'administration et de la police des écoles et du contentieux ;

Vu la demande formée par la congrégation enseignante et hospitalière des Sœurs de la Providence de Séez, tendant à obtenir l'autorisation : 1° de former un établissement avec école primaire de filles à Radon (Orne, arrondissement d'Alençon) ; 2° d'accepter la donation d'une rente annuelle et perpétuelle de 400 fr., faite par Mlle Louvel, à la condition d'entretenir à Radon deux sœurs chargées d'instruire gratuitement les jeunes filles pauvres de cette commune et de celle de Forges, et de soigner les malades des deux localités ;

Vu les statuts de ladite congrégation ;

Vu le testament olographe du 10 décembre 1842 et le codicille à la suite, en date du 29 février 1844, par lequel Mme Philippine-Joséphine-Marie-Élisabeth Leroyer de Changé, décédée à Alençon le 21 septembre 1844, a légué à Saint-Jean-de-Louvel, dit Joseph, employé à l'hospice d'Alençon, une ferme nommée les Nyex, située à Radon, à la charge de payer pour le traitement des deux sœurs de la charité d'Évron, ou, au refus de cette communauté, de deux sœurs de la Providence de Séez, chargées d'instruire gratuitement les enfants pauvres des communes de Radon et de Forges, et de donner des soins aux malades de ces deux communes, une rente annuelle et perpétuelle de 300 fr., qui devra s'accroître de 100 fr. au décès de la demoiselle Louvel, à la condition que cette dernière somme sera consacrée à l'entretien d'une petite pharmacie ;

Vu une convention arrêtée le 14 août 1845, entre le curé exécuteur en cette partie des volontés de Mlle Leroyer de Changé et les maires de Forges et de Radon, d'autre part, à l'effet de réduire à 250 fr. la rente annuelle payable actuellement par ce dernier, et à 50 fr. celle de 100 fr. qu'elle était tenue de servir au décès de la demoiselle Louvel sa sœur, sous la condition qu'il ne sera placé qu'une sœur au lieu de deux dans la commune de Radon et qu'il n'y sera pas établi de pharmacie ;

Vu l'adhésion donnée à cet arrangement le 24 juillet 1846 par le sieur de Mouton de Chabrillan, unique héritier de la demoiselle Leroyer de Changé ;

Vu la délibération des conseils municipaux de Forges et de Radon ;

Vu les avis de l'évêque de Séez et du préfet de l'Orne ;

Vu le rapport de M. le recteur de Caen, en date des 22 août et 5 septembre 1848 ;

Est d'avis qu'il y a lieu d'autoriser : 1° l'établissement d'une école primaire de filles à Radon ; 2° l'acceptation d'une rente annuelle de 300 fr., pour l'entretien d'une sœur de la congrégation de Séez.

La commune de Forges enverra à cette école de filles le tiers des élèves gratuites ; celle de Radon, les deux autres tiers.

Extrait de la Constitution de la République française.

4 *novembre* 1848.

....

Art. 9. — L'enseignement est libre.

La liberté d'enseignement s'exerce dans les conditions de capacité et de moralité déterminées par les lois et sous la surveillance de l'État.

Cette surveillance s'étend à tous les établissements d'éducation et d'enseignement, sans aucune exception.

....

Art. 13. — ....

La société favorise et encourage le développement du travail par l'enseignement primaire gratuit, l'éducation professionnelle...

Avis relatif à l'autorisation d'annexer un pensionnat à une école gratuite.

10 *novembre* 1848.

Le Conseil,

Vu la nouvelle demande, en date du 27 septembre 1848, formée par Mme Bailly (sœur Sainte-Julienne), de la congrégation de l'Instruction chrétienne de Troyes, institutrice à Châtillon (Côte-d'Or), à l'effet d'être autorisée à recevoir des pensionnaires, laquelle demande est transmise par Mme la supérieure de ladite congrégation ;

Vu la délibération du conseil, en date du 7 février 1848 ;

Vu de nouveau l'article 1 des statuts de ladite congrégation, ainsi conçu : *Les sœurs doivent enseigner gratuitement*, etc.;

Attendu que Mme la supérieure générale se fonde, dans sa réclamation, sur ce que les institutrices de son association ont toujours été autorisées à tenir des pensionnats, et que celui de Châtillon existe depuis vingt-cinq ans, mais sans autorisation officielle;

Est d'avis que, en droit, le conseil devrait refuser, mais que, en fait et dans l'état, il convient d'écrire à M. le recteur qu'il y a lieu de regarder le pensionnat comme autorisé, attendu les vingt-cinq ans d'exercice.

Proposition de loi sur l'enseignement primaire.

(M. BARTHÉLEMY SAINT-HILAIRE.)

15 décembre 1848.

TITRE 1er.

DISPOSITIONS GÉNÉRALES.

ART. 1. — Les établissements d'instruction primaire de tout ordre, publics ou privés, dont la surveillance est confiée à l'État, sont :

1° Les établissements d'éducation pour le premier âge, appelés salles d'asile;

2° Les écoles d'instruction primaire, élémentaire et supérieure;

3° Les Écoles Normales primaires ;

4° Les écoles d'apprentis, les ouvroirs, les classes d'adultes et les écoles des hospices et des prisons.

DES SALLES D'ASILE.

ART. 2. — Les salles d'asile sont destinées à recevoir les enfants de deux à sept ans au plus.

ART. 3. — Les enseignements donnés dans les salles d'asile ont pour but de préparer ceux des écoles primaires.

Ils comprendront les premiers principes de :

L'instruction morale et religieuse,

De la lecture,
De l'écriture,
Du calcul,
Le chant,
Et les exercices corporels.

Art. 4. — Les salles d'asile sont publiques ou privées.

Art. 5. — Toute commune au-dessus de deux mille âmes de population agglomérée sera tenue d'avoir une salle d'asile au moins.

Les préfets pourront désigner parmi les communes au-dessous de deux mille âmes de population agglomérée, celles qui seront tenues d'ouvrir des asiles. Ils prendront préalablement l'avis du conseil municipal, du comité local, du comité d'arrondissement et du conseil général, selon qu'il faudra recourir aux fonds de la commune et à ceux du département.

Le Ministre de l'instruction publique pourra faire les mêmes désignations en prenant en outre l'avis du préfet, s'il faut recourir aux fonds de l'État.

Toute commune au-dessous de deux mille âmes de population agglomérée pourra établir des salles d'asile si elle les entretient de ses propres ressources.

Dans le cas où il serait nécessaire de recourir aux fonds du département, indépendamment de ceux de la commune, le préfet n'autorisera l'établissement de l'asile qu'après en avoir référé au conseil général.

Art. 6. — Les directrices de salles d'asile doivent être âgées de vingt et un ans au moins si elles sont mariées, et de vingt-quatre si elles ne le sont pas. Les adjointes doivent être âgées de dix-huit ans au moins, sauf les cas d'exception en faveur des filles, sœurs et nièces des directrices, lesquelles pourront être employées dès l'âge de seize ans.

Les directrices et adjointes sont nommées par le comité d'arrondissement, sur la présentation du conseil municipal et l'avis du comité local.

Art. 7. — Dans les communes au-dessous de six cents âmes de population agglomérée, les directrices et les adjointes devront être munies d'un certificat de moralité et d'un brevet de capacité dans les formes prescrites par les articles 56, 76 et 77 de la présente loi.

Dans les autres communes, l'autorisation du comité d'arrondissement pourra, sauf l'approbation du recteur, dispenser du brevet de capacité.

Art. 8. — Toute salle d'asile est placée sous la surveillance immédiate et journalière d'une dame inspectrice résidant dans la localité et sous la surveillance générale de toutes les autorités préposées à l'instruction primaire.

Les dames inspectrices sont nommées par le comité d'arrondissement, sur l'avis du comité local ; elles peuvent se faire seconder par des dames déléguées de leur choix.

Art. 9. — Dans chaque département, il y aura un asile-modèle dans lequel pourront être faits un ou plusieurs cours normaux pour l'instruction des directrices et adjointes de salles d'asile.

TITRE II.

DES ÉCOLES D'INSTRUCTION PRIMAIRE.

ART. 10. — L'instruction primaire est, pour les deux sexes, élémentaire ou supérieure.

ART. 11. — L'instruction élémentaire pour les garçons comprend nécessairement l'instruction morale, religieuse et civique, la lecture, l'écriture, les éléments de la langue française, les éléments du calcul, le système légal des poids et mesures, le dessin linéaire, les notions élémentaires d'hygiène, de chant et les exercices gymnastiques.

Selon les besoins et les ressources des localités, l'instruction primaire élémentaire pourra recevoir les développements qui seront jugés convenables, et comprendra notamment des notions sur l'histoire et la géographie de la France.

ART. 12. — L'instruction primaire supérieure comprend nécessairement, outre l'instruction morale, religieuse et civique :

La lecture perfectionnée,

L'écriture perfectionnée,

Les développements de la grammaire et les règles de la composition usuelle ;

L'arithmétique et les règles de la comptabilité usuelle et des notions sur la tenue des livres ;

Le dessin linéaire appliqué à l'industrie et notamment le dessin d'ornement et des machines ;

Les éléments de la géométrie élémentaire et ses applications, notamment l'arpentage ;

Des notions de science physique et d'histoire naturelle applicables à l'agriculture, à l'industrie, à l'hygiène et aux usages de la vie ;

Les éléments de l'histoire et de la géographie ;

L'histoire et la géographie de la France ;

Le chant ;

La gymnastique.

Selon les ressources et les besoins des localités, l'instruction primaire supérieure pourra recevoir les développements qui seront jugés convenables et comprendra notamment l'étude d'une langue vivante.

ART. 13. — L'enseignement du dogme est exclusivement réservé aux ministres des différents cultes, et il est donné en dehors des heures d'école.

Le vœu des pères de famille sera toujours consulté et suivi, en ce qui concerne la participation de leurs enfants aux services religieux et à l'enseignement dogmatique.

Dans le cas où les circonstances locales l'exigeraient, le Ministre de l'instruction publique pourra, sur l'avis du conseil municipal, autoriser, à titre d'écoles communales, des écoles plus particulièrement affectées à l'un des cultes reconnus par l'État.

Art. 14. — L'enseignement primaire est donné dans toutes les écoles publiques et dans l'intérieur des familles.

Art. 15. — Les écoles primaires publiques sont celles qu'entretiennent, en tout ou en partie, les communes, les départements ou l'État.

§ 2. — *Nomination et traitement des instituteurs publics.*

Art. 16. — Lorsqu'il y aura lieu de pourvoir à un emploi d'instituteur public de sixième classe, le conseil municipal, sur l'avis du comité local, présentera cinq candidats parmi tous les instituteurs munis du certificat de moralité et du brevet de capacité et âgés de dix-neuf ans au moins.

Le comité d'arrondissement autorisera provisoirement un des cinq candidats. La nomination définitive n'aura lieu qu'après trois ans d'exercice.

Les candidats aux places de cinquième classe devront être choisis parmi les instituteurs de la sixième classe qui, après deux ans d'exercice, auront été d'office, ou sur leur demande, déclarés par le comité d'arrondissement aptes à passer dans la cinquième.

Les candidats aux places de quatrième classe devront être choisis parmi les instituteurs de cinquième classe qui auront un an d'exercice et qui seront, en outre, portés au tableau d'aptitude, ou parmi les instituteurs de sixième classe en exercice depuis trois ans, et qui, depuis un an au moins, auront été déclarés aptes à passer à la quatrième.

Les candidats aux places des trois premières classes seront pris indistinctement parmi tous les instituteurs de la quatrième et des classes suivantes.

Le Ministre de l'instruction publique, après avoir vérifié la régularité de la nomination, institue les candidats nommés par le comité d'arrondissement.

Art. 17. — Les traitements des six classes d'instituteurs sont fixés ainsi qu'il suit :

6e classe,	commune de	500 âmes et au-dessous.	600
5e	—	500 à 1,000 âmes....	800
4e	—	1,000 à 2,000 »	1,000
3e	—	2,000 à 5,000 »	1,200
2e	—	5,000 à 15,000 »	1,400
1re	—	15,000 âmes et au-dessus..	1,600

Des règlements spéciaux fixeront le traitement des instituteurs dans la ville de Paris.

Le traitement de l'instituteur adjoint sera la moitié de celui de l'instituteur, sans pouvoir être jamais au-dessous de 400 francs.

Art. 18. — Le traitement des instituteurs de toutes classes, nommés à titre définitif, pourra s'accroître d'un dixième après chaque période de cinq ans au moins, sans que cette augmentation totale puisse dépasser les quatre dixièmes du traitement de la classe.

Le tableau d'avancement sera dressé par le comité d'arrondissement, sur le rapport de l'inspecteur et sur l'avis du comité local du conseil municipal.

Les dixièmes attribués à un instituteur cesseront de lui appartenir quand il passera dans une classe supérieure, et alors il ne touchera que le traitement de cette classe.

Les communes pourront toujours ajouter au traitement des instituteurs des indemnités dont elles détermineront la quotité.

Art. 19. — Les professeurs adjoints des écoles primaires supérieures, les instituteurs privés et les instituteurs adjoints pourront, après trois ans d'exercice au moins, être admis dans la quatrième classe, pourvu qu'ils aient été portés successivement au tableau d'aptitude pour la cinquième et la quatrième classe, dans les formes réglées par l'article 16.

Art. 20. — Si, dans le délai d'un mois, le conseil municipal, dûment mis en demeure, n'a pas fait de présentation, ou si, après avoir fait des présentations irrégulières, il ne les rectifie pas, le comité d'arrondissement nomme directement, sous les conditions indiquées plus haut, à toute place vacante d'instituteur.

En cas de conflit, le Ministre de l'instruction publique prononcera, dans le délai de deux mois, sur la régularité de la présentation faite par le conseil municipal et nommera d'office, s'il y a lieu.

Art. 21. — Les instituteurs adjoints seront nommés par le comité d'arrondissement, qui prendra l'avis préalable de l'instituteur.

Les instituteurs adjoints devront être âgés de dix-huit ans au moins, et être munis d'un certificat de moralité et d'un brevet de capacité.

Dans les communes au-dessous de 200 âmes qui ne pourraient acquitter a moitié d'un traitement d'instituteur, les comités d'arrondissement pourront nommer les aspirants instituteurs, sédentaires ou ambulants, dont le traitement sera de 400 francs au moins. Dans ce cas, l'autorisation du Ministre de l'instruction publique sera toujours nécessaire.

Un règlement d'administration fixera les conditions où devront être placées les communes pour avoir des aspirants, et déterminera le régime des écoles qui leur seront confiées.

Les aspirants instituteurs devront remplir toutes les obligations imposées aux instituteurs.

Ils seront nommés et institués dans les mêmes formes.

Art. 22. — Tout instituteur, instituteur adjoint, aspirant instituteur ou élève d'une École Normale primaire, est dispensé du service militaire, s'il contracte l'engagement de servir dans l'instruction primaire publique pendant dix ans.

Cette disposition peut être également applicable aux directeurs et professeurs adjoints des Écoles Normales.

Art. 23. — L'exercice de la profession d'instituteur public est incompatible avec l'exercice de toute profession commerciale. Cette interdiction s'étend jusqu'à la femme de l'instituteur.

L'instituteur ne pourra exercer aucune autre fonction salariée, sans l'autorisation du comité d'arrondissement, qui prendra l'avis du comité local.

Cette fonction ne devra jamais l'éloigner de son école pendant les heures assignées aux leçons par le règlement.

Nul instituteur public ne pourra recevoir dans son école les enfants d'une commune autre que celle où il exerce, s'il n'y est autorisé par le comité d'arrondissement sur l'avis des comités et des conseils des deux communes.

§ 3. — *De l'instruction primaire pour les filles.*

Art. 24. — L'instruction élémentaire pour les filles comprend nécessairement l'instruction morale et religieuse, la lecture, l'écriture, les éléments de la langue française, les éléments du calcul, le système légal des poids et mesures, le dessin linéaire, les notions élémentaires d'hygiène, les travaux à l'aiguille, le chant et les exercices gymnastiques.

Art. 25. — L'instruction supérieure pour les filles comprend nécessairement, outre l'instruction morale et religieuse :

La lecture perfectionnée ;

L'écriture perfectionnée ;

Les développements de la grammaire et les règles de la composition usuelle ;

L'arithmétique et les règles de la comptabilité usuelle et des notions sur la tenue des livres ;

Le dessin linéaire et le dessin d'ornement ;

Des notions des sciences physiques et d'histoire naturelle applicables aux usages de la vie et à l'économie domestique ;

Les éléments de l'histoire et de la géographie ;

L'histoire et la géographie de la France ;

Les travaux à l'aiguille perfectionnés ;

Le chant ;

La gymnastique.

Le dernier paragraphe de l'article 10 et le dernier paragraphe de l'article 11, relatifs à l'instruction élémentaire et à l'instruction supérieure des garçons, seront applicables également à l'instruction des filles.

Art. 26. — Toute commune au-dessus de 800 âmes de population agglomérée sera tenue d'avoir une école de filles au moins.

Les dispositions de l'article 4 de la présente loi seront d'ailleurs applicables aux écoles des filles en ce qui concerne les droits des communes, des préfets et du Ministre de l'instruction publique.

Art. 27. — Le traitement des institutrices est fixé aux deux tiers de celui des instituteurs, toutes les autres dispositions relatives à la nomination, aux classes et à la retraite des instituteurs et instituteurs adjoints étant également applicables aux institutrices et institutrices adjointes.

Dans les communes où l'école de garçons n'est pas séparée de l'école des filles, les travaux spéciaux aux filles se feront sous la direction d'une maîtresse désignée par le comité d'arrondissement et révocable par lui. Il est alloué à cette maîtresse une indemnité que fixera la commune.

§ 4. — *Dispositions communes aux écoles élementaires des deux sexes.*

Art. 28. — Toute école de plus de cent élèves doit être divisée et recevoir un ou plusieurs instituteurs adjoints ou institutrices adjointes.

Le comité d'arrondissement en décidera sur l'avis du comité local et du conseil municipal.

Art. 29. — Les communes au-dessous de 250 âmes de population agglomérée pourront se réunir pour entretenir une école primaire. En cas de contestations concernant celle des communes où l'école doit être placée, le préfet décide sur l'avis du comité d'arrondissement.

§ 5. — *Des Ecoles primaires supérieures.*

Art. 30. — Les communes chefs-lieux de département et celles dont la population excède 6,000 âmes devront avoir une école primaire supérieure de garçons.

Dans les arrondissements qui n'auront pas d'école primaire supérieure, le Ministre de l'instruction publique pourra, sur l'avis du conseil général, du conseil municipal et du comité d'arrondissement, désigner la commune qui devra recevoir une école de cet ordre.

Art. 31. — L'enseignement sera donné dans les écoles supérieures par un directeur et par un professeur adjoint au moins, lesquels seront spécialement attachés à l'établissement et pourvus d'un brevet du degré supérieur.

Ils pourront être secondés par des professeurs appelés du dehors.

Art. 32. — Les directeurs et les professeurs adjoints des écoles primaire supérieures seront nommés et institués d'après les formes réglées par l'article 16, et choisis parmi les instituteurs des quatre premières classes.

Art. 33. — Le traitement du directeur de l'école supérieure sera égal à celui de l'instituteur de la localité, sans d'ailleurs pouvoir jamais être au-dessous de 1,200 francs; il sera acquitté par les mêmes moyens, et les communes y ajouteront une indemnité qui sera déterminée par elles.

Le traitement des professeurs adjoints sera des deux tiers du traitement fixe de l'instituteur.

ART. 34. — Les dispositions relatives à l'augmentation du traitement des instituteurs et à leurs pensions de retraite sont applicables aux directeurs et professeurs adjoints des écoles supérieures.

ART. 35. — Les élèves des écoles supérieures seront âgés de douze à dix-sept ans. Les exceptions à cette règle générale devront être jugées par le comité local.

Tout élève, avant d'entrer à l'école supérieure, devra subir un examen constatant qu'il possède complétement l'instruction élémentaire. Le concours auquel pourront être admis tous les enfants de l'arrondissement sera réglé par le comité d'arrondissement.

Le nombre des élèves admis gratuitement dans les écoles supérieures ne pourra dépasser une certaine proportion limitée par le comité d'arrondissement.

ART. 36. — Les communes pourront établir, avec l'autorisation du comité d'arrondissement, des écoles supérieures de filles. Ces écoles seront d'ailleurs soumises, par analogie, aux mêmes dispositions que les écoles supérieures de garçons.

ART. 37. — Le comité d'arrondissement pourra provoquer et autoriser l'établissement de classes d'adultes. Il pourra en déterminer le règlement suivant les besoins et les usages des localités. Les élèves de ces classes ne seront jamais âgés de moins de quinze ans.

Le comité pourra également autoriser des classes d'apprentis et d'enfants employés dans les manufactures et les ouvroirs pour les filles.

ART. 38. — Les instituteurs employés dans les écoles d'hospices ou maisons d'orphelins devront être munis du brevet de capacité et du certificat de moralité; ces écoles seront d'ailleurs réglées par le conseil administratif de l'hospice et soumises à la surveillance des autorités scolaires.

Le régime des écoles de prisons sera déterminé par un règlement d'administration publique.

§ 6. — *Écoles Normales primaires.*

ART. 39. — Tout département sera tenu d'entretenir une École Normale primaire de garçons, sauf exception autorisée par le Ministre de l'instruction publique.

ART. 40. — Les Écoles Normales primaires seront gratuites. Les élèves y sont reçus après concours de seize à dix-huit ans, et leur nombre est limité par le Ministre de l'instruction publique, sur l'avis du conseil général. La durée des cours y sera de trois années.

Dans le cas où la condition fixée par l'article 22 ne serait pas remplie, il y aurait lieu à restituer les dépenses faites à l'École Normale pour l'entretien de l'élève durant son séjour.

Art. 41. — Les départements pourront entretenir des Écoles Normales de filles.

Art. 42. — Un règlement du conseil national de l'instruction publique déterminera tout ce qui concerne le personnel et l'enseignement des Écoles Normales.

§ 7. — *Des cours de perfectionnement et des conférences pour les instituteurs.*

Art. 43. — Des cours de perfectionnement pourront être faits dans les Écoles Normales pour les instituteurs.

Le Ministre de l'instruction publique réglera tout ce qui concerne ces cours spéciaux.

Les autres cours qui pourront être faits en faveur des instituteurs, hors des Écoles Normales, devront être autorisés par le recteur de l'Académie, sur l'avis du comité d'arrondissement et du comité local.

Art. 44. — Des conférences entre les instituteurs et instituteurs adjoints, directeurs et professeurs adjoints des écoles supérieures, auront lieu à des époques périodiques, sous la surveillance du comité d'arrondissement et du recteur.

Le président sera nommé par le comité.

Un règlement du comité national de l'instruction publique fixera le régime et la tenue de ces conférences, auxquelles tous les instituteurs devront régulièrement assister.

§ 8. — *Du matériel et des livres des écoles primaires.*

Art. 45. — Les communes doivent fournir et entretenir, tant pour la tenue des écoles municipales de tout genre que pour le logement des instituteurs ou institutrices, des locaux conformes aux règlements arrêtés par le Ministre de l'instruction publique.

Des préaux et un jardin seront joints, autant que possible, à chaque école.

Art. 46. — Le matériel, le chauffage et l'éclairage des écoles sont à la charge des communes et sont au nombre de leurs dépenses obligatoires.

La commune recouvrera, dans les mêmes formes que la rétribution annuelle, et à titre d'abonnement, le prix des livres et des fournitures scolaires employées dans les écoles élémentaires par les enfants qui pourront les payer. Les frais des autres livres et des autres fournitures seront acquittés par les communes.

Art. 47. — Les instituteurs publics ne pourront employer dans leurs écoles, parmi les livres autorisés par le Ministre de l'instruction publique, que ceux qui auront été choisis par le comité d'arrondissement, sur l'avis du comité local.

En ce qui concerne l'enseignement religieux, les livres employés seront pris parmi ceux qui sont approuvés, soit par l'évêque diocésain, soit par le consistoire.

Les livres employés dans chaque école et, s'il y a lieu, dans la commune, seront toujours uniformes.

La liste des livres donnés en prix sera dressée par le comité d'arrondissement, et ces livres seront choisis sur cette liste par les autorités municipales et scolaires de chaque commune.

TITRE III.

DES INSTITUTEURS PRIVÉS.

Art. 48. — Tout individu, âgé de dix-neuf ans au moins, pourvu d'un brevet de capacité, qui veut ouvrir une école privée, doit en faire la déclaration à la mairie de la commune où il se propose d'exercer, au secrétariat du comité d'arrondissement et au parquet du procureur de la République.

Cette déclaration doit contenir les nom, prénoms et âge du déclarant, avec l'indication de ses professions et résidences antérieures et l'indication du local que l'école doit occuper.

Elle reste affichée à la mairie, et l'école ne peut être ouverte qu'un mois après.

L'opposition ne peut être élevée soit d'office, soit par les autorités scolaires, soit par des tiers, que dans l'intérêt de la morale publique. Elle est jugée par le tribunal civil en chambre du conseil, après que le déclarant aura été entendu et sauf recours à la cour d'appel.

La déclaration relative au local sera jugée dans les mêmes formes, sous le rapport de la convenance et de la salubrité.

Art. 49. — Sont incapables de tenir école :

1° Les condamnés à des peines afflictives ou infamantes;

2° Les condamnés pour vol, escroquerie, banqueroute, abus de confiance ou délits contre la probité et les mœurs, et les individus qui auront été privés par jugement de tout ou partie des droits civils, civiques ou de famille ;

3° Les individus interdits en vertu de l'article 51.

Art. 50. — Quiconque aura ouvert une école primaire en contravention à l'article 49, ou sans avoir régulièrement satisfait aux conditions de l'article 47, sera poursuivi devant le tribunal correctionnel du lieu du délit et condamné à une amende de 50 francs à 200 francs. L'école sera fermée.

En cas de récidive, le délinquant sera condamné à un emprisonnement de quinze à trente jours et à une amende de 100 francs à 400 francs.

Art. 51. — Tout instituteur privé, sur la demande du comité local ou du comité d'arrondissement, ou sur la poursuite d'office du ministère public, pourra être traduit, pour cause d'inconduite et d'immoralité, devant le tribunal civil de l'arrondissement, qui peut seul prononcer contre lui l'admonition, la réprimande ou l'interdiction temporaire ou perpétuelle, sauf recours au tribunal d'appel.

ART. 52. — La réunion des sexes dans les écoles privées sera soumise aux mêmes conditions que fixera, pour les écoles publiques, un règlement du Ministre de l'instruction publique.

ART. 53. — Les instituteurs privés pourront employer dans leurs établissements tous les ouvrages dont l'usage ne sera pas contraire à l'ordre public ni aux bonnes mœurs. Toute contravention à cette disposition sera punie comme il sera dit dans l'article 78.

ART. 54. — Les instituteurs et chefs d'établissements d'instruction publique de tout ordre ne peuvent donner à leurs écoles d'autres désignations que celles d'écoles communales ou privées du degré élémentaire ou supérieur.

La première infraction à cette disposition pourra être punie de l'admonition, de la réprimande ou d'une amende de 25 francs à 100 francs. En cas de récidive, l'amende pourra être de 50 francs à 500 francs. Le jugement sera affiché et inséré dans les journaux. Le tribunal pourra, dans les cas très-graves, prononcer la suspension temporaire de l'établissement.

ART. 55. — Les instituteurs publics pourront être autorisés par le comité d'arrondissement, sur l'avis du comité local et du conseil municipal, à ouvrir des pensionnats primaires.

Les instituteurs privés qui voudront ouvrir des établissements du même ordre ne seront tenus qu'à la déclaration spécifiée dans l'article 48.

Nul ne pourra être directeur d'un pensionnat primaire s'il n'est âgé de vingt-cinq ans au moins.

ART. 56. — Le certificat de moralité exigé par l'article 16 sera délivré aux élèves sortant de l'École Normale par le directeur de l'école, et approuvé par le comité d'arrondissement. Dans tous les cas, ce certificat sera délivré sur l'attestation de trois conseillers municipaux et avec l'approbation du comité d'arrondissement, par le maire de la commune ou de chacune des commune où l'impétrant aura résidé depuis trois ans.

En cas de refus de la part de l'autorité municipale, le certificat pourra être délivré par le comité d'arrondissement agissant seul.

ART. 57. — Les institutrices privées sont soumises à toutes les obligations qui sont imposées par les articles précédents aux instituteurs du même ordre.

TITRE IV.

DE L'OBLIGATION.

Art. 58. — Chaque année, au mois de septembre, il sera dressé, par les soins du comité local et transmis au comité d'arrondissement, une double expédition de la liste des enfants qui, dans la commune, reçoivent l'instruction primaire et de ceux qui ne la reçoivent point, ni dans une école, ni dans la famille.

Tout père, dont l'enfant âgé de dix ans accomplis est signalé comme ne recevant pas régulièrement l'instruction primaire, est tenu, sur l'invitation du maire, de le présenter à la commission scolaire, composée d'un membre du comité local, élu par ses collègues, du sous-inspecteur des écoles primaires, ou d'un commissaire spécial délégué par le recteur et d'un délégué du comité d'arrondissement.

Tout enfant devra suivre régulièrement l'école primaire jusqu'à l'âge de quatorze ans, à moins qu'il n'ait obtenu de la commission scolaire le certificat d'études, lequel ne pourra être délivré qu'aux enfants de douze ans et au-dessus.

La veuve, les tuteurs ou curateurs sont soumis, en ce qui concerne les enfants, aux mêmes obligations que le père.

Art. 59. — Si l'enfant n'est pas présenté ou s'il est constaté qu'il ne reçoit aucune instruction régulière, le père pourra être appelé devant la commission scolaire, qui lui adressera un avertissement dont il sera fait mention au procès-verbal de la séance.

Si la commission scolaire constate, trois mois plus tard, qu'il n'a pas été tenu compte de l'avertissement, le père sera cité devant le juge de paix et condamné à la réprimande. Le jugement pourra être affiché à la mairie pendant un temps qui n'excédera point un mois.

Si la même négligence est constatée six mois après, le père pourra être appelé sans frais devant le tribunal civil de l'arrondissement et condamné soit à l'interdiction des droits civiques de un an à cinq ans, soit à une amende de 10 à 100 francs, ou à la privation des avantages communaux et des secours des bureaux de bienfaisance en tout ou en partie.

La peine cessera de droit lorsque la commission aura reconnu que l'enfant a reçu l'instruction primaire.

TITRE V.

DE LA SURVEILLANCE DE L'INSTRUCTION PRIMAIRE.

§ 1er. — *Du comité local.*

ART. 60. — Il y aura, dans toutes les communes, un comité local chargé de la surveillance régulière des écoles.

Dans les grandes communes divisées en plusieurs cantons, il y aura toujours un seul comité pour surveiller toutes les écoles.

A Paris, il y aura un comité local par arrondissement; le juge de paix en fera partie de droit, et un comité central fera fonctions de comité d'arrondissement.

ART. 61. — Le comité local sera composé du maire de la commune ou du plus âgé des maires en cas de réunion de communes, président de droit, des maires des communes réunies, du plus ancien des ministres de chacun des cultes légalement professés dans la commune, et d'un nombre de membres que déterminera le comité d'arrondissement. Ces derniers membres seront élus, moitié par le conseil municipal, moitié par le comité d'arrondissement, ou moitié plus un toutes les fois que les membres de droit seraient en nombre pair.

L'instituteur ne peut faire partie du comité local.

Le comité local aura un secrétaire réélu chaque année et qui pourra être pris hors de son sein.

Le comité ne pourra délibérer qu'à la majorité absolue de ses membres.

ART. 62. — Le comité local est renouvelé tous les trois ans.

Il se réunit au moins une fois par mois et adresse au comité d'arrondissement des rapports de six mois en six mois au moins.

Le comité local peut s'adjoindre un ou plusieurs délégués de l'un ou l'autre sexe, qui ont droit d'assister aux séances avec voix délibérative sur l'affaire dont ils font rapport.

ART. 63. — Le comité local veille à la bonne tenue et à la salubrité des écoles publiques; il fait connaître au comité d'arrondissement leur état et leurs besoins.

Il surveille les écoles privées dans l'intérêt des bonnes mœurs, de la salubrité et de l'ordre public.

Sur le rapport du comité d'arrondissement, le Ministre de l'instruction publique pourra dissoudre le comité local et le remplacer par un comité spécial dont il nommera tous les membres.

§ 2. — *Du comité d'arrondissement.*

Art. 64. — Il sera formé dans chaque arrondissement un comité chargé pécialement de surveiller et d'encourager l'instruction primaire.

Le Ministre de l'instruction publique pourra, mais seulement dans les cas où l'exigeraient les circonstances locales, établir dans l'arrondissement plusieurs comités dont il déterminera la circonscription.

Art. 65. — Le comité d'arrondissement est composé du préfet ou sous-préfet, président de droit;

Du maire du chef-lieu;

Du juge de paix;

Du curé;

D'un ministre de chacun des autres cultes reconnus par la loi, qui sera désigné par son consistoire;

D'un proviseur, principal de collége, directeur d'École Normale primaire, professeur, régent, chef d'institution ou de pension, en activité ou en retraite, désigné par le Ministre de l'instruction publique;

D'un instituteur du degré élémentaire ou supérieur, élu par les instituteurs de l'arrondissement;

Des représentants du peuple élus dans le département et résidant dans la circonscription;

Des membres du conseil général ayant la même résidence;

Du procureur de la République;

De trois citoyens de l'arrondissement, désignés par le comité lui-même;

De l'inspecteur ou sous-inspecteur de l'instruction primaire dans l'arrondissement, lequel aura voix consultative.

Le comité choisit tous les ans son vice-président et son secrétaire, qui pourra être pris hors de son sein. Dans ce dernier cas, le secrétaire devient membre du comité par sa nomination.

Art. 66. — Les comités d'arrondissement s'assembleront au moins une fois par mois. Ils pourront être convoqués extraordinairement sur la demande de l'inspecteur ou du sous-inspecteur de l'instruction primaire, des inspecteurs supérieurs et du recteur, lesquels auront droit d'y être entendus.

Les comités d'arrondissement ne pourront délibérer s'il n'y a au moins sept membres présents. L'instituteur opinera le premier.

Les fonctions de tous les membres élus des comités d'arrondissement dureront trois ans. Ils seront indéfiniment rééligibles.

Art. 67. — Les comités d'arrondissement pourront choisir un ou plusieurs délégués des deux sexes, parmi lesquels il devra toujours y avoir un médecin chargé de la surveillance sanitaire des écoles. Les délégués auront voix délibérative pour l'affaire dont ils font rapport.

Art. 68. — Outre le droit de nomination conféré par l'article 16, le comité d'arrondissement exerce le pouvoir disciplinaire à l'égard des directeurs et professeurs adjoints des écoles supérieures, des instituteurs communaux, institutrices communales, directrices de salles d'asile, etc.

Il inspecte ou fait inspecter par des délégués toutes les écoles primaires de son ressort.

Il publie chaque année un rapport sur ces écoles et l'adresse au Ministre de l'instruction publique; il fixe l'époque et la durée des vacances, sur l'avis du comité local.

Il donne son avis sur les secours à accorder aux instituteurs et aux communes, sur les constructions de maisons d'écoles, sur les encouragements de tout ordre et sur ce qui intéresse à un titre quelconque l'instruction primaire.

Il provoque les réformes et les améliorations qu'il juge nécessaires.

Il procède ou fait procéder par ses délégués à l'installation solennelle des instituteurs et reçoit leur serment ainsi conçu :

« En présence de Dieu et devant les habitants de la commune d........., je jure de consacrer à la mission sainte que me confie la République toutes mes forces et tout mon dévouement, et d'élever les enfants, dont l'éducation m'est remise, dans le respect profond de tous les devoirs et de toutes les lois morales et politiques qui font l'homme de bien et le bon citoyen. »

§ 3. — *Des inspecteurs et sous-inspecteurs.*

Art. 69. — Il y a dans chaque arrondissement un sous-inspecteur de l'instruction primaire, et dans chaque chef-lieu de département un inspecteur faisant fonctions de sous-inspecteur pour l'arrondissement du chef-lieu.

Les sous-inspecteurs sont divisés en trois classes : ils sont au nombre de 60 pour la première, de 80 pour la seconde et de 137 pour la troisième.

Les inspecteurs sont divisés en deux classes : ils sont au nombre de 30 pour la première et de 55 pour la seconde.

L'inspection, dans le département de la Seine sera organisée par un règlement spécial.

Art. 70. — Nul ne peut être inspecteur de l'une des deux classes ou sous-inspecteur de la première, s'il n'a été pendant deux ans sous-inspecteur de troisième classe et pendant deux ans sous-inspecteur de la seconde.

Sont exceptés : les directeurs d'Écoles Normales qui pourront être nommés inspecteurs sans avoir passé par la sous-inspection.

Art. 71. — Le traitement des sous-inspecteurs sera de 1,500 francs pour la troisième classe, de 1,800 francs pour la seconde et de 2,100 francs pour la première.

Le traitement des inspecteurs sera de 2,400 francs pour la seconde classe et de 2,700 francs pour la première.

Il est alloué, en outre, des frais de tournée aux inspecteurs et aux sous-inspecteurs.

Les arrondissements et les départements ajouteront à ces traitements une indemnité dont ils fixeront la quotité.

Art. 72. — Les sous-inspecteurs seront choisis parmi les instituteurs des quatre premières classes munis du brevet supérieur; les professeurs des Écoles Normales primaires ; les divers fonctionnaires de l'instruction publique ayant cinq années d'exercice, et les instituteurs privés qui ont exercé pendant dix ans et qui sont portés au tableau d'aptitude mentionné à l'article 16.

Les deux tiers des nominations seront attribués aux instituteurs publics, l'autre tiers pourra être réservé aux autres personnes dénommées dans les paragraphes précédents.

Les inspecteurs et sous-inspecteurs seront nommés par le Ministre de l'instruction publique.

Art. 73. — Les inspecteurs et sous-inspecteurs sont membres de tous les comités avec voix consultative. Ils doivent se borner dans les écoles aux fonctions de la surveillance qui leur est confiée. Ils n'ont point à donner d'ordres dans les écoles, sur lesquelles ils font des rapports officiels.

Art. 74. — Il y a près le Ministre de l'instruction publique deux inspecteurs généraux de l'instruction primaire, assimilés aux autres inspecteurs généraux de l'instruction publique.

Le Ministre adressera chaque année à l'Assemblée nationale un rapport dressé par leurs soins, sur l'état de l'instruction primaire dans toute la République.

Art. 75. — Les règlements généraux sur l'instruction primaire seront arrêtés par le Ministre de l'instruction publique en conseil.

Des règlements spéciaux, destinés à développer les règlements généraux arrêtés par le Ministre, pourront être faits par les comités d'arrondissement. Les comités locaux pourront prescrire aussi, dans des cas exceptionnels, des mesures réglementaires qui ne seront que l'application des autres règlements aux besoins des diverses localités et qui devront être approuvés par le comité d'arrondissement.

Les règlements faits par les comités d'arrondissement seront soumis à l'approbation du Ministre de l'instruction publique. Ils seront exécutoires après un délai de deux mois, si le Ministre n'y a point fait opposition.

§ 4. — *Des commissions d'examen.*

Art. 76. — Il y a dans chaque département une commission chargée d'examiner les aspirants et les aspirantes au brevet de capacité.

Elle sera chargée également de faire les examens d'entrée et de sortie des élèves de l'École Normale primaire.

Elle est composée du recteur ou d'un délégué choisi par lui parmi les fonctionnaires supérieurs de l'instruction publique, président, d'un curé ou chanoine du département, désigné par l'évêque, ou bien d'un ministre de tout autre culte professé par le candidat, de l'inspecteur du département, et en cas d'empêchement, du plus ancien des sous-inspecteurs et de six membres nommés, moitié par le Ministre de l'instruction publique, moitié par le conseil général.

La commission d'examen ne pourra délibérer qu'autant que cinq membres au moins seront présents.

Les brevets seront délivrés sous l'autorité du Ministre.

Art. 77. — Les examens ont lieu publiquement et à des époques déterminées par le Ministre de l'instruction publique.

Pour les examens des aspirantes, la commission s'adjoindra deux examinatrices, qui auront voix délibérative. Dans ce dernier cas, la commission n'admettra à l'examen que les autorités municipales et scolaires, les institutrices et les aspirantes avec leurs parents.

Les aspirants et aspirantes ne pourront se présenter que devant la commission d'examen d'un département où ils résideront depuis six mois au moins.

§ 5. — *De la pénalité et des récompenses.*

Art. 78. — En cas de fautes graves, de négligence habituelle et de contravention aux articles 23 et 44, l'instituteur peut être cité devant le comité d'arrondissement, soit d'office, soit sur la plainte d'un inspecteur ou sous-inspecteur, ou du comité local.

Les peines qui pourront être infligées aux instituteurs publics, sont :

1° L'avertissement prononcé sans mention au procès-verbal ;

2° La réprimande simple avec mention au procès-verbal ;

3° La réprimande avec privation temporaire de tout ou partie du traitement ;

4° La suspension, dont la durée ne pourra pas être de plus de deux mois, avec ou sans privation de tout ou partie du traitement ;

5° La révocation.

Toutes les peines seront prononcées par le comité d'arrondissement.

En cas d'urgence, le maire peut, sur la plainte du comité local, suspendre provisoirement l'instituteur, sauf à rendre compte immédiatement de cette mesure au comité d'arrondissement.

Art. 79. —Tout instituteur communal suspendu ou révoqué de ses fonctions, peut, dans le délai de huit jours, appeler du jugement du comité d'arrondissement devant le Conseil académique, en dernier ressort devant le Conseil national de l'instruction publique dans les cas de révocation.

Le Ministre de l'instruction publique peut, dans le délai d'un mois, interjeter appel devant le Conseil académique.

Art. 80. — Le jugement sera contradictoire, et le pourvoi devra être fait dans les huit jours qui suivront la notification du jugement par défaut. L'opposition pourra être produite soit au bas de la signification même, soit par acte séparé.

Art. 81. — L'article 51, relatif aux instituteurs privés, est également applicable aux instituteurs publics.

Art. 82. — Il y aura pour les instituteurs des récompenses honorifiques, qui seront déterminées par un règlement du Ministre de l'instruction publique en conseil.

Art. 83. — Les articles 77 et suivants, relatifs aux instituteurs et adjoints, sont également applicables aux institutrices et adjointes.

TITRE VI.

DES RETRAITES.

Art. 84. — Il est fait, sur les traitements et les dixièmes de tous les membres de l'instruction publique, une retenue de 10 0/0 pour former une caisse de retraite.

Art. 85. — Tout membre de l'instruction primaire publique, âgé de cinquante-cinq ans et comptant au moins trente années de service pendant lesquelles la retenue du dixième a été exercée sur son traitement et versée à la caisse des retraites, a droit à une pension égale à la moitié du traitement moyen, y compris les dixièmes dont il a joui pendant ses cinq dernières années de service.

Art. 86. — Les membres de l'instruction primaire publique, atteints par des infirmités graves contractées dans l'exercice de leurs fonctions, peuvent obtenir une pension égale au sixième de leur traitement, lorsqu'ils ont au moins dix années de service. Cette pension s'accroît d'un centième dudit traitement pour chaque année de service au-dessus de dix ans.

Art. 87. — Les veuves des instituteurs de tout ordre décédés en activité de service ou en possession d'une pension de retraite, pourront obtenir une pension égale au tiers de celle à laquelle avait droit leur mari, ou dont il jouissait, pourvu que le mariage ait été contracté depuis plus de cinq ans. Cette pension cesse de droit en cas d'un nouveau mariage.

Les orphelins sans mère, laissés par les instituteurs de tout ordre, pourront obtenir des pensions de secours jusqu'à ce qu'ils aient obtenu l'âge de seize ans. Ces secours ne pourront jamais excéder, pour tous les orphelins ensemble, la moitié de la pension à laquelle leur père avait droit ou dont il jouissait.

Art. 88. — L'admission à la retraite est prononcée par le Ministre de l'instruction publique, et la pension est liquidée dans les formes adoptées pour les membres de l'Université. Un règlement d'administration publique déterminera l'organisation et la surveillance de la caisse des retraites de l'instruction primaire.

ART. 89. — Le temps d'exercice dans l'instruction primaire compte aux instituteurs de tout ordre pour établir ultérieurement leurs droits à la retraite dans un autre service public, pourvu qu'ils aient servi pendant dix ans au moins dans l'enseignement, et obtenu un *exeat* régulier avec un certificat de bons services donné par M. le Ministre de l'instruction publique.

Réciproquement, les services rendus dans toute autre branche de l'administration publique où seront établies des pensions de retraite, pourront compter aux instituteurs pour leur retraite, pourvu qu'ils servent encore pendant vingt ans au moins dans l'instruction primaire.

TITRE VII.

DES DÉPENSES DE L'INSTRUCTION PRIMAIRE.

ART. 90. — Les dépenses afférentes à l'instruction primaire et résultant de dispositions de la présente loi, seront acquittées au moyen de fondations, legs et donations, de la rétribution scolaire annuelle, des revenus ordinaires de chaque commune, des trois centimes additionnels votés par les communes dans les formes prescrites par l'article 13 de la loi du 28 juin 1833, des deux centimes additionnels votés par les départements, et des subventions de l'État.

ART. 91. — La rétribution annuelle, tant pour les écoles primaires que pour les classes d'adultes, sera fixée par le conseil général du département, sur la proposition du comité d'arrondissement, sauf le recours du préfet ou du Ministre de l'instruction publique par devant le Conseil d'État.

Le minimum de la rétribution scolaire est fixé à 6 francs par an.

Cette rétribution sera perçue d'avance et par douzième chaque mois.

Les dégrèvements seront demandés avec les formalités ordinaires et accordés pour décès ou maladie de l'enfant dûment justifiés, pour changement de domicile, envoi de l'enfant dans une autre école soit publique, soit privée, et pour certificat d'études délivré par la commission scolaire.

Les demandes en dégrèvement pour l'instruction donnée dans le sein de la famille ne seront admises que sur l'avis de la même commission.

ART. 92. — Chaque année, la liste des parents qui pourront acquitter la rétribution scolaire pour ceux de leurs enfants qui recevront l'instruction primaire, sera dressée par le conseil municipal, et elle sera, sur l'avis du conseil cantonal, arrêtée par le préfet en conseil de préfecture.

ART. 93. — La rétribution mensuelle pour les asiles sera fixée sur la proposition du conseil municipal et l'avis du comité d'arrondissement, par le préfet, sauf recours au conseil d'État.

La liste des parents qui pourront acquitter la rétribution des asiles sera fixée chaque mois par le conseil municipal, sauf l'approbation du préfet.

Art. 94. — La rétribution scolaire annuelle et la rétribution mensuelle des asiles seront perçues par le receveur municipal avec les remises ordinaires.

Art. 95. — Les dépenses des asiles et des écoles d'adultes ne figureront au budget communal qu'après les dépenses des écoles primaires élémentaires et supérieures.

Dans aucun cas l'État n'entretiendra ni les asiles ni les classes d'adultes, mais il pourra les encourager et les soutenir par des subventions.

La liste des parents qui pourront acquitter la rétribution des classes d'adultes sera dressée dans la même forme que la liste relative aux asiles.

Art. 96. — Dans toute commune dont les ressources sont suffisantes pour satisfaire aux prescriptions de la présente loi, sans subvention du département ou de l'État, le conseil municipal peut rendre gratuite l'instruction primaire de tous les degrés.

TITRE VIII.

DISPOSITIONS TRANSITOIRES.

Art. 97. — Un délai de cinq ans est accordé aux institutrices pourvues de lettres d'obédience et âgées de moins de trente ans, pour obtenir le brevet de capacité spécifié dans l'article 77.

Les lettres d'obédience équivaudront au brevet pour celles qui sont âgées de plus de trente ans.

Art. 98. — Les instituteurs communaux en fonctions au moment de la promulgation de la présente loi, et qui étaient âgés de moins de trente-cinq ans lorsque la retenue du dixième a été exercée sur leur traitement, pourront être admis à jouir du bénéfice de la pension de retraite quand ils rempliront les conditions d'âge déterminées dans l'article 84.

En conséquence, les fonds appartenant à ces instituteurs, qui se trouvent à la Caisse d'épargne et de prévoyance, seront immédiatement versés à la Caisse des dépôts et consignations pour le compte de la Caisse des retraites.

Art. 99. — Les instituteurs communaux auxquels sont applicables les dispositions de l'article précédent devront, en sus de la retenue prescrite par l'article 84, compléter par des versements, dont la forme et les conditions seront déterminées dans l'année par un règlement d'administration publique, une somme égale à celle qui aurait dû être prélevée pendant dix ans sur leur traitement, y compris les intérêts cumulés de cette somme.

Art. 100. — La Caisse d'épargne et de prévoyance, établie par l'article 15 de la loi du 28 juin 1833, est maintenue pour les instituteurs communaux qui, au moment de la promulgation de la présente loi, étaient âgés de plus de trente-cinq ans, ou ceux qui, moins âgés, n'auront pas accepté le bénéfice de l'article précédent.

Un crédit sera temporairement ouvert au Ministre de l'instruction publique pour accorder des secours à ceux de ces instituteurs qui, forcés par l'âge ou les infirmités de quitter l'enseignement, seront dénués de moyens d'existence.

Art. 101. — En aucun cas, les émoluments touchés par les instituteurs publics actuellement en fonctions ne pourront être diminués, quand bien même ils seraient supérieurs au taux fixé par la présente loi.

Avis relatif à l'autorisation d'annexer un pensionnat à une école gratuite.

15 *décembre* 1848.

Le Conseil,

Vu la demande formée par Mme Dauvergne, sœur de Saint-Gildas, institutrice à Châtelais (Maine-et-Loire), à l'effet d'annexer un pensionnat primaire à son école;

Vu les pièces jointes à sa demande;

Vu les statuts de la congrégation à laquelle appartient l'impétrante;

Attendu que l'article 1 de ces statuts impose aux membres de la congrégation l'obligation *d'enseigner gratuitement;*

Est d'avis qu'il n'y a pas lieu d'accorder à la dame Dauvergne l'autorisation qu'elle sollicite (1).

---

(1) OPINION D'UN MEMBRE.

Deux demandes ont été formées par Mlle Grivault et Mme Dauvergne, sœurs de Saint-Gildas-des-Bois, dites Sœurs de l'Instruction chrétienne, à l'effet d'obtenir l'autorisation de joindre des pensionnats primaires aux écoles qu'elles

Avis relatif à l'autorisation d'annexer un pensionnat à une école gratuite.

15 *décembre* 1848.

Le Conseil,

Vu la demande en autorisation de pensionnat formée par la demoiselle Grivaud, sœur de l'instruction chrétienne de St.-Gildas, institutrice primaire à Montoir (Loire-Inférieure);

Vu les statuts des sœurs de la congrégation de Saint-Gildas,

---

dirigent, l'une dans la commune de Montoir (Loire-Inférieure), l'autre dans la commune de Châtelais (Maine-et-Loire).

Les comités locaux, les comités d'arrondissement, les inspecteurs des écoles donnent des avis favorables et déclarent les institutrices dignes à tous égards d'obtenir les autorisations demandées; les locaux offrent toute garantie nécessaire.

Les enfants feraient de plus rapides progrès dans l'instruction, étant continuellement sous les yeux de leurs maîtresses; plusieurs de ces enfants viennent des communes voisines, et, dans la mauvaise saison surtout, il leur est très-pénible, pour ne pas dire impossible de voyager soir et matin; leur santé se conserverait beaucoup mieux dans un pensionnat.

Le recteur est d'avis que l'autorisation soit accordée.

Et quant à l'interprétation des statuts desdites sœurs de Saint-Gildas, lesquels *ont pour fin le service des pauvres et l'instruction gratuite des enfants*, il résulte d'une réponse formelle de Mme la supérieure qu'à la vérité *leurs statuts leur imposent l'obligation de donner l'instruction gratuite aux pauvres, mais qu'elles peuvent, comme les autres institutrices, recevoir des rétributions mensuelles lorsque les enfants ne sont pas pauvres.*

Dans ces circonstances, le soussigné considérant que l'Université doit essentiellement avoir à cœur la bonne éducation et l'instruction, à la fois plus rapide et plus solide des enfants; qu'elle doit particulièrement favoriser l'extension de ce double bienfait en faveur des enfants qui en demeureraient privés, s'ils n'avaient pas la ressource des pensionnats, estime qu'il y a lieu d'accorder auxdites sœurs de Saint-Gildas les autorisations qu'elles demandent.

lesquels imposent *l'enseignement gratuit* aux membres de la congrégation ;

Est d'avis qu'il n'y a pas lieu d'autoriser la d[lle] Grivaud à tenir pensionnat.

Arrêté relatif à l'institution d'une Commission chargée de préparer une loi sur l'instruction primaire.

3 *janvier* 1849.

Le Ministre de l'instruction publique et des cultes,

Arrête :

Art. 1. — Il est institué, près le Ministère de l'instruction publique et des cultes, une commission chargée de préparer une loi sur l'instruction primaire.

Art. 2. — Cette commission est composée ainsi qu'i suit :

MM. le Ministre de l'instruction publique et des cultes, président ;

Poulain de Bassay, conseiller ordinaire de l'Université ;

Cuvier, pasteur ;

Michel, collaborateur du père Girard ;

Armand de Melun, président de la société d'Économie charitable ;

Henri de Riancey, membre de la société d'Économie charitable ;

Cochin, membre de la société des Amis de l'enfance ;

Buchy, représentant ;

L'abbé Libour, représentant ;

Roux Lavergne, représentant ;

De Montreuil, représentant;
Peupin, représentant;
Alexis Chevalier, secrétaire.

Proposition de loi sur l'instruction publique.

(M. JULES SIMON)

5 *février* 1849.

TITRE Ier.

DE L'INSTRUCTION NATIONALE.

ART. 1. — L'instruction nationale est placée sous la protection et la surveillance de l'État.

Elle se divise en instruction publique, donnée par l'État, sous la direction de l'Université;

Et en instruction privée, donnée soit dans la famille, soit dans les établissements particuliers.

ART. 2. — Il y a auprès du Ministre de l'instruction nationale un conseil divisé en trois sections, qui prennent le titre de « Section de l'enseignement public, Section de perfectionnement, Section de l'enseignement privé. »

Le Ministre préside le conseil, il peut aussi présider chacune des sections.

ART. 3. — La section de « l'enseignement public » est composée de douze membres pris dans l'Université, savoir :

3 membres pour les sciences physiques, mathématiques et naturelles,
4 pour les lettres,
1 pour la philosophie,
1 pour le droit,
1 pour la médecine,
Et 2 pour l'instruction primaire.

ART. 4. — Les membres de la première section du conseil sont nommés par le Ministre de l'instruction nationale, pour chaque place vacante, sur une double liste de candidats qui sont présentés, savoir :

Un candidat par les membres de la première section réunis aux inspecteurs généraux ;

Et un candidat par l'Académie des sciences pour chacune des places affectées aux sciences mathématiques, physiques et naturelles, et à la médecine ;

Par l'Académie française et l'Académie des belles-lettres réunies, pour chacune des places affectées aux lettres ;

Par l'Académie des sciences morales et politiques, et l'Académie des inscriptions et belles-lettres réunies, pour chacune des places affectées à la philosophie et au droit ;

Enfin, par l'Académie française et l'Académie des sciences morales et politiques réunies, pour chacune des places affectées à l'instruction primaire.

Art. 5. — Le titre de membre de la première section de l'instruction nationale est compatible avec les fonctions actives de l'enseignement, et ne peut se cumuler avec aucune fonction administrative.

Les membres de cette section sont nommés pour neuf ans et renouvelés tous les trois ans par tiers ; ils sont indéfiniment rééligibles et reçoivent seuls un traitement de l'État.

Art. 6. — La première section du conseil d'instruction nationale dirige seule, sous l'autorité du Ministre, les écoles de l'État.

Elle dresse, de concert avec les inspecteurs généraux, qui ont alors voix délibérative, une liste de présentation pour toutes les fonctions qui ne se donnent ni à l'élection ni au concours.

Elle conserve, comme tribunal disciplinaire et administratif, toutes les attributions conférées au conseil de l'Université par les lois antérieures ; néanmoins ses décisions, en cas de destitution prononcée contre les fonctionnaires nommés à l'élection ou au concours, peuvent être déférées au conseil d'État.

Art. 7. — La section de perfectionnement se compose :

De douze membres de la première section du conseil ;

D'un membre de chacune des classes de l'Institut, élu par elle dans son sein ;

De deux membres désignés par les conseils supérieurs de l'agriculture, de l'industrie et du commerce ;

De trois membres désignés par le conseil de perfectionnement de l'École Polytechnique ;

D'un membre de chacune des cinq facultés de Paris, élu par elle dans son sein ;

D'un membre pour les facultés de théologie protestante, nommé par le consistoire ;

D'un professeur du collége de France, nommé par le collége ;

D'un membre pour l'instruction primaire, désigné par les inspecteurs généraux ;

De deux membres désignés par la troisième section du conseil ;

De deux membres désignés par les proviseurs de Paris, réunis aux fonctionnaires et proviseurs de l'École Normale ;

De quatre membres élus par l'Assemblée nationale, dans son sein.

Art. 8. — La section de perfectionnement se réunit en session au moins une fois par an.

Elle émet son avis et fait des propositions sur les modifications à introduire dans les écoles de l'État et dans les programmes d'études, d'examens et de concours.

Art. 9. — La section de l'enseignement privé se compose de trente membres, savoir :

Les douze membres de la première section ;

Douze membres choisis par le Ministre dans l'enseignement privé ;

L'archevêque de Paris ;

Le président du consistoire protestant ;

Le premier président de la cour de cassation ;

Le premier président de la cour d'appel ;

Le préfet de la Seine ;

Et l'un des vice-présidents du conseil d'État, désigné par ce conseil.

Art. 10. — Cette section se réunit en session au moins deux fois par an, sur la convocation du Ministre ; elle délibère sur toutes les affaires relativement à l'enseignement privé, ainsi que sur les matières qui lui sont déférées par la présente loi.

TITRE II.

DE L'INSPECTION.

Art. 11. — L'inspection de tous les établissements d'instruction nationale est exercée :

1° Par des inspecteurs généraux nommés par le Ministre parmi les professeurs de facultés, les recteurs et inspecteurs d'Académie ;

2° Par les recteurs d'Académie ;

3° Par les inspecteurs d'Académie choisis par le Ministre, soit parmi les fonctionnaires et professeurs des écoles privées, aux conditions qui sont déterminées par la loi ;

4° Par des inspecteurs de l'instruction primaire.

Art. 12. — L'inspection de l'instruction nationale s'étend à toutes les écoles publiques et privées, sans aucune exception.

Pour les premières, elle s'exercera suivant les règlements délibérés par la première section du conseil ; pour les secondes, elle ne portera que sur la constitutionnalité et la moralité de l'enseignement, et sur l'hygiène.

TITRE III.

DE L'ADMINISTRATION ACADÉMIQUE.

Art. 13. — L'Université, pour la direction, la surveillance et la juridiction de l'enseignement public, se divise en Académies, dont le nombre ne peut être diminué ni augmenté que par une loi.

Les Académies sont administrées par un recteur et un Conseil académique.

Le Conseil académique est composé :

1° Du recteur, président, des inspecteurs de l'Académie et de l'inspecteur des écoles primaires;

2° Du préfet du chef-lieu de l'Académie, de l'évêque, ou si l'évêque ne réside pas au chef-lieu de l'Académie, du plus ancien des curés cantonaux du chef-lieu, du maire du chef-lieu, du procureur général, ou s'il n'y a pas de cour d'appel, du procureur de la République;

3° D'un membre de chaque faculté, élu par elle dans son sein; de deux membres élus par l'assemblée des proviseur, censeur et professeurs du lycée du chef-lieu de l'Académie, et choisis parmi eux.

Le conseil général du département où l'Académie est établie élira le nombre des conseillers nécessaire pour que le Conseil académique soit composé de quinze membres.

Lorsqu'il n'y aura pas au chef-lieu d'Académie de faculté de médecine, le conseil général désignera au moins un médecin parmi les membres qu'il sera chargé d'élire.

Lorsqu'il n'y aura pas de faculté de droit, l'ordre des avocats élira un membre dans son sein.

Art. 14. — Les attributions actuelles des Conseils académiques sont maintenues dans tout ce qui n'est pas contraire à la présente loi.

TITRE IV.

DES GRADES.

Art. 15. — Les grades dans les facultés des lettres et dans les facultés des sciences sont délivrés par ces facultés.

Aucun certificat d'études n'est exigé des candidats.

Les épreuves, tant orales qu'écrites, sont publiques.

Les épreuves écrites ont lieu de manière que les juges ignorent le nom du candidat dont ils examinent la composition.

Les professeurs et agrégés des facultés procèdent alternativement aux examens d'après un ordre de roulement qui ne peut être modifié sans nécessité régulièrement établie.

Chaque examen doit durer au moins trois quarts d'heure. La durée de l'examen est constatée dans le procès-verbal.

Les examinateurs reçoivent, dans chaque faculté, une indemnité fixée d'après le nombre des examens, et qui est la même pour chaque examinateur.

TITRE V.

DES GARANTIES DES MEMBRES DE L'UNIVERSITÉ.

Art. 16. — Les professeurs des facultés continueront d'être nommés selon les formes actuellement en vigueur.

Ils pourront, sur l'avis conforme de la première section du conseil, être mis d'office dans la position de retraite aux mêmes conditions d'âge et d'années de services que les autres membres de l'Université.

Les professeurs des lycées et des colléges communaux et les maîtres d'études pourront toujours recevoir du Ministre une destination nouvelle; mais lorsqu'ils occuperont leur emploi en vertu d'une nomination définitive, le Ministre ne pourra ni les mettre en disponibilité, ni les suspendre, ni les faire descendre à un degré inférieur, qu'après jugement du Conseil académique, sauf appel à la section de l'enseignement public. Cette disposition n'est pas applicable aux fonctionnaires de l'administration.

TITRE VI.

DES ÉTABLISSEMENTS PRIVÉS D'ENSEIGNEMENT SECONDAIRE.

Art. 17. — Quiconque voudra diriger un établissement privé d'instruction secondaire, ou y professer, sera muni du diplôme de bachelier ès-lettres ou de bachelier ès-sciences.

Le diplôme pourra être suppléé par un certificat de capacité, délivré après examen, par des jurys établis selon les formes prescrites par l'article suivant.

Art. 18. — Chaque année, la première, la deuxième et la troisième section du conseil, réunies, nommeront, pour chaque Académie, un jury d'examen pour les lettres, et un jury d'examen pour les sciences. Ces jurys examineront les aspirants aux fonctions de chefs d'institution ou de professeurs dans les établissements privés, qui ne justifieront pas du diplôme de bachelier ès-lettres ou du diplôme de bachelier ès-sciences.

Les membres de ces jurys ne pourront être choisis que parmi les docteurs de la faculté des sciences ou de la faculté des lettres, les membres de l'Institut, ou les membres correspondants de l'Institut.

Le Ministre pourra, sur la demande des trois sections du conseil, instituer des jurys particuliers pour les enseignements spéciaux.

Art. 19. — Le candidat qui veut ouvrir une école en fait la déclaration un mois d'avance à la mairie de la commune où il se propose d'exercer sa profession, au parquet du tribunal de l'arrondissement, et au recteur de l'Académie.

Le maire, le procureur de la République et le recteur qui ont reçu cette déclaration, peuvent faire opposition dans l'intérêt de la morale, devant le tribunal de l'arrondissement. Le tribunal statue en la chambre du conseil.

Les professeurs de l'enseignement privé sont assujettis aux mêmes formalités, la première fois qu'ils veulent exercer dans un département. Toutefois, l'obligation de prévenir les autorités ci-dessus désignées ne court qu'à partir du jour où ils entrent en fonctions. L'autorité compétente a un mois pour se pourvoir. L'appel est suspensif.

L'infraction aux dispositions du présent article sera punie d'une amende de 25 à 500 francs. En cas de récidive, l'amende sera de 100 à 1,000 francs, et le tribunal pourra prononcer un emprisonnement de six jours à six mois.

Art. 20. — Le jugement des infractions aux dispositions de la présente loi, commises dans l'enseignement privé, est exclusivement attribué aux tribunaux ordinaires, jugeant en chambre du conseil, et sur la poursuite d'office du ministère public ou la dénonciation du recteur. Tous deux ont, comme la personne incriminée, le droit d'appel.

Les peines qui peuvent être prononcées par les tribunaux contre les professeurs privés et chefs d'établissements privés, sont : l'avertissement, la réprimande, la suspension et l'interdiction du droit d'enseignement.

Lorsque la suspension a été prononcée contre un chef d'institution, il peut faire gérer son établissement par un suppléant remplissant les conditions exigées par la loi.

TITRE VII.

DES LIVRES EMPLOYÉS DANS L'ENSEIGNEMENT.

Art. 21 — La première section du conseil a seule le droit d'autoriser de prescrire ou d'interdire l'usage de certains livres pour les écoles de l'État.

Aucun examen préalable ne peut être exigé pour les livres employés dans les écoles privées;

Toutefois, les livres dénoncés au Ministre sont déférés par lui à la première et à la troisième section du conseil réunies.

Les deux sections réunies font leur rapport au Ministre.

Sur ce rapport, le Ministre peut interdire l'emploi du livre dans les écoles privées. Les infractions à cette défense seront punies des peines portées à l'article précédent.

TITRE VIII.

DE L'ENSEIGNEMENT PRIMAIRE.

Art. 22. — L'enseignement primaire élémentaire est gratuit pour tous les enfants dont les parents sont hors d'état de le payer.

Il est obligatoire dans les limites et sous la sanction qui seront établies par la loi.

Art. 23. — Les instituteurs et les institutrices reçoivent un traitement unique, qui ne peut être au-dessous de 600 fr. pour les instituteurs et de 400 fr. pour les institutrices. Il est pourvu à ce traitement : 1° à l'aide de la rétribution scolaire, qui sera perçue par le receveur municipal; 2° à l'aide des ressources de la commune, du département et de l'État. Il sera pourvu aux retraites par une retenue sur les traitements.

La commune, sur ses ressources, pourra établir la gratuité absolue de ses écoles primaires.

Une loi spéciale réglera l'application des dispositions du présent article.

Dispositions transitoires.

Les membres titulaires du conseil actuel de l'Université font de droit partie de la première section du conseil; immédiatement après que cette section aura été complétée dans la forme indiquée par la présente loi, un tirage au sort réglera l'ordre du renouvellement triennal.

Avis relatif au recours en grâce.

2 *mars* 1849.

Le Conseil,

Vu la lettre en date du 22 décembre 1848, par laquelle le sieur Leprêtre, instituteur communal à Tourny (Eure), adresse à M. le président de la République un pourvoi en grâce contre la décision du comité supérieur des Andelys, en date du 19 février 1848 qui l'a frappé d'un mois de suspension, avec privation de traitement;

Vu la lettre de M. le préfet de l'Eure, en date du 3 janvier 1849;

Considérant que si, en principe, le droit de grâce paraît établi par la constitution d'une manière générale et sans distinction, toutefois il y a lieu de n'en faire l'application qu'aux condamnations qui ont un véritable caractère pénal et qui, comme telles, sont prononcées par des juridictions statuant en audience publique;

Que les peines disciplinaires émanées des comités d'instruction primaire et, en général, celles émanées des diverses autorités de discipline en matière universitaire, n'ont pas ce caractère; que ce sont plutôt des mesures intérieures d'ordre et de hiérarchie, ayant pour but de maintenir les fonctionnaires dans l'observation exacte de tous leurs devoirs, et de garantir l'instruction publique de préjudices que la violation ou la négligence de ces devoirs pourrait y apporter, qu'elles participent ainsi de la nature des actes d'administration;

Est d'avis que le recours en grâce du sieur Leprêtre contre la décision rendue le 19 février 1848 par le comité d'instruction primaire des Andelys, n'est pas recevable.

Règlement pour les examens des aspirantes aux diplômes de maîtresse d'étude, de maîtresse de pension et de maîtresse d'institution du département de la Seine.

13 *avril* 1849.

Le Ministre de l'instruction publique et des cultes,

Vu la délibération du conseil de l'Université et des cultes;

Vu la délibération du conseil de l'Université en date de ce jour;

Vu l'ordonnance du 31 octobre 1821, sur les maisons d'éducation de filles en général;

Vu le règlement de 7 mars 1837, sur les institutions et pensions de demoiselles du département de la Seine;

Vu les arrêtés ministériels des 1er février et 21 mars 1848, concernant les examens des aspirantes à l'enseignement ou à la direction des mêmes établissements;

Vu les lettres de M. le préfet de la Seine, en date des 9 septembre 1848 et 10 janvier 1849, proposant des modifications auxdits arrêtés;

Arrête :

Les arrêtés réglementaires des 1er février et 21 mars 1848 sont modifiés ainsi qu'il suit :

ART. 1. — A l'avenir, il n'y aura que trois sessions annuelles pour les examens des aspirantes aux diplômes de maîtresse d'études, de maîtresse de pension et de maîtresse d'institution de demoiselles dans le département de la Seine. Ces trois sessions sont fixées aux époques suivantes :

1er février,
1er juin,
15 octobre.

ART. 2. — Le jury d'examen sera composé ainsi qu'il suit :

Un membre du conseil municipal, président, désigné par le préfet;

Deux vice-présidents désignés par le Ministre, à tour de rôle, parmi les inspecteurs de l'Académie de Paris;

Un ministre de chacun des cultes reconnus par l'État, nommé par le Ministre sur la présentation de l'archevêque ou du consistoire, et chargé spécialement de l'examen sur l'instruction religieuse;

Dix examinateurs, nommés par le Ministre sur la présentation du préfet, choisis principalement dans l'instruction secondaire, et dont la majorité devra se composer de membres de l'Université.

Art. 3. — Tous les membres du jury prendront part aux examens dans l'ordre fixé par le président.

Art. 4. — Six dames adjointes, nommées par le Ministre, sur la présentation du préfet et choisies parmi les inspectrices de l'instruction secondaire et de l'instruction primaire, assisteront aux examens avec voix délibérative, et seront chargées spécialement d'examiner les aspirantes sur les travaux d'aiguille.

Art. 5. — La présence de cinq personnes désignées aux articles 2 et 4 sera nécessaire pour la validité des examens.

Art. 6. — Il est expressément défendu aux membres du jury d'examen et aux dames adjointes de préparer des candidats sous peine d'exclusion du jury.

Art. 7. — Le président désignera celui des membres du jury qui devra être chargé des fonctions de secrétaire.

Art. 8. — A la fin de chaque session, le président et les vice-présidents qui auront pris part aux travaux de la session se réuniront pour rédiger un rapport sur les examens, et proposer les améliorations qu'ils jugeraient utiles. Ce rapport sera adressé au Ministre de l'instruction publique par le préfet, avec ses observations.

Art. 9. — Le programme des examens, tel qu'il a été proposé par M. le préfet, est approuvé et arrêté ainsi qu'il suit :

Premier examen. — Brevet d'aptitude au diplôme de sous-maîtresse.

1° Lecture en français et en latin.

2° Écriture. 3° Grammaire française.........	Dictées sur les difficultés de la langue française. — Rédaction sur un sujet donné. — Principes de la grammaire. — Analyse grammaticale et logique.

4° Arithmétique. (Théorie et pratique).........	Numération décimale. — Les quatre opérations fondamentales sur les nombres entiers, sur les fractions ordinaires et sur les fractions décimales. — Système métrique. — Proportions. — Règles de trois, d'intérêt simple, d'escompte, de société et d'alliage.
5° Histoire sainte.	Ancien Testament. — Histoire des Hébreux dans leurs rapports avec les peuples étrangers. — Géographie de la terre sainte et des pays voisins. — Nouveau Testament et histoire de l'Église jusqu'à Clovis.
Travaux d'aiguille.	

Deuxième examen. — Diplôme de maîtresse de pension.

Le deuxième examen comprend, indépendamment des facultés ci-dessus énoncées :

1° Histoire de France jusqu'en 1815..........	Rédaction sur un sujet tiré de l'histoire de France.

Définitions des cercles de la sphère, mouvements apparents des étoiles, du soleil, de la lune. — Mouvements réels de la terre et de la lune. — Phénomènes résultant de ces mouvements. — Notions sur la mesure du temps et sur le calendrier. — Généralités sur les planètes et sur les étoiles. — Physique. — Politique.

2° Éléments de physique.......	Notions élémentaires sur les propriétés générales des corps, sur l'acoustique, la chaleur, l'électricité, le magnétisme et la lumière,	Envisagées au point de vue de leurs applications usuelles et de la météorologie.
3° Éléments d'histoire naturelle.	Notions générales de zoologie, de botanique, de minéralogie et de géologie,	Considérées dans leurs rapports avec les principaux usages de la vie, de l'application des phénomènes les plus remarquables.

Troisième examen. — Diplôme de maîtresse d'institution.

Au troisième examen, indépendamment des connaissances exigées pour le premier et le second, l'aspirante sera interrogée sur les objets suivants :

1° Histoire générale..........	de géographie correspondante. Éléments de logique.
2° Littérature...	Éléments de rhétorique. — Connaissances des principales époques littéraires.

Art. 10. — Le présent arrêté sera mis à exécution à partir du 1er juin prochain.

Art. 11. — Les dispositions des arrêtés antérieurs, auxquelles il n'est pas dérogé, continueront à avoir leur plein et entier effet.

Arrêté du Ministre de l'instruction publique et des cultes, fixant le règlement de l'École Normale des salles d'asile établie à Paris.

13 *avril* 1849.

Le Ministre de l'instruction publique,

Arrête :

TITRE Ier.

OBJET DE L'ÉCOLE ET ENSEIGNEMENT.

Art. 1. — L'École Normale, créée par arrêté du Ministre de l'instruction publique, en date du 28 avril 1848, a pour but de former des surveillantes de salles d'asile selon l'esprit et la méthode de ces institutions.

Art. 2. — L'enseignement se divise en exercices pratiques et en leçons théoriques.

Art. 3. — Les exercices pratiques auront pour objet de familiariser les élèves surveillantes avec les procédés suivis dans les salles d'asile et tels qu'ils sont pratiqués dans les salles d'asile les mieux dirigées. Ces exercices auront lieu dans un asile spécial dit *école pratique*, annexé à l'École Normale et destiné à recevoir des enfants de l'un et de l'autre sexe, dont le nombre sera fixé par la commission de surveillance.

Art. 4. — Les leçons théoriques auront pour objet :

1° L'instruction morale et religieuse ;

2° L'exposé des procédés qui doivent être suivis dans les salles d'asile;

3° L'enseignement des notions scolaires applicables aux salles d'asile;

4° Le chant élémentaire ;

5° Les éléments du dessin linéaire applicables aux objets les plus usuels;

6° La connaissance des dispositions réglementaires qui concernent les salles d'asile.

Art. 5. — Un programme spécial, qui sera soumis au conseil de l'Université, déterminera les matières et les limites de chaque partie du cours.

Art. 6. — La durée de chaque cours est fixée à quatre mois, y compris le temps des examens. Il y aura deux cours par an. L'ouverture de ces cours sera calculée de manière que les époques des examens de sortie coïncident avec les époques de réunion de la commission d'examen.

TITRE II.

ADMISSION.

Art. 7. —Il sera admis à l'École Normale des élèves pensionnaires et des élèves externes âgées de 40 ans au plus et de 24 ans au moins, sauf le cas d'exception prévu par l'art. 7 de l'ordonnance du 22 décembre 1837.

Le nombre des élèves surveillantes, tant externes que pensionnaires, est fixé à trente au plus.

Art. 8. — Les cours sont gratuits; seulement, pour les élèves pensionnaires, le prix de la pension est fixé à 60 fr. par mois.

Art. 9. — Il sera accordé tous les ans, par le Ministre de l'instruction publique, un certain nombre de bourses pour les aspirantes qui auront été jugées dignes de cette faveur par la commission de surveillance établie ci-dessous.

Art. 10. — Pour être admises à l'École Normale, les aspirantes devront présenter les pièces suivantes :

1° L'acte de naissance;

2° L'acte de mariage et l'autorisation du mari, si elles sont mariées;

3° L'acte du décès du mari, si elles sont veuves;

4° Un certificat de moralité, délivré par le maire de la commune, et, à Paris, de l'arrondissement, ou par le maire de chacune des communes ou de chacun des arrondissements que l'aspirante aura habité dans le cours des trois dernières années. Le dernier certificat ne pourra avoir plus d'un mois de date.

Le certificat de moralité sera délivré suivant les formes prescrites par l'art. 4 de la loi du 28 juin 1833;

5° Un certificat de vaccine.

Art. 11. — Les aspirantes devront en outre subir, devant la commission d'examen établie pour les salles d'asile, un examen préalable constatant que leur éducation première et leurs connaissances acquises leur permettent de suivre les cours de l'École Normale.

Un programme particulier déterminera les matières de cet examen.

Art. 12. — Les surveillantes et adjointes déjà en fonctions, et pourvues du certificat d'aptitude, pourront être admises à suivre les cours de l'École Normale sans être obligées de subir l'examen d'admission.

TITRE III.

ADMINISTRATION ET SURVEILLANCE.

Art. 13. — La commission de surveillance, instituée par

l'arrêté ministériel du 7 septembre 1848, est spécialement chargée de la surveillance de l'École Normale pour tout ce qui regarde l'administration, l'enseignement et la discipline.

Art. 14. — La directrice assiste aux séances de la commission avec voix délibérative, hors le cas où il s'agirait de statuer sur des questions intéressant sa personne ou sa gestion.

Art. 15.—La commission propose les mesures qu'elle juge utiles pour le bien de l'école, elle donne son avis sur tout ce qui a rapport à l'admission des aspirantes ou à l'exclusion des élèves.

Art. 16. — Elle dresse chaque année le budget de l'école, et contrôle la comptabilité générale de l'établissement.

Art. 17. — Elle fait, au moins deux fois pendant la durée de chaque cours, la visite de l'école, examine les élèves et tient note de leur degré d'instruction.

Art. 18. — A la fin de chaque cours, la directrice adresse à la commission de surveillance un rapport détaillé sur tout ce qui concerne l'enseignement et la discipline. Un double de ce rapport est transmis au Ministre par le président de la commission, avec les observations que celle-ci a jugé à propos d'y joindre.

Avis relatif à une acceptation de legs fait à une fabrique.

27 *avril* 1849.

Le Conseil,

Vu un testament olographe en date du 12 juin 1841, par lequel Mlle Godet a légué à la ville de Châlons-sur-Marne, entr'autres libéralités, deux rentes annuelles de 400 francs pour deux établissements communaux d'orphelines, et à la fabrique de l'église Saint-Étienne de la même ville, une rente annuelle de 800 francs pour l'entretien d'une école de garçons ;

Vu l'acte de décès de la testatrice, en date du 12 mai 1848 ;

Vu l'avis de M. le préfet de la Marne ;

Vu le rapport de M. le recteur de l'Académie de Reims ;

Vu la loi du 2 avril 1817 sur les dons et legs ;

Est d'avis qu'il y a lieu d'autoriser l'acceptation des legs faits par la d[lle] Godet, en ce qui concerne l'instruction publique.

Avis relatif à un pourvoi contre la révocation.

1er *mai* 1849.

Le Conseil,

Vu la délibération en date du 24 janvier 1849, par laquelle le comité supérieur de l'arrondissement d'Ancenis a prononcé la peine de la suspension pour un mois, avec privation de traitement, contre le sieur Évelin, instituteur public de la commune de Belligué (Loire-Inférieure), pour fait de négligence ;

Vu le pourvoi en date du 10 février 1849, formé par ledit instituteur contre ladite révocation, et la lettre de M. le recteur de l'Académie de Rennes en date du 15 du même mois ;

Attendu que les comités d'arrondissements sont investis, par l'article 23 de la loi du 28 juin 1833, du droit de prononcer sans appel la peine de la réprimande et celle de la suspension, avec ou sans privation de traitement ;

Est d'avis qu'il n'y a pas lieu de s'occuper du pourvoi du sieur Évelin.

Avis relatif aux écoles mixtes pour le culte.

1er *mai* 1849.

Le Conseil,

Vu la lettre en date du 13 février 1849, par laquelle M. le recteur de l'Académie de Douai soumet à M. le Ministre les deux questions suivantes :

1° « Le sieur Letournaux, instituteur privé à Vieux-Condé, « et professant la religion protestante, peut-il recevoir dans « son école des élèves des deux sexes, catholiques et protes- « tants, bien qu'il existe dans ladite ville de Vieux-Condé une « école communale et deux écoles privées de filles ? »

2° « Le sieur Georges Bronner, pourvu du brevet élémen- « taire et appartenant également à la religion protestante, « peut-il ouvrir une école destinée aux garçons et aux filles, « bien que la ville de Dunkerque possède aussi plusieurs « écoles communales, soit pour les garçons, soit pour les « filles ? »

Considérant que l'article 12 de l'ordonnance du 23 juin 1836, ayant pour but d'assurer la séparation des garçons et des filles dans les écoles primaires, doit être combiné dans son exécution avec la réserve faite par l'article 2 de la loi du 28 juin 1833, en faveur de la liberté des cultes, surtout quand il s'agit d'écoles privées ;

Est d'avis, sur les deux questions, que le sieur Letournaux, instituteur privé protestant à Vieux-Condé, et le sieur Bronner, instituteur privé protestant à Dunkerque, soient autorisés à recevoir dans leurs écoles les garçons et les filles appartenant à la religion protestante, à condition que les prescriptions contenues dans l'article 3 de l'arrêté du 1er mars 1842 seront strictement exécutées.

Avis relatif aux subventions à accorder aux cours d'adultes.

18 *mai* 1849.

Le Conseil,

Vu la lettre en date du 14 mars 1849, par laquelle M. le maire du 11ᵉ arrondissement sollicite une subvention sur les fonds de l'État pour contribuer aux frais des cours publics gratuits ouverts en faveur des ouvriers dans cet arrondissement;

Vu la lettre de M. le vice-recteur de l'Académie de Paris, en date du 12 avril 1849;

Attendu que le Conseil n'a point été consulté sur l'institution de ces cours et que les programmes ne lui ont pas été soumis;

Attendu, en outre, que le rapport de l'inspecteur primaire ne fait pas connaître d'une manière assez précise leur utilité et leur direction;

Ajourne jusqu'à plus ample informé.

Avis relatif à l'autorisation pour les congrégations d'exercer en dehors des départements pour lesquels elles ont été autorisées.

8 *juin* 1849.

Le Conseil,

Vu le vœu exprimé par M. l'évêque de Saint-Flour, à l'effet d'obtenir que la communauté des frères du Saint-Viateur soit autorisée à fonder dans ce diocèse des établissements de son ordre;

Vu l'ordonnance du 10 juin 1830, constitutive de l'institut du Saint-Viateur;

Attendu que cette ordonnance a circonscrit le territoire de la congrégation aux départements de l'Ain, de la Loire et du Rhône;

Estime que, jusqu'à ce que l'ordonnance du 10 juin 1830 ait été réformée en conseil d'État, il est impossible d'accorder aux frères du Saint-Viateur l'autorisation d'exercer en dehors des départements indiqués dans cette ordonnance.

Avis relatif au mode de correspondance des sous-inspecteurs primaires en Algérie.

15 *juin* 1849.

Le Conseil,

Vu la lettre en date du 28 avril 1849, par laquelle M. le recteur de l'Académie d'Alger demande que, contrairement aux dispositions de l'art. 3 de l'ordonnance du 13 novembre 1837, les sous-inspecteurs de son Académie correspondent directement avec lui et avec le préfet de leur département;

Attendu que l'art. 3 de l'ordonnance précitée ne parle que des rapports que les sous-inspecteurs doivent adresser, soit pendant, soit après leurs tournées, et qu'il ne contient aucune prescription pour toute la correspondance ordinaire;

Est d'avis qu'il y a lieu d'arrêter ce qui suit :

En Algérie, les sous-inspecteurs adresseront leurs rapports de tournée et leurs rapports annuels à l'inspecteur primaire qui les transmettra, avec ses observations, au recteur ou au préfet, suivant la nature des affaires, et, pour tout le reste, chaque sous-inspecteur correspondra directement avec le préfet de son département.

Avis relatif aux brevets obtenus avant la loi de 1833.

15 *juin* 1849.

Le Conseil,

Vu la lettre en date du 8 mai 1849, dans laquelle M. le recteur de l'Académie de Douai pose la question suivante : le sieur Brabant peut-il obtenir que son brevet d'instituteur, délivré antérieurement à la loi de 1833, soit échangé contre un brevet ordinaire?

Vu la loi du 28 juin 1833;

Vu l'ordonnance du 18 avril 1833;

Vu les décisions du 8 octobre 1836 et du 2 août 1836 ;

Vu l'art. 10 de l'ordonnance du 21 avril 1828 ;

Attendu que tout brevet de capacité, obtenu avant la loi du 28 juin 1833, même un brevet de 3e degré, est admissible comme titre suffisant pour exercer la profession d'instituteur primaire, soit communal, soit privé (décision des 9 juillet et 10 septembre 1833) ;

Attendu qu'antérieurement à l'ordonnance du 18 avril 1831, le sieur Brabant, qui appartenait à l'institut des frères des écoles chrétiennes, a obtenu, sur le vu d'une lettre d'obédience, un brevet de 2e degré délivré par le recteur de l'Académie de Douai ;

Est d'avis :

1° Qu'il n'y a pas lieu d'échanger contre un brevet ordinaire le brevet obtenu par le sieur Brabant le 14 décembre 1830;

2° Qu'en vertu de ce brevet, le sieur Brabant peut continuer à exercer les fonctions d'instituteur primaire élémentaire, soit communal, soit privé.

Arrêté relatif à la formation d'une commission pour l'établissement d'une caisse de retraite des instituteurs.

29 *juin* 1849.

Le Ministre de l'instruction publique et des cultes,

Arrête :

Une commission est chargée de préparer un projet de règlement pour l'établissement d'une caisse de retraite et de secours en faveur des instituteurs primaires publics.

Sont nommés membres de cette commission :

MM. Rendu, trésorier de l'Université, président ;

Bourdon, ancien inspecteur général et conseiller honoraire de l'Université ;

De Gombert, maître des comptes ;

Masnier de Pleignes, conseiller référendaire à la Cour des Comptes ;

Beuvain d'Altenheyn, inspecteur de l'instruction primaire du département de la Seine ;

Goubaux, directeur de l'école municipale Chaptal ;

Chalamet, président de la société des instituteurs et institutrices du département de la Seine ;

Gustave Pillet, chef de division au Ministère de l'instruction publique et des cultes.

Avis relatif aux vacances accordées par les instituteurs.

6 *juillet* 1849.

Le Conseil,

Vu le rapport du préfet de la Corse, en date du 25 avril dernier, par lequel ce fonctionnaire, après avoir signalé comme un abus funeste au service de l'instruction primaire, l'habitude prise par les instituteurs de ce département de donner à leurs élèves, sans autorisation, des congés de plusieurs jours, propose de faire subir aux instituteurs coupables de ces abus une retenue proportionnelle sur leur traitement ;

Est d'avis qu'il n'y a pas lieu d'adopter la mesure proposée par M. le préfet de la Corse, mais qu'il convient de rappeler les instituteurs à l'accomplissement de leurs devoirs et de provoquer la réprimande, la suspension ou la révocation de ceux qui persévéreraient dans leur négligence.

Avis relatif à l'enseignement de l'histoire dans les Écoles Normales.

6 *juillet* 1849.

Le Conseil,

Vu la délibération de la commission de surveillance de l'École Normale primaire de la Meuse, en date du 21 février 1849, relative à des dispositions nouvelles pour l'enseignement de ladite École ;

Vu les observations de M. le recteur de l'Académie de Nancy, contenues dans la lettre du 27 février ;

Considérant que des changements généraux ne seront utilement introduits dans l'enseignement des Ecoles Normales primaires qu'après un examen approfondi ; que néanmoins, dans la situation où se trouvent actuellement les Écoles Normales, et jusqu'à ce que le législateur se soit prononcé, la protection et la bienveillance des autorités départementales et communales deviennent la principale condition d'existence de ces établissements;

Est d'avis que, exceptionnellement et sans engager l'avenir, il y a lieu d'adopter les modifications proposées et de décider en conséquence :

1° Que le programme d'histoire de l'École Normale primaire de la Meuse n'embrassera plus désormais l'histoire du moyen âge et l'histoire moderne que dans les points où ces deux histoires ont des rapports avec l'histoire de France ;

2° Que l'enseignement de l'histoire nationale s'arrêtera à l'année 1789, comme par le passé, et conformément à l'arrêté du 11 septembre 1838 ;

3° Que le programme des examens de capacité ne sera pas changé, aucun rapport n'existant entre ce programme et les études adoptées pour les Écoles Normales primaires ;

4° Que l'épreuve du dessin et la composition de style cesseront d'être rangées au nombre des épreuves à l'aide desquelles les commissions éliminent une partie des concurrents ; que ces épreuves et l'exclusion des candidats ne devront avoir lieu que dans les limites de la loi de 1833 (1).

---

(1) OPINION D'UN MEMBRE DU CONSEIL.

Dans le cours de la discussion à laquelle a donné lieu le *rapport sur les modifications à introduire dans le programme d'enseignement de l'École Normale primaire du département de la Meuse*, il a été proposé de ne pas étendre au delà de l'année 1789 l'enseignement de l'histoire de France, et le Conseil a été d'avis qu'en effet cette extension ne devait pas être autorisée;

Je professe depuis longues années une opinion contraire, et je saisis cette occasion de la consigner au procès-verbal de la séance du conseil.

La disposition qui arrête à l'année 1789 l'enseignement de l'histoire de

Avis relatif à l'âge des examens pour les brevets de sous-maîtresses.

13 *juillet* 1849.

Le Conseil,

Vu la lettre en date du 5 mai 1849, par laquelle M. le préfet du Loiret propose, sur la demande de la commission d'examen, la modification du règlement du 7 mars 1837, con-

---

France me paraît pleine d'illusion et de dangers. Je la combattrais alors même qu'il serait possible, dans l'état actuel de la société, d'arriver, à force de dissimulation et de silence, à ce que les jeunes hommes destinés à être, dans peu d'années, électeurs et éligibles, sortissent des écoles sans avoir aucune connaissance des grands événements survenus depuis 60 ans. Je combats à plus forte raison cette même disposition, lorsqu'il est certain que bon gré malgré, dès l'âge le plus tendre et dans tout le cours de leur éducation, sur tous les points de la France, par tous les moyens imaginables, par les journaux de toutes couleurs, par les conversations de tous les instants, les jeunes Français sont et seront entretenus de ces faits prodigieux, de ces immenses bouleversements, de ces sciences des anciennes institutions, de ces innombrables essais de réforme, de ces mille rêves plus ou moins désastreux qui tourmentent, troublent ou menacent incessamment tout notre ordre social.

Laisser nos jeunes élèves errer sur ce vaste océan d'opinions humaines, sans boussole et sans guide, les exposer à ne recevoir sur les principes qui doivent les diriger et sur les devoirs qu'ils ont à remplir, sur les droits qu'ils auront à exercer, que de fausses et funestes impressions, ne pas venir au secours de leur inexpérience et de leur faiblesse, par un bon enseignement tel que l'Université peut et doit le leur donner, me semble, je l'avoue et le proclame, une souveraine imprudence, un déni de justice et de lumière. Le remède à tous les maux qui sont nés et naîtront infailliblement de l'ignorance ou de fausse science en pareille matière, est un enseignement sagement distribué au nom et sous la surveillance de l'État dans toutes les écoles secondaires ou primaires, et pour le moins dans toutes les écoles publiques.

A mon avis donc, l'enseignement de l'histoire de France doit comprendre, dans une juste mesure, tout le temps de nos révolutions successives, jusques et y compris la promulgation de la Constitution qui régit la République.

cernant les pensions de demoiselles pour le département du Loiret ;

Considérant :

1° Que l'âge des sous-maîtresses ne leur permet pas toujours d'avoir acquis les connaissances exigées des maîtresses de pension ;

2° Qu'en exigeant des sous-maîtresses toutes les connaissances exigées des maîtresses de pension, on expose les sous-maîtresses à n'acquérir que des connaissances superficielles sur les matières contenues dans le nouveau programme présenté par M. le préfet du département du Loiret ;

3° Qu'il ne paraît pas équitable d'exiger des sous-maîtresses toutes les connaissances exigées des maîtresses de pension ;

4° Que les notions qui se trouvent suffisantes pour les sous-maîtresses du département de la Seine semblent devoir suffire pour celles du département du Loiret, avec les considérations introduites en 1843 ;

Est d'avis qu'il y a lieu de maintenir le règlement approuvé par le département du Loiret, le 26 décembre 1843.

Avis relatif à la prolongation du temps d'études dans les Écoles Normales.

13 *juillet* 1849.

Le Conseil,

Vu la délibération en date du 5 mai 1849, par laquelle la commission de surveillance de l'École Normale primaire de Laon demande que le cours d'étude soit prolongé dans cette école de deux ou trois ans ;

Vu l'avis favorable de M. le recteur de l'Académie de Reims, à la date du 21 mai 1849 ;

Considérant qu'aux termes de la décision du conseil de l'Université, en date du 25 avril 1843, les conseils généraux de département doivent exprimer un vœu formel pour la prolongation du temps d'études dans les Ecoles Normales primaires; que dans l'avis motivé de la commission de surveillance, il n'est question que d'un rapport adressé au conseil général en date du 14 juillet 1848, et d'un rapport également de la commission d'utilité publique présenté audit conseil général dans sa séance du 28 novembre 1848, mais non pas d'une décision et d'un vœu formel du conseil général;

Que divers renseignements sont de plus nécessaires au conseil de l'Université avant qu'il prenne une résolution sur la proposition de M. le recteur et de la commission de surveillance;

Est d'avis :

1° Que M. le recteur provoque un vœu formel du conseil général du département de l'Aisne, pour qu'une troisième année d'études soit établie à l'École Normale primaire de Laon ;

2° Que M. le recteur adresse au conseil un programme contenant l'énoncé des études affectées à chacune des trois années d'enseignement.

Avis relatif à une demande de reconnaissance présentée par une congrégation.

20 *juillet* 1849.

Le Conseil,

Vu la demande formée par le supérieur de la congrégation des Frères de N.-D. de Bon-Secours, à l'effet d'obtenir la reconnaissance légale de son institut pour toute l'étendue de l'Algérie;

Vu les avis de Mgr l'évêque d'Alger, de M. le Ministre de la guerre et de M. le recteur de l'Académie;

Considérant que la reconnaissance légale ne peut être faite que par une loi ;

Mais qu'il a été souvent décidé que dans le cas où une commune n'a point d'instituteur régulier, et jusqu'à ce qu'elle ait pu s'en pourvoir, des autorisations à l'effet de tenir école peuvent être accordées à des personnes jugées capables par le recteur ;

Est d'avis qu'il n'y a pas lieu, en l'état, de présenter un projet de loi à l'effet de reconnaître ladite congrégation, mais que des autorisations individuelles peuvent être accordées provisoirement aux membres de la congrégation (1).

---

(1) OPINION D'UN MEMBRE DU CONSEIL.

Le conseil, considérant que la *reconnaissance légale de ladite congrégation ne peut être faite que par une loi*, est d'avis qu'il n'y a pas lieu, en l'état, de présenter un projet de loi à l'effet de reconnaître ladite congrégation, mais que des autorisations individuelles peuvent être accordées provisoirement aux membres de la congrégation.

Un conseiller adhère volontiers à cette partie de l'avis du conseil qui porte que des autorisations individuelles peuvent être accordées provisoirement aux membres de la congrégation de Notre-Dame-de-Bon-Secours. Il y a urgence d'établir le plus grand nombre possible de bonnes et religieuses écoles primaires en Algérie où surabondent une multitude d'enfants sans instruction aucune, livrés sous un climat brûlant à tous les dangers physiques et immoraux du vagabondage ; et des autorisations individuelles, même provisoires, seront déjà un grand bienfait pour le pays.

Mais, en même temps, le conseiller est loin de croire à la nécessité d'une loi, pour qu'il y ait reconnaissance légale de cette congrégation.

Le conseiller est convaincu par la nature même des choses et par tout ce qui s'est fait à cet égard, depuis trente ans et plus, qu'il suffirait d'une décision rendue au conseil d'État sur la proposition du Ministre de l'instruction publique et des cultes, par le président du pouvoir exécutif, pour donner l'existence légale à la congrégation dont il s'agit, congrégation qui n'est autre chose au fond qu'une association charitable destinée à fournir des maîtres aux écoles primaires de l'Algérie, et rentrant tout à fait dans les prévisions de la sage ordonnance du 29 février 1816, art. 36 et suivants.

Cette simple décision du président du pouvoir exécutif, rendue au conseil d'État, suffira, dans le cas présent, comme des ordonnances rendues en conseil d'Etat ont suffi, de 1820 à 1848, pour donner l'existence légale :

Avis relatif à la demande faite par une congrégation religieuse d'annexer un pensionnat à une école.

20 *juillet* 1849.

Le Conseil,

Vu la demande formée par Mlle Brétandeau, sœur de la congrégation de Saint-Gildas, institutrice primaire à La Cha-

---

A la société des Écoles chrétiennes du faubourg Saint-Antoine, autorisée comme association charitable en faveur de l'instruction primaire (23 juin 1820);

A la congrégation de la Doctrine chrétienne du diocèse de Strasbourg, autorisée de même comme association charitable en faveur de l'instruction primaire (5 décembre 1821);

A la congrégation de l'Instruction chrétienne, autorisée pour les cinq départements de l'ancienne Bretagne (1er mai 1822);

A l'association charitable des Frères de la Doctrine chrétienne du diocèse de Nancy, alors composé des trois départements de la Meurthe, de la Meuse et des Vosges (17 juillet 1822);

A la congrégation de l'Instruction chrétienne du diocèse de Valence, autorisée pour l'Académie de Grenoble (11 juin 1823);

A la congrégation des Frères de Saint-Joseph du Mans, autorisée pour le département de la Sarthe et les départements environnants (25 juin 1833);

A l'association charitable des Frères de l'Instruction chrétienne du Saint-Esprit, autorisée pour les départements de Maine-et-Loire, de la Vienne, des Deux-Sèvres, de la Charente-Inférieure et de la Vendée (17 septembre 1823);

A la congrégation des Frères de Saint-Joseph, autorisée pour le département de la Somme (5 décembre 1823);

A la congrégation des Frères de Marie, autorisée sans délimitation de territoire (16 novembre 1833);

A la congrégation des Frères de l'Instruction chrétienne du diocèse de Viviers, autorisée pour les départements de l'Ardèche et de la Haute-Loire (10 mars et 19 novembre 1829);

A l'association des Frères du Saint-Viateur, autorisée pour l'Académie de Lyon (10 janvier 1830).

Comme aussi de simples ordonnances, rendues en conseil d'État, ont suffi pour donner l'existence légale et tous les avantages qui en découlent :

A la société d'Instruction élémentaire du département du Rhône (15 avril 1829);

pelle-sur-Erdre (Loire-Inférieure), à l'effet d'être autorisée à annexer un pensionnat primaire à son école, ensemble les pièces à l'appui;

A la société d'Encouragement pour l'instruction primaire parmi les protestants (15 juillet 1829);

A la société établie à Paris pour l'instruction élémentaire (29 avril 1831) ;

A la société établie à Nancy pour l'encouragement de l'enseignement mutuel élémentaire (3 décembre 1832) ;

A la société pour l'instruction primaire dans l'arrondissement de Mirecourt (Vosges) (2 mars 1832) ;

Aux trois sociétés de bienfaisance établies dans le département de Seine-et-Oise, à Montfort-l'Amaury, Houdan et Mantes (8 avril 1829);

Tous établissements implicitement ou explicitement constitués établissements d'utilité publique sous les noms divers de société, de congrégations, d'associations charitables, et par cela même aptes à recevoir des dons et legs.

Le conseiller regarde donc comme incontestable, en droit et en fait, qu'une loi n'est pas nécessaire pour donner l'existence légale à des sociétés, associations ou congrégations de la nature de celles que de simples ordonnances ont autorisées, sans aucune réclamation, dans un espace de 28 années. Aujourd'hui comme avant, et depuis 1820, il a toujours été admis en France qu'il y a reconnaissance légale d'un établissement ou d'une institution dès que l'autorité publique a marqué de son sceau cet établissement ou cette institution, suivant les circonstances, soit par une loi, soit par un décret, par une ordonnance ou par un arrêté.

Il lui paraît également certain, en fait, par les termes mêmes dans lesquels est conçue la demande de l'abbé Abrann, supérieur de la congrégation des frères de Notre-Dame de Bon-Secours, que cette congrégation est absolument de la même nature que les congrégations des frères de Marie, des frères de Saint-Joseph, des frères de l'Instruction chrétienne, des frères Lamennais. C'est le même but, l'instruction primaire des enfants pauvres et spécialement des enfants orphelins; c'est le même esprit de dévouement et de charité, c'est le même génie de religion active, laborieuse; il n'y a rien là qui nécessite l'intervention du pouvoir législatif. Il s'agit d'un acte de bonne administration, d'un acte que le pouvoir exécutif a toujours regardé comme étant de sa compétence, et plus tôt cet acte sera couronné, et plus tôt le gouvernement aura satisfait à l'une de ses plus importantes et de ses plus chères obligations, celle de procurer aux classes pauvres de la société, et particulièrement aux classes pauvres de la France africaine, le bienfait de l'éducation populaire et conséquemment toutes les consolations, toutes les ressources que ce premier bienfait amène avec soi.

Considérant que les statuts de la congrégation stipulent la gratuité de l'enseignement, et que, par conséquent, lesdites sœurs ne peuvent pas être autorisées à tenir un pensionnat primaire à titre onéreux jusqu'à ce que la réforme des statuts ait été faite par ordonnance rendue en conseil d'État;

Est d'avis qu'il n'y a pas lieu d'accorder l'autorisation demandée (1).

---

(1) OPINION D'UN MEMBRE DU CONSEIL.

Le plan du local a été vu et approuvé par le maire; la jouissance en est assurée pour 18 ans, par un bail que cède M. le comte de Sermaisons.

Le comité local a donné un avis favorable pour l'autorisation du pensionnat, le comité d'arrondissement de même; la délibération a été prise sous la présidence du préfet et en présence de l'inspecteur primaire; l'inspecteur a conclu de même à l'autorisation dans son rapport au recteur : il y déclare que la sœur Flavie, d[lle] Brétandeau, est une institutrice distinguée par ses vertus, son intelligence, sa douceur, sa fermeté et son aptitude. Le recteur qui transmet toutes ces pièces prie M. le Ministre d'accorder l'autorisation sollicitée.

Dans sa séance du 20 juillet, le conseil de l'instruction publique a examiné la question, et *considérant que les statuts de la congrégation Saint-Gildas obligent les membres de cette congrégation à la gratuité de l'enseignement, et que, par conséquent, lesdites sœurs ne peuvent pas être autorisées à tenir un pensionnat primaire à titre onéreux, jusqu'à ce que la réforme des statuts ait été faite par ordonnance rendue en conseil d'État, a été d'avis qu'il n'y avait pas lieu d'autoriser.*

Le conseiller ne saurait partager cet avis; il repousse de toute la force de ses convictions la conséquence que le conseil croit devoir tirer de la réforme des statuts qui, outre le *service des pauvres*, prescrivent aux sœurs de Saint-Gildas *l'instruction gratuite des enfants.*

Le conseiller estime que ces derniers mots, surtout lorsqu'ils sont précédés de l'obligation de se vouer au service des pauvres, doivent s'entendre uniquement *de l'instruction gratuite des enfants pauvres.* Il se fonde, pour soutenir son opinion, sur les considérations qui suivent :

Est-il présumable que les sœurs qui professent une soumission absolue aux statuts de leur congrégation, n'en comprennent pas l'esprit et la portée, et qu'au milieu de toutes les pensées, de tous les engagements d'une perpétuelle abnégation, elles se laissent engager par oubli ou négligence de leurs règles les plus essentielles dans une entreprise qui serait alors une spéculation blâmable et un calcul d'intérêt personnel?

Le conseiller n'admettra jamais une présomption aussi peu digne des sœurs

Avis relatif à la nomination des instituteurs.

31 *août* 1849.

Le Conseil,

Vu les pièces relatives à une contestation qui s'est élevée entre l'administration locale de la commune d'Avressac (Loire-Inférieure) et le comité supérieur de l'arrondissement de Savenay, au sujet de la nomination d'un instituteur dans cette commune ;

Vu notamment la délibération en date du 23 juillet dernier, par laquelle le comité supérieur de Savenay a décidé :

---

de l'Instruction chrétienne ; il s'en rapporte volontiers aux sœurs pour l'interprétation des statuts des sœurs.

Une autre considération a toujours frappé le soussigné dans les questions de ce genre. L'expérience prouve que le moyen le plus sûr pour la congrégation même, le plus économique et le plus avantageux pour la ville où cette congrégation est établie, d'entretenir une école gratuite d'élèves externes, c'est d'annexer à cet externat primaire un pensionnat dont le produit, quelque modique que l'esprit de désintéressement des sœurs fasse le prix de la pension, laisse pourtant quelques économies à l'aide desquelles les enfants pauvres peuvent être assurés que le bienfait de l'instruction gratuite ne leur manquera pas, résultat heureux et touchant qui donne aux enfants plus aisés la noble satisfaction de contribuer à l'instruction de leurs frères pauvres ! Et à cet égard, le conseiller soussigné ne peut s'empêcher de rappeler ce qu'a fait le fondateur des frères de Saint-Yon, le vénérable de Lasalle, qui apparemment comprenait aussi l'esprit et la portée des statuts de sa congrégation. En même temps qu'il ordonnait que ses frères donnassent l'instruction gratuite dans leurs écoles chrétiennes, il établissait des pensionnats précisément par le motif avoué qu'il en résulterait des économies qui aideraient à solder les dépenses de l'institut.

Par toutes ces considérations, le conseiller pense qu'il n'est point nécessaire de demander ni d'attendre que l'article 1 des statuts de la congrégation de Saint-Gildas soit modifié, et que, tel qu'il est, il ne fait point obstacle à ce que les sœurs soient autorisées à tenir un pensionnat primaire, ainsi qu'elles le demandent et que toutes les autorités locales le demandent avec elles.

1° Que le sieur Delanoë, frère Lamennais, candidat présenté par le conseil municipal et le comité local, et institué par le Ministre, ne sera pas installé;

2° Que le conseil municipal sera mis en demeure de présenter un autre candidat, et que faute par lui de le faire, le comité nommera d'office un autre instituteur;

Vu l'article 22 de la loi du 28 juin 1833, ainsi conçu : « Le comité d'arrondissement nomme les instituteurs communaux sur la présentation du conseil municipal, procède à leur installation, et reçoit leur serment. »

Sans s'arrêter à la question de savoir par quelle autorité, au refus du comité supérieur, doit être installé l'instituteur;

Estime :

Que le comité supérieur n'ayant pas épuisé le droit que lui confère la loi, il y a lieu de le mettre en demeure, préalablement à toute autre mesure, de nommer d'office un instituteur s'il persiste à refuser le candidat du conseil municipal.

Avis relatif à la demande de reconnaissance formée par des congrégations.

7 *septembre* 1849.

Le Conseil,

Vu les demandes formées par les quatre congrégations enseignantes désignées ci-après,

Savoir :

1° Les frères de Marie de l'instruction chrétienne de Saint-Chamond (Loire).

2° Les frères de la Sainte-Famille de Belley (Ain) ;
3° Les frères instituteurs de Rodez;
4° Les frères de N.-D. de Bon-Secours ;

Aux fins d'obtenir du pouvoir exécutif leur reconnaissance comme établissement d'utilité publique, à titre d'association charitable pour l'instruction primaire;

Vu la note qui, par ordre de M. le Ministre, a été rédigée pour le conseil de l'Université, renvoyée aux sections réunies du contentieux et de l'administration, et annexée aux pièces du dossier, par laquelle note le conseil est invité à faire connaître son avis sur la suite à donner à ces demandes de reconnaissance et sur la question de droit qu'elles soulèvent (1);

---

(1) NOTE DU MINISTRE.

Depuis plusieurs années, un certain nombre de sociétés religieuses enseignantes se sont adressées au gouvernement, pour obtenir qu'il leur conférât les droits des personnes civiles.

Aucune autorisation du genre de celles qui étaient demandées n'ayant été accordée, ces associations ont renouvelé leur demande; postérieurement, quelques autres ont aussi exprimé le vœu d'être autorisées.

M. le Ministre a désiré que ces affaires fussent soumises à l'examen du conseil; c'est en conséquence de ses ordres que la présente note a été préparée.

On croit devoir rappeler qu'à la différence des congrégations dans lesquelles on se liait par des vœux perpétuels, congrégations qui ont été supprimées par la loi du 18 août 1792, il peut être établi des sociétés d'hommes ou de femmes en vue de la religion ou de l'enseignement, pourvu que ces sociétés aient été autorisées d'une manière expresse par décision du gouvernement. Ces principes résultent du décret du 3 messidor an XII, dont l'application a permis de faire reconnaître successivement comme établissements d'utilité publique, indépendamment des communautés de sœurs qui existent en très-grand nombre, les associations enseignantes d'homme ci-après désignées, savoir :

Les frères de Saint-Yon, dits des Écoles chrétiennes, art. 109 du décret du 17 mars 1808;

Les frères des Écoles chrétiennes du faubourg Saint-Antoine (ordonnance du 20 juin 1820) ;

Les frères de l'Instruction chrétienne des départements qui composent l'ancienne province de Bretagne (ordonnance du 1er mai 1822);

Les frères de la Doctrine chrétienne du diocèse de Strasbourg (ordonnance du 5 décembre 1821) ;

Vu les édits ou déclarations du 21 novembre 1629, du 27 juin 1659, de juin 1671, du 9 juillet 1738, du 1er juin 1739 et d'août 1749;

Vu les lois du 13 février 1790 et du 18 août 1792;

Vu les décrets du 24 messidor an XII et l'ordonnance du 29 février 1846, qui sont spécialement invoqués en faveur du pétitionnaire;

Vu les lois du 2 janvier 1817 et du 24 mars 1825, ensemble l'exposé des motifs de cette dernière loi, présenté par le garde des sceaux à la chambre des pairs;

Ouï le rapport fait au conseil, au nom des sections réunies, au contentieux de l'administration;

Attendu que d'après l'ancien droit public de la France, l'intervention de l'État a toujours été nécessaire pour autoriser l'établissement des congrégations ou associations religieuses, et que le consentement du pouvoir souverain est encore au-

---

Les frères de la Doctrine chrétienne du diocèse de Nancy (ordonnance du 17 juillet 1822);

Les frères de l'Instruction chrétienne du diocèse de Valence (ordonnance du 11 décembre 1823);

Les frères de Saint-Joseph, pour le département de la Somme (ordonnance du 3 décembre 1823);

Les frères de l'Instruction chrétienne du diocèse de Viviers (ordonnance du 10 mars 1825), dont l'exercice a été étendu au département de la Haute-Loire (ordonnance du 29 novembre 1829);

Les frères de Marie, de Bordeaux (ordonnance du 16 novembre 1825);

Les frères du Saint-Viateur (ordonnance du 10 janvier 1830).

Le Conseil est prié de vouloir bien examiner si dans des circonstances précisément analogues, il y a lieu de donner suite aux demandes de reconnaissance formées par les sociétés dont l'énumération suit :

1° Les frères de Marie de l'Instruction chrétienne, dont le siége est à Saint-Chamond (Loire). — Cette association a commencé à exercer en 1846; elle compte 800 sujets et 140 maisons d'école réparties dans 16 départements, et recevant environ 20,000 enfants; l'archevêque de Lyon, l'évêque de Digne, les diverses autorités administratives qui se sont succédé dans la Loire et dans les Basses-Alpes, les conseils généraux de ces départements, ont appuyé à diverses reprises et avec une insistance très-vive la demande de cet institut.

2° Les frères de la Sainte-Famille, de Belley (Ain).— Cette société, placée sous le patronage de l'évêque du diocèse, et qui possède plusieurs succursales

jourd'hui exigé pour conférer à ces congrégations ou associations une existence légale et la capacité civile ;

Attendu que ces principes ont été sanctionnés par le concordat du 18 germinal an X, ainsi que l'ont reconnu et déclaré plusieurs avis du conseil d'État ;

Attendu que si le décret du 24 messidor an XII, tout en renouvelant les prohibitions portées par les lois anciennes et par les lois de 1790 et 1792, accorde au pouvoir exécutif la faculté d'autoriser certaines congrégations religieuses, cette disposition, qui introduit au bénéfice de l'autorité administrative une extension de pouvoir formellement contraire aux lois précitées, ne saurait être invoquée ni appliquée depuis la loi du 27 janvier 1817 qui a limité aux établissements ecclésiastiques reconnus par la loi le droit de posséder et de recevoir des donations ou legs; d'où il suit que, aujourd'hui comme autrefois, les congrégations religieuses d'hommes, quelles que soient les conditions de leur existence, ne peuvent être établies ni obtenir la capacité civile qu'en vertu d'un acte spécial du pouvoir législatif; que telles ont été notamment les conclusions d'un avis du conseil d'État du 4 mai 1817, et que tel

---

en Savoie, a pour but de former des frères qui se répandent un à un ou plusieurs ensemble, selon le besoin, dans les villes ou dans les communes rurales pour y exercer les fonctions d'instituteur, de catéchiste, de chantre et de sacristain ; pour y instruire et pour y soigner les enfants orphelins ou pauvres, les ouvriers et les prisonniers, et pour se former à des métiers.

3° Les frères instituteurs de Rodez. — L'évêque de cette ville a demandé la reconnaissance par son diocèse de cette association qui adopterait les statuts et les règlements des frères du Saint-Viateur.

4° Les frères de Notre-Dame-de-Bon-Secours. — Ces instituteurs doivent être autorisés pour toute l'étendue de l'Algérie. Leur demande est appuyée par le gouverneur général de la colonie, par le Ministre de la guerre et par l'évêque d'Alger. Le conseil a pensé que la reconnaissance des frères de Notre-Dame de Bon-Secours ne pouvait être faite que par une loi. Ainsi qu'on l'a exposé plus haut, on croit devoir faire observer qu'il s'agit non d'une congrégation, mais d'un établissement d'utilité publique, et qu'en conséquence, selon le décret du 3 messidor an XII, il suffit, pour autoriser les frères à ce dernier titre, d'un décret rendu après avis du conseil d'État.

Le conseil est prié de faire connaître son avis sur ces demandes.

est aussi l'esprit dans lequel est rédigée l'ordonnance du 2 avril de la même année, portant règlement pour l'exécution de la loi du 2 janvier ;

Attendu que ce droit a été solennellement confirmé en 1824 par le rejet d'un projet de loi présenté par le gouvernement à la chambre des pairs, et qui avait pour objet de conférer le droit d'acquérir et de posséder aux communautés religieuses autorisées par des ordonnances rendues en la forme de règlements d'administration publique ;

Attendu que ces maximes constantes du droit public français ont reçu une sanction définitive par la loi du 24 mai 1825, laquelle, quoique ne s'appliquant qu'aux congrégations de femmes, établit néanmoins de nouveau et plus fortement les principes ci-dessus exposés, ainsi que le déclarait le garde des sceaux en ces termes : « La présentation même du projet consacre la nécessité d'une loi pour autoriser les congrégations d'hommes, si le gouvernement avait l'intention d'en établir ; » et le président du conseil : « Par cette déclaration il ne s'agit ici que de congrégations de femmes ; si jamais on venait à désirer l'établissement de congrégations d'hommes, une loi nouvelle serait nécessaire et les chambres seraient appelées à la discuter. »

Attendu que, s'il est vrai que sous l'empire et sous la restauration, avant comme après la loi de 1817, quelques établissements religieux avaient été formés avec des autorisations plus ou moins régulières, ces actes consommés ne sauraient avoir aucune influence sur la décision à prendre aujourd'hui en présence d'une législation positive qui doit être respectée et qui est fondée sur des raisons d'État de premier ordre ;

Attendu que, s'il est vrai que l'ordonnance du 29 février 1816, continuant les errements du décret du 24 messidor an XII, attribuait au pouvoir exécutif le droit d'autoriser certaines associations religieuses d'hommes sous le titre d'associations charitables, cette attribution, en supposant qu'elle ne fût pas excessive, a été formellement retirée au pouvoir exécutif par les lois souveraines de 1817 et de 1825 ;

Attendu que si, malgré ces lois, le fait de semblables autorisations s'est produit quelquefois de 1828 à 1830, il ne s'est plus renouvelé depuis cette dernière époque ; qu'en effet ces autorisations étaient évidemment en dehors de la loi, puisque, ne pouvant conférer directement la capacité civile aux congrégations ainsi autorisées, elles employaient un moyen détourné pour arriver au même but en appelant la capacité légale du conseil de l'Université à couvrir, dans les acceptations de donations et legs, l'incapacité avérée des congrégations reconnues par voie de simple ordonnance (V. l'ordonnance du 23 juin 1830 et autres) ; et que si, depuis 1830, soit au conseil d'État, soit au conseil de l'instruction publique, notamment en 1849, on s'est montré facile pour admettre et régulariser les faits accomplis, il a été bien entendu qu'on n'y reviendrait plus;

Attendu que vainement on excipe des autorisations données à certaines associations laïques pour l'instruction primaire, lesquelles ont été reconnues comme établissements d'utilité publique, par simple voie d'ordonnance; qu'en effet, un établissement d'utilité publique n'est régulièrement institué que lorsque les formes, spécialement exigées en raison de la nature de chaque établissement et de la qualité des personnes, ont été observées et que les postulants formant, à la différence des autres associations, des congrégations religieuses, ils ne peuvent ni violer ni scinder leur qualité, et qu'à ce titre d'association religieuse, titre produit et patent, ils tombent sous l'application des lois spéciales qui régissent la personne morale de ces congrégations ou associations ; qu'il n'est donc pas permis de faire abstraction du caractère religieux des congrégations et d'éluder ainsi l'action des lois qui les gouvernent pour ne les considérer que comme des établissements ordinaires d'utilité publique, sans renverser complétement le droit établi ;

Attendu que vainement on excipe pour les postulantes de l'article de la constitution de 1848, relatif au droit d'association volontaire ; que leur droit de se réunir et de s'associer n'est pas et n'a jamais été contesté ; mais que lorsqu'ils veulent s'élever au-dessus du droit commun des associations privées et obtenir le privilége de former une personne civile, une société religieuse reconnue comme capable d'acquérir, de posséder, de s'obliger et de tester en jugement, c'est-à-dire un corps ayant une existence légale et publique, ils doivent se soumettre aux lois particulières qui régissent cet ordre de personnes civiles et d'associations;

Attendu qu'en une matière aussi grave, la forme engage les principes eux-mêmes, et qu'il est du devoir du conseil d'éclairer M. le Ministre et le gouvernement sur les dangers et sur l'illégalité des reconnaissances d'associations religieuses en simple forme de règlement d'utilité publique, sans examiner, et encore moins sans contester les services qu'ont pu et que pourraient rendre les postulants à l'enseignement primaire, principalement les frères de Marie, les frères de Rodez et les frères de Bon-Secours;

Est d'avis :

1° Qu'il n'y a pas lieu de donner suite, par la voie de règlement d'utilité publique, à la demande d'autorisation présentée par les congrégations dénommées;

2° Qu'au pouvoir législatif seul appartient le droit d'accorder, par des lois spéciales, la reconnaissance nécessaire pour conférer la capacité civile à chacune de ces congrégations.

Arrêté relatif à l'organisation du service de l'instruction primaire en Algérie.

5 *octobre* 1849.

Le Président du conseil des Ministres, chargé du pouvoir exécutif,

Arrête :

Art. 1. — Il est attaché à l'Académie d'Alger un inspecteur et deux sous-inspecteurs de l'instruction primaire.

Les traitements de ces fonctionnaires sont fixés ainsi qu'il suit :

Inspecteur.................. 4,000 fr.
Sous-inspecteurs............ 3,000 fr.

Art. 2. — Le Ministre de l'instruction publique et des cultes est chargé de l'exécution du présent arrêté.

Avis relatif à la nomination des instituteurs.

(Avis non approuvé par le Ministre.)

26 *octobre* 1849.

Le Conseil,

Vu les pièces concernant le conflit élevé entre le conseil municipal de la commune d'Avessac et le comité supérieur de l'arrondissement de Savenay (Loire-Inférieure), au sujet de l'instituteur de ladite commune et du remplacement de celui-ci par un frère de l'institut Lamennais ;

Vu, notamment, les délibérations du comité supérieur en date des 29 mai et 27 août 1847, 9 avril et 9 juillet 1848, par lesquelles le comité refuse de nommer le sieur Delancé, frère de l'institut Lamennais, présenté deux fois seul par le conseil municipal, une fois avec le sieur Thoré, autre frère du même institut, et, la dernière fois, seul de nouveau pour remplacer l'instituteur laïque Dufrêche, et appuie son refus sur le double motif que cet instituteur, capable et moral, ayant été forcé de quitter la commune par suite de manœuvres qui avaient pour but unique de lui substituer un frère Lamennais ; la présentation réitérée de ce frère est le résultat d'un parti pris, et qu'en outre ledit frère n'offre pas toutes les garanties que le comité est en droit d'exiger;

Vu la nouvelle présentation du sieur Delancé faite par le nouveau conseil municipal d'Avessac, en date du 17 septembre 1848, et la lettre du nouveau maire qui l'accompagne, faisant valoir que le sieur Delancé, qui exerce depuis deux ans comme instituteur privé dans la commune, jouit de l'estime et de la considération générale, et que cette commune tout entière désire sa nomination;

Vu, à ce sujet, la nouvelle délibération du comité supérieur de Savenay, du 5 novembre 1848, dans laquelle le comité, partagé entre deux avis contraires, adopte à l'unanimité la proposition d'un de ses membres, de déférer le débat à la décision de M. le Ministre de l'instruction publique, ce qui a été fait par le rapport de M. le sous-préfet, président du comité, en date du 22 décembre 1848;

Vu les lettres de M. le recteur de l'Académie de Rennes, en date des 15 janvier et 5 février 1849, se référant aux décisions du conseil des 12 novembre 1832, 25 mars 1835, lesquelles (et plus positivement celle du 27 mai 1834) établissent qu'en cas de refus du conseil municipal de présenter un second candidat quand le premier a été repoussé par des motifs suffisants, le comité supérieur doit faire une nomination d'office;

Vu l'arrêté du 1er février 1849, par lequel M. le Ministre, se fondant sur la délibération du comité supérieur du 5 novembre précédent, qui avait déféré l'affaire à sa décision, conformément aux prescriptions de la circulaire du 9 décembre 1833, a cru devoir donner d'office l'institution au sieur Delancé, comme ayant été repoussé par le comité sans allégation de motifs suffisants;

Vu la délibération du comité supérieur, en date du 1er avril 1849, par laquelle le comité, persévérant dans son refus de nommer le sieur Delancé par les motifs qu'il a déjà exposés, et revendiquant néanmoins son droit de nomination préalable aux termes de l'art. 22 de la loi du 28 juin 1833, proteste contre l'institution donnée d'office par le Ministre;

Vu la délibération du même comité du 3 juin 1849, par laquelle, requis de procéder à l'installation du sieur Delancé ainsi institué, il proteste de nouveau contre cette institution en tant qu'irrégulière et illégale; dit qu'à lui seul appartenait de nommer d'office, s'il y avait lieu, et refuse d'installer comme n'en ayant pas le droit en l'absence d'une nomination et d'une institution régulière; annonçant, en outre, que le conseil municipal est mis en demeure de présenter un candidat autre que le sieur Delancé, faute de quoi ledit comité nommera d'office un instituteur, après avoir pris l'avis du maire et du curé;

Vu l'avis du conseil de l'Université, en date du 31 août dernier, par lequel le conseil, estimant qu'en effet le comité supérieur n'avait pas épuisé le droit que lui confère la loi, a été d'avis qu'il y avait lieu de le mettre en demeure préalablement à toute mesure, de nommer d'office un instituteur si le Conseil municipal se refuse à présenter un nouveau candidat;

Vu les observations présentées sur cet avis et sur toute l'affaire au nom de M. le Ministre, le 29 septembre dernier, et le renvoi fait des pièces plus complètes, entre autres de celles qui sont ci-dessus relatées;

Considérant que le dissentiment élevé depuis plusieurs années entre le conseil municipal d'Avessac et le comité supérieur de Savenay paraît avoir pris le caractère d'un refus également systématique, d'une part, de présenter un candidat autre que le sieur Delancé, frère de l'institut Lamennais; d'autre part, de nommer ce candidat à raison même de cette qualité et de circonstances qui lui sont étrangères;

Qu'aux termes de la circulaire du 9 décembre 1833, il y avait lieu, dans une telle situation, d'en référer au Ministre de l'instruction publique, comme l'a fait le comité supérieur par sa délibération du 5 novembre 1848 et le rapport de son président du 22 décembre suivant;

Que le Ministre, examen fait de l'affaire, pouvait autoriser la mise en demeure du conseil municipal d'Avessac, à l'effet de présenter un nouveau candidat si le refus du comité supérieur lui semble suffisamment motivé, et, en cas de persistance du conseil municipal, inviter le comité à nommer d'office, selon l'avis du recteur, ou, si au contraire les motifs du comité n'étaient point jugés suffisants et si son refus de nommer le candidat présenté par le Conseil municipal était, comme il paraît, mal fondé ; suivre la voie tracée par les avis du conseil de l'instruction publique, rendus dans une espèce absolument semblable les 14 juin et 22 novembre 1842 ; mais qu'en aucun cas l'institution ne pouvait être donnée à un candidat que le comité supérieur refuse de nommer ;

Vu l'article 22 de la loi du 28 juin 1833, qui réserve au comité supérieur le droit de nomination, se fondant d'ailleurs sur les cas de conflit ;

Sans s'arrêter à la question d'installation, l'instituteur ne pouvant être installé qu'après avoir été régulièrement institué et installé qu'après avoir été nommé ;

Estime que, dans la situation et en revenant sur l'institution donnée, il y a lieu, par le Ministre, de charger le recteur de délivrer une autorisation provisoire au sieur Delancé pour exercer les fonctions d'instituteur public dans la commune d'Avessac, à moins que le comité supérieur, averti, ne consente à le nommer, auquel cas il y aurait lieu de donner une nouvelle institution et de faire installer par le comité.

Projet de règlement élaboré par le conseil pour les Écoles Normales.

14 *décembre* 1849.

Le Conseil,

Arrête :

Art. 1. — Les Écoles Normales primaires sont particulièrement destinées à former des instituteurs du degré élémentaire.

Art. 2. — Le cours normal est de deux ans au plus, sauf l'exception prévue par l'article 8 en faveur de ceux des élèves-maîtres qui pourraient être préparés à l'instruction primaire du degré supérieur.

Art. 3. — L'enseignement normal comprend l'instruction morale et religieuse ;

La lecture,
L'écriture,
Les éléments de la langue française,
L'arithmétique,
Le système légal des poids et mesures,
L'arpentage,
Les éléments du dessin linéaire,
Le chant.

Le programme des divers objets de l'enseignement est arrêté par le conseil de l'Université.

Le directeur de l'école est toujours chargé d'une partie de l'enseignement normal.

Art. 4. — Les élèves-maîtres sont exercés à la pratique de l'enseignement dans une école primaire élémentaire annexée à l'École Normale.

Art. 5. — Une bibliothèque à l'usage des élèves-maîtres et composée exclusivement d'ouvrages prescrits par le conseil de l'Université, est placée dans chaque École Normale.

Art. 6. — Nul n'est admis comme élève-maître, soit en qualité de boursier, soit en qualité de pensionnaire libre, s'il ne remplit les conditions suivantes.

Il doit :

1° Être âgé de seize ans au moins et de vingt et un ans au plus;

2° Produire des certificats attestant sa bonne conduite, et en outre un certificat de médecin constatant qu'il n'est sujet à aucune infirmité incompatible avec les fonctions d'instituteur, et qu'il a été vacciné ou qu'il a eu la petite vérole ;

3° Prouver, par le résultat d'un examen, qu'il sait lire et écrire correctement, qu'il possède les premières notions de la grammaire française et du calcul, et qu'il a une connaissance suffisante de la religion qu'il professe.

Les examinateurs ne se bornent pas à constater jusqu'à quel point les candidats possèdent les connaissances exigées; ils s'attachent aussi à connaître les dispositions des candidats, leur carrière, leur degré d'intelligence et d'aptitude.

Art. 7. — Les élèves-maîtres font le service intérieur de l'école; lorsque l'école possède un jardin, il est cultivé par les élèves-maîtres.

La dispostion qui consistait à supprimer absolument les sorties individuelles pour les élèves-maitres, est supprimée.

Art. 8. — Par exception, et sur la proposition du conseil général, un certain nombre d'élèves, déjà pourvu du brevet du degré élémentaire, peuvent être autorisés à demeurer un an de plus dans l'École Normale, et recevront un complément d'instruction.

Ce complément d'instruction comprendra les éléments de la géométrie avec ses applications usuelles;

Des notions de science physique et de l'histoire naturelle, applicables aux principaux usages de la vie;

Le chant;

Les éléments de l'histoire et de la géographie, et surtout l'histoire et la géographie de la France.

Art. 9. — Les dispositions des règlements précédents, qui ne sont point contraires au présent règlement, continueront d'avoir leur effet.

Programme de l'enseignement du cours normal.

Grammaire;

Abrégé de grammaire française par Lhomond; exercices oraux d'analyse grammaticale d'après cette grammaire;

Dictées d'orthographe extraites des auteurs dont la liste sera prescrite par le conseil de l'Université, pour être placée dans les bibliothèques des Écoles Normales.

Arithmétique. — Numération parlée et écrite;

Addition, soustraction, multiplication et division des nombres entiers. — Fractions décimales. — Addition, soustraction, multiplication et division des fractions décimales ou des nombres entiers accompagnés de fractions décimales;

Fractions quelconques et nombres fractionnaires, simplification des fractions. Réduction des fractions au même dénominateur;

Addition, soustraction, multiplication et division des fractions quelconques et des nombres fractionnaires;

Conversion des fractions quelconques en fractions décimales;

Système métrique;

Règle de trois simple et composée et son application;

Extraction des racines carrées.

Chant;

Méthode de M. Duchemin-Boisjouge ou méthode de Wilhem.

Arpentage;

Mesure des distances horizontales jalonnées. — Usage de l'équerre d'arpenteur;

Mesure des terrains dont la forme est un rectangle, un parallélogramme, un triangle, un trapèze, un polygone quelconque. Cas où le contour est curviligne;

Méthodes particulières applicables aux terrains boisés ou marécageux. Cas où le terrain est incliné, base productive, niveau d'eau;

Levée des plans:

1° A la planchette;

2° Au graphomètre; usage de la boussole pour relever les détails, teintes conventionnelles pour le lavis des plans;

Règle pratique pour le cubage des bois et le jaugeage des tonneaux.

Dessin linéaire;

Ligne droite, cercles, angles, perpendiculaires, parallèles ;

Accordements des droits et des cercles, moulures, division des droits. Construction des échelles ;

Division des circonférences, polygone régulier. — Parquets, rosaces et applications diverses. — Portes, croisées, grilles. — Étoiles. — Balustrades. — Instruments aratoires ;

Réduction des figures :

1° A l'échelle ;

2° Par la méthode des carreaux.

Chaque exercice devra être pratiqué d'abord à la main, ensuite avec les instruments.

Loi relative à la nomination des instituteurs communaux.

11 *janvier* 1850.

L'Assemblée nationale a adopté, d'urgence, la loi dont la teneur suit :

Art. 1. — L'instruction primaire, dans chaque département, est spécialement placée sous la surveillance des préfets.

Art. 2. — Les instituteurs communaux seront nommés par le comité d'arrondissement et choisis par lui, soit parmi les instituteurs laïques, soit parmi les instituteurs membres d'associations religieuses vouées à l'enseignement et reconnues par l'État, ou pour les écoles appartenant aux cultes non catholiques reconnus, sur des listes de candidats présentés par les consistoires protestants ou israélites, en se conformant, relativement à cette option, au vote exprimé par le conseil municipal de la commune. En exprimant ce vœu, ce conseil peut indiquer des candidats ; néanmoins le comité peut choisir en dehors de la liste qui lui serait présentée à cet effet.

Art. 3. — Dans les cas prévus par l'article 23 de la loi du 28 juin 1833, le préfet réprimande et suspend les instituteurs.

Il peut, après avoir pris l'avis du comité d'arrondissement, les révoquer, sauf, en cas de révocation, le pourvoi de l'instituteur révoqué devant le Ministre de l'instruction publique en conseil de l'Université.

Si, invité à donner son avis, le comité d'arrondissement ne l'a pas fourni dans les dix jours, le préfet peut passer outre.

ART. 4. — L'instituteur révoqué ne peut continuer d'exercer ses fonctions pendant l'instruction et le jugement de son pourvoi.

La suspension est prononcée par le préfet, avec ou sans privation de traitement.

La durée de la suspension ne peut excéder six mois.

ART. 5. — L'instituteur suspendu ou révoqué ne peut ouvrir une école privée dans la commune où il exerçait les fonctions qui lui ont été retirées, ni dans les communes limitrophes.

Il ne peut, sans l'autorisation spéciale du préfet, être nommé instituteur communal dans le même département.

ART. 6. — Les comités d'arrondissement restent investis du droit de suspendre les instituteurs, soit d'office, soit sur la plainte du comité local, et conformément à l'article 23 de la loi du 28 juin 1833.

ART. 7. — Les dispositions de la loi du 28 juin 1833 restent en vigueur, en tout ce qui n'est pas contraire à la présente loi.

ART. 8. — La présente loi cessera d'avoir son effet, de plein droit, six mois après sa promulgation (1).

---

(1) SOLUTION DE DIVERSES QUESTIONS RELATIVES A L'EXÉCUTION DE LA LOI DU 11 JANVIER 1850.

28 *février* 1850.

On a demandé :

1° Sur quels fonds, en cas de suspension prononcée sans privation de

Avis relatif à l'obligation d'envoyer les enfants à l'école.

11 *janvier* 1850.

Le Conseil,

Vu la lettre en date du 18 octobre 1849, par laquelle M. le

---

traitement contre un instituteur public, l'instituteur intérimaire pourra être rétribué ?

Le préfet doit pourvoir, par l'arrêté même qui prononce la suspension, à ce qu'une partie du traitement de l'instituteur auquel elle s'applique, reste disponible pour être affectée comme rétribution à l'instituteur intérimaire, outre la rétribution scolaire.

2° Si le préfet peut prononcer une révocation, nonobstant l'avis contraire du comité d'arrondissement ?

D'après la loi, le préfet est tenu de prendre l'avis des conseils d'arrondissement; mais rien ne l'oblige à statuer conformément à cet avis. Il lui appartient de décider, selon sa conscience, sans être astreint à suivre les formes de procédure établies par les comités.

3° Si le droit de révoquer est attribué au préfet seul, ou si le comité d'arrondissement peut l'exercer concurremment avec lui ? Si ce comité conserve le droit de prononcer la peine de la réprimande ?

Le droit de révocation est réservé aux préfets seuls, la loi le leur confère à l'exclusion des comités d'arrondissement. Ces comités peuvent continuer de prononcer la peine de la réprimande, puisque la loi du 11 janvier laisse l'instituteur libre d'ouvrir une école privée dans la commune où il exerçait ses fonctions.

La loi ne peut avoir d'effet rétroactif; conséquemment, l'instituteur qui a été révoqué ou qui s'est démis de son emploi et dont la démission a été acceptée antérieurement au 11 janvier, est libre d'exercer à titre privé dans la commune ou dans les localités limitrophes de la commune où il tenait école publique. Il en serait autrement, si la démission avait été donnée, depuis cette époque, pour échapper à l'application de l'article 5. Dans le cas dont il s'agit, le préfet pourrait refuser, appréciation faite des circonstances dont il est seul juge, d'accepter cette démission, laquelle serait par suite réputée nulle et non avenue, et ne formerait dès lors aucun obstacle à l'adoption des

préfet du Nord soumet à l'approbation de M. le Ministre un projet de règlement proposé par le conseil municipal de la commune de Rombies (Nord), et qui a pour but d'obliger les familles pauvres à envoyer leurs enfants à l'école ;

Vu ledit projet de règlement et la délibération du comité supérieur de Valenciennes ;

---

mesures disciplinaires que réclamerait la bonne direction de l'enseignement.

Il ne peut y avoir rétroactivité par le préfet à révoquer ou à suspendre un instituteur pour des faits antérieurs au 11 janvier. En droit, le changement de tribunal ou de juridiction ne peut, dans aucune conjoncture, soustraire aux poursuites et aux peines légales les délits commis, avant que ce changement n'ait été effectué.

5° Quelle est la sanction pénale de l'art. 5, qui interdit à l'instituteur révoqué, postérieurement au 11 janvier, de tenir une école privée, soit dans la commune où il était établi, soit dans les communes limitrophes, et quelle est la limite de cette interdiction ?

L'interdiction, pour l'instituteur communal révoqué par le préfet, d'ouvrir une école privée dans la commune où il exerçait les fonctions qui lui ont été retirées et dans les communes limitrophes, n'a pas de sanction dans la loi du 11 janvier. Cette sanction se trouve dans l'art. 6 de la loi du 28 juin 1833, qui punit d'une amende de 50 à 200 fr. tout instituteur qui ouvre une école primaire, après avoir été interdit de ses fonctions. Il est vrai que dans le système de la loi de 1833, il n'y avait interdiction de tenir une école que contre les maîtres condamnés par un tribunal pour cause d'inconduite ou d'immoralité, et non contre les instituteurs communaux révoqués par le comité d'arrondissement, pour négligence ou faits graves, en vertu de l'art. 23 de cette loi ; et qu'en conséquence aucune peine ne pouvait être prononcée contre ces derniers instituteurs qui ouvraient une école privée. Mais ce système a été modifié par la loi du 11 janvier ; aux cas d'interdiction spécifiés par l'art. 5 de la loi du 28 juin 1833, la loi du 11 janvier en a ajouté un nouveau, celui qui résulte de la révocation prononcée par le préfet, remplissant les fonctions du comité d'arrondissement ; il s'ensuit que la peine portée par l'art. 6 de la loi de 1833, qui a pour but d'assurer l'exécution des dispositions relatives aux diverses incapacités établies par le législateur, s'applique à ce nouveau cas, comme à ceux qui avaient été déjà prévus. Le silence de la loi de 1850 sur ce point n'est pas une objection, car il est impossible de supposer que l'Assemblée nationale ait voulu laisser sans aucune sanction une disposition à laquelle elle attachait la plus grande importance pour arrêter le mauvais enseignement dans les campagnes. Elle s'en est évidemment référée, pour l'exécution de ses prescriptions, aux dispositions

Estime que ledit projet ne saurait être approuvé ; une pareille obligation ne pourrait être imposée que par la loi.

Avis relatif aux desservants instituteurs.

11 *janvier* 1850.

Le Conseil,

Vu la réclamation de Mgr l'évêque de Limoges au sujet d'une délibération du conseil en date du 23 novembre 1849 ;

---

générales de la loi de 1833, que, par l'art. 7, elle maintient en vigueur dans tout ce qui n'est pas contraire à la nouvelle loi. J'adopte entièrement, à cet égard, l'avis de mon collègue, M. le Ministre de la justice, que j'ai cru devoir consulter, et je pense, comme lui, que les préfets peuvent demander aux procureurs de la République de poursuivre tous les instituteurs révoqués qui ouvriraient une école privée en contravention à l'article 5 de la loi du 11 janvier.

L'interdiction résultant de cet article a pour limite évidemment l'intérêt bien entendu de l'instruction populaire. Le législateur a eu pour but d'ôter aux instituteurs suspendus ou révoqués la faculté de tenir des écoles privées dans des communes assez rapprochées de celles où ils étaient établis pour que les enfants puissent s'y rendre facilement. C'est au préfet à juger des circonstances qui se présenteront et à statuer, en prenant pour règle le bien du service.

6° Quelles sont les règles à suivre, en ce qui concerne les déplacements et les mutations d'instituteur ?

La loi du 11 janvier, en investissant les comités d'arrondissement du droit de nomination aux places d'instituteur, et en leur laissant la faculté de faire un choix en dehors de la liste des candidats indiqués par le conseil municipal, donne implicitement le droit de déplacement et de mutation.

C'est d'après cette interprétation de l'article 2 de la loi du 11 janvier, qu'une résidence nouvelle pourra être assignée à un instituteur, lorsque des

Est d'avis que M. l'abbé ....., curé et instituteur public d'une commune où il y a deux succursales, peut conserver le titre d'instituteur communal, à condition qu'il cessera de faire partie du comité central local, et qu'il sera remplacé dans ce comité par un des succursalistes;

Sur la demande de Mgr l'évêque, qui a prévalu dans la délibération susrelatée pour qu'elle soit abandonnée, et que ladite délibération soit annulée;

Est d'avis qu'il y a lieu de persister dans la délibération du 23 novembre 1849, et de maintenir le principe qui en fait la base.

Avis relatif à l'annexion d'un pensionnat à une école primaire de filles.

11 *janvier* 1850.

Le Conseil,

Vu la demande de Mme ....., sœur ....., de la congrégation de l'Instruction chrétienne, à l'effet d'obtenir l'autori-

---

considérations, puisées dans l'intérêt du service et dans l'intérêt du maître lui-même, auront rendu cette mesure indispensable.

7° A qui, du préfet ou du recteur, appartient-il de faire à l'administration de l'instruction publique les propositions concernant l'institution des instituteurs communaux, et quelles formalités y a-t-il lieu de remplir pour assurer le service des écoles dans l'intervalle qui s'écoule entre la nomination et l'institution?

Le préfet doit transmettre, avec son avis, les pièces relatives à l'institution au recteur de l'Académie, lequel adressera directement ses propositions à l'administration de l'instruction publique. Ce fonctionnaire reste chargé, comme sous la législation précédente, de délivrer s'il y a lieu aux instituteurs l'autorisation d'exercer en attendant la décision ministérielle.

sation d'annexer un pensionnat primaire à l'école de filles qu'elle dirige dans la commune de ..... (Loire-Inférieure);

Vu l'article des statuts de la congrégation des Sœurs de l'Instruction chrétienne, portant : « les sœurs hospitalières de Saint-Gildas-des-Bois, dites Sœurs de l'Instruction chrétienne, ont pour fin le service des pauvres et l'instruction gratuite des enfants; »

Est d'avis qu'il y a lieu d'accorder l'autorisation demandée par Mme .....

Décision relative à l'annulation d'un jugement d'un Comité pour vice de forme.

18 *janvier* 1850.

Le Conseil,

Vu la délibération en date du 19 juillet 1849, par laquelle le comité supérieur de..... a révoqué de ses fonctions, pour faute grave, le sieur....., instituteur communal à ..... (Saône-et-Loire), ensemble les pièces à l'appui;

8° Quelle est l'action des préfets à l'égard des instituteurs privés, dont la conduite politique est telle, qu'elle amènerait nécessairement à leur égard l'application des peines de la suspension, s'ils étaient instituteurs communaux?

La loi du 11 janvier place l'instruction primaire publique et privée sous la surveillance spéciale des préfets. Ces magistrats ont donc le droit, et il est de leur devoir de surveiller les instituteurs privés comme les instituteurs communaux; mais s'ils sont armés contre ceux-ci de pouvoirs nettement déterminés, il n'en est pas de même à l'égard des autres qui sont justiciables seulement de l'autorité judiciaire, et contre lesquels ils ne peuvent prendre directement aucune mesure répressive. Je me repose sur leur fermeté et sur leur vigilance

Attendu qu'il est nécessaire que tous ceux qui sont désignés par l'article 19 de la loi du 28 juin 1833, pour être membres du comité, soient convoqués régulièrement;

Qu'en fait, il est constant que tous les membres du conseil général, ayant leur domicile réel dans la circonscription du comité, n'ont pas été convoqués;

Annule, pour vice de forme, la décision rendue par le comité supérieur de ..... contre M. ......, et renvoie devant qui de droit, pour le renouvellement des poursuites, conformément à la loi.

Décision relative à l'annulation d'un jugement d'un Comité pour vice de forme.

18 *janvier* 1850.

Le Conseil,

Vu la délibération en date du 3 juillet 1849, par laquelle le comité supérieur de ..... a révoqué de ses fonctions, pour

---

du soin de déférer immédiatement, de concert avec MM. les procureurs de la République, aux tribunaux, les instituteurs privés dont la conduite ou l'enseignement leur paraîtrait offrir un danger pour l'éducation publique ou pour l'ordre social.

9° Si c'est le recteur de l'Académie qui, dans l'état de la législation, est chargé de délivrer l'autorisation spéciale d'exercer aux personnes qui se présentent pour ouvrir des classes d'adultes ?

Il n'a pas cessé d'appartenir aux recteurs des Académies, d'autoriser l'établissement des classes d'adultes, comme le règlement du 22 mars 1836 leur en donne le droit. La loi du 11 janvier laisse les recteurs en possession de toutes les attributions qu'elle ne leur a pas enlevées expressément.

négligence habituelle, le sieur......, instituteur public à..... (Ariège), ensemble les pièces à l'appui;

Vu le pourvoi formé par le sieur ...., contre ladite délibération, et l'avis de M. le recteur de Toulouse;

Attendu que contrairement aux prescriptions de l'article 19 de la loi de 1833, M. le curé de la circonscription s'est fait représenter dans le comité par un vicaire;

Annule pour vice de forme la décision rendue par le comité supérieur, et renvoie devant qui de droit pour l'instruction être reprise conformément à la loi (1).

---

(1) OPINION DE DEUX MEMBRES DU CONSEIL.

Deux conseillers, tout en se soumettant à la décision de la majorité du conseil, sur la manière dont doit être entendu et exécuté l'article 19 de la loi du 28 juin 1833, en ce qui concerne les membres de droit des comités d'arrondissement;

Persistent à penser que dans l'esprit de la loi précitée, et attendu l'importance que le législateur a justement attachée à ce que les principales autorités sur lesquelles repose l'ordre social fassent partie des comités d'arrondissement;

Attendu que le législateur a formellement autorisé la subdivision de ces comités, et que, dans le fait, cette subdivision a été pratiquée à tel point que par exemple, d'après la demande expresse du préfet de Seine-et-Oise, ce département a constamment conservé tous les comités cantonaux avec toutes les attributions que la loi donne aux comités d'arrondissement;

Attendu que, dans cet état de la législation, le législateur a dû vouloir que, en cas d'absence du principal fonctionnaire de chaque service public, ce fonctionnaire soit remplacé par son second, ainsi le juge de paix par son suppléant, le procureur de la république par son substitut, le maire par son adjoint, le curé par son vicaire;

M. le curé, convoqué pour la séance où le sieur....., instituteur à....., a été révoqué, a pu être remplacé dans cette séance par M. son vicaire.

Avis relatif à la création d'une chaire d'agriculture dans une école primaire supérieure.

1er *février* 1850.

Le Conseil,

Vu la demande formée par M......., directeur de l'école primaire supérieure de Château-Gontier, à l'effet d'obtenir la création, aux frais de l'État, d'une chaire spéciale d'agriculture dans cet établissement;

Vu les avis de M. le préfet de la Mayenne et de M. le recteur de l'Académie d'Angers;

Est d'avis qu'il n'y a pas lieu de faire droit à la demande de M......

Avis relatif à l'annexion d'une école primaire supérieure à un collége communal.

8 *février* 1850.

Le Conseil,

Vu la demande formée par le conseil municipal de Vitry-le-François, à l'effet d'obtenir l'adjonction de l'école primaire supérieure au collége communal de ladite ville, ensemble les pièces à l'appui;

Vu les délibérations du comité local, du comité d'arrondissement et du bureau d'administration du collége de Vitry-le-François;

Vu l'avis de M. le recteur de l'Académie de Reims;

Attendu que l'adjonction proposée maintient et assure l'exécution de l'article 14 de la loi du 28 juin 1833;

Que cette réunion de deux établissements communaux, sous une même surveillance et sous une même direction supérieure, ne peut avoir pour résultat que l'amélioration et le succès de l'école primaire supérieure;

Est d'avis : 1° que l'adjonction doit être autorisée; 2° que l'organisation proposée dans les délibérations précitées peut être adoptée.

Loi sur l'instruction primaire.

15 *mars* 1850.

Au nom du Peuple français,

Le Président de la République,

Décrète :

TITRE Ier.

DES AUTORITÉS PRÉPOSÉES A L'ENSEIGNEMENT.

CHAPITRE Ier. — *Du conseil supérieur de l'instruction publique.*

ART. 1. — Le conseil supérieur de l'instruction publique est composé comme il suit :

Le Ministre, président;

Quatre archevêques ou évêques, élus par leurs collègues;

Un ministre de l'église réformée, élu par les consistoires;

Un ministre de l'église de la confession d'Augsbourg, élu par les consistoires;

Un membre du consistoire central israélite, élu par ses collègues;

Trois conseillers d'État, élus par leurs collègues;

Trois membres de la Cour de cassation, élus par leurs collègues;

Trois membres de l'Institut, élus en assemblée générale de l'Institut;

Huit membres nommés par le président de la République, en conseil des Ministres, et choisis parmi les anciens membres du conseil de l'Université, les inspecteurs généraux ou supérieurs, les recteurs et les professeurs des facultés; ces huit membres forment une section permamente;

Trois membres de l'enseignement libre nommés par le président de la République, sur la proposition du Ministre de l'instruction publique.

Art. 2. — Les membres de la section permanente sont nommés à vie.

Ils ne peuvent être révoqués que par le président de la République, en conseil des Ministres, sur la proposition du Ministre de l'instruction publique.

Ils reçoivent seuls un traitement.

Art. 3. — Les autres membres du conseil sont nommés pour six ans.

Ils sont indéfiniment rééligibles.

Art. 4. — Le conseil supérieur tient au moins quatre sessions par an.

Le Ministre peut le convoquer en session extraordinaire, toutes les fois qu'il le juge convenable.

Art. 5. — Le conseil supérieur peut être appelé à donner son avis sur les projets de loi, de règlements et de décrets relatifs à l'enseignement, et en général sur toutes les questions qui lui seront soumises par le Ministre.

Il est nécessairement appelé à donner son avis :

Sur les règlements relatifs aux examens, aux concours et aux programmes d'études dans les écoles publiques, à la surveillance des écoles libres, et, en général, sur tous les arrêtés portant règlement pour les établissements d'instruction publique;

Sur la création des facultés, lycées et colléges;

Sur les secours et encouragements à accorder aux établissements libres d'instruction secondaire;

Sur les livres qui peuvent être introduits dans les écoles publiques, et sur ceux qui doivent être défendus dans les écoles libres, comme contraires à la morale, à la constitution et aux lois.

Il prononce en dernier ressort sur les jugements rendus par les Conseils académiques dans les cas déterminés par l'article 14.

Le conseil présente, chaque année, au Ministre, un rapport sur l'état général de l'enseignement, sur les abus qui pourraient s'introduire dans les établissements d'instruction, et sur les moyens d'y remédier.

ART. 6. — La section permanente est chargée de l'examen préparatoire des questions qui se rapportent à la police, à la comptabilité et à l'administration des écoles publiques.

Elle donne son avis, toutes les fois qu'il lui est demandé par le Ministre, sur les questions relatives aux droits et à l'avancement des membres du corps enseignant.

CHAPITRE II. — *Des Conseils académiques.*

ART. 7. — Il sera établi une Académie dans chaque département.

ART. 8.— Chaque Académie est administrée par un recteur, assisté, si le Ministre le juge nécessaire, d'un ou de plusieurs inspecteurs, et par un Conseil académique.

ART. 9. — Les recteurs ne sont pas choisis exclusivement parmi les membres de l'enseignement public.

Ils doivent avoir le grade de licencié, ou dix années d'exercice comme inspecteurs d'Académie, proviseurs, censeurs, chefs ou professeurs des classes supérieures dans un établissement public ou libre.

ART. 10. — Le Conseil académique est composé ainsi qu'il suit :

Le recteur, président ;

Un inspecteur d'Académie, un fonctionnaire de l'enseignement ou un inspecteur des écoles primaires, désigné par le Ministre ;

Le préfet ou son délégué ;

L'évêque ou son délégué ;

Un ecclésiastique désigné par l'évêque ;

Un ministre de l'une des deux églises protestantes, désigné par le Ministre de l'instruction publique, dans les départements où il existe une église légalement établie ;

Un délégué du consistoire israélite dans chacun des départements où il existe un consistoire légalement établi ;

Le procureur général près la cour d'appel, dans les villes où siége une cour d'appel, et, dans les autres, le procureur de la République près le tribunal de première instance ;

Un membre de la cour d'appel élu par elle, ou à défaut de cour d'appel, un membre du tribunal de première instance élu par le tribunal ;

Quatre membres élus par le conseil général, dont deux au moins pris dans son sein ;

Les doyens des facultés seront, en outre, appelés dans le Conseil académique, avec voix délibérative pour les affaires intéressant leurs facultés respectives.

La présence de la moitié plus un des membres est nécessaire pour la validité des délibérations du Conseil académique.

ART. 11. — Pour le département de la Seine, le Conseil académique est composé comme il suit :

Le recteur, président ;

Le préfet ;

L'archevêque de Paris ou son délégué ;

Trois ecclésiastiques désignés par l'archevêque ;

Un ministre de l'Église réformée, élu par le consistoire ;

Un ministre de l'Église de la confession d'Augsbourg, élu par le consistoire;

Un membre du consistoire israélite, élu par le consistoire;

Trois inspecteurs d'Académie, désignés par le Ministre;

Le procureur général près la Cour d'appel ou un membre du parquet, désigné par lui;

Un inspecteur des écoles primaires, désigné par le Ministre;

Un membre de la Cour d'appel, élu par la cour;

Un membre du tribunal de première instance, élu par le tribunal;

Quatre membres du conseil municipal de Paris, et deux membres du conseil général de la Seine, pris parmi ceux des arrondissements de Sceaux et de Saint-Denis, tous élus par le conseil général;

Le secrétaire général de la préfecture du département de la Seine;

Les doyens des facultés seront, en outre, appelés dans le Conseil académique, avec voix délibérative pour les affaires intéressant leurs facultés respectives.

Art. 12. — Les membres des Conseils académiques dont la nomination est faite par élection sont élus pour trois ans et indéfiniment rééligibles.

Art. 13. — Les départements fourniront un local pour le service de l'administration académique.

Art. 14. — Le Conseil académique donne son avis :

Sur l'état des différentes écoles établies dans le département;

Sur les réformes à introduire dans l'enseignement, la discipline et l'administration de écoles publiques;

Sur les budgets et les comptes administratifs des lycées, colléges et Écoles Normales primaires;

Sur les secours et encouragements à accorder aux écoles primaires.

Il instruit les affaires disciplinaires relatives aux membres de l'enseignement public secondaire ou supérieur qui lui sont renvoyées par le Ministre ou le recteur.

Il prononce, sauf recours au conseil supérieur, sur les affaires contentieuses relatives à l'obtention des grades, aux concours devant les facultés, à l'ouverture des écoles libres, aux droits des maîtres particuliers et à l'exercice du droit d'enseigner ; sur les poursuites dirigées contre les membres de l'instruction secondaire publique et tendant à la révocation, avec interdiction d'exercer la profession d'instituteur libre, de chef ou professeur d'établissement libre, et dans les cas déterminés par la présente loi, sur les affaires disciplinaires relatives aux instituteurs primaires, publics ou libres.

ART. 15. — Le Conseil académique est nécessairement consulté sur les règlements relatifs au régime intérieur des lycées, colléges et Écoles Normales primaires, et sur les règlements relatifs aux écoles publiques primaires.

Il fixe le taux de la rétribution scolaire, sur l'avis des conseils municipaux et des délégués cantonaux.

Il détermine les cas où les communes peuvent, à raison des circonstances, et provisoirement, établir ou conserver des écoles primaires dans lesquelles seront admis des enfants de l'autre sexe ou des enfants appartenant aux différents cultes reconnus.

Il donne son avis au recteur sur les récompenses à accorder aux instituteurs primaires.

Le recteur fait les propositions au Ministre, et distribue les récompenses accordées.

ART. 16. — Le Conseil académique présente, chaque année, au Ministre et au conseil général, un exposé de la situation de l'enseignement dans le département.

Les rapports du Conseil académique sont envoyés par le recteur au Ministre, qui les communique au conseil supérieur.

CHAPITRE III. — *Des Écoles et de l'inspection.*

SECTION Ire. — Des Écoles.

ART. 17. — La loi reconnaît deux espèces d'écoles primaires ou secondaires :

1° Les écoles fondées ou entretenues par les communes, les départements ou l'État, et qui prennent le nom d'*écoles publiques;*

2° Les écoles fondées ou entretenues par des particuliers ou des associations, et qui prennent le nom d'*écoles libres.*

Section. II. — De l'inspection.

Art. 18. — L'inspection des établissements d'instruction publique ou libre est exercée :

1° Par les inspecteurs généraux ;

2° Par les recteurs et les inspecteurs d'Académie;

3° Par les inspecteurs de l'enseignement primaire;

4° Par les délégués cantonaux, le maire et le curé, le pasteur ou le délégué du consistoire israélite, en ce qui concerne l'enseignement primaire.

Les ministres des différents cultes n'inspecteront que les écoles spéciales à leur culte, ou les écoles mixtes pour leurs coreligionnaires seulement.

Le recteur pourra, en cas d'empêchement, déléguer temporairement l'inspection à un membre du Conseil académique.

Art. 19. — Les inspecteurs d'Académie sont choisis par le Ministre parmi les anciens inspecteurs, les professeurs des facultés, les proviseurs et censeurs des lycées, les principaux des collèges, les chefs d'établissements secondaires libres, les professeurs des classes supérieures dans ces diverses catégories d'établissements, les agrégés des facultés et des lycées, et les inspecteurs des écoles primaires, sous la condition commune à tous du grade de licencié, ou de dix ans d'exercice.

Les inspecteurs généraux et supérieurs sont choisis par le Ministre, soit dans les catégories ci-dessus indiquées, soit parmi les anciens inspecteurs généraux ou inspecteurs supérieurs de l'instruction primaire, les recteurs et inspecteurs d'Académie, ou parmi les membres de l'Institut.

Le Ministre ne fait aucune nomination d'inspecteur général sans avoir pris l'avis du conseil supérieur.

Art. 20. — L'inspection de l'enseignement primaire est spécialement confiée à deux inspecteurs supérieurs.

Il y a, en outre, dans chaque arrondissement, un inspecteur de l'enseignement primaire choisi par le Ministre, après avis du Conseil académique.

Néanmoins, sur l'avis du Conseil académique, deux arrondissements pourront être réunis pour l'inspection.

Un règlement déterminera le classement, les frais de tournée, l'avancement et les attributions des inspecteurs de l'enseignement primaire.

Art. 21. — L'inspection des écoles primaires s'exerce conformément aux règlements délibérés par le conseil supérieur.

Celle des écoles libres porte sur la moralité, l'hygiène et la salubrité.

Elle ne peut porter sur l'enseignement que pour vérifier s'il n'est pas contraire à la morale, à la Constitution et aux lois.

Art. 22. — Tout chef d'établissement primaire ou secondaire qui refusera de se soumettre à la surveillance de l'État, telle qu'elle est prescrite par l'article précédent, sera traduit devant le tribunal correctionnel de l'arrondissement, et condamné à une amende de cent francs à mille francs.

En cas de récidive, l'amende sera de cinq cents francs à trois mille francs. Si le refus de se soumettre à la surveillance de l'État a donné lieu à deux condamnations dans l'année, la fermeture de l'établissement pourra être ordonnée par le jugement qui prononcera la seconde condamnation.

Le procès-verbal des inspecteurs constatant le refus du chef d'établissement fera loi jusqu'à inscription de faux.

TITRE II.

DE L'ENSEIGNEMENT PRIMAIRE.

Chapitre Ier. — *Dispositions générales.*

Art. 23. — L'enseignement primaire comprend :

L'instruction morale et religieuse;

La lecture;

L'écriture;

Les éléments de la langue française;

Le calcul et le système légal des poids et mesures.

Il peut comprendre, en outre :

L'arithmétique appliquée aux opérations pratiques;

Les éléments de l'histoire et de la géographie;

Des notions des sciences physiques et de l'histoire naturelle applicables aux usages de la vie;

Des instructions élémentaires sur l'agriculture, l'industrie et l'hygiène;

L'arpentage, le nivellement, le dessin linéaire;

Le chant et la gymnastique.

ART. 24. — L'enseignement primaire est donné gratuitement à tous les enfants dont les familles sont hors d'état de le payer.

CHAPITRE II. — *Des instituteurs.*

SECTION Ire. — Des conditions d'exercice de la profession d'instituteur primaire public ou libre.

ART. 25. — Tout Français âgé de vingt et un ans accomplis peut exercer dans toute la France la profession d'instituteur primaire public ou libre, s'il est muni d'un brevet de capacité.

Le brevet de capacité peut être suppléé par le certificat de stage dont il est parlé à l'article 47, par le diplôme de bachelier, par un certificat constatant qu'on a été admis dans une des écoles spéciales de l'État, ou par le titre de ministre, non interdit ni révoqué, de l'un des cultes reconnus par l'État.

ART. 26. — Sont incapables de tenir une école publique ou libre, ou d'y être employés, les individus qui ont subi une condamnation pour crime, ou pour un délit contraire à la probité ou aux mœurs; les individus privés par jugement de tout ou partie des droits mentionnés en l'article 42 du code pénal, et ceux qui ont été interdits en vertu des articles 30 et 33 de la présente loi.

SECTION II. — Des conditions spéciales aux instituteurs libres.

ART. 27. — Tout instituteur qui veut ouvrir une école libre doit préalablement déclarer son intention au maire de la commune où il veut s'établir, lui désigner le local et lui donner l'indication des lieux où il a résidé, et des professions qu'il a exercées pendant les dix années précédentes.

Cette déclaration doit être, en outre, adressée par le postulant au recteur de l'Académie, au procureur de la République et au sous-préfet.

Elle demeurera affichée, par les soins du maire, à la porte de la mairie, pendant un mois.

ART. 28. — Le recteur, soit d'office, soit sur la plainte du procureur de la République ou du sous-préfet, peut former opposition à l'ouverture de l'école, dans l'intérêt des mœurs publiques, dans le mois qui suit la déclaration à lui faite.

Cette opposition est jugée dans un bref délai, contradictoirement et sans recours, par le Conseil académique.

Si le maire refuse d'approuver le local, il est statué à cet égard par ce conseil.

A défaut d'opposition, l'école peut être ouverte à l'expiration du mois, sans autre formalité.

ART. 29. — Quiconque aura ouvert ou dirigé une école en contravention aux articles 25, 26 et 27, ou avant l'expiration du délai fixé par le dernier paragraphe de l'article 28, sera poursuivi devant le tribunal correctionnel du lieu du délit, et condamné à une amende de cinquante à cinq cents francs.

L'école sera fermée.

En cas de récidive, le délinquant sera condamné à un emprisonnement de six jours à un mois, et à une amende de cent francs à mille francs.

La même peine de six jours à un mois d'emprisonnement, et de cent francs à mille francs d'amende, sera prononcée contre celui qui, dans le cas d'opposition formée à l'ouverture de son école, l'aura néanmoins ouverte avant qu'il ait été statué sur cette opposition, ou bien au mépris de la décision du Conseil académique qui aurait accueilli l'opposition.

Ne seront pas considérés comme tenant école les personnes qui, dans un but purement charitable, et sans exercer la profession d'instituteur, enseigneront à lire et à écrire aux enfants, avec l'autorisation du délégué cantonal.

Néanmoins, cette autorisation pourra être retirée par le Conseil académique.

Art. 30. — Tout instituteur libre, sur la plainte du recteur ou du procureur de la République, pourra être traduit, pour cause de faute grave dans l'exercice de ses fonctions, d'inconduite ou d'immoralité, devant le Conseil académique du département, et être censuré, suspendu pour un temps qui ne pourra excéder six mois, ou interdit de l'exercice de sa profession dans la commune où il exerce.

Le Conseil académique peut même le frapper d'une interdiction absolue. Il y aura lieu à appel devant le conseil supérieur de l'instruction publique.

Cet appel devra être interjeté dans le délai de dix jours, à compter de la notification de la décision, et ne sera pas suspensif.

Section III. — Des Instituteurs communaux.

Art. 31. — Les instituteurs communaux sont nommés par le conseil municipal de chaque commune et choisis, soit sur une liste d'admissibilité et d'avancement dressée par le Conseil académique du département, soit sur la présentation qui est faite par les supérieurs pour les membres des associations religieuses vouées à l'enseignement et autorisées par la loi, ou reconnues comme établissements d'utilité publique.

Les consistoires jouissent du droit de présentation pour les instituteurs appartenant aux cultes non catholiques.

Si le conseil municipal avait fait un choix non conforme à la loi, ou n'en avait fait aucun, il sera pourvu à la nomination par le Conseil académique, un mois après la mise en demeure adressée au maire par le recteur.

L'institution est donnée par le Ministre de l'instruction publique.

Art. 32. — Il est interdit aux instituteurs communaux d'exercer aucune fonction administrative, sans l'autorisation du Conseil académique.

Toute profession commerciale ou industrielle leur est absolument interdite.

Art. 33. — Le recteur peut, suivant les cas, réprimander, suspendre, avec ou sans privation totale ou partielle de traitement, pour un temps qui n'excédera pas six mois, ou révoquer l'instituteur communal.

L'instituteur révoqué est incapable d'exercer la profession d'instituteur, soit public, soit libre, dans la même commune.

Le Conseil académique peut, après l'avoir entendu ou dûment appelé, frapper l'instituteur communal d'une interdiction absolue, sauf appel devant le conseil supérieur de l'instruction publique dans le délai de dix jours, à partir de la notification de la décision. Cet appel n'est pas suspensif.

En cas d'urgence, le maire peut suspendre provisoirement l'instituteur communal, à charge de rendre compte, dans les deux jours, au recteur.

Art. 34. — Le Conseil académique détermine les écoles publiques auxquelles, d'après le nombre des élèves, il doit être attaché un instituteur adjoint.

Les instituteurs adjoints peuvent n'être âgés que de dix-huit ans et ne sont pas assujettis aux conditions de l'article 25.

Ils sont nommés et révocables par l'instituteur, avec l'agrément du recteur de l'Académie. Les instituteurs adjoints, appartenant aux associations religieuses dont il est parlé dans l'article 31, sont nommés et peuvent être révoqués par les supérieurs de ces associations.

Le conseil municipal fixe le traitement des instituteurs adjoints. Ce traitement est à la charge exclusive de la commune.

Art. 35. — Tout département est tenu de pourvoir au recrutement des instituteurs communaux, en entretenant des élèves-maîtres, soit dans les établissements d'instruction primaire désignés par le Conseil académique, soit aussi dans l'École Normale établie à cet effet par le département.

Les Écoles Normales peuvent être supprimées par le conseil général du département; elles peuvent l'être également par le Ministre en conseil supérieur, sur le rapport du Conseil académique, sauf, dans les deux cas, le droit acquis aux boursiers en jouissance de leur bourse.

Le programme de l'enseignement, les conditions d'entrée et de sortie, celles qui sont relatives à la nomination du personnel, et tout ce qui concerne les Écoles Normales, sera déterminé par un règlement délibéré en conseil supérieur.

Chapitre III. — *Des Écoles communales.*

Art. 36. — Toute commune doit entretenir une ou plusieurs écoles primaires.

Le Conseil académique du département peut autoriser une commune à se réunir à une ou plusieurs communes voisines pour l'entretien d'une école.

Toute commune a la faculté d'entretenir une ou plusieurs écoles entièrement gratuites, à la condition d'y subvenir sur ses propres ressources.

Le Conseil académique peut dispenser une commune d'entretenir une école publique, à condition qu'elle pourvoira à l'enseignement primaire gratuit, dans une école libre, de tous les enfants dont les familles sont hors d'état d'y subvenir. Cette dispense peut toujours être retirée.

Dans les communes où les différents cultes reconnus sont professés publiquement, des écoles séparées seront établies pour les enfants appartenant à chacun de ces cultes, sauf ce qui est dit à l'article 15.

La commune peut, avec l'autorisation du Conseil académique, exiger que l'instituteur communal donne, en tout ou en partie, à son enseignement, les développements dont il est parlé à l'article 23.

ART. 37. — Toute commune doit fournir à l'instituteur un local convenable, tant pour son habitation que pour la tenue de l'école, le mobilier de classe, et un traitement.

ART. 38. — A dater du 1er janvier 1851, le traitement des instituteurs communaux se composera :

1° D'un traitement fixe, qui ne peut être inférieur à 200 francs;

2° Du produit de la rétribution scolaire ;

3° D'un supplément accordé à tous ceux dont le traitement, joint au produit de la rétribution scolaire, n'atteint pas 600 francs.

Ce supplément sera calculé d'après le total de la rétribution scolaire pendant l'année précédente.

ART. 39. — Une caisse de retraite sera substituée, par un règlement d'administration publique, aux caisses d'épargne des instituteurs.

ART. 40. — A défaut de fondations, dons ou legs, le conseil municipal délibère sur les moyens de pourvoir aux dépenses de l'enseignement primaire dans la commune.

En cas d'insuffisance des revenus ordinaires, il est pourvu à ces dépenses au moyen d'une imposition spéciale votée par le conseil municipal, ou, à défaut du vote de ce conseil, établie par un décret du pouvoir exécutif. Cette imposition, qui devra être autorisée chaque année par la loi de finances, ne pourra excéder trois centimes additionnels au principal des quatre contributions directes.

Lorsque les communes, soit par elles-mêmes, soit en se réunissant à d'autres communes, n'auront pu subvenir, de la manière qui vient d'être indiquée, aux dépenses de l'école communale, il y sera pourvu sur les ressources ordinaires du département, ou, en cas d'insuffisance, au moyen d'une imposition spéciale votée par le conseil général, ou, à défaut de vote de ce conseil, établie par un décret. Cette imposition, autorisée chaque année par la loi de finances, ne devra pas excéder deux centimes additionnels au principal des quatre contributions directes.

Si les ressources communales et départementales ne suffisent pas, le Ministre de l'instruction publique accordera une subvention sur le crédit qui sera porté annuellement pour l'enseignement primaire au budget de l'État.

Chaque année, un rapport annexé au projet de budget fera connaître l'emploi des fonds alloués pour l'année précédente.

Art. 41. — La rétribution scolaire est perçue dans la même forme que les contributions publiques directes; elle est exempte des droits de timbre, et donne droit aux mêmes remises que les autres recouvrements.

Néanmoins, sur l'avis conforme du conseil général, l'instituteur communal pourra être autorisé par le Conseil académique à percevoir lui-même la rétribution scolaire.

Chapitre IV. — *Des délégués cantonaux et des autres autorités préposées à l'enseignement primaire.*

Art. 42. — Le Conseil académique du département désigne un ou plusieurs délégués résidant dans chaque canton, pour surveiller les écoles publiques et libres du canton, et détermine les écoles particulièrement soumises à la surveillance de chacun.

Les délégués sont nommés pour trois ans; ils sont rééligibles et révocables. Chaque délégué correspond, tant avec le Conseil académique, auquel il doit adresser ses rapports, qu'avec les autorités locales, pour tout ce qui regarde l'état et les besoins de l'enseignement primaire dans sa circonscription.

Il peut, lorsqu'il n'est pas membre du Conseil académique, assister à ses séances, avec voix consultative pour les affaires intéressant les écoles de sa circonscription.

Les délégués se réunissent au moins une fois tous les trois mois au chef-lieu de canton, sous la présidence de celui d'entre eux qu'ils désignent, pour convenir des avis à transmettre au Conseil académique.

Art. 43. — A Paris, les délégués nommés pour chaque arrondissement par le Conseil académique se réunissent au moins une fois tous les mois, avec le maire, un adjoint, le juge de paix, un curé de l'arrondissement et un cclésiastique, ces deux derniers désignés par l'archevêque, pour s'entendre au sujet de la surveillance locale, et pour convenir des avis à transmettre au Conseil académique. Les ministres des cultes non catholiques reconnus, s'il y a dans l'arrondissement des écoles suivies par des enfants appartenant à ces cultes, assistent à ces réunions avec voix délibérative.

La réunion est présidée par le maire.

Art. 44. — Les autorités locales préposées à la surveillance et à la direction morale de l'enseignement primaire sont, pour chaque école, le maire, le curé, le pasteur ou le délégué du culte israélite, et dans les communes de deux mille âmes et au-dessus, un ou plusieurs habitants de la commune, délégués par le Conseil académique.

Les ministres des différents cultes sont spécialement chargés de surveiller l'enseignement religieux de l'école.

L'entrée de l'école leur est toujours ouverte.

Dans les communes où il existe des écoles mixtes, un ministre de chaque culte aura toujours l'entrée de l'école pour veiller à l'éducation religieuse des enfants de son culte.

Lorsqu'il y a pour chaque culte des écoles séparées, les enfants d'un culte ne doivent être admis dans l'école d'un autre culte que sur la volonté formellement exprimée par les parents.

Art. 45. — Le maire dresse chaque année, de concert avec les ministres des différents cultes, la liste des enfants qui doivent être admis gratuitement dans les écoles publiques. Cette liste est approuvée par le conseil municipal, et définitivement arrêtée par le préfet.

Art. 46. — Chaque année le Conseil académique nomme une commission d'examen chargée de juger publiquement, et à des époques déterminées par le recteur, l'aptitude des aspirants au brevet de capacité, quel que soit le lieu de leur domicile.

Cette commission se compose de sept membres, et elle choisit son président.

Un inspecteur d'arrondissement pour l'instruction primaire, un ministre du culte professé par le candidat, et deux membres de l'enseignement public ou libre, en font nécessairement partie.

L'examen ne portera que sur les matières comprises dans la première partie de l'article 23.

Les candidats qui voudront être examinés sur tout ou partie des autres matières spécifiées dans le même article, en feront la demande à la commission. Les brevets délivrés feront mention des matières spéciales sur lesquelles les candidats auront répondu d'une manière satisfaisante.

ART. 47. — Le Conseil académique délivre, s'il y a lieu, des certificats de stage aux personnes qui justifient avoir enseigné pendant trois ans au moins les matières comprises dans la première partie de l'article 23, dans les écoles publiques ou libres autorisées à recevoir des stagiaires.

Les élèves-maîtres sont, pendant la durée de leur stage, spécialement surveillés par les inspecteurs de l'enseignement primaire.

CHAPITRE V. — *Des Écoles de filles.*

ART. 48. — L'enseignement primaire dans les écoles de filles comprend, outre les matières de l'enseignement primaire énoncées dans l'article 23, les travaux à l'aiguille.

ART. 49. — Les lettres d'obédience tiendront lieu de brevet de capacité aux institutrices appartenant à des congrégations religieuses vouées à l'enseignement et reconnues par l'État.

L'examen des institutrices n'aura pas lieu publiquement.

ART. 50. — Tout ce qui se rapporte à l'examen des institutrices, à la surveillance et à l'inspection des écoles de filles, sera l'objet d'un règlement délibéré en conseil supérieur. Les autres dispositions de la présente loi, relatives aux écoles et aux instituteurs, sont applicables aux écoles de filles et aux institutrices, à l'exception des articles 38, 39, 40 et 41.

ART. 51. — Toute commune de huit cents âmes de population et au-dessus est tenue, si ses propres ressources ne lui en fournissent les moyens, d'avoir au moins une école de filles, sauf ce qui est dit à l'article 15.

Le Conseil académique peut, en outre, obliger les communes d'une population inférieure à entretenir, si leurs ressources ordinaires le leur permettent, une école de filles ; et en cas de réunion de plusieurs communes pour l'enseignement primaire, il pourra, selon les circonstances, décider que l'école des garçons et l'école des filles seront dans deux communes différentes. Il prend l'avis du conseil municipal.

ART. 52. — Aucune école primaire publique ou libre ne peut, sans l'autorisation du Conseil académique, recevoir d'enfants des deux sexes, s'il existe dans la commune une école publique ou libre de filles.

CHAPITRE VI. — *Institutions complémentaires.*

ART. 53. — Tout Français âgé de vingt-cinq ans, ayant au moins cinq années d'exercice comme instituteur ou comme maître dans un pensionnat primaire, et remplissant les conditions énumérées en l'article 25, peut ouvrir un pensionnat primaire, après avoir déclaré son intention au recteur de l'Académie et au maire de la commune. Toutefois, les instituteurs communaux ne pourront ouvrir de pensionnat qu'avec l'autorisation du Conseil académique, sur l'avis du conseil municipal.

Le programme de l'enseignement et le plan du local doivent être adressés au maire et au recteur.

Le Conseil académique prescrira, dans l'intérêt de la moralité et de la santé des élèves, toutes les mesures qui seront indiquées dans un règlement délibéré par le conseil supérieur.

Les pensionnats primaires sont soumis aux prescriptions des articles 26, 27, 28, 29 et 30 de la présente loi, et à la surveillance des autorités qu'elle institue.

Ces dispositions sont applicables aux pensionnats de filles en tout ce qui n'est pas contraire aux dispositions prescrites par le chapitre V de la présente loi.

SECTION II. — Des Écoles d'adultes et d'apprentis.

ART. 54. — Il peut être créé des écoles primaires communales pour les adultes au-dessus de dix-huit ans, pour les apprentis au-dessus de douze ans.

Le Conseil académique désigne les instituteurs chargés de diriger les écoles communales d'adultes et d'apprentis.

Il ne peut être reçu dans ces écoles d'élèves des deux sexes.

ART. 55. — Les articles 27, 28, 29 et 30 sont applicables aux instituteurs libres qui veulent ouvrir des écoles d'adultes et d'apprentis.

ART. 56. — Il sera ouvert, chaque année, au budget du Ministre de l'instruction publique, un crédit pour encourager les auteurs de livres ou de méthodes utiles à l'instruction primaire et à la fondation d'institutions, telles que :

Les écoles du dimanche;

Les écoles dans les ateliers et les manufactures;

Les classes dans les hôpitaux;

Les cours publics ouverts conformément à l'article 77;

Les bibliothèques de livres utiles;

Et autres institutions dont les statuts auront été soumis à l'examen de l'autorité compétente.

SECTION. III — Des salles d'asile.

ART. 57. — Les salles d'asile sont publiques ou libres.

Un décret du président de la République, rendu sur l'avis

du conseil supérieur, déterminera tout ce qui se rapporte à la surveillance et à l'inspection de ces établissements, ainsi qu'aux conditions d'âge, d'aptitude, de moralité des personnes qui seront chargées de la direction et du service dans les salles d'asile publiques.

Les infractions à ce décret seront punies des peines établies par les articles 29, 30 et 33 de la présente loi.

Ce décret déterminera également le programme de l'enseignement et des exercices dans les salles d'asile publiques, et tout ce qui se rapporte au traitement des personnes qui y seront chargées de la direction ou du service.

ART. 58. — Les personnes chargées de la direction des salles d'asile publiques seront nommées par le conseil municipal, sauf l'approbation du Conseil académique.

ART. 59. — Les salles d'asile libres peuvent recevoir des secours sur les budgets des communes, des départements et de l'État.

TITRE III.

DE L'INSTRUCTION SECONDAIRE.

CHAPITRE Ier. — *Des établissements particuliers de l'instruction secondaire.*

ART. 60. — Tout Français âgé de vingt-cinq ans au moins et n'ayant encouru aucune des incapacités comprises dans l'article 26 de la présente loi, peut former un établissement d'instruction secondaire, sous la condition de faire au recteur de l'Académie où il se propose de s'établir, les déclarations prescrites par l'article 27, et, en outre, de déposer entre ses mains les pièces suivantes dont il lui sera donné récépissé :

1° Un certificat de stage, constatant qu'il a rempli, pendant cinq ans au moins, les fonctions de professeur ou de surveillant dans un établissement d'instruction secondaire public ou libre;

2° Soit le diplôme de bachelier, soit un brevet de capacité délivré par un jury d'examen dans la forme déterminée par l'article 62;

3° Le plan du local et l'indication de l'objet de l'enseignement.

Le recteur à qui le dépôt des pièces aura été fait, en donnera avis au préfet du département et au procureur de la République de l'arrondissement dans lequel l'établissement devra être fondé.

Le Ministre, sur la proposition des Conseils académiques et l'avis conforme du conseil supérieur, peut accorder des dispenses de stage.

Art. 61. — Les certificats de stage sont délivrés par le Conseil académique, sur l'attestation des chefs des établissements où le stage aura été accompli.

Toute attestation fausse sera punie des peines portées par l'article 160 du code pénal.

Art. 62. — Tous les ans, le Ministre nomme, sur la présentation du Conseil académique, un jury chargé d'examiner les aspirants au brevet de capacité. Ce jury est composé de sept membres, y compris le recteur qui le préside.

Un ministre du culte professé par le candidat et pris dans le Conseil académique, s'il n'y en a déjà un dans le jury, sera appelé avec voix délibérative.

Le Ministre, sur l'avis du conseil supérieur de l'instruction publique, instituera des jurys spéciaux pour l'enseignement professionnel.

Les programmes d'examen seront arrêtés par le conseil supérieur.

Nul ne pourra être admis à subir l'examen de capacité avant l'âge de vingt-cinq ans.

Art. 63. — Aucun certificat d'études ne sera exigé des aspirants au diplôme de bachelier ou au brevet de capacité.

Le candidat peut choisir la faculté ou le jury académique devant lequel il subira son examen.

Un candidat refusé ne peut se présenter avant trois mois à un nouvel examen, sous peine de nullité du diplôme ou brevet indûment obtenu.

ART. 64. — Pendant le mois qui suit le dépôt des pièces requises par l'article 60, le recteur, le préfet et le procureur de la République peuvent se pourvoir devant le Conseil académique et s'opposer à l'ouverture de l'établissement, dans l'intérêt des mœurs publiques ou de la santé des élèves.

Après ce délai, s'il n'est intervenu aucune opposition, l'établissement peut être immédiatement ouvert.

En cas d'opposition, le Conseil académique prononce, la partie entendue ou dûment appelée, sauf appel devant le conseil supérieur de l'instruction publique.

ART. 65. — Est incapable de tenir un établissement public ou libre d'instruction secondaire, ou d'y être employé, quiconque est atteint de l'une des incapacités déterminées par l'article 26 de la présente loi, ou qui, ayant appartenu à l'enseignement public, a été révoqué avec interdiction, conformément à l'article 14.

ART. 66. — Quiconque, sans avoir satisfait aux conditions prescrites par la présente loi, aura ouvert un établissement d'instruction secondaire, sera poursuivi devant le tribunal correctionnel du lieu du délit et condamné à une amende de cent francs à mille francs. L'établissement sera fermé.

En cas de récidive, ou si l'établissement a été ouvert avant qu'il ait été statué sur l'opposition, ou contrairement à la décision du Conseil académique qui l'aurait accueillie, le délinquant sera condamné à un emprisonnement de quinze jours à un mois, et à une amende de mille à trois mille francs.

Les ministres des différents cultes reconnus peuvent donner l'instruction secondaire à quatre jeunes gens, au plus, destinés aux écoles ecclésiastiques, sans être soumis aux prescriptions de la présente loi, à la condition d'en faire la déclaration au recteur.

Le Conseil académique veille à ce que ce nombre ne soit pas dépassé.

Art. 67. — En cas de désordre grave dans le régime intérieur d'un établissement libre d'instruction secondaire, le chef de cet établissement peut être appelé devant le Conseil académique et soumis à la réprimande avec ou sans publicité.

La réprimande ne donne lieu à aucun recours.

Art. 68. — Tout chef d'établissement libre d'instruction secondaire, toute personne attachée à l'enseignement ou à la surveillance d'une maison d'éducation, peut, sur la plainte du ministère public ou du recteur, être traduit, pour cause d'inconduite ou d'immoralité, devant le Conseil académique, et être interdit de sa profession, à temps ou à toujours, sans préjudice des peines encourues pour crimes ou délits prévus par le code pénal.

Appel de la décision rendue peut toujours avoir lieu, dans les quinze jours de la notification, devant le conseil supérieur.

L'appel ne sera pas suspensif.

Art. 69. — Les établissements libres peuvent obtenir des communes, des départements ou de l'État, un local et une subvention, sans que cette subvention puisse excéder le dixième des dépenses annuelles de l'établissement.

Les Conseils académiques sont appelés à donner leur avis préalable sur l'opportunité de ces subventions.

Sur la demande des communes, les bâtiments compris dans l'attribution générale faite à l'Université par le décret du 10 décembre 1808, pourront être affectés à ces établissements par décret du pouvoir exécutif.

Art. 70. — Les écoles secondaires ecclésiastiques actuellement existantes sont maintenues, sous la seule condition de rester soumises à la surveillance de l'État.

Il ne pourra en être établi de nouvelles sans l'autorisation du gouvernement.

Chapitre II. — *Des établissements publics d'instruction secondaire*

Art. 71. — Les établissements publics d'instruction secondaire sont les lycées et les collèges communaux.

Il peut y être annexé des pensionnats.

Art. 72. — Les lycées sont fondés et entretenus par l'État, avec le concours des départements et des villes.

Les collèges communaux sont fondés et entretenus par les communes.

Ils peuvent être subventionnés par l'État.

Art. 73. — Toute ville dont le collège communal sera, sur la demande du conseil municipal, érigé en lycée, devra faire les dépenses de construction et d'appropriation requises à cet effet, fournir le mobilier et les collections nécessaires à l'enseignement, assurer l'entretien et la réparation des bâtiments.

Les villes qui voudront établir un pensionnat près du lycée devront fournir le local et le mobilier nécessaires, et fonder pour dix ans, avec ou sans le concours du département, un nombre de bourses fixé de gré à gré avec le Ministre. A l'expiration des dix ans, les villes et les départements seront libres de supprimer les bourses, sauf le droit acquis aux boursiers en jouissance de leur bourse.

Dans le cas où l'État voudrait conserver le pensionnat, le local et le mobilier resteront à sa disposition et ne feront retour à la commune que lors de la suppression de cet établissement.

Art. 74. — Pour établir un collége communal, toute ville doit satisfaire aux conditions suivantes : fournir un local approprié à cet usage et en assurer l'entretien; placer et entretenir dans ce local le mobilier nécessaire à la tenue des cours, et à celle du pensionnat si l'établissement doit recevoir des élèves internes; garantir pour cinq ans au moins le traitement fixe du principal et des professeurs, lequel sera considéré comme dépense obligatoire pour la commune, en cas d'insuffisance des revenus propres du collége, de la rétribution collégiale payée par les externes et des produits du pensionnat.

Dans le délai de deux ans, les villes qui ont fondé des colléges communaux en dehors de ces conditions devront y avoir satisfait.

Art. 75. — L'objet et l'étendue de l'enseignement dans chaque collége communal seront déterminés, eu égard aux besoins de la localité, par le Ministre de l'instruction publique, en conseil supérieur, sur la proposition du conseil municipal et l'avis du Conseil académique.

Art. 76. — Le Ministre prononce disciplinairement contre les membres de l'instruction secondaire publique, suivant la gravité des cas :

1° La réprimande devant le Conseil académique ;

2° La censure devant le conseil supérieur ;

3° La mutation pour un emploi inférieur ;

4° La suspension des fonctions, pour une année au plus, avec ou sans privation totale ou partielle du traitement ;

5° Le retrait d'emploi, après avoir pris l'avis du conseil supérieur ou de la section permanente.

Le Ministre peut prononcer les mêmes peines, à l'exception de la mutation pour un emploi inférieur, contre les professeurs de l'enseignement supérieur.

Le retrait d'emploi ne peut être prononcé contre eux que sur l'avis conforme du conseil supérieur.

La révocation aura lieu dans les formes prévues par l'article 14.

TITRE IV.

DISPOSITIONS GÉNÉRALES.

Art. 77. — Les dispositions de la présente loi concernant les écoles primaires ou secondaires sont applicables aux cours publics sur les matières de l'enseignement primaire ou secondaire.

Les Conseils académiques peuvent, selon les degrés de l'enseignement, dispenser ces cours de l'application des dispositions qui précèdent, et spécialement de l'application du dernier paragraphe de l'article 54.

Art. 78. — Les étrangers peuvent être autorisés à ouvrir ou

diriger des établissements d'instruction primaire ou secondaire, aux conditions déterminées par un règlement délibéré en conseil supérieur.

Art. 79. — Les instituteurs adjoints des écoles publiques, les jeunes gens qui se préparent à l'enseignement primaire public dans les écoles désignées à cet effet, les membres ou novices des associations religieuses vouées à l'enseignement et autorisées par la loi ou reconnues comme établissements d'utilité publique, les élèves de l'École Normale supérieure, les maîtres d'études, régents et professeurs des collèges et lycées, sont dispensés du service militaire, s'ils ont, avant l'époque fixée pour le tirage, contracté, devant le recteur, l'engagement de se vouer, pendant dix ans, à l'enseignement public et s'ils réalisent cet engagement.

Art. 80. — L'article 463 du code pénal pourra être appliqué aux délits prévus par la présente loi.

Art. 81. — Un règlement d'administration publique déterminera les dispositions de la présente loi qui seront applicables à l'Algérie.

Art. 82. — Sont abrogées toutes les dispositions des lois, décrets ou ordonnances contraires à la présente loi.

DISPOSITIONS TRANSITOIRES.

Art. 83. — Les chefs ou directeurs d'établissements d'instruction secondaire ou primaire libre, maintenant en exercice, continueront d'exercer leur profession sans être soumis aux prescriptions des articles 53 et 60.

Ceux qui en ont interrompu l'exercice pourront le reprendre sans être soumis à la condition du stage.

Le temps passé par les professeurs et les surveillants dans ces établissements, leur sera compté pour l'accomplissement du stage prescrit par ledit article.

Art. 84. — La présente loi ne sera exécutoire qu'à dater du 1er septembre 1850.

Les autorités actuelles continueront d'exercer leurs fonctions jusqu'à cette époque.

Néanmoins, le conseil supérieur pourra être constitué et il pourra être convoqué par le Ministre avant le 1er septembre 1850, et, dans ce cas, les articles 1, 2, 3, 4, l'article 5 à l'exception de l'avant-dernier paragraphe, les articles 6 et 76 de la présente loi, deviendront immédiatement applicables.

La loi du 11 janvier 1850 est prorogée jusqu'au 1er septembre 1850.

Dans le cas où le conseil supérieur aurait été constitué avant cette époque, l'appel des instituteurs révoqués sera jugé par le Ministre de l'instruction publique, en section permanente du conseil supérieur.

Art. 85. — Jusqu'à la promulgation de la loi sur l'enseignement supérieur, le conseil supérieur de l'instruction publique et sa section permanente, selon leur compétence respective, exerceront, à l'égard de cet enseignement, les attributions qui appartenaient au conseil de l'Université, et les nouveaux Conseils académiques, les attributions qui appartenaient aux anciens.

Avis relatif aux programmes d'examen des aspirantes à la direction des salles d'asile.

5 *avril* 1850.

Le Conseil,

Vu le projet de programme dressé pour l'examen des aspirantes à l'École Normale des salles d'asile par la commission de surveillance de ladite école;

Vu la délibération de la commission supérieure des asiles, en date du 18 février 1850, proposant quelques modifications audit projet;

Est d'avis qu'il y a lieu d'arrêter ainsi qu'il suit le programme d'examen dont il s'agit :

ART. 1. — Il y aura chaque année à l'École Normale établie rue Neuve-Saint-Paul, à Paris, deux cours préparatoires aux examens des aspirantes à la direction des salles d'asile.

Ces cours seront distribués de la manière suivante :

1er cours. Janvier, février, mars, avril;

2e cours. Juillet, août, septembre, octobre.

ART. 2. — L'examen pour l'admission des aspirantes à l'École Normale aura lieu dans la session de la commission d'examen qui précédera l'ouverture du cours auquel elles demanderont d'être admises.

ART. 3. — L'inscription des aspirantes à l'École Normale, soit comme boursières, soit comme externes, sera faite au chef-lieu de l'Académie. Le dépôt des pièces prescrites aura lieu entre les mains du recteur qui est et demeure chargé de donner les avis nécessaires.

ART. 4. — L'examen d'admission à l'École Normale se compose d'épreuves écrites et d'épreuves orales.

Les épreuves écrites comprennent : 1° un examen d'écriture; 2° une dictée d'orthographe usuelle; 3° la pratique des quatre opérations fondamentales de l'arithmétique. Les épreuves orales porteront sur l'histoire sainte, le catéchisme, la lecture. Ces épreuves ne doivent avoir pour but que de constater le degré d'aptitude et d'intelligence des aspirantes à l'école, une instruction complète et spéciale devant leur être donnée dans l'établissement.

Décret relatif aux traitements des instituteurs communaux.

20 *avril* 1850.

Le Président de la République,
Vu la loi du 15 mars 1850;

Décrète :

Art. 1. — Dans leur session du mois de mai prochain, les conseils municipaux voteront sur leurs revenus ordinaires, et, à défaut de ces revenus, sur leurs trois centimes spéciaux, les fonds nécessaires : 1° pour assurer le traitement des instituteurs communaux, pendant l'année 1851, lequel traitement fixe ne peut être inférieur à 200 fr.; 2° pour élever à 600 fr., pendant la même année, le revenu des instituteurs communaux, dont le traitement fixe, réuni au produit de la rétribution mensuelle, n'atteint pas cette somme.

Art. 2. — Les maires des communes doivent se faire remettre par le percepteur le rôle de la rétribution mensuelle perçue pour chaque instituteur, depuis le 1er mai 1849 jusqu'au 1er mai 1850.

Ce rôle servira de base pour la fixation, par le conseil municipal, du complément de traitement qu'il y a lieu d'allouer à l'instituteur.

Art. 3. — Les délibérations des conseils municipaux, relatives à l'entretien des écoles et aux traitements des instituteurs pendant l'année 1851, seront immédiatement transmises par les maires aux sous-préfets, qui les transmettront avec leurs observations au préfet, avant le 1er juin.

Les préfets soumettront sommairement ces délibérations aux conseils généraux, dans la forme déterminée par l'art. 6 de l'ordonnance du 16 juillet 1833.

Art. 4. — A défaut des ressources municipales, les conseils devront voter, dans leur session du mois d'août prochain, soit sur leurs revenus ordinaires, soit sur leurs deux centimes spéciaux, la somme nécessaire : 1° pour compléter pendant l'année 1851, à 200 fr. les traitements fixes des instituteurs ; 2° pour compléter, pendant la même année, au minimum de 600 fr., le revenu des instituteurs dont le traitement réuni au produit de la rétribution scolaire n'atteint pas cette somme.

ART. 5. — Les Ministres de l'instruction publique et des cultes, de l'intérieur et des finances sont chargés, chacun en ce qui le concerne, de l'exécution du présent décret.

Avis relatif aux instituteurs qui ne tiennent pas école pendant certains mois de l'année.

3 *mai* 1850.

Le Conseil,

Vu la lettre en date du 9 avril 1850, par laquelle M. le préfet de la Charente-Inférieure fait connaître que les instituteurs de plusieurs communes de son département ferment leurs écoles pendant quelques mois de la saison d'été et obtiennent néanmoins des comités locaux des certificats constatant qu'ils ont exercé pendant ce laps de temps, en sorte qu'ils reçoivent leur traitement comme si l'enseignement n'avait pas cessé;

Vu, à cette occasion, une délibération par laquelle le conseil général de la Charente-Inférieure, dans la session de 1849, demande :

1° Que l'art. 23 de la loi du 28 juin 1833 soit rigoureusement appliqué aux instituteurs qui ferment leur école durant une partie de l'année;

2° Que M. le préfet exige de chaque instituteur communal un bulletin mensuel des élèves gratuits qu'il doit recevoir, lequel serait remis par celui-ci au maire qui, après l'avoir contrôlé et visé, le ferait parvenir au sous-préfet ;

Est d'avis qu'il y a lieu de répondre à M. le préfet de la manière suivante :

Il y a, dans le fait signalé, un cas de négligence habituelle, et les comités d'arrondissement doivent poursuivre les instituteurs qui ne tiennent pas école en été, et se font donner des certificats d'exercice.

Les inspecteurs primaires doivent être avertis de la nécessité de réprimer l'abus signalé.

Avis relatif à la création d'une seconde école dans la commune de Poët-Laval (Drôme).

3 *mai* 1850.

Le Conseil,

Vu la lettre par laquelle plusieurs habitants de la commune de Poët-Laval (Drôme) demandent que l'école primaire établie et spécialement affectée aux enfants du culte catholique, soit érigée en école publique;

Vu les avis du comité supérieur de Montélimart, du préfet de la Drôme et du recteur de l'Académie de Grenoble ;

Est d'avis qu'il n'y a pas lieu de créer une seconde école publique spécialement affectée aux enfants du culte catholique.

Avis relatif à la création d'une école protestante dans la commune de Legris (Lozère).

3 *mai* 1850.

Le Conseil,

Vu la délibération par laquelle le conseil municipal de la commune de Saint-Étienne-Vallée-Française (Lozère) demande l'autorisation de créer une école publique protestante de garçons à Legris, quartier d'Audijac, ensemble les pièces à l'appui;

Vu les avis du comité local et du comité supérieur d'instruction primaire;

Vu l'avis de M. le préfet de la Lozère;

Estime qu'il y a lieu d'autoriser la création d'une école publique protestante de garçons à Legris.

Avis relatif au déplacement des instituteurs.

17 *mai* 1850.

Le Conseil,

Vu les art. 1, 2, 3, de la loi du 11 janvier 1850;

Vu la circulaire ministérielle du 28 février 1850, 6e question, ensemble la décision du Conseil du 12 avril et la lettre conforme du Ministre au préfet de la Charente-Inférieure, du 25 du même mois;

Vu la déclaration d'incompétence du comité supérieur de Saintes, en date du 7 avril 1850, sur une question de déplacement d'office;

Vu la lettre du préfet de la Charente-Inférieure, du 1er mai, relativement à cette délibération et à la marche qu'il doit suivre en matière de déplacement;

Considérant que le déplacement des instituteurs primaires, implicitement autorisé par la loi du 11 janvier 1850, peut avoir lieu par voie administrative ou par voie disciplinaire;

Considérant qu'il est purement administratif, lorsqu'il y a consentement de l'instituteur communal, et qu'alors le comité supérieur, chargé de la nomination des instituteurs, est compétent pour statuer sur le déplacement, conformément à la circulaire ministérielle du 28 février 1850 et à la décision interprétative des 12 et 25 avril suivant;

Considérant que, lorsque le déplacement doit être prononcé d'office et malgré l'instituteur, il constitue un acte de pouvoir disciplinaire, et qu'alors il rentre dans les attributions des préfets sous la surveillance desquels la loi du 11 janvier a placé l'instruction primaire;

Considérant, en effet, que, pour faciliter l'exercice de cette surveillance temporaire, il est rationnel et juste de rattacher le droit de prononcer d'office le déplacement au droit de prononcer la révocation, le déplacement étant une mesure disciplinaire moins rigoureuse que la révocation et un mode de surveillance dès lors plus favorable aux intérêts des instituteurs communaux;

Considérant que, dans le cas soumis au comité supérieur de Saintes, il y avait provocation d'un déplacement d'office, malgré l'instituteur, et que sous ce rapport le comité a eu raison de déclarer son incompétence, mais qu'il eût été compétent pour donner son avis si le préfet l'eût demandé, sur le déplacement à prononcer par voie disciplinaire, comme il est compétent pour exprimer son opinion sur une demande de révocation;

Par ces motifs, est d'avis :

1° Que lorsqu'il y a consentement de l'instituteur communal, les déplacements et mutations doivent être prononcés par le comité supérieur par voie administrative et sous l'approbation du Ministre de l'instruction publique, comme il est dit dans la circulaire du 28 février 1850 et la décision interprétative du conseil et du Ministre des 12 et 25 avril dernier;

2° Que, lorsqu'il s'agit d'un déplacement d'office et contraire à la volonté de l'instituteur communal, il doit être prononcé par le préfet par voie disciplinaire, dans les conditions et formes de la révocation prévue par l'art. 3 de la loi du 11 janvier 1850.

Un membre, aux termes de l'art. 84 du décret du 17 mars 1808, réclame l'insertion au présent procès-verbal de son opinion contraire à la précédente décision; il est fait droit à cette demande.

Décret organisant les Académies départementales.

27 *mai* 1850.

Le Président de la République,

Sur le rapport du Ministre de l'instruction publique et des cultes;

Vu les articles 6, 7 et 84 de la loi du 15 mars 1850;

Décrète :

Art. 1. — Le chef-lieu de chaque Académie est placé au chef-lieu du département.

Néanmoins, le chef-lieu de l'Académie de la Marne est placé à Reims; celui de l'Académie des Bouches-du-Rhône, à Aix; celui de l'Académie du Nord, à Douai.

Art. 2. — Un inspecteur d'Académie est attaché à chacune des Académies dont les noms suivent :

Bouches-du-Rhône, Calvados, Côte-d'Or, Doubs, Gard, Haute-Garonne, Gironde, Hérault, Ille-et-Vilaine, Isère, Maine-et-Loire, Marne, Meurthe, Nord, Pas-de-Calais, Bas-Rhin, Seine-Inférieure, Seine-et-Oise, Somme, Vienne.

Quatre inspecteurs d'Académie sont attachés à l'Académie de la Seine.

Art. 3. — Le traitement du recteur de l'Académie de la Seine est fixé à 8,000 fr.

Les recteurs des autres Académies sont partagés en trois classes, de la manière suivante :

18 recteurs de 1re classe, à 6,000 fr.;

24 recteurs de 2e classe, à 5,000 fr.;

43 recteurs de 3e classe, à 4,500 fr.

Les traitements des inspecteurs d'Académie sont fixés de la manière suivante :

Inspecteurs de l'Académie de Paris, 4,000 fr.;

Inspecteurs des autres Académies, 3,000 fr.

Le traitement du secrétaire de l'Académie de Paris est fixé à 4,000 fr.

Les autres secrétaires d'Académie sont partagés en trois classes :

18 secrétaires d'Académie de 1re classe, à 2,000 fr. ;

24 secrétaires d'Académie de 2e classe, à 1,800 fr.;

43 secrétaires d'Académie de 3e classe, à 1,500 fr.

Art. 4. — La classe des recteurs et des secrétaires d'Académie est attachée à la personne et non pas à la résidence.

Art. 5. — Les dispositions du présent décret sont exécutoires à partir du 1er septembre prochain.

Avis relatif aux engagements décennaux.

14 *juin* 1850.

Le Conseil,

Vu l'engagement décennal contracté par le sieur Cointe (Justin-Charles-Jean-Baptiste), instituteur public à Parigny-les-Vaux (Nièvre) ;

Vu la lettre de M. le recteur de l'Académie de Bourges, en date du 25 mai dernier ;

Accepte ledit engagement, mais sous la condition que les dix années ne compteront qu'à dater de l'époque de l'institution par M. le Ministre.

Avis relatif à l'annulation d'une délibération d'un Comité supérieur pour vice de forme.

12 *juillet* 1850.

Le Conseil,

Vu un arrêté en date du 25 février dernier, par lequel M. le recteur de l'Académie de ....., se fondant sur l'article 17 de l'ordonnance du 21 avril 1828, a retiré à la d^lle^ ..... l'autorisation d'exercer comme institutrice communale à Vauchassis (Aube) ;

Vu les délibérations des 5 janvier 1850 et 2 février suivant du comité supérieur d'instruction primaire de Troyes, exprimant l'avis que ladite d^lle^ .... soit immédiatement révoquée ;

Vu le pourvoi formé contre ladite révocation par Mlle ...... le 7 mai 1850 ;

Considérant que M. le recteur reconnaît lui-même, dans sa lettre du 3 juillet courant, que cette affaire n'a pas été conduite dans les formes indiquées par la loi du 28 juin 1833 sur l'instruction primaire et par l'ordonnance du 23 juin 1836, spéciale aux écoles de filles ;

Est d'avis qu'il y a lieu d'annuler l'arrêté de M. le recteur de l'Académie de Reims, en date du 25 février, et de procéder régulièrement contre la d^lle^ ...... devant le comité supérieur d'instruction primaire de Troyes, où elle sera entendue.

Décret concernant les Écoles musulmanes françaises en Algérie.

14 *juillet* 1850.

Le Président de la République,

Vu les propositions du gouverneur général de l'Algérie et les délibérations du conseil de gouvernement, en date des 21 et 24 janvier 1850, sur un projet de règlement relatif à l'organisation des écoles arabes françaises;

Vu les délibérations du comité consultatif de l'Algérie, en date des 12, 14 et 19 juin 1850, sur le même projet;

Vu l'arrêté du pouvoir exécutif du 9 décembre 1848 ;

Vu le décret du Président de la République, du 2 avril 1850 ;

Considérant qu'il importe de faciliter la propagation de la langue française dans la population musulmane de l'Algérie;

Considérant que des écoles et des cours publics où la langue française est enseignée soit aux enfants, soit aux adultes, existent déjà dans plusieurs villes, et qu'il faut tout à la fois consacrer ces établissements et les étendre aux villes où l'utilité en sera reconnue;

Sur la proposition du Ministre de la guerre;

Décrète :

CHAPITRE I.

ÉCOLES PRIMAIRES.

§ 1er. — *Écoles de garçons.*

Art. 1. — Il est établi dans chacune des villes d'Alger, Constantine, Bone, Oran, Blidah, Mostaganem, une école primaire pour le double enseignement de l'arabe et du français aux enfants musulmans;

L'établissement de ces écoles sera étendu successivement aux villes où l'utilité publique en sera reconnue par le gouverneur général, sur la proposition du préfet.

Art. 2. — L'enseignement primaire est gratuit.

Il comprend :

La lecture et l'écriture de l'arabe;

Les éléments de la langue française, la lecture et l'écriture du français;

Les éléments du calcul et le système légal des poids et mesures.

Art. 3. — Le personnel de chaque école se compose d'un directeur français et d'un maître adjoint musulman, choisi parmi les Tolbas.

Art. 4. — Les directeurs et les maîtres adjoints sont nommés par le gouverneur général, sur la proposition du préfet.

Ils peuvent être suspendus par le préfet; ils sont révoqués par le gouverneur général.

Art. 5. — Nul ne peut être nommé directeur, s'il n'est pourvu du brevet de capacité exigé pour les instituteurs primaires, et d'un certificat d'aptitude pour l'enseignement de la langue arabe, délivré par le jury d'examen des interprètes militaires.

Les maîtres adjoints sont présentés par le préfet, le mufti ou le cadi consulté.

Art. 6. — Les directeurs reçoivent un traitement fixe de 1,200 fr., et les maîtres adjoints, de 600 fr.

Il leur est, en outre, alloué :

1° Une gratification annuelle dont le chiffre, déterminé par le gouverneur général, ne peut jamais s'élever au-dessus de la moitié du traitement fixe;

2° Une rétribution mensuelle de 1 fr. par élève est répartie, savoir :

Les deux tiers au directeur,

Et le tiers aux maîtres adjoints.

§ 2. — *Écoles de filles.*

ART. 7. — Il est établi une école primaire de jeunes filles musulmanes dans les villes d'Alger, Constantine, Oran et Bone.

Cette institution sera successivement étendue aux villes où l'utilité publique en sera reconnue par le gouverneur général, sur la proposition du préfet.

ART. 8. — L'instruction est gratuite.

Elle comprend :

1° La lecture et l'écriture de l'arabe ;

2° La lecture et l'écriture du français; les éléments de la langue française et les éléments du calcul ;

3° Les travaux à l'aiguille.

ART. 9. — Le personnel de chaque école se compose d'une directrice française et d'une sous-maîtresse musulmane.

ART. 10. — La nomination, la suspension et la révocation des directrices et des sous-maîtresses ont lieu conformément à l'article 4 ci-dessus.

Les dispositions du paragraphe 1 de l'article 5 sont également applicables aux directrices.

ART. 11. — Les directrices reçoivent un traitement fixe de 1,000 fr., et les sous-maîtresses un traitement fixe de 500 fr.

Les dispositions des deux derniers paragraphes de l'article 6 leur sont applicables.

CHAPITRE II.

ÉCOLES D'ADULTES.

ART. 12. — Un enseignement français pour les adultes indigènes est établi dans les villes d'Alger, Oran et Constantine, et sera étendu successivement dans les villes où l'utilité en sera reconnue par le gouverneur général, sur la proposition du préfet.

Cet enseignement est gratuit; il est confié aux professeurs du cours public d'arabe dans les villes où ces cours sont établis, et, dans les autres villes, à des maîtres désignés par le gouverneur général, conformément à l'article 4 ci-dessus.

Ces maîtres doivent remplir les conditions exigées par le paragraphe 1er de l'article 5.

Art. 13. — Une indemnité de 600 à 1,000 fr. est allouée au professeur ou au maître.

Art. 14. — L'enseignement comprend les éléments de la langue française, du calcul, de l'histoire et de la géographie.

Les cours ont lieu trois fois au moins par semaine.

Art. 15. — Des gratifications peuvent être accordées, par le préfet, aux élèves qui se font remarquer par leur assiduité, leur application et leurs progrès.

CHAPITRE III.

SURVEILLANCE ET INSPECTION.

Art. 16. — Les écoles primaires de garçons sont placées sous la surveillance d'un comité local institué dans chaque ville et composé :

Du maire ou du juge de paix dans les villes où les municipalités ne sont pas instituées;

Du mufti ou du cadi,
Et d'un fonctionnaire, } désignés par le préfet.

Art. 17. — Les écoles primaires et les écoles d'adultes sont inspectées par un fonctionnaire ou un officier français, choisi, pour chaque localité, par le préfet, et assisté d'un fonctionnaire indigène.

Art. 18. — Les écoles de filles sont surveillées et inspectées par des dames inspectrices désignées par le préfet.

Art. 19. — Les écoles primaires de filles et de garçons et les écoles d'adultes sont placées sous l'autorité du préfet.

Tous les trois mois, le préfet adresse au gouverneur général un rapport sur la situation de ces divers établissements.

Ce rapport est transmis au Ministre de la guerre.

CHAPITRE IV.

JURYS D'EXAMEN ET BREVETS D'APTITUDE.

Art. 20. — Il est institué par le gouverneur général, dans le chef-lieu de chaque province, un jury d'examen chargé de délivrer aux jeunes indigènes des brevets constatant leur aptitude.

Art. 21. — Les brevets sont de trois degrés :

Le brevet de troisième degré est accordé au candidat sachant parler français ;

Le brevet de deuxième degré, à celui qui sait lire et écrire le français ;

Le brevet de premier degré, à celui qui possède les matières d'enseignement indiquées dans l'article 14.

Art. 22. — Les emplois auxquels peuvent prétendre les indigènes sont donnés de préférence aux candidats pourvus du brevet du degré le plus élevé.

CHAPITRE V.

DISPOSITIONS GÉNÉRALES.

Art. 23. — Un règlement ministériel déterminera :

1° Le choix des livres destinés à l'enseignement des écoles instituées conformément au présent décret ;

2° L'âge d'admission des élèves dans ces écoles et l'âge où ils en sortiront

Art. 24. — Des arrêtés préfectoraux détermineront les heures d'ouverture et de clôture des classes, le montant des gratifications à accorder conformément à l'art. 15, et généralement ce qui tient au régime intérieur et à la discipline des écoles.

Art. 25. — Toutes les dépenses relatives au personnel et au matériel des établissements institués conformément au présent décret, sont mises à la charge du budget départemental, et pour les localités situées en dehors des départements, à la charge du budget local et municipal.

Art. 26. — Les attributions conférées au préfet par le présent décret, sont exercées en territoire militaire par le général commandant la division.

Art. 27. — Le Ministre de la guerre est chargé de l'exécution du présent décret.

Avis relatif à la création d'une école de hameau.

26 *juillet* 1850.

Le Conseil,

Vu la demande formée par plusieurs habitants du hameau du Boêles, dépendant de la commune de Saint-Laurent (Hautes-Pyrénées), à l'effet d'obtenir la création d'une deuxième école publique qui serait placée dans ce hameau ;

Considérant que la population de la commune de Saint-Laurent s'élève à 1,543 habitants et celle du hameau à 500 ; que les communications entre les localités sont difficiles, surtout en hiver ; que la distance entre le hameau et la commune est de 3 kilomètres ;

Est d'avis qu'il y a lieu d'autoriser la création demandée.

Avis relatif à la création d'une seconde école dans la commune de Clary-Varly (Ardennes).

26 *juillet* 1850.

Le Conseil,

Ouï le rapport sur une demande formée par les habitants de la section de Varly, dépendant de la commune de Clary-Varly (Ardennes), à l'effet d'obtenir la création d'une deuxième école publique qui serait placée dans ladite section de Varly;

Attendu que le nombre des enfants de cette section en état de recevoir l'instruction s'élève à 71, et que les deux localités sont séparées par une distance de 3 kilomètres; qu'un propriétaire, M. Robert, établi dans la section de Varly, s'engage d'ailleurs à fournir gratuitement un local pour la tenue de l'école et fait don du mobilier de classe;

Vu les avis favorables de M. le recteur de l'Académie et de M. le préfet du département;

Est d'avis que l'école demandée ne pourra être créée que sous la condition que M. Robert s'engagera, par acte authentique, à fournir le local pendant douze ou quinze années.

Extrait du décret portant règlement d'administration publique pour l'exécution de la loi du 15 mars 1850.

29 *juillet* 1850.

Le Président de la République,

Sur le rapport du Ministre de l'instruction publique et des cultes;

Vu le titre 1er, le chapitre IV du titre II, les titres III et IV de la loi du 15 mars 1850;

Le conseil d'État entendu ;

Décrète :

Des autorités préposées à l'enseignement.

CHAPITRE I.

DU CONSEIL SUPÉRIEUR DE L'INSTRUCTION PUBLIQUE.

Art. 1. — En l'absence du Ministre de l'instruction publique, le conseil supérieur est présidé par un vice-président nommé, chaque année, par le président de la République, et choisi parmi les membres du conseil.

Art. 2. — Le président de la République désigne également, chaque année, un secrétaire choisi parmi les membres du conseil.

Art. 3. — Le conseil supérieur tient une session ordinaire par trimestre.

Il est convoqué par arrêté du Ministre.

La durée de chacune des sessions, soit ordinaire, soit extraordinaire, est fixée par l'arrêté de convocation.

Elle peut être prolongée par un arrêté ultérieur.

Art. 4. — Des commissaires peuvent être chargés par le Ministre de l'assister dans la discussion des projets de loi, de règlement d'administration publique, de décrets et arrêtés portant règlement permanent qu'il renvoie à l'examen du conseil supérieur. Le conseil supérieur peut aussi appeler dans son sein les personnes dont l'expérience lui semble devoir être utilement consultée, tant pour la discussion de ces projets que pour tout ce qui concerne l'état général de l'enseignement.

Il ne peut user de cette faculté à l'égard des fonctionnaires publics, que de l'agrément du Ministre du département auquel ils appartiennent.

Art. 5. — La section permanente est présidée par un de ses membres désigné chaque année par le Ministre.

Art. 6. — Les fonctions de membre de la section permanente sont incompatibles avec toute autre fonction administrative rétribuée.

Art. 7. — Dans les affaires soumises au conseil supérieur, le rapporteur est nommé par le Ministre, ou, sur sa délégation, par le vice-président du conseil supérieur.

Art. 8. — En matière contentieuse ou disciplinaire, les affaires sont inscrites au secrétariat du conseil supérieur, d'après l'ordre de leur arrivée, sur un registre à ce destiné.

Elles sont jugées suivant l'ordre de leur inscription et dans la plus prochaine session.

Les rapports sont faits par écrit ; ils sont déposés au secrétariat par les rapporteurs la veille du jour fixé pour la délibération, avec le projet de décision et le dossier, pour être tenus à la disposition de chacun des membres du conseil.

En matière disciplinaire, le rapporteur est tenu d'entendre l'inculpé dans ses explications, s'il est présent et s'il le demande. L'inculpé a également le droit d'être entendu par le conseil.

Art. 9. — La présence de la moitié plus un des membres est nécessaire pour la validité des délibérations du conseil supérieur.

En cas de partage, si la matière n'est ni contentieuse ni disciplinaire, la voix du président est prépondérante; si la matière est contentieuse, il en sera délibéré de nouveau, et les membres qui n'auraient pas assisté à la délibération seront spécialement convoqués. S'il y a de nouveau partage dans la deuxième délibération, il sera vidé par la voix prépondérante du président ; si la matière est disciplinaire, l'avis favorable à l'inculpé prévaut.

Art. 10. — Les délibérations du conseil supérieur sont signées par le président et par le secrétaire.

Le secrétaire a seul qualité pour en délivrer des ampliations certifiées conformes aux procès-verbaux.

A moins d'une autorisation spéciale du Ministre, il ne peut être donné communication des procès-verbaux qu'aux membres du conseil supérieur.

Art. 11. — Les décrets ou arrêtés qui interviennent sur l'avis du conseil supérieur portent la mention : « Le conseil supérieur de l'instruction publique entendu. »

Les avis du conseil supérieur ne peuvent être publiés qu'avec l'autorisation du Ministre.

Art. 12. — En matière contentieuse ou disciplinaire, les décisions du conseil sont notifiées par le Ministre.

Les parties ont toujours le droit d'en obtenir l'expédition.

Art. 13. — Un règlement, délibéré en conseil supérieur, déterminera l'ordre intérieur des travaux du conseil.

Un règlement préparé par la section permanente et arrêté par le Ministre déterminera l'ordre intérieur des travaux de cette section.

CHAPITRE II.

DE L'ADMINISTRATION ACADÉMIQUE.

§ 1er. — *Du local affecté à l'Administration académique.*

Art. 14. — Le local que les départements doivent fournir pour le service de l'administration académique, d'après l'article 23 de la loi organique du 15 mars 1850, comprend au moins, avec le mobilier nécessaire au service :

Un cabinet pour le recteur ;

Une salle des délibérations pour le Conseil académique et pour les examens des candidats au brevet de capacité ;

Un cabinet pour le secrétaire de l'Académie ;

Une pièce pour les commis de l'Académie et pour les archives.

§ 2. — *Des Recteurs.*

Art. 15. — Les fonctions de recteur sont incompatibles avec tout autre emploi public salarié.

ART. 16. — Les recteurs sont nommés par le président de la République.

Ils sont partagés en classes, dont le nombre est déterminé par le président de la République.

Les traitements varient suivant les classes.

La classe est attachée à la personne et non à la résidence.

§ 3. — *Des Conseils académiques.*

ART. 17. — Sur l'invitation du Ministre de l'instruction publique, les cours et tribunaux, les conseils généraux et les consistoires israélites procèdent à la nomination des membres qu'ils sont appelés à élire dans les Conseils académiques.

Lorsqu'il y a lieu de pourvoir à des nominations nouvelles, les cours et tribunaux et les consistoires israélites, sur l'avis donné par le recteur, procèdent immédiatement au remplacement des membres pris dans leur sein ; les conseils généraux pourvoient, dans leur plus prochaine session, au remplacement des membres dont la nomination leur appartient.

Les élections sont faites au scrutin secret et à la majorité absolue.

Le président de la cour ou du tribunal, celui du consistoire et le préfet, selon le cas, adressent le procès-verbal de chaque élection au recteur, qui le communique au Conseil académique, lors de la première réunion.

Il est transcrit sur le registre des délibérations du conseil.

ART. 18. — Les membres délégués, en exécution de l'article 10 de la loi organique, ne peuvent exercer leur délégation qu'en vertu d'une décision spéciale.

Le Ministre de l'instruction publique et l'évêque adressent au recteur les décisions par lesquelles ils ont fait choix des membres dont la désignation leur appartient.

Ces décisions sont communiquées au Conseil académique, et sont transcrites sur le registre des délibérations de ce conseil.

ART. 19. — Lorsque deux archevêques ou évêques ont leur siége dans le même département, tous deux font partie du

Conseil académique. Dans ce cas, il n'y a pas lieu à la désignation prévue par le sixième alinéa de l'article 10 de la loi organique.

Art. 20. — En l'absence du recteur, le Conseil académique est présidé par le préfet.

Le secrétaire du Conseil académique est choisi chaque année par le Ministre, parmi les membres dudit conseil.

A moins d'une autorisation du recteur, les procès-verbaux du Conseil académique ne peuvent être communiqués qu'aux membres du conseil.

Art. 21. — Les Conseils académiques se réunissent au moins deux fois par mois. Ils peuvent être convoqués extraordinairement. Le jour de la réunion est fixé par le président.

Art. 22. — Les Conseils académiques ne peuvent délibérer sur les affaires intéressant une faculté qu'autant que le doyen de cette faculté a été expressément convoqué par le président.

Art. 23. — En cas de partage, lorsque la matière n'est ni contentieuse, ni disciplinaire, la voix du président est prépondérante.

Dans les matières contentieuses et disciplinaires, il est procédé par le Conseil académique, conformément à l'article 9.

Art. 24. — Lorsque l'instruction d'une affaire disciplinaire est renvoyée au Conseil académique en vertu du 6e paragraphe de la loi organique, le conseil désigne un rapporteur qui recueille les renseignements et les témoignages, appelle l'inculpé, l'entend s'il se présente, et fait son rapport au jour le plus prochain indiqué par le conseil.

Le conseil peut toujours ordonner un supplément d'instruction.

L'avis du conseil exprime s'il y a lieu de donner suite à l'affaire et, en cas d'affirmation, quelle peine doit être prononcée.

Art. 25. — En matière contentieuse, les réclamations des parties, avec les pièces et mémoires à l'appui, sont déposées au secrétariat de l'Académie ; il en est donné récépissé.

Ces réclamations reçoivent un numéro d'enregistrement et sont examinées dans l'ordre où elles sont parvenues au secrétariat. Pour chaque affaire, le conseil désigne un rapporteur qui fait son rapport à la plus prochaine réunion du conseil.

Art. 26. — Lorsque le conseil est appelé à prononcer en matière disciplinaire, un membre désigné par lui est chargé de l'instruction ; il recueille les informations et fait son rapport à l'époque fixée par le conseil.

Sur le rapport, le Conseil académique déclare d'abord s'il y a lieu de suivre.

En cas d'affirmative, il entend l'inculpé dans ses moyens de défense, et, s'il y a lieu, les témoins.

Art. 27. — En matière contentieuse et disciplinaire, la décision du Conseil académique est notifiée dans les huit jours par les soins du recteur.

Le recteur est tenu d'avertir les parties, s'il y a lieu, qu'elles ont le droit de se pourvoir devant le conseil supérieur dans le délai prescrit par la loi.

Art. 28. — Le recours de la partie contre la décision du Conseil académique est reçu au secrétariat de l'Académie ; il en est donné récépissé.

Le recours du recteur est formé par un arrêté qu'il notifie à la partie intéressée. Ampliation de cet arrêté est adressée avec les pièces de l'affaire au Ministre de l'instruction publique, qui en saisit le conseil supérieur.

Art. 29. — Les Conseils académiques peuvent appeler dans leur sein les membres de l'enseignement et toutes autres personnes dont l'expérience leur paraîtrait devoir être utilement consultée.

Les fonctionnaires de l'instruction publique ne peuvent être appelés que de l'agrément du recteur. Les personnes ainsi appelées par les Conseils académiques n'ont pas voix délibérative.

§ 4. — *Des Secrétaires d'Académie.*

Art. 30. — Les secrétaires d'Académie sont partagés en classes, dont le nombre est déterminé par décret du président de la République.

Les traitements varient suivant les classes.

La classe est attachée à la personne et non à la résidence.

Art. 31. — Le fonctionnaire appelé pour la première fois à l'emploi de secrétaire d'Académie est nécessairement de la dernière classe.

Nul ne peut être promu à une classe supérieure, sans avoir passé deux ans au moins dans la classe immédiatement inférieure.

Les dispositions du présent article ne sont pas applicables à la première organisation de l'administration académique.

Art. 32. — Nul ne peut être nommé aux fonctions de secrétaire d'Académie, s'il ne justifie du grade de bachelier ou du brevet de capacité pour l'enseignement primaire.

Sont exceptés de cette condition les secrétaires et commis d'Académie qui exercent actuellement ou qui ont précédemment exercé ces fonctions.

Art. 33. — Dans chaque Académie, le secrétaire est chargé de la rédaction des procès-verbaux du Conseil académique, sous la direction du secrétaire de ce conseil.

Il est préposé à la garde des archives de l'Académie.

Il peut être chargé, par les recteurs, de délivrer copie des pièces dont il est dépositaire.

Il dirige, sous les ordres du recteur, le travail des bureaux de l'Académie.

Il reçoit la consignation des droits perçus au profit du Trésor public dans les chefs-lieux académiques où il n'existe pas d'agent comptable préposé à cette perception. Dans ce cas, il est commissionné par le Ministre des finances et est tenu de fournir un cautionnement conformément aux règlements.

CHAPITRE III.

DE L'INSPECTION.

ART. 34. — Les inspecteurs généraux et les inspecteurs supérieurs sont choisis sur une liste de candidats formée par le Ministre : le conseil supérieur est appelé à donner son avis sur cette liste avant leur nomination.

ART. 35. — Pour la nomination des inspecteurs de l'instruction primaire, la liste des candidats, composée par le recteur, est communiquée au Conseil académique, et transmise ensuite au Ministre, avec l'avis de ce conseil.

ART. 36. — Les fonctions d'inspecteur d'Académie et d'inspecteur de l'enseignement primaire sont incompatibles avec tout autre emploi public rétribué. Le Ministre, sur l'avis du Conseil académique, peut toutefois autoriser les inspecteurs de l'instruction primaire à accepter les fonctions d'inspecteur, soit des enfants trouvés et abandonnés, soit des enfants employés dans les manufactures.

ART. 37. — Les inspecteurs de l'instruction primaire sont partagés en classes dont le nombre est déterminé par décret du président de la République.

Les traitements varient suivant les classes.

La classe est attachée à la personne et non à la résidence.

Le fonctionnaire appelé pour la première fois à l'emploi d'inspecteur de l'instruction primaire est nécessairement de la dernière classe.

Nul ne peut être promu à la classe supérieure, sans avoir passé un an, au moins, dans la classe immédiatement inférieure.

Les dispositions du présent avertissement ne sont pas applicables à la première organisation de l'inspection de l'enseignement primaire.

ART. 38. — Nul ne peut être appelé aux fonctions d'inspecteur de l'instruction primaire, s'il n'a été déclaré apte à ces fonctions, après un examen spécial dont le programme sera déterminé conformément à l'article 5 de la loi organique. Jusqu'à ce que ce programme ait été arrêté, l'examen aura lieu conformément aux règlements en vigueur.

Art. 39. — Ne peuvent être admis à l'examen que les candidats qui justifient :

1° De vingt-cinq ans d'âge ;

2° Du diplôme de bachelier ès-lettres, ou d'un brevet de capacité pour l'enseignement primaire supérieur, si le brevet a été délivré avant la promulgation de la loi organique, et, dans le cas contraire, d'un brevet attestant que l'examen a porté sur toutes les matières d'enseignement comprises dans l'article 23 de la même loi ;

3° De deux ans d'exercice, au moins, dans l'enseignement ou dans les fonctions de secrétaire d'Académie, de membre d'un ancien comité supérieur d'instruction primaire, ou de délégué du Conseil académique pour la surveillance des écoles.

La condition exigée par le paragraphe précédent ne sera point applicable à la première organisation de l'inspection.

Art. 40. — Sont dispensés de l'examen exigé par l'art. 38 les anciens inspecteurs ou sous-inspecteurs de l'instruction primaire, les directeurs d'Écoles Normales primaires, les principaux des collèges communaux, les chefs d'établissements particuliers d'instruction secondaire et les licenciés.

Art. 41. — Ont seuls droit aux frais de tournée déterminés par les règlements : les membres du conseil supérieur délégués par le Ministre pour une mission spéciale ; les inspecteurs généraux ; les inspecteurs supérieurs ; les recteurs ; les membres des Conseils académiques, délégués par le recteur en vertu de l'article 18 de la loi organique ; les inspecteurs d'Académie et les inspecteurs de l'instruction primaire.

Art. 42. — Les personnes chargées de l'inspection en vertu de l'article 18 de la loi organique, dressent procès-verbal de toutes les contraventions qu'elles reconnaissent.

Si la contravention consiste dans l'emploi d'un livre défendu en vertu de l'article 5 de la même loi, l'ouvrage est saisi et envoyé avec le procès-verbal au recteur de l'Académie, qui soumet l'affaire au Conseil académique.

Art. 43. — Les inspecteurs de l'instruction primaire donnent au recteur leur avis sur les secours et les encouragements de tout genre relatifs à l'instruction primaire; ils s'assurent que les allocations accordées sont employées selon leur destination.

Ils font au recteur des propositions pour la liste d'admissibilité et d'avancement des instituteurs communaux, qui doit être dressée par le Conseil académique; ils donnent au recteur leur avis sur les nominations des instituteurs communaux et sur les demandes d'institution.

Ils assistent, avec voix délibérative, aux réunions des délégués cantonaux, prescrites par le quatrième paragraphe de l'article 42 de la loi organique et à celles dont il est fait mention en l'article 46 du présent règlement.

Ils donnent leur avis au recteur sur les demandes formées par les instituteurs communaux et sur les déclarations faites par les instituteurs libres, à l'effet d'ouvrir un pensionnat primaire.

Ils inspectent les Écoles Normales primaires et surveillent particulièrement les élèves-maîtres entretenus par le département dans les établissements d'instruction primaire.

Ils surveillent l'instruction donnée aux enfants admis pour le compte des communes dans les écoles libres, en exécution du quatrième paragraphe de l'article 36 de la loi organique.

Ils adressent tous les trois mois, au recteur de l'Académie, un rapport sur la situation de l'instruction primaire dans les communes qu'ils ont parcourues pendant le trimestre et des notes détaillées sur le personnel des écoles.

CHAPITRE IV.

DES DÉLÉGUÉS CANTONAUX ET DES AUTORITÉS PRÉPOSÉES A L'ENSEIGNEMENT PRIMAIRE.

Art. 44. — Nul chef ou professeur, dans un établissement

d'instruction primaire, public ou libre, ne peut être nommé délégué du Conseil académique.

Art. 45. — Les délégués ont entrée dans toutes les écoles libres et publiques de leur circonscription ; ils les visitent au moins une fois par mois.

Ils communiquent aux inspecteurs de l'instruction primaire tous les renseignements utiles qu'ils auront pu recueillir.

Art. 46. — Sur la convocation et sous la présidence du sous-préfet, les délégués des cantons d'un arrondissement peuvent être réunis au chef-lieu de l'arrondissement pour délibérer sur les objets qui leur sont soumis par le recteur ou par le Conseil académique.

Art. 47. — A Paris, le Conseil académique désigne dans chaque arrondissement un délégué au moins par quartier. Il peut désigner, en outre, dans chaque arrondissement, des délégués spéciaux pour les écoles des cultes protestant et israélite.

L'inspecteur de l'instruction primaire assiste aux réunions mensuelles des délégués de l'arrondissement avec voix consultative.

Art. 48. — Lorsqu'il y a dans la commune une école spécialement affectée aux enfants d'un culte, et qu'il ne s'y trouve en résidence aucun ministre de ce culte, l'évêque ou le consistoire désigne, pour l'exécution de l'article 44 de la loi organique, le curé, le pasteur ou le délégué d'une commune voisine.

Art. 49. — Les autorités préposées par l'article 44 de la loi organique à la surveillance des écoles, peuvent se réunir, sous la présidence du maire, pour convenir des avis à transmettre à l'inspecteur de l'instruction primaire et aux délégués cantonaux.

CHAPITRE V.

DES COMMISSIONS D'EXAMEN POUR LA DÉLIVRANCE DES BREVETS DE CAPACITÉ POUR L'ENSEIGNEMENT PRIMAIRE.

ART. 50. — Les commissions d'examen pour le brevet de capacité pour l'enseignement primaire tiennent au moins deux sessions par an.

La commission ne peut délibérer régulièrement qu'autant que cinq au moins de ses membres sont présents.

Les délibérations sont prises à la majorité des suffrages.

En cas de partage, la voix du président est prépondérante.

La forme des brevets est réglée par le Ministre de l'instruction publique.

Nul ne peut se présenter devant une commission d'examen, s'il n'est âgé de dix-huit ans au moins.

....

Décret relatif à l'administration académique de Maine-et-Loire et du Rhône.

5 *août* 1850.

Le Président de la République,

Vu le rapport du Ministre de l'instruction publique et des cultes ;

Vu le décret du 27 mai 1850 ;

Décrète :

ART. 1. — L'article 2 du décret ci-dessus visé est rapporté, en ce qui concerne l'Académie départementale de Maine-et-Loire et du Rhône.

Un inspecteur d'Académie est attaché à l'Académie départementale du Rhône.

Arrêté portant jugement d'un économe d'École Normale primaire.

9 *août* 1850.

Le Conseil,

Ouï le rapport duquel il résulte que le sieur....., maître adjoint surveillant et économe de l'École Normale primaire de......, a disparu au commencement de l'année 1849, après avoir soustrait à la caisse de l'établissement une somme que M. le directeur évalue à plus de 3,000 fr. ;

Vu l'avis en date du 20 avril 1849, portant qu'il y a lieu de suivre aux termes du décret, et d'ordonner une instruction au Conseil académique pour arriver à l'exécution de l'article 70 du décret du 5 novembre 1811 ;

Vu la délibération du Conseil académique de......, en date du 20 juillet 1849 ;

Après avoir entendu le réquisitoire de M. le chancelier de l'Université remplissant les fonctions du ministère public, tendant à ce qu'il plaise au conseil de faire application de l'art. 70 précité au sieur...... ;

Vu les dispositions de cet article ainsi conçu : « Si un « membre de l'Université divertit les deniers qui lui ont été « confiés, il sera rayé du tableau et condamné à la restitution, « sans préjudice de l'action criminelle qui sera poursuivie « devant les tribunaux, selon le cas ; »

Vu l'art. 151 du même décret portant que, lorsqu'un comptable de l'Université sera constitué en débet ou en retard, le débet sera acquitté d'abord par son cautionnement, puis sur la retenue de ce qui sera dû au comptable sur son traitement, et, en cas d'insuffisance, sur ses biens ;

Arrête :

Le sieur..., maître adjoint surveillant et économe de l'École Normale primaire de..., est rayé du tableau de l'Université.

Il y a lieu, par le ministère public, de requérir, au nom de M. le Ministre de l'instruction publique, la restitution des sommes soustraites, et la saisie des sommes déposées par le délinquant, aux termes de l'art. 151 du décret du 15 novembre 1811.

Décret relatif à l'instruction primaire dans les écoles musulmanes de l'Algérie.

30 *septembre* 1850.

Le Président de la République,

Sur la proposition du Ministre de la guerre,

Décrète :

CHAPITRE I.

INSTRUCTION PRIMAIRE ET SECONDAIRE.

ART. 1. — L'instruction primaire et l'instruction secondaire données dans les écoles musulmanes sont placées sous la haute surveillance du gouverneur général, qui s'exercera par l'intermédiaire des préfets dans les territoires civils, et dans les territoires militaires par les généraux commandant les divisions.

Il n'est apporté aucune modification aux conditions d'existence et au mode d'instruction actuellement en usage.

ART. 2. — Un fonds annuel, inscrit au budget de l'État, sera affecté à accorder des gratifications aux instituteurs qui se seront fait remarquer, et aux élèves les plus méritants.

Le gouverneur général de l'Algérie arrêtera la répartition de ces fonds sur les propositions qui lui seront faites par les généraux commandant les divisions et par les préfets ; il en rendra compte au Ministre de la guerre.

ART. 3. — Il est institué, aux frais de l'État, dans chacune des villes de Médéah, Tlemcen et Constantine, une école supérieure (medressa) pour former des candidats aux emplois dépendant des services du culte, de la justice, de l'instruction publique indigènes et des bureaux arabes.

ART. 4. — L'enseignement des écoles supérieures est gratuit, et comprend :

Un cours de grammaire et de littérature (nahhou) ; un cours de droit et de jurisprudence (fak) ; un cours de théologie (touhhid).

ART. 5. — Le personnel de chaque école se compose de :

Un directeur chargé en même temps de faire un des trois cours, auquel il sera alloué un traitement de.... 2,100 fr.

Deux professeurs au traitement de 1,500 fr.... 3,000 fr.

Un ouakaf (homme de peine) au traitement de. 600 fr.

ART 6. — Les directeurs et professeurs des écoles supérieures musulmanes sont nommés par le Ministre de la guerre, sur la proposition du gouverneur général de l'Algérie.

L'ouakaf est nommé par le général commandant la division, sur la désignation du directeur de l'école.

ART. 7. — Chaque école supérieure sera installée auprès d'une des mosquées auxquelles étaient attenantes des medressa. Une subvention de 100 fr. par an sera accordée aux dix élèves les plus méritants de chaque école ; il leur sera également donné un logement dans l'établissement, si les dispositions du local le permettent.

ART. 8. — Les écoles supérieures sont placées sous la surveillance des officiers généraux commandant les provinces. Cette surveillance s'exerce par l'intermédiaire des bureaux arabes.

ART. 9. — Les écoles supérieures sont inspectées, chaque année, par un des officiers français attachés aux affaires arabes, et par un des professeurs aux chaires publiques d'arabe désignés par le gouverneur général de l'Algérie.

ART. 10. — Les dépenses résultant de la création des écoles supérieures musulmanes sont à la charge du budget de la guerre.

Décret relatif à l'admission aux fonctions d'instituteur des élèves-maîtres sortant des Écoles Normales primaires et des novices appartenant aux congrégations religieuses enseignantes, âgés de moins de 21 ans.

1er *octobre* 1850.

Le Président de la République,

Sur le rapport de M. le Ministre de l'instruction publique et des cultes;

Considérant que la loi du 28 juin 1833 avait fixé à 18 ans l'âge auquel les jeunes gens, pourvus d'un brevet de capacité, pouvaient être nommés instituteurs primaires communaux ;

Qu'en exécution de cette disposition de la loi, un grand nombre d'élèves des Écoles Normales primaires, âgés de 18 ans et pourvus d'un brevet de capacité, ont contracté l'engagement de se vouer pendant dix ans au service de l'instruction publique ; que cet engagement doit avoir pour effet de leur assurer le bénéfice de la dispense du service militaire ;

Que cette dispense ne pourra, toutefois, être accordée qu'à ceux qui, au moment du tirage au sort, exerceront, soit comme instituteurs communaux, soit comme instituteurs adjoints ;

Considérant que la loi du 15 mars 1850 a reporté à 21 ans l'âge avant lequel nul ne pourra être nommé instituteur communal ;

Que ceux des élèves qui, en sortant des Écoles Normales primaires, au mois d'août dernier, n'ont pu être nommés instituteurs avant le 1er septembre courant, et qui ne peuvent être placés, en ce moment, comme instituteurs adjoints, seraient dans l'impossibilité absolue de remplir leurs engagements envers le département de l'instruction publique ; et que, si cet engagement leur était remis, les départements et l'État qui ont fait, en totalité ou en partie, les frais de leur éducation, se seraient inutilement imposé des sacrifices considérables pour former de bons instituteurs;

Considérant, en outre, qu'une inaction qui serait imposée à ces élèves pendant plusieurs années, pourrait être préjudiciable à leur instruction, leur moralité et leur avenir;

Qu'il y a lieu, dès lors, de prendre des mesures transitoires pour assurer, sans dommage pour l'enseignement, l'exécution de la loi du 15 mars;

Décrète :

Art. 1. — Les Conseils académiques sont autorisés à porter pendant trois ans, à partir du 1er septembre dernier, sur la liste d'admissibilité aux fonctions d'instituteur public les élèves des Écoles Normales primaires et des maisons de noviciat régulièrement autorisées, qui justifieront d'un engagement contracté antérieurement au 15 mars 1850, et qui, pourvus d'un brevet de capacité, n'auraient pas encore atteint leur vingt et unième année.

Art. 2. — Ces jeunes gens pourront être chargés provisoirement par les conseils municipaux de la direction de leur école; ils ne recevront une nomination définitive et l'institution ministérielle, s'il y a lieu, que lorsqu'ils auront atteint leur vingt et unième année.

Art. 3. — Le Ministre de l'instruction publique et des cultes est chargé de l'exécution du présent décret.

Avis relatif aux autorisations pour les instituteurs de tenir un pensionnat.

1er *octobre* 1850.

La Section,

Consultée sur la question de savoir si un instituteur communal peut être maître de pension, ou si un maître de pension peut être nommé instituteur communal, et si l'incompatibilité a été établie entre les fonctions d'instituteur communal et toute profession ;

Est d'avis :

Que l'article 32 de la loi du 15 mars 1850 et l'incompatibilité qui en résulte ne peuvent pas s'appliquer à ce cas, attendu que la profession de chef d'un établissement libre d'instruction secondaire ne peut pas, dans l'esprit de la loi, être comprise dans les professions industrielles ou commerciales qui sont interdites à l'instituteur communal ;

Qu'il s'agit, dans l'article 32, de professions ayant pour objet un commerce ou une industrie complétement étrangers ou même contraires à la profession d'instituteur libre secondaire, puisque le titre III de la loi du 15 mars 1850 a pour but de régler les conditions d'exercice de cette profession, qui n'est, dans aucun article de ce titre, considérée comme profession purement commerciale ou industrielle ;

Que cette interprétation de l'article 32 s'appuie sur l'article 53 qui permet à l'instituteur communal d'avoir un pensionnat primaire, s'il y est autorisé par le Conseil académique de l'avis du conseil municipal ; que sous le rapport commercial et industriel, il n'y a évidemment aucune différence entre le pensionnat primaire et le pensionnat secondaire ; d'où résulte la conséquence que, si la loi, permet l'une, elle ne peut pas interdire l'autre ;

Considérant, d'autre part, que s'il s'agissait d'un pensionnat primaire, la question devrait, d'après l'article 53 qui vient d'être rappelé, être renvoyée au Conseil académique qui, sur l'avis du conseil municipal, accorderait ou refuserait l'autorisation dont il ne pourrait pas être appelé ; mais que, comme il s'agit d'un pensionnat, la question excède la compétence du Conseil académique, telle qu'elle est déterminée par l'article 53 ;

Qu'il y a là une de ces questions relatives aux écoles libres, aux droits des maîtres particuliers et à l'exercice du droit d'enseigner indiqués par l'article 14 de la loi du 15 mars 1850, et sur lesquelles le Conseil académique est appelé à prononcer, sauf recours au conseil supérieur ;

Est d'avis :

Que l'affaire du sieur Menissier, sur laquelle M. le recteur du Cher a fait rapport dans la lettre du 5 septembre, doit être renvoyée au Conseil académique du Cher, qui prononcera, sauf recours si le recteur le juge convenable, devant le conseil supérieur.

Décret relatif à l'administration des Écoles.

7 octobre 1850.

Au nom du peuple français,

Le Président de la République,

Vu la loi du 15 mars 1850 sur l'enseignement, et spécialement le titre II ;

Sur le rapport du Ministre de l'instruction publique et des cultes ;

Décrète :

CHAPITRE I.

DE L'ENSEIGNEMENT LIBRE.

Art. 1. — Il est ouvert dans chaque mairie un registre spécial destiné à recevoir les déclarations des instituteurs qui veulent établir des écoles libres, conformément à l'article 27 de la loi organique du 15 mars 1850.

Indépendamment des indications exigées par cet article, chaque déclaration doit être accompagnée :

1° De l'acte de naissance de l'instituteur ;

2° De son brevet de capacité ou du titre reconnu équivalent au brevet de capacité par le deuxième paragraphe de l'article 25 de la loi organique.

Cette déclaration est signée, sur le registre, par l'instituteur et par le maire.

Une copie en est immédiatement affichée à la porte de la mairie et y demeure pendant un mois.

Art. 2. — Dans les trois jours qui suivent cette déclaration, le maire adresse au recteur les pièces jointes à ladite déclaration et le certificat d'affiche.

Dans le même délai, le maire, après avoir visité ou fait visiter le local destiné à l'école, est tenu de délivrer gratuitement à l'instituteur, en triple expédition, un copie légalisée de sa déclaration.

S'il refuse d'approuver le local, il doit faire mention de cette opposition et des motifs sur lesquels elle est fondée, au bas des copies légalisées qu'il délivre à l'instituteur.

Une de ces copies est remise par l'instituteur au procureur de la République, et une autre au sous-préfet, lesquels en délivrent récépissé. La troisième copie est remise au recteur de l'Académie par l'instituteur, avec les récépissés du procureur de la République et du sous-préfet.

Art. 3. — A l'expiration du délai fixé par le dernier paragraphe de l'article 27 de la loi organique, le maire transmet au recteur les observations auxquelles la déclaration affichée peut avoir donné lieu, ou l'informe qu'il n'en a pas été reçu à la mairie.

Art. 4. — Si le recteur croit devoir faire opposition à l'ouverture de l'école, par application de l'article 28 de la loi organique, il signifie son opposition à la partie par un arrêté motivé.

Trois jours au moins avant la séance fixée pour le jugement de l'opposition, la partie est citée à comparaître devant le Conseil académique.

Cette opposition est jugée par le Conseil académique, suivant les formes prescrites au chapitre II du règlement d'administration publique du 29 juillet 1850.

Copie de la décision du Conseil académique est transmise par le recteur au maire de la commune, qui fait transcrire cette décision en marge de la déclaration de l'instituteur sur le registre spécial.

Art. 5. — Lorsqu'un instituteur libre a été suspendu de l'exercice de ses fonctions, il peut être admis par le Conseil académique à présenter un suppléant pour la direction de son école.

Art. 6. — Lorsque, par application des articles 29, 30 et 53 de la loi organique, un pensionnat primaire se trouve dans le cas d'être fermé, le recteur et le procureur de la République doivent se concerter pour que les parents ou tuteurs des élèves soient avertis, et pour que les élèves pensionnaires, dont les parents ne résident pas dans la localité, soient recueillis dans une maison convenable.

S'il se présente une personne digne de confiance qui offre de se charger des élèves pensionnaires ou externes, le recteur peut l'y autoriser provisoirement.

Cette autorisation n'est valable que pour trois mois au plus.

CHAPITRE II.

DE L'ENSEIGNEMENT PUBLIC.

Section Ire. — Des Écoles primaires publiques.

Art. 7. — Le local que la commune est tenue de fournir en exécution de l'article 37 de la loi organique, doit être visité avant l'ouverture de l'école par le délégué cantonal qui fait connaître au Conseil académique si ce local convient pour l'usage auquel il est destiné.

Art. 8. — Lorsque des communes demandent à se réunir pour l'entretien d'une école, le local destiné à la tenue de cette école doit être visité par l'inspecteur de l'arrondissement, qui transmet son rapport au Conseil académique.

A défaut de conventions contraires, les dépenses auxquelles l'entretien des écoles donne lieu sont réparties entre les communes réunies, proportionnellement au montant des quatre contributions directes. Cette répartition est faite par le préfet.

Art. 9. — Lorsqu'il est reconnu que le local fourni par une commune, en exécution de l'article 37 de la loi organique, ne convient pas pour l'usage auquel il est destiné, le préfet, après s'être concerté avec le recteur et avoir pris l'avis du conseil municipal, décide s'il y a lieu, en raison des circonstances, de faire exécuter des travaux pour approprier le local à sa destination, ou bien d'en prononcer l'entretien.

S'il s'agit de travaux à exécuter, il met la commune en demeure de pourvoir à la dépense nécessaire pour leur exécution dans un délai déterminé. A défaut d'exécution dans ce délai, il peut y pourvoir de droit.

Si l'interdiction du local a été prononcée, le préfet et le recteur pourvoient à la tenue de l'école, soit par la location d'un autre local, soit par les autres moyens prévus par l'article 36 de la loi organique.

Les dépenses occasionnées par cette mesure seront à la charge de la commune dans les limites déterminées par la loi.

Art. 10. — Chaque année, à l'époque fixée par le recteur, la liste des enfants admis gratuitement dans les écoles publiques est dressée conformément à ce qui est prescrit par l'article 45 de la loi organique; les modifications apportées à cette liste dans le cours de l'année sont soumises aux mêmes formalités.

Art. 11. — Dans les écoles où des enfants de divers cultes sont réunis, chaque ministre procède séparément à l'examen des élèves de son culte, en ce qui concerne l'enseignement religieux.

Art. 12. — Lorsque, dans une école spécialement affectée aux enfants d'un culte, sont admis les enfants d'un autre culte, il est tenu par l'instituteur un registre sur lequel est inscrite la déclaration du père, ou, à son défaut, de la mère ou du tuteur, attestant que leur enfant ou pupille a été admis dans l'école sur leur demande.

Ladite déclaration est signée par les père, mère ou tuteur;

s'ils ne savent signer, l'instituteur fait mention de cette circonstance et certifie leur déclaration.

Ce registre doit être présenté à toute personne préposée à la surveillance de l'école.

SECTION II. — Des Instituteurs publics.

ART. 13. — Tous les ans, à l'époque déterminée par le recteur, le Conseil académique, dans chaque département, dresse :

1° Une liste de tous les candidats qui se sont fait inscrire pour être appelés aux fonctions d'instituteur communal, et qu'ils jugent dignes d'être nommés ;

2° La liste des instituteurs communaux du département, qui, à raison de leurs services, sont jugés dignes d'avancement.

Cette dernière liste doit faire connaître le traitement dont jouissent les instituteurs qui y sont portés

Ces deux listes peuvent être modifiées pendant toute l'année.

Elles doivent être insérées au *Bulletin des actes administratifs* de la préfecture, et communiquées, par le recteur, aux conseils municipaux des communes dans lesquelles il y a lieu de pourvoir à la nomination d'un instituteur communal.

ART. 14. — Aussitôt que le conseil municipal a nommé un instituteur, le maire envoie une copie de la nomination au recteur de l'Académie, qui délivre, s'il y a lieu, à l'instituteur, une autorisation provisoire, et qui propose au Ministre d'accorder ou de refuser l'institution.

L'institution doit être donnée ou refusée dans le délai de six mois.

Si l'institution est refusée, le recteur met immédiatement le conseil municipal en demeure de pourvoir au choix d'un autre instituteur.

ART. 15. — Lorsque les fonctions d'instituteur communal viennent à vaquer par suite de décès, de démission ou autrement, le recteur pourvoit à la direction de l'école, en attendant le remplacement de l'instituteur.

Art. 16. — Le recteur pourvoit également à la direction de l'école, lorsque l'instituteur se trouve frappé de suspension par application de l'article 33 de la loi organique; en attendant une instruction plus complète sur une demande en révocation, l'instituteur est suspendu provisoirement de ses fonctions.

Dans ce cas, le recteur fixe la portion de traitement qui peut être laissée au titulaire et celle qui peut être laissée à son suppléant, et il décide si le suppléant doit jouir en totalité ou en partie du logement affecté à l'instituteur communal.

Art. 17. — Lorsqu'un maire croit devoir suspendre, en cas d'urgence, un instituteur communal, il en informe immédiatement l'inspecteur de l'instruction primaire, sans préjudice du compte qu'il doit rendre, dans les deux jours, au recteur.

Art. 18. — Chaque année, trois jours avant la session de février des conseils municipaux, le receveur municipal remet au maire de la commune le rôle de la rétribution scolaire de l'année précédente.

Art. 19. — Les conseils municipaux délibèrent, chaque année, dans leur session du mois de février, pour l'année suivante :

Sur le taux de la rétribution scolaire;

Sur le traitement de l'instituteur;

Sur les centimes spéciaux qu'ils doivent voter, à défaut de leurs revenus ordinaires :

1° Pour assurer le traitement fixe de l'instituteur au minimum de 200 francs ;

2° Pour élever au minimum de 600 francs le revenu de l'instituteur, quand son traitement fixe, joint au produit de la rétribution scolaire, n'atteint pas cette somme.

Les délibérations des conseils municipaux relatives aux écoles sont envoyées, avant le 1er mai, pour l'arrondissement chef-lieu, au préfet, et pour les autres arrondissements, aux sous-préfets, qui les transmettent dans les dix jours au préfet, avec leur propre avis, celui des délégués cantonaux et celui de l'inspecteur primaire.

Art. 20. — Le préfet soumet au Conseil académique les délibérations des conseils municipaux relatives au taux de la rétribution scolaire dans leur commune.

Le Conseil académique fixe définitivement le taux de cette rétribution scolaire, et en informe le préfet, qui présente les résultats de ces diverses délibérations au conseil général, dans sa session ordinaire, à l'appui de la proposition des crédits à allouer pour les dépenses de l'instruction publique primaire dans le budget départemental.

Art. 21. — La rétribution scolaire est due par tous les élèves externes et pensionnaires qui suivent les classes de l'école, et qui ne sont pas portés sur la liste dressée en exécution de l'article 45 de la loi organique.

Art. 22. — Le rôle de la rétribution scolaire est annulé.

Dans le courant de janvier, l'instituteur communal dresse et remet au maire : 1° le rôle des enfants présents dans son école au commencement du mois, avec l'indication du nom des redevables qui doivent acquitter la rétribution, et du montant de la rétribution due par chacun d'eux; 2° des extraits individuels dudit rôle, pour être ultérieurement remis aux redevables à titre d'avertissement.

Il n'est ouvert dans le rôle qu'un seul article au père, à la mère ou au tuteur qui a plusieurs enfants à l'école.

Le maire vise le rôle, après s'être assuré qu'il ne comprend pas d'enfants dispensés du payement de la rétribution, qu'il contient tous ceux qui y sont soumis ; en outre, que la cotisation est établie d'après le taux fixé par le Conseil académique.

Il l'adresse ensuite au sous-préfet, qui le communique à l'inspecteur, pour qu'il puisse fournir ses observations.

Le préfet, ou le sous-préfet par délégation, rend le rôle exécutoire et le transmet au receveur des finances qui le fait parvenir au receveur municipal.

Art. 23. — La rétribution scolaire est payée par douzième.

Art. 24. — Un rôle supplémentaire est établi à la fin de chaque trimestre pour les enfants admis à l'école dans le courant du trimestre. Dans ce cas, la rétribution est due à partir du premier jour du mois dans lequel l'enfant a été admis.

Art. 25. — Lorsque plusieurs communes sont réunies pour l'entretien d'une même école, l'instituteur dresse un rôle spécial pour chaque commune.

Art. 26. — Tout enfant qui vient à quitter l'école postérieurement à l'émission du rôle, est affranchi de la rétribution à partir du premier jour du mois suivant. Avis de son départ est immédiatement donné par l'instituteur et par les parents au maire qui, après avoir vérifié le fait, informe le receveur municipal.

Art. 27. — En fin d'année, il est procédé à un décompte, à l'effet de constater si l'instituteur communal a reçu le minimum de traitement qui lui est garanti par l'article 73 de la loi organique.

Ce décompte est établi d'après le nombre des élèves portés, soit au rôle général, soit aux rôles supplémentaires. Sur le montant des rôles, il est fait déduction des non-valeurs résultant, soit des sorties d'élèves dans le cours de l'année, soit des dégrèvements prononcés.

Art. 28. — Les remises des receveurs municipaux sont calculées, conformément à l'article 5 de la loi du 20 juillet 1837, sur le total des sommes portées aux rôles généraux et supplémentaires de la rétribution scolaire.

Art. 29. — Les remises dues au percepteur, et les cotes qui deviendraient irrecouvrables sont déclarées charges communales, et, comme telles, placées au nombre des dépenses obligatoires des communes.

Art. 30. — Les réclamations auxquelles la confection des rôles peut donner lieu sont rédigées sur papier libre et déposées au secrétariat de la sous-préfecture.

Lorsqu'il s'agit de décharge ou réduction, il est statué par le conseil de préfecture, sur l'avis du maire, du délégué cantonal et du sous-préfet.

Il est prononcé sur les demandes en remise par le préfet, après avis du conseil municipal et du sous-préfet.

Art. 31. — Lorsque le Conseil académique autorise un instituteur à percevoir lui-même le montant de la rétribution scolaire en exécution du deuxième paragraphe de l'article 41 de la loi organique, le recteur en informe immédiatement le receveur particulier de l'arrondissement, qui en donne avis au receveur municipal.

Dans ce cas, le rôle de la rétribution est dressé et arrêté ainsi qu'il a été dit à l'article 22 du présent règlement.

ART. 32. — Le Ministre de l'instruction publique et des cultes, et le Ministre des finances sont chargés, chacun en ce qui le concerne, de l'exécution du présent décret.

Décret relatif à la naturalisation des étrangers qui veulent tenir école.

5 *décembre* 1850.

Le Président de la République,

Sur le rapport du Ministre de l'instruction publique et des cultes;

Vu l'art. 78 de la loi du 15 mars 1850;

Le conseil supérieur de l'instruction publique entendu;

Décrète :

§ 1er. *Des étrangers dans les établissements libres d'instruction primaire ou secondaire.*

ART. 1. — Pour ouvrir et diriger une école primaire ou secondaire libre, tout étranger admis à jouir des droits civils en France est soumis aux mêmes obligations que les nationaux. Il devra, en outre, avoir préalablement obtenu et produire une autorisation spéciale du Ministre de l'instruction publique, accordée après avis du conseil supérieur.

Cette dernière condition est imposée à tout étranger appelé à remplir, dans un établissement d'instruction primaire ou secondaire libre, une fonction de surveillance ou d'enseignement.

L'autorisation accordée par le Ministre, après avis du conseil supérieur, pourra toujours être retirée dans les mêmes formes.

Art. 2. — Dans le cas particulier d'écoles primaires ou d'établissements secondaires spécialement autorisés, conformément à l'article précédent et uniquement destinés à des enfants étrangers résidant en France, des dispenses de brevets de capacité ou de grade pourront être accordées par le Ministre de l'instruction publique, après avis du conseil supérieur.

Art. 3. — Le Ministre de l'instruction publique pourra, après avoir pris l'avis du conseil supérieur, déclarer équivalents aux brevets ou diplômes nationaux exigés par la loi, tous brevets et grades obtenus par l'étranger des autorités scolaires de son pays.

Art. 4. — Pourront être également accordées par le Ministre, en conseil supérieur, des dispenses de brevets ou de grades aux étrangers qui se seraient fait connaître par des ouvrages dont le mérite aura été reconnu par le conseil de l'instruction publique.

Art. 5. — Les chefs ou directeurs étrangers d'établissements d'instruction secondaire ou primaire libres, régulièrement autorisés avant le 1er septembre 1850, continueront d'exercer leur profession, sans être soumis aux prescriptions de l'art. 1 du présent décret.

§ 2. *Cours publics.*

Art. 6. — L'autorisation et les dispenses laissées à la discrétion des Conseils académiques par l'art. 77 de la loi du 15 mars 1850, ne pourront, quand il s'agira d'étrangers admis à jouir des droits civils, être accordées que par le Ministre de l'instruction publique, en conseil supérieur. Lesdites autorisations et dispenses sont toujours révocables dans les mêmes formes.

§ 3. *Des étrangers dans les écoles et établissements publics.*

Art. 7. — Nul étranger ne pourra être nommé instituteur communal ou instituteur adjoint dans une école publique, inspecteur primaire, directeur ou maître adjoint dans une École Normale primaire, s'il n'a préalablement obtenu des lettres de naturalisation.

Il en sera de même pour toute fonction à titre définitif dans les établissements publics d'instruction secondaire.

Art. 8. — Le Ministre de l'instruction publique et des cultes est chargé de l'exécution du présent décret (1).

---

(1) CODE CIVIL, LIVRE I, TITRE I, CHAPITRE I.

Art. 9. — Tout individu né en France d'un étranger pourra, dans l'année qui suivra l'époque de sa majorité, réclamer la qualité de Français, pourvu que, dans le cas où il résiderait en France, il déclare que son intention est d'y fixer son domicile, et que, dans le cas où il résiderait en pays étranger, il fasse sa soumission de fixer en France son domicile, et qu'il s'y établisse dans l'année à compter de l'acte de soumission.

Art. 10. — Tout enfant né d'un Français en pays étranger est Français.

Tout enfant né en pays étranger d'un Français qui aurait perdu la qualité de Français, pourra toujours recouvrer cette qualité, en remplissant les formalités prescrites par l'art. 9.

Art. 12. — L'étrangère qui aura épousé un Français suivra la condition de son mari.

Art. 13. — L'étranger qui aura été admis par autorisation de l'Empereur à établir son domicile en France, y jouira de tous les droits civils, tant qu'il continuera d'y résider.

Art. 19. — Une femme française qui épousera un étranger suivra la condition de son mari.

Si elle devient veuve, elle recouvrera la qualité de Française, pourvu qu'elle réside en France ou qu'elle y rentre avec l'autorisation de l'Empereur et en déclarant qu'elle veut s'y fixer.

Décret relatif aux distinctions honorifiques.

9 *décembre* 1850.

Le Président de la République,

Sur le rapport du Ministre de l'instruction publique et des cultes ;

Vu la loi du 15 mars 1850 ;

Vu le décret du 18 mars 1808 ;

Vu les ordonnances du 4 novembre 1844, du 9 septembre 1845 et du 1er novembre 1846 ;

Le conseil supérieur de l'instruction publique entendu,

Décrète :

Art. 1. — Les distinctions honorifiques spécialement attribuées aux membres de l'enseignement public et de l'enseignement libre, sont au nombre de deux :

Celle d'officier d'Académie ;

Celle d'officier de l'instruction publique.

La palme sera brodée en soie bleue et blanche pour les officiers d'Académie ;

Elle sera brodée en argent pour les officiers de l'instruction publique.

Art. 2. — Peuvent être nommés officiers d'Académie les membres de l'enseignement primaire après quinze ans de services et les membres de l'enseignement secondaire et supérieur, ainsi que les fonctionnaires de l'administration et de l'inspection, après cinq ans de services.

Peuvent être nommés officiers de l'instruction publique les officiers d'Académie pourvus de ce titre depuis cinq ans au moins.

Art. 3. — Les distinctions honorifiques attribuées aux membres de l'enseignement public et de l'enseignement libre sont conférées par le Ministre de l'instruction publique, sur la proposition des recteurs et l'avis des Conseils académiques.

Art. 4. — Les officiers d'Académie pourvus de ce titre par une nomination spéciale ou qui l'étaient de droit en vertu de leurs fonctions, restent de droit officiers d'Académie.

Les officiers de l'Université pourvus de ce titre par une nomination spéciale ou qui l'étaient de droit en vertu de leurs fonctions, sont de droit officiers de l'instruction publique.

Avis relatif aux engagements décennaux des élèves des Écoles Normales.

13 *décembre* 1850.

La section,

Vu le rapport de M. le recteur de l'Académie de l'Hérault, en date du 20 novembre, par lequel ce fonctionnaire ayant à poursuivre le remboursement de frais de pension d'anciens élèves-maîtres pour non-accomplissement des conditions de leur engagement décennal, demande :

1° Si les années passées comme élèves-maîtres à l'École Normale par les instituteurs doivent compter dans les dix années qu'embrasse l'engagement ;

2° Si le remboursement du prix de pension pour non-exécution de l'engagement doit être intégral ou seulement proportionnel au temps pendant lequel les fonctions d'instituteur n'ont pas été exercées ;

Estime :

1° Que les années passées à l'École Normale ne peuvent compter dans l'engagement décennal, attendu que le séjour de l'école ne constitue pas un service rendu à l'enseignement public dans le département;

2° Que le remboursement doit être intégral, et non pas proportionnel au temps.

Arrêté relatif à la création de commissions chargées d'examiner l'aptitude des candidats aux fonctions d'inspecteur de l'instruction primaire.

16 *décembre* 1850.

Le Ministre au département de l'instruction publique et des cultes,

Vu les articles 5 et 20 de la loi du 15 mars 1850;

Vu l'article 38 du règlement d'administration publique en date du 29 juillet 1850;

Le Conseil supérieur de l'instruction publique entendu,

Arrête :

ART. 1. — Il sera formé, chaque année, au chef-lieu de chaque Académie, une commission chargée d'examiner l'aptitude des candidats aux fonctions d'inspecteur de l'instruction primaire.

ART. 2. — Cette commission sera composée du recteur ou de son délégué, président, et de quatre membres nommés par le recteur en Conseil académique et agréés par le Ministre de l'instruction publique.

ART. 3. — Les candidats sont tenus de s'inscrire, du 1er au 15 juillet, au secrétariat de l'Académie, et de faire les justifications exigées par l'article 39 du règlement du 29 juillet 1850.

ART. 4. — L'examen aura lieu dans l'intervalle du 1er au

5 octobre. Le jour sera fixé et annoncé un mois à l'avance par les soins du recteur.

Art. 5. — L'examen se composera d'une épreuve écrite et d'épreuves orales;

L'épreuve écrite consistera dans un rapport sur une affaire d'inspection. Il sera accordé deux heures pour ce travail.

Les épreuves orales consisteront en interrogations :

1° Sur les devoirs de l'instituteur ;

2° Sur la direction et la tenue des salles d'asile ;

3° Sur les méthodes d'enseignement;

4° Sur les plans et le mobilier des maisons d'école;

5° Sur les lois, décrets et règlements concernant l'instruction primaire.

Art. 6. — La commission, après avoir apprécié l'aptitude intellectuelle et morale des candidats, délivrera un certificat d'aptitude aux candidats qui en auront été jugés dignes. La liste des candidats qui auront obtenu ce certificat sera placée sous les yeux du Conseil académique.

Le recteur adressera au Ministre une expédition de cette liste, après y avoir consigné les renseignements qu'il aura recueillis sur les antécédents des candidats.

Avis relatif aux incompatibilités entre les fonctions d'instituteur et les emplois de greffier, notaire, buraliste, directeur de poste, etc.

16 *décembre* 1850.

Le Conseil,

Est d'avis de déclarer qu'il y a incompatibilité entre les fonctions d'instituteur communal et les fonctions administratives de buraliste, de directeur de poste et de secrétaire de mairie, conformément à l'article 32 de la loi du 15 mars 1850.

Quant aux fonctions de notaire et de greffier de justice de paix, le conseil est d'avis que l'incompatibilité de ces deux fonctions avec celles d'un instituteur communal, ne résulte pas des termes de l'article 32 de la loi du 15 mars 1850; mais qu'à raison même de la nature de ces deux ordres de fonctions, les Conseils académiques ne doivent pas porter les notaires et les greffiers de justice de paix sur les listes d'admissibilité; et que le Ministre ne doit leur donner l'institution définitive, qu'avec la plus grande réserve et en tenant compte de la difficulté de concilier l'exercice desdites fonctions avec celles d'instituteur communal.

Avis relatif à des questions touchant les listes d'admissibilité et d'avancement des instituteurs communaux.

16 *décembre* 1850.

Le Conseil,

Sur la première question :

Les recteurs doivent-ils communiquer indistinctement les deux listes d'admissibilité et d'avancement à toutes les communes qui ont un instituteur à nommer?

Est d'avis que les écoles communales doivent être classées selon leur importance et les avantages qu'elles procurent aux nstituteurs. La liste d'admissibilité doit être communiquée aux communes dont l'école est moins importante, et la liste d'avancement aux communes dont l'école est plus importante.

Sur la deuxième question :

Convient-il de fixer un nombre minimum d'instituteurs qui devront être portés sur la liste d'avancement et, en cas d'affirmative, quel serait ce nombre?

Est d'avis que cette question soit ajournée. Il sera statué plus tard, si les abus naissaient de la manière dont la liste d'avancement serait faite.

Sur la troisième question :

La qualité d'instituteur communal en exercice équivaut-elle à l'insertion du nom de l'instituteur sur la liste d'admissibilité, de sorte que l'instituteur puisse, sans cette inscription, être nommé par les communes?

Est d'avis que les instituteurs en exercice dans le département ne peuvent être nommés dans une autre commune, s'ils ne sont portés sur la liste d'admissibilité ou sur celle d'avancement.

Sur la quatrième question :

Tous les instituteurs communaux en exercice dans le département, et qui ne sont pas portés sur la liste d'avancement, doivent-ils être portés sur la liste d'admissibilité?

Est d'avis qu'on ne doit porter sur la liste d'admissibilité que ceux, qui, ayant dessein de changer de résidence, auront demandé leur inscription sur la liste.

On doit porter également sur la liste d'admissibilité les instituteurs, qui, étant d'ailleurs portés sur la liste d'avancement, demanderaient aussi à être placés sur la liste d'admissibilité.

Sur la cinquième question :

Dans la confection de la liste d'admissibilité, les Conseils académiques doivent-ils classer les candidats par ordre de mérite ou par ordre alphabétique, ou selon la date de leur brevet, de leur certificat de stage?

Est d'avis qu'on doit classer les candidats selon la date du titre qui donne droit à être porté sur la liste d'admissibilité.

Sur la sixième question :

La liste d'avancement doit-elle simplement comprendre, soit par ordre alphabétique, soit par ordre de mérite, le nom des instituteurs que le Conseil académique juge dignes d'avancement?

Ou bien le Conseil académique pourrait-il établir différents degrés d'avancement et diviser la liste d'avancement en plusieurs catégories correspondant à des catégories établies d'avance entre les communes?

Est d'avis que la confection d'une liste unique ou la division de la liste en plusieurs catégories doit être laissée à la pratique des Conseils académiques, en réservant l'appréciation du conseil supérieur, lorsque les résolutions des Conseils académiques seraient l'objet des réclamations.

Sur la septième question :

La liste d'avancement doit-elle être rendue publique, et convient-il de maintenir la disposition finale de l'article 13 du décret du 7 octobre 1850 ?

Le Conseil est d'avis que la publicité de la liste aurait des inconvénients qui font désirer que la disposition finale de l'article 13 du décret du 7 octobre ne soit pas rigoureusement observée.

Avis relatif aux autorisations provisoires.

16 *décembre* 1850.

Le Conseil,

Consulté sur les questions suivantes :

Peut-il être accordé, sous l'empire de la loi nouvelle, des autorisations provisoires de tenir école à des personnes qui ne rempliraient pas toutes les conditions légales ?

Peut-on distinguer parmi les conditions imposées par la loi et accorder des autorisations provisoires à ceux qui ne les rempliraient pas toutes, mais en rempliraient plusieurs ; par exemple, les jeunes gens pourvus du brevet, mais n'ayant pas l'âge exigé ?

Le Ministre peut-il autoriser l'ouverture d'écoles temporaires pour les six mois d'hiver, au lieu d'écoles permanentes?

Est d'avis :

1° Que le Ministre peut, en cas de nécessité, sur la demande du conseil municipal, approuvée par le Conseil académique, autoriser provisoirement à tenir école communale des personnes ne remplissant pas toutes les conditions légales ;

2° Que le Ministre peut également, en cas de nécessité, sur la demande du conseil municipal, approuvée par le Conseil académique, autoriser l'ouverture d'écoles temporaires.

Avis relatif à l'examen des livres.

16 *décembre* 1850.

Le Conseil,

Consulté sur diverses questions relatives à l'introduction et à l'interdiction des livres classiques, émet les avis suivants :

1° L'examen préparatoire des livres qui doivent être introduits dans les écoles publiques et de ceux qui peuvent être introduits dans les écoles libres sera confié à deux commissions, l'une pour les livres d'instruction secondaire et supérieure, l'autre pour les livres d'instruction primaire. Le travail de ces commissions ne sera point rétribué, du moins provisoirement.

2° Les deux commissions seront composées des inspecteurs généraux de l'instruction publique, des inspecteurs supérieurs de l'instruction primaire, de l'inspecteur de l'instruction secondaire et de l'instruction primaire du département de la Seine.

3° Les rapports des commissions seront remis à la commission du conseil supérieur, qui les examinera et les contrôlera au besoin, et qui fera un rapport définitif d'après lequel le conseil statuera.

4° Les livres purement religieux ne seront admis à l'examen, qu'autant qu'ils auraient été préalablement approuvés par l'autorité religieuse compétente.

5° Ceux des livres précédemment autorisés, qui seraient signalés comme renfermant des choses répréhensibles, seront au plus tôt soumis à un nouvel examen.

6° Il sera particulièrement recommandé au recteur et aux inspecteurs de signaler à l'autorité supérieure ceux des livres employés dans les écoles qui paraîtraient devoir être interdits.

7° Il sera décidé par le Conseil qu'une juste sévérité sera apportée dans l'examen des ouvrages, et qu'il n'en sera introduit de nouveaux dans les écoles, qu'autant qu'on leur aura reconnu un mérite supérieur.

Avis relatif à la création d'une École Normale.

17 *décembre* 1850.

La Section,

Vu l'article 35 de la loi du 15 mars 1850, sur l'enseignement;

Vu la délibération prise par le conseil général du Pas-de-Calais dans sa dernière session, portant:

Que les élèves-maîtres de ce département, entretenus dans l'École Normale de Douai, cesseront immédiatement d'en faire partie;

Qu'il sera créé une École Normale spéciale pour le Pas-de-Calais, au moyen d'un crédit de 50,000 fr., imputable sur le crédit des deux centimes;

Qu'en attendant cette création, il sera prélevé sur les 50,000 fr. la somme nécessaire pour l'entretien de 30 élèves-maîtres dans un établissement désigné par le Conseil académique et de six élèves stagiaires dans les écoles privées;

Vu la délibération en date du 5 octobre par laquelle le Conseil académique a désigné l'établissement de Dohem comme propre à recevoir les trente boursiers ;

Vu les rapports de M. le recteur du Pas-de-Calais, en date des 15 septembre et 5 octobre;

Attendu qu'aux termes de l'article 35 de la loi du 15 mars 1850, tout département est tenu de pourvoir au recrutement de ses instituteurs communaux, en entretenant des élèves-maîtres soit dans des établissements d'instruction primaire désignés par le Conseil académique, soit aussi dans l'École Normale établie à cet effet par le département;

Attendu que l'établissement de Dohem n'est ni une École Normale, ni une école primaire qui puisse délivrer des certificats de stage conformément à l'article 47 de la loi du 15 mars;

Est d'avis qu'il n'y a pas lieu d'approuver les propositions du Conseil académique du Pas-de-Calais, ni la décision du conseil général.

Avis relatif à la réunion de deux communes pour une école.

20 *décembre* 1850.

La section,

Vu la délibération, en date du 14 octobre dernier, par laquelle le Conseil académique de l'Isère demande si le § 2 de l'article 36 de la loi du 15 mars 1850 autorise la réunion à une commune de hameaux ou sections appartenant à d'autres communes ;

Vu ledit paragraphe, lequel est ainsi conçu : « Le Conseil « académique peut autoriser une commune à se réunir à une « ou plusieurs communes voisines pour l'entretien d'une « école ; »

Estime :

1° Que le § 2 de l'article 36 de la loi organique ne permet pas de distraire des sections des communes pour les réunir à une autre commune dans l'intérêt de celle-ci ;

2° Que si, dans certains cas exceptionnels, il était possible d'admettre une pareille mesure, ce ne pourrait être qu'après avoir entendu les communes auxquelles appartiendraient les sections à distance.

Décret concernant les certificats de stage délivrés par les Conseils académiques, en exécution de l'art. 61 de la loi du 15 mars 1850.

20 *décembre* 1850.

Le Président de la République,

Sur le rapport de M. le Ministre de l'instruction publique et des cultes ;

Vu le deuxième paragraphe de l'art. 60 et l'art. 61 de la loi du 15 mars 1850 ;

Le conseil supérieur de l'instruction publique entendu,

Décrète :

Art. 1. — Les certificats de stage délivrés par les Conseils académiques, en vertu de l'art. 61 de la loi du 15 mars 1850, doivent énoncer :

1° Les nom, prénom, âge et lieu de naissance du postulant ;

2° L'époque où le stage a commencé, la nature des fonctions

remplies et la durée du stage, attestées par le chef de l'établissement où le stage aura été accompli.

Lorsque le chef de l'établissement est décédé, absent ou empêché, son attestation peut être suppléée par un acte de notoriété publique.

Art. 2. — Les attestations sont écrites sur papier timbré et les signatures sont légalisées.

Art. 3. — Le stage, pour être valide, doit avoir été accompli en France.

Art. 4. — Le certificat de stage est délivré par le Conseil académique du département où le postulant se propose d'ouvrir un établissement.

Art. 5. — Les délibérations des Conseils académiques, portant proposition de dispense de stage, doivent être motivées ; elles sont accompagnées de la demande du postulant et de toutes les pièces par lui produites.

Art. 6. — Le Ministre de l'instruction publique et des cultes est chargé de l'exécution du présent décret.

Avis relatif à la reconnaissance des congrégations religieuses.

24 *décembre* 1850.

La Section,

Vu la demande de Mgr l'évêque de Rhodez, à l'effet d'obtenir l'autorisation de fonder une congrégation religieuse et enseignante sous le nom de Frères de Saint-Jean, destinée à former des instituteurs pour les petites écoles du diocèse et qui recevrait sa constitution légale au moyen d'un décret de M. le président de la République ;

Vu l'avis favorable de M. le préfet de l'Aveyron ;

Vu la délibération du Conseil académique du même département, en date du 19 octobre dernier, portant également approbation de l'établissement dont il s'agit;

Vu les statuts de la société projetée;

Vu la note par laquelle la section permanente est consultée sur la question de savoir s'il y aurait lieu de provoquer en faveur des frères de Saint-Jean l'autorisation de se constituer légalement au moyen d'un décret qui serait rendu après avis du conseil d'État;

Vu, à ce sujet, un avis motivé donné par le conseil de l'Université le 7 septembre 1849, sur des demandes formées dans le même but par quatre congrégations enseignantes; ledit avis portant qu'il n'y a pas lieu de donner suite par les voies de règlement d'utilité publique à la demande d'autorisation présentée par lesdites congrégations, et qu'au pouvoir législatif seul appartient le droit d'accorder, par des lois spéciales, la reconnaissance nécessaire pour conférer la capacité civile à chacune de ces congrégations;

Estime que l'article 6 de la loi du 15 mars 1850 ne semble point l'appeler à connaître de la matière; mais au fond déclare s'en référer complétement à l'avis motivé du 7 septembre 1849, qu'elle prie M. le Ministre de vouloir bien se faire représenter, la question ayant été mûrement examinée et pleinement discutée.

Règlement relatif aux frais de déplacement des inspecteurs.

24 *décembre* 1850.

Le Ministre,

Vu l'avis du conseil supérieur de l'instruction publique;

Arrête :

Art. 1. — Tous les ans, dans les premiers jours de décembre, le Ministre de l'instruction publique arrête la répartition entre chaque département de la somme portée au budget de l'année suivante pour les frais de tournées des inspecteurs, sauf ce qui est dit à l'article 10 ;

Cette répartition est faite proportionnellement au nombre des communes et des écoles dans chaque département, en tenant compte de la superficie territoriale du département et des difficultés des communications et des parcours.

Art. 2. — Le recteur, après avoir pris l'avis du Conseil académique, propose au Ministre, d'après les mêmes bases, la répartition du crédit accordé à son département entre les inspecteurs de l'instruction primaire des divers arrondissements.

Cette répartition doit fixer :

1° La somme affectée à chacune des tournées trimestrielles, ordinaires déterminées à l'article 3, en tenant compte des circonstances locales relatives à la fréquentation des écoles et à la difficulté des parcours dans les diverses saisons de l'année ;

2° La somme qui peut être affectée dans chaque trimestre à des inspections ou missions extraordinaires, laquelle somme ne pourra jamais excéder le quart de la précédente.

Cette répartition, approuvée par le Ministre, est définitive, et ne peut être modifiée dans le courant de l'année.

Art. 3. — A la fin de chaque trimestre, le recteur de l'Académie dresse l'état des écoles que les inspecteurs devront inspecter pendant le trimestre suivant. Cet état indiquera le nombre des jours qui devront être consacrés à cette inspection ordinaire. Un certain nombre de jours devra être réservé pour des inspections ou missions extraordinaires et pour les travaux de cabinet.

Art. 4. — L'inspecteur, à moins de circonstances graves dont il rend compte au recteur dans son rapport trimestriel, doit inspecter dans le trimestre toutes les écoles indiquées sur l'état dressé par le recteur.

Il ne doit pas inspecter plus de deux écoles par jour.

Art. 5. — Une note constatant l'inspection ordinaire ou extraordinaire de chaque école primaire, signée par l'inspecteur, est envoyée le jour même, par ce fonctionnaire, au recteur de l'Académie.

En cas de refus de la part des instituteurs de se soumettre à l'inspection, l'inspecteur dressera procès-verbal de ce refus, conformément à l'article 22 de la loi organique et à l'article 42 du règlement du 29 juillet 1850; il enverra ce procès-verbal au recteur de l'Académie qui le transmettra au procureur de la République.

Art. 6. — Il est alloué aux inspecteurs de l'instruction primaire, pour chaque jour consacré à l'inspection des écoles hors du lieu de leur résidence, une indemnité de cinq francs.

Art. 7. — Au commencement de chaque trimestre, il est mis par le préfet, sur la proposition du recteur de l'Académie, une somme de cent cinquante francs, à titre d'avances, à la disposition de chaque inspecteur de l'instruction primaire.

Art. 8. — A la fin de chaque trimestre, l'inspecteur remet au recteur, avec le rapport prescrit par l'art. 43 du règlement d'administration publique du 29 juillet 1850, l'état de ses frais en double expédition.

Cet état doit mentionner :

1° Pour les inspections ordinaires :

Les communes dans lesquelles a eu lieu l'inspection;

Le nombre des écoles inspectées dans chaque commune, en indiquant si ce sont des écoles libres ou des écoles publiques;

Le nombre des jours employés à l'inspection.

2° Pour les missions ou inspections extraordinaires :

Les communes où l'inspecteur a dû se rendre;

Les écoles qu'il a inspectées ou l'objet de sa mission;

Le nombre de jours consacrés à ces inspections ou missions.

Art. 9. — Le recteur de l'Académie compose cet état de frais :

1° Avec l'état mentionné en l'article 9 du présent règlement;

2° Avec les notes constatant l'inspection prescrites au premier paragraphe de l'art. 5 du présent règlement;

3° Avec les rapports qui lui ont été adressés à la suite des inspections ou missions extraordinaires.

Un double de l'état des frais, présenté par l'inspecteur, approuvé par le recteur, est transmis au Ministre qui en fait ordonnancer le solde.

Art. 10. — Tous les ans, avant d'arrêter la répartition du crédit destiné aux frais de tournées des inspecteurs, ainsi qu'il est dit à l'art. 1, le Ministre prélève sur l'ensemble de ce crédit la somme que, d'après les besoins du service, il juge nécessaire pour subvenir, pendant l'année suivante, aux frais de déplacement des inspecteurs.

Art. 11. — Sur ce crédit réservé par le Ministre, il pourra être alloué à titre de frais de déplacement, à tout inspecteur qui, sans obtenir de l'avancement, est appelé, dans l'intérêt du service, d'un département dans un autre, une indemnité qui sera calculée à raison de 30 centimes par kilomètre à parcourir pour se rendre à son nouveau service. Cette indemnité pourra être élevée proportionnellement au nombre des membres de la famille de l'inspecteur, sans pouvoir jamais excéder le double de celle à laquelle il aurait eu droit. L'indemnité supplémentaire ne sera accordée que sur la proposition du recteur.

Décret relatif aux pensionnats primaires.

30 *décembre* 1850.

Le Président de la République,

Décrète :

TITRE I.

DES INSTITUTEURS LIBRES.

Art. 1. — Tout instituteur libre qui veut ouvrir un pensionnat primaire, devra justifier qu'il s'est soumis aux prescriptions des art. 27 et 28 de la loi du 15 mars 1850. Il devra, en outre, déposer entre les mains du maire la déclaration exigée par le paragraphe 1 de l'art. 53 de ladite loi.

Cette déclaration doit être accompagnée :

1° De l'acte de naissance de l'instituteur, et, s'il est marié, de son acte de mariage;

2° D'un certificat dûment légalisé, attestant que le postulant a exercé pendant cinq ans au moins, soit comme instituteur, soit comme maître, dans un pensionnat primaire;

3° Du programme de son enseignement;

4° Du plan du local dans lequel le pensionnat doit être établi;

5° De l'indication du nombre maximum des pensionnaires qu'il se propose de recevoir;

6° De l'indication des noms, prénoms, date et lieu de naissance des maîtres et employés qu'il s'est adjoint pour la surveillance du pensionnat.

Art. 2. — Tout Français qui, après avoir exercé pendant cinq ans comme maître dans un pensionnat primaire, voudra ouvrir à la fois une école libre et un pensionnat primaire, pourra accomplir simultanément les formalités prescrites par les art. 27 et 28 de la loi du 15 mars, et par l'art. 1 ci-dessus.

Art. 3. — Le maire inscrit sur un registre spécia la déclaration de l'instituteur.

Dans les trois jours qui suivent la déclaration, le maire, après avoir visité ou fait visiter le local destiné au pensionnat, vise en triple expédition la déclaration de l'instituteur et la lui remet avec son visa.

S'il refuse d'approuver le local, il fait mention de son opposition et des motifs sur lesquels elle est fondée, en marge de la déclaration.

Cette déclaration, accompagnée des pièces prescrites par l'article 1 du présent règlement, est transmise au recteur de l'Académie, au procureur de la République et au sous-préfet par le postulant.

Art. 4. — Si le recteur fait opposition à l'ouverture du pensionnat, soit dans l'intérêt de la moralité ou de la santé des élèves, soit pour inobservation des formes et conditions prescrites par la loi, il signifie son opposition à la partie par un arrêté motivé.

Trois jours au moins avant la séance fixée pour le jugement de l'opposition, l'instituteur est appelé devant le Conseil académique.

Cette opposition est jugée par le Conseil académique, suivant les formes prescrites au chapitre II du règlement d'administration publique, en date du 29 juillet 1850 (art. 25, 27, et 28).

Copie de la décision du conseil académique est transmise par le recteur au maire de la commune qui fait transcrire cette décision en marge de la déclaration de l'instituteur sur le registre spécial.

A défaut d'opposition à l'ouverture du pensionnat et dans le cas où il est donné mainlevée de l'opposition qui aurait été formée, le Conseil académique détermine le nombre d'élèves qui peuvent être admis sans inconvénient dans le local affecté au pensionnat, et le nombre des maîtres et employés nécessaire pour la surveillance des élèves. Mention en est faite par le recteur sur le plan du local. L'instituteur est tenu de représenter ledit plan aux autorités préposées à la surveillance des écoles, chaque fois qu'il en sera requis.

TITRE II.

DES INSTITUTEURS PUBLICS.

ART. 5. — Les dispositions des art. 1 et 3 du présent règlement sont applicables à l'instituteur public qui veut établir un pensionnat primaire.

La déclaration de l'instituteur est soumise par le maire au conseil municipal, dans sa plus prochaine réunion.

Le conseil municipal, avant de donner son avis sur la demande, s'assure que le local est approprié à sa destination, et que la tenue de l'école communale n'aura pas à souffrir de l'établissement projeté.

ART. 6. — L'autorisation donnée par le Conseil académique mentionne le nombre des élèves pensionnaires que l'instituteur peut recevoir. Cette autorisation mentionne également le nombre des maîtres et employés qui devront partager avec l'instituteur la surveillance du pensionnat.

Le plan du local visé par le recteur, et l'autorisation délivrée par le Conseil académique, doivent être représentés par l'instituteur aux autorités préposées à la surveillance des écoles.

ART. 7. — Le régime intérieur des pensionnats primaires sera réglé par le recteur en Conseil académique, sauf révision par le Ministre en Conseil supérieur de l'instruction publique.

TITRE III.

DES CONDITIONS COMMUNES AUX INSTITUTEURS PUBLICS ET LIBRES.

ART. 8. — Si l'instituteur ne s'est pas conformé aux mesures prescrites par le Conseil académique, dans l'intérêt des mœurs et de la santé des élèves, il pourra être traduit devant ledit conseil pour subir l'application des dispositions de l'art. 30 de la loi organique du 15 mars 1850, s'il appartient à l'enseignement libre; s'il est instituteur communal, il lui sera fait application des peines énoncées en l'art. 33 de ladite loi.

Art. 9. — Tout instituteur qui reçoit des pensionnaires doit tenir un registre sur lequel il inscrit les nom, prénoms et l'âge de ses élèves pensionnaires, la date de leur entrée et celle de leur sortie.

Chaque année, il transmet, avant le 1er novembre, au recteur de l'Académie, un rapport sur la situation et le personnel de son établissement.

Art. 10. — Tout instituteur dirigeant un pensionnat, qui change de commune ou qui, sans changer de commune, change de local ou apporte au local affecté à son pensionnat des modifications graves, doit en faire la déclaration au recteur et au maire de la commune, et se pourvoir de nouveau devant le Conseil académique.

La nouvelle déclaration devra être accompagnée du plan du local et devra mentionner les indications énoncées au paragraphe 5 du l'art. 4 du présent règlement.

Art. 11. — Il est ouvert, dans chaque pensionnat, un registre spécial destiné à recevoir les noms, prénoms, dates et lieux de naissance des maîtres et employés, et l'indication des emplois qu'ils occupaient précédemment et des lieux où ils ont résidé, ainsi que la date des brevets, diplômes ou certificats de stage dont ils seraient pourvus.

Les autorités préposées à la surveillance de l'instruction primaire devront toujours se faire représenter ces registres quand elles inspecteront les écoles.

Art. 12. — Aucun pensionnat primaire ne pourra être établi dans les locaux dont le voisinage serait reconnu dangereux sous le rapport de la moralité et de la santé des élèves.

Art. 13. — Aucun pensionnat ne peut être annexé à une école primaire qui reçoit des enfants des deux sexes.

Art. 14. — Les dortoirs doivent être spacieux, aérés et dans des dimensions qui soient en rapport avec le nombre des pensionnaires.

Ils doivent être surveillés et éclairés pendant la nuit.

Une pièce spéciale doit être affectée au réfectoire.

Art. 15. — Le Ministre de l'instruction publique et des cultes est chargé de l'exécution du présent décret.

Décret relatif à la retenue annuelle faite sur le traitement des instituteurs.

5 *janvier* 1851.

Le Président de la République,

Sur le rapport du Ministre de l'instruction publique et des cultes,

Décrète :

Art. 1. — A dater du 1er janvier 1851, la retenue annuelle du vingtième, qui n'était prélevée que sur le traitement fixe des instituteurs publics pour être versée dans les caisses d'épargne, portera sur le traitement de ces maîtres, tel qu'il est déterminé par l'article 38 de la loi du 15 mars 1850, lequel traitement se compose :

1° D'un traitement fixe qui ne peut être inférieur à 200 fr.;

2° Du produit de la rétribution scolaire;

3° D'un supplément accordé, s'il y a lieu, à tous ceux dont le traitement, joint au produit de la rétribution scolaire, n'atteint pas 600 fr.

Art. 2. — Le Ministre de l'instruction publique et des cultes est chargé de l'exécution du présent décret.

Loi relative aux contrats d'apprentissage.

22 *février* 1851.

CHAPITRE I.

DU CONTRAT D'APPRENTISSAGE.

SECTION 1. — De la nature et de la forme du contrat.

ART. 1. — Le contrat d'apprentissage est celui par lequel un fabricant, un chef d'atelier ou un ouvrier s'oblige à enseigner la pratique de sa profession à une autre personne qui s'oblige, en retour, à travailler pour lui; le tout à des conditions et pendant un temps convenu.

ART. 2. — Le contrat d'apprentissage est fait par acte public ou par acte sous seing privé.

Il peut aussi être fait verbalement; mais la preuve testimoniale n'en est reçue que conformément au titre du Code civil : « Des contrats ou des obligations conventionnelles en général. »

Les notaires, les secrétaires des conseils de prud'hommes et les greffiers de justice de paix peuvent recevoir l'acte d'apprentissage.

Cet acte est soumis pour l'enregistrement au droit fixe d'un franc, lors même qu'il contiendrait des obligations de sommes ou valeurs mobilières, ou des quittances.

Les honoraires dus aux officiers publics sont fixés à deux francs.

ART. 3. — L'acte d'apprentissage contiendra :

1° Les nom, prénoms, âge, profession et domicile du maître ;

2° Les nom, prénoms, âge et domicile de l'apprenti;

3° Les nom, prénoms, professions et domicile de ses père

et mère, de son tuteur, ou de la personne autorisée par les parents, et, à leur défaut, par le juge de paix ;

4° La date et la durée du contrat;

5° Les conditions de logement, de nourriture, de prix et toutes autres arrêtées entre les parties.

Il devra être signé par le maître et par les représentants de l'apprenti.

Section II. — Des conditions du contrat.

Art. 4. — Nul ne peut recevoir des apprentis mineurs, s'il n'est âgé de vingt et un ans au moins.

Art. 5. — Aucun maître, s'il est célibataire ou en état de veuvage, ne peut loger, comme apprenties, des jeunes filles mineures.

Art. 6. — Sont incapables de recevoir des apprentis :

Les individus qui ont subi une condamnation pour crime ;

Ceux qui ont été condamnés pour attentat aux mœurs;

Ceux qui ont été condamnés à plus de trois mois d'emprisonnement pour les délits prévus par les articles 388, 401, 405, 406, 407, 408, 423 du Code pénal.

Art. 7. — L'incapacité résultant de l'article 6 pourra être levée par le préfet, sur l'avis du maire, quand le condamné, après l'expiration de sa peine, aura résidé pendant trois ans dans la même commune.

A Paris, les incapacités seront levées par le préfet de police.

Section III. — Devoirs des maîtres et des apprentis.

Art. 8. — Le maître doit se conduire envers l'apprenti en bon père de famille, surveiller sa conduite et ses mœurs, soit dans la maison, soit au dehors, et avertir ses parents ou leurs représentants des fautes graves qu'il pourrait commettre ou des penchants vicieux qu'il pourrait manifester.

Il doit aussi les prévenir, sans retard, en cas de maladie, d'absence ou de tout fait de nature à motiver leur intervention.

Il n'emploiera l'apprenti, sauf conventions contraires, qu'aux travaux et services qui se rattachent à l'exercice de sa profession. Il ne l'emploiera jamais à ceux qui seraient insalubres ou au-dessus de ses forces.

Art. 9. — La durée du travail effectif des apprentis, âgés de moins de quatorze ans, ne pourra dépasser dix heures par jour.

Pour les apprentis âgés de quatorze à seize ans, elle ne pourra dépasser douze heures.

Aucun travail de nuit ne peut être imposé aux apprentis âgés de moins de seize ans.

Est considéré comme travail de nuit tout travail fait entre neuf heures du soir et cinq heures du matin.

Les dimanches et jours de fêtes reconnues ou légales, les apprentis, dans aucun cas, ne peuvent être tenus, vis-à-vis de leur maître, à aucun travail de leur profession.

Dans le cas où l'apprenti serait obligé, par suite des conventions ou conformément à l'usage, de ranger l'atelier aux jours ci-dessus marqués, ce travail ne pourra se prolonger au delà de dix heures du matin.

Il ne pourra être dérogé aux dispositions contenues dans les trois premiers paragraphes du présent article que par un arrêté rendu par le préfet, sur l'avis du maire.

Art. 10. — Si l'apprenti âgé de moins de seize ans ne sait pas lire, écrire et compter, ou s'il n'a pas encore terminé sa première éducation religieuse, le maître est tenu de lui laisser prendre, sur la journée de travail, le temps et la liberté nécessaires pour son instruction.

Néanmoins ce temps ne pourra pas excéder deux heures par jour.

Art. 11. — L'apprenti doit à son maître fidélité, obéissance et respect; il doit l'aider par son travail dans la mesure de son aptitude et de ses forces.

Il est tenu de remplacer, à la fin de l'apprentissage, le temps qu'il n'a pu employer par suite de maladie ou d'absence ayant duré plus de quinze jours.

Art. 12. — Le maître doit enseigner à l'apprenti, progressivement et complétement, l'art, le métier ou la profession spéciale qui fait l'objet du contrat.

Il lui délivrera, à la fin de l'apprentissage, un congé d'acquit, ou certificat constatant l'exécution du contrat.

Art. 13. — Tout fabricant, chef d'atelier ou ouvrier, convaincu d'avoir détourné un apprenti de chez son maître, pour l'employer en qualité d'apprenti ou d'ouvrier, pourra être passible de tout ou partie de l'indemnité à prononcer au profit du maître abandonné.

Section IV. — De la résolution du contrat.

Art. 14. — Les deux premiers mois de l'apprentissage sont considérés comme un temps d'essai pendant lequel le contrat peut être annulé par la seule volonté de l'une des parties. Dans ce cas, aucune indemnité ne sera allouée à l'une ou à l'autre partie, à moins de conventions expresses.

Art. 15. — Le contrat d'apprentissage sera résolu de plein droit :

1° Par la mort du maître ou de l'apprenti ;

2° Si l'apprenti ou le maître est appelé au service militaire;

3° Si le maître ou l'apprenti vient à être frappé d'une des condamnations prévues en l'article 6 de la présente loi ;

4° Pour les filles mineures, dans le cas du décès de l'épouse du maître ou de toute autre femme de la famille qui dirigeait la maison à l'époque du contrat.

Art. 16. — Le contrat peut être résolu sur la demande des parties ou de l'une d'elles :

1° Dans le cas où l'une des parties manquerait aux stipulations du contrat ;

2° Pour cause d'infraction grave ou habituelle aux prescriptions de la présente loi ;

3° Dans le cas d'inconduite habituelle de la part de l'apprenti ;

4° Si le maître transporte sa résidence dans une autre commune que celle qu'il habitait lors de la convention.

Néanmoins, la demande en résolution de contrat, fondée sur ce motif, ne sera recevable que pendant trois mois, à compter du jour où le maître aura changé de résidence ;

5° Si le maître ou l'apprenti encourait une condamnation emportant un emprisonnement de plus d'un mois;

6° Dans le cas où l'apprenti viendrait à contracter mariage.

Art. 17. — Si le temps convenu pour la durée de l'apprentissage dépasse le maximum de la durée consacrée par les usages locaux, ce temps peut être réduit ou le contrat résolu.

TITRE II.

DE LA COMPÉTENCE.

Art. 18. — Toute demande à fin d'exécution ou de résolution de contrat sera jugée par le conseil des prud'hommes dont le maître est justiciable, et, à défaut, par le juge de paix du canton.

Les réclamations qui pourraient être dirigées contre les tiers, en vertu de l'article 13 de la présente loi, seront portées devant le conseil des prud'hommes ou devant le juge de paix du lieu de leur domicile.

Art. 19. — Dans les divers cas de résolution prévus en la section IV du titre Ier, les indemnités ou les restitutions qui pourraient être dues à l'une ou à l'autre des parties seront, à défaut de stipulations expresses, réglées par le conseil des prud'hommes ou devant le juge de paix, dans les cantons qui ne ressortissent point à la juridiction d'un conseil de prud'hommes.

Art. 20. — Toute contravention aux articles 4, 5, 6, 9 et

10 de la présente loi, sera poursuivie devant le tribunal de police et punie d'une amende de 5 à 15 francs.

Pour les contraventions aux articles 4, 5, 9 et 10, le tribunal de police pourra, dans le cas de récidive, prononcer, outre l'amende, un emprisonnement d'un à cinq jours.

En cas de récidive, la contravention à l'article 6 sera poursuivie devant les tribunaux correctionnels, et punie d'un emprisonnement de quinze jours à trois mois, sans préjudice d'une amende qui pourra s'élever de 50 à 300 francs.

ART. 21. — Les dispositions de l'article 463 du Code pénal sont applicables aux faits prévus par la présente loi.

ART. 22. — Sont abrogés les articles 9, 10 et 11 de la loi du 22 germinal an XI.

Avis relatif à la nomination des instituteurs protestants.

12 *mars* 1851.

Le Conseil,

Vu le rapport par lequel le recteur de l'Académie de Vaucluse expose : que le consistoire protestant de la commune de Lourmarin a proposé au choix du conseil municipal un instituteur public, en exercice dans une commune voisine ; que le conseil municipal a nommé ce candidat, et qu'en agissant ainsi, le consistoire a fait une interprétation exagérée du § 2 de l'art. 31, de la loi organique ; que le droit attribué au consistoire par ledit article ne peut pas s'appliquer à un instituteur déjà en fonctions, mais qu'il doit être restreint à des sujets soit entièrement nouveaux dans la carrière de l'enseignement, soit libres d'engagements antérieurs ; que s'il en était autrement, les communes auxquelles on pourrait par ce moyen enlever un bon instituteur, seraient fondées à réclamer; que les Conseils académiques pourraient voir dans de semblables présentations une atteinte aux droits dont ils sont exclusivement investis, de dresser les listes d'avancement;

Vu l'art. 3, § 2 de la loi organique portant que les consistoires jouissent du droit de présentation pour les instituteurs appartenant aux cultes non catholiques;

Considérant que les termes de cet article ne comportent pas les restrictions que veut apporter le recteur ;

Que ce serait empêcher tout avancement pour les instituteurs du culte protestant ;

Que ce serait, en certains cas, rendre illusoire le droit des consistoires qui ne trouveraient peut-être pas toujours des candidats parmi les sujets qui n'auraient pas encore exercé ou qui seraient libres de tout engagement ;

Que les communes ne seraient pas plus fondées à réclamer, quand les consistoires présentent un instituteur en exercice, que quand les conseils municipaux nomment ceux qui figurent sur les listes d'avancement;

Que le Conseil académique ne peut pas voir dans les présentations des consistoires une atteinte au droit que la loi lui confère de dresser les listes d'avancement, puisque le droit des consistoires, comme le sien, est écrit dans la loi ;

Considérant enfin que, si l'on restreignait le droit des consistoires, il faudrait restreindre de la même manière celui que le premier paragraphe de l'article 31 de la loi du 15 mars 1850, accorde aux supérieurs des congrégations vouées à l'enseignement, ce qui leur rendrait difficiles et souvent impossibles des mutations exigées par le bien du service;

Est d'avis que le recteur de l'Académie de Vaucluse a mal interprété l'art. 31 de la loi du 15 mars, et que l'on doit tenir pour légale la présentation du consistoire de Lourmarin et la nomination qui l'a suivie.

Arrêté relatif aux Écoles mixtes pour le culte.

12 *mars* 1851.

Le Ministre de l'instruction publique,

Vu les délibérations du conseil municipal de la commune de.. ..., canton de......, en date du 29 décembre 1850, portant appel devant le conseil supérieur de plusieurs arrêtés par lesquels le Conseil académique de l'Hérault refuse d'autoriser dans la commune dont il s'agit l'admission des enfants protestants à l'école catholique et prescrit le rétablissement de l'école protestante;

Vu lesdites délibérations du Conseil académique en date des 16 novembre et 25 décembre 1850;

Vu celle du 10 janvier 1851, laquelle confirme les délibérations précédentes et déclare inadmissible la réunion de Cournonsec avec Cournonterral, pour l'entretien de l'école protestante;

Vu le rapport de l'inspecteur de l'instruction primaire, en date du 29 décembre, duquel il résulte que les protestants sont au nombre de 118 à Cournonsec, sur une population totale de 456 habitants, et que leur école est fréquentée par 6 enfants de l'un et de l'autre sexe, appartenant, à l'exception de trois, au culte protestant;

Considérant qu'aux termes de l'art. 5, chap. III de la loi organique, il appartient aux Conseils académiques de déterminer le cas où les communes peuvent, à raison de circonstances, établir ou conserver des écoles primaires dans lesquelles seront admis des enfants de l'un et l'autre sexe, ou appartenant aux différents cultes reconnus;

Considérant que l'art. 36, chap. V de la même loi, veut que dans les communes où les différents cultes reconnus sont professés publiquement, des écoles séparées soient établies pour les enfants appartenant à chacun de ces cultes;

Considérant que le culte protestant est professé publiquement à Cournonsec;
Le Conseil supérieur entendu ;

Arrête :

Art. 1. — Les décisions du Conseil académique de l'Hérault sont maintenues.
Art. 2. — Le recteur de l'Académie est chargé de l'exécution du présent arrêté.

Décret portant règlement du stage dans les Écoles primaires.

12 *mars* 1851.

Le Président de la République, sur le rapport du Ministre de l'instruction publique,

Décrète :

Art. 1. — Le Conseil académique désigne chaque année, dans le courant du mois de mars, les écoles primaires publiques ou libres, autorisées à recevoir des élèves-maîtres stagiaires.

Art. 2. — A cet effet, tout instituteur public ou libre qui veut obtenir du Conseil académique l'autorisation de recevoir des élèves-maîtres stagiaires, devra en faire la demande au recteur avant le 1er janvier.

Cette demande devra mentionner le nombre des élèves-maîtres pensionnaires ou externes qu'il se propose de recevoir ; il accompagnera en outre sa demande, s'il appartient à l'enseignement public, de l'avis du maire et du conseil municipal de la commune.

Art. 3. — Sur le vu de ces pièces et après avoir recueilli le témoignage des autorités préposées à la surveillance des écoles, le Conseil académique arrête la liste des écoles autorisées à recevoir des élèves-maîtres stagiaires et fixe le nombre des élèves-maîtres qui pourront être admis dans chacune de ces écoles.

Cette liste est immédiatement affichée au secrétariat de l'Académie et insérée dans le recueil des actes administratifs de la Préfecture.

Art. 4. — L'autorisation accordée peut toujours être retirée par décision du Conseil académique, rendue sur le rapport des autorités préposées à la surveillance des écoles ou chargées de leur inspection.

Art. 5. — Tout instituteur public ou libre, autorisé à recevoir des élèves-maîtres stagiaires, doit tenir un registre sur lequel il inscrit les noms, prénoms, dates et lieux de naissances des élèves-maîtres admis, le jour de leur entrée et celui de leur sortie, les motifs de la sortie.

Art. 6. — Un extrait de ce registre, comprenant toutes les indications ci-dessus mentionnées, et visé par le maire, est immédiatement transmis à l'inspecteur d'arrondissement chargé de constater si l'élève-maître stagiaire enseigne réellement dans l'école où il a été admis.

Art. 7. — Lorsqu'une École Normale est supprimée conformément à l'article 35 de la loi du 15 mars 1850, les élèves-maîtres à l'entretien desquels le département est tenu de pourvoir ne peuvent être reçus que dans les écoles stagiaires désignées par le Conseil académique, sous les conditions d'admission des candidats aux Écoles Normales.

Dans ce cas, le Conseil académique arrête, sous l'approbation du Ministre de l'instruction publique, les conditions pécuniaires auxquelles lesdits élèves seront reçus boursiers du département en exécution de la délibération du conseil général, et il prescrit les obligations auxquelles demeurent assujettis les chefs des établissements désignés.

Art. 8. — Chaque année, le Conseil académique fait procéder à l'examen de l'enseignement dans les établissements ci-dessus désignés.

Les résultats de cet examen sont consignés dans un rapport qui sera communiqué, s'il y a lieu, au conseil général par le Conseil académique.

ART. 9. — Quiconque veut obtenir un certificat de stage, doit en faire la demande par écrit au Conseil académique et accompagner cette demande :

1° De son acte de naissance ;

2° D'un certificat délivré par le chef de l'établissement où il a fait son stage. Ce certificat, dûment légalisé, doit constater que l'aspirant enseigne, depuis trois ans au moins dans une école stagiaire, les matières comprises dans la première partie de l'article 23 de la loi organique.

ART. 10. — Ces pièces sont communiquées à l'inspecteur de l'arrondissement, qui après avoir procédé à la vérification des faits allégués, les renvoie au Conseil académique, en y joignant son avis sur la vocation de l'aspirant et tous les renseignements qu'il aura recueillis sur ses antécédents.

ART. 11. — Le Conseil académique, après examen des pièces produites et de l'engagement qui les accompagne, délivre, s'il y a lieu, le certificat de stage demandé.

ART. 12. — Ce certificat mentionne :

1° Les nom, prénoms, date et lieu de naissance de l'impétrant ;

2° L'indication de la commune où le stage a été accompli ;

3° Le nom du chef de l'établissement sur l'attestation de qui le certificat est délivré et la date de la décision en vertu de laquelle ce chef d'établissement a été autorisé à recevoir les élèves-maîtres.

Il est signé par le recteur et par le secrétaire de l'Académie.

ART. 13. — Tout instituteur libre ou public, autorisé à recevoir des élèves-maîtres, qui aurait faussement attesté dans le certificat mentionné à l'art. 3, que l'élève-maître aspirant à obtenir un certificat de stage a rempli les conditions de stage exigées par la loi, pourra être traduit devant le Conseil académique, pour lui être fait application des dispositions de l'article 30 de la loi organique, s'il appartient à l'enseignement libre; s'il est instituteur public, il lui sera fait application des peines portées en l'article 33 de ladite loi.

Art. 14. — Le temps passé par un élève-maître ou novice dans une École Normale ou dans une association religieuse vouée à l'enseignement et dûment autorisée ou reconnue comme établissement public, ne comptera audit élève-maître ou novice, pour l'obtention du certificat de stage, qu'autant qu'il sera constaté que ledit élève-maître ou novice a enseigné dans les écoles primaires qui seraient annexées à ces établissements.

Art. 15. — Tout élève-maître exclu d'une école de stage ne peut être admis à compter dans la durée de son stage le temps qu'il a passé dans ladite école.

Décret portant règlement des Écoles Normales primaires.

24 *mars* 1851.

Le Président de la République,

Sur le rapport du Ministre de l'instruction publique et des cultes ;

Vu l'article 35 de la loi du 15 mars 1850 ;

Le conseil supérieur de l'instruction publique entendu ;

Décrète :

TITRE I.

DES OBJETS DE L'ENSEIGNEMENT DANS LES ÉCOLES NORMALES PRIMAIRES.

Art. 1. — L'enseignement dans les Écoles Normales primaires comprend :

L'instruction morale et religieuse,

La lecture,

L'écriture,

Les éléments de la langue française,

Le calcul et le système légal des poids et mesures,

Le chant religieux.

Il peut comprendre, en outre :

L'arithmétique appliquée aux opérations pratiques,

Les éléments d'histoire et de géographie,

Des notions des sciences physiques et d'histoire naturelle applicables aux usages de la vie ;

Des instructions élémentaires sur l'agriculture, l'industrie et l'hygiène ;

L'arpentage, le nivellement et le dessin linéaire;

La gymnastique.

Art. 2. — La durée du cours d'études est de trois ans.

Art. 3. — A la fin de la seconde, le Conseil académique désigne, sur le rapport de la commission de surveillance, les élèves qui pourront recevoir tout ou partie de l'enseignement des matières indiquées aux paragraphes 9, 10, 11, 12 et 13 de l'article 1 du règlement.

Art. 4. — Les élèves-maîtres seront exercés à la pratique des méthodes d'enseignement dans les écoles primaires qui seraient annexées aux Écoles Normales.

L'instituteur qui dirige l'école annexe est considéré comme maître adjoint, et nommé conformément aux dispositions de l'article 8 ci-après.

Art. 5. — Chaque année, le Conseil académique désigne les livres qui seront mis à la disposition des élèves. Ces livres seront exclusivement choisis parmi ceux dont l'introduction aura été autorisée conformément à l'article 5 de la loi du 15 mars 1850.

TITRE II.

DE LA DIRECTION ET DE LA SURVEILLANCE.

CHAPITRE I.

De la direction.

ART. 6. — Le directeur de l'école est nommé par le Ministre de l'instruction publique, après avis du Conseil académique.

ART. 7. — Le directeur est chargé de la principale partie de l'enseignement.

ART. 8. — Le directeur est secondé, pour l'enseignement et la surveillance, par des maîtres adjoints, nommés par le Ministre sur la proposition du recteur de l'Académie.

Ces maîtres résident dans l'établissement; ils sont au nombre de deux au plus, non compris l'aumônier.

Il ne pourra être attaché de maître externe aux Écoles Normales que pour le chant. Ce maître est proposé par le directeur, et agréé par le recteur.

ART. 9. — L'instruction religieuse est donnée aux élèves-maîtres, suivant la religion qu'ils professent, par les ministres des différents cultes reconnus par l'État.

CHAPITRE II.

De la commission de surveillance et de ses attributions.

ART. 10. — La surveillance de l'École Normale est confiée à une commission de cinq membres, nommés pour trois ans par le recteur, sur la proposition du Conseil académique.

Le président de la commission est nommé par le recteur.

Le directeur assiste aux délibérations de la commission avec voix délibérative, hors le cas où elle a à statuer sur des questions qui intéressent sa gestion.

Art. 11. — La commission de surveillance est chargée :

1° De préparer la liste des candidats à l'École Normale, dont elle aura constaté, dans les formes indiquées ci-après, l'aptitude intellectuelle et morale;

2° De rédiger le règlement particulier de l'école : ce règlement devra être approuvé par le recteur en Conseil académique;

3° De désigner, à la fin de la première année, ceux des élèves qui seront admis aux cours de deuxième année, et, à la fin de la seconde année, ceux qui pourront passer en troisième année.

Dans le cas de maladie prolongée ou d'absence légitime, la commission peut autoriser un élève à redoubler le cours de première ou de deuxième année.

4° De dresser, chaque année, le budget et d'examiner les comptes qui lui sont présentés par la direction de l'école, et de consigner ses observations dans un rapport spécial.

Art. 12. — Il est tenu dans chaque école par le directeur, assisté des maîtres adjoints, un registre sur lequel sont consignées les notes trimestrielles sur la conduite et le travail des élèves-maîtres. A la fin du cours d'étude, il est fait pour chaque élève un résumé de ces notes dans l'ordre suivant :

1° Devoirs religieux,
2° Conduite,
3° Caractère,
4° Aptitude,
5° Progrès.

Ces résumés sont mis à la disposition des Conseils académiques, pour leur servir à dresser la liste d'admissibilité prescrite par l'article 31 de la loi du 15 mars 1850.

Art. 13. — Les membres de la commission font, au moins une fois tous les trois mois, la visite de l'école; ils prennent connaissance des registres sur lesquels doivent être consignées, par le directeur, les notes relatives à la conduite, au caractère et au travail de chaque élève.

Ils examinent les classes et interrogent les élèves.

Art. 14. — Tous les ans, au mois de juillet, la commission de surveillance adresse au recteur de l'Académie, sur l'état et le personnel de l'école, un rapport qui sera transmis au Ministre.

Elle reçoit du directeur, à la même époque, un rapport sur tout ce qui concerne les élèves et la discipline. Elle transmet ce rapport, avec ses observations, au préfet, qui le place sous les yeux du conseil général, et au recteur, qui en envoie au Ministre une expédition accompagnée de ses observations.

TITRE III.

DE L'ADMISSION DES ÉLÈVES-MAITRES.

Art. 15. — Chaque année, le Ministre détermine, sur l'avis du Conseil académique, le nombre d'élèves-maîtres qui peuvent être admis à l'École Normale, soit à leurs frais, soit aux frais du département et des communes, soit aux frais de l'État.

Art. 16. — Les inscriptions des candidats auront lieu du 1er au 15 janvier : un registre est ouvert à cet effet au secrétariat de l'Académie. Aucune inscription ne sera reçue, que le candidat n'ait déposé les pièces suivantes :

1° Son acte de naissance, constatant que, au 1er septembre de l'année pendant laquelle il se présente, il aura 18 ans accomplis au moins, et 22 ans au plus ;

2° Un certificat de médecin constatant qu'il a été vacciné ou qu'il a eu la petite vérole, et qu'il n'est atteint d'aucune infirmité ou d'aucun vice de constitution qui le rende impropre à l'enseignement ;

3° L'engagement légalisé de servir pendant dix ans au moins dans l'instruction primaire publique;

S'il est mineur, le candidat produira, en outre, une déclaration, aussi légalisée, de son père ou de son tuteur, l'autorisant à contracter cet engagement ;

4° Une note signée de lui, indiquant le lieu ou les lieux qu'il a habités depuis l'âge de quinze ans;

5° Des certificats de moralité délivrés tant par les chefs des écoles auxquelles il aura appartenu, soit comme élève, soit comme sous-maître, que par chacune des autorités locales préposées à la surveillance et à la direction morale de l'enseignement, conformément à l'article 44 de la loi du 15 mars 1850.

Art. 17. — Une enquête est faite par les soins du recteur et des inspecteurs de l'instruction primaire, sur la conduite et les antécédents des candidats.

Au vu des pièces exigées et d'après les résultats de l'enquête, la commission de surveillance dresse, du 1er au 15 août, la liste mentionnée en l'article 11.

Sur la production de cette liste et des pièces qui l'accompagnent, ainsi que des demandes présentées par les candidats, le recteur, en Conseil académique, prononce, s'il y a lieu, l'admissibilité des candidats à l'École Normale.

Art. 18. — Les bourses ou portions de bourses entretenues soit par l'État, soit par les départements, sont accordées par le recteur en Conseil académique.

Les boursiers, qui n'obtiennent que des portions de bourses, s'engagent à payer la portion qui reste à leur charge. Les boursiers départementaux prennent, en outre, l'engagement de servir pendant dix ans dans le département qui paye leur pension.

Ils peuvent être affranchis, en tout ou en partie, de ces engagements par une dispense du recteur, sur l'avis conforme du Conseil académique.

Les engagements dont il vient d'être question, seront légalisés, et, s'il y a lieu, autorisés, comme il est dit au 5e paragraphe de l'article 16 du présent règlement.

Art. 19. — Les boursiers qui, par leur fait, sortiraient de l'école avant la fin du cours, ou qui refuseraient d'accomplir leur engagement décennal, seront tenus de restituer à l'État ou au département le prix de la pension dont ils auront joui.

Toutefois, ils pourront être dispensés de cette obligation par le Ministre, sur l'avis du Conseil académique.

Le montant des restitutions fera retour au fonds sur lequel les bourses étaient payées.

La dispense du service militaire cesse à dater du jour où l'engagement a été rompu.

TITRE IV.

DU RÉGIME INTÉRIEUR.

Art. 20. — Les journées commencent et finissent par une prière commune.

La prière du matin et du soir est suivie d'une lecture de piété.

Les jours de dimanche et de fêtes légalement reconnues, les élèves sont conduits aux offices publics par le directeur, assisté des maîtres adjoints.

Art. 21. — Les vacances durent quinze jours au plus.

Tout congé, toute sortie particulière, hors le cas de circonstance exceptionnelle, dont le directeur est juge, sont formellement interdits pendant la durée du cours d'études.

Les élèves seront toujours conduits en promenade par le directeur ou les maîtres adjoints.

Art. 22. — Chaque année, lorsque les besoins du service le permettent, le recteur peut accorder aux directeurs et maîtres adjoints internes un congé dont la durée ne peut excéder un mois; ces congés ne pourront être accordés à plusieurs maîtres à la fois.

Art. 23. — Les élèves-maîtres sont chargés du service de propreté dans l'intérieur de l'école.

TITRE V.

DE LA DISCIPLINE.

Art. 24. — Les punitions qui peuvent être infligées aux élèves, suivant la gravité des fautes, sont :

La retenue,

La réprimande,

L'exclusion.

Le directeur prononce la retenue.

La réprimande est prononcée, suivant le cas, par le directeur, la commission de surveillance ou le recteur.

L'exclusion est prononcée par le recteur, sur l'avis du directeur, la commission de surveillance entendue.

En cas de faute grave, le directeur peut prononcer l'exclusion provisoire.

Lorsque l'exclusion est prononcée, le Ministre en est immédiatement informé.

Art. 25. — Tout élève qui, à la fin de l'année, n'est pas jugé en état de passer au cours supérieur, cesse de faire partie de l'école.

Avis relatif aux examens sur les matières facultatives.

24 *mai* 1851.

Le Conseil,

Vu les articles 23 et 40 de la loi du 15 mars 1850 ;

Sur la première question ainsi conçue :

Un candidat qui vient de subir son examen sur les matières mentionnées dans la première partie de l'article 23 de la loi du 15 mars 1850, peut-il, sans avoir fait la demande à l'avance, obtenir d'être examiné sur tout ou partie des matières spécifiées dans le IIe chapitre dudit article?

Considérant que, si les aspirants au brevet de capacité peuvent être examinés sur tout ou partie des matières spécifiées dans la 2e partie de l'article 23, ils doivent en faire la demande à la commission d'examen, mais que cette demande, pour être sérieuse, doit être formée avant l'ouverture de la session et non dans le cours de cette session ou pendant l'examen d'un candidat qui voudrait ainsi, selon ses convenances personnelles, donner à son examen tels ou tels développements;

Est d'avis que le candidat qui vient de subir l'examen sur les matières mentionnées dans la première partie de l'art. 23, ne peut obtenir d'être examiné sur tout ou partie des matières spécifiées dans le IIe chapitre du même article, s'il n'en a fait la demande avant l'ouverture de la session d'examen.

Sur la 2e question, ainsi conçue:

Les notions d'histoire et de géographie dont il est question au IIe chapitre de l'article 23 de la loi du 15 mars 1850, sont-elles destinées à tenir lieu de celles que l'on demandait, pour l'ancien brevet supérieur et qui comprenaient l'histoire et la géographie générale? Ou bien doivent-elles se borner, comme pour le brevet élémentaire, à l'histoire de France, à la géographie de l'Europe et de la France?

Considérant qu'il n'y a pas lieu d'établir pour le cas dont il s'agit aucune analogie entre l'état de choses existant précédemment et celui qui résulte de la loi du 15 mars 1850;

Est d'avis qu'on doit se borner, pour l'examen des aspirants au brevet de capacité, aux notions élémentaires de l'histoire et de la géographie, sans les restreindre cependant à ce qui regarde la France.

Sur la 3e question, ainsi conçue:

Un instituteur qui a obtenu un brevet pour la première partie de l'article 23 de la loi du 15 mars 1850, peut-il se faire interroger ultérieurement à différentes reprises, sur les autres matières de la deuxième partie du même article? Ou bien, faut-il qu'il ne subisse qu'un examen sur toutes les matières comprises dans le IIe chapitre de l'article 23? Ou bien encore, ne doit-il y avoir qu'un examen comprenant la partie obligatoire et tout ou partie des matières non obligatoires ?

Considérant qu'il ne résulte ni de la lettre, ni de la loi, ni de son esprit, qu'il y aura plus d'un examen et plus d'un brevet de capacité ; ce qui arriverait, si un instituteur qui a obtenu un brevet pour la première partie de l'article 23, pouvait se faire interroger ultérieurement, à différentes reprises, sur les autres matières comprises dans le 2e paragraphe dudit article ;

Est d'avis qu'il ne doit y avoir qu'un seul examen, dont la portion obligatoire de l'article 23 de la loi du 15 mars 1850, sera l'objet, et, selon le vœu de l'aspirant, tout ou partie des matières spécifiées dans le 2e paragraphe du même article.

Décret relatif aux certificats d'admission dans les écoles spéciales, suppléant les brevets de capacité pour l'instruction primaire.

31 *mars* 1851.

Le Président de la République,

Sur le rapport du Ministre de l'instruction publique,
Vu l'article 25 de la loi du 15 mars 1850 ;
Le conseil supérieur de l'instruction publique entendu ;

Décrète :

Art. 1. — Les certificats d'admission dans les écoles spéciales, qui suppléent aux brevets de capacité pour l'enseignement primaire, ne peuvent être délivrés, quant à présent, que par les chefs ou directeurs des établissements ci-après désignés, savoir :

L'École Normale supérieure,
L'École Polytechnique,
L'École militaire de Saint-Cyr,
L'École Forestière,
L'École de la Marine,
L'École des Mineurs de Saint-Étienne et d'Alais,
L'École des Chartres.

Art. 2. — Les certificats ci-dessus mentionnés, signés par les chefs d'établissements, indiqueront la date de l'entrée et de la sortie de l'élève, lequel devra y apposer sa signature.

Les signatures devront être légalisées par le maire.

Avis relatif à la nomination des instituteurs.

3 *juin* 1851.

Le Conseil,

Consulté par M. le Ministre, sur la question de savoir si le nombre des candidats à proposer par le Conseil académique au recteur pour les fonctions de membres des commissions de surveillance des Écoles Normales primaires, doit être égal ou supérieur au nombre des membres de ces commissions;

Vu le Ier chapitre de l'article 10 du règlement du 24 mars 1851, concernant les Écoles Normales primaires ;

Considérant, d'après les lois ou les règlements en vigueur, qu'il y a deux modes de nommer à certaines fonctions publiques par voie de présentation de candidats, savoir :

Ou l'autorité qui propose présente à l'autorité qui doit nommer deux ou plusieurs candidats, parmi lesquels celle-ci est tenue de choisir ; ou la première de ces autorités présente à la seconde un seul candidat pour chaque place vacante, sauf le droit de celle-ci de n'accepter le candidat présenté que si elle le juge convenable et de pouvoir exiger une ou plusieurs présentations nouvelles ;

Considérant que ces deux modes de nomination sont distincts et qu'ils partagent inégalement l'influence sur la nomination définitive entre l'une et l'autre de ces deux autorités ;

Que le sens et les termes de l'article 10 du règlement du 24 mars 1850 ne peuvent donner lieu à aucune incertitude ;

Est d'avis que le nombre des candidats à présenter aux recteurs par les Conseils académiques, pour la nomination des membres des commissions de surveillance des Écoles Normales primaires, doit être égal au nombre des membres dont ces commissions se composent.

Avis relatif aux règlements des écoles.

3 *juin* 1851.

Le Conseil,

Considérant qu'il convient que les dispositions d'un règlement d'école soient nettes, précises et faciles à retenir ; qu'elles renferment toutes les prescriptions nécessaires relativement aux conditions d'admission des enfants, au local et au mobilier, aux matières, à la direction de l'enseignement ainsi qu'à la tenue et à la discipline des écoles ; qu'il est utile d'y rappeler les devoirs particuliers de l'instituteur, mais en les résumant en peu de mots ;

Considérant que plusieurs des règlements qui lui ont été soumis ne satisfont pas suffisamment à ces conditions ; que quelques-unes des prescriptions indispensables touchant l'admission des enfants, l'enseignement et la discipline, y sont omises; qu'ils se composent d'exhortations plutôt que de préceptes, qu'ils ressemblent plutôt à des traités de pédagogie ou de morale qu'à des règlements proprement dits ; que les devoirs des instituteurs et des enfants y sont trop longuement exposés et développés ;

Est d'avis que M. le Ministre veuille bien donner des instructions aux recteurs sur le caractère que doivent avoir les règlements scolaires, et prendre les mesures qu'il jugera convenables pour que quelques-uns des règlements qui auront été approuvés par le conseil supérieur soient envoyés à tous les recteurs qui les porteront, à titre de documents, à la connaissance des Conseils académiques.

Avis relatif aux obligations imposées aux délégués cantonaux.

10 *juin* 1851.

Le Conseil,

Consulté par M. le Ministre sur la question de savoir si les dispositions des articles 45 et 46 du règlement d'administration publique, pour l'exécution de la loi du 15 mars 1850, promulguée le 29 juillet 1850, sont, en ce qui regarde les obligations imposées aux délégués cantonaux, une exacte application de la loi ;

Vu d'une part les articles 45, 46 et 47 dudit règlement, et, d'autre part, les articles 42 et 44 de la loi du 15 mars 1850;

Considérant que les délégués cantonaux sont, pour la surveillance des écoles publiques et libres de chaque canton, les mandataires du Conseil académique qui les nomme, les révoque et doit seul recevoir leurs rapports;

Que la surveillance qu'ils sont chargés d'exercer doit être individuelle et locale;

Qu'ils ne doivent se réunir qu'aux chefs-lieux de canton, sous la présidence de celui d'entre eux qu'ils désignent, uniquement pour convenir des avis à transmettre au Conseil académique;

Qu'astreindre les délégués du canton d'un arrondissement à se réunir au chef-lieu de l'arrondissement sur la convocation et sous la présidence du sous-préfet, pour y délibérer sur tous les objets qui leur seront soumis, soit par le recteur, soit par le Conseil académique, ce serait donner à l'institution des délégués cantonaux un caractère différent de celui que la loi lui a assigné;

Considérant que chaque délégué correspond tant avec le Conseil académique qu'avec les autorités locales préposées à la surveillance et à la direction morale de l'enseignement primaire, mais qu'il n'est pas tenu de communiquer à l'inspecteur de l'enseignement primaire tous les renseignements qu'il a pu recueillir, puisque ces renseignements peuvent servir au Conseil académique pour juger de la direction et des effets de l'inspection;

Est d'avis que, s'il peut être utile d'établir dans certaines circonstances, au chef-lieu d'arrondissement, des réunions entre les délégués cantonaux, sous la présidence du sous-préfet, ces réunions doivent rester facultatives, et que les articles 45, 46 et 47 du règlement du 29 juillet 1850 n'ont pas créé en cette matière des droits et des obligations qui ne doivent dériver que de la loi.

Arrêté concernant la nomination des membres des commissions de surveillance.

30 *juin* 1851.

Le Ministre de l'instruction publique et des cultes,

Vu le § 1er de l'article 10 du règlement du 24 mars 1851, concernant les Écoles Normales primaires ;

Vu l'avis du conseil supérieur de l'instruction publique, en date du 3 juin 1851 ;

Arrête :

Le nombre des candidats à présenter aux recteurs par les Conseils académiques, pour la nomination des membres des commissions de surveillance des Écoles Normales primaires, devra être égal au nombre des membres dont se composent ces commissions.

Arrêté relatif aux programmes d'enseignement des Écoles Normales primaires.

31 *juillet* 1851.

Le Ministre du département de l'instruction publique et des cultes,

Vu les art. 5 et 35 de la loi du 15 mars 1850 ;

Vu le décret du 14 mars 1851 ;

Le conseil supérieur de l'instruction publique entendu ;

Arrête :

ART. 1. — Les programmes d'enseignement pour les Écoles Normales primaires sont adoptés ainsi qu'il suit :

I.

LECTURE.

La lecture comprendra trois sortes d'exercices : la lecture simple, la lecture accentuée et la lecture raisonnée.

Lecture simple.

Cet exercice a pour but principal l'épellation et la prononciation. Il sera fait un fréquent usage de l'épellation de mémoire, nécessaire pour bien apprendre l'orthographe. On s'attachera à faire acquérir aux élèves une prononciation facile et pure. En exposant sommairement les divers procédés ou méthodes de lecture, on en signalera les avantages et les inconvénients.

Lecture accentuée.

On s'appliquera dans cet exercice, comme dans le précédent, à corriger l'accent du pays; on accoutumera les élèves à se pénétrer de ce qu'ils lisent, à distinguer les parties et les membres de phrases, à marquer les repos et à rendre, par les diverses inflexions de la parole, les idées et les sentiments que l'auteur a voulu exprimer, mais en se gardant tout à la fois de la monotonie et de la déclamation, et en conservant toujours un ton simple et naturel.

Lecture raisonnée.

Quand un morceau aura été lu, les élèves en rendront compte, tantôt de vive voix, tantôt par écrit.

On consacrera aux exercices de lecture six leçons d'une

heure par semaine, pendant les deux premières années, et deux leçons pendant la troisième.

On se servira exclusivement, pour les exercices, des ouvrages suivants:

1° Fables de Fénelon ;

2° Choix de fables de La Fontaine ;

3° Mœurs des Israélites et des Chrétiens, de Fleury ;

4° Doctrine chrétienne, Histoire de la religion et histoire de l'Église Lhomond ;

5° Première partie du Discours sur l'histoire universelle, de Bossuet ;

6° Recueil de morceaux choisis dans les bons auteurs;

7° Manuscrits autographiés, dûment autorisés.

Pour les lectures du latin, on emploiera le Psautier, le Diurnal et autres livres approuvés par l'autorité religieuse.

Les lectures de piété, prescrites par l'article 20 du décret du 24 mars 1851, se feront dans les livres indiqués par l'aumônier, et approuvés par l'autorité religieuse compétente.

II.

RÉCITATION.

Des morceaux choisis dans les ouvrages adoptés pour le cours de lecture seront appris par cœur.

Trois leçons d'une heure chacune seront consacrées toutes les semaines, pendant les trois années, à la récitation de ces morceaux.

On tiendra à ce qu'ils soient parfaitement sus et récités sans hésitation, et d'un ton simple et naturel.

III.

ÉCRITURE.

L'écriture comprendra les cinq genres d'écriture qu'on est

convenu d'appeler gothique, bâtarde, ronde, coulée et cursive.

L'écriture devra toujours être nette et facile à lire.

L'écriture cursive, étant d'un usage plus général, sera plus particulièrement cultivée.

Les modèles d'écriture contiendront des maximes religieuses et morales, des traits remarquables de l'histoire de France, ou des notions scientifiques utiles aux instituteurs et aux élèves.

On exercera les élèves à dresser des états pareils à ceux qui sont en usage dans les mairies et dans les écoles, des mémoires, des factures, etc.

Les élèves donneront tous leurs soins, aussi bien à l'écriture de leurs compositions et de leurs rédactions, qu'à celle des pages qu'ils auront à faire dans la leçon spéciale d'écriture.

Il y aura, par semaine, cinq leçons d'écriture dans chacune des deux premières années, et deux dans la troisième.

On se servira, pour ces leçons, des cours et modèles de Verdet, de Taupier et de Taiclet.

IV.

LANGUE FRANÇAISE.

On prendra pour base de l'enseignement de la langue française la grammaire de Lhomond.

Cet enseignement sera simple, beaucoup plus pratique que théorique, et consistera plus en exercices et en exemples qu'en règles et en préceptes. On évitera avec soin toutes les discussions qui auraient trait à la métaphysique du langage ou qui ne rouleraient que sur des subtilités grammaticales.

Pendant la première année, les exercices se composeront d'analyses grammaticales, et principalement de dictées d'orthographe. Ces dictées auront pour objet des récits historiques, des morceaux renfermant des notions utiles ou présentant un caractère moral ou religieux.

Il y aura, en général, une dictée chaque jour; elle sera corrigée tantôt par le maître, tantôt par les élèves, sous la direction et le contrôle du maître. Après la correction, les dictées seront transcrites sur un cahier spécial; on emploiera à cette transcription une partie du temps destiné aux leçons d'écriture.

L'analyse se fera presque toujours de vive voix, avec simplicité et brièveté, et d'après la nomenclature de Lhomond.

Dans les deux dernières années, les élèves feront des extraits et des résumés écrits de ce qu'ils auront lu; on les exercera de temps en temps à la composition sur les sujets les plus simples et les plus usuels.

Les cours de lecture et de langue française devront être faits par le directeur de l'école.

V.

CALCUL, SYSTÈME LÉGAL DES POIDS ET MESURES; ARITHMÉTIQUE APPLIQUÉE AUX OPÉRATIONS PRATIQUES.

Le cours de calcul sera élémentaire et pratique. On n'y donnera que les explications théoriques indispensables, et on ne les fera porter que sur des questions d'une application usuelle.

On s'appliquera particulièrement à bien faire connaître le système décimal, et à familiariser les élèves avec l'usage des nouveaux poids et des nouvelles mesures.

On verra, dans la première année, la numération, les opérations fondamentales de l'arithmétique et le système légal des poids et mesures.

Dans la seconde année, on enseignera les fractions, les règles de trois, les règles d'intérêt, d'escompte, de partage proportionnel et d'alliage.

Dans la troisième année, on appliquera aux opérations pratiques les connaissances acquises dans les deux années précédentes.

L'enseignement du calcul et de l'arithmétique se donnera d'après l'arithmétique de Bezout, dernières éditions.

On y consacrera six heures par semaine, dans chacune des trois années.

VI.

ÉLÉMENTS DE GÉOGRAPHIE.

Le cours de géographie aura lieu une fois par semaine, pendant la troisième année.

Cinq leçons auront pour objet les notions préliminaires; six, la géographie générale de l'Europe; cinq, la géographie des autres parties du monde, et vingt-quatre, la géographie de la France. Six au moins de ces dernières traiteront du département auquel appartient l'école; elles indiqueront les principaux événements historiques dont il a été le théâtre, les hommes célèbres qu'il a vu naître et qui ont bien mérité du pays par leurs services, leurs talents et leurs vertus; elles feront connaître les productions, l'industrie, les arrondissements, les cantons, les villes, les localités remarquables, les monuments, les curiosités naturelles du département.

VII.

ÉLÉMENTS D'HISTOIRE.

L'histoire ancienne sera constamment rapprochée des faits contemporains de l'histoire sainte.

PREMIÈRE PARTIE.

Six leçons.

Création du monde. — Déluge universel. — Dispersion des hommes. — Abraham. — Joseph.

Fondation des plus anciennes villes et des premiers empires.

Moïse. — Josué. — Gouvernement des juges. — Établissement de la royauté chez les Hébreux. — Saül. — David.

Guerre de Troie.

Salomon. — Schisme des tribus. — Achab. — Athalie. — Fin du royaume d'Israël.

Sparte et Athènes. — Fondation de Rome. — Chute de l'empire d'Assyrie.

Captivité de Babylone.

Fin du royaume de Judée.

Cyrus. — Établissement de la république de Rome.

Retour des Juifs à Jérusalem. — Rivalité de Sparte et d'Athènes.

Établissement du Consulat, de la Dictature et du Tribunat, Rome.

Guerres médiques.

Guerres et conquêtes d'Alexandre. — Siège de Rome par les Gaulois.

Première et deuxième guerres puniques.

Histoire des Machabées.

La Macédoine et la Grèce réduites en provinces romaines.

Troisième guerre punique. — Destruction de Carthage.

Guerre de Jugurtha. — Marius et Sylla.

La Judée, la Syrie et l'Égypte réduites en provinces romaines.

Pompée et César. — Antoine et Octave. — Gouvernement d'Auguste.

DEUXIÈME PARTIE.

Quatre leçons.

Naissance de Jésus-Christ. — Prédication de l'Évangile. — Révoltes des Juifs. — Destruction de Jérusalem.

Faits principaux de l'histoire de l'Empire romain, pendant les deux premiers siècles.

Persécution de l'Église pendant les trois premiers siècles. — Ses progrès.

Faits principaux de l'Empire romain pendant les IIIe, IVe et Ve siècles. — Constantin. — Successeurs de Constantin. — Théodose le Grand. — Invasion des barbares. — Chute de l'Empire d'Occident.

TROISIÈME PARTIE.

Première race. — Deux leçons.

Établissement de la monarchie de France. — Clovis. — Successeurs de Clovis. — Maires du palais. — Décadence et chute des Mérovingiens.

Deuxième race. — Trois leçons.

Avènement des Carlovingiens. — Pépin le Bref. — Charlemagne. Ses guerres et ses conquêtes. — Charlemagne législateur et protecteur des lettres.

Louis le Débonnaire et ses fils. — Bataille de Fontenay. — Traité de Verdun. — Invasion des Normands.

Établissement du régime féodal. — Chute des Carlovingiens.

Troisième race. — Cinq leçons.

Avènement de la troisième race.

Hugues Capet et ses successeurs. — Première croisade.

Philippe-Auguste et saint Louis.

Successeurs de saint Louis.

Branche des Valois. — Huit leçons.

Philippe de Valois. — Guerre de Flandre. — Commencement de la Guerre de Cent ans. — Bataille de Crécy. — Le roi Jean. — Bataille de Poitiers. — La Jacquerie. — Traité de Brétigny.

Charles V. — Ravages des grandes compagnies. — Guerre en Espagne. — Duguesclin. — Défaite des Anglais. — Administration de Charles V.

Charles VI. — Rivalités des ducs d'Orléans et de Bourgogne. — Bataille d'Azincourt. — Meurtre du duc de Bourgogne.

Charles VII. — Jeanne d'Arc. — Expulsion des Anglais. — Fin de la Guerre de Cent ans.

Louis XI. — Progrès du pouvoir royal. — Charles le Téméraire. — Fin du duché de Bourgogne.

Charles VIII. — États généraux. — Réunion de la Bretagne. — Guerre d'Italie.

Louis XII. — Guerre d'Italie. — François Ier. — Bataille de Marignan. — Bataille de Pavie. — Traité de Madrid.

La Réforme. — La renaissance des lettres et des arts.

Henri II. — Traité de Cateau-Cambrésis. — François II. — Conjuration d'Amboise.

Charles IX. — Guerres de religion.

Henri III. — États de Blois. — Fin de la branche des Valois.

Branche des Bourbons. — Neuf leçons.

Avénement des Bourbons.

Henri IV. — Batailles d'Arques et d'Ivry. — Siége de Paris. — Abjuration de Henri IV. — Édit de Nantes. — Sully. — Assassinat de Henri IV.

Louis XIII. — Régence de Marie de Médicis. — Richelieu. — Guerre de Trente ans.

Avénement de Louis XIV. — Régence d'Anne d'Autriche. — Mazarin.

Batailles de Rocroy et de Fribourg. — Traité de Westphalie. — La Fronde. — Traité des Pyrénées. — Louis XIV gouverne lui-même, 1661. — Colbert. — Conquête de la Flandre. — Traité d'Aix-la-Chapelle. — Conquête de la Hollande. — Conquête de la Franche-Comté. — Traité de Nimègue. — Révocation de l'édit de Nantes. — Ligue d'Augsbourg. — Traité de Ryswick. — Revers de Louis XIV. — Bataille de Denain. — Traité d'Utrecht. — Mort de Louis XIV.

État des lettres et des arts pendant le siècle de Louis XIV.

Louis XV. — Régence du duc d'Orléans. — Système de Law. — Ministère du cardinal Fleury. — Guerre de la succession d'Autriche. — Bataille de Fontenoy. — Traité d'Aix-la-Chapelle. — Guerre de Sept ans. — Traité de Paris. — Conquête de la Corse. — Mort de Louis XV.

Avénement de Louis XVI. — Réformes de Louis XVI. — Turgot. — Malesherbes. — Premier ministère de Necker. — Guerre d'Amérique. — Convocation des notables. — Convocation des États généraux.

Révolution. — République. — Empire. — Quatre leçons.

Première période.

États généraux. — Assemblée constituante. — Prise de la Bastille. — Journées des 5 et 6 octobre. — Fuite et arrestation de Louis XVI. — Assemblée législative. — Insurrections des 20 juin et 10 août. — Massacres de septembre. — Guerre contre la Prusse et l'Autriche. — Combat de Valmy. — Convention nationale. — Établissement de la République. — Bataille de Jemmapes. — Procès et mort de Louis XVI. — Première coalition de l'Europe contre la France. — Guerre de la Vendée. — Comité de Salut public. — La Terreur. — 9 Thermidor.

Deuxième période.

Conquête de la Belgique et de la Hollande. — Paix avec la

Prusse et l'Espagne. — Journée du 13 vendémiaire. — Fin de la Convention. — Directoire. — Premières campagnes de Bonaparte en Italie. — Montenotte. — Millesimo. — Lodi. — Castiglione. — Arcole. — Campagnes de Moreau, de Jourdan et de Hoche en Allemagne. — Traité de Campo-Formio.

Expédition d'Égypte. — Deuxième coalition. — L'Italie reconquise par les alliés. — Victoire de Masséna à Zurich. — Retour de Bonaparte en France. — 18 Brumaire. — Bonaparte, premier consul. — Nouvelle campagne d'Italie. — Marengo. — Campagne de Moreau en Allemagne. — Hohenlinden. — Traité de Lunéville. — Paix d'Amiens. — Concordat. — Légion d'honneur. — Code civil. — Consulat à vie.

Troisième période.

Napoléon empereur. — Guerre contre l'Autriche et la Russie. — Ulm. — Austerlitz. — Confédération du Rhin. — Guerre contre la Prusse et la Russie. — Iéna. — Eylau. — Friedland. — Traité de Tilsitt. — Système continental. — Guerre d'Espagne. — Guerre d'Autriche. — Eckmühl. — Wagram. — Divorce et deuxième mariage de Napoléon. — Étendue de l'Empire en 1810.

Quatrième période.

Guerre de Russie. — Smolensk. — La Moskowa. — Retraite. — Campagne d'Allemagne. — Lutzen. — Bautzen. — Leipsick. — Levée en masse de l'Europe. — Campagne de France. — Abdication de l'Empereur. — La France presque entièrement ramenée à ses anciennes limites.

VIII.

NOTIONS DE PHYSIQUE, DE CHIMIE ET D'HISTOIRE NATURELLE, APPLICABLES AUX USAGES DE LA VIE.

PREMIÈRE PARTIE.

1° *Notions préliminaires.*

1re leçon. — Qu'entend-on par corps simples et par corps composés? — Donner une idée de la force qui unit leurs parties constituantes. — Exposer les bases de la nomenclature chimique.

2° *Air atmosphérique.*

2e leçon. — Composition de l'air. — Principales propriétés de l'oxygène et de l'azote dont il est presque uniquement formé. — Sa décomposition et sa recomposition.

3e leçon. — Action de l'oxygène et de l'air sur les corps combustibles, en particulier sur l'hydrogène, le charbon, le phosphore, le soufre et les principaux métaux. — Formation de la rouille, dont se couvre le fer, à l'aide de l'humidité. Moyen de la prévenir. — Danger que présentent les vases en cuivre, zinc et plomb. —.Vert-de-gris. — Causes de sa production. — Étamage. — Son utilité. — Faire voir que l'or et l'argent doivent en partie leur prix à ce qu'ils ne s'oxydent pas.

4e leçon. — Combustion. Moyens propres à la favoriser. — Construction des cheminées, des fours. — Quantité de chaleur que donnent les cheminées et les poêles.

5e leçon. — Action de l'air sur le sang. — Principaux phénomènes de la respiration, de la circulation. — Démontrer que l'air est le seul gaz respirable; qu'il agit par l'oxygène qu'il contient, et que tous les autres gaz sont méphytiques ou délétères. — Chaleur animale.

3° *Hydrogène. — Eau. — Ammoniaque.*

6e leçon. — Gaz hydrogène. — Sa combinaison avec l'oxygène, d'où résulte l'eau. — Des diverses qualités d'eaux. — Eaux potables. — Moyens de reconnaître les meilleures eaux potables. — Eaux impropres à la cuisson des légumes. — Eaux impropres au savonnage. — Procédés pour rendre les eaux calcaires propres au savonnage.

7e leçon. — Citernes. — Leur construction. — Irrigations. — Puits artésiens. — Terrains où ils se trouvent. — Eaux minérales. — Combinaison de l'hydrogène avec l'azote, d'où résulte l'ammoniaque. — Son emploi pour prévenir les effets de la piqûre des abeilles, des vipères et de l'empansement des animaux.

4° *Charbon. — Hydrogène carboné. — Acide carbonique.*

8e leçon. — Charbon. — Son emploi pour désinfecter les viandes qui commencent à se putréfier. — Filtre à charbon pour purifier les eaux. — Emploi du charbon pour décolorer le vinaigre et les sirops. — Emploi du charbon pour faire un bon sirop avec le miel.

9e leçon. — Hydrogène carboné. — Éclairage. — Avantage des lampes d'Argand. Moyen d'augmenter l'éclat de la flamme. — Présence de l'hydrogène carboné dans les mines de houille et les dangers qu'il occasionne. — Lampe de sûreté des mineurs.

10e leçon. — Acide carbonique. — Son action sur l'économie animale. — Dangers que présentent certaines grottes, les chambres qui contiennent des fruits ou des fleurs, les cuves où se produit le vin. — Présence de l'acide carbonique dans certains puits. — Moyens de purifier les lieux qui renferment de l'acide carbonique. — De l'asphyxie par la combustion du charbon ou par l'acide carbonique. — Moyens de la prévenir. — Secours à donner aux asphyxiés.

5° *Soufre. — Acide sulfureux. — Hydrogène sulfuré.*

11e leçon. — Dangers que présentent les allumettes chimiques. — Acide sulfureux ; son emploi pour blanchir la soie. — Hydrogène sulfuré; son action sur l'économie animale. — Emploi du chlore contre les asphyxies qui proviennent de l'hydrogène sulfuré.

6° *Chlore.*

12e leçon. — Chlore. — Purification de l'air par le chlore et destruction des miasmes qu'il pourrait contenir. — Emploi du chlore pour enlever sur le papier l'encre et les matières colorantes, végétales et animales. — Blanchiment des toiles à la rosée et sur le pré. — Procédé plus expéditif par le chlore.

7° *Chaux. — Mortier. — Plâtre.*

13e leçon. — Pierres à chaux. — Chaux grasse. — Chaux hydraulique. — Fabrication de la chaux. — Pourquoi la chaux se délite à l'air et doit être conservée en vases clos. — Pourquoi elle donne aux cendres, dont on se sert pour faire la lessive, la propriété d'altérer le linge. — Emploi de la chaux dans les constructions. — Mortier ordinaire. — Mortier hydraulique. — Ciment romain.

14e leçon. — Plâtre. — Son emploi dans les constructions. — Son emploi dans l'agriculture. — Fabrication du plâtre.

8° *Des substances organiques.*

15e leçon. — Des divers sucres. — Fabrication du sucre d'amidon. — Fermentation alcoolique. — Manière de faire le vin. — Procédé pour échauffer convenablement le moût et augmenter la vinosité.

16e leçon. — Moyen de rendre le vin mousseux. — Collage des vins. — Maladies des vins. — Moyens de les guérir. — Dangers que présentent les boissons alcooliques prises avec excès. — Transformation du vin en vinaigre.

17e leçon. — Des diverses qualités de farines. — Fécule de pommes de terre. — Fabrication du pain.

18e leçon. — Des savons. — Fabrication des savons et en particulier des savons résineux. — Gélatine. — Moyens d'extraire la gélatine des os. — Pourquoi le bouillon de viande est meilleur et plus nutritif que les autres bouillons.

19e leçon. — Putréfaction des substances végétales. — Terreaux. — Lignites. — Tourbes. — Houilles. — Anthracite.

20e leçon. — Putréfaction des substances animales. — Feux follets. — Conservation des substances alimentaires. — Emploi du chlorure de chaux dans l'exhumation des cadavres.

21e leçon. — Nitrification des terres. — Influence des matières animales et des cendres sur la nitrification. — Moyen de se mettre à l'abri de l'humidité des murs.

DEUXIÈME PARTIE.

1° *De l'air.*

1re leçon. — Pesanteur de l'air et pression qu'il exerce sur les corps dans tous les sens. — Ascension des liquides dans tous les tubes lorsqu'on aspire l'air de ces tubes. — Suspension de l'eau dans des éprouvettes renversées sur l'eau. — Construction et usage du baromètre.

2e leçon. — Pompe foulante. — Pompe aspirante et foulante. — Pompe à incendie. — Machine pneumatique. — Diverses expériences faites avec cette machine. — Machines soufflantes. — Trompe. — Ventilateur à force centrifuge. — Siphon.

2° *Des liquides.*

3e leçon. — Pression des liquides pesants sur le fond des vases, sur les parois latérales et de bas en haut. — Rupture d'un tonneau par la pression d'un filet d'eau. — Principe de la presse hydraulique. — Tourniquet hydraulique.

4e leçon. — Principe d'Archimède. — Équilibre des corps flottants. — Densité des corps. — Usages divers des tables de densité. — Causes de l'élévation des aérostats et des vapeurs.

3° *De la chaleur.*

5e leçon. — Dilatation et contraction des corps par les variations de température. — Applications diverses de cette propriété. — Tirage des cheminées. — Leur construction. — Construction et usage du thermomètre.

6e leçon.— Passage des corps par les trois états.— Expansion de l'eau lorsqu'elle gèle. — Pierres gélives. — Effets de la gelée sur les arbres. — Élasticité des vapeurs. — Froid produit par l'évaporation. — Applications diverses.

7e leçon. — Des divers degrés de l'humidité de l'air. — Brouillard. — Pluie. — Neige. — Verglas. — Serein.

8e leçon. — Pouvoirs émissif, absorbant, réflecteur et conducteur des corps pour la chaleur.— Usage des fourrures, des couleurs dans les vêtements, des doubles fenêtres. — Vases propres à conserver les liqueurs chaudes. — Procédé pour hâter la fusion de la neige. — Rosée. — Givre. — Lune rousse. — Procédé pour éviter, dans certaines circonstances, les effets du rayonnement nocturne.

4° *Du magnétisme.*

9e leçon. — Principales propriétés des aimants. — De la boussole et de ses usages.

5° *De l'électricité.*

10e leçon. — Principales propriétés des corps électrisés. — Du choc en retour. — De la bouteille de Leyde et des batteries électriques.

11e leçon. — De l'électricité atmosphérique. — De la foudre. — Du pouvoir des pointes. — Paratonnerres. — Dangers présentés par les arbres pendant les temps orageux. — Télégraphie.

12e leçon. — Notions sur la réflexion de la lumière. — Miroir. — Notions sur la réfraction.

IX.

NOTIONS D'AGRICULTURE.

De la culture en général.

Terres franches. — Terres fortes. — Terres légères. — Terres calcaires. — Amendements. — Engrais.

Principales productions végétales du département où est située l'École Normale. — Principales cultures. — Leur rendement.

Prairies artificielles. — Fourrages. — Irrigation.

Nature des assolements. — Suppression des jachères; ses avantages.

Animaux domestiques. — Soins qu'ils exigent. — Services qu'ils rendent. — Mauvais traitements dont ils sont l'objet.

Principaux instruments aratoires. — Leur emploi. — Leur utilité.

Voirie. — Avantages des voies de communication.

De l'horticulture.

Défonçage, labour, binage.

Semis et repiquage. — Semis sur ados et sur couches.

Arrosage. — Sarclage.

Usage des brise-vents, des paillassons, des châssis et des cloches.

Destruction des animaux nuisibles.

Récolte. — Conservation des grains.

Culture et principales espèces potagères. — Plantes médicinales. — Fleurs.

Notions sur la plantation, la culture, la greffe et la taille des arbres fruitiers. — Conservation des fruits.

X.

ARPENTAGE ET NIVELLEMENT.

Mesures des distances jalonnées. — Chaînes, jalons, mire.

Usage de l'équerre d'arpenteur.

Mesure des surfaces horizontales, dont la forme est celle d'un triangle, d'un trapèze, d'un polygone quelconque.

Cas où le terrain est terminé par un contour irrégulier.

Cas où l'intérieur est inaccessible.

Lever des plans: 1° à la chaîne et à l'équerre; 2° à la chaîne et à la planchette; 3° à la chaîne et au graphomètre. — Usage de la boussole pour relever les détails.

Mesure de la base productive dans les pays de montagne. — Notions sur le nivellement.

XI.

DESSIN LINÉAIRE.

Deuxième année.

Dessin des figures planes.

Chaque dessin devra être exécuté deux fois : la première à vue, la seconde avec la règle, le tire-ligne, l'équerre et le compas.

Lignes droites dans diverses positions. — Perpendiculaires. — Parallèles. — Division des droites en parties égales. — Moulures droites, encadrements, fenêtres et portes guillochées.

Triangles, trapèzes, parallélogrammes, polygones.

Cercles. — Raccordement des droites et des cercles. — Moulures qui s'y rapportent. — Raccordement des cercles entre eux. — Moulures qui s'y rapportent. — Anse de panier. — Cercle du jardinier. — Volute.

Division de la circonférence en parties égales. — Polygones réguliers. — Parquets. — Rosaces les plus simples. — Motifs simples de grilles et balustrades.

Construction des échelles. — Réduction des figures à une échelle donnée.

DESSIN EN RELIEF.

Troisième année.

Notions sur la représentation des corps, en plan, coupe et élévation.

Solides géométriques. — Prismes, pyramides, cylindres, cônes, sphère.

Meubles, ustensiles divers, instruments aratoires, machines les plus simples usitées dans la localité.

Notions élémentaires de perspective.

ART. 2. — Les élèves seront exercés à l'école annexe dans les deux dernières années du cours. Il leur sera fréquemment demandé compte de la manière dont ils y auront appliqué les méthodes d'enseignement, dirigé les divers exercices scolaires et fait observer la discipline.

Tous les mois, le maître de l'école annexe remettra au directeur de l'École Normale un rapport sur chacun des élèves qui lui auront été envoyés. Ce rapport fera connaître comment l'élève a compris et rempli sa tâche, quel est son degré d'aptitude et ce qui peut encore lui manquer pour bien diriger une école.

ART. 3.—Est arrêté, ainsi qu'il suit, le tableau des exercices dans les Écoles Normales primaires :

Lever à cinq heures du matin, — coucher à neuf heures du soir, — prière, lecture de piété, soins de propreté, récréations, — travaux corporels, six heures par jour environ.

Règlement type adopté par le Ministre de l'instruction publique, sur l'avis du conseil supérieur de l'instruction publique, pour les écoles publiques de l'Académie de....

17 *août* 1851.

TITRE I.

DES DEVOIRS PARTICULIERS DE L'INSTITUTEUR.

ART. 1. — Le principal devoir de l'instituteur est de donner aux enfants une éducation religieuse, et de graver profondément dans leurs âmes le sentiment de leurs devoirs envers Dieu, envers leurs parents, envers les autres hommes et envers eux-mêmes.

Art. 2. — Il doit instruire par ses exemples comme par ses leçons. Il ne se bornera donc pas à recommander et à faire accomplir les devoirs que la religion prescrit ; il ne manquera pas de les accomplir lui-même.

Art. 3. — On ne le verra jamais dans les cabarets, dans les cafés, dans aucun lieu, dans aucune société qui ne conviendrait point à la gravité et à la dignité de ses fonctions.

Art. 4. — Il se montrera plein de respect et de déférence pour les autorités en général, et, en particulier, pour celles qui sont préposées à l'instruction publique.

Art. 5. — Il veillera avec une constante sollicitude sur tout ce qui intéresse l'esprit et le cœur, les mœurs et la santé des enfants. Il n'aura point de familiarité avec eux ; il s'abstiendra de les tutoyer et ne leur donnera jamais de noms injurieux. Il ne se laissera point aller à la colère, et il saura toujours allier le calme et la douceur à la fermeté et à la sévérité.

TITRE II.

DES CONDITIONS D'ADMISSION.

Art. 6. — Pour être admis dans une école, les enfants doivent être âgés de six ans au moins et de treize ans au plus.

Néanmoins, des enfants âgés de moins de six ans et de plus de treize ans pourront être reçus avec autorisation des autorités locales. Avis de ces autorisations serait donné au recteur.

Art. 7. — Avant d'admettre un enfant, l'instituteur s'assure qu'il a été vacciné ou qu'il a eu la petite vérole, et qu'il n'est point atteint de maladies ou d'infirmités de nature à nuire à la santé des autres élèves.

TITRE III.

DU LOCAL ET DU MOBILIER.

ART. 8 — L'instituteur tiendra son école dans un état constant de propreté et de salubrité. Elle sera arrosée et balayée tous les jours; l'air y sera fréquemment renouvelé. Même en hiver, les fenêtres resteront ouvertes dans l'intervalle des classes.

ART. 9. — Les tables, en plan légèrement incliné, devront être larges d'environ quarante centimètres et ne contenir qu'un rang d'élèves, en sorte qu'ils se trouvent tous en face du maître. Les bancs seront attachés aux tables.

ART. 10. — Il y aura dans l'école au moins un tableau noir, destiné à des exercices d'écriture, d'orthographe, de calcul et de dessin linéaire.

ART. 11. — Sur une partie du mur appropriée à cet effet, ou sur des tableaux mobiles appendus aux murs, seront tracées des maximes religieuses et morales, les mesures usuelles du système métrique, la table de multiplication, les cartes géographiques de la France et du département.

ART. 12. — Tous les objets devant servir pour les leçons du jour seront disposés en ordre par les soins du maître avant l'ouverture de chaque classe.

TITRE IV.

DE L'ENSEIGNEMENT.

ART. 13. — L'enseignement dans les écoles primaires publiques comprend nécessairement :

L'instruction morale et religieuse,

La lecture,

L'écriture,

Les éléments de la langue française,

Le calcul et le système légal des poids et mesures.

Art. 14. — Lorsque l'instituteur en aura reçu l'autorisation du Conseil académique, l'enseignement pourra porter en outre, en tout ou en partie, sur les matières suivantes :

L'arithmétique appliquée aux opérations pratiques ;

Les éléments d'histoire et de géographie ;

Des notions des sciences physiques et de l'histoire naturelle applicables aux usages de la vie ;

Des instructions élémentaires sur l'agriculture, l'industrie et l'hygiène ;

L'arpentage, le nivellement, le dessin linéaire ;

Le chant et la gymnastique.

Art. 15. — Les classes dureront au moins trois heures le matin et trois heures le soir. Celle du matin commencera à huit heures, et celle de l'après-midi à une heure.

Suivant le besoin des localités, les heures d'entrée et de sortie pourront être modifiées avec l'approbation du recteur de l'Académie.

Art. 16. — Les élèves de chaque école seront partagés en trois divisions au moins, selon leur degré d'instruction, et, autant que possible, selon leur âge.

Art. 17. — Dans la première division, l'enseignement comprendra la récitation des prières et du catéchisme du diocèse, la lecture courante, l'écriture et les premières notions du calcul.

Dans la deuxième division, il aura pour objet la récitation du catéchisme et l'histoire abrégée de l'Ancien Testament, la lecture courante, l'écriture, le calcul et les éléments de la langue française (théorie et pratique).

Dans la troisième division, il embrassera les matières de la division précédente avec plus de développements, l'histoire abrégée du Nouveau Testament, les manuscrits ou cahiers autographiés et le système métrique.

Art. 18. — Les élèves qui recevraient, en tout ou en partie, l'enseignement des matières énoncées dans la section de l'article 23 de la loi organique, formeraient une division séparée.

Art. 19. — Les élèves d'une même division devront se servir de livres semblables.

Il ne sera fait usage que des livres dont l'introduction aura été autorisée par le conseil supérieur de l'instruction publique.

Religion.

Art. 20. — Un christ sera placé dans la classe, en vue des élèves.

Art. 21. — Les classes seront toujours précédées et suivies d'une prière : celle du matin commencera par la prière du matin, contenue dans le catéchisme du diocèse, et celle de l'après-midi se terminera par la prière du soir du même catéchisme.

A la fin de la classe du matin, on récitera la prière : « Sainte Mère de Dieu, nous nous mettons sous votre protection ; » au commencement de la classe du soir, on dira la prière : « Venez, Esprit Saint. »

Art. 22. — L'instituteur conduira les enfants aux offices, les dimanches et fêtes conservées, à la place qui leur aura été assignée par le curé ; il est tenu de les y surveiller.

Art. 23. — Toutes les fois que la présence des élèves sera nécessaire à l'église pour les catéchismes, et principalement à l'époque de la première communion, l'instituteur devra les y conduire ou les y faire conduire.

Art. 24. — L'instituteur veillera particulièrement à la bonne tenue des élèves pendant les prières et exercices de religion, et il les portera au recueillement par son exemple.

Art. 25. — On ne se servira, pour l'enseignement religieux, que de livres approuvés par l'autorité ecclésiastique.

Art. 26. — L'enseignement religieux comprend la lecture du catéchisme et les éléments d'histoire sainte. On y joindra chaque jour une partie de l'évangile du dimanche, qui sera récité en entier le samedi. Il y aura une leçon de catéchisme chaque jour, même pour les enfants qui ont fait leur première communion.

Les leçons d'instruction religieuse seront réglées sur les indications du curé de la paroisse.

Lecture.

Art. 27. — L'instituteur tiendra à ce que la lecture des élèves soit correcte ; il les habituera à se rendre compte de ce qu'ils liront, en leur expliquant le sens des mots.

La lecture du latin est spécialement recommandée; on se servira, pour cette lecture, du Psautier ou d'autres livres en usage pour les offices publics du diocèse.

Pour la lecture des manuscrits, on emploiera de préférence des cahiers autographiés contenant des quittances, baux, marchés, devis, mémoires d'ouvrages, ou des instructions élémentaires sur l'histoire naturelle, l'agriculture, l'industrie et l'hygiène.

Écriture.

Art. 28. — L'instituteur exercera les élèves à imiter les modèles d'écriture qu'il mettra sous leurs yeux ; il veillera à ce qu'ils se conforment exactement aux principes qu'il leur aura donnés sur la position du corps, sur la tenue de la plume, sur la formation et la proportion des lettres.

Il devra rester sur chaque page quelques traces de la leçon du maître ; on s'abstiendra surtout de copier des livres.

Les modèles d'écriture n'offriront que des choses utiles aux enfants, telles que dogmes et préceptes de religion, beaux traits de l'histoire sainte et de l'histoire de France.

Orthographe et Grammaire.

Art. 29. — Le français sera seul en usage dans l'école. Le maître s'efforcera, par des prescriptions, par de fréquentes explications, et surtout par son exemple, de former les élèves à l'usage habituel de cette langue. Il explique chaque leçon, et donne sur cette leçon des dictées graduées. Il ne passe à une nouvelle leçon qu'après s'être assuré que la dernière a été bien comprise.

L'orthographe usuelle est l'objet de soins particuliers. Les enfants y sont exercés dès qu'ils commencent à lire.

Calcul.

Art. 30. — L'enseignement du calcul sera dégagé de toute théorie trop abstraite. Le maître se bornera aux principes indispensables pour la pratique des opérations, et s'attachera à faire résoudre beaucoup de problèmes relatifs à des questions usuelles et au système décimal des poids et mesures.

TITRE V.

DE LA TENUE ET DE LA DISCIPLINE.

Art. 31. — L'instituteur tiendra un registre d'inscription et un registre de notes.

Le premier indiquera les nom et prénoms de chaque élève, le nom, la profession et le domicile du père, de la mère ou du tuteur ; la date de la naissance de l'enfant, l'époque de son entrée à l'école ; s'il y est en qualité de payant ou de gratuit ; la date de sa sortie de l'école ; le motif de cette sortie et le résumé des notes qu'il aura méritées pendant qu'il aura fréquenté l'école.

Sur le second, seront consignés chaque semaine le relevé des notes relatives à la conduite, à l'application de l'élève, ainsi que les places qu'il aura obtenues dans les compositions hebdomadaires. Il y sera fait mention des récompenses et des punitions qu'il aura reçues.

Art. 32. — Chaque jour, à l'ouverture de la classe, l'instituteur prend note des absences. Il a soin de les faire connaître aux parents ; celles qui ne sont pas justifiées sont punies.

Art. 33. — Après l'appel, le maître fait l'inspection de tenue et de propreté ; cette inspection s'étend aux livres et aux cahiers.

A moins d'une autorisation spéciale du maître, et dans le seul cas d'indisposition, les élèves restent tête nue pendant toute la durée de la classe.

Art. 34. — La surveillance ne se borne pas à l'intérieur de la classe, l'instituteur est tenu de l'exercer pendant les récréations et les sorties particulières. Il ne permet pas que plusieurs élèves sortent à la fois.

Art. 35. — Il s'étudie à donner aux élèves un extérieur décent et honnête, et à leur faire contracter des habitudes de politesse ; il leur recommandera de saluer les personnes respectables par leur âge et leur rang dans la société, il leur interdira sévèrement toute querelle et toute parole inconvenante.

Art. 36. — Dans les écoles qui reçoivent des enfants des deux sexes, les garçons et les filles ne pourront jamais être réunis pour les mêmes exercices. Ils seront séparés par une cloison d'un mètre cinquante centimètres au moins de hauteur, disposée de manière que l'instituteur ait vue des deux côtés de la salle. L'entrée et la sortie auront lieu à des heures distinctes. L'intervalle sera d'un quart d'heure au moins.

ART. 37. — Les principales récompenses sont :

1° Les bons points,
2° Les billets de satisfaction,
3° L'inscription au tableau d'honneur,
4° Les places au banc d'honneur,
5° Les médailles,
6° Les prix.

ART. 38. — Les seules punitions dont l'instituteur puisse faire usage, sont :

1° Les mauvais points,
2° La réprimande,
3° La privation partielle ou totale des récréations,
4° L'exclusion provisoire de l'école,
5° Le renvoi définitif.

Cette dernière peine sera, s'il y a lieu, prononcée par le recteur, après avis des autorités locales préposées à la surveillance de l'école.

TITRE VI.

DISPOSITIONS GÉNÉRALES.

ART. 39. — Les écoles devront être fermées les dimanches, les jours de fêtes conservées et les jeudis après midi.

ART. 40. — Les jours de congé extraordinaires sont :

Le premier jour de l'an,
Les trois derniers jours de la semaine sainte,
Les jours de fêtes nationales.

ART. 41. — L'ouverture des classes est obligatoire pendant toute l'année, le temps des vacances excepté. La durée des vacances est déterminée par le recteur, en Conseil académique.

ART. 42. — Il sera tenu compte à l'instituteur de ses efforts pour conserver les enfants à l'école pendant la saison d'été.

Art. 43. — L'instituteur ne pourra ni intervertir les jours de classe, ni s'absenter, même pour un jour, sans y avoir été autorisé par l'inspecteur d'arrondissement, et sans en avoir informé les autorités locales.

Dans les circonstances graves et imprévues, il lui suffira d'obtenir l'autorisation du maire et du curé.

Si l'absence doit durer plus de huit jours, l'autorisation du recteur est nécessaire.

Art. 44. — Toutes les dispositions qui précèdent sont applicables aux écoles de filles.

Art. 45. — Les dispositions relatives à l'enseignement et aux exercices religieux ne sont applicables qu'aux enfants qui appartiennent au culte catholique.

Art. 46. — Les autorités préposées à la surveillance de l'instruction primaire sont chargées de l'exécution du présent règlement.

Décret concernant le mode d'autorisation des congrégations religieuses de femmes.

31 *janvier* 1852.

Louis-Napoléon, etc.,

Vu les décrets des 18 février 1809 et 26 décembre 1810 ;

Vu la loi du 2 janvier 1817 ;

Vu la loi du 24 mai 1825 ;

Considérant qu'il importe, dans l'intérêt du peuple, de faciliter aux congrégations religieuses de femmes qui se consacrent à l'éducation de la jeunesse et au soulagement des malades pauvres, les moyens d'obtenir leur reconnaissance légale ;

Considérant d'ailleurs qu'il est équitable d'appliquer à toutes les communautés religieuses de femmes qui se trouvent dans des conditions analogues les règles précédemment adoptées pour plusieurs établissements de même nature ;

Décrète :

ART. 1. — Les congrégations et communautés religieuses de femmes pourront être autorisées par un décret du Président de la République :

1° Lorsqu'elles déclareront adopter, quelle que soit l'époque de leur fondation, des statuts déjà vérifiés et enregistrés au conseil d'État, et approuvés pour d'autres communautés religieuses ;

2° Lorsqu'il sera attesté par l'évêque diocésain, que les congrégations qui présenteront des statuts nouveaux au conseil d'État existaient antérieurement au 1er janvier 1825 ;

3° Lorsqu'il y aura nécessité de réunir plusieurs communautés qui ne pourraient plus subsister séparément ;

4° Lorsqu'une association religieuse de femmes, après avoir d'abord été reconnue comme communauté régie par une supérieure locale, justifiera qu'elle était réellement dirigée, à l'époque de son autorisation, par une supérieure générale et qu'elle avait formé, à cette époque, des établissements sous sa dépendance.

ART. 2. — Les modifications des statuts vérifiés et enregistrés au conseil d'État pourront être également approuvées par un décret.

ART. 3. — Dans les cas prévus par les articles précédents, l'autorisation ne sera accordée aux congrégations religieuses de femmes qu'après que le consentement de l'évêque diocésain aura été représenté et que les formalités prescrites par les articles 2 et 3 de la loi du 24 mai 1825 auront été remplies.

ART. 4. — Le Ministre de l'instruction publique et des

cultes est chargé de l'exécution du présent décret qui sera inséré au *Bulletin des lois* (1).

Arrêté relatif à la nouvelle dénomination de l'École Normale des salles d'asile.

3 *février* 1852.

Le Ministre au département de l'instruction publique et des cultes,

Vu l'arrêté en date du 28 avril 1848, qui a organisé sur de

---

(1) Voici la liste des congrégations autorisées de 1850 à 1860 :

1850 — Dames de la Sainte-Union, à Sin (13 avril).
— Dames de la Retraite, à Vannes (26 décembre).
1851 — Dames de l'ordre de Saint-Dominique, à Langeac (2 février).
1852 — Sœurs de Marie-Joseph, à Dorat (28 janvier).
— Sœurs de la Providence, à la Pommeraye (25 mars).
— Sœurs de l'Instruction chrétienne, à Saint-Jean-de-Bassel (25 mars).
— Sœurs de la Charité du Sacré-Cœur de Jésus et de Marie, à La Salle-de-Vihiers (2 avril).
— Sœurs de Sainte-Marie, à Torfou (4 mai).
— Sœurs de Notre-Dame-de-Bon-Secours, à Troyes (14 août).
— Sœurs de Notre-Dame de Charité du Bon-Pasteur (13 septembre).
— Sœurs de l'Immaculée-Conception, à Castres (13 septembre).
— Sœurs des Écoles chrétiennes, dites de la Sainte-Enfance, à Versailles (13 septembre).
— Sœurs de la Providence, à Alençon (22 septembre).
— Sœurs de Saint-Joseph, à Beaupréau (20 octobre).
— Sœurs du tiers-ordre de Notre-Dame du Mont-Carmel, à Avranches (23 octobre).
— Sœurs de la Miséricorde, à Caen (8 novembre).
— Sœurs de l'Immaculée-Conception, à Saint-Meen (8 novembre).
— Sœurs de la Charité de Sainte-Marie, à Angers (15 novembre et 14 décembre).

nouvelles bases la maison d'étude provisoire pour la direction des salles d'asile, et lui a donné le titre d'École Normale ;

Vu les propositions de la commission de surveillance dudit établissement ;

1852 — Sœurs de Saint-Joseph, à Tuzaguet (30 novembre).
— Sœurs de l'Ange-Gardien, à Quillau (11 décembre).
— Sœurs de la Croix, à Lavaur (14 décembre).
— Religieuses dites Servantes de Marie, à Anglet (14 décembre).
— Filles du saint et immaculé Cœur de Marie, à Niort (23 décembre).
1853 — Sœurs de la Sainte-Famille, à Pézenas (3 janvier).
— Sœurs de la Présentation de Notre-Dame, à Castres (5 janvier).
— Sœurs de l'Adoration de la justice de Dieu, à Fougères.
— Sœurs de Notre-Dame, à Briouze (5 janvier).
— Sœurs du Cœur de Marie, à Vendôme (6 janvier).
— Filles de la Croix, à Mordrignac (6 janvier).
— Dames Augustines du Sacré-Cœur de Marie, à Angers (10 janvier).
— Sœurs du Cœur immaculé de Marie, à Saint-Loup (1er février).
— Sœurs de la Doctrine chrétienne, à Digne (9 mars).
— Sœurs de la Sainte-Enfance de Jésus et de Marie, à Sainte-Colombe-lès-Sens (28 avril).
— Sœurs de l'Enfance de Jésus et de Marie, dites sœurs de la Miséricorde du Bon-Pasteur, à Draguignan (29 avril).
— Sœurs de Notre-Dame-de-la-Charité, à Lisieux (28 juin).
— Sœurs de Sainte-Marie, à Paris (7 juillet).
— Sœurs de Notre-Dame-de-la-Charité, à Douvres-la-Délivrande (7 juillet).
— Sœurs du Sacré-Cœur de Jésus et de Marie, à Peaugros (1er août).
— Sœurs de la Visitation de Sainte-Marie, à Autun (3 août).
— Sœurs Ursulines, à Corbigny (3 août).
— Sœurs de Saint-Joseph, à St-Flour (3 août).
— Dames Célestines, à Provins (17 août).
— Sœurs des fidèles Compagnes de Jésus, à Paris (8 octobre).
— Sœurs de Saint-Joseph, à Bordeaux (23 octobre).
— Sœurs Ursulines de la Sainte-Enfance de Jésus, à Saint-Calais (24 octobre).
— Sœurs de Notre-Dame-de-la-Providence, à Upie (24 octobre).
— Sœurs Ursulines, à Château-Gonthier (24 octobre).
— Filles de Jésus, à Vaglats (10 novembre).
— Dames anglaises, dites de la Conception, à Paris (23 novembre).
— Sœurs Augustines de l'Intérieur de Marie, à Montrouge (29 novembre).

Arrête :

L'École Normale des salles d'asile prendra, à l'avenir, le titre de cours pratique des salles d'asile.

Décret relatif à l'organisation de l'enseignement public.

9 *mars* 1852.

Au nom du peuple français.
Le Président de la République,
Considérant que, en attendant qu'il soit pourvu par une

1853 — Religieuses Augustines, à Mozac (29 novembre).
— Sœurs du Très-Saint-Cœur de Marie, à Gap (29 novembre).
— Sœurs de la Visitation de Sainte-Marie, à Toulouse (29 novembre).
— Sœurs de Saint-Joseph, à Gap (29 novembre).
— Sœurs de Saint-Joseph, à Saint-Gervais-sur-Marc (29 novembre).
— Religieuses Bénédictines de l'Adoration perpétuelle du Saint-Sacrement, à Laval-Roquecozière (29 novembre).
— Sœurs de la Visitation, à Nevers (29 novembre).
— Sœurs de Saint-François d'Assises, à Lyon (8 décembre).
— Pauvres sœurs de Saint-François d'Assises, à Avignon (8 décembre).
— Sœurs de Notre-Dame-du-Calvaire, à Gramat (8 décembre).
— Sœurs de la Divine Providence, à Reims (8 décembre).
— Filles de la Croix, à Tréguier (8 décembre).
— Sœurs hospitalières de la Croix, au Puy (8 décembre).
— Sœurs du Sacré-Cœur de Jésus, à Saint-Pierreville (11 décembre).
— Sœurs du Sacré-Cœur de Jésus, à Saint-Pierre (14 décembre).
1854 — Sœurs de la Providence, à Arras (10 janvier).
— Sœurs de Notre-Dame, au Puy (26 janvier).
— Sœurs de la Visitation, au Puy (1er février).
— Sœurs de la Visitation de Sainte-Marie, à Montélimart (1er février).
— Sœurs de la Visitation de Sainte-Marie, à Tarascon (1er février).
— Sœurs de Notre-Dame de Castelnaudary (15 mars).

loi à la réorganisation de l'enseignement public, il importe d'appliquer, dès aujourd'hui, des principes propres à rétablir l'ordre et la hiérarchie dans le corps municipal ;

Décrète :

CHAPITRE I.

DE L'AUTORITÉ SUPÉRIEURE DE L'ENSEIGNEMENT PUBLIC.

Art. 1. — Le président de la République, sur la proposition du Ministre de l'instruction publique, nomme et révoque les membres du conseil supérieur, les inspecteurs généraux, les recteurs, les professeurs des facultés, du Collége de France, du Muséum d'histoire naturelle, de l'École des langues orien-

---

1854 — Sœurs de Saint-Joseph, dites de l'Union, à Sainte-Colombe (15 mars).
— Sœurs de Notre-Dame-du-Refuge, à Narbonne (15 mars).
— Religieuses Franciscaines, à Calais (10 avril).
— Sœurs de Saint-Régis, à Aubenas (19 avril).
— Sœurs de Sainte-Anne, dites de la Providence, à Saumur (19 avril).
— Sœurs Ursulines, à Orgelet (15 juin).
— Sœurs Ursulines, à Monistrol-sur-Loire (15 juin).
— Sœurs de Sainte-Philomène, à Salvert (18 juillet).
— Sœurs Augustines de Sainte-Marie-de-Lorette, à Paris (19 juillet).
— Filles de la Charité de Jésus et de Marie, à Cherbourg (29 juillet).
— Filles de Notre-Dame-des-Anges, à Lille (10 août).
— Sœurs de Saint-Joseph, dites de l'Aumône, à Villefranche-de-Panat (19 août).
— Filles du Divin Rédempteur, à Niederbronn (6 novembre).
— Filles de Notre-Dame, à Saint-Léonard (10 novembre).
— Religieuses de la Sainte-Trinité, à Plancoët (6 décembre).
— Sœurs de Saint-François, dites des Récollets, à Doué (13 décembre).
— Religieuses Trappistines de Notre-Dame-des-Gardes, aux Gardes (23 décembre).
— Sœurs de Saint-Joseph, à Saint-Étienne de Ludgarès (23 décembre).
1855 — Sœurs de la Miséricorde du Sacré-Cœur de Jésus (17 janvier).
— Sœurs de Saint-Joseph, à Cheylar (23 mai).

tales vivantes, les membres du Bureau des longitudes et de l'Observatoire de Paris et de Marseille, les administrateurs et conservateurs des bibliothèques publiques.

Art. 2. — Quand il s'agit de pourvoir à la nomination d'un professeur titulaire dans une faculté, le Ministre propose au président de la République un candidat choisi soit parmi les docteurs âgés de trente ans au moins, soit sur une double liste de présentation, qui est nécessairement demandée à la faculté où la vacance se produit et au Conseil académique.

1855 — Sœurs de la Visitation, à Saint-Martin-Boulogne (2 juin).
— Sœurs de Saint-Joseph, à Vanosc (26 juin).
— Sœurs de Saint-Martin, à Bourgueil (2 juillet).
— Sœurs de l'Instruction de l'Enfant Jésus, à Aurillac (25 juillet).
— Sœurs de la Sainte-Famille de Nazareth, à Auplan (25 juillet).
— Sœurs de la Charité, à Nîmes (31 juillet).
— Dames religieuses de Saint-Paul, à Angoulême (29 août).
— Sœurs de Saint-Aignan, à Orléans (3 octobre).
— Sœurs de Saint-Joseph de l'Apparition, à Marseille (17 octobre).
— Sœurs du Saint-Nom de Jésus, à Loriol (27 octobre).
— Dames Trinitaires, à Saint-Martin-en-Haut (19 novembre).
— Sœurs Bénédictines de l'adoration perpétuelle du Saint-Sacrement, à Saint-Omer (15 décembre).
1856 — Petites Sœurs des pauvres, à Rennes (9 janvier).
— Petites Servantes de Marie Immaculée, à Gaudechart (9 janvier).
— Sœurs de l'Immaculée-Conception, dites Dames de la Providence, à Niort (9 janvier).
— Sœurs de Notre-Dame, à Grizolles (9 janvier).
— Sœurs de la Visitation, à Saint-Flour (15 janvier).
— Sœurs du tiers-ordre des Filles de Sainte-Marie, à Auch (16 fév.).
— Dames de l'Assomption, à Paris (8 mars).
— Sœurs de Notre-Dame, à l'Isle-Jourdain (12 mars).
— Sœurs du tiers-ordre de Saint-Dominique, à Chaumont (12 mars).
— Religieuses hospitalières de l'Hôtel-Dieu, à Vire (16 juin).
— Sœurs du Saint-Nom de Saint-Joseph, à Maillac (25 juin).
— Sœurs de Notre-Dame-de-la-Charité-du-Refuge, à Besançon (27 juill.)
— Sœurs de Saint-Joseph, à Valgorge (4 août).
— Sœurs du Saint-Cœur de Marie, à Treignac (19 août).
— Dames du Sacré-Cœur de Marie, à Béziers (19 août).
— Sœurs de la Sainte-Famille, à Amiens (10 septembre).
— Sœurs du Sacré-Cœur-de-Jésus, à Valence-d'Albigeois (18 septemb.)

Le même mode de nomination est suivi dans les facultés des lettres, des sciences, de droit, de médecine et dans les écoles supérieures de pharmacie.

En cas de vacance d'une chaire au Collége de France, au Muséum d'histoire naturelle, à l'École des langues orientales vivantes, ou d'une place au Bureau des Longitudes, à l'Observatoire de Paris et de Marseille, les professeurs ou membres de ces établissements présentent deux candidats; la classe correspondante de l'Institut en présente également deux. Le Ministre peut, en outre, proposer au choix du président de la République un candidat désigné par ses travaux.

ART. 3. — Le Ministre, par délégation du président de République, nomme et révoque les professeurs de l'École nationale des Chartes, les inspecteurs d'Académie, les membres des Conseils académiques qui procédaient précédemment de l'élection, les fonctionnaires et professeurs des écoles préparatoires de médecine et de pharmacie, les fonctionnaires et professeurs de l'enseignement secondaire public, les inspecteurs primaires, les employés des bibliothèques publiques et généralement toutes les personnes attachées à des établissements d'instruction publique appartenant a l'État.

Il prononce directement et sans recours contre les membres de l'enseignement secondaire public :

1856 — Sœurs de la Sainte-Famille, à Lyon (11 novembre).
— Sœurs de Saint-Joseph, à Bougé-Chambalud (14 novembre).
— Sœurs Ursulines, à Roye (14 novembre).
— Sœurs de l'Adoration perpétuelle du Sacré-Cœur de Jésus, à Lyon (3 décembre).
— Sœurs Ursulines, à Voiteur (16 décembre).
1857 — Sœurs de Notre-Dame-de-la-Compassion, à Marseille (22 janvier).
— Sœurs de Notre-Dame-de-Chartres, à Chartres (23 mars).
— Sœurs aveugles de Saint-Paul, à Bourg-la-Reine (24 août).
— Sœurs Ursulines de la Présentation, à Aups (9 novembre).
1859 — Sœurs des Sacrés-Cœurs de Jésus et de Marie, à Moroiron (13 novembre).
1864 — Sœurs de Saint-Joseph de la Présentation, à Verdun (3 février).
— Sœurs de l'Enfant Jésus, à Neufchâtel (19 novembre).
1865 — Sœurs de l'instruction de l'Enfant Jésus, à Chauffailles (25 janvier).

La réprimande devant le Conseil académique ;

La censure devant le conseil supérieur ;

La mutation ;

La suspension des fonctions avec ou sans privation totale ou partielle de traitement ;

La révocation.

Il peut prononcer les mêmes peines contre les membres de l'enseignement supérieur, à l'exception de la révocation, qui est prononcée, sur sa proposition, par un décret du président de la République.

Art. 4. — Les recteurs, par délégation du Ministre, nomment les instituteurs communaux, les conseils municipaux entendus, d'après le mode prescrit par les deux premiers paragraphes de l'article 31 de la loi du 15 mars 1850 (1).

CHAPITRE II.

DU CONSEIL SUPÉRIEUR DE L'INSTRUCTION PUBLIQUE.

Le conseil supérieur se compose :

De trois membres du Sénat;

De trois membres du conseil d'État;

---

(1) INTERPRÉTATION DE L'ARTICLE 4 DU DÉCRET DU 9 MARS 1852.

3 *avril* 1852.

Monsieur le recteur, j'ai été consulté sur le sens dans lequel doit être interprété l'article 4 du décret du 9 mars, qui attribue aux recteurs, par délégation du Ministre, la nomination des instituteurs communaux, « les conseils municipaux entendus. »

La pensée de ce décret est que le conseil municipal soit mis par le recteur en demeure de déclarer s'il désire que la direction de son école soit confiée à un instituteur laïque ou à un membre d'une association religieuse. Le recteur choisira ensuite, selon le vœu exprimé par le conseil municipal, l'instituteur qu'il nommera, soit sur la liste d'admissibilité, soit parmi les présentations faites par les supérieurs des associations religieuses vouées à l'enseignement et reconnues comme établissements d'utilité publique.

De cinq archevêques ou évêques;
De trois ministres des cultes non catholiques;
De trois membres de la cour de cassation;
De cinq membres de l'Institut;
De huit inspecteurs généraux;
De deux membres de l'enseignement libre.

Les membres du conseil supérieur sont nommés pour un an.

Le Ministre préside le conseil et détermine l'ouverture des sessions, qui auront lieu au moins deux fois par an.

Il m'a été demandé, en outre, si l'institution mentionnée dans l'article 31 de la loi du 15 mars 1850 est encore nécessaire, même pour ceux des instituteurs nommés avant la promulgation du décret, et à l'égard desquels cette formalité n'aurait pas encore été remplie. Je ne puis que répondre négativement à cette question. Le droit d'institution accordé au Ministre était une garantie donnée à l'État contre de mauvais choix qui auraient pu être arrachés ou imposés à des conseils municipaux peu éclairés. Cette garantie repose aujourd'hui tout entière dans le droit de nomination qui vous est conféré. Vous pourrez toutefois, comme par le passé, ne délivrer aux instituteurs que des autorisations provisoires, et suspendre pendant six mois leur nomination définitive.

Les instituteurs communaux n'auront droit au traitement supplémentaire alloué par l'État qu'à partir du jour de leur nomination définitive.

31 *octobre* 1854.

La loi vous transporte, Monsieur le préfet, dans leur intégralité les attributions des anciens recteurs en ce qui concerne la nomination des instituteurs communaux. Rien n'est changé dans ce qui se rapporte au choix de ces fonctionnaires, si ce n'est l'autorité qui en décide sur la proposition de l'inspecteur d'Académie. La nomination des maîtres continue donc à être réglée par l'article 4 du décret du 9 mars 1852, combiné avec l'article 31 de la loi de 1850.

Il faut, comme par le passé, que les candidats se fassent inscrire sur la liste d'admissibilité dressée par le conseil départemental. Cette formalité assure à la société des garanties trop réelles pour que vous ne veilliez pas avec un soin scrupuleux à ce qu'elle soit toujours observée.

J'ai été consulté sur le sens de ces mots insérés dans l'article 4 du décret du 9 mars 1852 : « les conseils municipaux entendus. » Je ne puis que répéter ici ce que je disais aux recteurs des anciennes Académies départementales, dans la circulaire du 3 avril 1852 : la pensée du décret est que le conseil municipal soit mis en demeure de déclarer s'il désire que la direction de son

CHAPITRE III.

DES INSPECTEURS GÉNÉRAUX DE L'INSTRUCTION PUBLIQUE.

ART. 5. — Huit inspecteurs généraux de l'enseignement supérieur :

Trois pour les lettres,
Trois pour les sciences,
Un pour le droit,
Un pour la médecine,

école soit confiée à un instituteur laïque ou à un membre d'une congrégation religieuse. Le préfet nomme ensuite, sur la proposition de l'inspecteur d'Académie, un candidat choisi, selon le vœu exprimé par le conseil municipal, soit sur la liste d'admissibilité que dresse le conseil départemental, soit parmi les présentations faites par les supérieurs des associations religieuses vouées à l'enseignement et reconnues comme établissements d'utilité publique. Je n'ai pas besoin d'ajouter qu'aucune contrainte ne doit être exercée pour déterminer l'option des conseils municipaux. Ces conseils sont les représentants légaux des intérêts et les interprètes légitimes des vœux des communes. Le gouvernement, qui cherche partout le bien, qui fait, dans ce but, appel au dévouement des laïques comme à celui des membres des communautés religieuses, ne doit pas se prononcer d'avance pour l'un ou l'autre mode d'enseignement. Il donne à tous ses secours et ses encouragements; mais il respecte trop les habitudes des populations pour souffrir qu'on s'efforce de violenter les délibérations des conseils municipaux. La concurrence, qui a produit jusqu'à ce jour de si heureux résultats, réclame une entière liberté. Vous en garantirez le sincère exercice.

12 *juillet* 1862.

Monsieur le Préfet, l'art. 4 du décret-loi du 9 mars 1852, relatif à la nomination des instituteurs communaux, ne peut plus être aujourd'hui l'objet d'interprétations contradictoires. Une pétition portée devant le Sénat avait prétendu qu'il était arbitraire d'attribuer aux conseils municipaux un rôle purement consultatif sur le point de savoir si l'instituteur à nommer dans une commune serait choisi parmi les maîtres laïques ou parmi les membres des communautés religieuses enseignantes. Le gouvernement, s'appuyant sur le texte précis, positif, énergique de l'article précité, et sur les considérations décisives qui l'avaient motivé, soutenait que le décret de 1852 avait dérogé de la manière

sont chargés, sous l'autorité du Ministre, de l'inspection des facultés, des écoles supérieures de pharmacie, des écoles préparatoires de médecine et de pharmacie, et des établissements scientifiques et littéraires ressortissant au Ministère de l'instruction publique.

Ils peuvent être chargés de missions extraordinaires dans les lycées nationaux et dans les établissements d'instruction secondaire libres.

Six inspecteurs généraux de l'enseignement secondaire,

---

la plus formelle à l'art. 31 de la loi du 15 mars 1850, et il se défendait ainsi d'avoir commis un acte inconstitutionnel, en confirmant l'arrêté d'un préfet qui choisissait un instituteur public dans une catégorie autre que celle indiquée par l'avis du conseil municipal. Le Sénat, gardien de la Constitution et des lois, après une discussion approfondie, a écarté les conclusions de la pétition par le vote de la question préalable. Il résulte virtuellement de cette décision solennelle que l'acte approuvé par le Ministre de l'instruction publique, loin d'être arbitraire, illégal et inconstitutionnel, était conforme au texte et au sens du décret-loi du 9 mars 1852.

Il est donc de notre droit et de notre devoir de maintenir la loi actuelle telle qu'elle est. Sous l'empire de la loi de 1850, les conseils municipaux nommaient les instituteurs publics, et les choisissaient dans la catégorie qui leur convenait. L'exercice de cette prérogative était absolu et irresponsable. Il ne restait à l'État que la simple formule de l'institution des individus choisis et nommés.

Aujourd'hui, sous le régime du décret-loi du 9 mars 1852 et de la loi du 14 juin 1854, la nomination des instituteurs appartient exclusivement aux préfets. En outre, lorsqu'il s'agit de déterminer la catégorie laïque ou congréganiste dans laquelle il faut choisir l'instituteur, le droit des conseils municipaux est positivement limité à l'émission d'un vœu ou d'un avis. Ces conseils sont entendus par le préfet avant la nomination, et leur avis exprimé n'a plus la force d'une décision obligatoire.

Mais, si notre législation actuelle donne à l'État le pouvoir de prononcer définitivement sur le choix des instituteurs, il ne faut pas oublier qu'un pareil pouvoir est subordonné à certaines conditions et qu'il ne peut pas s'exercer d'une façon despotique et absolue.

Avec la loi de 1850, les conseils municipaux nommant les instituteurs, étaient souverains, et l'État n'avait pas même la faculté légale de conseil ou de représentation : avec le décret-loi du 9 mars 1852, les corps municipaux ont le droit d'exprimer un avis préalable et motivé. Ce droit ne saurait être une vaine formalité ; car le législateur lui a attaché une importance réelle. Il est évident

Trois pour les lettres,

Trois pour les sciences,

sont chargés, sous l'autorité du Ministre, de l'inspection des lycées nationaux, des colléges communaux les plus importants et des établissements d'instruction secondaire libres.

Deux inspecteurs généraux de l'enseignement primaire sont chargés des mêmes attributions en ce qui concerne l'instruction de ce degré.

Le Ministre peut appeler au conseil supérieur, pour des questions spéciales, avec voix consultative, des inspecteurs généraux qui n'auraient pas été désignés pour en faire partie.

---

que le vœu des municipalités lie moralement l'administration supérieure, en ce sens que, si les préfets le rejetaient uniquement pour faire acte de puissance personnelle et de volonté prédominante, et sans s'appuyer sur des motifs vrais et sérieux, ils tomberaient dans une application arbitraire de la loi, dont l'esprit serait violé. Il importe donc, Monsieur le préfet, que, dans les cas où vous ne croirez pas pouvoir choisir l'instituteur dans la catégorie indiquée par le conseil municipal, vous prépariez un avis motivé, après avoir soigneusement constaté les faits qui serviront de base à votre opinion, et après avoir reçu le rapport de l'inspecteur d'Académie. Vous voudrez bien me transmettre le dossier ainsi complété ; je vous le renverrai en vous exprimant la solution qui me paraîtra juste et utile, et vous statuerez définitivement par un arrêté conforme.

En procédant ainsi, nous appliquerons sincèrement la loi. Tout en conservant intacts les droits de l'État, nous reconnaîtrons au vœu des conseils municipaux la valeur morale que la loi lui accorde, nous rendrons impuissante toute accusation de partialité ou d'arbitraire, et nous ferons tout ce qui est équitable et bien.

Le décret-loi de 1852 est sorti d'une pensée sage et nationale. La liberté de l'enseignement pour les citoyens ne va pas jusqu'à forcer l'État à livrer entièrement les écoles publiques qu'il crée, qu'il entretient et qu'il surveille, à telle ou telle catégorie d'instituteurs.

L'équilibre entre l'élément laïque et l'élément congréganiste ne pourrait être rompu dans ces écoles sans un grave dommage, et la faculté illimitée de fondation des écoles libres suffit, ce me semble, à la satisfaction de toutes les tendances individuelles. Avant la loi de 1852, les conseils municipaux disposaient, presque en dehors du contrôle de l'État, du choix des instituteurs communaux ; aujourd'hui, c'est l'État qui en dispose, mais en tenant loyale-

CHAPITRE IV.

DISPOSITIONS PARTICULIÈRES.

Art. 6. — Un nouveau plan d'études sera discuté par le conseil supérieur dans sa prochaine session.

Art. 7. — En cas d'urgence, les recteurs peuvent, par

---

ment compte du vœu des municipalités. Il n'est pas difficile de dire quel est, de ces deux systèmes, le plus judicieux et le plus conforme aux intérêts généraux du pays. Le gouvernement, qui croyait être bon juge de ces intérêts, n'a pas hésité, après deux années d'expérience, à modifier ce qu'il y avait d'excessif dans l'art. 31 de la loi du 15 mars 1850. Fidèle aux motifs de prudence et d'utilité qui ont présidé à la rédaction du décret du 9 mars 1852, il désire loyalement pouvoir toujours suivre l'avis des conseils municipaux; il ne s'en écartera que devant les considérations les plus graves; mais il veut aussi défendre les écoles publiques contre les envahissements et les abus, de quelque part qu'ils viennent. Il remplira ses devoirs avec autant de bonne foi que de fermeté.

Le Sénat, sur la pétition de M. le comte de Tournon, a eu aussi à fixer le sens de la loi de 1850, sur le point de savoir s'il y a lieu de consulter les conseils municipaux, lorsqu'il s'agit uniquement des mutations et déplacements exigés par les besoins du service ou par des convenances de discipline intérieure. La haute assemblée, procédant encore par la voie de la question préalable et après une discussion approfondie, a maintenu énergiquement l'interprétation suivie jusqu'à ce jour, c'est-à-dire qu'elle a décidé qu'il n'y a véritablement vacance d'emploi, et nécessité de consulter les conseils municipaux, que dans le cas de décès, de démission ou de révocation d'instituteurs. Ainsi, Monsieur le préfet, vous devez pourvoir d'office et directement aux changements et mutations de service et de discipline intérieure. Les supérieurs des associations religieuses et enseignantes jouissent du même droit en ce qui concerne les instituteurs appartenant à leur ordre; mais je ne saurais trop vous rappeler que si, dans les cas signalés plus haut, ces supérieurs peuvent agir sans qu'il y ait lieu de consulter les conseils municipaux, ils ne peuvent jamais remplacer un instituteur libre par un de leurs frères, sans accomplir les formalités de l'art. 27 de la loi de 1850, et qu'ils doivent aussi, lorsqu'ils changent les maîtres dans les écoles communales, s'assurer de la nomination préfectorale. A cette occasion, je vous prie de vous reporter à ma circulaire du 13 mai 1861, dont il est essentiel de maintenir la stricte et complète exécution.

mesure administrative, suspendre un professeur de l'enseignement public secondaire ou supérieur, à la charge d'en rendre compte immédiatement au Ministre, qui maintient ou lève la suspension.

ART. 8. — Les professeurs, les gens de lettres, les savants et les artistes dépendant du Ministère de l'instruction publique, ne peuvent cumuler que deux fonctions rétribuées sur les fonds du Trésor public.

Le montant des traitements cumulés, tant fixes qu'éventuels, pourra s'élever à 20,000 francs.

ART. 9. — A l'avenir, la liquidation des pensions de retraite des fonctionnaires de l'instruction publique n'aura lieu qu'après avis de la section des finances du conseil d'État.

---

28 *octobre* 1871.

Monsieur le préfet, plusieurs de vos collègues m'ont consulté sur quelques difficultés qu'a soulevées l'interprétation de l'article 4 du décret du 9 mars 1852 et de l'article 8 de la loi du 14 juin 1854, dans les cas où les conseils municipaux ont émis leur avis sur l'option à faire entre les instituteurs laïques et les instituteurs congréganistes.

L'Assemblée nationale est saisie de plusieurs propositions relatives aux conseils d'instruction publique et à la nomination des instituteurs. Je prépare moi-même sur ces parties essentielles de notre législation un projet de loi que je suis dans l'intention de soumettre à l'Assemblée.

En présence de ces projets divers, j'aurais désiré qu'on pût attendre la décision de l'autorité souveraine sur les difficultés qui m'étaient soumises. Mais tout retard aggraverait une situation déjà difficile. Sur cette importante question de l'option entre laïques et congréganistes, l'administration de l'empire n'a laissé aucune jurisprudence fixe.

Je crois donc devoir demander aux lois existantes, en attendant la solution législative, une jurisprudence qui puisse donner aux conseils municipaux toute facilité pour exprimer leur avis, en même temps qu'elle assure aux intérêts de l'enseignement, directement en cause, la protection efficace du conseil départemental.

Aux termes de l'article 4 du décret-loi du 9 mars 1852 et de l'article 8 de la loi du 14 juin 1854, le préfet nomme les instituteurs communaux, les conseils municipaux entendus.

La circulaire ministérielle du 3 avril 1852 a fait connaître que par ces mots : « les conseils municipaux entendus, » le législateur a voulu dire que le conseil

Art. 10. — Sont maintenues les dispositions de la loi du 15 mars 1850, qui ne sont pas contraires au présent décret.

Art. 11. — Le Ministre de l'instruction publique et des cultes est chargé de l'exécution du présent décret, qui sera inséré au *Bulletin des lois.*

Décision relative à la nomination des membres des commissions d'examen.

30 *mars* 1852.

Le Conseil supérieur,

Consulté par M. le Ministre de l'instruction publique à l'oc-

---

municipal devait être mis en demeure de déclarer s'il désirait que la direction de son école fût confiée à un instituteur laïque ou à un instituteur congréganiste. Plus tard, à la date du 2 mars 1853, une nouvelle circulaire dispose que les recteurs peuvent déplacer les instituteurs ou opérer entre eux des mutations, sans être tenus de prendre l'avis des conseils municipaux. Dès lors, les assemblées communales n'étaient plus appelées à exprimer leur avis sur l'option entre laïques et congréganistes que dans le cas de démission, révocation ou décès.

Telle a été, en effet, la jurisprudence suivie jusque dans les dernières années du régime déchu, et confirmée par un avis du Sénat (séance du 8 mai 1862), avis qui devint l'occasion et le fondement des dispositions de la circulaire ministérielle du 12 juillet de la même année.

Cette modification, qui ramenait aux plus étroites limites la faculté d'option des conseils municipaux, provoqua des réclamations. On fit remarquer qu'en restreignant aux seuls cas de vacances d'emplois l'avis à émettre sur l'option, on permettait aux préfets, aussi bien qu'aux supérieurs des congrégations, de perpétuer dans une école communale une catégorie d'instituteurs, contrairement à la volonté des populations.

L'administration de l'instruction publique jugea, sans doute, que l'observation était fondée et l'inconvénient grave, puisqu'elle admit dans les dernières

casion d'un fait qui s'est passé le 7 août 1850 dans le département de la Creuse, sur la manière de pourvoir, dans le cas d'absence, au remplacement de plusieurs des membres de la commission d'examen ;

Considérant qu'il importe que, dans aucun cas, cet examen ne puisse être remis par suite de l'absence de quelques-uns des examinateurs ;

Vu le paragraphe de l'article 46 de la loi du 15 mars 1850, qui dit que le Conseil académique nomme la commission d'examen ;

---

années de l'empire, que, pour certains cas, le conseil municipal pourrait formuler son avis, lors même qu'il n'y aurait pas vacance d'emploi. On exigea seulement une enquête spéciale destinée à établir que le vœu du conseil était bien le vœu de la population. Le Ministre se réservait la décision. C'était faire de cette décision la seule loi, en dépit de la volonté expresse du législateur, qui avait voulu décentraliser tout ce qui a rapport à la nomination des instituteurs publics.

Ces hésitations, ces changements brusques dans la jurisprudence, en matière si délicate, devaient produire de fâcheuses conséquences pendant la période troublée que nous venons de traverser. Il faut rendre cette justice aux municipalités issues du suffrage universel, qu'elles se sont montrées presque partout très-prudentes, très-réservées. Mais un certain nombre de commissions municipales ont voulu immédiatement trancher elles-mêmes, de leur propre autorité, cette difficile question de l'option entre laïques et congréganistes. On a vu se produire alors les regrettables effets de la confusion des pouvoirs que le gouvernement de l'empire avait créée. Des instituteurs ont été expulsés dans les vingt-quatre heures, sans que l'autorité universitaire eût été prévenue ; on n'a tenu compte ni des engagements pris, ni des intérêts scolaires, ni même des intérêts financiers des communes. Des décisions municipales ayant été mises à exécution contrairement à des dispositions testamentaires sanctionnées par l'État et obligatoires pour les villes, les intéressés n'ont eu de recours que devant la juridiction civile. Enfin, par un effet plus déplorable encore de ces mesures illégales, l'opinion des familles n'étant pas partout conforme aux volontés des municipalités, les élèves n'ont point fréquenté les nouvelles écoles brusquement substituées aux anciennes ; l'école publique a été désertée, au grand détriment de l'enseignement populaire.

Il est indispensable qu'une règle soit établie, qu'elle soit connue de tous, respectée de tous. Cette règle, jusqu'au jour où le législateur aura de nouveau parlé, ne peut se trouver que dans une interprétation libérale, mais exacte, de la loi telle qu'elle subsiste encore.

La loi actuelle confère aux préfets la nomination des instituteurs publics ;

Vu le paragraphe 2 du même article, qui porte que cette commission se compose de sept membres ;

Vu l'article 50 du règlement d'administration publique, en date du 29 juillet 1850, qui dispose que la commission ne peut délibérer régulièrement qu'autant que cinq au moins de ses membres seront présents ;

Vu les articles des anciens règlements qui permettaient de remplacer, dans des cas imprévus, les membres absents par des personnes capables ;

Est d'avis que les Conseils académiques devraient être autorisés à nommer, en même temps que les membres titulaires de la commission, un certain nombre de membres suppléants.

---

mais la loi veut aussi que le conseil municipal soit entendu sur le choix à faire entre les instituteurs laïques et les congréganistes ; il faut que cet avis du conseil municipal puisse être émis dans des conditions qui garantissent à la fois les intérêts des maîtres et ceux de l'école. La décision, dans tous les cas, appartient au préfet.

Telle est la législation ; il n'y a pas d'autre disposition textuelle dans la loi. J'ai dû me borner à la rappeler à ceux de MM. les préfets qui m'ont consulté, en ajoutant seulement qu'ils devaient, autant que possible, se conformer au vœu de la majorité des pères de famille.

Mais c'est là précisément qu'est la difficulté. Comment le préfet pourra-t-il juger avec certitude, si, oui ou non, le conseil municipal est d'accord avec la majorité de la population ; et, en outre, convient-il que le conseil municipal et le préfet interviennent seuls dans cette question essentiellement scolaire du choix de l'instituteur ?

Le rapport administratif présenté au préfet par l'inspecteur d'Académie, qui est son subordonné en ce qui touche l'enseignement primaire, ne paraît pas suffire pour protéger les intérêts scolaires. Quelle sera donc l'autorité qui les défendra efficacement ? Qui éclairera le préfet sur les inconvénients que sa décision pourrait entraîner ? Le Ministre est trop loin de la commune pour prononcer avec assurance sur des questions où il importe de connaître si exactement les sentiments particuliers de la population.

Il est donc désirable qu'une autre autorité vienne émettre aussi son avis, et que cette autorité soit placée sur les lieux, mais assez haut pour n'être point dominée par les passions locales.

Cette autorité, dont la compétence est d'ailleurs hors de doute, ce sera le conseil départemental de l'instruction publique. L'article 14 de la loi du 15 mars 1850 charge ce conseil de donner son avis sur les réformes à introduire dans l'administration des écoles. Nous ne ferons que nous conformer à

Avis relatif au cumul des fonctions d'instituteur communal et d'emploi de maître de pension.

30 *mars* 1852.

Le Conseil supérieur,

Consulté par M. le Ministre de l'instruction publique sur la demande de M........, instituteur communal à........,

---

l'esprit de la loi en lui conférant dès à présent le droit de donner son avis sur l'option entre l'école laïque et l'école congréganiste. Vous voudrez donc bien, à l'avenir, le consulter avant de prendre un parti définitif; c'est à lui qu'il appartiendra d'examiner si le vœu du conseil municipal est bien celui de la population elle-même, si l'intérêt des études permet de l'adopter, s'il est conforme aux prescriptions légales qui ont pu intervenir en ce qui concerne la constitution de l'école.

Telle est la marche que vous aurez à suivre dans ces affaires d'option entre laïques et congréganistes; c'est la loi même qui l'a tracée, et quelque défectueuse que soit cette loi, il y a plus d'intérêt pour tous à la suivre qu'à chercher dans des interprétations restrictives des avantages souvent périlleux, toujours sujets à contestations. Ainsi chacun rentrera dans son droit : le préfet conservera son autorité et aussi sa responsabilité; le conseil municipal pourra émettre son avis; le conseil départemental exercera la surveillance des intérêts scolaires qui lui appartient déjà, en attendant que la loi ait déterminé elle-même si son pouvoir, en cette matière, ne doit point aller jusqu'à une décision définitive.

Dans le cas où quelques conseils municipaux vous auraient fait parvenir leurs vœux relativement à l'option entre laïques et congréganistes, vous auriez donc à saisir le conseil départemental. La loi vous donne tous pouvoirs pour la nomination des instituteurs; le double avis du conseil municipal et du conseil départemental laisse à vos décisions leur entière indépendance; mais je ne doute pas que, désormais éclairé sur les intérêts en cause par l'étude approfondie à laquelle se sera livré le conseil départemental, vous ne parveniez à résoudre les questions qui vous seront soumises de manière à donner aux populations toutes les satisfactions compatibles avec l'intérêt supérieur de l'enseignement.

département de........, lequel désire continuer à cumuler les fonctions d'instituteur communal et la profession de maître de pension dans ladite commune;

Vu le paragraphe de l'article 32 de la loi du 15 mars 1850, qui dit que toute profession commerciale ou industrielle est absolument interdite aux instituteurs communaux;

Est d'avis que cet article ne saurait s'appliquer au cumul de fonctions d'instituteur communal et de maître de pension;

Est d'avis, en outre, que dans l'espèce, c'est à l'administration de l'instruction publique à voir, d'après les circonstances de l'affaire, sous quelles conditions doit être accordée au S^{r}... l'autorisation de cumul qu'il demande.

Avis relatif au traitement des instituteurs adjoints.

30 *mars* 1852.

Le Conseil,

Considérant qu'il n'est pas possible d'admettre que la volonté mal intentionnée et mal éclairée d'un conseil municipal puisse annihiler la délibération d'un Conseil académique ayant déterminé, aux termes de la loi, qu'il y a lieu de donner à un instituteur communal un instituteur adjoint;

Vu le paragraphe de l'article 34 de la loi du 15 mars 1850, qui dit que le Conseil académique détermine les écoles publiques auxquelles il doit être attaché un instituteur adjoint;

Vu le paragraphe 4 du même article qui porte que le conseil municipal fixe le traitement des instituteurs adjoints;

Vu l'article 40 de la même loi;

Est d'avis que ces affaires sont de la compétence du Ministre de l'intérieur qui a, dans l'article 40 de la loi organique, les moyens de pourvoir au traitement d'un instituteur adjoint dont l'adjonction a été reconnue nécessaire par le Conseil académique.

Avis relatif à l'acceptation des libéralités faites aux congrégations religieuses.

2 *avril* 1852.

Le Conseil,

Consulté par M. le Ministre de l'instruction publique sur les difficultés qui se sont élevées à l'occasion d'une demande du supérieur général de l'association religieuse des Frères des Écoles chrétiennes du faubourg Saint-Antoine, à Paris;

Vu l'article 31 de la loi du 15 mars 1850 ;

Vu l'ordonnance royale du 25 juin 1820 ;

Considérant que l'association religieuse dont il s'agit a été autorisée comme établissement d'utilité publique par une ordonnance royale rendue en la forme des règlements d'utilité publique ;

Considérant que, sous l'empire de la loi du 15 mars 1850 et le décret du 9 mars 1852, le Ministre et le Conseil supérieur de l'instruction publique exercent les fonctions qui étaient attribuées à la commission telle qu'elle existait en 1820 ;

Considérant que, sous l'empire de cette loi, les associations religieuses qui se vouent à l'enseignement, quand elles ont été reconnues comme établissements d'utilité publique, doivent être complétement assimilées à ces établissements, en ce qui concerne l'acceptation des libéralités qui leur sont faites;

Que dès lors il leur appartient de demander, dans les formes prescrites par la loi, l'autorisation d'accepter ces libéralités, et qu'en ce qui concerne les écoles et autres établissements d'instruction publique qui en dépendent, c'est au Ministre de ce département qu'ils doivent s'adresser, et que l'autorisation obtenue, c'est le conseil de l'association, selon que le déterminent les statuts qui le régissent, qui doit accepter, au nom de l'établissement, la libéralité dont il est l'objet;

Est d'avis que la disposition de l'ordonnance du 25 juin 1820, qui chargeait la commission d'instruction publique d'accepter, au nom de l'association religieuse des Frères des Écoles chrétiennes du faubourg Saint-Antoine, à Paris, est incompatible avec l'article 31 de la loi du 15 mars 1850; que les associations religieuses, vouées à l'enseignement, reconnues comme établissements d'utilité publique, sont placées désormais sous l'empire du droit commun; et qu'après avoir obtenu l'autorisation de M. le Ministre de l'instruction publique, leur tuteur naturel, c'est à elles qu'il appartient d'accepter, par leurs représentants légaux, les libéralités qui leur sont faites.

Arrêt de la cour de cassation reconnaissant la capacité des consistoires protestants à recevoir un legs destiné à l'entretien d'une école communale protestante (1).

18 *mai* 1852.

La Cour,

Attendu que la seule question qu'ait à résoudre la cour

(1) Par testament du 9 mai 1827, la dame Haussmann a fait, entre autres libéralités, la disposition suivante : « Je donne et lègue au consistoire des chrétiens de la confession d'Augsbourg, à Paris, la somme de 5,000 fr. une fois payée, pour être répartie de la manière suivante : 1,000 fr. distribués aux pauvres de la commune, et les 4,000 francs restants placés en inscription au grand-

d'appel, et qu'elle ait effectivement décidée, était une question d'interprétation de la volonté de la testatrice, celle de savoir à laquelle des deux parties, ou de la ville de Paris comme agissant au nom de l'école de la rue des Billettes, ou du consistoire de l'Eglise réformée, la dame Haussmann avait entendu

---

livre de la dette publique, pour le produit annuel servir par moitié à l'entretien de l'école gratuite attachée à ladite église, et l'autre moitié être versée dans la caisse de la Société Biblique protestante, à Paris. »

Un autre testament de la dame Haussmann, du 20 mars 1840, porte ce qui suit : « Je donne et lègue 80,000 fr. qui seront en inscription sur le grand-livre de la dette publique, pour que le produit annuel soit réparti de la manière suivante : 2,000 fr. pour servir à l'entretien de l'école gratuite attachée à l'église des chrétiens d'Augsbourg, rue des Billettes, à Paris ; le produit des autres 2,000 fr. sera versé dans la caisse de la Société Biblique protestante, à Paris. »

Après le décès de la dame Haussmann, une ordonnance du 28 juillet 1845 autorisa le consistoire de la confession d'Augsbourg et le préfet de la Seine à accepter, conjointement, chacun en ce qui le concernait, les libéralités de la dame Haussmann, lesquelles devaient être converties en inscriptions de rente, jusqu'à concurrence des deux sommes de 2,000 fr. chacune, dont une léguée pour servir à l'entretien de l'école.

Cette ordonnance n'indiquait pas au nom de qui, du consistoire ou de la ville de Paris, serait prise l'inscription de 4,000 fr. Une contestation s'est élevée d'une part entre le préfet qui prétendait que l'inscription devait être au nom de la ville, tout en consentant d'ailleurs à faire chaque année la remise des arrérages au consistoire, et d'autre part, le consistoire qui élevait une prétention contraire.

Le 15 février 1850, jugement du tribunal de la Seine, qui décide que la rente doit être inscrite au nom du consistoire. Ce jugement est ainsi conçu :

« Attendu que l'ordonnance rendue sur l'avis du conseil d'État, en date du 28 juillet 1845, qui autorise le préfet de la Seine et le consistoire de l'église évangélique de la confession d'Augsbourg, à accepter les legs faits par la dame Haussmann, pour l'entretien de l'école gratuite de cette église, sise rue des Billettes, à Paris, ordonne qu'il sera fait emploi des sommes léguées en rentes sur l'État, sans indiquer à quel nom les inscriptions seront acquises ; que les inscriptions doivent être acquises conformément aux intentions de la estatrice ;

« Attendu que la dame Haussmann, qui professait la religion de l'église évangélique de la confession d'Augsbourg, avait l'intention de faire une libéralité au profit de cette église et une à la décharge de l'obligation qu'avait prise la ville de Paris de pourvoir aux frais de l'école de la rue des Billettes, en con-

léguer la somme en question ; qu'à cet égard, la décision des juges d'appel est souveraine ; qu'elle ne pourrait encourir la censure de la cour de cassation qu'autant que l'attribution faite par l'arrêt du legs au consistoire serait prohibée par la loi ;

Mais attendu que, loin qu'une disposition de ce genre soit défendue par aucun texte, il résulte, tant de la législation en général que de l'ordonnance royale du 28 juillet 1845, autorisant l'acceptation du legs de la dame Haussmann, que les établissements religieux appartenant à l'un des cultes reconnus par l'État, et notamment les consistoires, ont capacité pour recevoir de pareilles libéralités ; d'où il suit que le moyen n'est pas fondé ;

Rejette, etc.

---

vertissant cette école en école communale ; que le legs relatif à l'école, contenu dans le premier testament, était fait expressément au consistoire ; que celui fait par l'autre testament était l'accessoire du premier, et fait avec la même intention ; que la testatrice avait voulu donner au consistoire le moyen de pourvoir à certaines dépenses relatives à l'école, autres que celles qui étaient payées par la ville de Paris ; que M. le préfet de la Seine, ès nom, le reconnaît lui-même, puisqu'il offre de remettre les arrérages de la rente au consistoire ; que dès lors, l'inscription doit être acquise sous le nom du consistoire, non sous celui de la ville de Paris. »

Appel. Mais le 5 mai 1851, arrêt de la cour de Paris, qui confirme en adoptant les motifs des premiers juges ;

Pourvoi en cassation par le préfet de la Seine, pour violation des art. 8 et 13 de la loi du 28 juin 1833, sur l'instruction primaire ; l'ordonnance du 2 avril 1817 et la loi du 2 janvier précédent, en ce que l'arrêt attaqué a jugé que l'inscription d'une rente léguée pour l'entretien d'une école communale devait être acquise, non pas sous le nom de la ville chargée par la loi de l'entretien et de la surveillance de l'école, mais sous le nom d'un tiers.

On soutenait, dans l'intérêt de la ville de Paris, que l'école protestante de la rue des Billettes, étant incontestablement une école communale, les legs faits à cette ville étaient réputés faits à la ville et non au consistoire, qui n'était chargé ni d'administrer l'école, ni de pourvoir à ses dépenses.

Décision relative au pourvoi d'un instituteur exerçant d'autres fonctions que celles de son emploi.

16 *juillet* 1852.

Le Conseil,

Vu la décision du Conseil académique de la Dordogne, en date du 16 février 1852, qui prononce l'interdiction absolue contre le sieur ....., instituteur communal à Vallereuil;

Vu le procès-verbal de la séance du même jour où le S^r... a été entendu dans ses moyens de défense;

Vu le pourvoi interjeté par le sieur ....., le 25 février, dans le délai fixé par la loi devant le conseil supérieur, et le mémoire qu'il produit pour sa défense, en date du même jour;

Vu le rapport du recteur de l'Académie de la Dordogne accompagnant l'envoi du dossier;

Vu les articles 5, 14 et 30 de la loi du 15 mars 1850;

Considérant que le sieur ....., au mépris de l'article 32 de la loi du 15 mars 1850, qui interdit aux instituteurs communaux l'exercice de toute profession commerciale, tenait ouvertement dans la commune de Vallereuil un commerce de draperie et de grains, par suite duquel il remplissait avec négligence ses devoirs d'instituteur;

Considérant qu'une partie de ce commerce consiste à prêter du blé à de pauvres gens, moyennant un intérêt de douze litres et demi pour cent litres, pendant un terme de 4, 3 et même de 2 ou de 1 mois;

Considérant que cette opération à laquelle l'inculpé s'est livré pendant les années 1848, 1849 et 1850 est réprouvée par la morale, bien qu'elle ne tombe pas sous la définition légale du délit d'usure pour lequel le sieur ..... a été poursuivi devant les tribunaux de Ribérac et de Périgueux;

.Considérant que ce genre de spéculation est surtout indigne d'un instituteur public, qui doit donner à la jeunesse l'exemple d'une vie irréprochable et vouée tout entière à ses devoirs;

Considérant que le sieur ...., tant dans sa défense devant le Conseil académique que dans son mémoire à l'adresse du conseil supérieur, ne nie point ce fait, mais l'aggrave au contraire en cherchant à démontrer qu'il est parfaitement légal ;

Considérant que, pour d'autres faits, soit de négligence, soit d'insubordination, le sieur ....., aux termes de l'article 33 de la loi du 15 mars 1850, avait été précédemment suspendu par un arrêté du recteur en date du 7 février 1852 ;

Décide :

Le pourvoi du sieur ..... est rejeté.

Avis relatif aux intervalles à observer entre les examens des aspirants.

16 *juillet* 1852.

Le Conseil,

Consulté par M. le Ministre de l'instruction publique sur la question de savoir quel intervalle il convient d'établir entre un examen où aura été refusé un candidat au brevet de capacité pour l'instruction primaire et un nouvel examen;

Se reportant à l'esprit de la loi de 1833 et au texte de l'arrêté du 4 novembre 1834, qui fixe à six mois l'intervalle dont il est question;

Vu l'article 63 de la loi du 15 mars 1850, qui fixe à trois mois le laps de temps avant lequel un candidat au brevet de capacité pour l'enseignement secondaire ne peut se présenter à un nouvel examen, et dans cette opinion, qu'il faut, autant que possible, assimiler sur ce point les examens pour le brevet de capacité dans l'enseignement primaire aux mêmes examens dans l'enseignement secondaire ;

Vu l'article 50 du règlement d'administration publique du 29 juillet 1850, qui décide que les commissions d'examens pour le brevet de capacité d'enseignement primaire tiendront au moins deux sessions par an ;

Vu le paragraphe de l'article 46 de la loi du 15 mars 1850, qui renferme cette conséquence, que les époques des examens pour les brevets de capacité pourront varier, au gré des recteurs, dans les diverses Académies voisines ;

Est d'avis que l'aspirant au brevet de capacité pour l'enseignement primaire, qui aura été refusé à un premier examen, ne pourra se présenter à un second, soit dans l'Académie où il a subi le premier, soit dans une autre Académie, qu'après un intervalle de trois mois et en session régulière, conformément au décret du 29 juillet 1850.

Décision du conseil d'État, relative à un appel contre une opposition d'ouverture d'école primaire faite par un recteur.

18 *novembre* 1852.

La décision d'un Conseil académique, statuant sur l'opposition du recteur à l'ouverture d'une école libre d'enseignement primaire, peut-elle être déférée au conseil d'État pour excès de pouvoir ? Résol. affirm. impl.

Décidé, dans l'espèce, que le Conseil académique, en admettant l'opposition du recteur, avait statué dans la limite de ses pouvoirs (1).

---

(1) Le sieur Guilbot avait déclaré au maire de la commune de la Gaude Var), conformément à l'article 27 de la loi du 15 mars 1850, son intention

Le Conseil,

Vu la loi des 7-14 octobre 1790 et celle du 15 mars 1850;

Considérant qu'aux termes de l'article 28 de la loi du 15 mars 1850, les Conseils académiques prononcent sans recours sur les oppositions formées par les recteurs à l'ouverture des écoles primaires libres;

Que le Conseil académique du Var, en admettant l'opposition du recteur de ce département à l'ouverture, par le sieur

---

d'ouvrir dans cette commune une école libre d'enseignement primaire; mais le recteur, usant de la faculté que lui accorde l'article 28, forme opposition à l'ouverture de cette école, et sur cette opposition, il intervient, à la date du 13 janvier 1851, une décision du Conseil académique ainsi conçue :

Attendu qu'il résulte de toutes les pièces visées que le sieur Guilbot en venant à la Gaude pour ouvrir une école libre protestante dans une commune où il n'existait pas un protestant d'origine né et reconnu pour tel, y a introduit un tel ferment de discorde, que cette commune a été depuis constamment agitée et divisée;

Attendu que les moyens dont on s'est servi pour recruter quelques adeptes parmi les gens ignorants et grossiers, sont contraires aux lois et aux mœurs publiques;

Attendu que ladite école a été ouverte avant l'expiration du délai légal et l'accomplissement de toutes les formalités prescrites par la loi; que cette contravention est établie par le fait, acquis au procès, que le sieur Guilbot réunit le soir les adultes de 18 à 25 ans et au-dessus dans une chambre où il s'enferme avec eux, avec de telles précautions que nul n'y est admis sans avoir décliné ses nom et qualité, avant qu'on ouvre la porte qui est refermée immédiatement après;

Attendu que c'est la seconde fois, depuis six mois, que le sieur Guilbot ouvre une école à la Gaude, sans avoir rempli toutes les formalités légales; ce qui dénote de sa part l'intention bien arrêtée d'éluder les prescriptions légales et de se dérober à la surveillance des autorités préposées par la loi à l'enseignement primaire;

Attendu que le sieur Guilbot, dûment appelé à comparaître en personne, ne s'est pas présenté, mais qu'il a envoyé une lettre et y incluse une pétition signée de quelques habitants qui protestent contre l'arrêté d'opposition;

Attendu que la fermeture de cette école est demandée de toutes parts et notamment par tous les inspecteurs investis du droit de veiller au bon ordre et aux mœurs publiques, comme le moyen unique et nécessaire de rétablir dans cette commune le calme et la tranquillité;

Considérant qu'il y a nécessité et convenance d'interpréter dans ce sens et

Guilbot, d'une école primaire dans la commune de la Gaude, a statué dans la limite de ses pouvoirs;

Que, dès lors, le sieur Guilbot n'est pas recevable à attaquer cette décision devant le conseil d'État;

Décide :

Art. 1. — La requête susvisée du sieur Guilbot est rejetée.

....

---

d'appliquer le droit d'opposition à former dans l'intérêt des mœurs publiques;

Le Conseil académique jugeant contradictoirement et sans recours, d'après l'article 28 de la loi, décide à l'unanimité :

Art. 1. — L'arrêté d'opposition pris par M. le recteur, le 31 décembre 1850, à l'ouverture d'une école libre par le sieur Guilbot (Ferdinand) dans la commune de la Gaude, est maintenu.

Art. 2. — Ladite école sera immédiatement et à tout jamais fermée.

Le sieur Guilbot a déféré cette décision au conseil d'État comme entachée d'excès de pouvoir et portant atteinte à la liberté de l'enseignement et à la liberté des cultes. Suivant lui, aucun des faits sur lesquels elle se fonde n'intéresse les mœurs publiques, quoi qu'en dise le Conseil académique afin de lui donner une apparence de légalité.

Cette décision doit donc être annulée.

Le Ministre de l'instruction publique oppose au pourvoi une fin de non-recevoir puisée dans le texte de l'article 28 de la loi du 15 mars 1850, qui dit expressément que l'opposition du recteur est jugée par le Conseil académique *sans recours*.

M. le commissaire du gouvernement estime que, malgré ces mots : *sans recours* employés par la loi, les décisions du Conseil académique sont soumises à la règle générale qui résulte de la loi des 7-14 octobre 1790, et en vertu de laquelle tout acte d'une autorité administrative peut être l'objet d'un recours fondé sur un motif d'incompétence ou d'excès de pouvoir. Le pourvoi du sieur Guilbot est donc recevable. Mais est-il fondé? Ici, dit M. le commissaire du gouvernement, se présente une question délicate : le conseil d'État peut-il entrer dans l'examen des faits pour en déterminer le caractère et arriver ainsi à résoudre la question d'excès de pouvoir qui lui est soumise ? Nous pensons qu'il le peut et qu'il le doit : car si le Conseil académique, au lieu de baser sa décision sur des faits de moralité, comme le veut la loi, en avait pris les motifs dans des faits d'un autre ordre, il aurait, suivant nous, commis un excès de pouvoir. Il convient donc d'examiner quelle est la nature des faits reprochés au sieur Guilbot.

Or cet examen amène M. le commissaire du gouvernement à conclure que le

Arrêté relatif aux examens pour le brevet de capacité des instituteurs et des institutrices.

15 *février* 1853.

Le Ministre de l'instruction publique et des cultes,
Vu les articles 23 et 46 de la loi du 15 mars 1850;
Vu l'article 50 du décret organique du 29 juillet 1850 ;
Le conseil impérial de l'instruction publique entendu,
Arrête :

TITRE I.

DE LA COMMISSION D'EXAMEN.

Art. 1. — Aucun examen particulier ne peut avoir lieu en dehors des deux sessions annuelles prescrites par l'article 50 du décret du 29 juillet 1850.

Le recteur, pour des cas graves, peut autoriser une troisième session.

Art. 2. — Les ministres des divers cultes ne peuvent prendre part, en ce qui concerne les matières religieuses, à l'examen des aspirants qui n'appartiennent pas à leur communion.

TITRE II.

DES ASPIRANTS AU BREVET DE CAPACITÉ.

Art. 3. — Tout aspirant au brevet de capacité est tenu de se faire inscrire au secrétariat de l'Académie, un mois avant

---

Conseil académique a bien jugé en décidant que, dans l'intérêt des mœurs publiques, il ne devait pas être permis au sieur Guilbot d'ouvrir une école libre dans la commune de la Gaude.

l'ouverture de la session, et de déposer à l'époque de son inscription :

1° Un extrait de son acte de naissance;

2° La déclaration que l'aspirant ne s'est présenté devant aucune commission d'examen dans l'intervalle des quatre mois qui précèdent la session;

3° L'indication, s'il y a lieu, de celles des matières comprises dans la deuxième partie de l'article 23 de la loi du 15 mars 1850 sur lesquelles il demande à être interrogé.

Art. 4. — La signature de l'aspirant doit être légalisée par le maire de la commune où il réside.

Art. 5. — Ne sont pas admis à subir l'examen et, dans tous les cas, n'auront pas droit à la délivrance du brevet de capacité, les candidats qui se trouvent dans les cas d'incapacité prévus par l'article 26 de la loi du 15 mars 1850.

TITRE III.

DE L'EXAMEN.

Art. 6. — A l'ouverture de la session, le président de la commission fait l'appel des aspirants inscrits. Chaque aspirant, à l'appel de son nom, vient apposer sa signature sur le registre, afin de constater son identité.

Art. 7. — L'examen se divise en épreuves écrites et en épreuves orales.

Pour les épreuves écrites, les aspirants sont réunis tous ensemble ou, au besoin, par séries, sous la surveillance d'un ou plusieurs membres désignés par le président.

Toute communication entre les aspirants, pendant les épreuves, est interdite sous peine d'exclusion.

Art. 8. — Les épreuves écrites sont au nombre de quatre, savoir :

1° Une page d'écriture à main posée en gros, en moyen et en fin, dans les trois principaux genres, savoir : l'écriture cursive, la bâtarde et la ronde ; les aspirants doivent faire une ligne au moins de chaque espèce d'écriture ;

2° Une dictée d'orthographe, d'une page environ, dont le texte sera pris par le président dans un livre classique. Cinq minutes sont accordées aux aspirants pour relire et corriger leur copie ;

3° Un récit emprunté à l'Histoire sainte ou une lettre relative à la tenue de l'école ;

4° Une question d'arithmétique portant sur l'application des quatre règles.

Il est accordé trois quarts d'heure au plus pour chacune de ces épreuves.

ART. 9. — Les épreuves écrites sont examinées et jugées par la commission réunie, qui prononce l'admission aux épreuves orales dans l'ordre de mérite résultant de cette première partie de l'examen.

ART. 10. — Les aspirants admis aux épreuves orales sont appelés selon l'ordre de la liste de mérite, séparément ou par séries, devant le bureau, pour être interrogés par un membre de la commission désigné par le président.

ART. 11. — Les épreuves orales ont lieu dans l'ordre suivant :

1° Lecture du français dans un livre imprimé et dans un manuscrit, et lecture du latin dans le Psautier ou dans un livre d'offices ;

2° Questions sur le catéchisme et l'Histoire sainte ;

3° Analyse grammaticale d'une phrase au tableau ;

4° Questions sur le calcul et sur les applications usuelles du système légal des poids et mesures.

Un quart d'heure au plus est consacré à chacune de ces épreuves.

ART. 12. — Lorsque toutes les épreuves obligatoires sont terminées, les aspirants au brevet de capacité qui doivent être examinés sur les parties facultatives de l'enseignement primaire sont appelés séparément ou par groupes et interrogés sur les matières qu'ils ont indiquées.

Art. 13. — Les candidats déjà pourvus d'un brevet de capacité pour l'enseignement des matières comprises dans la première partie de l'article 23 de la loi du 15 mars 1850, ne sont admis à subir un second examen que sur l'ensemble des matières comprises dans la deuxième partie dudit article.

Les examens pour chaque matière d'enseignement ont lieu dans l'ordre fixé par la loi; il est accordé un quart d'heure pour chaque épreuve.

Art. 14. — A la fin de la session, il est dressé un procès-verbal des opérations de la commission, renfermant la liste, par ordre de mérite, de tous les candidats qui ont été jugés dignes d'obtenir, soit le brevet de capacité, soit la mention spéciale déterminée par l'article 46 de la loi du 15 mars 1850.

Le procès-verbal, signé par le président et par le secrétaire de la commission, est remis au recteur de l'Académie qui délivre ou complète, suivant le cas et s'il y a lieu, le brevet de capacité.

Art. 15. — Le présent règlement est applicable aux aspirantes au brevet de capacité, sous les réserves suivantes :

1° Dans le premier examen défini par les articles 7, 8, 9, 10, 11 et 12, les aspirantes font, entre l'épreuve écrite et l'épreuve orale, sous l'inspection d'une ou de plusieurs dames spécialement désignées à cet effet par le recteur, les travaux à l'aiguille prescrits par l'article 48 de la loi du 15 mars 1850 : parmi ces travaux et au premier rang sont les ouvrages de couture usuelle;

2° Lorsque les aspirantes se présenteront pour le second examen défini par l'article 13, elles ne seront interrogées que sur celles des matières facultatives qui sont exigées pour l'éducation des femmes.

Décision du conseil d'État relative aux impositions extraordinaires.

29 *mars* 1853.

Bien que le chapitre IV de l'article 39 de la loi du 18 juillet 1837 dispose, qu'en cas d'insuffisance des ressources ordinaires, il doit être pourvu au payement des dépenses obligatoires des communes au moyen d'une imposition extraordinaire, établie par un décret ou par une loi, néanmoins appartient-il au gouvernement de rechercher et de reconnaître au préalable si, eu égard aux facultés contributives des communes, il peut être fait application des dispositions de cet article? Rés. aff.

Les déclarations faites à cet égard par le gouvernement sont-elles susceptibles de recours par la voie contentieuse? Rés. nég.

Le Conseil,

Vu la requête sommaire et le mémoire ampliatif présenté par le sieur Giraud, au nom et comme cessionnaire de la dame du Roure, lesdites requêtes enregistrées au secrétariat du contentieux, les 2 août et 21 décembre 1850, et tendant à ce qu'il nous plaise annuler, pour excès de pouvoirs et violation de la loi du 18 juillet 1837, une décision en date du 2 mai 1850, par laquelle le Ministre de l'intérieur a refusé de donner suite à sa demande, tendant à obtenir le remboursement par voie extraordinaire d'une somme de 25,000 francs due par les habitants de la section de la Brousse, commune de Fraissinet (Lozère), à la dame du Roure, suivant jugement du tribunal de Florac du 22 décembre 1825; ce faisant, ordonner qu'il sera donné suite à la demande du sieur Giraud et condamner la section de la Brousse aux dépens (1);

---

(1) Les habitants de la section de la Brousse, commune de Fraissinet (Lozère), ont été déclarés débiteurs envers la comtesse du Roure, par jugement du tribunal de Florac, en date du 22 décembre 1825, d'une somme

Vu la décision attaquée;

Vu les observations du Ministre de l'intérieur enregistrées comme dessus le 25 février 1851, et tendant au rejet de la requête ci-dessus visée;

Vu le jugement du tribunal de Florac, en date du 22 décembre 1825, par lequel les habitants de la Brousse ont été condamnés à payer à la dame du Roure la somme de 18,187 fr. 75 c. avec les intérêts à compter du jour dudit jugement;

---

de 18,187 fr. 75 centimes, à titre de restitution de la terre ou montagne de la Brousse qu'ils avaient indûment possédée depuis 1790, plus les intérêts de cette somme à compter du jour du jugement.

En 1834, le sieur Giraud, au nom de la comtesse du Roure, demanda que l'administration supérieure prît des mesures pour contraindre les habitants de la Brousse à acquitter leur dette, que le réclamant portait à cette époque, avec les intérêts, au chiffre de 25,000 fr. Il lui fut répondu par le Ministre de l'intérieur qu'il ne pouvait pas être donné suite à sa demande, attendu qu'il faudrait, pour éteindre la dette de la section de la Brousse, plus que doubler annuellement, pendant plus de vingt ans, le principal de ses contributions directes, qui ne s'élevaient qu'à environ 1,000 fr. par an, et que recourir à un pareil mode d'exécution, ce serait exposer le service communal à de graves entraves, et même compromettre le recouvrement de l'impôt général.

Même réponse fut faite au sieur Giraud en 1835, bien qu'il proposât alors de réduire le montant de la créance au chiffre net de 20,000 fr.

En 1850, le sieur Giraud, devenu cessionnaire de la comtesse du Roure, a renouvelé sa réclamation. Par décision du 2 mai de cette année, le Ministre de l'intérieur lui a opposé la même fin de non-recevoir, et a encore refusé de donner suite à sa demande.

Pourvoi du sieur Giraud; il soutient que la dette dont il poursuit le payement, par cela qu'elle est exigible, constitue pour la commune une dépense obligatoire (loi du 18 juillet 1837, art. 30, chapitre XXI), et que, dès lors, en cas d'insuffisance des ressources ordinaires de la commune pour y faire face, il y a nécessité pour l'administration supérieure d'y pourvoir au moyen d'une contribution extraordinaire établie dans les formes de droit (art. 39, chapitre IV de la même loi); car, ajoute le requérant, les communes ne peuvent jamais être insolvables, et l'administration supérieure, si elle a pour mission de veiller à ce qu'elles ne dépensent pas leurs ressources mal à propos, n'a pas le droit de refuser à leurs créanciers légitimes le moyen d'obtenir le remboursement de ce qui leur est dû par elles.

Vu toutes les pièces produites et jointes au dossier;

Vu les articles 30, chapitre XXI, et 39, chapitre IV de la loi du 18 juillet 1837 ;

Considérant que, si le chapitre IV de l'article 39 de la loi du 18 juillet 1837 dispose qu'en cas d'insuffisance des ressources ordinaires, il doit être pourvu au payement des dépenses obligatoires des communes au moyen d'une imposition extraordinaire établie par un décret ou par une loi, il appar-

---

Le Ministre de l'intérieur fait remarquer que dans le système du pourvoi il faudrait arriver à créer une imposition extraordinaire communale, non plus de vingt, cinquante ou même cent centimes par franc, mais de cinq mille centimes pour cent. Or, l'administration supérieure n'a jamais admis que les lois municipales puissent être appliquées ainsi ; elle n'a jamais pensé que les contribuables d'une commune fussent tenus subsidiairement d'acquitter les dettes communales, quelle que fût leur importance, et d'y employer au besoin tout ce qu'ils possèdent.

Quand le montant de l'obligation de la commune lui a paru excéder, comme dans l'espèce, toute proportion avec le principal des contributions, elle a refusé son concours au créancier, et jusqu'à ce moment il n'y a pas d'exemple qu'un pareil refus ait été déféré au conseil d'État pour cause d'excès de pouvoir. Sans doute l'appréciation des possibilités communales, en pareil cas, est une mission fort délicate pour l'administration; mais enfin elle lui a été donnée sous réserve et elle s'attache scrupuleusement à la remplir avec justice. Les lois de la matière, quoi qu'en dise le requérant, ne les commandent pas de faire payer, dans tout état de cause, les dettes des communes; elles ont un autre but, sinon contraire, du moins essentiellement différent: c'est celui de fixer une limite au droit de contrainte, quand il faut recourir à la voie d'une imposition extraordinaire, puisque dans ce cas l'administration ne peut dépasser vingt centimes par franc. Les dispositions législatives, citées par le requérant, ont donc moins pour objet de garantir les droits des créanciers des communes, que de tempérer le zèle de l'administration supérieure pour contraindre celle-ci à s'acquitter. On conçoit d'ailleurs facilement cette précaution si l'on considère que les services publics de la commune et les intérêts mêmes du trésor se trouveraient compromis, si, par un respect aveugle des droits privés, l'administration pouvait forcer les contribuables à payer intégralement les dettes des communes, sans se préoccuper du rapport existant entre le montant de ces dettes et les possibilités contributives de la localité. Par ces motifs, le Ministre pense qu'en prenant la décision attaquée du 2 mai 1850 il n'a point commis d'excès de pouvoir, ni violé la loi de 1837, et que, par suite, le pourvoi du sieur Giraud est dans le cas d'être rejeté.

tient au gouvernement seul de reconnaître si, eu égard aux facultés contributives des communes, il peut leur être fait application des dispositions de cet article;

Considérant dès lors qu'en déclarant qu'il ne peut être actuellement pourvu au moyen d'une imposition extraordinaire, au payement des sommes dont la section de la Brousse a été reconnue débitrice envers la dame du Roure, le Ministre de l'intérieur n'a pas excédé ses pouvoirs et que ladite déclaration ne peut nous être déférée en notre conseil d'État par la voie contentieuse;

Art. 1. — La requête du sieur Giraud est rejetée.

....

Extrait de la loi sur les pensions civiles

9 *juin* 1853.

TITRE I.

LIQUIDATION DES CAISSES DE RETRAITE SUPPRIMÉES.

Art. 1. — Les caisses de retraite désignées au tableau n° 1 seront supprimées à partir du 1er janvier 1854.

Leur actif sera acquis à l'État.

Art. 2. — Seront inscrits au grand-livre de la dette publique, à partir de la même époque :

1° Les pensions existantes ou en cours de liquidation à la charge des caisses supprimées, pour services terminés avant le 1er janvier 1854 ;

2° Les pensions et indemnités concédées pour cause de

réforme, en vertu de l'article 4 de la loi du 1er mai 1822 et du décret du 2 mai 1848;

3° Les pensions et secours annuels qui seront concédés à titre de réversibilité aux veuves et aux orphelins des pensionnaires inscrits en vertu des deux paragraphes qui précèdent.

TITRE II.

CONDITIONS DU DROIT A PENSION POUR LES FONCTIONNAIRES QUI ENTRERONT EN EXERCICE A PARTIR DU 1er JANVIER 1854.

Art. 3. — Les fonctionnaires et employés directement rétribués par l'État, et nommés à partir 1er janvier 1854, ont droit à pension conformément aux dispositions de la présente loi, et supportent indistinctement, sans pouvoir les répéter dans aucun cas, les retenues ci-après :

1° Une retenue de cinq pour cent sur les sommes payées à titre de traitement fixe ou éventuel, de préciput, de supplément de traitement, de remises proportionnelles, de salaires, ou constituant, à tout autre titre, un émolument personnel ;

2° Une retenue du douzième des mêmes rétributions, lors de la première nomination ou dans le cas de réintégration, et du douzième de toute augmentation ultérieure ;

3° Les retenues pour cause de congés et d'absences, ou par mesure disciplinaire.

. . . .

Art. 4.— Les fonctionnaires de l'enseignement, rétribués, en tout ou en partie, sur les fonds départementaux et communaux, ou sur le prix des pensions payées par les élèves des lycées impériaux, ont droit à pension conformément aux dispositions de la présente loi, et supportent, sur leur traitement et leurs différentes rétributions, la retenue déterminée par l'article 3.

. . . .

Il en est de même des fonctionnaires et employés qui, sans cesser d'appartenir au cadre permanent d'une administration publique, et en conservant leurs droits à l'avancement hiérarchique, sont rétribués, en tout ou en partie, sur les fonds départementaux ou communaux, sur les fonds des compagnies concessionnaires, et même sur les remises et salaires payés par les particuliers.

Art. 5. — Le droit à la pension de retraite est acquis par ancienneté à soixante ans d'âge et après trente ans accomplis de services.

Il suffit de cinquante-cinq ans d'âge et de vingt-cinq ans de services pour les fonctionnaires qui ont passé quinze ans dans la partie active.

La partie active comprend les emplois et grades indiqués au tableau annexé à la présente loi sous le numéro 2 (1).

Aucun autre emploi ne peut être compris au service actif, ni assimilé à un emploi de ce service, qu'en vertu d'une loi.

Est dispensé de la condition d'âge établie aux deux premiers paragraphes du présent article, le titulaire qui est reconnu par le Ministre hors d'état de continuer ses fonctions.

Art. 6. — La pension est basée sur la moyenne des traitements et émoluments de toute nature soumis à retenues, dont l'ayant droit a joui pendant les six dernières années d'exercice.

Néanmoins, dans les cas prévus par l'article 4, la moyenne ne pourra excéder celle des traitements et émoluments dont le fonctionnaire aurait joui s'il eût été rétribué directement par l'État.

Art. 7. — La pension est réglée, pour chaque année de services civils, à un soixantième du traitement moyen.

. . . .

En aucun cas, elle ne peut excéder ni les trois quarts du traitement moyen, ni les maximum déterminés au tableau annexé à la présente loi sous le n° 3.

(1) Les fonctionnaires de l'enseignement primaire n'y sont pas compris.

ART. 8. — Les services dans les armées de terre et de mer concourent avec les services civils pour établir le droit à pension et seront comptés pour leur durée effective, pourvu toutefois que la durée des services civils soit au moins de douze ans dans la partie sédentaire, ou de dix ans dans la partie active.

Si les services militaires de terre ou de mer ont été déjà rémunérés par une pension, ils n'entrent pas dans le calcul de la liquidation. S'ils n'ont pas été rémunérés par une pension, la liquidation est opérée d'après le minimum attribué au grade par les tarifs annexés aux lois des 11 et 18 avril 1831.

ART. 9. — Les services des employés des préfectures et des sous-préfectures, rétribués sur les fonds d'abonnement, sont réunis, pour l'établissement du droit à pension et pour la liquidation, aux services rémunérés conformément aux dispositions de la présente loi, pourvu que la durée de ces derniers services soit au moins de douze ans dans la partie sédentaire et de dix ans dans la partie active.

ART. 10. — Les services civils rendus hors d'Europe par les fonctionnaires et employés envoyés d'Europe par le gouvernement français, sont comptés pour moitié en sus de leur durée effective, sans toutefois que cette bonification puisse réduire de plus d'un cinquième le temps de service effectif exigé pour constituer le droit à pension.

Le supplément accordé à titre de traitement colonial n'entre pas dans le calcul du traitement moyen.

Après quinze années de services rendus hors d'Europe, la pension peut être liquidée à cinquante-cinq ans d'âge.

A l'égard des agents extérieurs du département des affaires étrangères et des fonctionnaires de l'enseignement, le temps d'inactivité durant lequel ils ont été assujettis à la retenue est compté comme service effectif; mais il ne peut être admis dans la liquidation pour plus de cinq ans.

ART. 11. — Peuvent exceptionnellement obtenir pension, quels que soient leur âge et leur activité :

1° Les fonctionnaires et employés qui auront été mis hors d'état de continuer leur service, soit par suite d'un acte de dévouement dans un intérêt public, ou en exposant leurs jours pour sauver la vie d'un de leurs concitoyens, soit par suite de lutte ou combat soutenu dans l'exercice de leurs fonctions;

2° Ceux qu'un accident grave, résultant notoirement de l'exercice de leurs fonctions, met dans l'impossibilité de les continuer.

Peuvent également obtenir pension, s'ils comptent cinquante ans d'âge et vingt ans de services dans la partie sédentaire, ou quarante-cinq ans d'âge et quinze ans de services dans la partie active, ceux que des infirmités graves, résultant de l'exercice de leurs fonctions, mettent dans l'impossibilité de les continuer, ou dont l'emploi aura été supprimé.

....

Art. 12. — Dans les cas prévus par le paragraphe 1er de l'article précédent, la pension est de la moitié du dernier traitement, sans pouvoir excéder les maximum déterminés au tableau n° 3.

Dans le cas prévu par le paragraphe 2e, la pension est liquidée, suivant que l'ayant droit appartient à la partie sédentaire ou à la partie active, à raison d'un soixantième ou d'un cinquantième du dernier traitement pour chaque année de service civil; elle ne peut être inférieure au sixième dudit traitement.

Dans les cas prévus par les deux derniers paragraphes de l'article précédent, la pension est également liquidée à raison d'un soixantième ou d'un cinquantième du traitement moyen pour chaque année de service civil.

Art. 13. — A droit à pension la veuve du fonctionnaire qui a obtenu une pension de retraite en vertu de la présente loi, ou qui a accompli la durée de service exigée par l'article 5, pourvu que le mariage ait été contracté six ans avant la cessation des fonctions du mari.

La pension de la veuve est du tiers de celle que le mari avait obtenue ou à laquelle il aurait eu droit. Elle ne peut être inférieure à cent francs, sans toutefois excéder celle que le mari aurait obtenue ou pu obtenir.

Le droit à pension n'existe pas pour la veuve dans le cas de séparation de corps prononcée sur la demande du mari.

Art. 14. — Ont droit à pension :

1° La veuve du fonctionnaire ou employé qui, dans l'exercice ou à l'occasion de ses fonctions, a perdu la vie dans un naufrage ou dans un des cas spécifiés au paragraphe 1er de l'article 11, soit immédiatement, soit par suite de l'événement ;

2° La veuve dont le mari aura perdu la vie par un des accidents prévus au paragraphe 2e de l'article 11, ou par suite de cet accident.

Dans le premier cas, la pension est des deux tiers de celle que le mari aurait obtenue ou pu obtenir par application de l'article 12 (premier paragraphe) ;

Dans le second cas, la pension est du tiers de celle que le mari aurait obtenue ou pu obtenir en vertu dudit article (deuxième paragraphe).

Dans les cas spécifiés au présent article, il suffit que le mariage ait été contracté antérieurement à l'événement qui a amené la mort ou la mise à la retraite du mari.

Art. 15. — Dans le cas où un employé, ayant servi alternativement dans la partie active et dans la partie sédentaire, décède avant d'avoir accompli les trente années de service exigées pour constituer le droit à pension de sa veuve, un cinquième de son temps de service dans la partie active est ajouté fictivement en sus du service effectif pour compléter les trente années nécessaires. La liquidation ne s'opère, néanmoins, que sur la durée effective des services.

Art. 16.— L'orphelin ou les orphelins mineurs d'un fonctionnaire ou employé ayant obtenu sa pension, ou ayant accompli la durée de service exigée par l'article 5 de la présente loi, ou ayant perdu la vie dans un des cas prévus par les paragraphes 1er et 2e de l'article 14, ont droit à un secours annuel lorsque la mère est ou décédée, ou inhabile à recueillir la pension, ou déchue de ses droits.

Ce secours est, quel que soit le nombre des enfants, égal à

la pension que la mère aurait obtenue ou pu obtenir conformément aux articles 13, 14 et 15. Il est partagé entre eux par égales portions, et payé jusqu'à ce que le plus jeune des enfants ait atteint l'âge de vingt et un ans accomplis, la part de ceux qui décéderaient ou celle des majeurs faisant retour aux mineurs.

S'il existe une veuve et un ou plusieurs orphelins mineurs provenant d'un mariage antérieur du fonctionnaire, il est prélevé sur la pension de la veuve, et sauf réversibilité en sa faveur, un quart au profit de l'orphelin du premier lit s'il n'en existe qu'un en âge de minorité, et la moitié s'il en existe plusieurs.

Art. 17. — Les pensions et secours annuels qui seront accordés conformément aux dispositions du présent titre sont inscrits au grand-livre de la dette publique.

TITRE III.

DISPOSITIONS TRANSITOIRES APPLICABLES AUX FONCTIONNAIRES ET EMPLOYÉS EN EXERCICE AU 1er JANVIER 1854.

Art. 18. — Les fonctionnaires et employés en exercice au 1er janvier 1854 sont soumis aux retenues déterminées par l'article 3, et sont retraités d'après les règles ci-après :

Ceux qui étaient tributaires de caisses de retraite supprimées et ceux qui obtenaient pension sur fonds généraux, sont liquidés dans les proportions et aux conditions réglées par la présente loi pour leurs services postérieurs au 1er janvier 1854; et pour les services antérieurs, conformément, soit aux règlements spéciaux, soit aux loi et décret des 22 août 1790 et 13 septembre 1806, qui régissaient respectivement leur situation, sans que les maximum déterminés par la présente loi puissent être dépassés.

. . . .

Les fonctionnaires et employés qui, antérieurement, ne subissaient pas de retenue et n'étaient pas placés sous le régime des loi et décret des 22 août 1790 et 13 septembre 1806, sont admis à faire valoir la totalité de leurs services admissibles pour constituer leur droit à pension; toutefois, cette pension n'est liquidée que pour le temps pendant lequel ces fonctionnaires auront subi la retenue, et n'est réglée qu'à raison d'un cent vingtième du traitement moyen par chaque année de services civils; mais le montant de la pension ainsi fixé est alors augmenté d'un trentième pour chacune des années liquidées : cette base exceptionnelle cesse lorsque le titulaire se trouve dans les conditions voulues par l'article 5.

TITRE IV.

DISPOSITIONS D'ORDRE ET DE COMPTABILITÉ.

ART. 19. — Aucune pension n'est liquidée qu'autant que le fonctionnaire aura été préalablement admis à faire valoir ses droits à la retraite par le Ministre au département duquel il ressortit.

. . . .

ART. 22. — Toute demande de pension est adressée au Ministre du département auquel appartient le fonctionnaire.

. . . .

ART. 23. — Les pensions sont liquidées d'après la durée des services, en négligeant sur le résultat final du décompte les fractions de mois et de franc.

Les services civils ne sont comptés que de la date du premier traitement d'activité et à partir de l'âge de vingt ans accomplis. Le temps de surnumérariat n'est compté dans aucun cas.

ART. 24. — La liquidation est faite par le Ministre compétent, qui la soumet à l'examen du conseil d'État avec l'avis du Ministre des finances.

Le décret de concession est rendu sur la proposition du Ministre compétent. Il est contre-signé par lui et par le Ministre des finances.

Il est inséré au *Bulletin des lois*.

Art. 25. — La jouissance de la pension commence du jour de la cessation du traitement ou du lendemain du décès du fonctionnaire; celle du secours annuel, du lendemain du décès du fonctionnaire ou du décès de la veuve.

Il ne peut, en aucun cas, y avoir lieu au rappel de plus de trois années d'arrérages antérieurs à la date de l'insertion au *Bulletin des lois* du décret de concession.

Art. 26. — Les pensions sont incessibles: Aucune saisie ou retenue ne peut être opérée du vivant du pensionnaire, que jusqu'à concurrence d'un cinquième pour débet envers l'État, vu pour des créances privilégiées, aux termes de l'article 2101 du code Napoléon, et d'un tiers dans les circonstances prévues par les articles 203, 205, 206, 207 et 214 du même code.

Art. 27. — Tout fonctionnaire ou employé démissionnaire destitué, révoqué d'emploi, perd ses droits à la pension. S'il est remis en activité, son premier service lui est compté.

Celui qui est constitué en déficit pour détournement de deniers ou de matières, ou convaincu de malversation, perd ses droits à la pension, lors même qu'elle aurait été liquidée ou inscrite.

La même disposition est applicable au fonctionnaire convaincu de s'être démis de son emploi à prix d'argent, et à celui qui aura été condamné à une peine afflictive ou infamante. Dans ce dernier cas, s'il y a réhabilitation, les droits à la pension seront rétablis.

Art. 28. — Lorsqu'un pensionnaire est remis en activité dans le même service, le payement de sa pension est suspendu.

Lorsqu'il est remis en activité dans un service différent, il ne peut cumuler sa pension et son traitement que jusqu'à concurrence de quinze cents francs.

Après la cessation de ses fonctions, il peut rentrer en jouissance de son ancienne pension, ou obtenir, s'il y a lieu, une nouvelle liquidation basée sur la généralité de ses services.

Art. 29. — Le droit à l'obtention ou la jouissance d'une pension est suspendu par les circonstances qui font perdre la qualité de Français durant la privation de cette qualité.

La liquidation ou le rétablissement de la pension ne peut donner lieu à aucun rappel pour les arrérages antérieurs.

....

Décision du conseil d'État relative au refus d'approbation d'un projet de création d'une maison d'école.

7 *juillet* 1853.

La décision par laquelle le Ministre de l'instruction publique refuse de donner suite au projet d'acquisition approuvé par le conseil municipal d'une maison d'école pour une commune, est-elle un acte purement administratif et non susceptible de recours par la voie contentieuse? Rés. aff.

Vu la requête sommaire et le mémoire ampliatif présenté pour la commune de Moutiers-sous-Chantemerie (Deux-Sèvres), représentée par son maire dûment autorisé à cet effet par la délibération du conseil municipal en date du 10 août 1850, ladite requête et ledit mémoire enregistrés au secrétariat de la section du contentieux les 28 novembre 1851 et 30 avril 1852, et tendant à ce qu'il nous plaise annuler une décision du Ministre de l'instruction publique et des cultes, du 28 août 1851, qui a refusé de donner suite au projet d'acquisition d'une maison d'école, adopté par une délibération du conseil municipal en date du 18 novembre 1849 ; ce faisant, dire que la commune sera autorisée à établir la maison d'école dans la maison pour ce désignée (1) ;

Vu la décision attaquée ;

Vu les observations du Ministre de l'instruction publique et des cultes, en réponse à la communication qui lui a été donnée du pourvoi, lesdites observations enregistrées comme dessus le 7 août 1852, et tendant au rejet dudit pourvoi ;

Vu le mémoire en réplique produit par la commune de Moutiers-sous-Chantemerie, qui déclare persister dans ses précédentes conclusions, ledit mémoire enregistré comme dessus le 9 février 1853 ;

Vu ensemble toutes les pièces produites et jointes au dossier ;

Vu la loi du 18 juillet 1837 ;

Vu le décret du 25 mars 1852 ;

Considérant que la décision par laquelle le Ministre de l'instruction publique a refusé de donner suite au projet d'acquisition d'une maison d'école adopté par délibération du conseil municipal de la commune de Moutiers-sous-Chantemerie, est un acte purement administratif qui n'est pas de nature à nous être déféré par la voie contentieuse :

ART. 1. — La requête de la commune de Moutiers-sous-Chantemerie est rejetée.....

---

(1) Le Ministre de l'instruction publique s'était fondé, dans l'espèce, sur ce que la maison que le conseil municipal se proposait d'acquérir était placée dans un terrain insalubre, et sur ce que les dépenses d'appropriation de cette maison, ainsi que les frais de mutation, d'honoraires et de purge hypothécaire imposeraient à la commune des charges considérables et hors de proportion avec ses ressources. En conséquence, le Ministre avait reconnu, conformémen à l'avis du préfet et aux vœux des principaux habitants de la commune que le projet de construction d'une école primitivement formé par cette commune, e qui présentait toutes les conditions désirables de salubrité, en même temps qu'il permettait d'importantes économies sur le projet d'acquisition, était le seul qui pût être définitivement approuvé. Par suite, le Ministre avait confirmé l'arrêté préfectoral contenant cette approbation.

Arrêté relatif à l'institution d'une commission pour l'enseignement pratique de l'agriculture.

12 *juillet* 1853.

Le Ministre de l'instruction publique et des cultes,

Vu l'article 23 de la loi du 15 mars 1850, portant que l'enseignement primaire peut comprendre des *instructions élémentaires sur l'agriculture ;*

Considérant que, dans cet enseignement, la pratique doit être constamment unie à la théorie ;

Considérant qu'il importe de familiariser de bonne heure les enfants des communes rurales avec les bons procédés d'agriculture et de leur faire aimer les travaux des champs ;

Considérant que le prince Président de la République a alloué, sur sa dotation, la somme nécessaire pour que l'essai de cet enseignement pratique soit entrepris à la fois en divers points de la France, par la location d'un certain nombre d'hectares de terre que les enfants des écoles pourront cultiver sous la direction de l'instituteur ;

Arrête ce qui suit :

ART. 1. — Il est formé près le Ministère de l'instruction publique une commission chargée : 1° de désigner au Ministre les instituteurs auxquels l'enseignement pratique de l'agriculture pourra être confié ; 2° de préparer les instructions qui devront être adressées à ces instituteurs ; 3° de surveiller l'enseignement pratique de l'agriculture dans ces écoles et de proposer les mesures propres à en assurer le succès.

ART. 2. — Sur la proposition de cette commission et après avis des Conseils académiques, le Ministre de l'instruction publique autorisera les exceptions qu'il sera nécessaire d'apporter aux règlements, pour ce qui concerne les heures et la durée des exercices scolaires dans les écoles où l'enseignement pratique de l'agriculture sera expérimenté.

Avis relatif à la présentation des instituteurs par les supérieurs des congrégations religieuses.

6 *août* 1853.

Le Conseil,

Appelé à donner son avis à S. Exc. M. le Ministre de l'instruction publique,

Sur la suite à donner à une demande de M. Guerbos, prêtre directeur des Frères de Saint-Viateur;

Vu les pièces qui lui ont été envoyées le 22 juillet dernier;

Vu l'article 4 du décret impérial du 3 messidor an XI (22 juin 1804) ;

Vu l'ordonnance royale du 29 avril 1828;

Vu l'ordonnance royale du 10 janvier 1830 rendue en la forme des règlements d'administration publique, portant autorisation de l'association charitable formée en faveur de l'instruction primaire par la société des Frères de Saint-Viateur, constituée en association religieuse ;

Vu les statuts de ladite association approuvée par ladite ordonnance et y annexés;

Vu les articles 5 et 31 de la loi du 15 mars 1850;

Vu l'avis du conseil supérieur de l'instruction publique, en date du 15 mars 1851 (1), portant que l'association religieuse

---

(1) Voici cet avis :

Le Conseil,

Ouï le rapport sur la question de savoir si l'association religieuse des Frères de Saint-Viateur, reconnue pour un certain nombre de départements, a le droit de réclamer pour tout le territoire le bénéfice de l'article 31 de la loi du 15 mars 1850 ;

Vu la lettre du sieur Guerbos, prêtre, directeur des Frères de Saint-Viateur, adressée à M. le Ministre de l'instruction publique à la date du 19 septembre 1850, et par lui renvoyée au conseil pour avoir son avis ;

Vu l'article 31 de la loi du 15 mars 1850 ;

Considérant que l'article 31 précité donne aux supérieurs des associations

des Frères de Saint-Viateur, légalement et dûment reconnue comme établissement d'utilité publique, peut user du droit de présentation aux places d'instituteurs vacantes dans toute la France;

Vu l'avis du conseil d'État, du 26 janvier 1853, portant(1) :

1° Qu'un décret nouveau est nécessaire pour conférer aux supérieurs des associations religieuses vouées à l'enseignement le droit de présentation en dehors des limites fixées par leur ordonnance d'autorisation ;

2° Qu'un avis spécial du Ministre de l'instruction publique n'est pas indispensable pour l'acceptation des dons et legs faits aux congrégations religieuses.

---

religieuses, reconnues comme établissements d'utilité publique, le droit de présentation aux places d'instituteurs communaux vacantes ;

Considérant que l'association des Frères de Saint-Viateur établie à Vourles, département du Rhône, par ordonnance du 10 janvier 1830, comme établissement d'utilité publique, a été autorisée à desservir les écoles communales du ressort de l'Académie de Lyon ;

Considérant que postérieurement à la promulgation de la loi de 1833 sur l'instruction primaire, l'association religieuse des Frères de Saint-Viateur a donné des instituteurs communaux et privés à divers départements de l'est et du midi de la France ;

Considérant qu'il résulte des lettres des recteurs des Académies de Privas, de Besançon, d'Aurillac, de Guéret, de Rodez, de Saint-Flour, de Bourg, de Nîmes, de Montpellier, de Grenoble, de Montbrison, de Nevers, de Mâcon, d'Avignon, de Moulins et de Lyon, que les écoles qui sont desservies par les frères de Saint-Viateur sont en général dans l'état le plus satisfaisant ; qu'elles sont fréquentées par un grand nombre d'élèves et que les Frères jouissent d'une considération méritée ; que leur conduite et leur enseignement ont obtenu l'approbation des autorités locales et la confiance des pères de famille ;

Est d'avis que l'association religieuse des Frères de Saint-Viateur, reconnue comme établissement d'utilité publique, pourra user du droit de présentation aux places d'instituteurs communaux vacantes dans toute la France.

(1) Voici cet avis :

La section de l'intérieur, de l'instruction publique et des cultes, a pris connaissance d'une lettre de M. le Ministre de l'instruction publique et des cultes, datée du 25 septembre 1852, demandant l'avis du conseil d'État sur l'interprétation de l'article 31 de la loi du 15 mars 1850 et sur l'opportunité de consulter le conseil supérieur de l'instruction publique au sujet des dons et legs faits aux congrégations religieuses;

Sur la première question :

Attendu qu'en principe, aucun établissement d'utilité publique ne peut être fondé en France sans l'intervention de l'État, parce que, d'une part, il n'appartient qu'aux pouvoirs publics de déclarer et de constater l'utilité publique, et de l'autre, qu'ils sont seuls capables, après l'avoir reconnue, d'apprécier la convenance et la légalité des moyens que l'on se propose d'employer ;

Attendu que sous l'ancienne législation française, maintenue en ce point par la législation nouvelle et notamment par les lois des 2 janvier 1817 et 24 janvier 1825, les associations religieuses doivent être autorisées par une loi ; que sous l'empire de cette dernière législation, il a été fait dans l'application de cette règle une distinction commandée par la nature et le but spécial de certaines associations ;

Sur la première question :

Considérant que l'article 31 de la loi du 15 mars 1850, en accordant aux supérieurs des associations religieuses reconnues comme établissements d'utilité publique, le droit de présentation aux places d'instituteurs communaux, ne change rien aux conditions d'existence de ces associations mêmes ; qu'elle laisse subsister les dispositions spéciales qui les régissent, les limites dans lesquelles elles sont autorisées ; et que, par conséquent, le droit de présentation ne peut s'exercer que dans des départements où ces associations sont autorisées comme établissements d'utilité publique ;

Sur la seconde question :

Considérant que par suite de la suppression de la section permanente du conseil supérieur de l'instruction publique, prononcée par le décret du 9 mars 1852, l'obligation de demander l'avis du conseil supérieur pour l'acceptation des dons et legs faits aux congrégations religieuses pourrait occasionner des retards et porter un préjudice fâcheux aux intérêts desdites congrégations ;

Est d'avis :

1° Qu'un décret nouveau est nécessaire pour conférer aux supérieurs des associations religieuses vouées à l'enseignement, le droit de présentation en dehors des limites fixées par leur ordonnance d'autorisation ;

2° Que l'avis du conseil supérieur de l'instruction publique n'est pas indispensable pour l'acceptation des dons et legs faits aux congrégations religieuses.

Qu'en effet, vers le 18 brumaire, les associations furent réparties en deux classes : celles qui pouvaient être considérées comme des établissements de charité et celles qui étaient de véritables institutions monastiques ;

Que dans la pratique, les congrégations de femmes qui se consacraient au soulagement de l'humanité souffrante, ou qui donnaient gratuitement l'éducation aux enfants pauvres, furent d'abord tolérées, ensuite encouragées jusqu'à ce qu'un décret impérial du 22 messidor an XII (24 juin 1804), en ordonnant la dissolution de plusieurs congrégations ou associations religieuses, prescrivît qu'à l'avenir aucune agrégation ou association d'hommes ou de femmes ne pourrait se former à moins qu'elle ne fût autorisée par un décret impérial sur le vu de ses statuts et règlements ;

Qu'en effet, sous cette apparence prohibitive, la puissance publique ouvrit une voie solennelle et plus abrégée à l'autorisation des associations charitables ;

Que l'on trouve, en effet, du 30 juillet 1804 au 11 décembre 1813, dans le *Bulletin des lois*, 95 décrets impériaux rendus en exécution de l'article 4 du décret du 12 messidor an XII, contenant brevets d'institution des diverses associations religieuses de femmes avec approbation de leurs statuts, lesdits décrets rendus en la forme des règlements d'administration publique;

Que cette distinction a été appliquée aux congrégations d'hommes, et qu'il a été reconnu que les associations charitables vouées à l'enseignement sous forme d'associations religieuses et destinées à former des institutions primaires, ne pouvaient être soumises aux mêmes formes d'autorisation que les associations religieuses vouées à un autre ordre d'enseignement ou se proposant un autre but, mais devaient continuer à être autorisées en la forme prescrite par le décret du 12 messidor an XII ;

Attendu que c'est ce qui résulte des dispositions de l'art. 10 de l'ordonnance royale du 21 avril 1828, qui établissent que les Frères de l'École chrétienne et les membres de toute association charitable légalement autorisés pour former ou pour fournir des instituteurs primaires recevront du recteur un brevet de capacité sur le vu de l'obédience délivrée par le supérieur de l'association, conformément à ce qui est prescrit par les ordonnances du 1er mai 1822, du 11 juin, du 17 septembre et du 3 décembre 1823, et que le recteur délivrera pareillement à chaque frère l'autorisation d'exercer dans le cas prévu par l'article 12 de l'ordonnance du 8 avril 1824;

Attendu que la loi du 28 juin 1833 admet que, par son article 4, tout individu réunissant les conditions d'âge, de capacité et de moralité, peut diriger une école primaire sans exception et sans réserver l'exercice de ce droit aux individus qui seraient engagés dans les associations charitables et religieuses vouées à l'instruction primaire;

Que c'est dans le but de les y appeler directement, que l'article 31 de la loi du 15 mars 1850 a investi les supérieurs des associations religieuses vouées à l'enseignement et autorisées par le roi ou reconnues comme établissements d'utilité publique, du droit de présentation aux places d'instituteurs communaux vacantes;

Que ce droit est accordé sans restriction à tous les supérieurs des associations religieuses reconnues comme établissements d'utilité publique; que les conditions de l'ordonnance d'autorisation qui leur assigne une circonscription, ont été levées par la loi de 1850 dont l'esprit est évidemment de confier, partout où les circonstances et les convenances locales le permettent, l'éducation et l'instruction primaire à des maîtres éminemment religieux;

Qu'en cet état, rien ne s'oppose à ce que le conseil impérial persiste dans son premier avis.

Sur la seconde question :

Attendu que les établissements d'utilité publique sont placés par la loi sous la tutelle du gouvernement; qu'ils ne peuvent acquérir, posséder ni recevoir sans une autorisation spéciale;

Que cette disposition n'est pas établie dans leur intérêt propre, mais dans l'intérêt de la société qui doit veiller à ce que des libéralités excessives ne fassent point sortir des communes un trop grand nombre de propriétés, et à ce que des conditions contraires à l'ordre public et aux bonnes mœurs n'y soient point attachées;

Que dans un intérêt spécial, celui de l'instruction publique, il est nécessaire que les autorisations qui devront être accordées, le cas échéant, à des associations religieuses vouées à l'enseignement, légalement reconnues comme établissements d'utilité publique, soient accordées sur la proposition du Ministre de l'instruction publique;

Attendu que l'organisation de l'instruction publique étant changée, l'article 4 de l'ordonnance royale du 10 janvier 1830 doit être considéré comme non avenu ;

Est d'avis :

1° Que les supérieurs des associations religieuses vouées à l'enseignement et reconnues comme établissements d'utilité publique, peuvent user, aux termes de l'article 31 de la loi du 15 mars 1850, du droit de présentation aux places d'instituteurs communaux vacantes dans tout l'empire (1);

2° Que l'autorisation nécessaire aux associations religieuses vouées à l'enseignement pour accepter les dons et legs qui pourraient leur être faits, doit être accordée par S. M. l'empereur sur la proposition de S. Exc. M. le Ministre de l'instruction publique.

---

(1) C'est la doctrine du conseil d'État établie dans l'avis du 26 janvier 1853 qui a prévalu, ainsi que le constate le décret suivant :

3 *mars* 1853.

NAPOLÉON, etc.,

....

Sur le rapport de notre Ministre secrétaire d'État au département de l'instruction publique et des cultes ;

Vu la demande formée par la congrégation des Frères de l'Instruction chrétienne du Saint-Esprit, autorisée par ordonnance du 17 septembre 1823, pour les départements de Maine-et-Loire, Vienne, Deux-Sèvres, Charente-Inférieure et Vendée, à l'effet d'obtenir : 1° La jouissance, dans toute l'étendue du territoire français, des droits attachés par la loi du 15 mars 1850, aux

Avis relatif à la présentation des instituteurs par les supérieurs des congrégations.

9 *août* 1853.

Le Conseil,

Vu l'article 5 de la loi du 15 mars 1850;

Consulté par S. Exc. le Ministre de l'instruction publique sur la question de savoir si la loi du 15 mars 1850 n'a pas imprimé le caractère d'association religieuse à l'institut des frères des écoles chrétiennes, et si l'application pourrait lui être faite en conséquence de l'article 4 de l'ordonnance royale du 14 janvier 1831;

Attendu que la loi du 15 mars 1850, en conférant aux supérieurs des associations religieuses vouées à l'enseignement,

---

membres des associations religieuses enseignantes, reconnues par l'État, comme établissements d'utilité publique; 2° l'autorisation de substituer à son titre actuel celui de congrégation des Frères de l'Instruction chrétienne de Saint-Gabriel;

Vu l'avis du conseil supérieur de l'instruction publique en date du 7 juin 1851.

Vu l'article 910 du code Napoléon et l'ordonnance du 2 avril 1817;

Vu les articles 31, 34 et 79 de la loi organique du 15 mars 1850;

Notre conseil d'État entendu,

Avons décrété et décrétons ce qui suit:

Art. 1. — La congrégation des Frères de l'Instruction chrétienne du Saint-Esprit, autorisée par l'ordonnance du 17 septembre 1823, pour les départements de Maine-et-Loire, Vienne, Deux-Sèvres, Charente-Inférieure et Vendée, jouira, dans toute l'étendue du territoire français, des droits attribués aux associations religieuses enseignantes, reconnues par l'État comme établissements d'utilité publique.

Art. 2. — La congrégation prendra à l'avenir, le titre de Frères de l'Instruction chrétienne de Saint-Gabriel.

Art. 3. — L'article 2 de l'ordonnance du 17 septembre 1823, en vertu duquel les dons et legs faits à ladite association, devaient être acccептés par

et reconnues comme établissements d'utilité publique, le droit de présenter des candidats aux places vacantes d'instituteurs communaux, n'a rien innové quant à leur état légal, ni aux effets de la reconnaissance qu'ils ont obtenue, et qu'elles continuent à être des associations charitables sous forme religieuse reconnues comme établissements d'utilité publique, et sont comme telles soumises, en tant que personnes civiles, à la tutelle de la puissance juridique, ainsi que tous les autres établissements d'utilité publique;

Que l'institut des Frères des Écoles chrétiennes ne fait point exception à cette règle;

Que s'ils ont été reconnus par la loi, ils l'ont été comme associations charitables et aux conditions et dans les limites établies dans l'acte de leur autorisation;

Qu'en cet état, l'ordonnance royale du 14 janvier 1831, qui n'est applicable qu'aux établissements ecclésiastiques et aux congrégations religieuses de femmes, n'est pas applicable à l'institut des Frères des Ecoles chrétiennes, et que la prohibition portée en l'article 4 de la loi ne saurait les atteindre;

Par ces motifs :

Est d'avis que la loi du 15 mars 1850 a laissé à l'institut des Frères de la Doctrine chrétienne un même et semblable état légal et dans les mêmes conditions civiles qu'il était avant la promulgation de ladite loi, et qu'il demeure depuis la pro-

---

la commission d'instruction publique, est rapporté. A l'avenir, ces dons et legs seront acceptés directement par le supérieur général de la congrégation, dûment autorisé.

ART. 4. — Les statuts qui régissent ledit institut sont approuvés tels qu'ils sont annexés au présent décret.

Ces statuts seront enregistrés et transcrits au conseil d'État; mention de ladite transcription sera faite par le secrétaire général du conseil sur la pièce enregistrée.

ART. 5. — Notre Ministre secrétaire d'État au département de l'instruction publique et des cultes est chargé de l'exécution du présent décret.

mulgation de cette loi, comme avant, à l'état d'association charitable vouée à l'enseignement sous forme religieuse (1).

Avis relatif au caractère de l'enseignement professionnel.

10 *août* 1853.

Le Conseil,

Vu la demande formée le 13 mai dernier par le sieur Cantagrel, instituteur primaire à Montpellier, à l'effet d'être autorisé à enseigner dans son école plusieurs matières non comprises dans l'article 22 de la loi du 15 mars 1850, telles que l'algèbre, la géométrie descriptive, les langues vivantes et l'enseignement professionnel donné dans l'atelier et le laboratoire;

Vu l'avis du recteur de l'Académie de l'Hérault, en date du 18 du même mois;

---

(1) Voici la liste des congrégations vouées à l'enseignement, autorisées postérieurement à la loi du 15 mars 1850 :

1851. — Petits Frères de Marie, à Notre-Dame de l'Hermitage (20 juin);

1853. — Frères de l'Instruction chrétienne du Saint-Esprit, dits de Saint-Gabriel, à Saint-Laurent-sur-Sèvres (3 mars 1853) ;

Frères de Notre-Dame de Bon-Secours, à Oran (16 avril) ;

Frères de Saint-Joseph, à Oullins (6 mai) ;

1854. — Frères de la Croix-de-Jésus, à Ménestruel (4 mai) ;

Frères de Saint-François-d'Assises, à Saint-Antoine-des-Bois (4 mai) ;

1856. — Frères de Saint-François-Régis, au Puy (19 août) ;

Frères des Écoles chrétiennes de la Miséricorde, à Montebourg (4 septembre) ;

1860. — Frères de la Société de Marie, à Bordeaux (16 novembre 1825), transférés à Paris (18 août).

Vu les articles 23, 60 et 62 de la loi du 15 mars 1850;

Attendu, d'une part, que les matières que peut comprendre l'enseignement primaire sont déterminées et limitées d'une manière précise par l'article 23;

Attendu, d'autre part, que les matières que se propose d'enseigner le sieur Cantagrel et notamment l'enseignement professionnel sont expressément attribués aux établissements d'instruction secondaire par l'article 62, et que le paragraphe dudit article dispose que le Ministre de l'instruction publique, sur l'avis du conseil impérial, nomme des jurys spéciaux d'examen pour l'enseignement professionnel;

Considérant qu'autoriser dans une école primaire l'enseignement de quelques-unes des matières réservées aux établissements d'instruction secondaire, ce serait détruire les garanties dont la loi a voulu entourer les écoles de chacun des deux degrés d'enseignement, en exigeant de leur chef des conditions différentes d'instruction et de capacité;

Est d'avis :

1° Qu'il n'y a pas lieu d'accorder au sieur Cantagrel, instituteur primaire, l'autorisation qu'il sollicite;

2° Que pour être en mesure d'enseigner légalement toutes les matières indiquées au programme de l'école projetée, le candidat devrait remplir les conditions exigées des chefs des établissements libres d'instruction secondaire, et conséquemment justifier soit du diplôme de bachelier, soit d'un brevet de capacité délivré par un jury d'examen dans la forme prescrite par l'article 62 de la loi du 15 mars 1850;

3° Qu'il y a lieu, pour donner satisfaction au besoin que signale la demande dont il s'agit, d'inviter M. le Ministre à pourvoir dans un prochain délai à l'institution, dans le département de l'Hérault, d'un jury.

Décret sur les pensions civiles.

9 *novembre* 1853.

NAPOLÉON, etc.,
Avons décrété et décrétons ce qui suit :

....

TITRE II.

PERCEPTION DES RETENUES.

ART. 5. — Les traitements ou allocations passibles de retenues, qui sont acquittés par les comptables du Trésor, sont portés pour le brut dans les ordonnances et mandats, et il y est fait mention spéciale des retenues à exercer pour pension.

Les comptables chargés du payement de ces ordonnances ou mandats les imputent en dépense pour leur montant intégral, et ils constatent en recette les retenues opérées au crédit du budget de chaque exercice et à un compte distinct intitulé: *Retenues sur traitements pour le service des pensions civiles.*

....

ART. 10. — Les retenues acquises au Trésor sur le traitement des instituteurs communaux, quelle que soit l'origine des rétributions dont ce traitement se compose, sont prélevées par le receveur municipal lors du payement, lequel a lieu sur la production de mandats délivrés par le maire et indiquant le montant brut des rétributions, les retenues à exercer et le net à payer.

Lorsque l'instituteur est autorisé à percevoir lui-même la rétribution scolaire, conformément au deuxième paragraphe de l'article 41 de la loi du 15 mars 1850, il remet le vingtième de cette rétribution au receveur municipal, qui le verse, avec les autres retenues acquises au Trésor, dans la caisse du receveur des finances.

A l'appui des versements effectués, le receveur municipal produit des copies des mandats de payement, et, en outre, lorsque la rétribution scolaire a été perçue par l'instituteur, une copie du rôle de rétribution.

ART. 11. — Indépendamment des pièces mentionnées à l'article précédent, le receveur municipal adresse tous les trois mois au receveur des finances, pour être transmis au sous-préfet, un bordereau récapitulatif des sommes recouvrées dans le cours du trimestre pour traitement de l'instituteur, et des retenues dont elles ont été frappées au profit du Trésor.

Le sous-préfet, après avoir, de concert avec l'inspecteur des écoles primaires, opéré le rapprochement de l'état des mutations du personnel avec les bordereaux remis par le receveur des finances, arrête et transmet au préfet, en double expédition, un tableau général des traitements et rétributions de toute nature afférents aux instituteurs communaux de l'arrondissement, et des retenues qui ont été exercées sur ces traitements et rétributions pendant le trimestre écoulé.

Ce tableau est vérifié par le préfet, qui en adresse une expédition, visée de lui, au Ministre de l'instruction publique et des cultes.

ART. 12. — Tous les trois mois, le Ministre de l'instruction publique fait parvenir au Ministre des finances un état récapitulatif, par catégorie de fonctionnaires, des retenues acquises au Trésor pour tous les services de l'instruction publique.

Cet état indique le total brut des traitements qui ont été payés et le montant des retenues qui ont dû être précomptées par les payeurs ou versées dans les caisses des receveurs des finances.

En ce qui concerne les instituteurs communaux, cette production n'a lieu que tous les six mois. L'état est dressé par arrondissement.

ART. 13. — Les fonctionnaires et employés rétribués sur d'autres fonds que ceux de l'État, qui ont néanmoins droit à pension, conformément au dernier paragraphe de l'article 4 de la loi du 9 juin 1853, supportent la retenue sur l'intégralité de leurs rétributions.

Ceux qui sont placés en France et en Algérie doivent effectuer le versement de cette retenue, par trimestre et dans les premiers jours du trimestre qui suit le trimestre échu, à la caisse du receveur des finances ; ils transmettent la déclaration de ce versement au Ministre du département auquel ils ressortissent. Ceux qui résident à l'étranger sont tenus de faire acquitter, pour leur compte, les retenues qui les concernent, et de faire faire en même temps la déclaration ci-dessus prescrite : ils sont autorisés à faire un seul versement par année.

Les Ministres transmettent chaque trimestre au Ministre des finances des états nominatifs par département desdits fonctionnaires et employés ; ces états, indiquant le traitement applicable à chaque agent et la retenue à exercer, sont transmis, comme titre de perception à recouvrer, aux receveurs des finances.

....

Art. 15. — Le compte général des retenues exercées pour le service des pensions civiles, établi par ministères et administrations, est annexé au compte définitif des recettes, publié par le Ministre des finances pour chaque exercice.

Art. 16. — Les fonctionnaires et employés ne peuvent obtenir chaque année un congé ou une autorisation d'absence de plus de quinze jours sans subir une retenue. Toutefois, un congé d'un mois sans retenue peut être accordé à ceux qui n'ont joui d'aucun congé et d'aucune autorisation d'absence pendant trois années consécutives.

Pour les congés de moins de trois mois, la retenue est de la moitié au moins et des deux tiers au plus du traitement.

Après trois mois de congé consécutifs ou non, dans la même année, l'intégralité du traitement est retenue, et le temps excédant les trois mois n'est pas compté comme service effectif pour la pension de retraite.

Si, pendant l'absence de l'employé, il y a lieu de pourvoir à des frais d'intérim, le montant en sera précompté, jusqu'à due concurrence, sur la retenue qu'il doit subir.

La durée du congé avec retenue de la moitié au moins et des deux tiers au plus du traitement peut être portée à quatre mois pour les fonctionnaires et employés exerçant hors de France, mais en Europe ou en Algérie, et à six mois pour ceux qui sont attachés au service colonial ou aux services diplomatique et consulaire hors d'Europe.

Sont affranchies de toute retenue les absences ayant pour cause l'accomplissement d'un des devoirs imposés par la loi.

En cas d'absence pour cause de maladie dûment constatée, le fonctionnaire ou l'employé peut être autorisé à conserver l'intégralité de son traitement pendant un temps qui ne peut excéder trois mois. Pendant les trois mois suivants, il peut obtenir un congé avec la retenue de la moitié au moins et des deux tiers au plus du traitement.

Si la maladie est déterminée par l'une des causes exceptionnelles prévues aux premier et deuxième paragraphes de l'article 11 de la loi du 9 juin 1853, le fonctionnaire peut conserver l'intégralité de son traitement jusqu'à son rétablissement ou jusqu'à sa mise à la retraite.......................

Il n'est dérogé par le présent article ni...................
ni aux règles spéciales concernant la mise en activité.......
des fonctionnaires de l'enseignement.

Art. 17. — Le fonctionnaire ou l'employé qui s'est absenté ou qui a dépassé la durée de ses vacances ou de son congé, sans autorisation, peut être privé de son traitement pendant un temps double de celui de son absence irrégulière.

Une retenue, qui ne peut excéder deux mois de traitement, peut être infligée, par mesure disciplinaire, dans le cas d'inconduite, de négligence ou de manquement au service.

Les dispositions du présent article ne sont applicables ni

....

ni aux membres du corps enseignant, qui restent soumis aux articles 33 de la loi du 15 mars 1850, et 3 du décret du 9 mars 1852.

....

Art. 18. — La retenue prescrite par les deux articles précédents s'exerce sur les rétributions de toute nature constituant l'émolument personnel passible de la retenue de 5 %, aux termes du paragraphe 2 de l'article 3 de la loi du 9 juin 1853.

....

Art. 21. — Sont affranchies des retenues prescrites par l'article 3 de la loi du 9 juin 1853, les sommes payées à titre d'indemnité pour frais de représentation et de stations navales, de gratifications éventuelles, de salaires de travail extraordinaire, d'indemnités pour missions extraordinaires, d'indemnités de perte, de frais de voyage, d'abonnements et d'allocations pour frais de bureau, de régie, de table et de loyer, de supplément de traitement colonial et de remboursement de dépenses.

....

Art. 25. — Le fonctionnaire démissionnaire, révoqué ou destitué, s'il est réadmis dans un emploi assujetti à la retenue, subit de nouveau la retenue du premier mois de son traitement et celle du premier douzième des augmentations ultérieures.

Celui qui, par mesure disciplinaire ou par mutation volontaire d'emploi, est descendu à un traitement inférieur, subit la retenue du premier douzième des augmentations ultérieures.

Le fonctionnaire placé dans la situation indiquée par le dernier paragraphe de l'article 10 de la loi du 9 juin 1853 est assujetti à la retenue sur son traitement d'inactivité; mais il ne subit pas la retenue du premier douzième lorsqu'il est rappelé à un emploi actif.

COMPOSITION DU TRAITEMENT MOYEN.

Art. 26. — ....

A l'égard des principaux des colléges communaux qui administrent le pensionnat à leur compte, le traitement moyen est réglé sur le traitement du régent le mieux rétribué, surévalué d'un quart.

Art. 27. — A l'égard des agents extérieurs du département des affaires étrangères et des fonctionnaires de l'enseignement qui sont admis à la retraite dans la position d'inactivité prévue par le quatrième paragraphe de l'article 10 de la loi du 9 juin

1853, le traitement moyen s'établit sur les six années de services qu'ils ont rendus, comme titulaires d'emploi, avant leur mise en inactivité.

ART. 28. — Le traitement moyen des agents qui sont rétribués par des salaires ou remises variables sujettes à liquidation, est établi sur les six années antérieures à celle dans le cours de laquelle cesse l'activité.

TITRE III.

JUSTIFICATION DU DROIT A PENSION, MODE DE LIQUIDATION.

ART. 29. — L'admission du fonctionnaire à faire valoir ses droits à la retraite est prononcée par l'autorité qui, aux termes des règlements, a qualité pour prononcer sa révocation.

L'acte d'admission à la retraite spécifie les circonstances qui donnent ouverture au droit à la pension, et indique les articles de la loi applicables au fonctionnaire.

ART. 30. — Lorsque l'admission à la retraite a lieu avant l'accomplissement de la condition d'âge imposée par l'article 5 de la loi du 9 juin 1853, cette admission est prononcée dans les formes suivantes :

Si l'impossibilité d'être maintenu en activité résulte pour le fonctionnaire d'un état d'invalidité morale inappréciable pour les hommes de l'art, sa situation est constatée par un rapport de ses supérieurs dans l'ordre hiérarchique.

Si l'incapacité de servir est le résultat de l'invalidité physique du fonctionnaire, l'acte prononçant son admission à la retraite doit être appuyé, indépendamment des justifications ci-dessus spécifiées, d'un certificat des médecins qui lui ont donné leurs soins, et d'une attestation d'un médecin désigné par l'administration et assermenté, qui déclare que le fonctionnaire est hors d'état de continuer utilement l'exercice de son emploi.

ART. 31. — Le fonctionnaire admis à la retraite doit produire, indépendamment de son acte de naissance et d'une déclaration de domicile,

1° Pour la justification des services civils :

Un extrait dûment certifié des registres et sommiers de l'administration ou du ministère auquel il a appartenu, énonçant ses nom et prénoms, sa qualité, la date et le lieu de sa naissance, la date de son entrée dans l'emploi avec traitement, la série de ses grades et services, l'époque et les motifs de leur cessation et le montant du traitement dont il a joui pendant chacune des six dernières années de son activité.

Lorsqu'il n'aura pas existé de registres, ou que tous les services administratifs ne se trouveront pas inscrits sur les registres existants, il y sera suppléé, soit par un certificat du chef ou des chefs compétents des administrations où l'employé aura servi, relatant les indications ci-dessus énoncées, soit par un extrait des comptes et états d'émargement certifié par le greffier de la Cour des comptes.

Les services civils rendus hors d'Europe sont constatés par un certificat distinct délivré par le Ministre compétent.

....

A défaut de ces justifications, et lorsque, pour cause de destruction des archives dont on aurait pu les extraire ou du décès des fonctionnaires supérieurs, l'impossibilité de les produire aura été prouvée, les services pourront être constatés par acte de notoriété.

....

Les services des employés de préfectures et de sous-préfectures sont justifiés par un certificat du préfet ou du sous-préfet, constatant que le titulaire a été rétribué sur des fonds d'abonnement, et ce certificat doit être visé par le Ministre de l'intérieur.

Art. 32. — Les veuves prétendant à pension fournissent, indépendamment des pièces que leur mari aurait été tenu de produire :

1° Leur acte de naissance ;

2° L'acte de décès de l'employé ou du pensionnaire ;

3° L'acte de célébration du mariage ;

4° Un certificat de non-séparation de corps, et, si le mariage est antérieur à la loi du 8 mai 1816, un certificat de non-divorce;

5° Dans le cas où il y aurait eu séparation de corps, la veuve doit justifier que cette séparation a été prononcée sur sa demande.

Les orphelins prétendant à pension fournissent, indépendamment des pièces que leur père aurait été tenu de produire :

1° Leur acte de naissance ;

2° L'acte de décès de leur père;

3° L'acte de célébration de mariage de leurs père et mère;

4° Une expédition ou un extrait de l'acte de tutelle;

5° En cas de prédécès de la mère, son acte de décès ;

En cas de séparation de corps, expédition du jugement qui a prononcé la séparation ou un certificat du greffier du tribunal qui a rendu le jugement;

En cas de second mariage, acte de célébration.

Les veuves ou orphelins prétendant à pension produisent le brevet délivré à leur mari ou père, lorsqu'il est décédé en jouissance de pension, ou une déclaration constatant la perte de ce titre.

Art. 33. — Si le fonctionnaire a été justiciable direct de la Cour des comptes, soit en deniers, soit en matières, il doit produire un certificat de la comptabilité générale des finances ou du ministère, constatant, sauf justification ultérieure du quitus de la Cour des comptes, que la vérification provisoire de sa gestion ne révèle aucun débet à sa charge.

Si le prétendant à pension n'est pas justiciable direct de la Cour des comptes, sa situation en fin de gestion est constatée par un certificat du comptable supérieur duquel il relève.

Art. 34. — Les enfants orphelins des fonctionnaires décédés pensionnaires ne peuvent obtenir des secours à titre de réversion qu'autant que le mariage dont ils sont issus a précédé la mise à la retraite de leur père.

Art. 35. — Dans les cas spécifiés aux paragraphes 1er et 2e de l'article 11, 1er et 2e de l'article 14 de la loi du 9 juin 1853, l'événement donnant ouverture au droit à pension doit être constaté par un procès-verbal en due forme dressé sur les lieux et au moment où il est survenu. A défaut de procès-verbal, cette constatation peut s'établir par un acte de notoriété rédigé sur la déclaration des témoins de l'événement ou des personnes qui ont été à même d'en connaître et d'en apprécier les conséquences. Cet acte doit être corroboré par les attestations conformes de l'autorité municipale et des supérieurs immédiats du fonctionnaire.

Dans le cas d'infirmités, prévu par le troisième paragraphe de l'article 11 de la loi du 9 juin, ces infirmités et leurs causes sont constatées par les médecins qui ont donné leurs soins au fonctionnaire et par un médecin désigné par l'administration et assermenté. Ces certificats doivent être corroborés par l'attestation de l'autorité municipale et celle des supérieurs immédiats du fonctionnaire.

Art. 36. — Dans les cas exceptionnels prévus par les premier et deuxième paragraphes dudit article 11, il est tenu compte à l'employé de ses services militaires de terre et de mer, suivant le mode spécial de rémunération réglé par l'article 8 de la loi, indépendamment de la liquidation déterminée pour les services civils par les deux premiers paragraphes de l'article 12.

La liquidation s'établit, dans les mêmes cas, sur le traitement moyen, lorsqu'il est plus favorable à l'employé que le dernier traitement d'activité.

....

TITRE IV.

DISPOSITIONS D'ORDRE ET DE COMPTABILITÉ.

....

Art. 41. — Les décrets de concession mentionnent les nom, prénoms, grade, date et lieu de naissance du pensionnaire, la nature et la durée de ses services, la date des lois, décrets et ordonnances réglementaires en vertu desquels la pension a été liquidée, la quotité du traitement qui a servi de base à la liquidation, la part de rémunération afférente aux services militaires et celle afférente aux services civils, la limitation au maximum, la quotité de la pension, la date d'entrée en jouissance et le domicile de la partie. Ces décrets indiquent en outre la date de l'avis rendu par la section des finances, et, s'il y a lieu, celle de l'avis du conseil d'État.

Lorsque ces décrets sont collectifs, ils doivent être divisés en deux catégories, comprenant distinctement les pensions pour services terminés avant le 1er janvier 1854 et celles concédées pour services terminés postérieurement à cette date.

ART. 42. — La date de la présentation de la demande en liquidation est constatée par son inscription sur un registre spécial tenu dans chaque ministère. Un bulletin de cette inscription est délivré à la partie intéressée.

ART. 43. — Lorsqu'un fonctionnaire dont la pension est liquidée ou inscrite se trouve dans l'un des cas prévus par les deux derniers paragraphes de l'article 27 de la loi du 9 juin 1853, sa perte du droit à la pension est prononcée par un décret rendu sur la proposition du Ministre des finances, après avoir pris l'avis du Ministre liquidateur et après avoir consulté la section des finances du conseil d'État.

ART. 44. — Lorsqu'un pensionnaire est remis en activité, il en est immédiatement donné avis par le Ministre compétent au Ministre des finances, pour que le payement de la pension soit suspendu ou pour qu'il soit fait application des dispositions de l'article 31 de la loi du 9 juin relatives au cumul.

ART. 45. — Lorsqu'un fonctionnaire a disparu de son domicile, et que plus de trois ans se sont écoulés sans qu'il ait réclamé les arrérages de sa pension, sa femme ou les enfants qu'il a laissés peuvent obtenir, à titre provisoire, la liquidation des droits de réversion qui leur seraient ouverts par les articles 13 et 16 de la loi du 9 juin 1853, en cas de décès dudit pensionnaire.

Art. 46. — Tout titulaire d'une pension inscrite au Trésor doit produire, pour le payement, un certificat de vie délivré par un notaire, conformément à l'ordonnance du 6 juin 1839, lequel certificat contient, en exécution des articles 14 et 15 de la loi du 15 mai 1818, la déclaration relative au cumul.

La rétribution fixée par le décret du 21 août 1806 et l'ordonnance du 20 juin 1817, pour la délivrance des certificats de vie, est modifiée ainsi qu'il suit :

Pour chaque trimestre à percevoir :

De 600 francs et au-dessus......	0,50 c.
De 600 à 301 francs............	0,35
De 300 à 101 francs............	0,25
De 100 à 50 francs.............	0,20
Au-dessous de 50 francs.........	0,00

Art. 47. — Lorsque l'intérêt du service l'exige, le fonctionnaire admis à faire valoir ses droits à la retraite peut être maintenu momentanément en activité, sans que la prolongation de ses services puisse donner lieu à un supplément de liquidation. Dans ce cas, la jouissance de sa pension part du jour de la cessation effective du traitement.

Décret portant que les caisses d'épargne et de prévoyance des instituteurs communaux cesseront de recevoir les retenues du vingtième opérées sur le traitement des instituteurs.

29 *décembre* 1853.

Napoléon, etc.,

Sur le rapport de notre Ministre secrétaire d'État au département de l'instruction publique et des cultes;

Vu l'article 15 de la loi du 28 juin 1833, ainsi conçu :

« Il sera établi, dans chaque département, une caisse d'épargne et de prévoyance en faveur des instituteurs primaires communaux.

« Les statuts de ces caisses d'épargne seront déterminés par des ordonnances royales.

« Cette caisse sera formée par une retenue annuelle d'un vingtième sur le traitement de chaque instituteur communal. Le montant de la retenue sera placé en compte ouvert au Trésor royal pour les caisses d'épargne et de prévoyance; les intérêts de ces fonds seront capitalisés tous les six mois. Le produit total de la retenue exercée sur chaque instituteur lui sera rendu à l'époque où il se retirera, et, en cas de décès dans l'exercice de ses fonctions, à sa veuve ou à ses héritiers; »

Vu l'article 1 de l'ordonnance du 13 février 1833, ainsi conçu :

« La Caisse des dépôts et consignations sera chargée de recevoir et d'administrer, sous la garantie du Trésor public et sous la surveillance de la commission instituée par l'article 99 de la loi du 28 avril 1816, les fonds provenant des caisses d'épargne des instituteurs communaux, et qui seront placés conformément aux règles établies ci-après.

« Le taux auquel sera bonifié l'intérêt des sommes placées par ces caisses sera le même que celui qui a été fixé pour les autres caisses d'épargne, par la loi du 31 mars dernier; »

Vu l'article 39 de la loi du 15 mars 1850 ;

Vu la loi du 9 juin 1853, sur les pensions civiles;

Considérant, qu'aux termes de cette dernière loi, une retenue de 5 p. °/₀ doit être faite sur les traitements des instituteurs primaires communaux, à partir du 1er janvier 1854;

Avons décrété et décrétons ce qui suit :

Art. 1.—A partir du 1er janvier 1854, les caisses d'épargne et de prévoyance des instituteurs communaux, créées par l'article 15 de la loi du 28 juin 1833, cesseront de recevoir les retenues du vingtième opérées sur le traitement des instituteurs.

Elles continueront néanmoins, jusqu'au 31 août prochain,

à faire recette des retenues arriérées afférentes à l'exercice 1853.

Art. 2.—Un règlement d'administration publique déterminera ultérieurement les mesures à prendre relativement à la liquidation de ces caisses d'épargne et de prévoyance.

Art. 3.— Nos Ministres secrétaires d'État aux départements des finances et de l'instruction publique et des cultes sont chargés de l'exécution du présent décret.

Arrêté fixant le traitement des instituteurs et institutrices publics de l'Algérie.

30 *décembre* 1853.

Le Ministre secrétaire d'État aux départements de la guerre et de l'instruction publique et des cultes;

Vu la délibération du conseil du gouvernement de l'Algérie, en date du 5 novembre 1852;

Vu la décision du Ministre de la guerre du 15 novembre 1844, relative au traitement des instituteurs et institutrices de l'Algérie;

Vu l'arrêté du président du conseil chargé du pouvoir exécutif, du 16 août 1848;

Arrête :

Art. 1. — A partir du 1er janvier 1854, le traitement des instituteurs et institutrices publics, établis dans les localités de l'Algérie non érigées en communes, est fixé ainsi qu'il suit :

Instituteurs.................	1,200 fr.
Institutrices................	1,000

Ils cumuleront avec ce traitement le produit de la rétribution scolaire, fixée à deux francs par élève et par mois. Cette rétribution sera perçue directement par les ayants droit.

Pour les écoles gratuites tenues par des personnes appartenant à des congrégations religieuses, les traitements des frères et sœurs chargés de l'enseignement seront fixés par des traités spéciaux passés avec les supérieurs des communautés et approuvés par le Ministre de la guerre.

Art. 2. — A la fin de chaque année, le préfet pour le territoire civil, et le commandant de la division pour le territoire militaire, fixent, sur l'avis de l'inspecteur de l'enseignement primaire, le nombre maximum des enfants qui pourront être admis gratuitement dans chaque école publique, pendant le cours de l'année suivante.

La désignation des enfants à recevoir gratuitement est faite, dans chaque localité, par le maire ou par celui qui en remplit les fonctions, de concert avec les ministres des différents cultes. Cette liste, ainsi dressée, est arrêtée par le préfet ou par le commandant de division.

Art. 3. — Le traitement fixe des instituteurs et institutrices publics, désigné dans l'article 1, sera acquitté par douzième sur les fonds de la caisse locale et municipale, sauf abandon à ladite caisse du crédit porté annuellement au budget de l'État pour l'enseignement primaire en Algérie.

Art. 4. — Dans les localités érigées en communes, le traitement des instituteurs et institutrices est fixé par le conseil municipal, sauf approbation de l'autorité supérieure.

Ce traitement est exclusivement à la charge du budget communal.

Art. 5. — La décision ministérielle ci-dessus visée, du 15 novembre 1844, est rapportée.

Art. 6. — Le gouverneur général et le recteur de l'Algérie sont chargés, chacun en ce qui le concerne, de l'exécution du présent arrêté.

Décret relatif à la nomination des instituteurs.

31 *décembre* 1853.

NAPOLÉON, etc.,

Avons décrété et décrétons ce qui suit :

TITRE Ier.

DES ÉCOLES COMMUNALES ET DES INSTITUTEURS.

ART. 1. — Nul n'est nommé définitivement instituteur communal, s'il n'a dirigé, pendant trois ans au moins, une école en qualité d'instituteur suppléant, ou s'il n'a exercé pendant trois ans, à partir de sa vingt et unième année, les fonctions d'instituteur adjoint.

ART. 2. — Nul ne peut être nommé instituteur suppléant s'il ne remplit les conditions déterminées par l'article 25 de la loi du 15 mars 1850.

ART. 3. — Les instituteurs suppléants peuvent être chargés par les recteurs des Académies de la direction, soit des écoles publiques dans les communes dont la population ne dépasse pas 500 âmes, soit des écoles annexes dont l'établissement serait reconnu nécessaire.

Ils remplacent temporairement les instituteurs communaux en cas de congé, de démission ou de révocation, de maladie ou de décès.

ART. 4. — Les instituteurs suppléants dirigeant des écoles publiques reçoivent un traitement dont le minimum est fixé ainsi qu'il suit, y compris le produit de la rétribution scolaire :

Instituteurs suppléants de 1re classe, 500 francs;
Instituteurs suppléants de 2e classe, 400 francs.

Il est pourvu au traitement et au logement des instituteurs suppléants, conformément aux dispositions de la loi du 15 mars 1850.

Le traitement des instituteurs suppléants remplaçant des instituteurs communaux est fixé par le recteur de l'Académie. Il peut être prélevé sur le traitement du titulaire.

Le passage d'un instituteur suppléant de la deuxième à la première classe peut avoir lieu sans changement de résidence.

Le nombre des instituteurs suppléants de première classe ne peut excéder, dans chaque département, le tiers du nombre des instituteurs suppléants.

Art. 5. — Sur la proposition du recteur de l'Académie, une allocation supplémentaire peut être accordée, par le Ministre de l'instruction publique, aux instituteurs communaux qui l'auront méritée par leurs bons services.

Cette allocation est calculée de manière à élever à 700 francs après cinq ans, et à 800 francs après dix ans, le revenu scolaire, dont le minimum est fixé à 600 francs par la loi du 15 mars 1850; elle peut être annuellement renouvelée, si l'instituteur continue à s'en rendre digne.

Dans tous les cas, le nombre des instituteurs communaux qui reçoivent cette indemnité ne peut dépasser le dixième du nombre total des instituteurs communaux de la circonscription académique. Ce dixième ne devra être complétement atteint, s'il y avait lieu, que dans cinq ans, à partir du 1er janvier 1854.

TITRE II.

DES ÉCOLES DE FILLES.

Art. 6. — Les écoles de filles, avec ou sans pensionnat, sont divisées en deux ordres, savoir :

Écoles de premier ordre;
Écoles de second ordre.

Art. 7. — Aucune aspirante au brevet de capacité ne peut être admise à se présenter devant une commission d'examen, si elle n'est âgée, au jour de l'ouverture de la session, de dix-huit ans accomplis.

Le brevet de capacité mentionne l'ordre d'enseignement pour lequel il a été délivré.

Art. 8. — Nulle institutrice laïque ne peut diriger une maison d'éducation de premier ordre, si elle n'est pourvue d'un brevet de capacité, délivré après un examen portant sur toutes celles des matières d'enseignement énumérées aux articles 23 et 48 de la loi du 15 mars 1850, qui sont exigées pour l'éducation des femmes.

Art. 9. — Des institutrices peuvent être chargées de la direction des écoles publiques communes aux enfants des deux sexes, qui, d'après la moyenne des trois dernières années, ne reçoivent pas annuellement plus de quarante élèves.

Les dispositions de l'article 4 du présent décret, relatives au traitement et au logement, sont applicables à ces institutrices.

Art. 10. — Toutes les écoles communales ou libres de filles, tenues soit par des institutrices laïques, soit par des associations religieuses non cloîtrées ou même cloîtrées, sont soumises, quant à l'inspection ou à la surveillance de l'enseignement, en ce qui concerne l'externat, aux autorités instituées par les articles 18 et 20 de la loi du 15 mars 1850.

Art. 11. — Le recteur de l'Académie délègue, lorsqu'il y a lieu, des dames pour inspecter, aux termes des articles 50 et 53 de la loi du 15 mars 1850, l'intérieur des pensionnats tenus par des institutrices laïques.

Art. 12. — L'inspection des pensionnats de filles, tenus par des associations religieuses cloîtrées ou non cloîtrées, est faite, lorsqu'il y a lieu, par des ecclésiastiques nommés par le Ministre de l'instruction publique, sur la présentation de l'évêque diocésain.

Les rapports constatant les résultats de cette inspection sont transmis directement au Ministre.

TITRE III.

DE LA RÉTRIBUTION SCOLAIRE.

ART. 13. — A la fin de chaque année scolaire (1), le préfet, ou par délégation le sous-préfet, fixe, sur la proposition des délégués cantonaux et l'avis de l'inspecteur de l'instruction primaire, le nombre maximum des enfants qui, en vertu des prescriptions de l'article 24 de la loi du 15 mars 1850, pour-

---

(1) JURISPRUDENCE RELATIVE A L'EXÉCUTION DES ARTICLES 13 ET 14 DU DÉCRET DU 31 DÉCEMBRE 1853.

28 *février* 1855.

Monsieur le préfet, le titre II du 31 décembre 1853 a établi qu'à la fin de chaque année scolaire le préfet et, par délégation, le sous-préfet, fixe le nombre maximum des élèves qui peuvent être admis gratuitement dans chaque école publique. Il a converti, en même temps, en rôle trimestriel le rôle annuel de cette rétribution.

Mon instruction du 31 janvier 1854 vous a fait connaître les motifs qui justifiaient l'adoption de ces deux dispositions nouvelles, et vous avez compris, monsieur le préfet, l'importance des résultats qu'on était en droit d'attendre de leur application. Si la conversion du rôle annuel en rôle trimestriel avait offert à l'administration des facilités précieuses, la fixation du nombre maximum des élèves gratuits avait un but plus élevé encore. Le nombre chaque année croissant des élèves gratuits inspirait des craintes graves pour le principe même de la rétribution. Il s'agissait donc de concilier avec l'intérêt des indigents véritables, auxquels la loi a garanti le bienfait de l'instruction, celui de l'État, qui était menacé de faire presque seul tous les frais de l'enseignement primaire. Fixer d'avance le nombre maximum des élèves gratuits, c'était fournir aux maires et aux curés chargés de dresser la liste nominative de ces élèves le moyen de résister à des obsessions fâcheuses et de porter leur choix sur les enfants vraiment dignes de la faveur de la gratuité.

Aujourd'hui que l'expérience d'une année a dû démontrer la valeur de ces

ront être admis gratuitement dans chaque école publique pendant le cours de l'année suivante.

La liste des élèves gratuits dressée par le maire et les ministres des différents cultes, et approuvée par le conseil municipal, conformément à l'article 45 de la loi du 15 mars 1850, ne doit pas dépasser le nombre ainsi fixé.

Lorsque cette liste est arrêtée par le préfet, il en est délivré par le maire un extrait, sous forme de billet d'admission, à chaque enfant qui y est porté.

Aucun élève ne peut être reçu gratuitement dans une école communale s'il ne justifie d'un billet d'admission délivré par le maire.

Art. 14. — A partir de l'exercice 1854, le rôle de la rétribution scolaire prescrit par l'article 22 du décret du 7 oc-

---

dispositions, je vous prie de me faire connaître les résultats qu'elles ont produits dans votre département. Je désire savoir d'abord si leur application n'a rencontré aucun obstacle; si elle a pu être générale, sans exception, dans les écoles laïques comme dans les écoles dirigées par des congrégations; si les dispositions de détail prescrites par l'instruction du 31 janvier ont été rigoureusement suivies en ce qui touche, par exemple, la présentation de la part de tout élève gratuit, d'un billet d'admission délivré par le maire? Il ne me paraît pas douteux que, l'application ayant été complète, les résultats n'aient été des plus heureux par rapport au produit de la rétribution scolaire. Veuillez, monsieur le préfet, me donner à ce sujet des renseignements détaillés, et établir une comparaison entre les années 1853 et 1854 pour tout ce qui se rapporte au nombre des écoliers payants ou gratuits, à leur moyenne par école, au taux de la rétribution scolaire, au produit total de cette rétribution.

Vous voudrez bien aussi, monsieur le préfet, traiter dans votre rapport des effets de la conversion du rôle annuel en rôle trimestriel. Je vous invite à me signaler les difficultés qu'aurait pu rencontrer l'application de cette prescription réglementaire, qui complète l'ensemble des mesures adoptées dans l'intérêt des enfants indigents, et à me faire parvenir ces renseignements dans les derniers jours du mois de mars au plus tard.

27 *mai* 1861.

Monsieur le préfet, la loi du 15 mars 1850, ainsi que la loi du 28 juin 1833, qui régissaient précédemment l'instruction primaire, a posé en principe

tobre 1850 sera dressé à la fin de chaque trimestre. Il comprendra tous les enfants présents à l'école pendant le trimestre écoulé, avec l'indication du nombre de douzièmes dus par chacun d'eux. Il ne sera tenu compte, dans le rôle trimestriel, d'aucune fraction de douzième, tout mois commencé étant dû en entier.

ART. 15. — Notre Ministre secrétaire d'État au départe-

---

que les enfants des familles indigentes qui fréquentent les écoles primaires devaient seuls être exemptés du payement de la rétribution scolaire. A titre d'exception, toutefois, elle a permis aux communes d'entretenir des écoles entièrement gratuites, mais à la condition d'y subvenir sur leurs propres ressources ordinaires.

Je n'ai point à rappeler ici toutes les considérations qui doivent déterminer les villes à préférer la règle générale à l'exception. Dans les assemblées délibérantes, au sein des conseils départementaux, comme au sein du conseil impérial de l'instruction publique, il a été reconnu, depuis de longues années, que la gratuité de l'enseignement n'est point favorable au progrès de l'instruction populaire. MM. les préfets et MM. les recteurs ont tous été d'avis que, du moment où l'instruction des pauvres est gratuitement assurée, il n'y a que des inconvénients à dispenser les familles de l'accomplissement de l'une de leurs obligations les plus sacrées et à en charger exclusivement l'administration publique.

En effet, on a vu trop souvent des écoles gratuites envahies par les enfants des familles aisées, au détriment de ceux qui ne comprenaient pas assez l'avantage de l'instruction offerte sans nulle exigence de rétribution. On a pu fréquemment constater, d'un autre côté, la répugnance de beaucoup de familles à envoyer leurs enfants dans des écoles communales gratuites, parce qu'elles ne voulaient pas recevoir une aumône.

A un point de vue moins élevé, mais qui a aussi son importance, la gratuité absolue est souvent un obstacle au progrès de l'enseignement populaire. Épuisées par les charges qu'entraîne nécessairement cette gratuité, beaucoup de localités sont dans l'impossibilité, soit d'améliorer matériellement leurs établissements scolaires, soit de créer de nouvelles écoles que réclameraient les besoins de la population. La rétribution scolaire payée pour les enfants des familles aisées, en assurant la plupart du temps aux instituteurs un revenu supérieur, dégagerait les finances communales, lesquelles alors pourraient suffire aux nécessités auxquelles elles doivent pourvoir. A Paris, par exemple, où le conseil municipal fait pour l'instruction gratuite des sacrifices si considérables, qu'il est impossible d'en exiger davantage, quel bien ne réaliserait-on pas, si, dans toutes les écoles, la rétribution scolaire, équitablement

ment de l'instruction publique et des cultes est chargé de l'exécution du présent décret.

Avis relatif à l'application de la loi sur les pensions civiles aux membres des associations religieuses.

11 *mars* 1854.

Le Conseil,

Vu la note qui lui a été transmise par ordre de son Excellence le Ministre de l'instruction publique et des cultes, et par

---

fixée, pouvait rendre disponible la majeure partie des fonds alloués pour la construction, la réparation et l'entretien des écoles de la capitale.

Un assez grand nombre de villes, justement affligées des résultats auxquels une générosité mal entendue avait donné lieu, ont tenté d'améliorer cette situation : mais elles ont rencontré, de la part des membres des associations religieuses, des obstacles devant lesquels elles ont reculé.

Ces obstacles ne sont pas sérieux. C'est à tort que les Frères des Écoles chrétiennes se présentent comme liés à cet égard par leurs statuts, qui leur imposent, croient-ils, l'obligation de tenir des écoles gratuites. Ces statuts, visés en 1810 par le grand-maître de l'Université, et les seuls, par conséquent, que l'État reconnaisse, leur recommandent de tenir gratuitement les écoles, c'est-à-dire de faire œuvre de charité, en n'exigeant personnellement aucune rétribution des enfants qui fréquentent leurs classes; mais comme ces statuts n'ont pas prévu le cas où ils recevraient un traitement fixe des communes, ils ne leur donnent point le droit de s'enquérir des sources où le conseil municipal puise les fonds destinés à ces traitements. Les conseils municipaux, en assurant aux frères un traitement fixe, ont donc incontestablement droit d'exiger, pour le compte de la commune, une rétribution scolaire des enfants des familles aisées, admis dans les écoles communales, et de n'autoriser l'entrée à titre gratuit, des enfants pauvres, que dans la forme prescrite par l'article 45 de la loi du 15 mars 1850; d'un autre côté, les

laquelle le Conseil est consulté sur la solution à donner à la question suivante :

« Les instituteurs primaires nommés sur la présentation « des supérieurs des associations religieuses vouées à l'en- « seignement, autorisées par la loi ou reconnues comme éta- « blissements d'utilité publique, doivent-ils être réputés fonc- « tionnaires de l'enseignement, et comme tels, doivent-ils « être soumis à la retenue établie par l'article 3 de la loi du « 9 juin 1853 sur les pensions civiles ? »

Vu les articles 5, 23, 31 et 34 de la loi sur l'enseignement du 15 mars 1850 ;

Vu les articles 3 et 4 de la loi sur les pensions civiles du 9 juin 1853 ;

Considérant qu'il résulte de l'esprit et de la lettre de la loi sur l'enseignement ci-dessus visée :

---

frères, en acceptant le titre d'instituteurs communaux, sont tenus de se soumettre aux obligations imposées à cet ordre de fonctionnaires. Il convient toutefois, dans la pratique, et cela est facile partout, de les dispenser des formalités exigées des instituteurs laïques, pour la perception de la rétribution scolaire. A l'égard de ces derniers, la perception ayant lieu pour leur compte, il est naturel qu'ils contribuent à la régularité de ce service : les frères, au contraire, devant y rester étrangers, ne peuvent être chargés des travaux financiers qu'elle entraîne. Mais, par contre, il doit être bien entendu qu'ils ne recevront aucun enfant qui ne serait pas pourvu d'un billet d'admission signé par le maire. Or, ce billet ne doit être délivré aux enfants des familles aisées que sous la condition, acceptée par les familles, de verser dans la caisse municipale le montant de la rétribution scolaire ; le maire, au contraire, délivrera gratuitement ce billet aux enfants désignés conformément aux dispositions de l'article 45 de la loi du 15 mars 1850 et de l'article 13 du décret du 31 décembre 1853. Quant aux frères qui continueront de recevoir régulièrement leurs traitements sur la caisse municipale, rien ne sera changé à leur position ; ils ne connaîtront même pas ceux de leurs élèves qui seront admis en payant ou gratuitement ; tous seront égaux à leurs yeux, et ils resteront étrangers, sous ce rapport, à tout lucre et à toute exigence personnelle.

Veuillez, monsieur le préfet, rappeler ces dispositions aux administrations municipales des villes qui ont établi des écoles gratuites. Ces villes peuvent incontestablement persister dans ce système de gratuité, puisque la loi l'autorise, et je verrais avec peine qu'on cherchât à les en détourner. Mais aucune contrainte ne doit, d'un autre côté, peser sur les villes qui considèrent

1° Que l'instruction morale et religieuse est le premier et le principal objet de l'instruction primaire;

2° Que les membres des associations religieuses vouées à l'enseignement, autorisées par la loi ou reconnues comme établissements d'utilité publique, sont aptes et peuvent être appelés à donner l'instruction primaire communale;

3° Que le législateur, en conférant aux supérieurs des associations religieuses dont il s'agit, le droit de présenter au choix des communes, pour les places vacantes d'instituteurs primaires, des membres de leur association, et en assimilant ces membres ainsi présentés aux candidats inscrits sur les listes d'admissibilité et d'avancement dressées par les Conseils académiques, a clairement manifesté la haute confiance que lui inspiraient ces associations religieuses et l'estime particulière qu'il avait pour l'excellent esprit qui les animait et les méthodes de leur enseignement;

4° Que les membres des associations religieuses, ainsi présentés, ne cessent pas, après avoir été choisis, d'appartenir à l'association dont ils portent l'habit, suivent la règle et la discipline à laquelle ils demeurent soumis; qu'ils ne sont, à proprement parler, que les instruments, les délégués, et, au besoin, les représentants de cette association, et ne donnent qu'en son nom, en son acquit, et en se conformant à l'esprit de son institution, l'enseignement primaire;

5° Que c'est ce qui ressort évidemment de cette disposition de l'article 34 de la loi de 1850, qui prescrit, qu'au cas où il est établi des instituteurs adjoints auprès des écoles publiques, ces instituteurs adjoints, lorsqu'ils feront partie des associa-

---

comme onéreuse la gratuité de leurs écoles, et qui ont vainement tenté de s'en affranchir. Il importe qu'elles sachent que les prétentions contraires à leurs vœux ne sont pas légitimes et qu'elles peuvent légalement les repousser. En réalité, ce ne sont pas les frères qui donnent aux populations l'enseignement gratuit. Ce sacrifice retombe tout entier sur les communes. Il ne peut donc répugner aux congrégations religieuses vouées à l'instruction primaire, d'accepter loyalement et complétement le régime de la loi de 1850. Loin d'avoir rien à perdre, elles ont tout à gagner de leur soumission aux règles de notre droit municipal, et je ne doute pas de leur obéissance et de leur bonne volonté.

tions religieuses dont il est parlé dans l'article 31, seront nommés et pourront être révoqués par les supérieurs de ces associations;

D'où il suit que ces associations ne constituent point des Écoles Normales destinées seulement à former des instituteurs, mais qu'elles sont, au contraire, ainsi que l'indique expressément le texte de la loi, des associations vouées à l'enseignement;

Que l'enseignement est, en effet, leur mission spéciale; que c'est en elles, et non en la foi des candidats par elles présentés, que les communes et les pères de famille se confient pour l'instruction morale des enfants ;

Considérant que, dans cet état de choses, la qualité de fonctionnaires de l'enseignement rétribués, tels qu'ils sont désignés en l'article 4 de la loi sur les pensions civiles du 9 juin 1853, ne saurait convenir aux membres des associations religieuses vouées à l'enseignement;

Qu'on ne saurait ranger dans la classe de ceux qui sont voués aux fonctions publiques, ou, autrement dit, des fonctionnaires publics, des hommes dont la vocation première et essentielle est de ne remplir qu'une fonction de charité; qui, par leur institution même, n'ont pas plus en vue l'enseignement public que l'enseignement privé; qui lors même qu'ils sont placés à la tête des écoles communales, ne font que se prêter à l'enseignement public; et qui, toujours sous la main d'un supérieur auquel ils doivent une obéissance passive, n'ont jamais la libre disposition d'eux-mêmes, et peuvent, sans cesse, d'un instant à l'autre, être transférés au loin, passer de l'enseignement public à l'enseignement privé, ou même recevoir une destination étrangère à tout enseignement, être chargés d'autres emplois; et cela sans que les communes avec lesquelles les associations ont traité, ou les recteurs des académies qui surveillent les écoles puissent exiger de ces associations autre chose, sinon de pourvoir d'une manière convenable au remplacement de ceux que les supérieurs ont déplacés et de prévenir toute interruption dans l'enseignement;

Enfin, que la qualité de fonctionnaire public ne peut appartenir à des hommes qui, dans la principale des associations dont il s'agit, celle des Frères des Écoles chrétiennes, ne sont jamais isolés et vivent constamment à l'état d'association, en compagnie et sous la surveillance de deux de leurs associés ou compagnons ;

Considérant, d'ailleurs, qu'à vrai dire, les sommes et rétributions allouées par les communes pour l'établissement de ce mode d'enseignement ne sauraient être considérées comme des traitements ou des rétributions afférents aux membres des associations religieuses qui l'exercent, puisque le vœu de pauvreté qui les lie ne permet point qu'ils jouissent personnellement de ces sommes, et qu'ils ne les reçoivent que fictivement pour l'ordre et la régularité de la comptabilité ; que lesdites sommes constituent, en réalité, l'indemnité accordée aux associations qui ont la charge et le devoir de subvenir à la nourriture et à l'entretien de ces maîtres délégués ;

Qu'en 1838, cela a été reconnu en droit, lorsque des caisses d'épargne furent établies pour assurer des pensions de retraite aux instituteurs communaux, au moyen de retenues exercées sur leurs traitements et rétributions ; puisque, si l'on crut alors, dans un intérêt d'uniformité, devoir faire supporter ces retenues aux membres des associations remplissant les fonctions d'instituteurs communaux, on pourvut, par la même ordonnance qui prescrivait la retenue, à ce que le montant des sommes perçues fût restitué, à la fin de chaque exercice, à ceux qui en avaient subi la retenue ;

Considérant, de plus, que les retenues opérées sur les traitements et rétributions alloués aux fonctionnaires de l'enseignement, sont compensées, en quelque sorte, par la concession du droit à une pension de retraite acquise par ancienneté, à un certain âge, et après un certain nombre d'années de services ;

Que cette compensation n'existerait pas pour les membres des associations religieuses vouées à l'enseignement, puisque, lors même qu'ils auraient pu atteindre l'âge et accomplir le nombre d'années de services déterminé par la loi, il ne leur serait pas possible, sans violer les engagements les plus saints, de profiter de la pension de retraite accordée par la loi, puisque les statuts de leur association leur défendent de recevoir aucune rémunération pour l'enseignement auquel ils se consacrent et qu'ils sont tenus de donner gratuitement; d'où il suit qu'on ne saurait, sans blesser profondément l'équité, appliquer les articles 3 et 4 de la loi sur les pensions civiles du 9 juin 1853 aux traitements et rétributions alloués par les communes aux délégués des associations religieuses vouées à l'enseignement et donnant l'instruction primaire, puisque, ni ces délégués, ni les associations qui les ont désignés, ne sauraient profiter jamais de la compensation éventuelle qui est le prix des retenues, et que les associations verraient décroître, arbitrairement et sans cause, l'indemnité stipulée entre elles et les communes, pour un service rendu, indemnité strictement calculée d'après les besoins et les nécessités du service ; ce qui constituerait un contrat léonin, qui n'a pu entrer dans les vues et qui serait contraire à la haute justice du législateur;

Considérant, enfin, que l'application de la loi du 9 juin 1853 sur les pensions civiles, en assimilant les membres des associations religieuses vouées à l'enseignement, et choisis pour instituteurs primaires, aux fonctionnaires de l'enseignement, et en leur attribuant un droit éventuel à une pension de retraite, tendrait à relâcher les liens qui les unissent à leur association, à dénaturer leur vocation, à exciter en eux des sentiments contraires aux sentiments de modestie chrétienne, d'humilité profonde et de parfaite abnégation de soi-même dont ils ont été jusqu'ici les plus parfaits modèles, et qu'une telle dégénération d'un des plus vénérables et des plus utiles établissements religieux des temps modernes ne serait pas moins préjudiciable à l'État qu'à la religion;

Considérant, en dernier lieu, que l'exemption invoquée par les associations religieuses vouées à l'enseignement serait sans dommage pour le trésor de l'État, puisque, s'il en résultait qu'il ne percevrait aucune retenue sur les sommes que ces associations reçoivent comme la juste indemnité d'un service rendu, l'État serait affranchi de toute rémunération pour ce service et n'aurait aucune pension de retraite à payer aux membres de ces associations;

Est d'avis que la loi sur les pensions civiles du 9 juin 1853 n'est point applicable aux membres des associations religieuses vouées à l'enseignement, autorisées par la loi ou reconnues comme établissements d'utilité publique et dirigeant des écoles primaires communales.

Décret plaçant les salles d'asile sous la protection de l'impératrice.

16 *mai* 1854.

NAPOLÉON, etc.,

Sur le rapport de notre Ministre secrétaire d'État au département de l'instruction publique ;

Considérant que les salles d'asile contribuent de la manière la plus efficace au bien-être moral et physique de l'enfance, partout où les familles demandent leurs moyens d'existence à des travaux qui les éloignent nécessairement de leur domicile ;

Voulant contribuer au développement d'une institution si utile à la partie la moins aisée de la population de l'empire, et donner en même temps à l'impératrice Eugénie, notre chère et bien-aimée épouse, une preuve particulière de notre affection ;

Avons décrété et décrétons ce qui suit :

ART. 1. — Les salles d'asile de l'enfance sont placées sous la protection de l'impératrice.

. . . .

Décret portant création du comité central de patronage des salles d'asile.

16 *mai* 1854.

NAPOLÉON, etc.,

ART. 1. — Un comité central de patronage, placé sous les auspices de l'impératrice, est institué près le Ministre de l'instruction publique et des cultes, pour la propagation et la surveillance des salles d'asile en France.

ART. 2. — Le comité central de patronage donnera tous ses soins à la propagation des salles d'asile.

Il veillera au maintien des bons procédés d'éducation et de premier enseignement dans ces établissements.

Il proposera les mesures propres à en améliorer le régime.

Il donnera son avis sur les livres ou objets qui pourront y être utilement employés

Il recueillera et distribuera les offrandes qui lui seront faites pour l'entretien des enfants pauvres admis dans les salles d'asile.

Il distribuera dans le même but la subvention qui sera mise chaque année à sa disposition, sur les fonds de l'État, par notre Ministre de l'instruction publique et des cultes.

Il pourra être appelé à donner son avis sur les concessions de secours demandés à l'État pour l'établissement et l'entretien des salles d'asile, et recevra communication des rapports des inspecteurs et des déléguées générales.

ART. 3. — Chaque année, notre Ministre de l'instruction publique et des cultes présentera à l'impératrice un rapport du comité central de patronage, constatant la situation et les besoins des salles d'asile en France.

ART. 4. — Le comité central des salles d'asile est composé ainsi qu'il suit :......

ART. 5. — Le président de la commission d'examen des asiles du département de la Seine fait partie du comité central de patronage.

ART. 6. — Les inspectrices des salles d'asile et la directrice du cours pratique peuvent être appelées au sein du comité central pour y donner verbalement des explications et leur avis, soit sur des affaires dont l'examen leur aura été renvoyé, soit sur des questions d'intérêt général concernant les salles d'asile.

ART. 7. — Notre Ministre secrétaire d'État au département de l'instruction publique et des cultes est chargé de l'exécution du présent décret.

Loi portant organisation de l'instruction publique.

14 *juin* 1854.

NAPOLÉON, etc.,

Avons sanctionné et sanctionnons, promulgué et promulguons ce qui suit :

TITRE Ier.

DE L'ADMINISTRATION DE L'INSTRUCTION PUBLIQUE.

ART. 1. — La France est divisée en seize circonscriptions académiques, dont les chefs-lieux sont : Aix, Besançon, Bordeaux, Caen, Clermont, Dijon, Douai, Grenoble, Lyon, Montpellier, Nancy, Paris, Poitiers, Rennes, Strasbourg, Toulouse.

Art. 2. — Chacune des Académies est administrée par un recteur assisté d'autant d'inspecteurs d'Académie qu'il y a de départements dans la circonscription.

Un décret déterminera le nombre des inspecteurs d'Académie du département de la Seine.

Art. 3.— Il y a au chef-lieu de chaque Académie un Conseil académique, composé :

1° Du recteur, président;

2° Des inspecteurs de la circonscription;

3° Des doyens de facultés;

4° De sept membres choisis, tous les trois ans, par le Ministre de l'instruction publique :

Un parmi les archevêques ou évêques de la circonscription;

Deux parmi les membres du clergé catholique ou parmi les ministres des cultes non catholiques reconnus;

Deux dans la magistrature;

Deux parmi les fonctionnaires publics ou autres personnes notables de la circonscription.

Art. 4. — Le Conseil académique veille au maintien des méthodes d'enseignement prescrites par le Ministre, en conseil impérial de l'instruction publique et qui doivent être suivies dans les écoles publiques d'instruction primaire, secondaire ou supérieure du ressort.

Il donne son avis sur les questions d'administration, de finances ou discipline qui intéressent les collèges communaux, les lycées et les établissements d'enseignement supérieur.

Art. 5. — Il y a, au chef-lieu de chaque département, un conseil départemental de l'instruction publique, composé :

1° Du préfet, président;

2° De l'inspecteur d'Académie;

3° D'un inspecteur de l'instruction primaire désigné par le ministre;

4° Des membres que les paragraphes 5, 6, 7, 8, 9, 10 et 11 de l'article 10 de la loi du 15 mars 1850 appelaient à siéger dans les anciens conseils, et dont le mode de désignation demeure réglé conformément à ladite loi et à l'article 3 du décret du 9 mars 1852.

ART. 6. — Pour le département de la Seine, le conseil départemental de l'instruction publique se compose :

1° Du préfet, président;

2° Du recteur de l'Académie de Paris, vice-président;

3° De deux des inspecteurs d'Académie attachés au département de la Seine;

4° De deux inspecteurs de l'instruction primaire dudit département;

5° Des membres que les paragraphes 4, 5, 6, 7, 8, 11, 12, 13, 14 et 15 de l'article 11 de la loi du 15 mars 1850 appelaient à faire partie de l'ancien conseil académique de la Seine, et dont le mode de désignation demeure réglé conformément à ladite loi et à l'article 3 du décret du 9 mars 1852.

ART. 7. — Le conseil départemental de l'instruction publique exerce, en ce qui concerne les affaires de l'instruction primaire et les affaires disciplinaires et contentieuses relatives aux établissements particuliers d'instruction secondaire, les attributions déférées au Conseil académique par la loi du 15 mars 1850.

Les appels de ces décisions sont portés directement devant le conseil impérial de l'instruction publique, en conformité des dispositions de ladite loi.

ART. 8. — Le préfet exerce, sous l'autorité du Ministre de l'instruction publique, et sur le rapport de l'inspecteur d'académie, les attributions déférées au recteur par la loi du 15 mars 1850 et par le décret organique du 9 mars 1852, en ce qui concerne l'instruction primaire publique ou libre.

ART. 9. — Sous l'autorité du préfet, l'inspecteur d'Académie instruit les affaires relatives à l'enseignement primaire du département.

Sous l'autorité du recteur, il dirige l'administration des colléges, des lycées, et exerce, en ce qui concerne l'enseignement secondaire libre, les attributions déférées au recteur par la loi du 15 mars 1850.

Art. 10. — Le local de l'Académie, le mobilier du conseil académique et les bureaux du recteur sont fournis par la ville chef-lieu.

Le local et le mobilier nécessaires à la réunion du conseil départemental et les bureaux de l'inspecteur d'Académie, ainsi que les frais de bureau sont à la charge du département.

Ces dépenses sont obligatoires.

Art. 11. — Un décret, rendu en la forme des règlements d'administration publique, déterminera les circonscriptions des académies, ainsi que tout ce qui concerne la réunion et la tenue des Conseils académiques et départementaux.

Art. 12. — Les dispositions du présent titre sont exécutoires à partir du 1er septembre 1854.

TITRE II.

DISPOSITIONS SPÉCIALES AUX ÉTABLISSEMENTS D'ENSEIGNEMENT SUPÉRIEUR.

Art. 13. — A partir du 1er janvier 1855, les établissements d'enseignement supérieur chargés de la collation des grades formeront un service spécial subventionné par l'État; le budget de ce service spécial sera annexé à celui du ministère de l'instruction publique et des cultes; le compte des recettes et des dépenses sera annexé à la loi des comptes, conformément à l'article 17 de la loi du 9 juillet 1836.

Les fonds destinés à acquitter les dépenses régulièrement effectuées, qui n'auraient pu recevoir leur emploi dans le cours de l'exercice, seront reportés, après clôture, sur l'exercice en cours d'exécution ; les fonds restés libres seront cumulés avec les ressources du budget nouveau.

Art. 14. — Un décret, rendu en la forme des règlements d'administration publique, déterminera le tarif des droits d'inscription, d'examen et de diplôme à percevoir dans les établissements d'enseignement supérieur chargés de la collation des grades.

Un décret, rendu en la forme, après avis du conseil impérial de l'instruction publique, réglera les conditions d'âge et d'études pour l'admission aux grades, sans qu'il puisse être dérogé à l'article 63 de la loi du 15 mars 1850.

Art. 15. — Les dispositions des lois, décrets, ordonnances et règlements contraires à la présente loi sont et demeurent abrogés.

Avis relatif à la Caisse de retraite de la vieillesse.

30 *juin* 1854.

Le Conseil,

Saisi de la question du mode de liquidation des caisses d'épargne consacrées aux instituteurs primaires,

Est d'avis :

1° Qu'il n'y a pas lieu de procéder au remboursement des sommes versées pas les instituteurs à la Caisse d'épargne et de prévoyance ;

2° Qu'il serait du devoir de l'État de conserver leur destination aux fonds qui ont été prélevés sur les traitements des instituteurs, et qu'en principe il n'y a rien à changer ni au placement qui en a été fait, ni aux engagements qui ont été contractés par l'État envers les instituteurs.

Le Conseil considérant, toutefois, que la Caisse des retraites pour la vieillesse n'existait pas en 1833, époque de la création des caisses d'épargne des instituteurs ; — qu'elle a le même but, et, dans beaucoup de cas, avec des conditions bien plus avantageuses pour les dépositaires ;

Est d'avis :

1° Qu'il y a lieu d'autoriser l'instituteur à opter pour le

placement à la Caisse des retraites de la vieillesse, en le laissant libre d'y déposer des épargnes comme tout autre dépositaire selon le droit commun, c'est-à-dire avec ou sans aliénation du capital en ce qui concerne ses héritiers;

2° Que dans le cas où l'instituteur ne ferait pas savoir qu'il est dans l'intention de verser ses épargnes à la Caisse des retraites, elles devraient y être versées, capital réservé avec jouissance de la pension à l'âge de 55 ans au plus tôt;

3° Qu'il y a lieu de fixer le délai d'option au 1er janvier 1855.

Avis relatif aux écoles établies dans les hospices.

14 *juillet* 1854.

Le Conseil,

Vu les articles 17, 21 et 29 de la loi du 15 mars 1850, ensemble l'art. 17 de l'ordonnance du 16 juillet 1833;

Vu toutes les pièces du dossier;

Considérant que l'article 17 de la loi du 15 mars 1850 ne reconnaît que deux classes d'écoles primaires, celles qui sont fondées et entretenues par les communes, les départements et l'État, et qui prennent le nom d'écoles publiques; celles qui sont fondées par des particuliers ou des associations et qui prennent le nom d'écoles libres;

Que l'article 21, tout en admettant des différences entre les deux classes d'écoles, quant à l'étendue de l'inspection, les soumet néanmoins également toutes à la surveillance des inspecteurs de l'État;

Considérant que les écoles tenues dans les hospices ne sauraient, sous aucun rapport, être assimilées soit à l'enseignement privé donné dans le sein des familles, soit à l'enseignement nécessairement très-restreint dont il est question au paragraphe 4 de l'article 29 de la loi du 15 mars 1850 ; — qu'en effet, les enfants admis dans les hospices forment une collection d'individus appartenant à diverses familles et qui sont destinés à rentrer dans la société avec l'éducation qui leur aura été donnée dans ces établissements, d'où résultent pour l'État, le droit et le devoir de surveiller cette éducation ;

Considérant, au surplus, que même en faisant abstraction des lois spéciales sur l'instruction publique, la même conséquence se déduirait encore de la législation particulière sur les établissements charitables;

Qu'en effet les hospices sont des établissements publics placés sous la surveillance et la protection de l'État ; que les membres des commissions administratives sont nommés par les préfets, et qu'on ne comprendrait pas qu'alors que pour tous les intérêts purement matériels, ces établissements se trouvent soumis à la tutelle del'État, ils pussent se soustraire à la surveillance, quand il s'agit d'un intérêt aussi élevé que celui qui s'attache nécessairement à la bonne éducation de la jeunesse;

Par ces motifs :

Est d'avis que les écoles tenues dans les hospices de Beaune doivent être soumises à l'inspection.

Décret relatif à l'organisation des Académies.

22 *août* 1854.

NAPOLÉON, etc.,

Sur le rapport de notre Ministre secrétaire d'État au département de l'instruction publique et des cultes ;

Vu la loi du 15 mars 1850 ;
Vu les décrets des 9 mars et 10 avril 1852 ;
Vu le titre I de la loi du 14 juin 1854, relatif à l'administration académique ;
Vu l'avis du conseil impérial de l'instruction publique ;
Le conseil d'État entendu ;
Avons décrété et décrétons :

§ 1. *Des circonscriptions académiques.*

ART. 1. — L'Académie d'Aix comprend les départements des Basses-Alpes, des Bouches-du-Rhône, de la Corse, du Var, de Vaucluse.

L'académie de Besançon comprend les départements du Doubs, du Jura, de la Haute-Saône.

L'Académie de Bordeaux comprend les départements de la Dordogne, de la Gironde, des Landes, de Lot-et-Garonne, des Basses-Pyrénées.

L'Académie de Caen comprend les départements du Calvados, de l'Eure, de la Manche, de l'Orne, de la Sarthe, de la Seine-Inférieure.

L'Académie de Clermont comprend les départements de l'Allier, du Cantal, de la Corrèze, de la Creuse, de la Haute-Loire, du Puy-de-Dôme.

L'Académie de Dijon comprend les départements de l'Aube, de la Côte-d'Or, de la Haute-Marne, de la Nièvre, de l'Yonne.

L'Académie de Douai comprend les départements de l'Aisne, des Ardennes, du Nord, du Pas-de-Calais, de la Somme.

L'Académie de Grenoble comprend les départements des Hautes-Alpes, de l'Ardèche, de la Drôme, de l'Isère.

L'Académie de Lyon comprend les départements de l'Ain, de la Loire, du Rhône, de Saône-et-Loire.

L'Académie de Montpellier comprend les départements de l'Aude, du Gard, de l'Hérault, de la Lozère, des Pyrénées-Orientales.

L'Académie de Nancy comprend les départements de la Meurthe, de la Meuse, de la Moselle, des Vosges.

L'Académie de Paris comprend les départements du Cher, d'Eure-et-Loir, de Loir-et-Cher, du Loiret, de la Marne, de l'Oise, de la Seine, de Seine-et-Marne, de Seine-et-Oise.

L'Académie de Poitiers comprend les départements de la Charente, de la Charente-Inférieure, de l'Indre, d'Indre-et-Loire, des Deux-Sèvres, de la Vendée, de la Vienne, de la Haute-Vienne.

L'Académie de Rennes comprend les départements des Côtes-du-Nord, du Finistère, d'Ille-et-Vilaine, de la Loire-Inférieure, de Maine-et-Loire, de la Mayenne, du Morbihan.

L'Académie de Strasbourg comprend les départements du Bas-Rhin, du Haut-Rhin.

L'Académie de Toulouse comprend les départements de l'Ariége, de l'Aveyron, de la Haute-Garonne, du Gers, du Lot, des Hautes-Pyrénées, du Tarn, de Tarn-et-Garonne.

§ 2. — *Des facultés et des écoles d'enseignement supérieur.*

Art. 2. — Les facultés actuellement existantes continuent à siéger dans les villes où elles sont actuellement établies.

Les facultés instituées par la présente organisation académique ont leur siége dans les villes ci-après :

La facultés des sciences de l'Académie d'Aix, à Marseille ;

La faculté des lettres et la faculté des sciences de l'Académie de Clermont, à Clermont ;

La faculté des lettres de l'Académie de Douai, à Douai ; la faculté des sciences de la même Académie, à Lille ;

La faculté des lettres et la faculté des sciences de l'Académie de Nancy, à Nancy ;

La faculté des sciences de l'Académie de Poitiers, à Poitiers.

Art. 3. — Les nouvelles facultés seront organisées dès que les villes qui en sont le siége auront fait les frais d'une installation provisoire, et qu'elles auront pris l'engagement de fournir à toutes les dépenses d'une installation définitive.

L'organisation définitive desdites facultés aura lieu lorsque, après vérification contradictoire entre les délégués du Ministre de l'instruction publique et ceux de l'autorité municipale, le Ministre aura reconnu que les bâtiments sont complétement appropriés aux besoins de l'enseignement supérieur, et qu'ils sont pourvus de la bibliothèque et des collections indispensables.

Art. 4. — Les villes qui ne sont pas siéges de facultés, et qui ont établi des cours municipaux sur quelques parties élevées des sciences et des lettres, pourront obtenir que ces cours prennent le titre et le rang d'écoles préparatoires à l'enseignement supérieur des sciences et des lettres, à la charge par lesdites villes de fournir un local convenable, les collections nécessaires à l'enseignement, et une subvention annuelle pour le traitement des professeurs et les dépenses du matériel.

Les écoles préparatoires à l'enseignement supérieur des sciences et des lettres sont assimilées aux écoles préparatoires de médecine et de pharmacie.

Le Ministre de l'instruction publique en nomme les professeurs, qui deviennent membres du corps enseignant et jouissent dès lors de tous les droits et avantages attachés à cette qualité.

Les étudiants sont admis à prendre dans les écoles préparatoires des sciences et des lettres des inscriptions qui peuvent être converties en inscriptions des facultés correspondantes, sous les conditions déterminées par un arrêté délibéré en conseil impérial de l'instruction publique.

Art. 5. — Dans les facultés des sciences et dans les écoles préparatoires à l'enseignement supérieur des sciences, les professeurs pourront être autorisés, par décision du Ministre, à ouvrir des cours pour des applications spéciales. Dans ce cas, les facultés et les écoles préparatoires pourront, après examen, délivrer des certificats de capacité pour les sciences appliquées. Lorsque l'examen sera subi devant une école préparatoire, le jury sera présidé par un professeur de la faculté des sciences.

Art. 6. — Pour être nommé professeur dans une faculté, il faut être âgé de trente ans au moins, être docteur dans l'ordre de cette faculté, et avoir fait, pendant deux ans au moins, soit un cours dans un établissement de l'État, soit un cours particulier dûment autorisé, analogue à ceux qui sont professés dans les facultés.

Art. 7. — Peuvent être également nommés professeurs dans les facultés les membres de l'Institut qui ont fait, pendant six mois au moins, un cours dans les conditions de l'article précédent.

Art. 8. — Lorsqu'il y a lieu de pourvoir à une chaire vacante dans une des facultés de l'Académie de Paris, les facultés du même ordre dans les départements en reçoivent avis ; elles peuvent recommander au Ministre la candidature d'un de leurs membres.

Art. 9. — Les suppléances dans les facultés sont confiées par le Ministre à des agrégés des facultés ou à des docteurs.

Art. 10. — Les agrégés continuent à être nommés au concours.

Art. 11. — Les agrégés sont à la disposition du Ministre, qui peut les attacher temporairement aux diverses facultés du même ordre, selon les besoins du service.

Art. 12. — Les suppléants actuellement en exercice dans les facultés de droit conservent, quant à la durée et aux émoluments de leurs fonctions, les avantages qui leur étaient assurés par les lois et règlements antérieurs et qui ne sont pas contraires au présent décret.

Art. 13. — Il est formé, à l'École Normale supérieure, une division spéciale d'élèves choisis, d'après les résultats des examens, parmi ceux qui ont terminé le cours triennal.

Pendant une quatrième et une cinquième année, ces élèves se préparent, soit dans l'intérieur de l'école, soit près des grandes écoles ou établissements du gouvernement, soit même à l'étranger, à l'épreuve du doctorat ès lettres ou ès sciences et à l'enseignement supérieur.

§ 3. — *Des conseils académiques.*

Art. 14. — Le Conseil académique se réunit deux fois par an, au mois de juin et au mois de novembre, sur la convocation du recteur. Chacune de ses sessions dure huit jours au moins et un mois au plus.

Il peut être convoqué en session extraordinaire par le Ministre de l'instruction publique.

Dans la session de juin, le Conseil académique entend les comptes rendus des inspecteurs d'Académie touchant le service de l'instruction secondaire et de l'instruction primaire dont ils sont spécialement chargés dans les départements.

Dans la session de novembre, il entend les rapports détaillés des doyens sur l'état des études et sur les résultats des examens dans chaque faculté. Le recteur détermine les parties de ces rapports qui seront lues dans la séance solennelle de rentrée.

Dans l'une et l'autre session, le Conseil académique délibère, en outre, sur les questions qui lui sont soumises par le recteur en vertu de l'article 4 de la loi du 14 juin 1854.

§ 4. — *De l'administration académique.*

Art. 15. — Les fonctionnaires de l'administration académique sont :

1° Le recteur ;

2° Les inspecteurs d'Académie ;

3° Les inspecteurs de l'instruction primaire ;

4° Le secrétaire de l'Académie.

Art. 16. — Nul ne peut être nommé recteur, s'il n'est pourvu d'un grade de docteur.

Art. 17. — Les attributions du recteur comprennent :

1° La direction et la surveillance des établissements d'enseignement supérieur ;

2° La direction et la surveillance des établissements publics d'enseignement secondaire ;

3° La surveillance de l'enseignement secondaire libre ;

4° Le maintien des méthodes de l'enseignement primaire public.

Art. 18. — Le recteur dirige personnellement et surveille, soit par lui-même, soit avec le concours des inspecteurs d'Académie, les établissements d'enseignement supérieur.

Il assiste, quand il le juge convenable, aux délibérations des facultés et des écoles préparatoires ; dans ce cas, il les préside, mais il ne prend point part aux votes.

Il réunit tous les mois, en comité de perfectionnement, les doyens des facultés et les directeurs des écoles préparatoires du ressort.

Il convoque les facultés, soit ensemble, soit séparément, pour délibérer sur les programmes particuliers de chaque cours et les coordonner entre eux.

Il transmet ces programmes au Ministre, avec son avis motivé.

Il fait au Ministre ses propositions sur les budgets et sur les comptes annuels des établissements d'enseignement supérieur.

Il statue, après avis des facultés et des écoles préparatoires, sur toutes les questions relatives aux inscriptions des étudiants.

Art. 19. — Le recteur dirige, assisté au besoin des inspecteurs d'Académie, les établissements publics d'enseignement secondaire.

Il reçoit, avec l'avis de l'inspecteur d'Académie, les rapports des proviseurs de lycées et des principaux des colléges communaux. Il les résume dans le rapport mensuel qu'il adresse au Ministre.

Il dresse le tableau d'avancement des fonctionnaires des

lycées et des régents des classes supérieures des colléges communaux.

Il propose des candidats pour les emplois vacants de maître répétiteur des lycées et de régent des classes de grammaire des colléges communaux.

Il donne son avis au Ministre sur les comptes administratifs et sur les budgets des lycées et colléges.

Lorsqu'il est en tournée, il réunit, s'il y a lieu, les bureaux d'administration placés près des lycées et des colléges communaux.

Art. 20. — Le recteur surveille, soit par lui-même, soit par l'intermédiaire des inspecteurs d'Académie, l'enseignement secondaire libre.

Il pourvoit à ce que les établissements particuliers soient inspectés une fois au moins par an, et il adresse au Ministre le résumé des rapports de l'inspection.

Art. 21. — Le recteur veille, par l'intermédiaire des inspecteurs d'Académie et des inspecteurs primaires, à l'exécutions de règlements d'études dans toutes les écoles primaires publiques du ressort.

Il propose au Ministre les mesures propres à améliorer les méthodes d'enseignement dans les écoles primaires et dans les écoles primaires publiques.

Il lui fait annuellement un rapport sur l'état de l'instruction primaire publique et libre dans l'Académie.

Il peut, lorsqu'il est en tournée, réunir et présider les commissions de surveillance des Écoles Normales primaires.

Art. 22. — L'inspecteur d'Académie correspond avec le recteur pour tout ce qui concerne les affaires de l'enseignement supérieur, celles de l'enseignement secondaire public ou libre, et les méthodes de l'enseignement primaire public.

Il lui adresse tous les trois mois un rapport sur l'état de l'enseignement dans l'École Normale et dans les écoles primaires du département.

En l'absence du recteur, il préside, s'il y a lieu, les bureaux d'administration placés près des lycées et des colléges communaux et les commissions de surveillance des Écoles Normales primaires.

Art. 23. — L'inspecteur d'Académie est tenu de soumettre au préfet un rapport, écrit et signé, sur les nominations et mutations des instituteurs communaux, et sur les peines disciplinaires prévues par l'article 33 de la loi du 15 mars 1850 qu'il pourrait y avoir lieu de leur appliquer.

Pour l'instruction des affaires de l'enseignement primaire, il correspond avec les délégués du conseil départemental de l'instruction publique, avec les maires et curés et avec les instituteurs publics ou libres.

Art. 24. — Il y a un inspecteur primaire par arrondissement.

L'inspecteur d'Académie exerce les fonctions d'inspecteur primaire pour l'arrondissement chef-lieu ; il a pour auxiliaire, dans cette partie de son service un des inspecteurs primaires d'arrondissement, qu'il désigne annuellement à tour de rôle, et qui reçoit pour cette mission temporaire un supplément de traitement dont la quotité est fixée par le Ministre de l'instruction publique.

Les inspecteurs de l'instruction primaire sont sous les ordres immédiats de l'inspecteur d'Académie.

Art. 25.— L'inspecteur d'Académie délégué en Corse prend le titre de vice-recteur ; il correspond directement avec le Ministre de l'instruction publique pour tout ce qui concerne l'administration des lycées et collèges, ainsi que la surveillance de l'enseignement secondaire libre. Il reste, d'ailleurs, soumis à toutes les autres obligations imposées aux inspecteurs d'Académie.

§. 5. — *Du conseil départemental de l'instruction publique.*

Art. 26. — Les membres des conseils départementaux de l'instruction publique sont nommés pour trois ans, conformément à l'art. 12 de la loi du 15 mars 1850.

Art. 27. — Le conseil départemental de l'instruction publique se réunit au moins deux fois par mois. Ses réunions sont suspendues du 15 août au 15 octobre.

Il peut être convoqué extraordinairement. Le jour de la réunion est fixé par le président.

Le conseil départemental siége à la préfecture ; les bureaux de l'inspecteur d'Académie y sont également placés.

Art. 28. — Dans les matières disciplinaires et contentieuses, le conseil départemental de l'instruction publique procède suivant les formes déterminées par les art. 23, 24, 25, 26, 27 et 28 du règlement d'administration publique du 29 juillet 1850, rendu pour l'exécution de la loi du 15 mars 1850, et par le décret du 20 décembre 1850.

§ 6. — *Dispositions spéciales à l'académie de Paris.*

Art. 29. — Le Ministre de l'instruction publique peut exercer les fonctions de recteur de l'Académie de Paris.

Il est assisté dans les fonctions rectorales par un vice-recteur.

Les attributions de vice-recteur de l'Académie de Paris sont fixées par un arrêté ministériel.

Art. 30. — Il y a huit inspecteurs au chef-lieu de l'Académie de Paris.

Sous l'autorité du recteur,

Quatre d'entre eux sont attachés aux facultés de droit, de médecine, des lettres et des sciences ;

Deux à l'enseignement littéraire et scientifique des lycées et colléges de la ville de Paris ;

Un est chargé des affaires qui concernent l'enseignement secondaire libre.

Le huitième inspecteur d'Académie est chargé, sous l'autorité du préfet, des affaires qui concernent les écoles primaires publiques ou libres. Les inspecteurs primaires du département de la Seine lui sont particulièrement adjoints et subordonnés.

Art. 31. — Notre Ministre secrétaire d'État au département de l'instruction publique et des cultes est chargé de l'exécution du présent décret, qui sera inséré au *Bulletin des lois*.

Décret relatif au rectorat de Paris.

22 *août* 1854.

Napoléon, etc.

Sur le rapport de notre Ministre secrétaire d'Etat au département de l'instruction publique et des cultes :

Vu la loi du 14 juin 1854 sur l'instruction publique ;

Vu l'article 29 du règlement d'administration publique, en date du 22 août 1854, rendu pour l'exécution de ladite loi,

Avons décrété et décrétons :

Art. 1. — Jusqu'à ce qu'il en soit autrement ordonné, le Ministre de l'instruction publique et des cultes exercera les fonctions de recteur de l'Académie de Paris.

Le vice-recteur, chargé d'assister le Ministre de l'instruction publique et des cultes dans les fonctions rectorales, est nommé par nous.

Art. 2. — Notre Ministre de l'instruction publique et des cultes est chargé de l'exécution du présent décret.

Décret relatif à la création d'une École Normale d'institutrices à Ajaccio.

20 *octobre* 1854.

Napoléon, etc.,

Sur le rapport de notre Ministre secrétaire d'État au département de l'instruction publique et des cultes,

Vu l'article 35 de la loi du 15 mars 1850 ;

Vu les délibérations prises par le conseil général de la Corse, dans les sessions de 1853 et de 1854, délibérations portant vote de la somme nécessaire à l'entretien de six élèves-maîtresses au cours normal d'institutrices établi à Ajaccio ;

Avons décrété et décrétons ce qui suit :

Art. 1. — L'établissement normal existant à Ajaccio, sous la direction des filles de Marie d'Agen, est érigé en École Normale primaire d'institutrices.

Art. 2. — Notre Ministre secrétaire d'État au département de l'instruction publique et des cultes est chargé de l'exécution du présent décret.

Avis du conseil d'État, relatif à la capacité bénéficiaire des fabriques en vue de la fondation d'une école.

6 *décembre* 1854.

La section de l'intérieur, de l'instruction publique et des cultes, qui, sur le renvoi de M. le Ministre de l'instruction publique et des cultes, a pris connaissance d'un projet de décret tendant à autoriser la fabrique et le maire de Saint-Michel de Bonnières à accepter la donation qui lui est faite d'une maison avec jardin, pour être affectée à une école de filles ;

Vu l'acte notarié en date du 11 février 1854, portant donation par le sieur Calmon, ancien desservant de la paroisse Saint-Michel de Bonnières, à la fabrique de Saint-Michel, de la susdite maison, sous les conditions susexprimées ;

Vu la délibération du conseil municipal de Saint-Michel de Bonnières, en date du 18 mars 1854, par laquelle celui-ci se fondant sur l'autorisation antérieurement donnée à la fabrique de Saint-Michel de Bonnières d'accepter le legs fait à cette fabrique par la dame Vallette pour subvenir aux frais d'entretien de l'école des sœurs, sollicite pour la fabrique l'autorisation d'accepter la donation qui lui est faite ;

Vu les avis du comité de l'intérieur, en date du 24 avril 1833 et du 15 avril 1836 ;

Considérant que la donation du sieur Calmon a pour but l'entretien d'une école de filles ;

Que la fondation et l'entretien des écoles, soit de filles, soit de garçons, sont complétement en dehors des attributions conférées aux fabriques par la législation existante, et que dès lors elles sont sans qualité pour accepter les libéralités qui s'y rapportent ;

Considérant d'ailleurs que ces observations ne font point obstacle à ce que le sieur Calmon, par une donation faite directement à la commune, ne lui assure les avantages de la libéralité qu'il a entendu faire dans l'intérêt des filles de cette commune ;

Est d'avis :

Qu'en l'état, il n'y a pas lieu d'adopter le projet de décret (1).

---

(1) C'est dans le même sens qu'en ont jugé, à cette époque, les Ministres de l'instruction publique et de l'intérieur.

Les fabriques ne sont capables d'acquérir, de recevoir et de posséder que dans l'intérêt de la célébration du culte et dans la limite des services qui leur sont confiés par les lois et les règlements. En conséquence, une fabrique ne

Avis relatif à la création d'un cours normal d'institutrices au Puy.

19 *décembre* 1854.

Le Conseil,

Vu le projet de règlement pour le cours normal d'institutrices, établi au Puy (Haute-Loire), dans la maison mère de l'association des Demoiselles de l'Instruction ;

Vu l'ordonnance royale du 24 janvier 1843, qui a reconnu ladite association ;

Vu le rapport de M. l'inspecteur général Mageis sur l'état de l'instruction primaire dans la Haute-Loire et sur la création du cours normal dont il s'agit ;

Vu la lettre de M. le préfet de la Haute-Loire, en date du 7 novembre ;

Considérant :

Que le cours normal d'institutrices du Puy est appelé à rendre d'éminents services à l'instruction primaire dans un département où la population des campagnes, disséminée en une multitude de hameaux et en beaucoup de localités, est privée des bienfaits de cette instruction ;

Que nulle institution n'est plus propre à la répandre dans un pays montagneux que l'institution des Demoiselles de l'Instruction, par les règles qui la gouvernent, par l'esprit qui anime les membres et par les résultats déjà obtenus ;

---

peut être autorisée à acquérir une maison pour être affectée à une école de garçons ou de filles (Décisions du Ministre de l'instruction publique des 4 avril 1853 et 24 janvier 1855. — Décision du Ministre de l'intérieur, (1859).

Toutefois, d'après la jurisprudence du Ministre de l'intérieur, confirmée par le conseil d'État le 21 décembre 1859, lorsque le conseil municipal prend l'engagement de payer à la fabrique un loyer représentant les intérêts et capital employé par elle, une acquisition de maison d'école peut être autorisée à titre de placement de fonds.

Que ces résultats répondent parfaitement aux besoins des populations, et que le règlement du cours normal doit les prendre pour base des connaissances qui sont nécessaires aux institutrices de la Haute-Loire;

Que le projet présenté a été rédigé dans cette vue et paraît approprié au but de l'institution comme aux besoins particuliers de l'instruction primaire dans le département de la Haute-Loire;

Est d'avis qu'il y a lieu d'approuver le projet de règlement dont il s'agit.

Décret relatif à l'établissement des salles d'asile.

21 *mars* 1855.

NAPOLÉON, etc.,

Avons décrété et décrétons ce qui suit :

TITRE Ier.

DISPOSITIONS GÉNÉRALES CONCERNANT L'ÉTABLISSEMENT DES SALLES D'ASILE ET LE PROGRAMME DE L'ENSEIGNEMENT.

ART. 1. — Les salles d'asile publiques ou libres sont des établissements d'éducation où les enfants des deux sexes, de deux ans à sept ans, reçoivent les soins que réclame leur développement moral et physique.

ART. 2. — L'enseignement dans les salles d'asile, publiques ou libres, comprend :

1° Les premiers principes de l'instruction religieuse, de la lecture, de l'écriture, du calcul verbal et du dessin linéaire;

2° Des connaissances usuelles à la portée des enfants ;
3° Des ouvrages manuels appropriés à l'âge des enfants;
4° Des chants religieux, des exercices moraux et des exercices corporels.

Les leçons et les exercices moraux ne durent jamais plus de dix à quinze minutes, et sont toujours entremêlés d'exercices corporels.

Art. 3. — L'instruction religieuse est donnée sous l'autorité de l'évêque dans les salles d'asile catholiques.

Les ministres des cultes non catholiques reconnus, président à l'instruction religieuse dans les salles d'asile de leur culte.

Art. 4. — Les salles d'asile sont situées au rez-de-chaussée; elles sont planchéiées et éclairées, autant que possible, des deux côtés, par des fenêtres fermées avec des châssis mobiles.

Les dimensions des salles d'exercice doivent être calculées de manière qu'il y ait au moins deux mètres d'air pour chaque enfant admis.

A côté de la salle d'exercice, il y a un préau destiné aux repas et aux récréations.

Art. 5. — Nulle salle d'asile ne peut être ouverte avant que l'inspecteur d'Académie n'ait reconnu qu'elle réunit les conditions de salubrité ci-dessus prescrites.

Art. 6. — Il y a dans chaque salle d'asile publique du culte catholique : un crucifix, une image de la Sainte Vierge.

Art. 7.— Il y a dans toutes les salles d'asile un portrait de l'impératrice, protectrice de l'institution.

Art. 8. — Le titre de salle d'asile modèle peut être conféré par le Ministre de l'instruction publique, sur la proposition du conseil central de patronage, à celles des salles d'asile qui auraient été signalées, par les déléguées spéciales, pour la bonne disposition du local, l'état satisfaisant du mobilier, les soins donnés aux enfants, ainsi que pour l'emploi judicieux et intelligent des meilleurs moyens d'éducation et de premier enseignement.

Il y a à Paris un cours pratique avec pensionnat, destiné : 1° à former, pour Paris et les départements, des directrices ou des sous-directrices de salles d'asile ; 2° à conserver les principes de la méthode établie ; 3° à expérimenter les nouveaux procédés d'éducation et de premier enseignement dont l'essai serait recommandé par le comité central de patronage (1).

ART. 9. — Un règlement arrêté par le Ministre de l'instruction publique, sur la proposition du comité central de patronage, déterminera, sous l'approbation de l'impératrice, tout ce qui se rapporte aux procédés d'éducation et d'ensei-

---

(1) CONDITIONS QUE DOIVENT REMPLIR LES SALLES D'ASILE POUR DEVENIR SALLES D'ASILE MODÈLES.

I.

LOCAL.

Examiner si tout est conforme aux prescriptions réglementaires, en ayant sous les yeux, d'une part, les articles 4, 5, 6, 7 du décret du 21 mars, et les articles 21, 22, 23 du règlement général du 22 mars 1855; d'autre part, le plan de l'asile en question.

Indépendamment des conditions énumérées dans ces articles, porter l'attention sur les points suivants : Le vestibule est-il fermé par une barrière destinée à empêcher le public de pénétrer dans la salle d'asile ? Dimensions des classes (art. 4 du décret). — Sont-elles proportionnées au nombre des enfants que l'asile doit recevoir ? — Quelle est la forme des gradins ? — Quelle est la hauteur et la largeur des marches ? — Quel est l'appareil de chauffage ? — Comment est-il pourvu à l'aération et à la ventilation ? — Où est placé le lavabo ? — Comment est-il organisé ?

Le préau est-il d'une dimension au moins égale à celle de la salle d'exercices?

La cour est-elle spacieuse, de plain-pied, attenante aux salles ? le sol en est-il uni et battu ?

Les lieux d'aisances sont-ils situés de manière à être facilement surveillés, sont-ils bien aérés? peut-on y arriver à couvert ? quel est le nombre des compartiments ? et ce nombre est-il en proportion avec celui des enfants ? — Se conforme-t-on exactement aux diverses prescriptions de l'article 6 du règlement général ?

gnement employés dans les salles d'asile publiques, ainsi qu'aux soins matériels qui doivent y être observés.

II.

MOBILIER.

La salle d'asile est-elle munie de tous les objets désignés dans l'article 21 du règlement du 22 mars 1855, et tous les objets sont-ils en bon état de conservation? Comment est-il pourvu aux soins de propreté?

L'asile possède-t-il les registres dont parle l'article 23?

III.

DIRECTION.

Le comité local est-il composé de membres actifs, au courant des détails et de la direction méthodique d'un asile, et en état de satisfaire aux prescriptions de l'article 15 du décret du 21 mars? — Un médecin est-il attaché à l'établissement, et y fait-il des visites régulières (art. 16 dudit décret)?

La directrice remplit-elle la condition stipulée par l'article 4 de l'arrêté du 28 mars 1857? — Est-elle laïque ou membre d'une congrégation religieuse? — Dans ce dernier cas, est-elle disposée à recevoir également, pour le stage, des aspirantes laïques ou des aspirantes religieuses? La congrégation à laquelle elle appartient possède-t-elle un asile normal?

Le règlement intérieur suivi dans l'asile est-il celui des salles d'asile de Paris? Faire connaître les modifications (additions ou retranchements) qui ont pu être apportées à ce dernier? — Indiquer les raisons des différences signalées.

Emploi du temps détaillé. Se reporter, pour apprécier cet emploi du temps, aux articles 1 à 19 du règlement général. (Répondre, paragraphe par paragraphe.)

L'enseignement est-il maintenu dans les limites fixées par le règlement? — S'occupe-t-on avec suite et succès des exercices de chant?

Quels sont les petits travaux manuels auxquels on applique les enfants? — Exercices hygiéniques. — Quelles sont les prières dites dans la salle d'asile? Les principales se font à genoux.

INDICATIONS SUPPLÉMENTAIRES.

Que deviennent les enfants à l'âge où ils ne peuvent plus rester à l'asile? Veille-t-on à ce que chacun d'eux soit envoyé dans une bonne école? Le comité de patronage prend-il quelques mesures à cet égard?

TITRE II.

DE L'ADMISSION DES ENFANTS DANS LES SALLES D'ASILE.

Art. 10. — Aucun enfant n'est reçu, même provisoirement, par la directrice, dans une salle d'asile publique ou libre, s'il n'est pourvu d'un certificat de médecin, dûment légalisé, constatant qu'il n'est atteint d'aucune maladie contagieuse et qu'il a été vacciné.

L'admission des enfants dans les salles d'asile publiques ne devient définitive qu'autant qu'elle a été ratifiée par le maire.

Dans les huit jours qui suivent l'admission provisoire d'un enfant dans une salle d'asile publique, les parents sont tenus de présenter à la directrice un billet d'admission délivré par le maire.

Art. 11. — Les salles d'asile publiques sont ouvertes gratuitement à tous les enfants dont les familles sont reconnues hors d'état de payer la rétribution mensuelle.

Art. 12. — Le maire, de concert avec les ministres des différents cultes reconnus, dresse la liste des enfants qui doivent être admis gratuitement dans les salles d'asile publiques. Cette liste est définitivement arrêtée par le conseil municipal.

Art. 13. — Les billets d'admission délivrés par les maires ne font aucune distinction entre les enfants payants et les enfants admis gratuitement.

TITRE III.

DE LA SURVEILLANCE ET DE L'INSPECTION DES SALLES D'ASILE.

Art. 14. — Indépendamment des autorités instituées pour la surveillance et l'inspection des écoles par les articles 18, 20, 42 et 44 de la loi du 15 mars 1850, il peut être établi dans chaque commune où il existe des salles d'asile, et à Paris, dans chaque arrondissement, un comité local de patronage nommé par le préfet.

Ce comité local, dont le curé fait partie de droit, et qui est présidé par le maire, est composé de dames qui se partagent la protection des salles d'asile du ressort.

ART. 15. — Le comité local de patronage est chargé de recueillir les offrandes de la charité publique en faveur des salles d'asile de son ressort, de veiller au bon emploi des fonds alloués à ces établissements par la commune, le département ou l'État, et au maintien des méthodes adoptées pour les salles d'asile publiques. Il délibère sur tous les objets qu'il juge dignes de fixer l'attention du comité central.

Il se réunit au moins une fois par mois.

ART. 16. — Un ou plusieurs médecins, nommés par le maire, visitent au moins une fois par semaine les salles d'asile publiques.

Chaque médecin inscrit ses observations et ses prescriptions sur un registre particulier.

ART. 17. — Le Ministre de l'instruction publique et des cultes peut, suivant les besoins du service, déléguer pour l'inspection des salles d'asile, dans chaque Académie, une dame rétribuée sur les fonds de l'État.

Nulle ne peut être nommée déléguée spéciale si elle n'est pourvue d'un certificat d'aptitude.

Le recteur de l'Academie détermine l'ordre des tournées des dames déléguées spéciales et en règle l'itinéraire. Il transmet au Ministre, avec son avis, les rapports généraux que les dames lui adressent. Le ministre place ces rapports sous les yeux du comité central de patronage.

Les déléguées spéciales correspondent directement avec les comités de patronage de leur circonscription, et envoient à chaque inspecteur d'Académie un rapport spécial sur les salles d'asile du département.

ART. 18. — Il y a près du comité central de patronage des salles d'asile deux déléguées générales rétribuées sur les fonds de l'État et nommées par le Ministre de l'instruction publique.

Les déléguées générales sont envoyées par le Ministre de l'instruction publique partout où leur présence est jugée nécessaire; elles s'entendent avec les déléguées spéciales, et provoquent, s'il y a lieu, les réunions des comités locaux de patronage; elles rendent compte au Ministre et au comité central, et ne décident rien par elles-mêmes.

TITRE IV.

DES CONDITIONS D'AGE, DE MORALITÉ ET D'APTITUDE DES DIRECTRICES DE SALLES D'ASILE.

Art. 19. — Les salles d'asile publiques ou libres seront à l'avenir exclusivement dirigées par des femmes.

Art. 20. — Nulle ne peut diriger une salle d'asile publique ou libre avant l'âge de vingt-quatre ans accomplis, et si elle ne justifie d'un certificat d'aptitude.

Les lettres d'obédience délivrées par les supérieures des communautés religieuses régulièrement reconnues, et attestant que les postulantes ont été particulièrement exercées à la direction d'une salle d'asile, leur tiennent lieu de certificat d'aptitude.

Peuvent toutefois être admises à diriger provisoirement, dès l'âge de vingt et un ans, une salle d'asile publique ou libre qui ne reçoit pas plus de trente à quarante enfants, les sous-directrices pourvues du certificat mentionné en l'article 31 du présent décret, et les membres de communautés religieuses pourvues d'une lettre d'obédience.

Art. 21. — Sont incapables de tenir une salle d'asile publique ou libre les personnes qui se trouvent dans les cas prévus par l'article 36 de la loi du 15 mars 1850.

Art. 22. — Quiconque veut diriger une salle d'asile libre

doit se conformer préalablement aux dispositions prescrites par les articles 25 et 27 de la loi du 15 mars 1850, et 1, 2 et 3 du décret du 7 octobre 1850.

L'inspecteur d'Académie peut faire opposition à l'ouverture de la salle, dans les cas prévus par l'article 38 de la loi du 15 mars 1850 et par l'article 5 du présent décret. L'opposition est jugée par le conseil départemental, contradictoirement et sans réserve.

A défaut d'opposition, la salle d'asile peut être ouverte à l'expiration du mois.

ART. 23. — Les directrices des salles d'asile publiques sont nommées et révoquées par les préfets, sur la proposition de l'inspecteur d'Académie ; elles sont choisies, après avis du comité local de patronage, soit parmi les membres des congrégations religieuses, soit parmi les laïques, et, dans ce dernier cas, autant que possible, parmi les sous-directrices.

ART. 24. — Le conseil départemental peut, dans les formes prescrites par les articles 20 et 33 de la loi du 15 mars 1850, interdire de l'exercice de sa profession, dans la commune où elle réside, une directrice de salle d'asile libre.

Il peut frapper d'interdiction absolue une directrice de salle d'asile libre ou publique, sauf appel devant le conseil impérial de l'instruction publique.

ART. 25. — Dans toute salle d'asile publique qui reçoit plus de quatre-vingts enfants, la directrice est aidée par une sous-directrice.

ART. 26. — Nulle ne peut être nommée sous-directrice dans une salle d'asile publique avant l'âge de vingt ans, et si elle n'est pourvue d'un certificat de stage délivré ainsi qu'il est dit à l'article 31 du présent décret.

Les sous-directrices dans les salles d'asile publiques sont nommées et révoquées par les maires, sur la proposition du comité de patronage.

ART. 27. — Il y a, dans chaque département, une commission d'examen chargée de constater l'aptitude des personnes qui aspirent à diriger les salles d'asile.

La commission tient une ou deux sessions par an.

Les membres de la commission d'examen sont nommés pour trois ans par le préfet, sur la proposition du conseil départemental de l'instruction publique.

La commission d'examen se compose :

De l'inspecteur d'Académie, président ;

D'un ministre du culte professé par la postulante ;

D'un membre de l'enseignement public ou libre ;

De deux dames patronnesses des asiles ;

D'un inspecteur de l'instruction primaire faisant fonctions de secrétaire.

A Paris, la commission est nommée, sur la proposition du préfet, par le Ministre de l'instruction publique, qui fixe le nombre des membres dont elle doit être composée.

Art. 28. — Les certificats d'aptitude sont délivrés au nom du recteur par l'inspecteur d'Académie dans les départements, et, à Paris, par le vice-recteur.

Art. 29. — Nulle n'est admise devant une commission d'examen avant l'âge de vingt et un ans, et si elle n'a déposé entre les mains de l'inspecteur d'Académie, un mois avant l'ouverture de la session :

1° Son acte de naissance ;

2° Des certificats attestant sa moralité et indiquant les lieux où elle a résidé et les occupations auxquelles elle s'est livrée depuis cinq ans au moins.

La veille de la session, l'inspecteur d'Académie arrête, sur la proposition de la commission d'examen, la liste des postulantes qui seront admises à subir l'examen.

Art. 30. — L'examen se compose de deux parties distinctes :

1° Un examen d'instruction ;

2° Un examen pratique.

L'examen d'instruction comprend l'histoire sainte, le catéchisme, la lecture, l'écriture, l'orthographe, les notions les plus usuelles du calcul et du système métrique, le dessin au trait, les premiers éléments de géographie, le chant, le travail manuel.

L'examen pratique a lieu dans une salle d'asile. Les postulantes sont tenues de diriger les exercices de cette salle pendant une partie de la journée.

Art. 31. — Sur la déclaration de la directrice d'une salle d'asile modèle, visée par le comité de patronage, l'inspecteur d'Académie délivre aux postulantes qui ont suivi les exercices de cette salle d'asile pendant deux mois au moins le certificat de stage mentionné en l'article 26 du présent décret.

A Paris, le certificat de stage est délivré par le vice-recteur de l'Académie, soit sur l'attestation de la directrice d'une salle d'asile modèle, comme il est dit ci-dessus, soit sur l'attestation de la directrice du cours pratique, certifiée par la commission de surveillance de cet établissement.

TITRE V.

DU TRAITEMENT DES DIRECTRICES ET SOUS-DIRECTRICES DES SALLES D'ASILE PUBLIQUES.

Art. 32. — Les directrices des salles d'asile publiques reçoivent sur les fonds communaux un traitement fixe, qui ne peut être moindre de 250 francs, et les sous-directrices un traitement dont le minimum est fixé à 150 francs.

Les unes et les autres jouissent, en outre, du logement gratuit.

Les dispositions de la loi du 9 juin 1853 sur les pensions civiles leur sont applicables.

Art. 33. — Une rétribution mensuelle peut être exigée de toutes les familles dont les enfants sont admis dans les salles d'asile publiques et qui sont en état de payer le service qu'elles réclament.

Le taux de cette rétribution est fixé par le préfet, en conseil départemental, sur l'avis des conseils municipaux et des délégués cantonaux.

Art. 34. — La rétribution mensuelle est perçue pour le

compte de la commune par le receveur municipal, et spécialement affectée aux dépenses de la salle d'asile.

En cas d'insuffisance du produit de la rétribution mensuelle, et à défaut de fondation, dons ou legs, il est pourvu aux dépenses des salles d'asile publiques :

1° Sur les revenus ordinaires des communes;

2° Sur l'excédant des trois centimes spéciaux affectés à l'instruction primaire, ou, à défaut, au moyen d'une imposition spécialement autorisée à cet effet.

Une subvention peut être accordée par les départements aux communes qui ne peuvent suffire aux dépenses ordinaires des salles d'asile qu'au moyen d'une imposition spéciale. Cette subvention est prélevée, soit sur le restant disponible des deux centimes affectés à l'instruction primaire, soit sur des fonds spécialement votés à cet effet.

Art. 35. — Notre Ministre secrétaire d'État au département de l'instruction publique et des cultes est chargé de l'exécution du présent décret.

Extrait des instructions relatives aux règles à suivre par les commissions d'examen pour les brevets de capacité.

8 *mai* 1855.

. . . .

De la direction que ces commissions donnent aux examens dépend, en grande partie, l'avenir de l'instruction primaire. Ce sont elles qui peuvent, tout à la fois, élever cette instruction au niveau qu'elle doit atteindre, et la renfermer dans les sages limites que la raison, d'accord avec la loi, lui assigne. Je crois opportun, en conséquence, de passer en revue les différentes matières sur lesquelles les candidats au brevet de capacité sont interrogés, en indiquant sommairement la pensée qui doit présider à chaque partie de l'examen et les bases d'après lesquelles les épreuves seront jugées désormais.

CARACTÈRE GÉNÉRAL DES EXAMENS.

Les commissions ne doivent pas oublier qu'elles interrogent de futurs instituteurs ayant à prouver, non-seulement qu'ils ont acquis certaines connaissances, mais aussi et surtout qu'ils savent communiquer ce qu'ils ont appris. La partie des examens ayant pour objet les méthodes d'enseignement a été retranchée du programme, en ce sens qu'elle ne constitue plus une épreuve distincte; mais les questions portant sur la manière d'enseigner se rattachent naturellement aux épreuves relatives à chaque faculté.

JUGEMENT DES ÉPREUVES.

Les commissions adopteront désormais un système de signes exprimant la valeur intrinsèque de chacune des épreuves.

Ces signes, mesure commune d'appréciation, seront les chiffres de 0 à 10. Tout candidat qui n'aura pas obtenu, pour les quatre épreuves écrites, une moyenne de 20 points, ne sera point admis aux épreuves orales. La NULLITÉ d'une épreuve sera un cas absolu d'exclusion.

Des points seront également donnés pour les épreuves orales, et le brevet ne pourra être accordé qu'à ceux des candidats qui, pour l'ensemble des épreuves, auront obtenu un minimum de 40 points, pour les aspirants, et (en raison des ouvrages à l'aiguille), de 45 pour les aspirantes.

Il est à peine besoin d'ajouter qu'une même sévérité doit présider à l'application des épreuves dans l'une et l'autre session, et qu'il ne peut exister aucune raison, pour les juges, de se montrer moins exigeants dans la première que dans la seconde.

A l'avenir, les rapports transmis à l'Administration supérieure mentionneront la moyenne des points obtenus par chacun des candidats.

ÉPREUVES ÉCRITES.

Écriture.

L'examen des copies d'écriture dénote, chez presque tous les candidats qui n'ont point passé par les écoles Normales, l'ignorance absolue des principes. Il n'est pas étonnant, dès lors, que l'enseignement de l'écriture laisse tant à désirer dans les écoles : les maîtres enseignent au hasard, et d'après de mauvaises méthodes. Il importe donc que les commissions jugent l'épreuve dont il s'agit plus sévèrement que par le passé.

Le texte dont la transcription constitue cette épreuve ne doit jamais être laissé au choix des candidats. Il sera toujours dicté ou présenté par le président ou par l'un des membres de la commission. Il faut que les futurs instituteurs soient en état d'enseigner à leurs élèves une écriture courante, facile et nette. Ces maîtres n'auront pas à former d'habiles professeurs de calligraphie, mais à mettre les enfants en état d'écrire couramment et lisiblement.

Orthographe.

Aux termes du règlement du 15 février 1853, la dictée prend une page environ ; il est de l'intérêt même des candidats, un certain nombre de fautes étant admises, que l'étendue de cette dictée ne soit pas diminuée : l'épreuve laisse ainsi moins de prise au hasard, en ce qui concerne l'orthographe d'usage. Le texte choisi sera lu préalablement à haute voix, puis dicté et relu ; mais la ponctuation ne devra être l'objet d'aucune indication spéciale. Il faut que les candidats se rendent compte par eux seuls des motifs qui les déterminent à ponctuer de telle ou telle manière.

Un maximum de quatre fautes est accordé pour l'épreuve de l'orthographe. On évaluera une faute toute infraction aux règles de la grammaire et toute violation de l'orthographe d'usage. L'omission des accents compte seulement pour 1/2 ; les traits d'union omis ou placés à tort compteront pour 1/4 ; les fautes de ponctuation, selon leur importance et leur nombre, entreront pour 1 ou 2 dans le chiffre total.

Les fautes qui constituent des non-sens pourront faire prononcer la nullité de l'épreuve.

Composition.

Cette épreuve permet de juger si le candidat a de l'ordre dans les idées et s'il sait exprimer clairement sa pensée. On ne doit rien y chercher au delà. Il ne faut point demander aux candidats des qualités de style dénotant déjà des habitudes littéraires ; ils ont seulement à faire preuve de bon sens et de raison. Il convient donc d'éviter, avec le même soin, et les sujets qui ne provoquent que des lieux communs, et ceux qui tendent à entraîner les candidats au delà des études auxquelles ils doivent se borner. Les questions spéciales, circonscrites, bien déterminées, guident l'esprit et l'empêchent de se perdre dans le vague.

Cette remarque s'applique spécialement aux questions relatives aux principes d'éducation et à la tenue des écoles. Mais il est à propos, en ce qui concerne les sujets tirés de l'histoire sainte, d'éviter ceux qui embrassent un trop grand nombre de faits ; car, de tels sujets étant donnés, le travail du candidat n'est plus qu'un effort de mémoire.

Les commissions ont paru peut-être, jusqu'à ce jour, trop exclusivement disposées à préférer les sujets empruntés à l'Ancien Testament. Il serait à craindre qu'un choix systématique n'eût pour effet de pousser les candidats à négliger le texte des Évangiles et des Actes des apôtres.

Arithmétique.

Les problèmes posés ne doivent pas être résolus uniquement par les chiffres, il faut qu'à l'appui de ces chiffres les candidats soient tenus de présenter le raisonnement qui les a conduits à la solution.

Trop souvent l'on propose des problèmes oiseux qui n'ont aucune analogie avec les besoins de la vie réelle. Il importe qu'il en soit autrement, et que les candidats soient appelés à traiter des questions dont la solution ne laisse dans leur esprit que des idées justes. Quand, pour se préparer à subir l'examen, les candidats auront été obligés de s'occuper des applications usuelles, ils seront moins portés à les négliger dans leur enseignement. Les commissions contribueront ainsi à diriger l'instruction primaire dans cette voie d'utilité pratique, où elle deviendra de plus en plus profitable aux populations.

ÉPREUVES ORALES.

Lecture.

On doit s'assurer que tous les candidats au brevet de capacité non-seulement lisent et prononcent correctement, mais qu'ils comprennent ce qu'ils lisent. Il convient aussi de rattacher à cette épreuve diverses questions sur les meilleurs procédés à suivre pour l'enseignement de la lecture.

Catéchisme et histoire sainte.

L'enseignement religieux dans les écoles appartient exclusivement aux ministres des cultes ; il serait téméraire à l'instituteur d'intervenir dans un tel enseignement, autrement que pour vérifier si la lettre du catéchisme est exactement apprise. C'est, toutefois, le devoir des commissions de s'assurer que les aspirants au brevet connaissent leur religion, et qu'ils possèdent non pas seulement la lettre, mais l'esprit du catéchisme. C'est dans ce but surtout que la loi exige qu'il y ait, dans chaque commission d'examen, un ministre du culte professé par le candidat. Mais, s'il importe que cette épreuve ne soit pas rabaissée à un simple exercice de mémoire, il importe aussi qu'elle ne s'écarte pas du but auquel elle doit tendre. Les questions adressées aux candidats seront donc présentées avec simplicité et ne devront porter que sur des points de doctrine à la portée de ceux qui devront les résoudre.

A l'égard de l'histoire sainte, il est bon de rappeler que l'histoire de la religion ne s'arrête pas à la mort du Sauveur. Tout instituteur doit posséder des notions suffisantes sur l'établissement du christianisme et sur ses progrès.

Analyse grammaticale.

Cette épreuve n'a pas exclusivement pour but de s'assurer si les candidats connaissent les règles de la grammaire. Les élèves des écoles primaires ont besoin d'apprendre leur langue, mais non les subtilités qui ont rendu, en la compliquant, l'étude de la grammaire française si peu attrayante, et, par conséquant, si difficile. Les futurs instituteurs de la jeunesse doivent prouver, avant tout, qu'ils se rendent compte de l'emploi des mots, de leurs significations, de leurs acceptions différentes, et que, s'ils savent enseigner la grammaire d'une manière intelligente, ils savent, par conséquent, enfermer cette étude dans de justes limites.

Calcul et système légal des poids et mesures.

Les indications données à l'occasion de l'épreuve écrite s'appliquent aussi à l'épreuve orale de calcul.

Il faut comprendre dans cette partie de l'examen l'application des quatre règles aux nombres entiers et aux fractions décimales ainsi qu'aux fractions ordinaires. La connaissance de ces dernières est indispensable, depuis que l'emploi de la méthode de réduction à l'unité permet de résoudre toutes les questions qui exigeaient autrefois l'étude des règles de trois, de société, d'escompte, d'alliage, etc.

EXAMEN SPÉCIAL DES INSTITUTRICES.

Travaux à l'aiguille.

Cette partie de l'examen a pour objet de montrer non pas seulement que l'aspirante sait coudre et raccommoder, mais qu'elle est en état d'enseigner tous les genres de travaux familiers aux femmes. Toute aspirante qui ne possède pas une habileté suffisante dans les ouvrages à l'aiguille, doit être ajournée à une autre session.

Non-publicité de l'examen.

Des doutes se sont élevés sur la manière d'entendre la prescription d'après laquelle l'examen des institutrices N'A PAS LIEU PUBLIQUEMENT.

La loi, en excluant un public nombreux, n'a pas voulu prescrire un huis clos, qui ne serait pas sans inconvénients. Il convient de procéder aux épreuves orales des aspirantes en les appelant par séries de quatre à six: les mères, parentes, tutrices, sont autorisées à assister à l'examen.

EXAMEN SUR LES MATIÈRES FACULTATIVES.

Si un candidat déjà pourvu du brevet vient subir l'examen sur les matières facultatives, convient-il de s'assurer par un examen supplémentaire que ce candidat possède, au point de vue des matières obligatoires, une instruction en rapport avec le caractère nouveau de son brevet?

La circulaire du 26 janvier 1864 a résolu cette question pour l'examen des futures institutrices : il convient de décider, d'une manière générale, que, pour le cas dont il s'agit, les commissions ne doivent pas se contenter de l'instruction dont les candidats ont fait preuve dans l'examen élémentaire. Elles ont le droit de revenir, dans une juste mesure, sur les matières énumérées dans la première moitié de l'article 23 de la loi de 1850.

Rien ne s'oppose à ce que, dans l'examen complémentaire, les commissions imposent aux candidats une ou deux compositions écrites.

Dans les éléments d'histoire et de géographie, peut-on comprendre les éléments de l'histoire et de la géographie générales? Oui, sans doute. La circulaire précitée comprend en effet, parmi les matières facultatives, l'histoire et *particulièrement* l'histoire de France. — Quelques notions de cosmographie élémentaire se rattachent aussi par des liens naturels à l'étude de la géographie. On ne saurait donner aux élèves des idées exactes de l'inégale durée des jours, de la différence des climats, de l'influence que cette inégalité exerce sur les productions, sans leur faire connaître la forme de la terre et son mouvement autour du soleil. Il est donc convenable que les commissions s'assurent que les candidats sont en état de donner aux enfants ces notions simples et générales ; mais j'attends de leur bon esprit qu'elles renferment cette épreuve dans les limites que je viens d'indiquer.

Vous voudrez bien, Monsieur le recteur, communiquer les présentes instructions à MM. les inspecteurs d'Académie et à MM. les présidents des commissions de votre ressort. Je ne doute pas que ces commissions ne s'empressent de s'y conformer désormais, et qu'elles ne contribuent ainsi à diriger l'enseignement dans ces voies de sages progrès où se rencontrent tous ceux qui veulent pour la jeunesse des écoles primaires une instruction appropriée à ses besoins et non des satisfactions d'amour-propre trop fertiles en déceptions.

Arrêté portant règlement des salles d'asile.

22 *mai* 1855.

Le Ministre secrétaire d'État au département de l'instruction publique et des cultes;

Vu l'article 57 de la loi du 15 mars 1850;

Vu l'article 14 du décret du 9 mars 1852;

Vu l'article 8 de la loi du 14 juin 1854;

Vu l'article 9 du décret en date du 21 mars 1855;

Sur la proposition du comité central de patronage des salles d'asile,

Arrête :

TITRE PREMIER.

DE L'ADMISSION DES ENFANTS DANS LES SALLES D'ASILE PUBLIQUES ET DES SOINS A LEUR DONNER.

ART. 1. — Les salles d'asile publiques sont ouvertes du 1er mars au 1er novembre, depuis sept heures du matin jusqu'à sept heures du soir; du 1er novembre au 1er mars, depuis huit heures du matin jusqu'à six heures du soir.

Des exceptions à cette règle peuvent être autorisées, selon les circonstances locales, par le maire, sur la proposition du comité local de patronage.

Les salles d'asile sont fermées les dimanches et les jours fériés, savoir : le jour de la Toussaint, le jour de Noël, le 1er janvier, les jours de l'Ascension et de l'Assomption.

Il est interdit aux directrices de les fermer d'autres jours sans l'autorisation du comité local de patronage.

ART. 2. — Dans des cas d'urgence, les directrices doivent garder les enfants après les heures déterminées.

La surveillance et les soins particuliers auxquels cette exception doit donner lieu sont réglés par le comité local de patronage.

Les enfants qui n'ont pas été repris par leurs parents à l'heure où la salle d'asile doit être fermée sont conservés par la directrice, ou confiés en mains sûres pour être ramenés à leur demeure.

L'enfant n'est plus admis à la salle d'asile si les parents après avoir été dûment avertis, retombent habituellement dans la même négligence. L'exclusion ne peut, toutefois, être prononcée que par le maire, sur la proposition du comité local de patronage.

Art. 3. — Lorsqu'un enfant est présenté dans une salle d'asile, la directrice fait connaître à la famille les conditions de propreté, de soins et de nourriture auxquelles elle devra se conformer en ce qui concerne son enfant.

Indépendamment du certificat de médecin prescrit par l'article 10 du décret du 21 mars 1855, la directrice doit exiger de la famille un petit panier pour les provisions de bouche de l'enfant, une éponge et un gobelet. Le comité local de patronage supplée, s'il y a lieu, à l'impossibilité où se trouveraient des familles de fournir ces objets.

Le panier, le gobelet et les éponges de chacun des enfants admis définitivement sont immédiatement marqués d'un numéro d'ordre.

Art. 4. — A l'arrivée des enfants à la salle d'asile, la directrice doit s'assurer par elle-même de leur état de santé et de propreté, de la quantité et de la qualité des aliments qu'ils apportent dans leurs paniers.

L'enfant amené à la salle d'asile dans un état de maladie n'est pas reçu; s'il devient malade dans le courant de la journée, il est aussitôt dirigé vers la demeure de ses parents et, en cas d'urgence, vers la demeure de l'un des médecins de l'établissement.

Les enfants fatigués ou incommodés sont déposés, soit sur le lit de camp ou hamac, soit dans le logement de la directrice, jusqu'à ce qu'on puisse les rendre à la famille.

Art. 5. — En cas d'absence réitérée d'un enfant sans motif connu d'avance, la directrice s'informe des causes de cette absence. Elle en donne, dans tous les cas, avis au comité local de patronage, qui fait visiter, s'il y a lieu, cet enfant dans sa famille.

ART. 6. — A l'entrée et à la sortie de chaque classe, les enfants sont conduits en ordre aux lieux d'aisances; ils y sont toujours surveillés par la directrice elle-même.

A deux heures, avant la rentrée en classe, les enfants sont également conduits en ordre dans le préau couvert. En passant devant sa case, chacun d'eux reçoit son éponge des mains de la directrice et se présente à son rang devant la femme de service chargée du lavage des mains et de la figure. Après ces lavages, les enfants repassent dans le même ordre devant leur case, où leur éponge est déposée de nouveau par la directrice; ils rentrent ensuite en classe.

ART. 7. — Les enfants ne doivent jamais être frappés. Ils sont toujours repris avec douceur.

Il ne peut être infligé aux enfants que les punitions suivantes :

Les faire lever et tenir debout pendant dix minutes au plus lorsque leurs camarades sont assis;

Les faire sortir du gradin;

Leur interdire le travail en commun ;

Leur faire tourner le dos à leurs camarades ;

Des images et des bons points peuvent être donnés, à titre de récompense, aux enfants qui font preuve de docilité. Un certain nombre de bons points peut être échangé par le comité local de patronage contre un objet utile.

TITRE II.

DE L'ENSEIGNEMENT ET DES DIVERS EXERCICES.

ART. 8. — L'instruction religieuse, donnée conformément à l'article 3 du décret du 21 mars 1855, ne comporte point de longues leçons; elle comprend surtout les premiers chapitres du petit catéchisme ; elle résulte aussi de réflexions morales appropriées aux récits de l'histoire sainte et destinées à présenter aux enfants des exemples de piété, de charité et de docilité, rendus plus clairs et plus attachants à l'aide d'images autorisées pour être mises sous leurs yeux.

Les exercices moraux comprennent des récits d'histoire qui tendent constammeut à inspirer aux enfants un profond sentiment d'amour envers Dieu, de reconnaissance envers l'Empereur et leur auguste protectrice, à leur faire connaître et pratiquer leurs devoirs envers leur père et leur mère et leurs supérieurs, à les rendre doux, polis et bienveillants entre eux.

ART. 9. — L'enseignement de la lecture comprend les voyelles et les consonnes, l'alphabet majuscule et minuscule, les différentes espèces d'accents, les syllabes de deux ou de trois lettres, les mots de deux syllabes.

ART. 10. — L'enseignement de l'écriture se borne à l'imitation des lettres sur l'ardoise.

ART. 11. — L'enseignement du calcul comprend la connaissance des nombres simples, leur représentation par les chiffres arabes, l'addition, la soustraction enseignées à l'aide du boulier-compteur, la table de multiplication apprise de mémoire à l'aide des chants, l'explication des poids et mesures donnée à l'aide de solides ou de tableaux.

ART. 12. — L'enseignement du dessin linéaire comprend la formation, sur le tableau et sur les ardoises, des plus simples figures géométriques et de petits dessins au trait.

ART. 13. — Les connaissances usuelles comprennent la division du temps, les saisons, les couleurs, les sens, les formes, la matière et l'usage des objets familiers aux enfants, des notions sur les animaux, sur les plantes, sur les industries simples, sur les éléments, sur la forme de la terre, sur ses principales divisions, les noms des principaux États de l'Europe avec leurs capitales, les noms des départements de la France avec leurs chefs-lieux et toutes les notions élémentaires propres à former le jugement des enfants.

ART. 14. — Les travaux manuels consistent en travaux de couture, de tricot, de parfilage et autres appropriés aux localités.

Art. 15. — Le chant comprend les premiers principes de la musique vocale, soit d'après la méthode de M. Duchemin-Boijousse, soit d'après les autres méthodes qui pourraient être ultérieurement autorisées.

Art. 16. — Les leçons et les exercices religieux et moraux commencent et finissent par une courte prière ; ils ont lieu, dans les salles d'asile publiques, de dix heures du matin à midi et de deux heures à quatre heures.

Art. 17. — Les exercices corporels se composent de marches, d'évolutions et de mouvements hygiéniques exécutés en mesure par tous les enfants à la fois, dans la salle et dans le préau. Ils se composent aussi, pendant les récréations de jeux variés selon l'âge des enfants, organisés autant que possible, et dans tous les cas surveillés par la directrice.

Art. 18. — Il est interdit de surcharger la mémoire des enfants de dialogues ou scènes dramatiques, destinés à figurer dans des solennités publiques.

Art. 19. — Les directrices de salles d'asile doivent veiller à tous les besoins physiques, moraux et intellectuels des enfants, à leur langage et à leurs habitudes dans toutes les circonstances de la journée; elles s'assurent que la femme de service ne leur donne, sous ce rapport, que de bons exemples.

TITRE III.

DU LOCAL ET DU MOBILIER.

Art. 20. — Il y a dans chaque salle d'asile plusieurs rangs de gradins, au nombre de cinq au moins et de dix au plus. Ces gradins doivent garnir toute l'extrémité de la salle.

Il est réservé, au milieu et de chaque côté de ces gradins, un passage destiné à faciliter le classement et les mouvements des enfants.

Des bancs fixés au plancher sont placés dans le reste de la salle, avec un espace vide au milieu pour les évolutions.

Dans la salle destinée aux repas, des planches sont disposées le long des murs, et des patères ou crochets sont fixés au-dessous pour recevoir les paniers des enfants et les divers objets à leur usage. Chaque planche est divisée, par une raie, en autant de cases qu'il y a d'enfants. Des numéros, correspondants aux numéros des paniers, sont peints au-dessous de chaque case.

Des lieux d'aisances, distincts pour chaque sexe, sont placés de manière à être facilement surveillés ; ils doivent être aérés et disposés de telle sorte qu'il ne résulte de leur voisinage aucune cause d'insalubrité pour l'asile. Le nombre des cabinets est proportionné à celui des enfants. Chaque cabinet doit être clos par une porte sans loquet, ayant au plus 70 centimètres de hauteur et retombant sur elle-même.

La cour doit être spacieuse. Le sol en est battu et uni.

Art. 21. — Le mobilier des salles d'asile se compose de lits de camp sans rideaux ou de hamacs ; d'une pendule ; d'un boulier-compteur à dix rangées de dix boules chacune ; de tableaux et de porte-tableaux ; d'une planche noire sur un chevalet et de crayons blancs ; d'un porte-dessin ; de plusieurs cahiers d'images renfermés dans un portefeuille ; d'une table à écrire garnie d'un casier pour les registres ; d'une grande armoire ; de petites ardoises en nombre égal à celui des enfants, et de leurs crayons ; d'un poêle ; d'une grande fontaine ou d'un robinet alimenté par une concession d'eau, se déversant sur un grand lavabo à double fond ; d'autant d'éponges qu'il y a d'enfants dans la salle d'asile ; enfin, de tous les ustensiles nécessaires aux soins des enfants et à la propreté du service, d'un claquoir et d'un sifflet.

Art. 22. — Les salles et préaux sont nettoyés et balayés tous les matins, au moins une demi-heure avant l'arrivée des enfants.

Le balayage est renouvelé après le repas et après la sortie des enfants. Le feu est allumé dans les poêles du préau et de la classe une heure avant l'entrée des enfants.

Le préau est éclairé dès la chute du jour et aussi longtemps qu'il y reste des enfants.

TITRE IV.

DISPOSITIONS GÉNÉRALES.

ART. 23. — Les directrices de salles d'asile publiques tiennent :

1° Un registre sur lequel sont inscrits les noms et la demeure des enfants admis provisoirement, le nom du médecin qui a délivré le certificat prescrit par l'article 10 du décret du 21 mars 1855, la date du jour où il a été provisoirement admis ;

2° Un registre sur lequel sont inscrits, jour par jour, sous une même série de numéros, les noms et prénoms des enfants admis définitivement, les noms, demeure et profession des parents ou tuteurs, et les conventions relatives aux moyens d'amener ou de reconduire les enfants ;

3° Un registre sur lequel le médecin inscrit ses observations ;

4° Un registre sur lequel les dames patronesses chargées de la surveillance de la salle d'asile inscrivent leurs remarques sur la tenue de l'établissement au moment de leur visite ;

5° Un registre de présence des enfants.

ART. 24. — Il est interdit aux directrices, sous-directrices, ainsi qu'aux femmes de service, d'accepter des parents aucune espèce de cadeaux.

ART. 25. — La femme de service est choisie, dans chaque salle d'asile, par la directrice, avec l'approbation du comité local de patronage ; elle est révoquée dans la même forme.

ART. 26. — Les salles d'asile publiques sont ouvertes aux personnes qui désirent les visiter.

ART. 27. — Il y a, dans chaque salle d'asile, un tronc destiné à recevoir les dons de la bienfaisance publique.

La clef du tronc est déposée entre les mains de l'une des dames patronesses chargées de la surveillance de la salle d'asile.

L'emploi des deniers déposés dans ce tronc est réglé par le comité local de patronage.

ART. 28. — Un règlement, fixant l'emploi du temps pour chaque jour de la semaine dans les salles d'asile, est arrêté par le comité local de patronage.

Un exemplaire de ce règlement est toujours affiché dans la salle d'exercice.

Décret relatif à la liquidation des caisses d'épargne des instituteurs communaux.

8 *août* 1855.

NAPOLÉON, etc.

Sur le rapport de notre Ministre secrétaire d'État au département de l'instruction publique et des cultes;

Vu l'article 15 de la loi du 28 juin 1833, sur l'instruction primaire;

Vu l'ordonnance du 13 février 1833, qui détermine les statuts des caisses d'épargne et de prévoyance établies en faveur des instituteurs primaires communaux;

Vu l'ordonnance, en date du même jour, qui charge la Caisse des dépôts et consignations de recevoir et d'administrer les fonds provenant des caisses d'épargne des instituteurs primaires communaux;

Vu l'article 39 de la loi du 15 mars 1850, sur l'enseignement;

Vu la loi du 9 juin 1853, sur les pensions civiles;

Vu les lois des 18 juin 1850 et 28 mai 1853, sur les caisses des retraites pour la vieillesse, ensemble le décret impérial du 18 août 1853;

Vu le décret du 29 décembre 1853, relatif aux caisses d'épargne et de prévoyance des instituteurs communaux;

Vu l'avis du conseil impérial de l'instruction publique, en date du 30 juin 1854;

Notre Conseil d'État entendu;

Avons décrété et décrétons ce qui suit:

Art. 1. — A partir de la promulgation du présent décret, les comptes individuels des instituteurs communaux dans les caisses d'épargne départementales seront clos et arrêtés, en capital et intérêts, au 30 juin 1855, par les commissions de surveillance desdites caisses.

Le relevé en double expédition de ces comptes individuels sera transmis par le préfet au receveur général, préposé de la Caisse des dépôts et consignations.

Le compte de chaque ayant droit lui sera notifié par l'inspecteur des écoles d'arrondissement.

Art. 2. — Les instituteurs qui ont des fonds placés dans les caisses d'épargne et de prévoyance seront admis à les transférer à la Caisse des retraites de la vieillesse avec ou sans aliénation de capital. Ils pourront aussi, s'ils le préfèrent, demander que leurs fonds soient déposés à la Caisse des dépôts et consignations, selon ce qui sera réglé ci-après.

La déclaration des instituteurs pour l'emploi de leurs fonds devra être faite dans le délai d'un mois à partir du jour de la notification de leur compte.

Art. 3. — Dans le cas de versement à la Caisse des retraites pour la vieillesse, l'intéressé souscrira une déclaration dont la formule lui sera remise à cet effet, et qui devra comprendre les énonciations exigées par les lois des 18 juin 1850 et 28 mai 1853 et par décret réglementaire du 18 août 1853. Il y joindra les pièces requises sur lesdites lois et règlements, et renverra le tout à l'inspecteur des écoles de son arrondissement.

Art. 4. — L'inspecteur vérifiera les documents produits; il y joindra ses observations, et les adressera au préfet avec l'état nominatif des instituteurs intéressés. Le préfet transmettra le tout à la Caisse des dépôts et consignations, par l'intermédiaire du receveur général.

ART. 5. — Faute par les intéressés d'avoir fait l'une des déclarations prescrites par l'article 2, les sommes leur appartenant seront transférées d'office à la Caisse des retraites pour la vieillesse, capital réservé, avec jouissance de la pension viagère à l'âge de 55 ans, ou à l'année d'âge accomplie qui suivra, après 55 ans, l'expiration du délai prescrit par l'article de la loi du 28 mai 1853.

L'état des instituteurs à qui cette disposition sera devenue applicable sera également dressé par l'inspecteur et transmis au préfet.

La délivrance des livrets et la liquidation des rentes viagères afférentes à ces versements d'office seront suspendues jusqu'à la production des déclarations et des pièces exigées des déposants par les lois et règlements de la Caisse des retraites.

ART. 6. — Si les instituteurs demandent que leurs fonds soient déposés à la Caisse des dépôts et consignations, ils souscriront une déclaration de versement dont la formule leur sera remise, et qui fera connaître leurs nom, prénoms et domicile. Cette pièce sera par eux envoyée à l'inspecteur des écoles de l'arrondissement, qui la transmettra au préfet, avec l'état nominatif des instituteurs qui auront fait la déclaration.

ART. 7. — Les fonds seront centralisés à la Caisse des dépôts et consignations et seront l'objet d'un compte spécial sous le titre : « Dépôt des anciennes caisses d'épargne des instituteurs communaux. »

Les intérêts, réglés conformément à l'ordonnance ci-dessus visée du 13 février 1838, continueront d'être capitalisés tous les six mois.

ART. 8.—La Caisse des dépôts et consignations liquidera les remboursements à opérer sur l'avis donné par les préfets, que l'instituteur n'exerce plus ses fonctions par suite de retraite, démission ou révocation, ou sur la production des pièces établissant son décès et les titres des ayants droit.

Les certificats de propriété à produire dans ce dernier cas doivent être délivrés dans les formes et suivant les règles prescrites par la loi du 28 floréal an VII.

Art. 9. — Notre Ministre de l'instruction publique et des cultes et notre Ministre des finances sont chargés, chacun en ce qui le concerne, de l'exécution du présent décret.

Arrêté relatif à la liquidation des frais de tournées des inspecteurs des écoles primaires et au supplément de traitement qui leur est alloué en vertu de l'art. 24 du décret du 22 août 1853.

14 *août* 1855.

Le Ministre secrétaire d'État au département de l'instruction publique et des cultes,

Vu l'arrêté du 3 janvier 1851 ;

Vu la loi du 14 juin 1854 et le décret du 22 août de la même année ;

Arrête :

Art 1. — Au commencement de chaque année, le Ministre de l'instruction publique répartit, entre les diverses Académies, le crédit jugé nécessaire pour les frais de tournées des inspecteurs de l'enseignement primaire.

Art. 2. — Le recteur, sur l'avis des inspecteurs d'Académie chargés de l'instruction primaire, propose au Ministre la sous-répartition de crédit entre les inspecteurs de l'instruction primaire du ressort.

Cette sous-répartition, faite proportionnellement au nombre des communes et des écoles dans chaque arrondissement, en tenant compte de la superficie territoriale, des difficultés du parcours et des autres nécessités du service, indique :

1° La somme affectée aux tournées trimestrielles ordinaires;

2° Celle qui peut être réservée pour les tournées trimestrielles extraordinaires.

En aucun cas, le montant de cette réserve ne peut excéder le quart de la somme affectée aux tournées ordinaires.

Art. 3. — Le Ministre de l'instruction publique, après avoir approuvé, s'il y a lieu, cette sous-répartition, ordonnance tous les trois mois, au nom de chaque préfet, la somme nécessaire pour assurer le service de l'inspection pendant le trimestre suivant dans les départements.

Art. 4. — A la fin de chaque trimestre, l'inspecteur d'Académie dresse l'état des écoles que les inspecteurs primaires doivent inspecter pendant le trimestre suivant, conformément à l'article 3 de l'arrêté du 3 janvier 1851. Sur sa proposition, le préfet met, à titre d'avance, à la disposition de chaque inspecteur primaire, une somme de 100 fr. pour les 1er, 2e et 4e trimestres de l'année.

Art. 5. — L'inspecteur de l'instruction primaire en tournée envoie à l'inspecteur d'Académie le bulletin d'inspection prescrit par l'article 4 de l'arrêté du 3 janvier 1851. A la fin de chaque trimestre, il lui remet également en triple expédition l'état de ses frais de tournée, dressé conformément aux dispositions de l'article 8 dudit arrêté, et à celles de l'article 1 de l'arrêté du 20 janvier 1854.

Art. 6. — Après avoir fait les vérifications prescrites par l'article 10 de l'arrêté du 3 janvier 1851, l'inspecteur d'Académie transmet, revêtues de son visa, au préfet du département, deux expéditions des états de frais présentés par les inspecteurs primaires.

Le préfet mandate, au nom de chaque inspecteur, le restant dû sur le montant de ces états, déduction faite des avances allouées ; il joint une des expéditions de ces états au bordereau détaillé des mandats qu'il adresse mensuellement au Ministre.

Art. 7. — Les dispositions de l'arrêté du 5 janvier 1854, concernant la fixation des frais de tournées des inspecteurs primaires du département de la Seine, sont et demeurent maintenues.

Art. 8. — Le supplément de traitement à allouer aux

inspecteurs primaires pour l'année pendant laquelle ils sont appelés à aider l'inspecteur d'Académie, pour l'inspection des écoles de l'arrondissement du chef-lieu du département, est fixé conformément au tableau annexé au présent arrêté. Ce supplément de traitement sera payé mensuellement.

Traitements supplémentaires attribués aux inspecteurs primaires désignés comme auxiliaires des inspecteurs d'Académie.

ÉPARTEMENTS.	SUPPLÉMENT DE TRAITEMENT.	DÉPARTEMENTS.	SUPPLÉMENT DE TRAITEMENT.	DÉPARTEMENTS.	SUPPLÉMENT DE TRAITEMENT.
...	400	*Report*	11,100	*Report*	22,100
sne	500	Gers	300	Orne	400
ier	300	Gironde	600	Pas-de-Calais	500
es (Basses-)	300	Hérault	400	Puy-de-Dôme	400
es (Hautes-)	300	Ille-et-Vilaine	400	Pyrénées (Basses-)	400
lèche	300	Indre	300	Pyrénées (Hautes-)	300
lennes	400	Indre-et-Loire	300	Pyrénées-Orientales	300
iège	300	Isère	400	Rhin (Bas-)	600
be	400	Jura	400	Rhin (Haut-)	500
de	300	Landes	300	Rhône	600
eyron	300	Loir-et-Cher	400	Saône (Haute-)	400
uches-du-Rhône	400	Loire	300	Saône-et-Loire	400
lvados	500	Loire (Haute-)	300	Sarthe	300
ntal	300	Loire-Inférieure	500	Seine	»
arente	400	Loiret	500	Seine-Inférieure	600
arente-Inférieure	400	Lot	300	Seine-et-Marne	400
er	400	Lot-et-Garonne	300	Seine-et-Oise	500
rrèze	300	Lozère	300	Sèvres (Deux-)	300
rse	400	Maine-et-Loire	400	Somme	500
tes-d'Or	500	Manche	400	Tarn	300
tes-du-Nord	300	Marne	400	Tarn-et-Garonne	300
euse	300	Marne (Haute-)	400	Var	300
rdogne	400	Mayenne	300	Vaucluse	300
ubs	500	Meurthe	400	Vendée	300
ôme	300	Meuse	400	Vienne	300
re	400	Morbihan	300	Vienne (Haute-)	300
re-et-Loir	400	Moselle	400	Vosges	400
nistère	300	Nièvre	300	Yonne	400
rd	300	Nord	600	TOTAL	32,400
ronne (Haute-)	500	Oise	400		
A reporter	11,100	*A reporter*	22,100		

Avis relatif à la capacité bénéficiaire des associations charitables pour la fondation d'une école d'instruction secondaire.

10 *décembre* 1855.

Le Conseil,

Vu les art. 5 et 69 de la loi du 25 mars 1850, ensemble l'instruction du 14 mai 1851;

Vu le projet de traité intervenu entre le maire de Saint-Jean-d'Angely et le supérieur général de la société de Marie établie à Bordeaux, portant concession de bâtiments, et d'une subvention en vue de l'établissement d'une école libre d'instruction secondaire dans ladite ville;

Considérant que la société de Marie n'est autorisée que comme association charitable en faveur de l'instruction primaire ;

Qu'en conséquence, le supérieur général de cette société n'a pas la capacité légale pour contracter, quand il s'agit d'un établissement d'instruction secondaire ;

Ajourne à statuer jusqu'à ce que le traité conclu par le ville de Saint-Jean-d'Angely soit régularisé, conformément aux prescriptions de l'art. 60 de la loi du 15 mars 1850.

Avis relatif aux élèves chambriers.

19 *décembre* 1855.

Le Conseil,

Vu la note communiquée par le Ministre de l'instruction publique et des cultes, et la lettre du préfet du Finistère, du 28 décembre 1854, relative à l'état des maisons où sont logés, en dehors de l'école, des élèves de l'enseignement primaire;

Attendu qu'il existe notamment dans les départements de la Bretagne, et plus spécialement dans le département du Finistère, des maisons tenues par des individus appelés logeurs, et où sont reçus comme pensionnaires des enfants de la campagne qu'on désigne sous le nom d'élèves-chambriers, et qui fréquentent en qualité d'externes non-seulement les écoles primaires, mais encore les écoles secondaires;

Que les élèves-chambriers ne sont soumis à aucune surveillance ; qu'après les classes, ils errent dans les rues, et que dans la nuit, ils sont souvent entassés dans la même chambre;

Que l'industrie des logeurs n'est exercée en général que par des gens sans autre profession et dont l'administration n'a pu jusqu'à présent vérifier la moralité;

Considérant qu'il importe de prendre des mesures efficaces pour prévenir les abus qui peuvent résulter d'un tel état de choses;

Considérant qu'à l'exemple de ce qui se pratique pour les élèves en droit et en médecine, qui sont éloignés de leur famille, les élèves de l'enseignement primaire qui n'habitent point la maison paternelle, peuvent être assujettis à présenter un répondant en venant s'inscrire chez l'instituteur, à déclarer quel est le logement qu'ils occupent et si le logeur qui les reçoit est en même temps leur répondant;

Attendu que l'accomplissement de cette obligation suppose nécessairement la faculté pour l'autorité supérieure de repousser le répondant ou un logeur qui ne présenterait pas les garanties nécessaires;

Considérant qu'après cette déclaration, pour la conservation de laquelle les instituteurs peuvent être astreints à tenir un registre régulier, une ampliation de la déclaration doit être transmise à l'autorité municipale et à l'inspecteur départemental, lequel prendra, de concert avec l'autorité administrative, les mesures convenables pour la surveillance des logeurs qui seront ainsi signalés;

Est d'avis qu'une instruction ministérielle suffit pour mettre à exécution les mesures proposées, qui rentrent essentiellement dans les attributions de l'administration supérieure de l'instruction publique.

Décret portant règlement pour l'administration et la comptabilité des Écoles Normales primaires.

26 *décembre* 1855.

Napoléon, etc.,

Sur le rapport de notre Ministre secrétaire d'État au département de l'instruction publique et des cultes;

Vu les lois du 15 mars 1850 et du 14 juin 1854, sur l'enseignement;

Vu le décret-loi du 9 mars 1852;

Vu le règlement de comptabilité du ministère de l'instruction publique, en date du 16 décembre 1841;

Vu le règlement sur les Écoles Normales primaires, en date du 24 mars 1851;

Le conseil impérial de l'instruction publique entendu,

Avons décrété et décrétons ce qui suit:

TITRE I.

DE L'ADMINISTRATION DES ÉCOLES NORMALES.

SECTION I.

Traitement des directeurs et des maîtres adjoints.

Art. 1. — Les directeurs des Écoles Normales primaires et les maîtres adjoints désignés en l'article 8 du décret du 24 mars 1851, sont partagés en trois classes.

Les traitements affectés à chaque classe sont fixés ainsi qu'il suit :

Directeur de 1re classe.......	de 2,800 à 3,000	francs.
— 2e classe........	de 2,500 à 2,700	—
— 3e classe........	de 2,200 à 2,400	—

Maîtres adjoints de 1re classe..	de 1,600 à 1,800	francs.
— 2e classe..	de 1,300 à 1,500	—
— 3e classe..	de 1,000 à 1,200	—

ART. 2. — Le Ministre de l'instruction publique fixe la classe et le traitement des directeurs et des maîtres adjoints, ainsi que le traitement des autres maîtres attachés aux Écoles Normales primaires.

ART. 3. — Tout fonctionnaire appelé pour la première fois à l'emploi de directeur ou de maître adjoint est nécessairement de troisième classe.

ART. 4.— Le nombre des fonctionnaires des deux premières classes est fixé comme il suit :

Directeurs de 1re classe..........................	20
— 2e classe..........................	25
Maîtres adjoints de 1re classe....................	20
— 2e classe....................	40

SECTION II.

Des bourses et pensions.

ART. 5. — Les bourses entretenues par l'État, les départements, les communes, les associations charitables et les particuliers, en faveur des élèves-maîtres, sont entières ou divisées par quarts. Il ne peut être donné moins d'un quart de bourse.

ART. 6. — Le prix de la bourse ou pension est fixé chaque année par le Ministre, sur la proposition de la commission de surveillance, du recteur et du préfet.

Une rétribution annuelle de 20 francs est ajoutée au prix de la pension des pensionnaires libres, pour fournitures de livres classiques, papier, plumes, encre, etc.

ART. 7. — Les bourses, compléments de bourses, pensions et rétributions annuelles pour livres classiques, etc., sont payés d'avance, et par termes de deux dixièmes, ainsi qu'il suit :

En janvier, pour les mois de janvier et de février ;

En mars, pour les mois de mars et d'avril ;

En mai, pour les mois de mai et juin ;

En juillet, pour les mois de juillet, d'août et de septembre ;

En octobre, pour les mois d'octobre, de novembre et de décembre.

La pension est due à partir du commencement du terme pendant lequel l'élève-maître est entré à l'école.

Art. 8. — Les bourses et portions de bourses à la charge des départements réunis, des communes, des associations charitables et des particuliers, les compléments de bourses à la charge des familles, les pensions et les rétributions annuelles pour livres classiques, etc., sont centralisés au Trésor par l'intermédiaire du receveur général, ainsi que les produits énumérés aux §§ 11, 12, 13 et 14 de l'article 29.

Art. 9. — Il n'y a pas lieu à remise sur le terme de la pension pour les élèves-maîtres qui sortent volontairement de l'école ou qui sont renvoyés pour cause d'inconduite. Le directeur informe de cette règle les parents ou tuteur de l'élève-maître.

Art. 10. — Chaque élève-maître est tenu de remettre au directeur, lors de son entrée à l'école, un double engagement sur papier timbré.

Le premier de ces engagements, souscrit par le père, la mère ou le tuteur, oblige le contractant à payer d'avance, aux termes fixés, la portion de bourse ou la pension qui est à sa charge.

Le second de ces engagements, souscrit par l'élève-maître, l'oblige à rembourser, à moins d'une dispense régulièrement obtenue du Ministre, soit le prix de la bourse dont il a joui, soit les frais d'études, fixés à 60 francs par an, s'il a été pensionnaire, dans le cas où il n'exercerait pas pendant dix ans les fonctions d'instituteur public dans le département qui a fait les frais de son instruction. Ce second engagement est ratifié, si l'élève-maître est mineur, par le père, la mère ou le tuteur, qui s'engage solidairement avec lui au remboursement.

Les signatures des contractants sont légalisées par les autorités compétentes.

Art. 11. — Les élèves-maîtres qui ont été plus d'un mois absents de l'école pour cause de maladie peuvent obtenir du Ministre, sur la proposition de la commission de surveillance et l'avis du préfet, le remboursement d'une partie de la pension ou de la portion de bourse à leur charge dont ils ont versé le montant à la recette générale.

Le remboursement est de droit en cas de décès d'un élève-maître.

Art. 12. — L'élève-maître promu à une bourse entière ou à une portion de bourse supérieure à celle dont il jouissait, le pensionnaire libre appelé à la jouissance d'une bourse ou d'une portion de bourse ont également droit au remboursement de la somme que la famille a payée d'avance. Le décompte part du jour de l'entrée en jouissance de la bourse.

SECTION III.

Du régime intérieur. — Des prestations en nature.

Art. 13. — Le nombre des repas des élèves-maîtres est fixé à quatre par jour, le déjeuner, le dîner, le goûter et le souper. Le dîner est seul composé de deux plats, outre le potage. Un plat de dessert peut être ajouté au souper, les jeudis, les dimanches, et les jours de grande fête.

Les jours qui ne sont pas d'abstinence, il y a toujours un plat de viande au dîner ou au souper.

Art. 14. — Un menu des deux repas principaux est dressé tous les huit jours, pour chaque jour de la semaine, par le directeur, et demeure affiché dans un cadre à la cuisine ou à la dépense.

Art. 15. — Les quantités *maximum* pour les trois principales denrées sont fixées comme il suit, par jour et par tête d'élève ou de maître, savoir :

Pain (de deuxième qualité autant que possible), 1 kilogramme, y compris le pain de la soupe;

Viande (cuite et désossée), 125 grammes;

Boisson (vin mélangé de 2/3 d'eau, cidre ou bière mélangé de 1/3 d'eau), 1 litre par élève; pour les maîtres, 65 centilitres de vin ou 130 centilitres de cidre ou de bière.

Art. 16. — La commission de surveillance règle les quantités des autres denrées suivant les usages locaux, et sur la proposition du directeur.

Elle règle aussi les quantités de combustible et de luminaire qui sont nécessaires au service de l'école pour les elèves-maîtres.

Art. 17. — La commission de surveillance décide si les approvisionnements de l'école ont lieu par voie d'adjudication ou de marchés à l'amiable. Elle désigne ceux des articles de consommation qui, ne pouvant être l'objet d'un marché préalable, seront acquis au comptant par le directeur.

Les marchés à l'amiable sont passés chaque année par le directeur et approuvés par la commission de surveillance. Ils sont calculés de manière que les fournitures n'aient lieu qu'au fur et à mesure des besoins. En aucuns cas, les approvisionnements ne peuvent excéder les besoins de la consommation moyenne d'une année.

Art. 18. — Il est établi dans chaque école une table commune gratuite pour les maîtres adjoints mentionnés en l'article 8 du décret du 24 mars 1851.

La table commune est servie dans le réfectoire commun, aux mêmes heures et de la même façon que celle des élèves-maîtres. Il est seulement ajouté un dessert à l'ordinaire de chaque repas.

Art. 19. — Aucun autre fonctionnaire de l'école, s'il est marié ou s'il a des membres de sa famille auprès de lui, aucune personne étrangère à l'établissement, ne peuvent être autorisés à prendre leur repas à la table commune.

Art. 20. — Le directeur, l'aumônier et le maître chargé de l'école annexe sont les seuls fonctionnaires de l'école qui puissent être admis individuellement à la table commune, sur leur demande et moyennant pension.

Le prix d'admission à la table commune est égal au prix de la pension des élèves-maîtres ; il ne peut subir aucune réduction pour cause d'absence, même pendant les vacances, qui sont facultatives.

Art. 21. — La nourriture ne peut être payée en argent à aucun maître de l'établissement, même dans le cas de maladie.

Art. 22. — Le blanchissage, s'il n'est pas fait dans l'établissement, et le raccommodage peuvent être l'objet d'un marché soit au mois, soit à l'année, soit à la pièce. Les élèves-maîtres et les gens de service sont seuls blanchis au compte de l'école. Les élèves ont seuls droit au menu raccommodage de leur linge et de leurs effets d'habillement.

La fourniture du trousseau et du vêtement uniforme est à la charge des familles.

Art. 23. — Les dépenses d'infirmerie ne sont applicables qu'aux élèves-maîtres et aux maîtres adjoints internes. Il n'est dû de chauffage et d'éclairage particuliers que pour le cabinet du directeur et pour la salle des réunions de la commission de surveillance.

Art. 24. — La prestation en nature du combustible et du luminaire pour les deux services indiqués dans l'article précédent est réglée comme il suit : dans le ressort des Académies de Paris, Caen, Douai, Nancy, Strasbourg, Besançon et Dijon, huit stères de bois ou trente-six hectolitres de houille, et trente-six kilogrammes de chandelles ou cinquante kilogrammes d'huile ;

Dans le ressort des Académies de Rennes, Poitiers, Clermont, Lyon et Grenoble, sept stères de bois ou trente hectolitres de houille et trente-six kilogrammes de chandelles ou cinquante kilogrammes d'huile;

Dans le ressort des Académies de Bordeaux, Toulouse, Montpellier et Aix, six stères de bois ou vingt-quatre hectolitres de houille et trente-six kilogrammes de chandelles ou cinquante kilogrammes d'huile.

Art. 25. — Aucune autre prestation en nature n'est autorisée, si ce n'est celle de draps et de serviettes de toilette pour les maîtres-adjoints internes, et celle du linge de table qui est fourni à tous les maîtres admis à la table commune.

Art. 26. — Le nombre des gens de service est fixé à deux au minimum pour toute école où le nombre des élèves ne dépasse pas cinquante.

Art. 27. — Le jardin dépendant de l'école est affecté exclusivement aux besoins de l'établissement. Il est consacré soit à la promenade, soit aux récréations et aux travaux d'horticulture des élèves-maîtres, soit à la production de légumes et de fruits, qui sont consommés à la table des élèves et des maîtres ou vendus au profit de l'établissement.

TITRE II.

DE LA COMPTABILITÉ INTÉRIEURE.

SECTION I.

Ferme et rédaction du budget économique.

Art. 28. — La comptabilité intérieure des Écoles Normales est confiée aux directeurs de ces établissements, sous le contrôle de la commission de surveillance, des inspecteurs d'Académie, des recteurs et des inspecteurs généraux. Il est établi à cet effet, dans chaque École Normale, un budget particulier des recettes et des dépenses intérieures, appelé budget économique.

Art. 29. — Les recettes du budget économique se composent :

1° Des restes disponibles ;

2° Des reports des années antérieures, destinés à solder des dépenses constatées ;

3° Du produit des bourses entretenues en faveur des élèves

maîtres par l'État, le département, les départements réunis, les communes, les associations charitables et les particuliers ;

4° Des compléments de bourses à la charges des familles ;

5° De la pension des pensionnaires libres ;

6° De la rétribution annuelle des pensionnaires libres pour fournitures de livres classiques, papiers, plumes, etc.;

7° De la pension des maîtres admis à la table commune;

8° De l'évaluation en argent des fruits et légumes du jardin et des propriétés de l'école, consommés à la table des élèves et des maîtres ;

9° Du produit de la vente des fruits et légumes récoltés par l'école et non consommés dans l'établissement ;

10° Des remboursements pour dégradations et objets perdus ;

11° Du produit de la vente du mobilier réformé ;

12° Des sommes payées par les anciens pensionnaires libres qui ne remplissent pas les conditions de leur engagement scolaire ;

13° Du fermage des propriétés de l'école ;

14° De la rétribution scolaire payée par les élèves de l'école annexe, quand cette école n'est pas gratuite.

Ces recettes sont réparties en six chapitres.

Art. 30. — Les dépenses du budget économique comprennent :

1° Les dépenses de nourriture : pain, viande, boisson, comestibles, combustibles et ustensiles pour la cuisine, vaisselle pour le réfectoire, produits du jardin et des propriétés de l'école consommés à la table des élèves et des maîtres;

2° Les dépenses de blanchissage du linge et de menu raccommodage du linge et des effets d'habillement ;

3° Les frais du service intérieur : honoraires du médecin, frais d'infirmerie et de médicaments, chauffage, éclairage, gages des gens de service, menues dépenses intérieures ;

4° Les fournitures faites aux pensionnaires libres pour les besoins journaliers de l'enseignement (livres classiques, plumes, papier, encre) ;

5° Les dépenses diverses : frais du culte, remboursements aux familles des élèves malades, décédés ou promus à des bourses : menues dépenses imprévues ; entretien du jardin ; dépenses non soldées des années antérieures ;

6° Les dépenses de l'école annexe : traitement des maîtres adjoints chargés de ladite école, fournitures faites aux élèves qui la fréquentent.

Ces dépenses sont réparties en six chapitres.

Art. 31. — Tous les ans, dans les quinze premiers jours du mois d'octobre, la commission de surveillance dresse, de concert avec le directeur, le projet du budget économique pour l'année suivante. Elle reproduit dans la première colonne du cadre de ce budget les allocations de l'année précédente pour la recette et la dépense. Ses propositions de recettes et de dépenses sont divisées par chapitres et par articles, s'il y a lieu.

Les dépenses de nourriture sont évaluées par tête d'élève et de maîtres payant pension ; il n'est pas tenu compte, dans cette évaluation, des maîtres et des gens de service nourris gratuitement. Les dépenses de blanchissage sont évaluées par tête d'élève.

Le 10 novembre au plus tard, le président de la commission de surveillance adresse au recteur de l'Académie, en triple expédition, le projet de budget arrêté par ladite commission, avec un extrait de sa délibération et les pièces à l'appui.

Art. 32. — Avant le 20 novembre, le recteur envoie au préfet du département deux des trois expéditions du budget économique, et joint à cet envoi ses observations et son avis sur les propositions de la commission de surveillance. La troisième expédition du budget est adressée par le recteur au Ministre de l'instruction publique, avec ses propositions personnelles et ses observations, s'il y a lieu.

Art. 33. — Le préfet, après avoir inscrit ses propositions dans la colonne qui lui est réservée, transmet au Ministre, avant le 1er décembre, les deux expéditions du budget qui lui ont été envoyées par le recteur.

Art. 34. — Le budget économique est réglé définitivement par le Ministre de l'instruction publique, qui en transmet une ampliation au recteur de l'Académie, et une autre au préfet, pour la commission de surveillance de l'école.

SECTION II.

Recettes du budget économique.

Art. 35. — Toutes les sommes provenant des fonds de l'État et du département, et celles qui sont centralisées au Trésor par l'intermédiaire des receveurs généraux, sont versées dans la caisse de l'école sur mandat du préfet, délivré au nom du directeur. Les pièces à produire par le directeur, à l'appui de chaque mandat, sont :

En ce qui concerne les recettes des restes disponibles et des reports des années antérieures, les états des dépenses que ces restes et ces reports sont destinés à solder ;

En ce qui concerne les termes échus des bourses, compléments de bourses, pensions et rétributions annuelles des pensionnaires libres, l'état nominatif des élèves-maîtres présents à l'école. Cet état, qui concorde avec les échéances fixées par l'article 7 pour le payement des bourses et pensions, est dressé aux époques ci-après indiquées :

En janvier,	pour les deux	dixièmes échus le	31 décembre,
En mars,	—	—	28 février ;
En mai,	—	—	30 avril ;
En juillet,	—	—	30 juin ;
En octobre,	—	—	30 septembre,

En ce qui concerne le produit de la vente du mobilier réformé, la liste des objets hors d'usage dont le Ministre a autorisé la vente, sur la demande de la commission de surveillance et l'avis du préfet ;

En ce qui concerne les sommes payées par les anciens pensionnaires libres, qui ne remplissent pas les conditions de leur engagement scolaire, l'état nominatif des débiteurs qui se sont libérés, ledit état extrait du registre matricule mentionné en l'art. 56;

En ce qui concerne le fermage des propriétés de l'école, le bail à ferme desdites propriétés. Cette pièce est réintégrée dans la caisse de l'école aussitôt que la somme dont elle justifie le versement a été payée ;

En ce qui concerne la rétribution scolaire de l'école annexe, l'état nominatif de présence des élèves qui ont fréquenté ladite école. Cet état, dressé à la fin de chaque mois pour le mois échu par le maître adjoint chargé de l'école annexe, est revêtu du visa du directeur de l'École Normale.

Art. 36. — Les recettes énumérées aux §§ 7, 8, 9 et 10 de l'article 29 sont les seules qui soient perçues directement par la caisse de l'école.

La pension des maîtres admis à la table commune est acquittée par douzièmes. Le directeur prélève chaque douzième sur le montant du traitement mensuel de ces maîtres qu'il touche en leur nom d'après l'état collectif émargé par chacun des fonctionnaires de l'école.

La valeur des produits du jardin et des propriétés de l'école consommés à la table des élèves et des maîtres est établie d'après le cours des denrées aux marchés de la ville, et le directeur fait recette de cette valeur dans ses livres de comptabilité.

Le montant de la vente des produits du jardin non consommés pour les besoins de l'établissement, et celui des remboursements pour dégradations ou objets perdus, sont perçus par la caisse au fur et à mesure qu'ils ont lieu, sur des états dressés par le directeur et approuvés par le président de la commission de surveillance.

Art. 37. — Le directeur délivre, pour toutes les sommes qu'il reçoit directement ou sur mandat, une quittance détachée d'un livre-souche timbré.

SECTION III.

Dépenses du budget économique.

ART. 38. — Les dépenses du budget économique ne peuvent être soldées que sur un mandat de payement délivré par un des membres de la commission de surveillance, spécialement désigné comme ordonnateur des dépenses par le recteur de l'Académie.

Cet ordonnateur ne délivre aucun mandat, sans avoir préalablement apprécié l'opportunité de la dépense et s'être assuré que le payement s'applique à des fournitures faites.

ART. 39. — Les mandats de payement mentionnent le chapitre du budget sur lequel ils sont imputables. Ils portent le même numéro d'ordre que celui des registres de comptabilité. Les pièces justificatives à produire par la partie prenante y sont indiquées.

ART. 40. — Un seul et même mandat ne peut comprendre des dépenses imputables sur deux chapitres différents.

ART. 41. — Les mandats de payement sont accompagnés du mémoire des fournitures faites à l'école. Chaque mémoire, rédigé en triple expédition, dont une sur papier timbré, est certifié exact et véritable par le fournisseur et acquitté par lui. Le directeur certifie de plus que les fournitures qui sont portées au mémoire ont été reçues par lui et sont entrées dans le magasin de l'école.

ART. 42. — Sont exceptées de la formalité préalable du mandat de payement les dépenses qui, par leur nature, doivent être payées au comptant pour les besoins journaliers de l'école. L'ordonnateur des dépenses met tous les quinze jours à la disposition du directeur, pour ces achats, au comptant, une somme dont il détermine la quotité, à charge par le directeur d'en justifier l'emploi par un bordereau récapitulatif des achats de chaque quinzaine. La dépense est passée en écriture après approbation du bordereau par l'ordonnateur.

Art. 43. — La valeur des produits du jardin et des propriétés de l'école consommés à la table des élèves et des maîtres, portée en recette aux termes de l'article 36, est aussi portée en dépense au fur et à mesure de la consommation, et mandatée comme les autres dépenses.

Art. 44. — Les mandats pour les honoraires du médecin, pour les gages des gens de service et pour le traitement du maître adjoint chargé de l'école annexe, lorsque ce traitement est prélevé sur les fonds du budget économique, sont accompagnés d'états émargés distincts, dressés tous les mois.

Art. 45. — Les remboursements dont il est parlé aux articles 11 et 12 sont effectués par le directeur sur les fonds de la caisse, au moyen d'un mandat de payement, et portés en dépense dans les livres de comptabilité. La décision ministérielle qui a autorisé le remboursement est mentionnée, s'il y a lieu, sur le mandat.

Art. 46. — Les dépenses ne peuvent être faites que dans les limites des crédits spéciaux inscrits à chaque chapitre et à chaque article. En cas d'insuffisance de crédit, le préfet, sur la proposition de la commission de surveillance, adresse au Ministre une demande spéciale de crédit supplémentaire ou de virement de crédit, selon les cas. Lorsque le Ministre a statué, il notifie sa décision au préfet, qui en transmet une copie certifiée au président de la commission de surveillance, et une autre au payeur du département. Cette décision est mentionnée sur les mandats de payement.

SECTION IV.

Gestion économique. — Tenue et vérification des écritures.

Art. 47. — La gestion économique des Écoles Normales est établie par année et par exercice.

L'état de situation de la caisse et l'état de situation du magasin font connaître le mouvement des fonds et celui des approvisionnements, du 1er janvier au 31 décembre.

Le compte des recettes et des dépenses du budget économique ou compte de l'exercice présente le résumé de toutes les opérations de l'exercice, qui s'étend du 1er janvier au 31 mai de l'année suivante.

ART. 48. — Toutes les dépenses d'un exercice, constatées le 31 mai à la clôture de cet exercice, et non acquittées le 30 juin, sont soldées sur les sommes reportées à l'exercice en cours d'exécution.

ART. 49. — Le directeur de l'école est tenu de relever à la recette générale, à la fin de chaque exercice, le montant de toutes les sommes restant à recouvrer après le 31 mai au compte des fonds centralisés. Il dresse un état nominatif des divers débiteurs de l'école, portant indication des sommes dues par chacun d'eux.

Lesdites sommes sont cumulées, au fur et à mesure des recouvrements, avec les ressources de l'année pendant laquelle elles sont recouvrées.

ART. 50. — Le directeur tient six registres, savoir : le livre-souche, le journal de caisse, le sommier, le livre du magasin, le livre d'inventaire général du mobilier le registre matricule de l'école.

Tous ces registres sont cotés et parafés par l'inspecteur d'Académie ou par son délégué.

Chaque article y a son numéro d'ordre et sa date d'inscription. Il ne peut y avoir aucune interversion dans la série des numéros ni dans les dates. Toute rature ou surcharge est approuvée par l'ordonnateur des dépenses.

Le livre du magasin est seul excepté de la prescription ci-dessus en ce qui concerne le numéro d'ordre des articles.

La commission de surveillance, et particulièrement l'ordonnateur des dépenses, vérifient ces divers registres toutes les fois qu'ils le jugent convenable, et y consignent le résultat de leur vérification.

La même vérification est faite par l'inspecteur d'Académie, le recteur et les inspecteurs généraux en tournée.

Art. 51. — Le livre-souche ne comprend que le nombre de feuillets nécessaires pour les besoins présumés de l'année. Le directeur y inscrit, en toutes lettres et en chiffres, toutes les sommes qu'il reçoit, au fur et à mesure qu'elles sont versées dans la caisse de l'école, avec le numéro d'ordre, la date du jour et la nature de la recette. Il remplit en même temps la quittance placée à côté du talon, en y reproduisant la date et le numéro indiqués au talon. Cette quittance est immédiatement détachée du livre-souche.

Art. 52. — Le journal de caisse est divisé en deux parties, placées en regard l'une de l'autre ; les recettes y sont inscrites sur le folio de gauche, les dépenses sur celui de droite. Le directeur indique dans le libellé de l'enregistrement la nature de chaque recette et de chaque dépense ; il en inscrit le montant séparément et par article, en toutes lettres et en chiffres, avec la date et dans l'ordre de la recette et de la dépense.

Les articles du journal de caisse, pour la recette comme pour la dépense, forment deux séries de numéros d'ordre non interrompues ; les numéros des recettes et les dates d'inscription concordent avec ceux du livre-souche.

Lorsqu'il y a, au 1er janvier, un reliquat ou solde en caisse de l'année précédente, ce reliquat forme le premier article de la recette sur le journal de caisse ; mais il n'y est pas donné de numéro d'ordre. Il est inscrit simplement sous la rubrique : *Solde en caisse au* 31 *décembre* 18 .

Art. 53. — Le sommier présente le dépouillement et sert au contrôle des recettes et des dépenses inscrites au journal de caisse. Le directeur y inscrit ces recettes et ces dépenses immédiatement après les avoir portées sur le journal de caisse.

Chaque recette et chaque dépense, libellée comme un journal, est classée dans chacun des six chapitres du budget économique auquel elle est afférente, et dans chaque chapitre à la colonne de l'exercice auquel elle appartient. Les numéros et les dates d'inscription des articles pour la recette et pour la dépense, concordent avec ceux du journal de caisse.

Les recettes et les dépenses sont totalisées pour chaque chapitre dans la 3e colonne. Elles sont récapitulées pour chaque exercice et ensuite totalisées dans les trois dernières colonnes de la feuille.

A la fin de chaque trimestre, le directeur additionne les sommes portées dans chaque colonne, en ayant soin de comprendre dans son addition, lorsqu'il y a lieu, les totaux des trimestres antérieurs.

Art. 54. — Le livre du magasin comprend tous les approvisionnements de l'école. Les denrées achetées pour le compte de l'établissement y sont inscrites avec la date de leur entrée dans le magasin, l'indication de la quantité et de la valeur. Au fur et à mesure qu'elles sont livrées à la consommation, le directeur en inscrit la sortie avec la date du jour où il fait la livraison, l'indication de la quantité livrée et de sa valeur.

Le registre est divisé en comptes particuliers selon la nature et la destination des différentes provisions. Un seul compte général comprend les produits du jardin et des propriétés de l'école consommés dans l'établissement.

Pour les consommations journalières, du pain et de la viande et pour les achats au comptant, le directeur tient une main-courante d'inscription quotidienne, et en porte le relevé sur le livre du magasin tous les quinze jours seulement, en indiquant avec exactitude les entrées et les sorties.

A la fin de chaque trimestre il fait la balance des entrées et des sorties pour chaque compte du registre, et dresse un inventaire de tous les approvisionnements qui existent dans le magasin.

Le détail des approvisionnements en magasin au 31 décembre, tel qu'il résulte de l'inventaire dressé à la fin du 4e trimestre, est porté en tête de chacun des comptes particuliers du livre pour l'année suivante.

Art. 55. — Le livre d'inventaire général du mobilier présente, avec un numéro d'ordre général et chacune à sa date, toutes les acquisitions faites pour le mobilier de l'école, le matériel d'enseignement, la bibliothèque, le cabinet de physique, les ustensiles de ménage, etc.

Les objets hors d'usage, réformés avec l'autorisation du Ministre, sont maintenus sur le livre d'inventaire ; mais la décision ministérielle qui en autorise la réforme est mentionnée en regard, dans la colonne d'observations.

Le directeur fait dresser par les maîtres adjoints qui le secondent deux registres particuliers, extraits du livre d'inventaire et contenant, l'un le catalogue raisonné et la classification méthodique de tous les livres de la bibliothèque de l'école, l'autre le catalogue raisonné de tous les instruments de physique, chimie, arpentage, dessin, etc. Un troisième catalogue semblable est établi, par les soins d'un de ces maîtres, pour les livres classiques à l'usage journalier des élèves.

Chacun de ces catalogues particuliers a sa série spéciale de numéros pour chaque classification d'objets ; une colonne de renvoi au livre d'inventaire indique, en regard de l'objet, le numéro qu'il porte sur ce livre. Ils sont soumis, comme les autres registres, au contrôle des autorités qui ont mission d'inspecter l'établissement.

Art. 56. — Le registre matricule de l'école est destiné à constater l'entrée et la sortie des élèves-maîtres, la qualité en laquelle ils ont été admis et les fonctions auxquelles ils ont été appelés en sortant.

Tous les ans, dans la première quinzaine de décembre, le directeur adresse à l'inspecteur d'Académie un extrait certifié de ce registre, indiquant les noms des anciens élèves-maîtres qui n'ont pas encore accompli la période décennale de leur service dans l'instruction publique.

Sur le vu de cette liste, l'inspecteur d'Académie dresse deux états nominatifs, l'un des anciens élèves-maîtres boursiers, l'autre des anciens pensionnaires libres qui sont passibles de remboursements aux termes de l'article 19 du décret du 24 mars 1851, ou de l'article 10 du présent règlement, et les transmet au préfet avec l'indication de la somme dont chacun d'eux est redevable. Le préfet rend ces états exécutoires et les adresse au receveur général pour qu'il opère le recouvrement des sommes qui y sont mentionnées.

Art. 57. — L'ordonnateur des dépenses vérifie et arrête la caisse de l'école au moins une fois par mois. Il inscrit le résultat de sa vérification sur le livre-souche, le journal de caisse et le sommier.

Art. 58. — A la fin de chaque trimestre, l'inspecteur d'Académie, et, en cas d'absence ou d'empêchement, son délégué, procède, de concert avec un délégué du préfet, et en présence de l'ordonnateur des dépenses et du directeur, à la vérification trimestrielle de la caisse et de la comptabilité.

Ils constatent d'abord l'état de la caisse, puis se font représenter le livre-souche, le journal de caisse et le sommier, et, après s'être assurés de la parfaite identité et exactitude des sommes, des dates et des numéros d'ordre qui y ont été consignés, ils en arrêtent les totaux et indiquent le résultat de leur vérification.

Ils procèdent ensuite à la vérification de l'inventaire des approvisionnements en magasin, dressé par le directeur, visé et approuvé par l'ordonnateur des dépenses, et le comparent avec la balance des entrées et des sorties, établie sur le livre du magasin. Ils vérifient également les quantités portées en balance sur le livre du magasin avec les approvisionnements existants. Le résultat de cette vérification est constaté par la signature qu'ils apposent au bas de l'inventaire dressé par le directeur.

Immédiatement après, ils dressent un procès-verbal de la vérification trimestrielle à laquelle ils ont procédé. Ce procès-verbal est établi en double expédition, dont une reste déposée à l'école.

Art. 59. — A la suite de la vérification trimestrielle de la caisse et du magasin, le directeur adresse à l'inspecteur d'Académie, pour être transmis au Ministre par l'entremise du préfet, l'une des deux expéditions du procès-verbal cidessus mentionné et un bordereau récapitulatif des recettes et des dépenses.

Ce bordereau est visé par l'ordonnateur des dépenses. Il indique séparément les recettes et les dépenses faites antérieurement au trimestre et pendant le trimestre, avec distinction, s'il y a lieu, des deux exercices auxquels elles sont afférentes. Il fait ressortir le solde en caisse à la fin du trimestre, dont le directeur demeure comptable. Le directeur joint à ce bordereau l'état des créances et l'état des dettes de l'école.

Art. 60. — Le directeur est tenu de verser à la Caisse des dépôts et consignations les sommes qui ne sont pas jugées nécessaires aux besoins du service courant, lorsqu'à la suite d'une vérification mensuelle, trimestrielle ou extraordinaire de la comptabilité, l'ordonnateur des dépenses, l'inspecteur d'Académie et le délégué du préfet, le recteur ou un inspecteur général, ont constaté que les fonds en caisse étaient trop considérables.

Ces dépôts, dont il est donné récépissé au directeur, peuvent être retirés selon les besoins de l'école. Les ordres de dépôt et les demandes de retrait émanent du président de la commission de surveillance.

Art. 61. — En cas de changement de directeur, un membre de la commission de surveillance, désigné par le recteur, arrête, conjointement avec l'ancien directeur ou son représentant légitime et le nouveau directeur, tous les registres de comptabilité, et constate par un procès-verbal que les écritures sont au courant.

Ce procès-verbal indique le montant des valeurs trouvées en caisse, celui des créances et des dettes, la valeur et la quantité des approvisionnements existant en magasin. Le nouveau directeur prend ces objets en charge et en devient responsable.

Il est procédé de la même manière pour la constatation et la prise en charge du mobilier de l'établissement.

Une copie des procès-verbaux dressés à cette occasion, certifiée par le membre de la commission de surveillance délégué, est envoyée au recteur pour être transmise au Ministre.

Art. 62. — Tous les ans, dans les cinq derniers jours du 4e trimestre, il est procédé, en présence d'un délégué du préfet, d'un membre de la commission de surveillance désigné par le recteur et du directeur de l'école, au récolement du mobilier et du matériel dé l'établissement. Le procès-verbal de cette opération est adressé en double expédition au préfet, qui transmet une de ces expéditions au Ministre.

SECTION V.

Rédaction des états de situation et du compte de l'exercice. — Apurement du compte.

Art. 63. — Tous les ans, dans les dix premiers jours de janvier, le directeur soumet à la commission de surveillance, en triple expédition, l'état de situation de la caisse et l'état de situation du magasin pour l'année précédente.

Le président de la commission adresse les trois expéditions de ces deux états au recteur de l'Académie avant le 20 janvier, avec un extrait de la délibération qui a été prise à ce sujet.

Avant le 1er février, le recteur en envoie une expédition au Ministre et une autre au préfet, avec ses observations personnelles. La troisième reste déposée dans les archives de l'Académie.

Art. 64. — L'état de situation de la caisse présente le résumé de toutes les opérations de caisse de l'année qui ont été inscrites au journal de caisse ; il constate les valeurs qui se trouvaient en caisse au 31 décembre de l'année précédente, le montant par chapitres de toutes les sommes reçues et payées pendant le cours de l'année et les valeurs restant en caisse à la fin de l'année.

Art. 65. — L'état de situation du magasin présente le résumé du mouvement des approvisionnements de l'année, qu ont été inscrits au livre du magasin ; il constate la valeur totale des approvisionnements qui se trouvaient en magasin au 31 décembre de l'année précédente, la valeur par chapitres des denrées qui sont entrées dans le magasin et qui en sont sorties pendant le cours de l'année, la valeur totale des approvisionnements restant en magasin à la fin de l'année.

Les produits du jardin et des propriétés consommés à la table des élèves et des maîtres forment un article spécial de l'état de situation du magasin.

Art. 66. — Tous les ans, dans la première quinzaine de juin, le directeur présente à l'ordonnateur des dépenses le compte de l'exercice qui vient de se clore le 31 mai, et y joint les pièces justificatives des dépenses ; ce compte est dressé en triple expédition. Il présente le détail des opérations de l'exercice seulement ; il établit, par le relevé des états de présence, les droits acquis au profit de l'école ; il présense, par chapitres, les sommes à recouvrer et les sommes à payer, et, dans chaque chapitre, par année distincte, les recouvrements et les payements effectués, ainsi que les sommes restant à recouvrer ou à payer en fin d'exercice. Les diverses opérations de caisse y sont résumées dans des tableaux récapitulatifs, dont le dernier présente la dépense nette de l'exercice. La balance de l'exercice, en excédant ou en déficit, est établie par la comparaison de la recette et de la dépense nettes.

Deux tableaux complémentaires, placés l'un au commencement, l'autre à la fin du compte, offrent le résumé général de la situation financière de l'école au 31 mai de l'année précédente, et au 31 mai de l'année courante. Cette situation est établie en actif et en passif.

L'actif se compose : 1° de l'excédant des recouvrements sur les payements, tant de l'exercice auquel s'applique le compte que des exercices antérieurs ; 2° du montant des créances ; 3° de la valeur des approvisionnements en magasin ; 4° du solde en caisse. Les capitaux placés en rentes sur l'État, ou employés à des acquisitions et réparations extraordinaires, ne sont rappelés que pour mémoire ; ils ne font pas partie de l'actif.

Le passif se compose du montant des dettes de l'école.

Art. 67. — L'ordonnateur des dépenses soumet le compte de l'exercice à l'approbation de la commission de surveillance, le 30 juin au plus tard, et l'accompagne d'un rapport détaillé sur les diverses parties du service. Il constate dans ce rapport l'exactitude et la régularité des recettes, et fournit des explications sur les sommes restant à recouvrer et sur les causes du retard dans le recouvrement. Il examine successivement les diverses consommations, les compare avec celles de l'exercice précédent ; il en explique les différences et indique les améliorations introduites ou à introduire.

Art. 68. — La commission de surveillance prend une délibération sur le compte qui lui est soumis par l'ordonnateur des dépenses ; elle donne spécialement son avis sur les créances mentionnées en l'article 49, et propose au Ministre, s'il y a lieu, d'accorder des dispenses de payement aux débiteurs qui sont hors d'état de s'acquitter. Le résultat de sa délibération est adressé par le président, le 5 juillet au plus tard, au recteur de l'Académie, avec trois expéditions du compte et les pièces à l'appui.

Art. 69. — Le recteur transmet, avant le 15 juillet, une de ces expéditions au préfet et l'autre au Ministre ; il y joint ses observations personnelles.

Art. 70. — Dans la seconde quinzaine de juillet, le préfet soumet au Conseil de préfecture, selon les cas prévus par l'ordonnance royale du 7 juillet 1844, le compte des recettes et des dépenses du budget économique pour l'exercice clos.

Le conseil de préfecture apure ce compte avant le 31 juillet; et dans les dix premiers jours d'août, le préfet adresse au Ministre de l'instruction publique l'arrêté d'apurement.

Art. 71. — Sur le rapport du recteur et du préfet, et si la situation financière de l'école le permet, les familles qui sont hors d'état de payer leurs dettes arriérées pour compléments de bourse et pensions à leur charge, peuvent obtenir du Ministre des dispenses de payement. Les sommes qui constituent les créances annulées par décision ministérielle sont passées en non-valeurs et rayées de l'actif.

Art. 72. — L'emploi du boni résultant de chaque exercice est réglé par le Ministre, dans les limites fixées par l'article 3 de l'ordonnance royale du 15 décembre 1842.

TITRE III.

DISPOSITIONS TRANSITOIRES.

Art. 73. — Les dispositions du titre Ier ne seront appliquées qu'au fur et à mesure des vacances, pour toutes les nominations qui auront lieu après la promulgation du présent réglement.

Art. 74. — Le présent règlement recevra son exécution à partir du 1er janvier 1856.

Art. 75. — Notre Ministre secrétaire d'État au département de l'instruction publique et des cultes est chargé de l'exécution du présent décret.

Prescriptions générales relatives aux examens des certificats d'aptitude à la direction des salles d'asile.

14 *février* 1856.

Conformément à l'article 30 du décret du 21 mars 1855, l'examen se compose de deux parties distinctes :

1° Un examen d'instruction ;

2° Un examen pratique.

L'examen commencera par les épreuves relatives à l'instruction.

On adoptera un système de signes exprimant la valeur intrinsèque de chacune des épreuves. Ces signes, mesure commune d'appréciation, seront les chiffres de 0 à 10 ; toute aspirante qui n'aura pas obtenu, pour les huit épreuves de l'examen d'instruction, une moyenne de 40 points, ne sera pas admise à l'examen pratique ; la NULLITÉ d'une épreuve sera un cas absolu d'exclusion.

Des points seront également donnés pour chacune des six épreuves composant l'examen pratique, et le brevet ne pourra être accordé qu'à celles des aspirantes qui, pour l'ensemble des épreuves, auront obtenu un minimum de 70 points.

EXAMEN D'INSTRUCTION.

L'examen d'instruction se composera d'épreuves écrites, d'épreuves orales et de travaux manuels.

Il commencera par les épreuves écrites.

Épreuves écrites.

Les épreuves écrites comprendront une dictée d'orthographe et une épreuve de calcul.

La dictée se composera d'une demi-page environ, soit environ 20 lignes d'un in-octavo ordinaire. Elle sera choisie dans un auteur dont le style soit simple et facile.

On accordera pour cette épreuve un maximum de trois fautes ; chaque faute d'accent ne sera comptée que pour un quart.

L'épreuve du calcul se composera d'un petit problème à résoudre, problème se rapportant aux usages de la vie domestique et donnant lieu à l'application des quatre règles sur les nombres entiers. Ce problème pourra également donner lieu à une ou à plusieurs applications du système métrique. On tiendra compte à la fois et de la manière dont la question aura été comprise et de l'exactitude des calculs.

Les directrices de salles d'asile n'ont pas à enseigner l'écriture : on n'exigera d'elles qu'une bonne écriture courante. La dictée d'orthographe servira, en conséquence, d'épreuve pour l'écriture.

Épreuves orales.

Les épreuves orales comprendront l'instruction religieuse, la lecture, le dessin au trait, les éléments de géographie et le chant. Elles auront lieu dans l'ordre qui vient d'être indiqué.

L'examen religieux sera toujours fait par un ministre du culte professé par l'aspirante. Il portera sur la connaissance du catéchisme et de l'histoire sainte.

L'histoire sainte embrassera l'Ancien et le Nouveau Testament et l'établissement de l'Église. Les aspirantes devront être en état de raconter en détail, et avec suite, un fait tiré de l'Ancien Testament, qui leur sera désigné par l'ecclésiastique examinateur.

L'épreuve du dessin se fera avec la craie et au tableau noir. Les aspirantes devront tracer les différentes espèces de lignes et les principales figures simples de géométrie. Elles devront aussi esquisser au trait un objet usuel, tel que porte, fenêtre, table, banc, chaise, lit, coffre, seau, baquet, pot à eau, marteau, scie, rabot et autres meubles, outils et ustensiles d'un usage journalier.

L'épreuve de la géographie portera sur la connaissance de la forme de la terre, sur les principales divisions du globe, et en particulier de l'Europe et de la France. L'aspirante devra connaître les fleuves, rivières, montagnes, et les principales productions agricoles et naturelles de la France, et spécialement du département.

L'épreuve du chant sera à la fois théorique et pratique. Elle embrassera des questions sur l'emploi de la méthode de chant usitée dans les salles d'asile, et un exercice sur un chant très-simple ou sur une phrase musicale et écrite pour la circonstance, soit sur le tableau, soit sur le papier.

Pour l'épreuve de travail manuel, les aspirantes devront exécuter pendant la durée des épreuves orales, et sous la direction d'une dame, quelques petits travaux d'aiguille, comme ourlet, surjet, piqûre, boutonnière, reprise, etc., etc.

EXAMEN PRATIQUE.

L'examen pratique aura lieu dans une salle d'asile préalablement désignée, et où les aspirantes auront le droit d'aller assister aux exercices deux ou trois jours à l'avance, afin d'en connaître les enfants, ainsi que les dispositions matérielles.

Pour cette épreuve, chaque aspirante aura à diriger la salle d'asile pendant toute une séance, soit celle du matin, soit celle du soir.

Elle sera aidée par une autre aspirante remplissant les fonctions d'adjointe ou de sous-directrice. L'aspirante qui aura servi d'adjointe à la classe du matin remplira les fonctions de directrice à la classe du soir, et réciproquement.

La directrice de l'asile et la sous-directrice seront présentes dans la salle pendant la durée des épreuves; mais elles ne prendront part à la direction des enfants qu'au cas où leur intervention deviendrait nécessaire.

L'épreuve embrassera la surveillance des enfants au préau couvert et découvert et les exercices de la classe.

L'aspirante prendra la direction des enfants avant l'entrée en classe. Elle procédera à l'inspection de propreté, et dirigera ensuite tous les exercices, tant ceux qui se font aux bancs que ceux qui ont lieu aux gradins.

Elle fera faire la prière à l'entrée de la classe et avant la sortie.

Les exercices faits aux bancs comprendront la lecture aux cercles et les exercices sur les ardoises.

Les exercices du gradin seront laissés au choix des aspirantes; mais ils devront comprendre au moins :

Quelques petites instructions religieuses;

Un récit de l'histoire sainte;

Des exercices avec le boulier-compteur;

Une courte leçon sur des choses usuelles;

Le récit d'une histoire enfantine;

Une leçon de chant.

On tiendra surtout note de la manière dont l'aspirante aura

su maintenir l'ordre et la discipline; intéresser les enfants pendant les leçons et captiver leur attention; se mettre à leur portée, et tirer, de ce qu'elle leur explique ou leur raconte, des réflexions de nature à leur inspirer de bons sentiments; du soin qu'elle aura eu de couper ses leçons par des chants et des mouvements, dans le but d'épargner la fatigue aux petits élèves.

On tiendra compte également des manières de l'aspirante, de la convenance de son langage, de la propriété de ses expressions, de sa douceur envers les enfants, enfin de tout ce qui peut servir à constater son degré d'aptitude à diriger une salle d'asile.

Les notes relatives à l'examen pratique se résumeront sous les chefs suivants:

Prières;
Surveillance et conduite générale de l'asile;
Mouvements et exercices;
Leçon de chant;
Instruction religieuse;
Histoire sainte;
Lecture;
Exercice des ardoises;
Exercices du boulier;
Leçons de choses;
Histoires enfantines.

On consignera, à la suite de ces notes, les remarques auxquelles auront pu donner lieu la tenue de l'aspirante, son langage, son caractère, etc.

La moyenne des notes de l'examen pratique sera ajoutée à la moyenne des notes de l'examen oral, pour former la note générale de l'aspirante.

On ne négligera pas, comme élément d'appréciation, la manière dont l'aspirante faisant fonctions d'adjointe aura aidé sa compagne et surveillé les enfants pendant la classe. Cette note sera ajoutée à celles de l'examen spécial.

Décision du conseil d'État relative au traitement d'un instituteur.

14 *février* 1856.

Le conseil de préfecture est-il compétent pour statuer sur la demande d'un ancien instituteur communal, tendant à ce qu'il lui soit tenu compte par la commune de la partie de son traitement et de son indemnité de logement, échue depuis la notification à lui faite de l'arrêté par lequel le comité supérieur de l'arrondissement l'avait provisoirement révoqué de ses fonctions jusqu'à la décision par laquelle le conseil royal a prononcé sa révocation définitive? Rés. nég. — C'est au préfet qu'il appartient de statuer. —Ainsi décidé par application des lois des 28 juin 1833 et 18 juillet 1837.

Le Conseil,

Vu la requête... pour le sieur Imbert, ancien instituteur communal à Pierrerue..., tendant à ce qu'il nous plaise réformer un arrêté du 13 août 1853, par lequel le conseil de préfecture des Basses-Alpes n'a fixé qu'à 17 fr. 92 c. la somme qui lui est due par la commune de Pierrerue pour son traitement d'instituteur et pour indemnité de logement depuis le 1er juillet 1847 jusqu'au 10 février suivant, époque à laquelle le conseil royal de l'instruction publique a confirmé un arrêté du 10 août précédent, par lequel le conseil supérieur de l'arrondissement de Folcarquier l'avait provisoirement révoqué de ses fonctions; — ce faisant, dire qu'aucune disposition dudit arrêté ne l'ayant privé de son traitement, il a droit à la partie de traitement et d'indemnité de logement échue pendant le temps qui s'est écoulé entre l'arrêté dont il s'agit et la décision du conseil royal qui a prononcé sa révocation définitive.... (Intérêts et dépens);

Vu les observations de notre Ministre de l'instruction publique;

Vu les lois des 28 juin 1833 et 18 juillet 1837 ;

Considérant que le sieur Imbert, ancien instituteur communal à Pierrerue, demandait devant le conseil de préfecture qu'il lui fût tenu compte par cette commune de la partie de son traitement et de son indemnité de logement échue depuis la notification à lui faite de l'arrêté par lequel le comité supérieur de l'arrondissement de Forcalquier l'avait provisoirement révoqué de ses fonctions jusqu'à la décision par laquelle le conseil royal a prononcé sa révocation définitive; qu'il résulte des lois ci-dessus visées qu'il appartenait au préfet de statuer sur la demande du sieur Imbert, et qu'ainsi le conseil de préfecture était incompétent pour en connaître.

ART. 1. — L'arrêté du conseil de préfecture des Basses-Alpes, du 13 août 1853, est annulé pour incompétence.

ART. 2. — Le surplus des conclusions du sieur Imbert est rejeté.

Arrêté relatif à la régularisation de l'enseignement primaire spécial dans les établissements publics d'instruction secondaire.

18 *mars* 1856.

Nous Ministre secrétaire d'État au département de l'instruction publique et des cultes;

Vu la loi du 15 mars 1850,

Arrêtons :

ART. 1. — L'enseignement primaire, avec tous les développements qu'il comporte, pourra être donné comme par le passé dans les établissements publics d'instruction secondaire pour lesquels il aura été régulièrement autorisé.

ART. 2. — Les maîtres auxquels sera confié l'enseignement primaire spécial, seront nommés par nous, sur la proposition des recteurs; dans les lycées, ils seront choisis parmi les maîtres répétiteurs ; dans les colléges, ils auront le rang et le titre de régent. A défaut du diplôme de bachelier ès-lettres et ès-sciences, ces derniers devront justifier du brevet de capacité comprenant toutes les matières énoncées en l'article 23 de la loi du 15 mars 1850.

ART. 3. — Les communes dans lesquelles il existe un collége pourront être autorisées, sur la demande des conseils municipaux et l'avis du conseil départemental, à annexer à cet établissement l'école primaire publique qu'elles doivent entretenir en exécution de l'article 36 de la loi du 15 mars 1850. Dans ce cas, l'instituteur, nommé conformément au mode prescrit par la loi du 14 juin 1854, sera subordonné au principal du collége en ce qui concerne l'administration et la discipline.

Décision du conseil d'État relative aux réunions illégales des Conseils municipaux.

4 *avril* 1856.

La loi du 21 mars 1831(1) porte, article 29: « sont... nulles

---

(1) 4 *avril* 1856.

Cette loi est abrogée par l'article 51 de la loi du 5 mai 1855, sur l'organisation municipale, mais elle était encore en vigueur au moment où se sont passés les faits qui ont donné lieu au pourvoi. Au reste, les dispositions de la loi de 1831, sur lesquelles a porté le débat, ayantété reproduites dans la loi de 1855, ce débat conserve tout son intérêt.

de plein droit toutes délibérations d'un conseil municipal prises hors de sa réunion légale. Le préfet, en conseil de préfecture, déclarera l'illégalité de l'assemblée et la nullité de ses actes. »

Un recours pour excès de pouvoir, dirigé contre un arrêté de préfet en conseil de préfecture, déclarant l'illégalité d'une réunion de conseillers municipaux, et motivé sur ce que la réunion dont il s'agit aurait eu lieu dans le délai fixé par la loi pour les sessions trimestrielles; sur ce que, de plus, la session aurait été régulièrement ouverte et n'aurait pas été close, peut-il être porté directement devant le conseil d'État statuant au contentieux? Rés. nég. (1)

La décision du Ministre de l'intérieur qui aurait, sur la réclamation du conseil municipal, confirmé l'arrêté préfectoral, serait-elle susceptible de recours devant le conseil d'État statuant au contentieux ? Voir l'arrêt et l'avis ministériel. (2)

Voici le résumé des moyens présentés à l'appui du pourvoi:

L'arrêté attaqué s'est fondé, pour déclarer illégale la réunion des conseillers municipaux, sur ce que cette réunion aurait eu lieu sans autorisation après la clôture de la session du premier trimestre. En fait, le conseil municipal s'est réuni le

---

(1-2) Il ne résultait pas des faits allégués à l'appui du pourvoi, en les supposant constants, que le préfet eût commis un excès de pouvoir : en effet, un texte de loi formel autorisait le préfet à statuer et à déclarer l'illégalité de la délibération, si elle lui paraissait avoir été prise en dehors des réunions légales. En admettant que la clôture de la session n'eût pas lieu la veille de la clôture de la délibération dont il s'agit et que l'énonciation relative à cette clôture eût été irrégulièrement ajoutée au procès-verbal de la séance précédente, la conséquence était seulement que le préfet statuant régulièrement dans les limites de sa compétense avait été trompé sur les faits. En admettant que conformément à l'opinion des demandeurs, la délibération dont il s'agit dût même, dans l'hypotèse d'une clôture de session prononcée la veille, être considérée comme légale par cela seul que le délai de six jours fixé par la loi pour la durée de la session, n'était pas expiré, la conséquence était seulement que le préfet, juge compétent pour statuer sur une difficulté de droit, avait mal résolu cette difficulté et avait violé la loi. Il n'y avait donc pas eu de sa part excès de

10 février pour sa première session ordinaire de l'année; le lendemain 11 (date de la délibération qui a été déclarée illégale se trouvait dans le délai de 10 jours imparti par l'article 23 de la loi de 1831. (Cet article porte: « Les conseils municipaux se réuniront quatre fois l'année, au commencement des mois de février, mai, août et novembre. » Chaque session peut durer dix jours.) On objecte que la clôture de la session avait été prononcée le 10, et que dès lors la réunion du 11 est illégale. Mais d'abord il est inexact que la clôture de la session ait été prononcée le 10 par le maire. S'il était produit un procès-verbal dans lequel la prononciation de cette clôture serait énoncée, les demandeurs contesteraient cette énonciation comme irrégulièrement ajoutée au procès-verbal. D'ailleurs, lors même que le 10 au soir le maire aurait prononcé la clôture de la session ordinaire, ce fait ne rendrait pas illégale la réunion du 11. La loi a dit que les sessions ordinaires peuvent durer dix jours; elle a dit (art. 24) que pendant ce temps les conseils municipaux peuvent se réunir et traiter de toutes les affaires qui rentrent dans leurs attributions; les maires n'ont donc pas autorité pour clore d'eux-mêmes la session tant qu'il reste une affaire communale à traiter, tant qu'il convient aux conseils municipaux, dans cet intervalle de dix jours, de s'occuper des intérêts qui leur sont confiés. L'arrêté préfectoral ayant déclaré

---

pouvoirs, et, par conséquent, le recours direct devant le conseil d'État, statuant au contentieux, n'était pas recevable.

La seconde question, plus importante que la première, nous paraît aussi plus douteuse : il ne semble pas que l'arrêt ait entendu la trancher.

L'avis ministériel lui donne une solution négative ; le motif indiqué par M. le Ministre, est que le point de savoir si un conseil municipal s'est assemblé hors de sa session légale est une simple question de fait sur laquelle aucune difficulté sérieuse d'appréciation ne peut se présenter, et que par suite le législateur a jugé tout recours contentieux inutile. On peut répondre que le point de savoir si un conseil municipal s'est assemblé hors de sa réunion légale donne quelque- fois lieu à des difficultés sérieuses dont l'affaire actuelle est un exemple; que ce sont des difficultés de forme et de droit, pour l'appréciation desquelles on ne voit nullement la nécessité d'un pourvoi discrétionnaire, et qui sont tout à fait de nature à admettre un examen au contentieux.

illégale une réunion qui était légale, se trouve entaché d'excès de pouvoir.

Voici les observations qui ont été présentées par le Ministre de l'intérieur :

« L'article 24 de loi du 5 mai 1855 (article qui remplace, en les reproduisant, les articles 28 et 29 de la loi du 21 mars 1831) déclare nulles toutes délibérations d'un conseil municipal prise hors de sa réunion légale. Le préfet prononce, en conseil de préfecture, l'illégalité de l'assemblée et la nullité de ses actes; mais la loi n'ouvre pas de recours devant le chef d'État, comme elle l'a fait dans le cas prévu par l'article précédent, celui où le conseil municipal s'est occupé d'un objet étranger à ses attributions. Le motif de la différence vient de ce que le point de savoir si un conseil municipal s'est assemblé hors de sa session légale, est une simple question de fait, sur laquelle aucune difficulté sérieuse d'appréciation ne peut se présenter. Les auteurs de la requête se sont en même temps pourvus devant moi; j'aurai à examiner la suite dont leur demande peut être susceptible. »

Voici l'arrêt :

Vu les requêtes .... 1° du sieur François Rivière, agissant en sa qualité de conseiller municipal, premier inscrit au tableau des conseillers municipaux de la commune de Saint-Martin-de-Counée (Mayenne) à ce autorisé par délibération du conseil municipal de ladite commune, du 15 août 1854; 2° du sieur Moutaron, propriétaire habitant cette commune.., tendant à ce qu'il nous plaise annuler, pour excès de pouvoir, un arrêté du 21 juillet 1854, par lequel le préfet de la Mayenne, en conseil de préfecture, a, par application de l'article 29 de la loi du 2 mars 1831, déclaré illégales, comme postérieures à la clôture qui aurait été prononcée le 10 février 1854 de la session ordinaire dudit mois de février, les réunions qui auraient eu lieu les 11 et 12 de ce mois, de huit conseillers municipaux de Saint-Martin-de-Counée, et prononcé la nullité des délibérations prises dans ses réunions;

Vu les observations de notre Ministre de l'intérieur, tendant au rejet des requêtes susvisées, par le motif qu'aucun recours au contentieux ne serait ouvert par la loi du 21 mars 1831, contre un arrêté par lequel le préfet aurait, dans les formes déterminées par son article 29, prononcé la nullité des délibérations prises par un conseil municipal en dehors de sa réunion légale;

Vu la loi des 7 et 14 octobre 1790; vu la loi du 21 mars 1831, art. 29 ;

Considérant qu'aux termes de l'article 29 de la loi du 21 mars 1831, sont nulles de plein droit toutes délibérations d'un conseil municipal prises hors de sa réunion légale, et qu'il appartient au préfet de déclarer en conseil de préfecture l'illégalité de l'assemblée et la nullité de ses actes;

Considérant que l'arrêté du 21 juillet 1854, par lequel le préfet de la Mayenne a déclaré l'illégalité de l'assemblée de huit conseillers municipaux de la commune de Saint-Martin-de-Counée, qui s'étaient réunis en dehors de la session légale du conseil municipal close le 10 février 1854, et prononcé la nullité des actes de cette assemblée, a été pris dans la forme prescrite dans ledit article; qu'ainsi le préfet de la Mayenne n'a point excédé ses pouvoirs;

ART. 1. — La requête des sieurs François ès-qualités et du sieur Moutaron est rejetée.

....

Arrêt de la cour de cassation relatif à la capacité bénéficiaire des fabriques.

5 *mai* 1856.

1° La demande de l'autorisation préalable du gouvernement pour l'acceptation des dons et legs faits en faveur des établissements publics, n'est pas un obstacle à ce qu'une fabrique d'église à laquelle un legs a été fait volontairement avant d'avoir été autorisée à l'accepter dans une instance en nullité du testament, pour conclure à sa validité ; c'est là un simple acte conservatoire, dans le sens de l'ordonnance royale du 2 avril 1817 (code Napoléon, art. 910 et 937) ;

2° Il y a pas une substitution prohibée dans la disposition testamentaire par laquelle le testateur qui lègue à un individu ses meubles, en le dispensant d'en rendre compte, et ses immeubles, sans reproduire la même dispense, institue un légataire universel avec la clause que sa jouissance ne commencera qu'à partir du décès du premier légataire : une telle disposition renferme simplement un legs de l'usufruit des immeubles au profit du premier légataire et de la nue propriété de ces mêmes immeubles au profit du second légataire (code Napoléon, art. 896 et 899).

La Cour,

Attendu, sur le premier moyen, qu'aux termes de l'ordonnance du 2 août 1817, le représentant de la fabrique appelé à recueillir un legs est autorisé à faire, en attendant l'acceptation, tous les actes conservatoires jugés nécessaires;

Attendu que la fabrique de Breuvey-les-Faverney ne figurait pas au procès pour demander la délivrance du legs en sa faveur par Py ; qu'appelée en cause par jugement du tribunal de Vesoul, sur la demande en partage formée par les héritiers du testateur, et menacée de voir annuler la disposition testamentaire faite à son profit, comme entachée de substitution, elle a dû, pour conserver ses droits, conclure au maintien du testament ; que le jugement et l'arrêt, statuant sur ces conclusions, se sont bornés à prononcer la validité du legs, sans en ordonner la délivrance ;

Attendu que cette décision ne porte aucune atteinte au droit qu'a le gouvernement de refuser ou d'accorder ultérieurement l'autorisation d'accepter le legs en question ; qu'ainsi l'arrêt, en ordonnant l'exécution du testament, avant que la fabrique ait été autorisée à accepter, n'a aucunement violé les articles de la loi invoqués ;

Sur le deuxième moyen, attendu que de l'ensemble des dispositions faites par François Py, il résulte qu'il a légué l'usufruit de ses immeubles à sa femme, et la nue propriété à la fabrique de Breuvey-les-Faverney; que la preuve de son intention se trouve dans la clause par laquelle il attribue la toute propriété de ses meubles à sa femme, en la dispensant d'en rendre compte à qui que ce soit, disposition toute différente de celle relative au reste de la succession; qu'en effet, il donne ses autres biens, c'est-à-dire ses immeubles à sa femme, sans la dispenser d'en rendre compte ; qu'il dit ensuite qu'après le décès de sa femme, il fait héritier universel le conseil de fabrique, pour les pauvres de la commune, en ajoutant que les pauvres ne jouiront de ce bienfait qu'au décès de sa femme, d'où il suit que leur jouissance ne commencera que lorsque cessera l'usufruit de la veuve Py ;

Attendu, dès lors, que la clause en question ne présente point les caractères d'une substitution prohibée ; qu'en la jugeant ainsi, la cour d'appel a fait une saine interprétation du testament et une juste application de la loi ;

Rejette, etc.

Décret relatif à la liquidation des caisses d'épargne des institutrices primaires et des surveillantes des salles d'asile de Paris.

10 *décembre* 1856.

NAPOLÉON, etc.,

Sur le rapport de notre Ministre secrétaire d'État au département de l'instruction publique et des cultes ;

Vu l'article 15 de la loi du 28 juin 1833 sur l'instruction primaire ;

Vu l'ordonnance du 13 février 1838, qui détermine les statuts des caisses d'épargne établies en faveur des instituteurs communaux ;

Vu l'ordonnance en date du même jour, qui charge la Caisse des dépôts et consignations de recevoir et d'administrer les fonds provenant des caisses d'épargne des instituteurs primaires communaux ;

Vu l'ordonnance du 28 février 1842, ainsi conçue:

« Il sera établi une caisse spéciale d'épargne et de pré-« voyance en faveur des institutrices communales de la ville « de Paris.

« Cette caisse sera organisée et administrée conformément « aux dispositions de notre ordonnance du 13 février 1838, « relative à la Caisse d'épargne et de prévoyance établie en « faveur des instituteurs primaires. »

Vu l'ordonnance du 9 août 1846, ainsi conçue :

« Il sera établi une caisse spéciale d'épargne et de pré-« voyance en faveur des surveillantes titulaires et adjointes « des salles d'asile de la ville de Paris.

« Cette caisse sera organisée et administrée conformément « aux dispositions de notre ordonnance du 13 février 1838, « relative à la Caisse d'épargne et de prévoyance des institu-« teurs primaires communaux. »

Vu l'article 39 de la loi du 15 mars 1850 sur l'enseignement;

Vu les lois des 18 juin 1850 et 28 mai 1853, sur la Caisse des retraites pour la vieillesse ; ensemble le décret impérial du 18 août 1853;

Vu la loi du 9 juin 1853 sur les pensions civiles ;

Vu le décret du 8 août 1855, ordonnant la liquidation des comptes individuels des instituteurs communaux dans les caisses d'épargne;

Vu l'avis du Ministre des finances;

Notre conseil d'État entendu ;

Avons décrété et décrétons :

Art. 1. — Les comptes individuels des institutrices primaires et des surveillantes des salles d'asile de la ville de Paris, dans les caisses d'épargne spéciales établies en leur faveur par les ordonnances royales des 28 février 1842 et 9 août 1846, seront clos et arrêtés, en capital et intérêts, au 31 décembre 1856, par les commissions de surveillance desdites caisses.

Art. 2. — Les dispositions du décret du 8 août 1855, concernant le mode de liquidation des caisses d'épargne des instituteurs communaux et l'option à faire par ces derniers pour le maintien de leurs fonds à la Caisse des dépôts et consignations, ou pour leur transfert à la Caisse des retraites de la vieillesse, sont applicables aux caisses d'épargne spéciales, dont l'article 1 du présent décret prescrit la liquidation.

Art. 2. — Nos Ministres secrétaires d'État au département de l'instruction publique et des cultes, et au département des finances, sont chargés, chacun en ce qui le concerne, de l'exécution du présent décret.

Arrêté relatif aux salles d'asile modèles.

28 *mars* 1857.

Le Ministre au département de l'instruction publique et des cultes,

Vu l'article 8 du décret du 21 mars 1855;

Sur la proposition du comité central de patronage des salles d'asile,

Arrête :

Art. 1. — Nulle salle d'asile ne pourra prendre le titre de salle d'asile modèle, si ce titre ne lui a été conféré par un arrêté spécial du Ministre de l'instruction publique et des cultes, rendu sur la proposition du comité central de patronage des salles d'asile, en vertu de l'article 8 du décret du 21 mars 1855.

Art. 2. — Il n'y aura par département qu'une ou deux salles d'asile modèles au plus.

Art. 3. — Lorsqu'il y aura lieu à déclarer une salle d'asile salle d'asile modèle, le recteur de l'Académie fera parvenir au Ministre, avec sa proposition, une copie du rapport qui lui aura été adressé par Mme la déléguée spéciale, constatant que toutes les conditions prescrites par l'article 8 du décret du 21 mars 1855 sont remplies. A ce rapport seront joints : 1° un tableau de l'emploi du temps ; 2° un plan certifié de l'établissement, y compris le logement de la directrice ; 3° un état détaillé des recettes et des dépenses de la salle d'asile, indiquant le taux du traitement et la quotité de la rétribution mensuelle.

Art. 4. — Aucune maîtresse ne pourra être appelée à diriger une salle d'asile modèle, si elle n'a exercé comme directrice, pendant un an au moins, dans un établissement public, ou pendant deux ans dans un établissement libre.

Art. 5. — Sur le rapport du recteur de l'Académie, le titre de salle d'asile modèle pourra être retiré par le Ministre, après avis de la dame déléguée spéciale, et sur la proposition du comité central de patronage, aux salles d'asile qui cesseraient de remplir les conditions déterminées ci-dessus.

Décision relative à l'extension de l'autorisation accordée aux Frères de la Doctrine chrétienne de Nancy.

3 *juillet* 1857.

Le Conseil,

Vu la demande formée le 14 janvier 1855 par le supérieur des Frères de la Doctrine chrétienne de Nancy, établi à Vézelise (Meurthe), à l'effet d'obtenir que l'autorisation d'enseigner, accordée à cette congrégation par l'ordonnance royale du 5 juillet 1833, pour les trois départements de la Meurthe, de la Meuse et des Vosges, soit étendue à tout l'empire;

Vu l'art. 31 de la loi du 15 mars 1850 ;

Vu les rapports adressés à son Excellence le Ministre de l'instruction publique et des cultes par les préfets et les recteurs dans les départements et les ressorts desquels les frères de Vézelise exercent actuellement l'enseignement ;

Considérant que sur les 46 établissements publics ou libres que dirigent en ce moment en France des frères dépendant de cette association religieuse, 14 seulement appartiennent aux départements pour lesquels elle est autorisée, et 32 se trouvent répartis dans quatorze autres départements ;

Considérant que, quels que soient les services déjà rendus par les Frères de la Doctrine chrétienne de Nancy, leur organisation et leurs méthodes ne paraissent pas de nature à supporter, quant à présent, l'extension qu'ils sollicitent et les nouvelles charges auxquelles il leur faudrait suffire;

Considérant qu'il convient d'attendre des résultats plus certains et une expérience plus complète, avant d'étendre les limites dans lesquelles cette association est autorisée à enseigner ;

Est d'avis qu'il y a lieu d'ajourner l'autorisation demandée par les Frères de la Doctrine chrétienne de Nancy, dits frères de Vézelise.

Avis relatif à la remise des interdictions prononcées contre les instituteurs.

7 *juillet* 1857.

Le Conseil,

Consulté par son Excellence le Ministre de l'instruction publique et des cultes sur la question de savoir si l'interdiction prononcée contre les instituteurs en vertu de l'art. 20 de la loi du 15 mars 1850, peut être remise par voie de grâce ou par toute autre voie;

Vu l'art. 5 de la loi du 25 mars 1850;

Vu l'art. 1 du sénatus-consulte du 15 décembre 1852, portant interprétation et modification de la Constitution;

Vu les articles 30, 33 et 68 de la loi du 15 mars 1850, modifiés par la loi du 14 juin 1854 sur l'instruction publique;

Considérant que le droit de faire grâce est une prérogative essentielle de la souveraineté, et que la Constitution impériale qui le proclame ne lui a assigné aucune limite;

Considérant qu'il faut toutefois, pour la solution de la question soumise au conseil, distinguer entre l'interdiction restreinte à une commune et l'interdiction absolue;

Considérant, en effet, qu'il est d'usage et de jurisprudence que le droit de grâce n'intervienne pas à l'égard des mesures purement disciplinaires, telles que la censure, la réprimande et la suspension temporaire appliquée à des fautes professionnelles;

Considérant que des motifs analogues semblent devoir en écarter également l'intervention lorsqu'il s'agit d'un instituteur auquel l'exercice de sa profession n'a été interdit que dans la commune qui a été témoin de sa faute et de sa punition;

Considérant que cette incapacité relative et locale n'a pas toujours pour cause une condamnation; que pour l'instituteur communal elle résulte de plein droit et par la seule volonté de la loi, de la révocation prononcée par le préfet (loi du 5 mars 1850, art. 33; loi du 14 juin 1854, art. 87); et que dans ce dernier cas, elle ne saurait, à aucun titre, être assimilée aux peines que remet la grâce;

Considérant, en outre, que provoquée le plus souvent par des causes particulières à la localité, l'interdiction restreinte à une commune n'enlève pas à l'instituteur qu'elle frappe la possibilité d'exercer sa profession partout ailleurs, et quels que puissent être les faits postérieurs d'amendement ou de repentir dont il est juste de tenir compte, la dignité de l'enseignement et l'intérêt même de la considération de l'instituteur s'opposeront toujours à ce que ce dernier soit réintégré dans la commune où il a failli;

Considérant que l'interdiction absolue a un tout autre caractère et doit être considérée sous un autre point de vue; que l'incapacité perpétuelle et générale dont elle frappe l'instituteur constitue une véritable peine, une sorte de dégradation en matière d'enseignement, et qu'il n'est pas pour le condamné d'autre moyen d'en être relevé que de mériter la clémence du souverain;

Considérant qu'en présence d'une législation qui admet les condamnés en matière criminelle et correctionnelle au double bienfait de la grâce et de la réhabilitation, il ne serait pas juste qu'aucune voie ne fût ouverte à celui qui, frappé pour des faits moins graves dans l'échelle des peines, se serait attaché à effacer une première faute par un repentir éprouvé et par une conduite notoirement irréprochable;

Considérant que, s'il convient de laisser leur exécution et leurs effets aux mesures temporaires ou locales qui intéressent l'action disciplinaire des autorités préposées à la surveillance de l'enseignement, il n'importe pas moins de réserver pour des cas possibles et dignes d'intérêt l'accès du droit de grâce à l'instituteur frappé d'une condamnation qui atteint en même temps, sans limites et sans retour, l'exercice de la profession et la capacité du citoyen;

Considérant que les décisions à intervenir sur les recours de cette nature intéressent à la fois le département de l'instruction publique sous l'autorité duquel sont placés les instituteurs et le département de la justice, dont les attributions embrassent tout ce qui se rattache à l'exercice du droit de grâce;

Est d'avis :

1° Que la peine de l'interdiction absolue prononcée par les conseils départementaux ou par le conseil impérial de l'instruction publique, dans les cas prévus par les articles 30, 33 et 68 de la loi du 15 mars 1850, modifiés par la loi du 14 juin 1854, peut être remise et commuée par l'Empereur en vertu du droit de grâce;

2° Qu'à l'exemple de ce qui a été réglé par le décret du 10 juillet 1852, relativement aux individus condamnés par les juridictions militaires ou maritimes, les rapports sur les recours formés par les instituteurs interdits doivent être présentés à Sa Majesté par M. le Ministre de l'instruction publique et des cultes, avec l'avis du garde des sceaux, Ministre de la justice;

3° Que la forme dans laquelle il serait statué sur ces recours pourrait être, au surplus, réglée par un décret conformément au projet ci-après.

Décret relatif aux recours en grâce formés par les instituteurs contre lesquels les Conseils départementaux ou le Conseil impérial de l'instruction publique ont prononcé la peine de l'interdiction absolue.

7 *juillet* 1857.

NAPOLÉON, etc.,

Sur le rapport de notre Ministre secrétaire d'État au département de l'instruction publique et des cultes, et de notre garde des sceaux, Ministre secrétaire d'État au département de la justice;

Vu l'article 1 du sénatus-consulte du 25 décembre 1852, portant interprétation et modification de la Constitution;

Vu les art. 30, 33 et 68 de la loi du 15 mars 1850 sur l'enseignement, et la loi du 14 juin 1854 sur l'instruction publique;

Avons décrété et décrétons ce qui suit :

ART. 1. — Les rapports sur les recours en grâce ou en commutation de peine formés par les instituteurs contre lesquels les conseils départementaux ou le conseil impérial de l'instruction publique ont prononcé la peine de l'interdiction absolue, par application des articles 30, 33 et 68 de la loi du 15 mars 1850, modifiés par la loi du 14 juin 1854, nous seront directement présentés par notre Ministre secrétaire d'État au département de l'instruction publique et des cultes.

Art. 2. — Notre Ministre secrétaire d'État et des cultes prendra préalablement l'avis de notre garde des sceaux, Ministre de la justice, et le mentionnera dans un rapport.

Art. 3. — Notre décision de grâce ou de commutation sera transcrite en marge de la décision qui a prononcé l'interdiction absolue.

Art. 4. — Notre garde des sceaux, Ministre de la justice, et notre Ministre de l'instruction publique et des cultes sont chargés chacun en ce qui le concerne de l'exécution du présent décret.

Décision du conseil d'État relative à un traitement d'instituteur établi par une donation.

25 *juillet* 1857.

Recours porté devant le conseil d'État contre une décision du Ministre de l'instruction publique et tendant à faire décider qu'une rente perpétuelle — dont le père du demandeur avait fait donation à une commune pour l'établissement et le traitement d'un instituteur dans cette commune,— devait être payée à l'instituteur en sus du traitement de 600 francs à lui attribué par la loi du 15 mars 1850. — Le Ministre soutient, au contraire, que la rente n'avait été créée qu'en vue d'ajouter un supplément au traitement de l'instituteur, tel qu'il avait été fixé par la loi du 28 juin 1833, et que la loi du 15 mars 1850 ayant élevé à 600 francs le traitement minimum des instituteurs, le produit de la rente ne doit plus être payé en sus du traitement. — Décidé que, dans cet état, il y avait lieu de faire reconnaître préalablement le sens et la portée de l'acte de donation et que cette interprétation appartient à l'autorité judiciaire (1).

Le Conseil,

Vu les requêtes....., pour le sieur Séguier de Saint-Brisson...... tendant à ce qu'il nous plaise annuler une décision du 13 novembre 1856, par laquelle notre Ministre

---

(1) M. le commissaire du gouvernement a présenté les observations suivantes :

« Par acte notarié du 17 novembre 1828, M. Séguier de Saint-Brisson fit donation à la commune de Saint-Brisson d'une rente annuelle et perpétuelle de 150 francs pour être employée à l'établissement et au traitement d'un instituteur dans la commune. Cette donation demeura plusieurs années sans être acceptée de la commune.

« La loi du 28 juin 1833 vint organiser l'instruction primaire. L'article 12 de cette loi fixait à 200 francs le minimum du traitement de l'instituteur. L'article 13 ajoutait : « à défaut de fondations, donations ou legs qui assurent un local et un traitement, conformément à l'article précédent, le conseil municipal délibérera sur les moyens d'y pourvoir. »

« En présence de cette loi, M. Séguier crut devoir ajouter la clause suivante à sa donation qui n'était pas encore acceptée : « M. Séguier, reconnaissant que le traitement de 200 francs réuni aux produits des rétributions mensuelles allouées à l'instituteur, est loin d'être suffisant pour assurer à celui-ci des moyens d'existence dans la commune de Saint-Brisson, dont la population n'est que de 865 individus, déclare, par les présentes, que la rente de 150 fr. qu'il a constituée par l'acte précité du 17 novembre 1828, est indépendante du traitement assuré à l'instituteur par la loi du 28 juin 1833 ; qu'elle doit lui être payée en sus de ce traitement et qu'il n'entend nullement que, dans aucun cas et sous aucun prétexte, cette rente puisse venir en déduction des charges dont est tenue la commune de Saint-Brisson par la loi susénoncée. En conséquence, la rente dont il s'agit ne pourra jamais être précomptée à l'instituteur sur le traitement qu'il doit recevoir de la commune.

« Cette clause additionnelle n'était pas absolument conforme à l'esprit de la loi de 1833. Cependant la donation avec la clause fut acceptée par ordonnance

de l'instruction publique et des cultes a déclaré que c'était avec raison que, depuis la mise à exécution de la loi du 15 mars 1850, sur l'enseignement, le préfet du Loiret faisait entrer dans le compte du traitement minimum de 600 francs dû à l'instituteur en vertu de cette loi une rente de 150 francs fondée par le feu sieur Séguier de Saint-Brisson, père du requérant, en faveur de l'instituteur de cette commune ; ce faisant, décider que, d'après les conditions mises à la donation, telles qu'elles résultent d'un acte en date du 17 mai 1835, la rente donnée doit être payée à l'instituteur en sus du traitement qui lui est attribué par la loi du 15 mars 1850, comme elle l'a été en sus du traitement fixé par la loi du 28 juin 1833

---

royale du 2 août 1836 ; elle a été exécutée pendant plusieurs années ; mais la loi du 15 mars 1850 ayant changé la situation faite aux instituteurs primaires et élevé à 600 francs le minimum de leur traitement, y compris la rétribution scolaire, le préfet du Loiret crut devoir prendre un arrêté pour faire entrer le legs de 150 francs dans le décompte du traitement de 600 francs. Le Ministre approuva cette mesure. L'héritier de M. Séguier critique devant vous cette dernière approbation.

« Pour apprécier la question de compétence, il importe de faire connaître comment le Ministre pose la question.

« Si le Ministre, se retranchant derrière ses attributions administratives, se fût contenté de ne pas prendre les mesures nécessaires pour faire voter par le conseil municipal ou le département les fonds destinés à parfaire le supplément de traitement, il eût été difficile de donner au débat un caractère contentieux. Le Ministre, interprétant seulement la loi du 25 mars 1850, se fût contenté alors de soutenir qu'il ne croyait pas que la commune fût dans le cas prévu par cette loi pour être obligée à voter le supplément établi de traitement. »

« Mais le Ministre de l'instruction publique a cru devoir prendre une position plus nette, plus franche et plus tranchée. Sa décision du 15 novembre 1856 interprète la donation : le Ministre explique que cette donation se lie à la loi de 1833, alors en vigueur ; qu'elle n'a pas eu en vue les lois postérieures qui pouvaient améliorer le sort des instituteurs. Il cite et commente les termes de la donation. En présence d'un débat ainsi engagé, la question de compétence se dégage nettement. Il s'agit de l'interprétation d'un acte de libéralité entre-vifs, d'une donation ; il s'agit de déterminer les conditions de cette donation.

« L'autorité judiciaire peut seule donner cette interprétation. »

et que, dans aucun cas, elle ne peut venir en déduction des charges imposées à la commune, au département et à l'État par les articles 38 et 40 de la loi du 15 mars 1850;

Vu les observations présentées par notre Ministre de l'instruction publique, tendant au rejet du pourvoi, par le motif : d'une part, que le donateur a entendu ajouter un supplément au traitement de l'instituteur tel qu'il était fixé par la loi du 28 juin 1833, mais non au traitement plus élevé fixé par la loi du 15 mars 1850 ; et, d'autre part, que les articles 38 et 40 de cette dernière loi n'obligent la commune, le département ou l'État à fournir un supplément pour porter le traitement de l'instituteur à 600 francs, que dans le cas où le produit des dons et legs, joint au traitement fixe et à la rétribution scolaire, n'atteint pas le minimum de 600 francs ;

Vu l'acte du 17 mai 1835, passé devant Me Legros et son collègue, notaires à Gien, et portant notamment la clause suivante : .... (voir plus haut cette clause, dans les observations du commissaire du gouvernement) ;

Vu les lois du 22 décembre 1789, et des 16-24 août 1790 ; — Vu la loi du 28 juin 1833 et celle du 15 mars 1850;

Considérant que, par un acte du 17 novembre 1828, le sieur Séguier a fait donation à la commune de Saint-Brisson d'une rente annuelle et perpétuelle de 150 francs pour être employée à l'établissement et au traitement d'un instituteur dans la commune de Saint-Brisson ; que, par un autre acte du 17 mai 1835, le sieur Séguier déclare que la rente de 150 francs qu'il a constituée par l'acte précité du 17 novembre 1828, est indépendante du traitement assuré à l'instituteur par la loi du 28 juin 1833, qu'elle doit lui être payée en sus de ce traitement, et qu'il n'entend nullement que dans aucun cas et sous aucun prétexte, cette rente puisse venir en déduction des charges dont est tenue la commune de Saint-Brisson par la loi ci-dessus énoncée ; qu'en conséquence, la rente dont il s'agit ne pourra jamais être précomptée à l'instituteur sur le traitement qu'il doit recevoir de la commune ;

Considérant que la demande portée devant nous par le sieur Séguier de Saint-Brisson tend à faire décider que la rente donnée par feu son père, doit, en vertu de la clause précitée, être payée à l'instituteur de la commune de Saint-Brisson en sus du traitement de 600 francs qui lui est attribué par la loi du 15 mars 1850 ; que notre Ministre de l'instruction publique soutient au contraire que la rente n'a été créée qu'en vue d'ajouter un supplément au traitement de l'instituteur tel qu'il a été fixé par la loi du 28 juin 1833, et que la loi du 15 mars 1850 ayant élevé à 600 francs le traitement minimum des instituteurs, le produit de la rente ne doit plus être payé en sus dudit traitement ; que, dans cet état, il y a lieu de faire reconnaître préalablement le sens et la portée de la clause précitée de l'acte du 17 mai 1835, et que cette interprétation n'appartient qu'à l'autorité judiciaire.

Art. 1. — Le sieur Séguier de Saint-Brisson est renvoyé devant l'autorité judiciaire pour faire déterminer le sens et la portée de la clause précitée contenue dans l'acte du 17 mai 1835 (1).

....

(1) Voici deux décisions confirmatives de la même jurisprudence.

26 *avril* 1855.

Interprétation d'un décret portant autorisation d'accepter des legs faits à une ville et à ses hospices.

Refus, à cette occasion, de statuer sur des conclusions qui tendaient à faire juger, par le conseil d'État, des questions de la compétence exclusive de l'autorité judiciaire.

Suivant testament olographe du 26 janvier 1839, le sieur Jean-Guillaume-Louis Apffel, ancien magistrat, a légué à la ville de Strasbourg l'universalité des biens qu'il laisserait à son décès, à la charge par ladite ville, notamment, de payer annuellement une somme déterminée à ses hospices.

Un décret du président de la République, en date du 20 juin 1849, a autorisé l'acceptation de ces legs dans les proportions et les termes suivants :

Art. 1. — La ville de Strasbourg (Bas-Rhin) est autorisée, suivant le vote émis dans les délibérations de son conseil municipal en date des 24 mars 1847 et 3 février 1849, à accepter, mais jusqu'à concurrence des trois quarts seulement, le legs universel à elle fait par le sieur Jean-Guillaume-Louis

Décret portant que les instituteurs communaux qui ont opté pour le maintien à la Caisse de dépôts et consignations des fonds qu'ils avaient déposés dans leurs anciennes caisses d'épargne, sont autorisés à faire transporter ces fonds à la Caisse des retraites pour la vieillesse.

29 *août* 1857.

Napoléon, etc.,

Sur le rapport de notre Ministre secrétaire d'État au département de l'instruction publique et des cultes;

Apffel à titre de dotation de l'art dramatique et musical dans ladite ville, et aux charges, clauses et conditions exprimées dans son testamment olographe du 26 janvier 1839.

Art. 2. — La commission administrative des hospices civils de Strasbourg est autorisée à accepter le legs fait à l'hospice des orphelins de cette ville par le sieur Jean-Guillaume-Louis Apffel, suivant son testament olographe du 26 janvier 1839, ledit legs consistant dans le prélèvement annuel d'un pour °/₀ sur le revenu des biens composant l'universalité de la succession du testateur, léguée à la ville de Strasbourg.

Art. 3. — Le bureau de bienfaisance de Strasbourg est pareillement autorisé à accepter les legs faits par le même testateur, suivant son testament précité, et consistant : 1° dans le prélèvement annuel d'un pour °/₀ sur le revenu des biens composant l'universalité de la succession laissée par le testateur; 2° dans une somme indéterminée qu'en cas de calamité publique le conseil municipal de Strasbourg pourra voter pour être affectée au soulagement des familles souffrantes de cette ville.

Par suite de ce décret et du partage qui a eu lieu de la succession du sieur Apffel entre la ville de Strasbourg et les héritiers naturels du testateur, la commission administrative des hospices a pensé que le prélèvement légué à l'hospice des orphelins devait s'effectuer désormais sur les trois quarts de ladite succession recueillie par la ville de Strasbourg, et sur le quart qui avait fait retour aux héritiers naturels. Mais ceux-ci se sont refusés à tout prélèvement sur leur quote-part, prétendant que le décret présidentiel du 20 juin 1849 avait entendu leur attribuer le quart de la succession, franc et quitte de toute charge. De là, une instance engagée devant le tribunal civil de Wissembourg, qui, considérant qu'il y avait contestation et doute sur le sens et la portée du décret du 20 juin 1849, en a, par jugement du 23 février 1853, renvoyé l'interprétation au pouvoir compétent.

Vu les lois du 18 juin 1850 et 28 mai 1853 sur les caisses de retraite pour la vieillesse; ensemble le décret impérial du 18 août 1855;

Saisi de cette interprétation par requête des héritiers Apffel, le conseil d'État a prononcé en ces termes :

Vu la requête présentée pour :

1° La dame Héloïse-Félix Ebingre, veuve du sieur François-Henri Apffel, ancien magistrat, demeurant à Versailles, rue de Mademoiselle, 5, ci-devant, et actuellement à Paris, rue des Fontaines-Saint-Georges, 38, ladite dame agissant tant à cause de la communauté de biens qui a existé entre elle et son défunt mari, qu'à cause des reprises, créances, donation et préciput auxquels elle a droit, et agissant aussi en qualité d'administratrice de la succession de feu sieur Apffel, son mari, aux termes d'une ordonnance rendue par M. le président du Tribunal civil de Versailles, le 26 février 1853, dûment en forme et enregistrée;

2° La dame Pauline-Félicie Apffel, épouse du sieur Marie-Pierre-Édouard Barthélemy, docteur-médecin, avec qui elle demeure à Saint-Ouen, place d'Armes, 4 (Seine), ladite dame agissant au nom et comme habile à se dire et porter héritière du feu sieur François-Henri Apffel, son père;

3° Ledit sieur Marie-Pierre-Édouard Barthélemy, comme assistant et autorisant la dame son épouse;

4° Le sieur Napoléon Rosey, propriétaire, demeurant à Wissembourg (Bas-Rhin)........tendant à ce qu'il nous plaise de déterminer le sens de la disposition du décret du 20 juin 1849, par laquelle le président de la République, après avoir autorisé la ville de Strasbourg à accepter, mais jusqu'à concurrence des trois quarts seulement, le legs universel à elle fait par le sieur Jean-Guillaume-Louis Apffel, a autorisé la commission administrative des hospices civils de Strasbourg à accepter le legs fait par le même testateur à l'hospice des orphelins de la ville, et consistant « dans un prélè- « vement annuel d'un pour cent sur le revenu des biens composant l'uni- « versalité de la succession du testateur léguée à la ville de Strasbourg; » disposition pour l'interprétation de laquelle le tribunal de Wissembourg les a renvoyés à se pourvoir devant l'autorité compétente; ce faisant, déclarer que la part héréditaire afférente au frère et au neveu du sieur Jean-Guillaume-Louis Apffel doit à jamais demeurer intacte; que les revenus qu'elle peut produire ne doivent être altérés par aucun prélèvement, et que, spécialement le prélèvement annuel d'un pour cent au profit de l'hospice des orphelins de la ville de Strasbourg ne doit s'effectuer que sur les revenus des seuls biens qui composent aujourd'hui, en exécution du décret du 20 juin 1849, la dotation du théâtre de la ville de Strasbourg, et condamner la commission administrative des hospices de Strasbourg aux dépens;

Vu le décret du 29 décembre 1853, relatif aux caisses d'épargne et de prévoyance des instituteurs communaux;

Vu le décret du 8 août 1855, ordonnant la liquidation des

Vu le mémoire en défense présenté au nom de la commission administrative des hospices civils de Strasbourg........ tendant à ce qu'il nous plaise déclarer que le décret du 20 juin 1849, a autorisé l'acceptation du legs fait à l'hospice des orphelins avec l'étendue que lui a donnée le testament et en tant qu'il accorde le prélèvement sur les biens recueillis par les héritiers Apffel, comme sur ceux qui ont été recueillis par la ville de Strasbourg, tous ces biens étant compris dans le legs universel tel qu'il résultait du testament, et condamner les héritiers Apffel aux dépens;

Vu le mémoire en intervention présenté au nom de la ville de Strasbourg, agissant poursuite et diligence de son maire à ce dûment autorisé....... tendant à ce qu'il nous plaise, en la forme, admettre son intervention, et, au fond, déclarer que le prélèvement d'un pour °/₀, qui doit être effectué chaque année par le conseil municipal au profit de l'hospice des orphelins et du bureau de bienfaisance, ne doit porter que sur le revenu de la dotation de l'art dramatique, telle qu'elle a été déterminée et limitée par le décret du 20 juin 1849, et condamner la partie qui succombe aux dépens de l'intervention;

Vu les observations de notre Ministre de l'intérieur....... ;

Vu le jugement en date du 23 février 1853, par lequel le tribunal civil de l'arrondissement de Wissembourg, statuant sur le litige engagé devant lui entre les héritiers Apffel et la commission administrative des hospices civils de Strasbourg, déclare surseoir à statuer jusqu'après interprétation du décret du 20 juin 1849 par le pouvoir compétent;

Vu le décret du président de la République en date du 20 juin 1849;

Vu ensemble les autres pièces produites et jointes au dossier, notamment la délibération du conseil municipal de la ville de Strasbourg, en date du 27 décembre 1854, portant autorisation pour le maire d'intervenir dans l'instance engagée devant le conseil d'État entre les héritiers Apffel et la commission administrative des hospices civils de Strasbourg;

Vu le décret du 22 juillet 1806; — Vu l'art. 910 du code Napoléon;

En ce qui touche l'intervention de la ville de Strasbourg: — Considérant que la ville de Strasbourg a intérêt à intervenir dans le litige engagé devant nous, entre la commission administrative des hospices civils de Strasbourg et les héritiers du sieur Apffel; que, dès lors, il y a lieu d'admettre son intervention;

En ce qui touche l'interprétation de la partie du décret du 20 juin 1849 relative au legs fait à l'hospice des orphelins, portant que le legs consiste

comptes individuels des instituteurs communaux dans les caisses d'épargne;

Vu le décret du 10 décembre 1856, relatif à la liquidation des caisses d'épargne spéciales des instituteurs primaires et des surveillantes des salles d'asile de la ville de Paris;

Vu les avis de notre Ministre des finances et de notre

---

dans le prélèvement annuel d'un pour °/₀ sur le revenu des biens composant l'universalité de la succession du testateur léguée à la ville de Strasbourg; — Considérant que, par cette disposition, le décret précité n'a opéré aucune réduction sur le legs fait à l'hospice des orphelins de Strasbourg par le sieur Apffel;

En ce qui touche les conclusions de la ville de Strasbourg, tendant à faire déclarer que les prélèvements annuels mis à sa charge par le testament du sieur Apffel au profit de l'hospice des orphelins et du bureau de bienfaisance, ne doivent être supportées par elle que pour les trois quarts; — Considérant que ces conclusions tendent à faire juger par nous des questions sur lesquelles il n'appartient qu'à l'autorité judiciaire de statuer;

Art. 1. — L'intervention de la ville de Strasbourg est admise.

Art. 2. — Il est déclaré que le décret ci-dessus visé, en date du 20 juin 1849, a autorisé la commission administrative des hospices civils de Strasbourg à accepter, sans réduction, le legs fait à l'hospice des orphelins de cette ville par le sieur Apffel.

Art. 3. — Les conclusions de la ville de Strasbourg sont rejetées.

Art. 4. — La dame veuve Apffel, les sieur et dame Barthélemy et le sieur Rosey sont condamnés aux dépens de l'instance engagée entre eux et la commission administrative des hospices civils de Strasbourg. La ville de Strasbourg est condamnée aux dépens de son intervention.

---

24 *juillet* 1862.

Une commune qui a été autorisée à accepter, conjointement avec une fabrique, un legs fait à la fabrique pour être employé aux réparations urgentes de l'église, a soutenu devant le préfet qu'il était contraire aux termes du testament d'appliquer le produit du legs aux travaux d'agrandissement de l'église que la fabrique demandait l'autorisation d'exécuter. En approuvant le devis de ces travaux, malgré l'opposition de la commune, et sans attendre que la commune et la fabrique se fussent mises d'accord sur

Ministre de l'agriculture, du commerce et des travaux publics;

Avons décrété et décrétons ce qui suit :

ART. 1. — Les instituteurs communaux qui, en vertu du décret du 8 août 1855, ont opté pour le maintien à la Caisse des dépôts et consignations des fonds qu'ils avaient déposés dans leurs anciennes caisses d'épargne, sont autorisés à faire trans-

---

le sens du testament, ou que la contestation qui s'élevait à ce sujet fût jugée par l'autorité compétente, le préfet a-t-il excédé ses pouvoirs? Rés. aff. (On ne saurait prétendre que l'arrêté préfectoral et la décision ministérielle confirmative sont de simples actes de tutelle administrative ne faisant pas obstacle à ce que le testament soit interprété d'une manière juridique par l'autorité compétente) (1).

Vu les requêtes..... pour la commune de Saint-Mauvieu, tendant à ce qu'il nous plaise annuler une décision du 12 juillet 1861, par laquelle notre Ministre de l'intérieur a confirmé un arrêté du préfet du Calvados, du 31 décembre 1860, qui approuve les plans et devis des travaux à exécuter à l'église de Saint-Mauvieu, tant pour les réparations urgentes que pour l'agrandissement de cet édifice, et approuve l'affectation à cette dépense d'une somme de 10,000 francs, léguée par le sieur de Couespel à la fabrique pour les réparations urgentes de l'église;

---

(1). Le Ministre de l'intérieur disait :

« Il est vrai que le legs dont il s'agit mentionne seulement les réparations de l'église. Mais d'après les renseignements précis qui m'ont été adressés, M. de Couespel a voulu donner à la fabrique les moyens de restaurer et d'agrandir l'édifice, dont l'insuffisance pour les besoins de la population était depuis longtemps reconnue. Le consentement formel du légataire universel du sieur de Couespel à l'exécution des travaux projetés, au moyen des 10,000 fr. légués, tend à établir qu'elle serait conforme aux intentions du testateur. D'un autre côté, la fabrique paraît être en mesure de subvenir, sans le concours de la commune, aux réparations dont l'église aurait ultérieurement besoin. Dans cette situation, d'accord avec M. le Ministre des cultes, j'ai cru devoir maintenir l'arrêté du 31 décembre 1860 que la commune m'avait déféré.

Je n'ai pas d'ailleurs entendu déterminer juridiquement le sens et la portée du testament de M. de Couespel. Une semblable interprétation ne résulte pas de l'arrêté précité. Cet arrêté et ma décision sont de simples actes de tutelle administrative, ne faisant pas obstacle à ce que le testament soit interprété d'une manière juridique par l'autorité compétente. On ne saurait donc les considérer comme entachés d'excès de pouvoir. »

porter ces fonds de la Caisse des dépôts et consignations à la Caisse des retraites pour la vieillesse.

ART. 2. — Les dispositions du présent décret sont applicables aux instituteurs primaires et aux surveillantes des salles d'asile de la ville de Paris.

ART. 3. — Notre Ministre de l'instruction publique et des cultes, notre Ministre de l'agriculture, du commerce et des travaux publics, et notre Ministre des finances, sont chargés, chacun en ce qui le concerne, de l'exécution du présent décret.

Ledit pourvoi fondé sur ce que, en approuvant l'affectation du legs de 10,000 francs que la commune a été autorisée à accepter, conjointement avec la fabrique, à des travaux autres que les réparations urgentes de l'église, le préfet et le Ministre ont violé le droit qui résultait pour la commune du legs fait par le sieur de Couespel; qu'en décidant que cet emploi des fonds légués était conforme à la volonté du testateur, ils ont tranché une question d'interprétation de testament, dont l'autorité judiciaire pouvait seule connaître.

Ce faisant, condamner la fabrique de l'église de Saint-Mauvieu aux dépens; subsidiairement, renvoyer les parties devant l'autorité compétente pour faire statuer sur le sens de la disposition litigieuse du testament du sieur de Couespel, sauf à nous à statuer ensuite, en notre conseil, ce qu'il appartiendra.

Vu le mémoire en défense, présenté pour la fabrique de l'église de Saint-Mauvieu tendant à ce que le pourvoi soit rejeté comme non recevable, attendu que l'arrêté du préfet confirmé par le Ministre, est un acte d'administration qui ne peut être attaqué par la voie contentieuse; subsidiairement, le rejeter comme mal fondé et décider qu'il n'y a lieu de renvoyer les parties devant les tribunaux civils pour faire reconnaître le sens de la clause litigieuse du testament.

Vu les observations présentées par notre Ministre de l'intérieur, tendant au rejet du pourvoi ; ensemble la lettre adressée, le 5 juillet 1861, par notre Ministre des cultes à notre Ministre de l'intérieur et transmise par lui avec ses observations ;

Vu le testament du sieur de Couespel, du 25 mars 1855;

Vu notre décret du 17 mai 1858, dont l'article 5 autorise le trésorier de la fabrique de St-Mauvieu et le maire de la commune de St-Mauvieu, à accepter, chacun en ce qui le concerne, le legs de 10,000 fr. fait à la fabrique par le sieur de Couespel, pour les réparations urgentes de l'église;

Décision du Conseil d'État relative au droit de patente dû par les instituteurs.

5 *octobre* 1857.

L'instituteur d'une école primaire communale qui gère pour

Vu les projets et devis des travaux à exécuter à l'église de Saint-Mauvieu ; lesdits plans et devis dressés le 30 août 1856, le 1er septembre 1857, le 19 juillet 1860 et le 15 septembre suivant; vu les délibérations du conseil municipal de la commune de St-Mauvieu relatives à ses travaux, en date des 12 décembre 1858, 13 février 1859, 12 février et 24 octobre 1860; vu les délibérations du conseil de fabrique relatives aux mêmes travaux, en date des 16 septembre et 24 octobre 1860 ;

Vu la loi des 7-24 octobre 1790 ;

Vu le décret du 30 décembre 1809 et la loi du 18 juillet 1837 ;

Considérant que la commune de St-Mauvieu, qui a été autorisée à accepter conjointement avec la fabrique, le legs de la somme de 10,000 fr. fait à la fabrique par le sieur de Couespel, pour être employé aux réparations urgentes de l'église, a soutenu devant le préfet qu'il était contraire aux termes du testament d'appliquer le produit du legs aux travaux d'agrandissement de l'église que la fabrique demandait l'autorisation d'exécuter ; qu'en approuvant le devis de ces travaux, malgré l'opposition de la commune et sans attendre que la commune et la fabrique se fussent mises d'accord sur le sens du testament ou que la contestation qui s'élevait à ce sujet fût jugée par l'autorité compétente, le préfet du département du Calvados a excédé la limite de ses pouvoirs ; qu'en conséquence cet arrêté et la décision de notre Ministre de l'intérieur qui l'a maintenue, doivent être annulés.

Art. 1. — L'arrêté du préfet du département du Calvados, en date du 31 décembre 1860, et la décision de notre Ministre de l'intérieur, en date du 12 juillet 1861, sont annulés.

Art. 2. — La fabrique de l'église de Saint-Mauvieu est condamnée aux dépens.

son compte un pensionnat qu'il a été autorisé à joindre à cette école, doit-il être imposé à la patente des maîtres de pension, alors même que le pensionnat est établi dans un des locaux fournis par la ville et que la ville perçoit à son profit la moitié des rétributions payées par les pensionnaires ?

Vu la requête du sieur Brunois, instituteur communal à Saint-Quentin, tendant à ce qu'il nous plaise annuler un arrêté du 17 avril 1857, par lequel le conseil de préfecture de l'Aisne a rejeté sa demande en décharge de la contribution des patentes, à laquelle il a été imposé, pour l'année 1857, sur le rôle de la ville de Saint-Quentin, en qualité de maître de pension, à raison d'un pensionnat qui est annexé à l'école communale préparatoire qu'il dirige;

Ce faisant, et attendu que l'annexion de ce pensionnat a été autorisée dans un intérêt public, et ne saurait dès lors avoir pour effet de faire perdre au sieur Brunois son caractère d'instituteur public pour lui donner celui d'instituteur libre, et le rendre passible de la patente ; décider que par application de l'art. 13 de la loi du 25 avril 1844, le requérant doit être exempté de la patente ;

Vu la loi du 25 avril 1844 et la loi du 18 mai 1850 ;

Vu la loi du 15 mars 1850 ;

Considérant qu'il résulte de l'instruction et qu'il est reconnu par le requérant qu'il gère pour son compte le pensionnat qu'il a été autorisé à joindre à l'école primaire communale dont il est directeur ; que si ce pensionnat est établi dans des locaux que la ville de Saint-Quentin fournit au sieur Brunois, et si la ville perçoit à son profit la moitié des rétributions payées par les pensionnaires, ledit sieur Brunois n'est pas fondé à se prévaloir de ces circonstances pour soutenir qu'il ne peut être considéré comme maître de pension, aux termes de la loi du 15 mars 1850, et imposé comme tel à la contribution des patentes, en vertu de ladite loi ; que, dès lors, c'est avec raison que le conseil de préfecture a rejeté sa demande en décharge de la contribution à laquelle il a été imposé pour l'année 1857, sur le rôle des patentables de la ville de Saint-Quentin, en qualité de maître de pension.

Art. 1. — La requête du sieur Brunois est rejetée.

....

Décret relatif au classement des inspecteurs.

21 *juin* 1858.

Napoléon, etc.,

Sur le rapport de notre Ministre secrétaire d'État au département de l'instruction publique et des cultes ;

Vu l'art. 20 de la loi du 15 mars 1850 ;

Vu l'art. 24 de notre décret du 22 août 1854 ;

Avons décrété et décrétons ce qui suit :

Art. 1. — Les inspecteurs de l'instruction primaire, dans les départements autres que celui de la Seine, sont divisés en trois classes, et les traitements affectés à chaque classe sont fixés ainsi qu'il suit, à partir du 1er janvier 1859 :

30	inspecteurs de	première classe, à	2,400 fr.;
60	—	seconde classe, à	2,000
185	—	troisième classe, à	1,600

Art. 2. — Il y aura un inspecteur de l'instruction primaire dans chaque arrondissement chef-lieu de préfecture.

Art. 3. — Notre Ministre secrétaire d'État au département de l'instruction publique et des cultes, déterminera, après avis du conseil départemental et sur la proposition du recteur de l'Académie, les arrondissements qui devront être réunis à d'autres et qui formeront ainsi une circonscription d'inspection primaire.

Avis relatif au congé du jeudi.

28 *juin* 1858.

Le Conseil,

Vu la délibération du conseil départemental de l'instruction publique de la Corrèze, en date du 8 août 1854, ayant pour objet de décider que le demi-congé du jeudi, autorisé par le règlement de 1851 dans les écoles primaires de ce département, deviendra congé de la journée entière ;

Considérant que, dans les trois quarts au moins des circonscriptions départementales, le congé hebdomadaire embrasse toute la journée du jeudi ;

Qu'il convient de donner aux instituteurs la jouissance d'un jour entier par semaine, afin qu'ils puissent s'occuper de leurs affaires personnelles;

Est d'avis qu'il y a lieu d'autoriser la modification proposée au règlement des écoles communales de la Corrèze.

Arrêté relatif à la distribution des médailles et mentions honorables accordées aux instituteurs.

7 *juillet* 1858.

Le Ministre de l'instruction publique,

Le conseil impérial entendu :

Arrête :

Art. 1. — Les médailles et les mentions honorables seront décernées aux instituteurs, institutrices et directrices de salles d'asile, dans chaque département, sur la proposition du préfet, après avis du conseil départemental et du recteur de l'Académie.

Art. 2. — Il pourra être accordé chaque année par département :

1° Une médaille d'argent pour 500 instituteurs et au-dessous, l'excédant du chiffre de 500 ne devant pas être compté, et deux médailles de même nature, lorsque le nombre des instituteurs s'élèvera à huit cents ;

Une médaille de bronze par 300 instituteurs;

Une mention honorable par 100 instituteurs;

2° Une médaille d'argent par 300 instituteurs et au-dessous, l'excédant du chiffre de 200 ne devant pas être compté, deux médailles de même nature, lorsque le nombre des instituteurs s'élèvera à 600 ;

Une médaille de bronze pour 150 institutrices et au-dessous, les excédants ne devant pas être comptés.

Une mention honorable pour 80 et au-dessous (même observation);

3° Une mention honorable ou une médaille de bronze ou une médaille d'argent pour vingt directrices d'asile et au-dessous ;

Deux mentions honorables ou deux médailles de bronze pour 50 directrices.

La médaille d'argent ne pourra être accordée que tous les deux ans, si le nombre des directrices ne dépasse pas cinquante.

Art. 3. — Nul instituteur, nulle institutrice ou directrice d'asile ne pourra obtenir une mention honorable, sans avoir exercé comme titulaire pendant cinq ans au moins.

Nul ne pourra obtenir la médaille de bronze, s'il n'a reçu la mention honorable depuis deux années au moins.

Nul ne pourra obtenir la médaille d'argent, s'il n'a reçu la médaille de bronze depuis deux années au moins.

Avis relatif à la présence des représentants des divers cultes dans les commissions d'examen.

7 juillet 1858.

Le Conseil,

Par interprétation de l'art. 46 de la loi du 25 mars 1850,

Est d'avis que les ministres des cultes reconnus ne sont appelés à siéger dans les commissions d'examen qu'en raison de la présence des candidats appartenant à ces cultes ; qu'ils ne doivent donc siéger que pour l'examen spécial des candidats appartenant au culte dont ils sont les ministres; qu'enfin et relativement à ces candidats, chaque ministre assiste à l'examen intégral et pour toutes les matières de cet examen.

Avis relatif à l'admission dans les écoles.

9 *juillet* 1858.

Le Conseil,

Vu la délibération du conseil départemental de la Manche, en date du 21 juillet 1857, ensemble l'avis du préfet du même jour, sur une modification à introduire dans le règlement des écoles de ce département;

Vu les art. 5 et 6 de la loi du 15 mars 1850;

Considérant :

Qu'en interdisant l'entrée de toutes les écoles à l'élève qui aura refusé de se soumettre à une punition, la disposition réglementaire proposée ajoute aux punitions ordinaires une pénalité évidemment excessive;

Que, si le maître doit avoir le droit de renvoyer de son école l'élève qui refuse de se soumettre à son autorité, il ne serait ni juste ni prudent d'en conclure que l'élève doive être exclu de toutes les autres écoles, privé d'instruction, condamné à l'oisiveté, et peut-être à une vie de vagabondage et de désordre ;

Que, quant à l'élève qui, par des habitudes vicieuses ou un esprit d'incorrigible insubordination, deviendrait dangereux pour le bon ordre des écoles, ce serait à l'autorité publique de voir si, dans un intérêt général, il n'y aurait pas lieu d'interdire à l'enfant signalé l'entrée des autres écoles publiques ;

Qu'en exigeant d'une manière absolue que tout élève, pour être admis dans une école, produise un certificat du maître dont il quitte la classe, la disposition proposée ajoute aux conditions ordinaires d'admission une condition nouvelle qui peut présenter des inconvénients et porter atteinte à la liberté du père de famille, lequel doit avoir le droit de retirer son enfant d'une école pour le placer dans une autre école, et de le confier à l'instituteur qu'il préfère ;

Qu'à l'égard des instituteurs publics qui, par des manœuvres répréhensibles, chercheraient à enlever des élèves aux écoles voisines pour augmenter l'importance de leur propre école, l'autorité trouve dans les règlements en vigueur et dans les instructions ministérielles des moyens suffisants pour réprimer de pareils abus ;

Qu'enfin, si la disposition réglementaire proposée a fait partie de l'ancien règlement de 1842, elle a été retranchée du règlement actuel, approuvé par le conseil, le 23 mars 1852 ;

Est d'avis qu'il n'y a pas lieu d'ajouter au règlement des écoles publiques du......., la disposition proposée par le conseil départemental.

Prescriptions relatives à la construction des maisons d'école et des salles d'asile.

14 *juillet* 1858.

Le Ministre secrétaire d'État au département de l'instruction publique et des cultes,

Arrête ce qui suit :

ART. 1. — Les conseils municipaux qui demandent des secours à l'État pour la construction, l'appropriation ou la réparation de locaux destinés à des écoles primaires ou à des salles d'asile, devront présenter, à l'appui de leur demande, indépendamment des pièces prescrites par les instructions ministérielles, un plan en double expédition des travaux à exécuter.

ART. 2. — Lorsqu'il aura été statué sur la demande de

secours, les deux exemplaires des plans présentés seront renvoyés aux préfets, avec mention de l'approbation ministérielle. Un exemplaire sera remis au maire pour l'exécution des travaux. Le second exemplaire sera déposé entre les mains de l'inspecteur d'Académie.

Art. 3. — Lorsque les travaux seront terminés, et lorsqu'il y aura lieu de payer, soit la totalité, soit une partie du secours promis, le préfet en préviendra l'inspecteur d'Académie, lequel remettra à l'inspecteur primaire de l'arrondissement le plan déposé entre ses mains, et lui donnera ordre de se transporter dans la commune pour y vérifier si les dispositions approuvées par le Ministre, tant pour la dimension que pour la disposition des locaux, ont été exactement observées. L'inspecteur primaire fera son rapport à l'inspecteur d'Académie et lui remettra le plan du local, qui demeurera déposé aux archives de l'inspection académique. L'inspecteur d'Académie délivrera, sur le vu de ce rapport, un certificat constatant, s'il y a lieu, que les plans approuvés ont été scrupuleusement exécutés, et le préfet joindra ce certificat à l'appui de sa proposition d'ordonnancement.

Art. 4. — Dans le cas où les plans approuvés par le Ministre n'auraient pas été scrupuleusement suivis dans l'exécution des travaux, le concours de l'État ne pourra être requis, et la promesse de secours faite sera considérée comme nulle et non avenue.

Art. 5. — MM. les préfets des départements et MM. les inspecteurs d'Académie sont chargés, chacun en ce qui le concerne, de l'exécution du présent arrêté.

Décret relatif aux emplois d'instituteurs suppléants.

20 *juillet* 1858.

Napoléon, etc.,

Sur le rapport de notre Ministre secrétaire d'État au département de l'instruction publique et des cultes;

Vu la loi du 15 mars 1850 ;

Vu le décret du 31 décembre 1853 ;

Vu la loi de finances, en date du 4 juin 1858, portant fixation du budget de l'exercice 1859;

Avons décrété et décrétons ce qui suit :

Art. 1. — Il n'y aura plus, à partir du 1er janvier 1859, qu'une classe d'instituteurs suppléants.

Art. 2. — Le minimum du traitement des instituteurs suppléants est fixé à 500 fr.

Art. 3. — Notre Ministre secrétaire d'État au département de l'instruction publique et des cultes est chargé de l'exécution du présent décret.

Règlement relatif à l'institution d'une commission pour l'examen des livres classiques.

26 *décembre* 1858.

Le Ministre secrétaire d'État au département de l'instruction publique et des cultes,

Vu l'article 5 de la loi du 15 mars 1850 ;

Arrête :

Art. 1. — Tout auteur ou éditeur qui voudra obtenir qu'un ouvrage puisse être introduit dans les écoles publiques, devra en déposer trois exemplaires au Ministère de l'instruction publique et des cultes avec une demande signée de lui.

Le Ministre ne fait examiner que les ouvrages imprimés.

Art. 2. — Les ouvrages déposés, si le Ministre estime qu'il y a lieu, sont renvoyés pour être examinés, à une commission composée des inspecteurs généraux des trois ordres et de sept membres nommés par le Ministre.

Art. 3. — Chaque ouvrage est l'objet d'un rapport écrit et signé, fait à la commission par un de ses membres.

La commission délibère sur chaque rapport, et émet l'avis qu'il y a ou qu'il n'y a pas lieu d'autoriser l'introduction de l'ouvrage dans les écoles publiques.

Art. 4. — Les avis de la commission sont envoyés au Ministre avec une copie certifiée de chaque rapport.

Art. 5. — La liste des ouvrages que le Ministre, après examen de la commission, a reconnus pouvoir être introduits dans les écoles publiques, est adressée aux membres du conseil impérial de l'instruction publique, en même temps que la lettre portant convocation pour la session prochaine.

Pendant cette session, tous ces ouvrages sont renvoyés avec les rapports et les avis de la commission, au conseil impérial de l'instruction publique, qui, sur le rapport d'un de ses membres, donne son avis sur l'admissibilité des ouvrages. Le Ministre statue définitivement.

Art. 6. — Dans l'intervalle des sessions du conseil, le Ministre peut, après avoir pris l'avis de la commission, dans les formes tracées par 'art. 5 ci-dessus, interdire provisoirement l'usage d'un livre dans les écoles libres.

Le conseil impérial reçoit connaissance de cette décision dans la forme prescrite par l'art. 5, et il est appelé dans sa plus prochaine session à donner son avis sur cette interdiction.

Art. 7. — Les auteurs ou éditeurs qui entendent faire usage de l'autorisation qui leur est accordée, sont tenus de reproduire textuellement en tête de l'ouvrage les termes mêmes de l'autorisation ministérielle et de ne faire aucun changement dans les éditions successives de leurs ouvrages sans être pourvus d'une autorisation nouvelle, le tout sous les peines de droit.

Art. 8. — Un exemplaire de chacun des ouvrages introduits dans les écoles publiques, avec l'autorisation du Ministre, est conservé dans la bibliothèque du ministère. Tous les exemplaires en circulation doivent être conformes à l'exemplaire déposé; cet exemplaire devra être signé *ne varietur* par le Ministre et par l'auteur ou éditeur. En cas de dissemblance, l'autorisation accordée est retirée *ipso facto*, indépendamment des poursuites judiciaires qui pourraient avoir lieu contre le délinquant.

Art. 9. — Le règlement du 25 décembre 1855 sur l'approbation des livres est et demeure rapporté.

Règlement relatif aux travaux de la commission des livres classiques.

28 *décembre* 1858.

Le Ministre secrétaire d'État au département de l'instruction publique et des cultes,

Vu le règlement en date du 26 décembre 1858, relatif l'examen des livres classiques;

Considérant qu'il importe de régler à l'avance le fonctionnement de la commission instituée par l'article 2 du susdit règlement;

Arrête :

Art. 1. — La commission instituée par l'art. 2 du règlement du 26 décembre 1858, relatif à l'examen des livres classiques, est partagée en trois sections, savoir :

1° Une section des lettres à laquelle seront renvoyés les livres ayant pour objet l'étude des langues anciennes, de la langue française, des langues étrangères, les grammaires, les dictionnaires, etc. ;

2° Une section des sciences, pour les livres relatifs aux sciences mathématiques, aux sciences physiques et aux sciences naturelles ;

3° Une section des sciences morales, pour les livres d'instruction religieuse et de morale, de droit, d'histoire et de géographie, de pédagogie.

Le président, avec l'agrément de la commission, distribue les membres de ladite commission entre les trois sections.

Art. 2. — La commission pourra, dans certains cas et pour des ouvrages spéciaux, demander au Ministre le choix d'un rapporteur pris en dehors de son sein.

Art. 3. — La commission se réunira deux fois par mois en assemblée générale, sauf le temps des vacances.

Art. 4. — Le président adresse, tous les trois mois, au Ministre un rapport sur l'ensemble des travaux de la commission.

Art. 5. — Deux secrétaires seront attachés à la commission pour rédiger la correspondance, transcrire les rapports, tenir la plume pendant les séances et rédiger les procès-verbaux.

Chacun des deux secrétaires assistera alternativement aux séances de la commission.

Avis relatif à l'admission des élèves dans les écoles.

19 *janvier* 1859.

Le Conseil,

Vu la délibération du conseil départemental des Bouches-du-Rhône, en date du 7 août 1858, et l'avis du préfet en date du 31 du même mois ;

Vu le règlement pour les écoles publiques du département des Bouches-du-Rhône, délibéré et approuvé par M. le Ministre en conseil impérial le 10 décembre suivant ;

Vu les articles 5 et 15 de la loi du 15 mars 1850, la circulaire ministérielle du 17 août 1851 et le règlement y annexé ;

Considérant que, tout en maintenant dans les écoles primaires publiques la limite d'âge qui a été fixée pour l'admission des enfants, il est utile d'autoriser quelques exceptions à la règle dans certaines circonstances et dans certaines localités ;

Mais considérant qu'il y aurait de graves inconvénients à donner des autorisations collectives par mesure générale, et que dès lors, c'est aux autorités locales et non au conseil départemental et au préfet qu'il convient d'attribuer le droit d'accorder les exceptions qui seront jugées nécessaires et qui doivent toujours être personnelles ;

Est d'avis que l'article 7 du règlement des écoles primaires publiques du département des Bouches-du-Rhône doit être rédigé ainsi :

Pour être admis dans une école, les enfants doivent être âgés de dix ans au moins et de treize ans au plus.

Néanmoins des enfants, âgés de moins de six ans et de plus de treize ans, pourront être reçus avec l'autorisation des autorités locales. Avis de ces autorisations sera donné au préfet.

Décision de la Cour de cassation, relative à l'entretien illégal d'un pensionnat.

17 *mars* 1859.

La Cour,

Vu la loi du 27 novembre 1790, art. 3, et le décret du 20 avril 1810, art. 4, § 1 ;

Vu les articles 17, 23 et suivants, 53, 60, 64 et 66 de la loi du 15 mars 1850 ;

Attendu que si les tribunaux de répression ont la libre et souveraine appréciation des faits, il appartient à cour de cassation, en prenant pour base les faits reconnus par le juge lui-même, d'en déterminer la qualification légale et de restituer à la loi pénale sa portée et sa force lorsqu'elle n'a pas été appliquée ;

Attendu qu'il est admis en fait par l'arrêt attaqué (de la cour impériale de Besançon, chambre des mises en accusation, du 9 décembre 1858), que le 1er octobre 1858, Philippe-Audouin-Amédée Finot, ancien principal du collége de Lons-le-Saulnier, a fait devant le maire de cette ville, et pour se conformer aux art. 27 et 35 de la loi du 15 mars 1850, la déclaration de son intention d'ouvrir à Lons-le-Saulnier un pensionnat de jeunes garçons ; qu'il était dit, de plus, dans cette déclaration, que Finot n'entendait point instruire des jeunes gens dans son établissement, ni leur faire aucun cours particulier, mais simplement les conduire aux classes du collége communal et diriger et surveiller la confection de leurs devoirs ;

Attendu que les art. 27 et 53 de la loi du 15 mars 1850, auxquels se référait expressément cette déclaration, s'occupent uniquement des conditions à remplir par celui qui veut exercer la profession d'instituteur primaire ou ouvrir un pensionnat secondaire ; que la teneur même de la déclaration annonçait un but tout autre ; que c'était incompétemment dès lors qu'elle aurait été passée devant le maire de Lons-le-Saulnier, et qu'immédiatement aussi elle paraît avoir été abandonnée;

Attendu que, le 14 octobre suivant, Finot, pour se conformer cette fois à l'art. 60 de la même loi, ainsi qu'il le dit en termes formels, a déclaré devant l'inspecteur d'Académie être dans l'intention d'ouvrir à Lons-le-Saulnier un pensionnat libre d'instruction secondaire; qu'il a ajouté que l'enseignement y aurait pour objet les langues française, latine et grecque, les sciences mathématiques, etc.;

Attendu qu'après cette dernière déclaration, dont l'existence est reconnue par l'arrêt attaqué, ce même arrêt constate en fait, que dès le 2 novembre, ou en tous cas, avant le 12 du même mois, jour du commencement des poursuites, Finot avait recu dans son établissement un certain nombre de jeunes gens *que la confiance des parents avait continué de placer sous sa surveillance;* qu'il résulte de là qu'entre l'époque de l'ouverture de l'établissement et la déclaration il ne s'était pas écoulé l'intervalle d'un mois, ainsi que le prescrit l'art. 64 de la loi du 15 mars 1850;

Attendu que l'arrêt attaqué déclare ensuite que Finot paraît s'être borné à loger, nourrir, conduire au collége communal les élèves confiés à ses soins, et s'être renfermé strictement dans les engagements de sa déclaration du 1er octobre; que l'arrêt en a conclu que Finot ne donnait pas lui-même l'enseignement, l'établissement par lui ouvert ne constituant ni un établissement d'instruction primaire, ni un établissement d'instruction secondaire; qu'il n'était pas assujetti, dès lors, à l'autorisation et à la surveillance des autorités constituées par la loi du 15 mars 1850, et ne formait qu'une simple industrie placée sous un principe de liberté absolue;

Attendu qu'une telle interprétation est contraire à l'esprit et à l'ensemble des dispositions de la loi du 15 mars 1850; que cette loi, en effet, a classé en deux grandes divisions les écoles primaires et secondaires, savoir : 1° les écoles fondées ou entretenues par les communes, les départements ou l'État, et qui prennent le nom d'écoles publiques; 2° les écoles fondées et entretenues par des particuliers ou des associations, et qui prennent le nom d'écoles libres (art. 17);

Que les art. 23 et suivants et l'art. 53 définissent et déterminent nettement les caractères des écoles primaires et des pensionnats primaires, l'objet de leur enseignement et les obligations imposées à ceux qui veulent embrasser cette sorte de professorat ; attendu que tout établissement d'instruction ou maison d'éducation en dehors des conditions essentielles et constitutives de l'enseignement primaire, forme nécessairement un établissement d'instruction secondaire ; que les institutions, pensions, pensionnats, lors même que le chef qui les dirige se borne, comme dans l'espèce, à loger, nourrir, conduire au collége et surveiller pendant la confection de leurs devoirs les élèves qui lui sont confiés, rentrent forcément dans cette classe ; qu'un tel maître, en effet, doit accomplir les obligations les plus graves de l'instruction de la jeunesse ; qu'il a la direction de la vie intérieure, morale et religieuse, la surveillance d'études profondément distinctes de l'instruction primaire, et de plus, le soin de la vie matérielle ; que n'apercevoir là qu'une industrie ordinaire, qui peut s'exercer sans contrôle, dans une entière liberté, c'est perdre de vue l'objet même de la loi et ses volontés les plus expresses ;

Attendu qu'à tous ces titres, et suivant les termes de la déclaration émanée de lui-même, l'établissement fondé par le sieur Finot était un établissement d'instruction secondaire ; que, déclaré le 14 octobre, dès le 2 novembre, ou au plus tard dès le 12 du même mois, il s'était ouvert et mis en plein exercice par l'admission d'un certain nombre d'élèves pensionnaires, demi-pensionnaires ou externes ; que le mois prescrit par l'art. 64 de la loi du 15 juin 1850 laissé à l'auteur et aux vérificateurs de l'autorité académique et administrative, n'était pas dès lors écoulé ; qu'en refusant de reconnaître dans ces faits l'infraction prévue et punie par l'art. 66 de la même loi, et en décidant qu'il n'y avait lieu à suivre, l'arrêt attaqué a faussement interprété, et par suite, violé lesdits art. 64 et 66 ;

Casse, etc.

Arrêté relatif à l'examen préliminaire des aspirantes aux cours pratiques des salles d'asile.

31 *mars* 1859.

Le Ministre secrétaire d'État au département de l'instruction publique et des cultes,

Vu l'avis de la commission de surveillance du cours pratique des salles d'asile;

Vu la délibération du comité central de patronage des salles d'asile, en date du 17 janvier 1859;

Arrête:

Art. 1. — Les aspirantes aux bourses entretenues par l'État au cours pratique des salles d'asile seront tenues, avant de pouvoir être appelées à Paris, pour y subir l'examen déterminé par l'art. 4 de l'arrêté du 5 avril 1850, de se soumettre, dans leurs départements respectifs, à un examen préliminaire sur les matières et dans les formes fixées par le présent arrêté.

Art. 2. — Avant d'admettre les aspirantes audit examen, l'inspecteur d'Académie réclamera des maires et des curés des communes qui auront été habitées par chacune d'elles, des renseignements très-précis sur leurs antécédents et sur l'aptitude spéciale dont elles auront déjà pu faire preuve.

Art. 3. — L'examen se fera au chef-lieu d'arrondissement, par l'inspecteur primaire, en présence du curé.

Art. 4. — L'examen, outre l'épreuve de la lecture, se composera des épreuves suivantes:

1° Réponses écrites à quatre questions prises dans les différents chapitres du catéchisme du diocèse;

2° Réponses écrites à quatre questions d'histoire sainte, depuis la création du monde jusqu'aux premiers rois. Chacune de ces réponses devra donner lieu à un développement de deux ou trois lignes au plus;

3° Une dictée de vingt lignes environ, empruntée à un livre très-simplement écrit. Les aspirantes seront prévenues que cette dictée sera tout à la fois une épreuve d'orthographe et une épreuve d'écriture ;

4° Épreuve de calcul, consistant en opérations sans énoncé de problème, et comprenant, au moins, une multiplication d'un nombre de plusieurs chiffres avec décimales, par un nombre de plusieurs chiffres.

On s'assurera que l'aspirante a la voix juste.

Art. 5. — Lorsque l'aspirante appartiendra à une communauté religieuse, elle devra présenter un certificat délivré par la supérieure générale, et attestant qu'elle a justifié, devant l'autorité dont elle relève, des connaissances que suppose l'examen dont les matières sont déterminées ci-dessus.

Art. 6. — Les renseignements sur les aspirantes, fournis par les maires et par les curés, les compositions écrites et le procès-verbal de l'examen, seront adressés au Ministre de l'instruction publique, pour être transmis par lui à la commission de surveillance du cours pratique, qui examinera les pièces et prononcera sur l'admission des aspirantes.

Art. 7. — MM. les recteurs et MM. les préfets sont chargés, chacun en ce qui le concerne, de l'exécution du présent arrêté.

Arrêté relatif au règlement des salles d'asile.

5 *août* 1859.

Le Ministre secrétaire d'État au département de l'instruction publique et des cultes,

Vu le décret du 21 mars 1855;

Vu l'arrêté du 22 mars 1855 ;

Vu l'avis du comité central de patronage des salles d'asile;

Arrête ce qui suit :

ART. 1. — A leur arrivée à la salle d'asile, les enfants sont réunis dans le préau découvert, si le temps le permet, et s'y livrent au jeu en toute liberté, sous la surveillance de la directrice ou de l'adjointe.

Ils y prennent leur repas du matin, s'il y a lieu.

ART. 2. — A dix heures moins un quart, les enfants entrent en classe et se rangent sur les bancs latéraux. A dix heures, on leur enseigne les éléments de la lecture.

De dix heures un quart à dix heures trois quarts, ils se livrent à de petits travaux manuels appropriés à leur sexe et à leur âge.

A dix heures trois quarts, ils montent aux gradins. De onze heures à onze heures un quart, ils reçoivent une leçon de calcul pratique, à l'aide du boulier-compteur. Une demi-heure est ensuite consacrée à un petit enseignement religieux qui se termine par le chant à l'unisson des prières ou cantiques. A onze heures trois quarts, ils descendent des gradins.

ART. 3. — A midi, les enfants prennent leur repas.

A midi et demi, ils sont conduits en ordre devant le lavabo, où la femme de service leur lave les mains et la figure.

ART. 4. — D'une heure à deux heures, les enfants jouent dans le préau découvert.

ART. 5. — A deux heures un quart, les enfants rentrent en classe, se rangent sur les bancs et reprennent les petits travaux manuels. A deux heures trois quarts, ils remontent aux gradins.

A trois heures, la directrice leur fait un petit récit dont elle a soin de tirer une conclusion morale. A trois heures un quart, elle leur donne des explications sur les petites connaissances usuelles qui peuvent leur être utiles. A trois heures et demie, elle les fait chanter en chœur. A trois heures trois quarts, ils descendent des gradins.

Art. 6. — A quatre heures, les enfants prennent, s'il y a lieu, leur repas et retournent jouer au préau découvert jusqu'à la fermeture de la salle d'asile.

Art. 7. — Les dispositions du règlement du 22 mars 1855, qui ne sont point contraires au présent arrêté, sont et demeurent maintenues.

Arrêté relatif à la suppression du titre de sous-inspecteur et à la création de trois inspecteurs en Algérie.

8 *mai* 1860.

Le Ministre secrétaire d'État au département de l'Algérie et des colonies ;

Vu l'arrêté du 5 octobre 1848, portant création d'un emploi d'inspecteur et de deux emplois de sous-inspecteurs primaires près l'Académie d'Alger (1);

Arrête :

Art. 1. — Le titre de sous-inspecteur primaire est supprimé en Algérie.

Art. 2. — Il est créé trois emplois d'inspecteurs divisés en trois classes, savoir : 1re classe, 4,000 fr. ; 2e classe, 3,500 fr. ; 3e classe, 3,000 fr.

---

(1) Arrêté du 5 octobre 1848.

Le président du Conseil des Ministres, chargé du pouvoir exécutif,

Arrête :

Art. 1. — Il est attaché à l'Académie d'Alger un inspecteur et deux sous-inspecteurs de l'instruction primaire. Les traitements de ces fonctionnaires sont fixés ainsi qu'il suit : inspecteur, 4,000 fr. ; sous-inspecteurs, 3,000 fr.

Arrêté relatif à la création d'un emploi d'inspectrice des salles d'asile en Algérie.

11 *juin* 1860.

Le Ministre de l'Algérie et des colonies,

Arrête :

ART. 1. — Il est créé un emploi d'inspectrice des salles d'asile en Algérie (1).

---

(1) Nous rétablissons ici : 1° une décision du mois de février 1857, relative au régime des écoles de l'Algérie (décision concertée entre les Ministres de l'instruction publique et de la guerre) ; 2° deux décrets de 1858, relatifs à la constitution des pouvoirs administratifs en Algérie.

DÉCISION DE FÉVRIER 1857.

L'installation d'une école dirigée par des instituteurs appartenant à une congrégation religieuse peut avoir lieu aux conditions suivantes :

1° Que la commune aura au moins 150 garçons en âge de recevoir l'enseignement ;

2° Que l'administration municipale sera tenue de subvenir en même temps aux frais d'entretien d'une école laïque, dans le cas où les habitants appartenant aux communions chrétiennes non catholiques formeraient un tiers de la population totale.

EXTRAIT DU DÉCRET DU 2 AOUT 1 58.

NAPOLÉON, etc.,

Avons décrété et décrétons ce qui suit :

ART. 1. — Le service de l'instruction publique et des cultes en Algérie est placé dans les attributions et sous l'autorité du prince chargé du ministère de l'Algérie et des colonies.

Toutefois, lorsqu'il s'agit de modifier, soit la législation de l'instruction publique et des cultes, soit l'organisation réglementaire de l'enseignement, il y est pourvu par des décrets rendus sur le rapport du prince chargé du ministère de l'Algérie et des colonies, et de notre Ministre secrétaire d'État de l'instruction publique et des cultes.

ART. 2. — Les décrets portant nomination de l'évêque d'Alger, nomination ou révocation du recteur, sont rendus sur la proposition collective du prince chargé du ministère de l'Algérie et des colonies, et de notre Ministre secrétaire d'État de l'instruction publique et des cultes, qui les contre-signent.

Les arrêtés portant nomination, mise en disponibilité ou révocation des inspecteurs d'Académie, du proviseur, du censeur, des professeurs ou chargés de cours du lycée d'Alger, sont pris par le prince chargé du ministère de

Décret relatif à la création de l'Académie de Chambéry.

13 *juin* 1860.

NAPOLÉON, etc.,

Avons décrété et décrétons ce qui suit :

ART. 1. — Les départements de la Savoie et de la Haute-Savoie forment une Académie dont le chef-lieu est à Chambéry, et qui est administrée par un vice-recteur.

Le vice-recteur a sous ses ordres deux inspecteurs d'Académie, dont l'un réside à Chambéry et l'autre à Annecy.

Décret relatif à la création d'une École Normale primaire à Chambéry.

14 *juin* 1860.

NAPOLÉON, etc.,

Avons décrété et décrétons ce qui suit :

---

l'Algérie et des colonies, après avis de notre Ministre secrétaire d'État de l'instruction publique et des cultes....

ART. 4. — L'arrêté du chef du pouvoir exécutif du 16 août 1848 est abrogé.

EXTRAIT DU DÉCRET DU 27 OCTOBRE 1858.

NAPOLÉON, etc.,

Avons décrété et décrétons ce qui suit :

....

ART. 10. — Les préfets nomment directement, sur la présentation des divers chefs de service, et en se conformant aux conditions d'aptitude déterminées par les règlements et les instructions ministérielles, aux emplois désignés au tableau A ci-annexé. — (31° Et généralement les emplois civils dont la nomination a été précédemment attribuée au gouverneur général ou aux préfets par la législation spéciale de l'Algérie).....

ART. 12. — Sont expressément réservées à la décision du pouvoir central toutes les matières qui intéressent à la fois deux provinces, ou, dans la même province, les deux territoires, et tous les objets d'administration départementale et communale qui affectent directement l'intérêt général de l'État et dont la nomenclature est fixée par le tableau C.

Art. 1. — Il est créé une École Normale primaire à Chambéry.

Art. 2. — Notre Ministre secrétaire d'État au département de l'instruction publique et des cultes est chargé de l'exécution du présent décret.

Décret relatif à la création d'une École Normale primaire à Nice.

14 *juin* 1860.

Napoléon,

Par la grâce de Dieu et la volonté nationale, Empereur des Français,

A tous présents et à venir, salut.

Sur le rapport de notre Ministre secrétaire d'État au département de l'instruction publique et des cultes ;

Vu le sénatus-consulte en date du 12 juin 1860,

Avons décrété et décrétons ce qui suit :

Art. 1. — Il sera créé une École Normale primaire à Nice.

Art. 2. — Notre Ministre secrétaire d'État au département l'instruction publique et des cultes est chargé de l'exécu- du présent décret.

Avis relatif à l'hygiène des écoles.

2 *juillet* 1860.

Le Conseil,

Vu le rapport de M. le vice-recteur de l'Académie de Paris, en date du 9 avril 1860, sur les conditions d'hygiène qu'il conviendrait d'observer dans les écoles primaires libres ;

Vu l'article 31 de la loi du 15 mars 1850 et la circulaire du 30 juillet 1858 sur les dimensions à observer dans les écoles primaires publiques ;

Est d'avis qu'il y a lieu :

1° D'appliquer des prescriptions semblables aux locaux occupés par les écoles primaires libres, dans le but d'empêcher que, par le fait d'une augmentation continuelle du nombre des élèves, le local, au point de vue de la quantité d'air pour chacun d'eux, ne devienne insuffisant et nuisible ;

2° D'arrêter les dispositions suivantes :

Une circulaire ministérielle se rapportant au paragraphe 2 de l'article 21 de la loi du 15 mars 1850, prescrira pour le local de classe des écoles primaires libres des dimensions qui donnent un minimum d'air de quatre mètres cubes par élève comme pour les écoles publiques.

Cette condition devra faire au moins l'objet d'un avertissement à l'instituteur lors de l'établissement d'une école libre.

Avis relatif à la journée de travail dans les ouvroirs.

5 *juillet* 1860.

Le Conseil,

Vu le projet de règlement adopté pour les ouvroirs par le conseil départemental du Calvados, dans la séance du 11 août 1859;

Est d'avis d'apporter à ce projet de règlement les modifications suivantes :

« Aucune jeune fille âgée de moins de treize ans ne sera admise à l'ouvroir, même si elle suit en partie les exercices de l'école primaire.

« La journée, en été, sera de douze heures, dont dix heures de travail et deux heures de récréation.

« La journée, en hiver, sera de onze heures, dont neuf heures de travail et deux heures de récréation.

Avis relatif à l'âge de l'admission des enfants dans les écoles

5 *juillet* 1860.

Le Conseil,

Vu la délibération du conseil départemental de l'instruction publique du Calvados, en date du 11 août 1859;

Est d'avis qu'il y a lieu d'apporter à l'article 6 du règlement des écoles primaires publiques du Calvados la modification suivante :

« Pour être admis dans une école, il faut être âgé de six ans

« au moins et de treize ans au plus; néanmoins, les autorités
« locales pourront, selon les cas, autoriser l'instituteur à
« recevoir des élèves au-dessus de treize ans et au-dessous
« de six ans. »

« Cette autorisation ne pourra pas être donnée pour les
« enfants âgés de moins de six ans dans les communes où il
« existe une salle d'asile. »

Avis relatif aux vacances dans les Écoles Normales primaires.

11 *juillet* 1860.

Le Conseil impérial,

Vu le décret du 24 mars 1851, portant règlement relatif aux Écoles Normales primaires, est d'avis qu'il y a lieu d'arrêter les dispositions suivantes :

ART. 1. — Le § 1er de l'article 21 du décret susvisé est modifié de la manière suivante :

Les vacances durent un mois ; l'époque en est fixée par le recteur sur la proposition de l'inspecteur d'Académie et de la commission de surveillance ;

Un congé de huit jours peut être accordé à l'occasion de la fête de Pâques dans la même forme, à partir du lundi de Pâques et à titre de récompense.

ART. 2. — L'article 22 du même décret est rapporté.

Dispositions relatives aux instituteurs non brevetés du département des Alpes-Maritimes et à l'École Normale d'institutrices d'Aix.

25 *juillet* 1860.

Le Ministre secrétaire d'État au département de l'instruction publique et des cultes,

Considérant qu'il existe dans le département des Alpes-Maritimes un grand nombre d'instituteurs non brevetés. exerçant leur profession à titre provisoire ;

Considérant que ces instituteurs peuvent être assimilés, quant à présent, aux instituteurs adjoints, qui ne sont point assujettis aux conditions de l'article 25 de la loi du 15 mars 1850;

Arrête ce qui suit :

ART. 1. — Les autorisations provisoires en vertu desquelles les instituteurs primaires exercent leurs fonctions dans le département des Alpes-Maritimes, conservent leur valeur jusqu'au 1er janvier 1861.

ART. 2. — Il est donné six mois aux instituteurs provisoires pour se pourvoir d'un brevet de capacité après examen.

ART. 3. — A l'expiration de ce délai, M. le préfet du département dressera la liste des instituteurs communaux qui n'auront pas encore satisfait à la loi. Il enverra cette liste au Ministre de l'instruction publique et lui indiquera ceux de ces maîtres qui lui paraîtront dignes d'obtenir une nouvelle autorisation provisoire, laquelle ne pourra excéder six mois.

ART. 4. — Les instituteurs libres devront, au 1er janvier 1861, faire la déclaration prescrite par l'article 25 de la loi du 15 mars 1850. A l'expiration du mois, leur école sera réputée légalement ouverte, s'il n'y a pas été fait légalement opposition.

Art. 5. — D'ici au 1er janvier 1861, M. le préfet du département conférera le titre définitif d'instituteur communal à ceux de ces fonctionnaires qui seront dignes d'être maintenus dans leurs fonctions.

Les instituteurs définitifs seront seuls admis à jouir du bénéfice de l'article 40 de la loi du 15 mars 1850.

Art. 6. — M. le recteur de l'Académie d'Aix est chargé de nommer une commission provisoire d'examen, laquelle se réunira le 1er décembre prochain.

Art. 7. — Huit bourses, susceptibles d'être divisées en demi-bourses, seront entretenues aux frais de l'État, dans l'École Normale primaire d'Aix, et affectées à des jeunes personnes qui se destinent à tenir des écoles de filles dans le département des Alpes-Maritimes.

Art. 8. — M. le préfet du département des Alpes-Maritimes et M. le recteur de l'Académie d'Aix sont chargés, chacun en ce qui le concerne, de l'exécution du présent arrêté.

Extrait du décret concernant les écoles de l'Algérie.

10 *décembre* 1860.

. . . .

La justice, l'instruction publique et les cultes rentrent dans les attributions des départements ministériels auxquels ils ressortissent en France.

Toutefois, les écoles françaises-arabes et les écoles indigènes restent dans les attributions exclusives du gouverneur général.

Décret relatif à la suppression des instituteurs suppléants.

29 *décembre* 1860.

NAPOLÉON, etc.,

Sur le rapport de notre Ministre secrétaire d'État au département de l'instruction publique et des cultes,

Vu la loi du 15 mars 1850 ;

Vu le décret du 7 octobre 1850 ;

Vu l'article 4 du décret du 9 mars 1852 ;

Vu l'article 8 de la loi du 14 juin 1854 ;

Avons décrété et décrétons ce qui suit :

ART. 1. — A partir du 1er janvier 1861, il ne sera plus nommé d'instituteurs primaires suppléants.

Les instituteurs suppléants actuellement en exercice pourront être, sur l'avis des inspecteurs d'Académie, nommés immédiatement instituteurs communaux, et ils jouiront en conséquence du traitement minimum de 600 fr. déterminé par l'article 38 de la loi du 15 mars 1850.

ART. 2. — Les articles 2, 3 et 4 de notre décret du 31 décembre 1853 sont et demeurent rapportés.

ART. 3. — Notre Ministre secrétaire d'État au département de l'instruction publique et des cultes est chargé de l'exécution du présent décret.

Arrêté concernant les instituteurs non brevetés du département des Alpes-Maritimes : prorogation du délai pour se pourvoir d'un brevet de capacité.

18 *janvier* 1861.

Le Ministre secrétaire d'État au département de l'instruction publique et des cultes,

Vu l'arrêté du 25 juillet 1860, relatif aux instituteurs non brevetés du département des Alpes-Maritimes, exerçant à titre provisoire ;

Vu les propositions conformes de M. le préfet dudit département et de M. le recteur de l'Académie d'Aix;

Arrête :

ART. 1. — Le délai accordé par l'article 1 de l'arrêté du 25 juillet 1860 aux instituteurs non brevetés du département des Alpes-Maritimes, est prorogé, pour les instituteurs libres jusqu'au 1er août 1861.

En conséquence, les autorisations provisoires accordées aux instituteurs libres conserveront leur valeur jusqu'à cette époque.

ART. 2. — La commission d'examen, instituée par l'article 6 de l'arrêté du 25 juillet, devra se réunir au plus tard le 1er juillet.

ART. 3. — M. le préfet des Alpes-Maritimes et M. le recteur de l'Académie d'Aix sont chargés, chacun en ce qui le concerne, de l'exécution du présent arrêté.

Décision du Conseil d'État relative au vote des centimes additionnels pour l'instruction primaire.

30 *mai* 1861.

Un propriétaire, imposé à des centimes additionnels pour l'instruction primaire, est-il recevable à soutenir devant l'autorité compétente sur les demandes en décharge de contributions directes, que, aux termes de l'art. 40 de la loi du 15 mars 1850, les centimes additionnels ne pouvaient lui être imposés, à raison de ce que, pendant l'année dont il s'agit, recettes ordinaires de la commune auraient excédé les dépenses ordinaires ? Rés. aff.

Mais il n'est pas recevable à attaquer en son nom personnel, par la voie contentieuse, les arrêtés et décisions par lesquels le préfet et le Ministre de l'intérieur ont refusé de retrancher des recettes portées au budget de la commune le produit des centimes additionnels pour l'instruction primaire, votés par le conseil municipal. — Ces arrêtés et décisions ne font pas obstacle à la réclamation ultérieure que le contribuable pourra élever à l'appui de sa demande en décharge (1).

---

(1) Voici les observations présentées par M. le commissaire du gouvernement l'Hôpital :

« Le budget de la commune de Malesherbes, pour l'exercice 1860, accuse un excédant des ressources ordinaires sur les dépenses ordinaires de plus de 4,000 fr. Il en est de même, à ce qu'il paraît, du budget pour l'exercice 1861, que nous n'avons pas au dossier.

« Cependant, pour ces deux années, le conseil municipal a fait proposer au nombre de ces ressources, pour la somme de 418 fr. 47 c., le produit de l'imposition spéciale de trois centimes, que l'art. 40 de la loi du 15 mars 1850 autorise pour faire face aux dépenses de l'instruction primaire. Ces budgets sont approuvés par le préfet du Loiret.

« Les requérants se sont adressés au Ministre, prétendant que l'imposition éciale des trois centimes ne pouvait régulièrement être votée ni perçue ;

Le Conseil,

Vu la requête.... pour le sieur Couppé, vicomte d'Aboville, Dabée et autres, tous membres du conseil municipal de la commune de Malesherbes (Loiret), des plus imposés aux rôles des contributions directes de cette commune...., tendant à ce

---

que l'art. 40 de la loi du 15 mars 1850 ne l'autorise qu'en cas d'insuffisance des revenus ordinaires.

« Le Ministre de l'intérieur a rejeté leur réclamation par une raison de fait plutôt que par une raison de droit. L'excédant des revenus de la commune de Malesherbes, dit-il, n'est pas libre entre ses mains. Il est engagé pour de longues années au payement des dépenses de construction de la maison d'école et de la salle d'asile; il est absorbé chaque année par cet emploi. C'est le service de l'instruction primaire qui a ainsi obligé la ville à engager l'excédant de ses ressources ordinaires :

« N'est-il pas juste que l'enseignement primaire subvienne à ses dépenses annuelles par des ressources spéciales ?

« Cette réponse, on le voit, ne touche pas à la question de droit qui subsiste toujours, à la question de savoir si l'emploi fait par la commune de l'excédant de ses revenus ordinaires pour le payement d'une dépense extraordinaire (la construction d'une maison d'école, dans l'espèce), peut autoriser et justifier le vote de l'impôt spécial des trois centimes, alors qu'il y a excédant des revenus ordinaires sur les dépenses obligatoires, celles de l'instruction primaire comprises.

« Ainsi sur le recours pour excès de pouvoir dirigé devant vous contre la décision par laquelle le Ministre a refusé de réformer l'arrêté du préfet approbatif du budget, M. le Ministre discute le sens de l'article invoqué de la loi du 15 mars 1850.

« C'est en cas d'insuffisance des revenus ordinaires que cet article autorise l'impôt spécial de trois centimes ; c'est aussi en cas d'insuffisance (et dans les mêmes termes) que l'art. 2 de la loi du 21 mai 1836 autorise les prestations et les centimes additionnels pour l'entretien des chemins vicinaux. — Pour l'application de l'une comme de l'autre de ces deux lois, de l'un et de l'autre de ces articles, on a toujours, dans la pratique, entendu d'une manière large les mots « en cas d'insuffisance des revenus ordinaires ». On n'a jamais réduit à une opération arithmétique l'appréciation administrative du point de savoir s'il y avait suffisance ou insuffisance des revenus ordinaires. Les trois centimes de l'instruction primaire ainsi que les cinq centimes des chemins vicinaux, sont considérés comme des ressources spéciales, mais ordinaires elles-mêmes, que les communes peuvent toujours utiliser (à condition de ne point les détourner de leur destination), si elles jugent et si l'administration supérieure juge avec elles

qu'il nous plaise annuler, pour excès de pouvoir, une décision du 14 juillet 1860, par laquelle notre Ministre de l'intérieur a maintenu une décision du préfet de Loiret, qui a rejeté leur réclamation tendant à faire retrancher des recettes portées aux budgets de la commune pour les années 1860 et 1861, le

---

que leurs revenus ordinaires, suffisant sans doute pour payer l'instituteur et l'institutrice, ne sont pas suffisants pour qu'elles puissent renoncer à une ressource pareille. C'est ainsi que la loi a toujours été appliquée dans la pratique.

« La pratique nous la reconnaissons, mais la doctrine, vous auriez à la faire et nous à la discuter, si une fin de non-recevoir évidente ne nous paraissait s'élever contre la requête.

« Un budget n'est qu'une prévision administrative des recettes que la commune pourra avoir à faire, des dépenses qu'elle pourra avoir à acquitter. L'approbation d'un budget, alors même qu'elle comporte, si l'on veut, approbation implicite de l'imposition spéciale dont le produit figure par prévision à la colonne de recette de ce budget, c'est l'acte administratif qui nous paraît en lui-même le moins susceptible de discussion contentieuse, le mieux circonscrit dans les attributions de l'administration pure. L'excès de pouvoir peut-il se glisser dans un acte de cette nature? le recours pour excès de pouvoir sera-t-il ouvert pour le faire tomber ? Nous ne le nierons pas d'une manière absolue. Mais au moins ce recours ne peut pas être exercé par tous, ne peut pas tomber dans le domaine de tous. Pour être recevable à se plaindre au contentieux, il faut être personnellement, directement, immédiatement lésé par l'acte dont on veut se plaindre ; vous l'avez décidé souvent.

« Telle n'est pas la situation des requérants. Le préfet approuve, le Ministre refuse de désapprouver l'insertion dans le budget de la commune de Malesherbes d'une prévision de recettes à provenir d'un impôt. Relativement au sieur Couppé d'Aboville et autres, cela est du futur contingent, ils ne sont pas les représentants de la commune. Ce qui n'affecte que l'intérêt financier ou économique, ne peut pas donner lieu à un recours au contentieux, présenté en leur nom personnel,—leur droit personnel de ne pas payer une taxe qui serait illégale ne sera atteint, leur action ne pourra naître que le jour, où en vertu du vote qu'ils critiquent, on leur imposera les centimes additionnels qu'ils prétendent ne pouvoir pas leur être imposés. Alors il y aura des juges à Orléans ; sous forme de réclamation en matière de contribution directe, nul doute qu'ils ne soient recevables à discuter la légalité de l'impôt dont les rôles les frappent et dont on leur demandera d'acquitter leur quote-part. A cela les actes administratifs, purement administratifs, du conseil municipal, du préfet, du Ministre, ne feraient nul obstacle.

produit de trois centimes additionnels aux quatre contributions directes, affectés au service de l'instruction primaire;

Ledit pourvoi fondé sur ce que, aux termes de l'art. 40 de la loi du 15 mars 1850, les trois centimes additionnels, affectés au payement des dépenses de l'instruction primaire, *ne peuvent être votés que dans le cas où les revenus ordinaires ne sont pas suffisants* pour pourvoir aux dépenses de ce service; et que pendant les années 1860 et 1861, les recettes ordinaires portées au budget de la commune de Malesherbes excédaient les dépenses ordinaires;

Vu les observations du Ministre de l'intérieur, tendant au rejet;

Vu la loi du 18 juillet 1837 et celle du 15 mars 1850;

Vu la loi du 28 pluviôse au VIII;

Considérant que les arrêtés par lesquels le préfet du Loiret a approuvé les budgets de la commune de Malesherbes pour les années 1860 et 1861, sont des actes de tutelle administrative, qui n'ont pour objet que d'arrêter, en vue de la bonne gestion des finances communales, les prévisions des recettes et des dépenses à faire par la commune pendant lesdites années; que les sieurs Couppé, vicomte d'Aboville et autres, ne sont pas recevables à attaquer, en leur nom personnel, par la voie contentieuse, ces arrêtés ni les décisions par lesquels le préfet du Loiret et notre Ministre de l'intérieur ont refusé de retrancher des recettes portées à ces budgets le produit des trois centimes additionnels pour l'instruction primaire qui avaient été votés par le conseil municipal; mais que ces arrêtés et décisions ne font pas obstacle à ce que, dans le cas où les trois centimes additionnels seraient imposés au sieur Couppé d'Aboville pour les années 1860 et 1861, si les requérants se croient fondés à soutenir que, aux termes de l'art. 40 de la loi du 15 mars 1850, ces centimes additionnels ne pourraient leur être imposés à raison de ce que, pendant lesdites années, les recettes ordinaires de la commune de Malesherbes avaient excédé les dépenses ordinaires, ils demandent, devant l'autorité compétente, la décharge de leur imposition;

Arrête :

Art. 1. — La requête des sieurs Couppé, vicomte d'Abo-ville, Dabée et autres ci-dessus dénommés, est rejetée.

....

Avis relatif à la durée des heures de travail dans les ouvroirs.

29 *juin* 1861.

Le Conseil,

Vu l'avis du conseil départemental du Calvados (séance du 28 février 1861), exprimant le désir que la modification introduite l'année dernière, sur l'avis du conseil impérial, dans le règlement des écoles de filles de ce département, soit supprimée;

Considérant les inconvénients graves qui suivraient du maintien de cette modification, puisqu'elle aurait pour effet d'éloigner les jeunes filles au-dessous de 13 ans des écoles publiques et de les porter vers des maisons particulières ;

Est d'avis qu'il y a lieu d'adopter le règlement tel que le propose le conseil départemental du Calvados, sauf, par M. le Ministre, à insister pour que, dans la répartition des heures consacrées à l'école et à l'ouvroir, plus de temps soit accordé à l'école, autant que faire se pourra.

Décision relative à l'interdiction absolue des instituteurs.

8 *juillet* 1861.

Le Conseil,

Vu la délibération du conseil départemental des Landes, en date du 16 mai 1860;

Attendu qu'aux termes de l'art. 28 de la loi du 15 mars 1850, les décisions des conseils départementaux, en matière d'opposition à l'ouverture d'une école primaire, ne sont sujettes à aucun recours, lorsque d'ailleurs toutes les formes prescrites par la loi ont été remplies ;

Déclare le sieur ..... non recevable dans l'appel par lui interjeté de la délibération du conseil départemental;

Mais attendu que le conseil ne s'est pas borné à statuer sur l'opposition dont il avait été saisi par le préfet, et que par une disposition additionnelle, il a déclaré le sieur.... incapable de remplir à l'avenir les fonctions d'instituteur public libre;

Que par là, il a prononcé contre le sieur..... une peine qui, d'après l'art. 36 de la loi du 15 mars 1850, ne peut être prononcée que contre les instituteurs en titre et en exercice; que le sieur ..... est, dans la délibération même, qualifié d'ex-instituteur; qu'ainsi il n'était pas, au point de vue disciplinaire, justiciable du conseil départemental, et que, d'ailleurs, aucune des formes prescrites pour arriver à prouver l'interdiction n'a été observée, ce qui constitue évidemment, de la part du conseil départemental, une violation de l'art. 36 précité et un excès de pouvoir ;

Annule, quant à cette partie seulement, la délibération du conseil départemental des Landes.

Décision relative à la juridiction des conseils départementaux.

8 *juillet* 1861.

Le Conseil,

Vu les lettres en date des 3 février 1860 et 12 juin 1861, par lesquelles le sieur ....., ancien instituteur primaire, et la demoiselle ..... sa fille, pourvue d'un brevet de capacité du degré élémentaire, délivré à Montauban le 8 septembre 1840, demandent l'annulation d'une décision du conseil départemental de l'instruction publique du département du Loiret, du 11 décembre 1858, qui a maintenu l'opposition formée le 30 novembre précédent, par le préfet du Loiret, à l'ouverture de l'école primaire libre que la demoiselle ..... a déclaré, le 29 octobre 1858, être dans l'intention de tenir à Gien (Loiret);

Vu l'arrêté précité du 29 octobre 1858, dans lequel le préfet du Loiret a formé opposition à l'ouverture de l'école de la demoiselle ....., en vertu des articles 28 de la loi du 15 mars 1850 et 4 du décret du 30 novembre 1850 ;

Vu la délibération en date du 3 décembre 1858, par laquelle la demoiselle ..... reconnaît avoir reçu du sous-préfet de Gien la lettre par laquelle le préfet du Loiret lui donne avis de l'opposition formée par lui;

Vu la lettre du 6 du même mois, par laquelle le préfet du Loiret appelle la demoiselle ..... devant le conseil départemental et lui indique les faits sur lesquels elle aura à se défendre;

Vu le procès-verbal de la séance du conseil départemental du Loiret, du 11 décembre 1858, duquel il résulte qu'après les explications successivement fournies par la demoiselle ..... et par le commissaire de police du canton de Gien ;

Le conseil maintient l'opposition formée par le préfet du Loiret;

Vu la notification de ladite décision, donnée le 18 décembre 1858, à la demoiselle ..... ;

Vu le rapport adressé le 13 septembre 1860 par le préfet du Loiret à S. E. le Ministre de l'instruction publique et des cultes ;

Vu l'article 21 de la loi du 15 mars 1850, l'article 4 du décret du 30 décembre suivant et la loi du 14 juin 1854;

Considérant qu'aux termes de l'article 28 susvisé de la loi du 15 mars 1850, les décisions des conseils départementaux en cette matière ne sont soumises à aucun recours;

Considérant d'ailleurs que la décision du conseil départemental du Loiret du 11 décembre 1858, constate l'accomplissement de toutes les formalités prescrites par la loi;

Décide :

La demande de la demoiselle ..... est déclarée non recevable.

Décret relatif à l'adjonction facultative d'un troisième maître adjoint dans les Écoles Normales.

7 *août* 1861.

NAPOLÉON, etc.,

Sur le rapport de notre Ministre secrétaire d'État au département de l'instruction publique et des cultes ;

Vu l'avis du conseil impérial de l'instruction publique;

Vu notre décret du 24 mars 1851,

Avons décrété et décrétons ce qui suit :

ART. 1. — Un troisième maître adjoint pourra être nommé dans les Écoles Normales par notre Ministre de l'instruction publique et des cultes, sur la proposition de MM. les recteurs des Académies, et après avis des commissions de surveillance.

ART. 2. — Les attributions du troisième maître adjoint, en ce qui concerne l'administration, l'enseignement et la surveillance, seront déterminées par notre Ministre de l'instruction publique et des cultes dans la forme ci-dessus indiquée.

ART. 3. — Notre Ministre secrétaire d'État au département de l'instruction publique et des cultes est chargé de l'exécution du présent décret.

Décret ayant pour objet la création d'une École Normale d'institutrices à Rumilly (Haute-Savoie).

13 *août* 1861.

NAPOLÉON, etc.,

Avons décrété et décrétons ce qui suit :

Une École Normale primaire d'institutrices est créée à Rumilly (Haute-Savoie).

Décret ayant pour objet la création d'une École Normale d'instituteurs à Lagord (Charente-Inférieure).

28 *novembre* 1861.

NAPOLÉON, etc.,

Avons décrété et décrétons ce qui suit :

ART. 1. — Une École Normale primaire, destinée à former des instituteurs, est créée dans le département de la Charente-Inférieure.

Art. 2. — Cette École sera établie dans la commune de Lagord, située près de La Rochelle.

Décret ayant pour objet la création d'une École Normale d'instituteurs à Draguignan.

25 *janvier* 1862.

Napoléon, etc.,

Avons décrété et décrétons ce qui suit :

Il est créé une École Normale d'instituteurs à Draguignan (Var).

Arrêté relatif à la concession du passage gratuit aux fonctionnaires de l'instruction publique en Algérie.

8 *mars* 1862.

Le Ministre secrétaire d'État au département de l'instruction publique et des cultes,

Vu le décret du 10 décembre 1860, qui a rattaché au Ministère de l'instruction publique et des cultes les services de l'instruction publique et des cultes en Algérie ;

Considérant qu'il importe de réglementer le service des passages gratuits à bord des bâtiments chargés de la correspondance entre la France et l'Algérie;

Arrête :

Art. 1. — Ont droit au passage aux frais du Ministère de

l'instruction publique et des cultes, sur les paquebots faisant la correspondance entre la France et l'Algérie :

1° Les membres du clergé des différents cultes, les fonctionnaires, employés et gens de service désignés au tableau de classement annexé au présent arrêté, lorsqu'ils se rendent à leur poste ou en mission, lorsqu'ils ont obtenu un congé soit d'inactivité, soit de convalescence, ou lorsqu'ils sont admis à la retraite, sous la condition de représenter la décision spécifiant leur nouvelle destination;

2° Les femmes, enfants, pères et mères desdits fonctionnaires ou employés; les pères et mères des ecclésiastiques, les accompagnant dans les cas ci-dessus désignés ou revenant en France lorsque lesdits fonctionnaires sont décédés en activité de service.

ART. 2. — Peuvent obtenir, par décision spéciale du Ministre, le passage aux frais du Ministère de l'instruction publique et des cultes :

1° Les ecclésiastiques et les membres des congrégations religieuses se rendant à la résidence qui leur est assignée par l'autorité épiscopale ou par les supérieurs des congrégations;

2° Les fonctionnaires ou employés spécifiés au paragraphe 1 de l'article 1, ayant obtenu des congés pour affaires particulières ou se déplaçant à l'époque des vacances;

3° Les instituteurs ou institutrices primaires appelés de France en Algérie par le recteur de l'Académie d'Alger;

4° Les élèves boursiers du gouvernement, nommés au lycée d'Alger, se rendant dans cet établissement, voyageant à l'occasion des vacances ou rentrant définitivement dans leurs familles;

5° Les élèves boursiers du gouvernement, nommés audit lycée, allant en France pour y subir les épreuves du baccalauréat ès-sciences ou ès-lettres;

6° Les fonctionnaires révoqués et leurs familles.

ART. 3. — Peuvent aussi obtenir, par décision spéciale, le passage gratuit pour une personne attachée à leur service :

Ceux des membres du clergé et des fonctionnaires désignés

dans les deux articles précédents qui ont droit à un passage de 1re classe.

Art. 4. — L'évêque d'Alger est autorisé à délivrer des permis de passage :

1° Aux ecclésiastiques et aux membres des congrégations religieuses attachés à un établissement public de son diocèse ;

2° Aux professeurs et aux élèves du grand séminaire.

Ces permis ne peuvent être accordés que pour des cas de service ou de nécessité dûment justifiés, et sans que la somme annuelle fixée administrativement pour cet article de dépense puisse être dépassée.

L'état des permis ainsi délivrés est transmis au ministère à la fin de chaque trimestre ; il indique les établissements auxquels sont attachés les ecclésiastiques et les religieux ayant obtenu le passage gratuit, et les motifs pour lesquels ils l'ont obtenu.

Art. 5. — Sur la présentation, soit de la décision spécifiant la nouvelle situation du fonctionnaire, soit du permis de l'évêque d'Alger, les autorisations d'embarquement seront délivrées :

En France, par le préfet des Bouches-du-Rhône ;

En Algérie, par les préfets d'Alger, de Constantine et d'Oran.

Art. 6. — Toute décision ministérielle donnant droit au passage gratuit sera transmise par la division administrative à la division de comptabilité chargée de rendre le compte des frais de passage.

Décret relatif au traitement des instituteurs.

19 *avril* 1862.

NAPOLÉON, etc.,

Sur le rapport de notre Ministre de l'instruction publique et des cultes, avons décrété et décrétons ce qui suit :

ART. 1. — A partir du 1er janvier 1863, tous les instituteurs primaires publics comptant cinq ans de service recevront, à titre de traitement supplémentaire, l'indemnité mentionnée en l'art. 5 de notre décret du 31 décembre 1853 ; cette indemnité sera calculée de manière à élever leur revenu scolaire au minimum de 700 fr.

ART. 2. — Un traitement supplémentaire, calculé de manière à élever, après dix ans de services, le revenu scolaire du vingtième des instituteurs au minimum de 800 francs, continuera d'être accordé par notre Ministre de l'instruction publique et des cultes à ceux de ces maîtres qui se distingueront par leurs bons services.

ART. 3. — A partir du 1er janvier 1863, un traitement supplémentaire, calculé de manière à élever, après quinze ans de service, le revenu scolaire du vingtième des instituteurs au minimum de 900 francs, pourra être accordé par notre Ministre de l'instruction publique et des cultes à ceux de ces maîtres qui se distingueront par leurs bons services.

ART. 4. — Il sera pourvu, conformément aux prescriptions du troisième et du quatrième paragraphe de l'art. 40 de la loi du 15 mars 1860, aux dépenses résultant des dispositions ci-dessus.

ART. 5. — Tout élève-maître, boursier de l'État ou des départements, appelé, pour la première fois, aux fonctions d'instituteur public, recevra, en sortant de l'École Normale, pour se rendre à son poste, une indemnité qui ne pourra excéder cent francs.

ART. 6. — Cette indemnité sera prélevée, soit sur les bonis des Écoles Normales primaires, soit sur les fonds provenant des remboursements faits aux Écoles Normales par les anciens élèves-maîtres qui ont abandonné la carrière de l'enseignement avant l'expiration de leur engagement décennal, ou qui se sont établis hors des départements chargés des frais de leur instruction, soit sur les fonds votés, à cet effet, par les conseils municipaux et les conseils généraux.

A défaut des ressources ci-dessus indiquées, il sera pourvu à cette dépense sur les fonds de l'État affectés aux frais d'entretien des écoles primaires.

ART. 7. — Notre Ministre de l'instruction publique et des cultes est chargé de l'exécution du présent décret.

Décision du conseil d'État, relative au droit de patente applicable à un chef d'externat.

23 *avril* 1862.

Le contribuable qui tient un externat dans lequel il donne à quelques élèves l'instruction secondaire doit être considéré comme exerçant la profession de chef d'institution. (Tableau G. contribuable se fondant sur ce qu'il ne reçoit pas de pensionnaires.)

Le Conseil,

Vu la requête présentée par le sieur Boulgon (Étienne), tendant à ce qu'il nous plaise annuler un arrêté du 27 avril 1861, par lequel le conseil de préfecture de la Haute-Vienne a rejeté sa demande en décharge de la contribution des patentes à laquelle il a été imposé, pour l'année 1860, sur le rôle de la ville de Limoges, comme exerçant la profession de chef d'institution ; ce faisant, lui accorder la décharge demandée, attendu qu'il ne reçoit pas de pensionnaires et qu'il ne tient qu'un simple externat ;

Vu la lettre par laquelle notre Ministre des finances transmet au président de la section du contentieux de nouveaux renseignements sur la question de savoir si le sieur Boulgon donnait, pendant l'année 1860, l'instruction secondaire aux élèves qu'il recevait dans son établissement ; ensemble le rapport de l'inspecteur des contributions directes, duquel il résulte que pendant l'année 1060, ledit sieur Boulgon a tenu un externat dans lequel il a reçu sept élèves et donné à quatre d'entre eux l'instruction secondaire ;

Vu la loi des 25 avril 1844 et 18 mai 1850 ;

Considérant qu'il résulte de l'instruction, notamment le rapport ci-dessus visé de l'inspecteur des contributions directes du 19 décembre 1851, que pendant l'année 1860 le sieur Boulgon a tenu un externat dans lequel il donnait à quelques élèves l'instruction secondaire ; que ces faits constituent la profession de chef d'institution ; que, dans ces circonstances, le sieur Foulgon n'est pas fondé à demander décharge de la contribution des patentes à laquelle il a été imposé comme exerçant ladite profession ;

Que l'insuffisance des ressources du requérant et la modicité des bénéfices que lui donne sa profession ne peuvent être invoqués pour obtenir la décharge des droits de patente auxquels il a été imposé et ne peuvent motiver qu'une demande en remise ou en modération de sa contribution, sur laquelle il n'appartient qu'au préfet de la Haute-Vienne de statuer.

Rejette.

Arrêté relatif à l'établissement des bibliothèques scolaires.

1er *juin* 1862.

Le Ministre de l'instruction publique et des cultes,

Arrête :

Art. 1. — Il sera établi, dans chaque école primaire publique, une bibliothèque scolaire.

Art. 2. — Cette bibliothèque sera placée, sous la surveillance de l'instituteur, dans une des salles de l'école, dont elle est la propriété.

Les livres seront rangés dans une armoire-bibliothèque conforme au modèle annexé à la circulaire du 31 mai 1860.

Art. 3. — La bibliothèque scolaire comprendra :

1° Le dépôt des livres de classe à l'usage de l'école ;

2° Les ouvrages concédés à l'école par le Ministre de l'instruction publique ;

3° Les livres donnés par les préfets au moyen de crédits votés par les conseils généraux ;

4° Les ouvrages donnés par les particuliers ;

5° Les ouvrages acquis au moyen des ressources propres à la bibliothèque (art. 7).

Art. 4. — Aucune concession de livres ne pourra être faite par le Ministre à une bibliothèque scolaire, si la commune ne peut justifier :

1° De la possession d'une armoire-bibliothèque ;

2° De l'acquisition des livres de classe en quantité suffisante pour les besoins des élèves gratuits.

Art. 5. — Les livres de classe seront prêtés aux moments convenables pour les exercices à tous les enfants portés sur la liste des admissions gratuites, dressée conformément à l'article 45 de la loi du 15 mars 1850.

Les livres seront également mis entre les mains des élèves payants dont les parents auront souscrit la cotisation volontaire indiquée à l'art. 7 du présent arrêté.

Les ouvrages mentionnés aux paragraphes 2, 3, 4 et 5 de l'art. 3 pourront être prêtés aux familles, lesquelles prendront l'engagement de les rendre en bon état ou d'en restituer la valeur.

Art. 6. — Aucun des ouvrages mentionnés aux paragraphes 2, 3, 4 et 5 de l'art. 3, ne peut être placé dans les bibliothèques scolaires, soit qu'il provienne d'acquisitions, soit qu'il provienne de dons faits par les particuliers, sans l'autorisation de l'inspecteur d'Académie.

L'acquisition des livres de classe sera faite par les instituteurs sur une liste préparée, chaque année, pour toutes les écoles du ressort, par le Conseil académique et arrêtée par le Ministre.

Art. 7. — Les ressources de la bibliothèque scolaire se composent :

1° Des fonds sociaux votés par les conseils municipaux ;

2° Des sommes portées au budget pour fournitures de livres aux enfants indigents, et que les conseils municipaux consentiraient à appliquer à la nouvelle fondation;

3° Du produit des souscriptions, dons ou legs destinés à ladite bibliothèque ;

4° Du produit des remboursements faits par les familles pour pertes ou dégradations de livres prêtés ;

5° D'une cotisation volontaire fournie par les familles des élèves payants, et dont le taux sera fixé, chaque année, par le conseil départemental, après avis du conseil municipal.

Art. 8. — L'instituteur communal tiendra trois registres conformes aux modèles ci-annexés :

1° Catalogue des livres;

2° Registre des recettes et des dépenses ;

3° Registre d'entrée et de sortie des livres prêtés au dehors de l'école.

Ces registres, cotés et parafés par le maire, seront visés

par l'inspecteur de l'instruction primaire, lors de l'inspection de l'école.

Ils seront communiqués aux autorités scolaires, à toute réquisition.

Art. 9. — L'instituteur conservera et classera, dans un ordre méthodique, les mémoires, quittances, lettres et toutes les pièces de correspondance, relatifs à la bibliothèque scolaire.

Art. 10. — Chaque année, au 31 décembre, l'instituteur dresse, en présence du maire, la situation de la bibliothèque, ainsi que celle de la caisse. Le procès-verbal constatant cette double opération est adressé à l'inspecteur d'Académie par l'intermédiaire de l'inspecteur primaire.

Art. 11. — A chaque changement d'instituteur, le procès-verbal de récolement et de situation de la caisse est signé par l'instituteur sortant et par son successeur.

L'instituteur sortant n'est déchargé de toute responsabilité qu'après avoir obtenu de l'inspecteur de l'instruction primaire un certificat constatant que les formalités susindiquées ont été remplies, et la prise en charge faite par son successeur.

Art. 12. — A leur passage dans l'école, les inspecteurs de l'instruction primaire vérifient les divers registres énumérés à l'art. 8. Ils s'assurent que l'acquisition des ouvrages a été faite conformément aux prescriptions de l'art. 6, et que la bibliothèque ne contient aucun livre donné ou légué dont l'acceptation n'aurait pas été autorisée par l'inspecteur d'Académie; ils contrôlent les recettes et les dépenses, et constatent, s'il y a lieu, les irrégularités.

Art. 13. — A la fin de chaque année, l'inspecteur d'Académie adresse au Ministre de l'instruction publique, par l'intermédiaire du recteur, un rapport sur la situation des bibliothèques scolaires.

Art. 14. — Les recteurs, les préfets, les inspecteurs d'Académie et les inspecteurs primaires sont chargés, chacun en ce qui le concerne, de l'exécution du présent règlement, qui sera affiché dans toutes les écoles publiques.

Décision relative à l'interdiction absolue des instituteurs.

9 *juillet* 1862.

Le Conseil,

Vu la décision du conseil départemental du Gers, en date du 6 juillet 1861, qui a prononcé contre le sieur ...., instituteur libre à ..... (Gers), la peine de l'interdiction absolue;

Vu l'acte enregistré au Ministère de l'instruction publique et des cultes le 22 juillet, par lequel le sieur ..... a interjeté appel de cette décision à lui notifiée le 8 du même mois;

Vu les divers certificats joints à cet acte, notamment le certificat des membres du conseil municipal de ....., en date du 4 août et la déclaration du bâtonnier de l'ordre des avocats de ....., en date du 3 juillet;

Vu toutes les autres pièces du dossier et notamment la lettre adressée le 21 juin au préfet du Gers par l'adjoint au maire de la commune de .....;

Vu la décision par laquelle le conseil départemental du Gers a prononcé contre l'institutrice ...., aujourd'hui femme ....., la peine de l'interdiction locale;

Vu les articles 30 de la loi du 15 mars 1850 et 7 de la loi du 1 juin 1854;

Considérant que les torts de conduite justement relevés à la charge de ..... exigent que cet instituteur libre demeure interdit de sa profession dans la commune de .....;

Mais considérant que les antécédents, jusque-là irréprochables de ....., le repentir qu'il a montré, la spontanéité de ses résolutions et le mariage qu'il a contracté le 27 juin 1861, sont autant de circonstances qui atténuent, dans une certaine mesure, la gravité de sa faute et qui conseillent de ne pas lui enlever à jamais les moyens de la racheter par sa conduite ultérieure;

Reçoit l'appel de ..... et réduit la peine de l'interdiction absolue prononcée contre lui par le conseil départemental du Gers, à l'interdiction d'exercer sa profession dans la commune de....

Décision relative à l'interdiction absolue des instituteurs.

12 *juillet* 1862.

Le Conseil,

Vu la décision du conseil départemental du Nord, du 6 février 1862, qui frappe d'une interdiction absolue N...., instituteur libre au hameau de ....., commune de ..... (Nord), pour avoir reçu des élèves pensionnaires avant l'exécution des travaux prescrits et pour avoir permis que deux élèves couchassent dans un seul lit;

Vu l'appel interjeté par le sieur ..... le 12 du même mois;

Vu le procès-verbal du commissaire de police du canton de ....., en date du 17 février 1862, constatant la notification de la décision ci-dessus et la fermeture de l'école du S[r] .....

Vu les décisions du Conseil académique et du conseil départemental du Nord, en date des 14 juillet 1853, 2 février 1854 et 20 avril 1858, qui ont précédemment prononcé contre le même instituteur, pour des faits analogues, la censure et l'interdiction dans la commune de.....;

Vu les pièces du dossier et notamment les observations du préfet du Nord à la séance du conseil départemental du 20 avril 1858, et les lettres de l'inspecteur primaire des arrondissements de Dunkerque et d'Hazebrouck, en date des 27 décembre 1861 et 5 février 1862;

Vu les articles 14, 30 et 53 de la loi du 15 mars 1850, le règlement du 30 décembre 1850 et l'article 7 de la loi du 14 juin 1854;

Considérant que quelque graves que soient les infractions reprochées à l'instituteur ....., aucun fait d'inconduite ou d'immoralité n'a été relevé à sa charge ;

Considérant que si, après avoir été l'objet de plusieurs mesures disciplinaires, il a eu le nouveau tort de recevoir des élèves pensionnaires avant l'achèvement et l'approbation des travaux préalablement exigés par le conseil départemental, il résulte cependant des documents produits qu'il s'était mis en mesure d'exécuter les travaux et de satisfaire aux conditions imposées ;

Considérant qu'en cet état de choses, la mesure de la suspension qu'autorise l'article 30 de la loi du 15 mars 1850, et qui n'a pas encore été appliquée à l'instituteur ....., peut être considérée comme une répression suffisante;

Reçoit l'appel de ....., et infirme ; quant à l'application de la peine qui l'a frappé d'une interdiction absolue, le déclare suspendu de l'exercice de la profession d'instituteur pendant six mois, qui courront du 16 février dernier, jour de la notification de la décision précitée.

Décision du conseil d'État, relative à la perception de la rétribution scolaire dans une école dotée d'un legs pour le payement du traitement d'un instituteur.

31 *juillet* 1862.

La rétribution scolaire ne peut-elle être perçue dans les écoles communales de filles, comme dans les écoles de garçons, qu'en vue de contribuer à former le traitement des instituteurs et des institutrices (1)?

En conséquence, une commune à laquelle une rente annuelle de 800 francs a été léguée pour l'établissement de sœurs chargées d'instruire les jeunes filles, qui n'a pas usé de la faculté accordée par la loi du 15 mars 1850 (art. 36), de déclarer que l'école serait absolument gratuite ; qui, au contraire, a expressément réservé le payement de la rétribution scolaire par les élèves dont les parents seraient en état de l'acquitter, n'est pas fondée à soutenir que la rétribution scolaire doit être perçue à son profit pour être employée à payer les dépenses du matériel de l'école. — En autorisant les religieuses chargées de diriger l'école à percevoir une rétribution en outre du traitement qui leur est payé au moyen de la rente léguée pour cet objet, le préfet et le Ministre ont agi dans la limite de leurs pouvoirs.

Le Conseil,

Vu les requêtes.... pour la commune de Saint-Manvieu, tendant à ce qu'il nous plaise annuler une décision du 30 juin 1861, par laquelle notre Ministre de l'intérieur a confirmé un arrêté du préfet du Calvados du 12 décembre 1860, qui autorise les religieuses de la congrégation du Saint-Cœur de Marie, dont la maison-mère est à Blon, et qui sont chargées de diriger l'école de filles de Saint-Manvieu, à percevoir une

---

(1) L'article 38 de la loi du 15 mars 1850, sur l'enseignement, porte : « A dater du 1er janvier 1851, le traitement des instituteurs communaux se composera : 1° d'un traitement fixe qui ne peut être inférieur à 200 francs ; 2° du produit de la rétribution scolaire. »

L'art. 50 porte que cet article 38 n'est pas applicable aux écoles de filles et aux institutrices ; mais une loi postérieure, la loi du 14 juin 1859, est ainsi conçue :

Article unique. — A partir du 1er janvier 1860, la rétribution scolaire dans les écoles communales de filles sera perçue par le receveur municipal sous la même forme que les contributions directes.

Sur l'avis conforme du conseil municipal, l'institutrice pourra être autorisée par le conseil départemental de l'instruction publique à percevoir elle-même la rétribution scolaire. L'art. 50 de la loi du 15 mars 1850 est modifié en ce qu'il a de contraire aux dispositions qui précèdent.

rétribution scolaire en outre du traitement qui leur est payé au moyen de la rente de 800 fr. léguée pour cet objet par le sieur de Couespel ;

Ledit pourvoi fondé en premier lieu sur ce que ces décisions seraient contraires à la volonté du testateur, qui avait entendu que l'école serait gratuite, ou du moins que les religieuses ne recevraient d'autre traitement que les 800 fr. provenant de la rente léguée ; et sur ce que dans le cas où une rétribution scolaire pourrait être perçue, la commune qui fournit aux institutrices un traitement fixe, aurait le droit de profiter exclusivement de la rétribution scolaire ; en second lieu et subsidiairement, sur ce que, en statuant sur le sens de la disposition litigieuse du testament du sieur de Couespel, le préfet et le Ministre auraient excédé la limite de leurs pouvoirs ;

Très-subsidiairement, renvoyer les parties devant l'autorité compétente pour faire reconnaître le sens de la clause litigieuse du testament.... (Dépens) ;

Vu le mémoire en défense présenté pour la communauté des dames du Saint-Cœur de Marie, dont la maison-mère est à Blon (Calvados), tendant au rejet du recours, par le motif que la contestation qui s'est élevée entre la commune de Saint-Manvieu et la congrégation n'est pas de nature à nous être soumise en notre conseil d'État par la voie contentieuse ; subsidiairement, à ce qu'il soit rejeté comme mal fondé, par le motif que le préfet et le Ministre ont fait une juste application des lois du 15 mars 1850 et du 14 juin 1859, et à ce que la commune soit condamnée aux dépens ;

Vu les observations présentées par notre Ministre de l'intérieur ; ensemble la lettre de notre Ministre de l'instruction publique à notre Ministre de l'intérieur, transmise par lui avec ses observations ;

Vu le testament du sieur de Couespel, en date du 15 septembre 1855 ;

Vu les délibérations du conseil municipal de la commune de Saint-Manvieu, en date du 18 janvier 1857, 21 mai, 12 août et 30 décembre 1860 ;

Vu la loi des 7-14 octobre 1790 ;

Vu la loi du 15 mars 1850, notamment les articles 36 et 48 à 52 et la loi du 14 juin 1859 ;

Considérant que la contestation qui s'est élevée entre la commune de Saint-Manvieu et la congrégation des dames du Saint-Cœur de Marie, et sur laquelle il a été statué par les décisions attaquées, ne portait pas sur la question de savoir si, d'après la volonté exprimée par le sieur de Couespel dans son testament, l'école des filles de Saint-Manvieu, pour laquelle il a légué une rente annuelle et perpétuelle de 800 fr. devait être gratuite ; que cette question n'avait été soulevée que par le légataire universel du testateur qui, depuis la décision prise par le préfet, a renoncé à soutenir cette prétention ; que la commune a toujours reconnu que le testateur avait gardé le silence sur ce point, et qu'elle se bornait à soutenir que les religieuses chargées de diriger l'école, recevant pour leur traitement la rente de 800 fr. léguée par le sieur de Couespel, la rétribution scolaire ne devait pas leur profiter et devait être versée dans la caisse communale, pour être affectée au payement des dépenses du matériel de l'école ;

Considérant qu'il résulte de l'instruction que le conseil municipal, au moment où il a appelé les religieuses de la congrégation du Saint-Cœur de Marie à diriger l'école des filles, n'a pas usé de la faculté qui lui était accordée par l'article 36 de la loi du 16 mars 1850, de déclarer que l'école serait absolument gratuite ; qu'il a au contraire, par sa délibération en date du 15 janvier 1857, entendu réserver le payement de la rétribution scolaire par les élèves dont les parents seraient en état de l'acquitter ;

Considérant que, d'après les dispositions de l'article 38 de la loi du 15 mars 1850 et celles de la loi du 14 juin 1859, la rétribution scolaire ne peut être perçue dans les écoles communales de filles comme dans les écoles de garçons, qu'en vue de contribuer à former le traitement des instituteurs et des institutrices ; que dès lors, en rejetant la demande de la commune, qui tendait à ce que la rétribution scolaire fût perçue à son profit pour être employée à payer les dépenses du matériel de l'école, le préfet du département du Calvados et notre Ministre de l'intérieur ont agi dans la limite de leurs pouvoirs et fait une juste application des lois précitées.

Art. 1. — La requête de la commune de Saint-Manvieu est rejetée.

Art. 2. — La commune de Saint-Manvieu est condamnée aux dépens.

Arrêté relatif à l'examen des aspirants au brevet de capacité.

27 *août* 1862.

Le Ministre secrétaire d'État au département de l'instruction publique et des cultes,

Vu les articles 23 et 46 de la loi du 15 mars 1850 ;

Vu l'art. 50 du décret du 29 juillet 1859 ;

Vu l'arrêté du 15 février 1853 ;

Arrête ce qui suit :

Art. 1. — Deux jours avant l'ouverture des sessions des commissions chargées de l'examen des aspirants au brevet de capacité, le recteur de l'Académie envoie, sous pli fermé de trois cachets, à l'inspecteur d'Académie départementale les sujets de compositions écrites qui devront être traités par les aspirants ou aspirantes au brevet de capacité.

Chaque sujet de composition sera renfermé sous un pli spécial portant en suscription la nature de la composition, savoir :

1° Pour les aspirants au brevet simple, une dictée d'orthographe ;

Un récit emprunté à l'histoire sainte;

Une question d'arithmétique portant sur l'application des quatre règles;

2° Pour les aspirants au brevet complet, un récit emprunté à l'histoire nationale;

Une question de géographie;

Deux questions sur les notions des sciences physiques et d'histoire naturelle, applicables aux usages de la vie;

Trois questions sur l'agriculture, l'industrie, l'hygiène;

Trois questions sur l'arpentage, le nivellement et le dessin linéaire.

Art. 2. — Chaque sujet de composition est retiré du pli cacheté séance tenante, en présence des candidats, par le président de la commission, au commencement de chaque épreuve.

Art. 3. — Les compositions écrites faites par les candidats jugés dignes du brevet de capacité, sont jointes au procès-verbal des opérations de la commission et envoyées au recteur de l'Académie.

Le procès-verbal relatera pour chaque candidat les questions qui lui auront été posées pour les épreuves orales.

Art. 4. — Les présentes dispositions sont applicables aux aspirantes aux brevets de capacité pour l'instruction des filles.

Art. 5. — MM. les recteurs des Académies sont chargés de l'exécution du présent arrêté.

Décret ayant pour objet la création d'une École Normale primaire à Lons-le-Saulnier.

18 *octobre* 1862.

NAPOLÉON, etc.,

Sur le rapport de notre Ministre secrétaire d'État au département de l'instruction publique et des cultes;

Vu la délibération en date du 1er septembre 1862, par laquelle le conseil général du Jura a voté la reconstitution de l'École Normale primaire d'instituteurs de Lons-le-Saulnier, en même temps que les fonds nécessaires pour la construction de l'édifice destiné à la tenue de l'établissement;

Vu la délibération en date du 29 août 1862, par laquelle le conseil municipal de Lons-le-Saulnier cède gratuitement au département une partie du terrain de l'ancien cimetière pour être annexé à l'École Normale;

Avons décrété et décrétons ce qui suit:

ART. 1. — Une École Normale primaire d'instituteurs est créée à Lons-le-Saulnier (Jura).

ART. 2. — Notre Ministre secrétaire d'État au département de l'instruction publique et des cultes est chargé de l'exécution du présent décret.

Décret ayant pour objet la création d'une École Normale primaire à Valence (Drôme).

18 *octobre* 1862.

NAPOLÉON, etc.,

Sur le rapport de notre Ministre secrétaire d'État au département de l'instruction publique et des cultes;

Vu la délibération en date du 29 août 1862, par laquelle le conseil général du département de la Drôme a voté la création d'une École Normale primaire d'instituteurs dans la ville de Valence;

Avons décrété et décrétons ce qui suit :

ART. 1. — Une École Normale d'instituteurs est créée dans la ville de Valence (Drôme).

ART. 2. — Notre Ministre secrétaire d'État au département de l'instruction publique et des cultes est chargé de l'exécution du présent décret.

Décision du conseil d'État, relative aux réparations d'une maison donnée pour l'établissement d'une école.

28 *mars* 1863.

L'autorité judiciaire, — après avoir décidé, entre une commune à laquelle une maison a été donnée pour l'établissement d'une école, et un particulier agissant comme héritier et exécuteur testamentaire du donateur, que ce particulier ès-qualité qu'il agit, a le droit d'exiger la mise et la maintenue en bon état des réparations de l'immeuble, soit à l'effet d'empêcher que la maison devienne impropre à sa destination, soit à l'effet de la retrouver en bon état de réparation pour le cas où la résolution de la donation viendrait à être encourue et prononcée, — empiète-t-elle sur les droits de l'autorité administrative en ordonnant la visite des lieux par expertise, l'exécution des travaux jugés nécessaires par les experts, et, faute par la commune d'obéir à la justice dans un certain délai, en autorisant l'héritier du donateur à faire faire ces travaux aux frais de la commune? Rés. nég.

Les prescriptions des lois relatives à l'exécution des travaux communaux proprement dits ne doivent pas être appliquées à l'exécution des travaux de réparation ou d'entretien des immeubles appartenant aux communes, lorsque ces travaux sont réclamés par des tiers comme étant la conséquence des obligations de droit civil imposées à ces communes.

Le Conseil,

Vu l'arrêté en date du 1er septembre 1862, par lequel le préfet de la Haute-Marne a élevé le conflit d'attributions dans une instance pendante, devant notre cour impériale de Dijon, entre, d'une part, la commune de Dancevoir, appelante d'un jugement rendu par le tribunal civil de Chaumont, et qui la condamne à faire exécuter dans une maison affectée à l'école des filles et à elle donnée pour cette destination, divers travaux détaillés dans un rapport d'expert commis à cet effet, et ordonne que ces travaux seront exécutés par les soins du sieur Morel de Villiers, exécuteur testamentaire et héritier du donateur, si la commune de Dancevoir n'obéit pas à justice dans le délai de trois mois ; et d'autre part, le sieur Morel de Villiers, exécuteur testamentaire et héritier de Mme Jouard, qui a donné à la commune ladite maison ;

Vu l'exploit introductif d'instance en date du 9 août 1860, par lequel, à la requête du sieur Morel de Villiers, assignation est donnée à la commune de Dancevoir à comparaître devant le tribunal civil de Chaumont, pour voir dire : que la commune sera tenue d'effectuer à ses frais, dans les deux mois du jugement à intervenir, toutes les réparations grosses ou menues qui étaient à faire dans la maison affectée à l'école des filles, notamment aux murs, balcons, planchers et toiture ; sinon et faute de ce faire, s'entendre condamner à 100 fr. dedommages intérêts pour chaque jour de retard ; voir dire que lesdites réparations seront opérées sous la surveillance de tel architecte qu'il plaira au tribunal désigner, lequel, en fin d'exécution, recevra les travaux; s'entendre enfin condamner à 500 fr. de dommages-intérêts et aux dépens de l'instance, sous toutes réserves, notamment de faire prononcer la révocation de la donation pour le cas où la commune transférerait ailleurs que dans le local actuel l'établissement des sœurs de la Providence fondé par les sieur et dame Jouard ;

Vu les conclusions prises devant le tribunal de Chaumont au nom de la commune de Dancevoir, les 10 et 27 décembre 1860, et par lesquelles elle concluait à ce qu'il plût au tribunal déclarer Morel de Villiers non recevable en sa demande et le condamner aux dépens, la cause d'affectation perpétuelle n'ayant pu être valablement consentie par le maire de la commune, ne pouvant être condamnée à maintenir l'école dans la maison qui lui avait été donnée, lorsqu'il lui était facile de la transporter dans un local mieux approprié aux besoins de cet établissement et dont les plans et devis avaient été approuvés par l'autorité supérieure ;

Vu le jugement en date du 27 décembre 1860, par lequel le tribunal de Chaumont rejette les exceptions proposées par la commune de Dancevoir, ordonne, avant faire droit au fond, que la maison sera vue et visitée par experts qu'il désigne, à l'effet de vérifier si des réparations ont été faites et d'en indiquer l'époque approximative ; de rechercher et de déterminer toutes celles restant à faire pour la mettre en bon état; enfin de dresser un devis estimatif desdites réparations, pour, au vu du procès-verbal, être par les parties conclu et par le tribunal statué ce qu'il appartiendra ;

Vu l'arrêt en date du 2 mai 1861, par lequel notre cour impériale de Dijon, statuant sur l'appel interjeté par la commune de Dancevoir, a confirmé purement et simplement le jugement susvisé du tribunal de Chaumont ;

Vu le jugement en date du 18 mars 1862, par lequel le tribunal de Chaumont condamne la commune de Dancevoir à exécuter dans le délai de trois mois, à partir du 1er avril suivant, les travaux détaillés aux rapports d'experts déposés au greffe de ce tribunal le 10 janvier 1862, montant à la somme de 2,000 fr., et ce sous la direction et surveillance du sieur Ragot Lebrun, entrepreneur à Chaumont; sinon, et faute par ladite commune d'avoir exécuté lesdits travaux dans ledit délai et icelui passé, autorise Morel de Villiers à les faire exécuter lui-même par l'entrepreneur dont il fera choix, et ce aux frais de la commune de Dancevoir, sans toutefois que la dépense puisse excéder la somme de 2,000 fr.; dit qu'il n'y a lieu de faire droit au chef de la demande de Morel de Villiers, tendant à la pose d'une inscription sur la maison d'école pendant les travaux; condamne la commune de Dancevoir à payer à Morel de Villiers la somme de 400 fr. à titre de dommages-intérêts et la condamne en outre aux dépens, en y comprenant les frais de serment, de voyage et de visite des lieux des premiers experts, tous les frais de la seconde expertise;

Vu l'acte en date du 26 juin 1862, par lequel la commune de Dancevoir a interjeté appel devant notre cour de Dijon contre le jugement du 18 mars 1862;

Vu le mémoire en déclinatoire présenté par le préfet de la Haute-Marne, averti par la demande présentée devant le conseil de préfecture de la Haute-Marne par la commune de Dancevoir, à l'effet d'être autorisée à interjeter appel dudit jugement, ledit mémoire déposé au parquet de la cour le 18 juin 1862;

Vu les conclusions prises les 12 et 20 août 1862 par notre procureur général près ladite cour;

Vu les conclusions prises par le sieur Morel de Villiers à la date du 20 août 1862;

Vu l'arrêt en date du 20 août 1862, par lequel notre cour impériale de Dijon a rejeté le déclinatoire présenté par le préfet, s'est déclarée compétente et a renvoyé la cause après les jours fériés, pour être statué au fond, ledit arrêt envoyé au préfet le 23 août 1862, ainsi qu'il est constaté par la mention contenue au registre tenu au parquet de la cour;

Vu.... (arrêt de sursis et extrait du registre tenu au parquet);

Vu l'ordonnance royale du 14 novembre 1835, le décret du 25 mars 1852, le sénatus-consulte du 25 décembre 1852, la loi du 15 mars 1850, les décrets des 29 juillet 1850 et 9 mars 1852 ;

Vu l'ordonnance royale du 1er juin 1828;

Considérant que, par sa demande introductive d'instance portée devant le tribunal de Chaumont le 9 août 1860, le sieur Morel de Villiers, héritier et exécuteur testamentaire de la dame Jouard, soutenait que la commune de Dancevoir se refusait systématiquement à toutes réparations, soit grosses, soit locatives, d'une maison donnée à la commune par la dame Jouard, avec affectation perpétuelle à l'établissement d'une école de filles; que les planchers, les balcons, la toiture menaçaient ruine, et concluait à ce qu'il plût au tribunal ordonner que la commune serait tenue de faire effectuer les réparations grosses et menues à faire dans ladite maison, notamment aux murs, balcons, planchers et toiture, sous toutes réserves de faire prononcer la révocation de la donation pour le cas où la commune transférerait ailleurs que dans le local actuel l'établissement des sœurs de la Providence, fondé par M. et Mme Jouard;

Constatant que par jugement du tribunal de Chaumont, en date du 27 décembre 1860, et par arrêt de notre cour impériale de Dijon, en date du 2 mai 1861, il a été souverainement jugé entre le sieur Morel de Villiers d'une part, et d'autre part la commune de Dancevoir, que ledit sieur Morel de Villiers, ès-qualités qu'il s'agit, a le droit d'exiger la mise et la maintenue en bon état de réparation de l'immeuble donné à la commune par la dame Jouard, et affecté à une école de jeunes filles, soit à l'effet d'empêcher que la maison devienne impropre à sa destination, soit à l'effet de la retrouver en bon état de réparation pour le cas où la résolution de la donation viendrait à être encore encourue et prononcée ;

Constatant que les prescriptions des lois ci-dessus visées, relatives à l'exécution des travaux communaux proprement dits, ne doivent pas être appliquées à l'exécution des travaux de réparation ou d'entretien des immeubles appartenant aux communes, lorsque ces travaux sont réclamés par des tiers comme étant la conséquence des obligations de droit civil imposées par la commune;

Constatant dès lors et qu'en ces circonstances le tribunal de Chaumont, en ordonnant, par le jugement du 18 mars 1862, la visite des lieux par experts, l'exécution des travaux jugés nécessaires par ces experts, et faute par la commune de Dancevoir d'obéir à justice dans un délai à elle imposé, en autorisant le sieur Morel de Villiers à faire faire ces travaux aux frais de la commune, sans toutefois que la dépense puisse excéder la somme de 2,000 fr., et notre cour impériale de Dijon, en maintenant par l'arrêt du 20 août 1862 son droit de statuer au fond sur l'appel de ce jugement interjeté devant elle, n'ont pas empiété sur les droits de l'autorité administrative;

ART. 1. — L'arrêté du conflit susvisé par le préfet de la Haute-Marne dans l'instance pendante devant notre cour impériale de Dijon, entre la commune de Dancevoir et le sieur Morel de Villiers, est annulé.

....

Décision du conseil d'État, relative à la réclamation d'une commission de surveillance d'École Normale.

20 *mai* 1863.

Le droit de réclamation, en matière de contributions directes, n'appartient qu'aux contribuables inscrits sur les rôles. (Jurisprudence const.)

Application de cette règle à une réclamation et à un pourvoi formés l'une par le directeur, l'autre par la commission d'une École Normale primaire, à l'occasion des impositions assises sur une propriété appartenant à un département, impositions inscrites au nom de ce département, décidé qu'au préfet seul il appartenait de demander décharge de ces impositions au nom du département.

Le Conseil,

Vu la requête présentée par la commission de surveillance de l'École Normale primaire de Carcassonne, tendant à ce qu'il nous plaise annuler deux arrêtés du conseil de préfecture de l'Aude, le premier du 27 mai 1862, par lequel ce conseil a refusé de statuer sur une demande formée par le directeur de ladite École Normale, à l'effet d'obtenir que la caisse de cet établissement fût exonérée de la contribution foncière assise pour l'année 1862, sur la propriété dite de Saint-Joseph; — le deuxième, du 19 juin 1862, par lequel ce conseil a rejeté la demande formée par ledit directeur en décharge de la contribution des portes et fenêtres assise sur la même propriété pour la même année; — ce faisant, attendu que l'École Normale n'a acquis la propriété de Saint-Joseph que pour y donner aux élèves-maîtres l'enseignement agricole pratique prescrit par les instructions de l'autorité supérieure, lui accorder décharge de la contribution foncière et de celle des portes et fenêtres assises sur cette propriété;

Vu l'extrait des mutations de la matrice cadastrale de la ville de Carcassonne, duquel il résulte que la propriété de Saint-Joseph a été acquise au nom du département de l'Aude le 8 décembre 1862;

Vu la loi du 2 messidor an VII;

Considérant que les contribuables inscrits au rôle ont seuls qualité pour demander la décharge ou la réduction des contributions directes qui leur sont imposées;

Considérant que les contributions assises sur la propriété de Saint-Joseph ont été imposées sur le rôle au nom du département de l'Aude; que, dès lors, c'est au préfet seul qu'il appartenait de demander décharge desdites contributions au nom du département; que le directeur de l'École Normale primaire n'avait pas qualité pour présenter cette demande au conseil de préfecture, et que la commission de surveillance de ladite école est également non recevable pour former devant nous, en notre conseil d'État, le pourvoi susvisé..... (Rejet).

Décision relative à l'interdiction absolue des instituteurs.

18 *juillet* 1863.

Le Conseil,

Vu la décision du conseil départemental de l'instruction publique de la Gironde, en date du 30 janvier 1863, qui a, par deux dispositions distinctes :

1° Confirmé l'opposition formée le 8 décembre précédent par le préfet de la Gironde, à l'ouverture de l'école primaire libre que le sieur . . . . avait, par déclaration du 28 novembre, manifesté l'intention d'ouvrir à . . . , canton de . . . , arrondissement de Bordeaux ;

2° Prononcé contre le même instituteur, par application de l'article 30 de la loi du 15 mars 1850, paragraphe 2, la peine disciplinaire de l'interdiction absolue;

Vu l'article interjeté le 16 février 1863 par ..... de cette décision par lui notifiée le 8 du même mois et le mémoire à l'appui de son appel ;

Vu le rapport de l'inspecteur d'Académie en résidence à Bordeaux, en date du 9 avril, et la lettre du sénateur chargé de l'administration du département de la Gironde, en date du 11 du même mois;

Vu les articles 17, 28 et 30 de la loi du 25 mars 1850, les articles 7 et 8 de la loi du 4 juin 1854 et les articles 26 et 27 du règlement d'administration publique du 29 juillet 1850 ;

En ce qui concerne la disposition de la décision attaquée qui confirme l'opposition formée par le préfet à l'ouverture de l'école primaire libre de garçons que ..... a déclaré vouloir établir à ..... ;

Attendu qu'aux termes de l'article 28 de la loi du 15 mars

1850, aucun recours n'est ouvert contre les décisions rendues en cette matière, par les conseils départementaux substitués aux Conseils académiques ;

En ce qui concerne la disposition de la même décision qui, appliquant à ..... l'article 30 de la loi du 15 mars 1850, paragraphe 2, a prononcé contre lui la peine de l'interdiction absolue ;

Attendu que le conseil départemental n'a statué sur ce chef qu'à charge d'appel devant le conseil impérial ;

Attendu que la procédure suivie n'est pas régulière ;

Attendu, en effet, que le conseil départemental n'était saisi que de l'opposition formée par le préfet, dans l'intérêt des mœurs publiques, à l'ouverture de l'école de ....., à ....., et que la décision elle-même ne vise que l'article 28 de la loi du 15 mars 1850 ;

Attendu que quelque graves que puissent être les antécédants relevés à la charge d'un instituteur, l'application par le conseil départemental des peines disciplinaires, autorisée par la loi, demeure subordonnée à des règles rigoureuses et à des garanties nécessaires ;

Attendu qu'une condamnation de la nature de celle qui a été prononcée contre .... ne peut intervenir, aux termes de l'article 30 de la loi du 15 mars 1850, que sur la plainte du préfet ou du procureur impérial, pour faute grave dans l'exercice des fonctions, inconduite ou immoralité, et selon les formes spécialement tracées par l'article 26 du règlement d'administration publique du 29 juillet 1850 ;

Attendu qu'aucune de ces formes n'a été observée dans la circonstance, et que ..... a été jugé et frappé d'une peine à l'occasion de faits pour lesquels il n'avait été ni cité, ni déclaré en prévention, ni mis en demeure de se défendre ;

Déclare l'appel de ..... non recevable contre la disposition de la décision du conseil départemental de la Gironde, qui a confirmé l'opposition formée par le préfet à l'ouverture d'une école libre à ....., laquelle décision conserve, de ce chef, son plein et entier effet ;

Reçoit au contraire l'appel de ..... en ce qui touche la disposition de la même décision qui a frappé cet instituteur de la peine de l'interdiction absolue;

Infirme, de ce chef, la décision attaquée et décharge ..... de la condamnation disciplinaire irrégulièrement prononcée contre lui, sans préjudice de l'action qui pourrait être ultérieurement intentée à raison de ces derniers faits.

Décision du conseil d'État, relative à l'exemption de la patente pour les instituteurs.

23 *juillet* 1863.

Un établissement d'instruction primaire ne peut-il être imposé à la patente que dans le cas où il a le caractère d'un pensionnat? Rés. aff.

Décidé que le réclamant (petit frère de Marie) s'était borné à recevoir des externes auxquels il avait donné l'instruction primaire, sans leur fournir la nourriture ni le logement, et qu'en conséquence il avait été imposé à tort comme chef d'institution (1).

Le Conseil,

Vu la requête présentée par le sieur Fagouet (petit frère de

---

(1) L'arrêté attaqué était motivé sur ce que le requérant n'était pas instituteur primaire communal, mais qu'il tenait un externat et avait même quelques élèves pensionnaires logés dans l'intérieur de la ville, en attendant que les logements nécessaires chez lui fussent achevés.

Le Ministre des finances a conclu en ces termes à l'annulation de cet arrêté : « La loi du 18 mai 1850 n'a assujetti à la contribution des patentes que les chefs d'institution et les maîtres de pension. Les instituteurs primaires continuent à jouir de l'exemption prononcée en leur faveur par l'art. 13 de la loi du 25 avril 1844, et ils ne deviennent imposables qu'autant qu'ils sont en même temps maîtres de pension. » Or, il résulte de l'instruction que l'établissement, objet du pourvoi, est un simple externat primaire et qu'il n'a nullement le caractère d'un pensionnat.

Marie), tendant à ce qu'il nous plaise annuler un arrêté du 7 novembre 1862, par lequel le conseil de préfecture de Saône-et-Loire a rejeté sa demande en décharge de la contribution des patentes à laquelle il a été imposé pour l'année 1862, sur le rôle de la commune de Verdun-sur-le-Doubs, comme exerçant la profession de chef d'institution; — ce faisant, accorder au requérant la décharge demandée, attendu que l'établissement qu'il dirige est un établissement d'instruction primaire où les enfants ne sont ni logés ni nourris;

Vu la loi du 25 avril 1844, art. 13, n° 2;

Vu la loi du 18 mai 1850 et le tableau G y annexé;

Considérant qu'il résulte de l'instruction que l'établissement dirigé par le frère Fagouet est un établissement d'instruction primaire qui ne pourrait être imposé à la contribution des patentes que dans le cas où il aurait le caractère d'un pensionnat;

Considérant que le sieur Fagouet se borne à recevoir des externes auxquels, pendant l'année 1862, il a donné l'instruction primaire sans leur fournir la nourriture ni le logement; que dans ces circonstances, c'est à tort qu'il a été imposé et maintenu, pour l'année 1862, sur le rôle de la commune de Verdun-sur-le-Doubs, par application de la loi du 18 mai 1850, tableau G, comme exerçant la profession de chef d'institution..... (Arrêté annulé).

Décret relatif au mobilier personnel des instituteurs et au traitement des directeurs et des maîtres adjoints d'Écoles Normales.

4 septembre 1863.

NAPOLÉON, etc.,

Sur la proposition de notre Ministre de l'instruction publique,

Nous avons décrété et décrétons ce qui suit :

ART. 1. — Une somme de cent mille francs, prélevée annuellement sur les fonds à donner en secours aux communes pour acquisition, construction et réparation de maisons d'école, sera appliquée à l'achat du mobilier personnel des instituteurs et des institutrices publics, sous la condition par la commune de supporter la moitié de la dépense.

Ce mobilier ainsi acheté restera la propriété de la commune.

ART. 2. — Le minimum des traitements des directeurs d'Écoles Normales, fixé à 2,200 fr. par le paragraphe 2 de l'article 1 du règlement en date du 26 décembre 1855, est porté à 2,400 fr. et le maximum, fixé par le même décret à 3,000 fr.; est élevé à 3,600 fr.

Le taux des traitements des maîtres adjoints est, à l'avenir, déterminé de la manière suivante :

1re classe, de 1,800 à 2,000 fr.
2e — de 1,500 à 1,700
3e — de 1,200 à 1,300

Décret rendant applicable aux établissements français de l'Inde les dispositions concernant la délivrance des brevets de capacité dans les colonies de la Martinique, de la Guadeloupe et de la Réunion.

18 *novembre* 1863.

NAPOLÉON, etc.,

Vu notre décret en date du 23 septembre 1857, sur la délivrance des brevets de capacité dans les colonies des Antilles et de la Réunion;

Sur le rapport de notre Ministre secrétaire d'État au département de la marine et des colonies, et l'avis de notre Ministre secrétaire d'État au département de l'instruction publique;

Avons décrété et décrétons ce qui suit :

Art. 1. — Est rendu applicable et exécutoire dans les établissements français de l'Inde, notre décret du 23 décembre 1857, concernant la délivrance des brevets de capacité dans les colonies de la Martinique, de la Guadeloupe et de la Réunion.

Art. 2. — Notre Ministre secrétaire d'État au département de la marine et des colonies, et notre Ministre secrétaire d'État au département de l'instruction publique, sont chargés, chacun en ce qui le concerne, de l'exécution du présent décret.

Décision du conseil d'État fixant la compétence pour l'interprétation des donations faites à un établissement scolaire.

24 *décembre* 1863.

C'est à l'autorité judiciaire seule qu'il appartient de statuer sur les contestations qui s'élèvent entre une commune et une congrégation religieuse, relativement au sens et à l'exécution des clauses d'un testament et d'un acte de donation ayant pour objet l'établissement d'une école gratuite.

Commune soutenant que les actes de libéralité, sainement interprétés, ne conféraient pas aux religieuses chargées de la direction de l'école gratuite le droit d'annexer à cette école un pensionnat et un externat. — Annulation pour excès de pouvoir de l'arrêté préfectoral qui rejetait la réclamation de la commune par des motifs tirés de l'interprétation des actes (1).

---

(1) M. le Ministre de l'instruction publique proposait l'annulation pour incompétence ; il ajoutait, qu'aux termes de l'article 35 de la loi du 15 mars 1850, nul directeur ou directrice d'école publique ne pouvait recevoir de pensionnaires qu'avec l'autorisation du conseil départemental, sur l'avis du

Le Conseil,

Vu les requêtes pour la commune de Saint-Sigismond (département de la Savoie), tendant à ce qu'il nous plaise annuler pour excès de pouvoir un arrêté en date du 12 juillet 1861, par lequel le préfet du département de la Savoie a rejeté les réclamations formées par le conseil municipal de ladite commune, à l'effet d'obtenir la suppression du pensionnat et de l'externat payant annexés par les sœurs de Saint-Joseph à l'école gratuite de filles établie dans cette commune en vertu des dispositions du testament du chanoine Dubois et de la donation du sieur Suarez;

Ledit pourvoi fondé sur ce que, en décidant que les sœurs de Saint-Joseph n'avaient rien fait de contraire aux conditions des libéralités des sieurs Dubois et Suarez, le préfet a statué

---

conseil municipal; qu'ainsi toute question relative à un pensionnat à établir ou même établi avant la loi de 1850, devait être soumise au conseil départemental; que de plus il était contraire aux errements suivis par l'administration de séparer les élèves payants des élèves admis à titre gratuit. Il est probable que le conseil départemental, appelé à statuer sur l'autorisation du pensionnat n'ordonnera pas la suppression; mais il exigera des réformes et peut-être reconnaîtra-t-il à la commune le droit de disposer d'une partie des bâtiments non pour y installer un hôpital ou une école de garçons, mais pour y établir une salle d'asile;

Si nous ne nous trompons, ce qui, dans la pensée de M. le préfet, devait surtout motiver le rejet de la demande formulée par la commune, c'était le respect de la chose jugée. On lit en effet, dans un considérant de l'arrêté attaqué, que la requête du syndic et du conseil municipal de Saint-Sigismond, en date du...... et l'ordonnance épiscopale du...... compétemment rendue en cette matière, ont donné aux actes de libéralité l'interprétation qui vient d'être exposée, qu'on ne saurait donc à aucun titre revenir sur ladite décision demandée par la commune et prononcée par l'autorité alors compétente;

N'ayant pas sous les yeux cette délibération ni cette ordonnance, nous ignorons si elles seraient suffisantes pour imprimer à l'établissement du pensionnat et de l'externat des Sœurs de Saint-Joseph le caractère d'un fait régulièrement accompli et devenu irrévocable en vertu de l'autorité de la chose jugée antérieurement. à l'annexion.

Mais toujours est-il que le conseil d'État n'a pas cru devoir s'y arrêter; il a renvoyé les parties devant l'autorité judiciaire avec la plénitude de leurs droits. Les tribunaux apprécieront d'après les règles ordinaires le sens des

sur une question qu'il n'appartenait qu'à l'autorité judiciaire de trancher;

Vu les observations présentées par notre Ministre de l'instruction publique;

Vu la délibération en date du 2 février 1861, par laquelle le conseil municipal de la commune de Saint-Sigismond décide, sauf l'approbation de l'autorité supérieure, que les sœurs de Saint-Joseph seront invitées à cesser de tenir dans la maison qui appartient à la commune, leur pensionnat privé et leur externat de jeunes filles, et leur accorder à cet effet un délai jusqu'à la fin de l'année scolaire, et décide en outre que la maison des sœurs, établie à Saint-Sigismond, rentrera dans les limites de la fondation du chanoine Dubois, et restera

---

actes, ils diront si l'intention des bienfaiteurs autorisait les sœurs de Saint-Joseph à annexer à leur école gratuite un pensionnat et un externat pour des élèves payants; ils statueront même au besoin sur l'exception de chose jugée si elle est invoquée; ce principe de la compétence judiciaire avait déjà été posé par des arrêts précédents (23 juillet 1857. Séguier, p. 364, 24 juillet 1862, commune de Saint-Manvieu, p. 597). Toutefois, le conseil d'État a considéré comme devant rester dans la sphère administrative un autre litige dans lequel le même moyen avait été soulevé. (24 juillet 1862, commune de Saint-Manvieu, p. 616.)

En cette matière comme en matière de règlement d'eau et dans toutes celles où l'application des principes du droit commun peut être revendiquée avec raison, la limite des compétences judiciaires et administratives ne se dessine pas toujours nettement. On conçoit que l'autorité, saisie la première, éprouve une certaine difficulté à la fixer. — A l'égard des libéralités faites aux administrations publiques avec destination spéciale, les fonctionnaires chargés d'en surveiller et d'en assurer l'emploi sont naturellement préoccupés de lois et règlements administratifs qu'il leur faut concilier avec la volonté des donateurs. Ajoutons que fort souvent le débat s'agite devant eux sous forme de requêtes ou de lettres, sans que leur compétence soit alors contestée par aucune des parties qui leur demandent une solution. L'incompétence ou l'excès de pouvoir ne se révèlent qu'après la décision prise, et la nécessité d'un préalable judiciaire, que personne ne réclamait auparavant, dépend beaucoup des termes et des motifs de cette décision.

Il appartient au conseil d'État de déclarer si le préfet ou le Ministre a interprété un acte du droit civil en croyant n'en faire que l'application administrative.

uniquement chargée d'instruire gratuitement les jeunes filles de la paroisse de Saint-Sigismond;

Vu la loi des 7 et 14 octobre 1790, et celle des 16-21 août 1790;

Considérant que par sa délibération en date du 8 février 1861 le conseil municipal de la commune de Saint-Sigismond avait décidé, sauf l'approbation de l'autorité supérieure, que les sœurs de Saint-Joseph, chargées de la direction de l'école gratuite des filles établies dans la commune, en exécution du testament du chanoine Dubois et de la donation du sieur Suarez, seraient invitées à ramener l'établissement dans les conditions fixées par le testament et la donation précités, et en conséquence à cesser de tenir dans la maison appartenant à la commune le pensionnat et l'externat qu'elles avaient annexés à l'école gratuite;

Que le préfet du département de la Savoie a rejeté la réclamation du conseil municipal, par le motif qu'elle était contraire aux droits que les sœurs de Saint-Joseph tenaient des clauses des libéralités faites par les sieurs Dubois et Suarez;

Considérant que, aux termes des lois ci-dessus visées, il n'appartenait qu'à l'autorité judiciaire de statuer sur la contestation qui s'était élevée entre la commune et les sœurs relativement au sens et à l'exécution des clauses du testament et de l'acte de donation précité, et que, en prononçant sur cette contestation, le préfet du département de la Savoie a excédé la limite de ses pouvoirs;

Art. 1. — L'arrêté du préfet du département de la Savoie, en date du 12 juillet 1861, est annulé.

. . . .

Décision du conseil d'État relative au droit de recours devant le Conseil supérieur de l'instruction publique.

23 *janvier* 1864.

Le décret du 29 juillet 1850, formant règlement d'administration publique pour l'exécution de la loi du 15 mars précédent, porte article 8, relatif à l'instruction des affaires contentieuses ou disciplinaires devant le conseil impérial de l'instruction publique : « en matière disciplinaire, le rapporteur est tenu d'entendre l'inculpé dans ses explications, s'il est présent et s'il le demande. L'inculpé a également le droit d'être entendu par le conseil » Lorsqu'un inculpé, par une lettre adressée au Ministre de l'instruction publique, président du conseil impérial, a fait connaître son intention d'user du droit qui lui appartenait aux termes de cette disposition, et que le conseil impérial a été appelé à prononcer sans que l'inculpé ait été mis à même d'être entendu, soit par le rapporteur, soit par le conseil ;

La décision doit-elle, sur le recours de l'inculpé, être annulée pour excès de pouvoir ?

Le Conseil,

Vu la requête.... pour le sieur Petit-Colas, ancien directeur libre d'une institution secondaire, à Vic (Meurthe), tendant à ce qu'il nous plaise annuler, pour cause d'excès de pouvoir, et avec toutes les conséquences de droit, une décision du 15 juillet 1862, par laquelle le conseil impérial de l'instruction publique, — en statuant sur le recours formé par ledit sieur Petit-Colas contre une condamnation disciplinaire prononcée contre lui par le conseil départemental de l'instruction publique de la Meurthe, — a rejeté ce recours sans entendre l'inculpé dans ses explications, bien que celui-ci eût conformément à l'article 8 du décret du 29 juillet 1850, portant règlement d'administration publique pour l'exécution de la loi du 15 mars précédent, demandé à présenter sa défense devant le conseil impérial ;

Vu les observations présentées par le Ministre de l'instruction publique, tendant au rejet du pourvoi;

Vu la lettre en date du 28 janvier 1862, par laquelle le sieur Petit-Colas demande au Ministère de l'instruction publique de lui indiquer le mode par lequel il pourra présenter sa défense complète devant le conseil impérial, et comment il devra faire entendre les témoins de sa conduite et poser des questions importantes à ceux qui ont été entendus à sa charge;

Vu la loi du 15 mars 1850 sur l'instruction publique, articles 5, 14 et 68; et l'art. 8 du décret du 29 juillet 1850, portant règlement d'administration publique pour l'exécution de la loi du 15 mars précédent;

Considérant qu'aux termes de l'art. 8 du décret du 29 juillet 1850, portant réglement d'administration publique pour l'exécution de la loi du 25 mars précédent : « le rapporteur d'une affaire disciplinaire devant le conseil impérial de l'instruction publique est tenu d'entendre l'inculpé dans ses explications, s'il est présent et s'il le demande, et que l'inculpé a également le droit d'être entendu par le conseil;

Considérant que par sa lettre ci-dessus visée, en date du 28 janvier 1862, adressée au Ministre de l'instruction publique président du conseil impérial; le sieur Petit-Colas avait fait connaître son intention d'user du droit qui lui appartenait aux termes de la disposition ci-dessus rappelée ;

Considérant que le conseil impérial a été appelé à prononcer et a prononcé sur le recours du sieur Petit-Colas, sans que celui-ci ait été mis à même d'être entendu soit par le rapporteur, soit par le conseil; que dans ces circonstances le sieur Petit-Colas est fondé à demander l'annulation pour excès de pouvoir de la décision ci-dessus visée du conseil impérial;

Art. 1. — Est annulée pour excès de pouvoir la décision ci-dessus visée, prise par le conseil impérial de l'instruction publique à la date du 9 juillet 1862.

Art. 2. — Le sieur Petit-Colas est renvoyé devant ledit conseil pour y voir statuer sur l'appel par lui formé, après que le conseil l'aura entendu dans ses explications ou appelé pour les présenter, en exécution de l'art. 8 du décret du 29 juillet 1850, ci-dessus visé (1).

---

(1) Dans l'affaire actuelle, M. le commissaire du gouvernement, Robert, a présenté les observations suivantes :

« S'agit-il ici, Messieurs, de l'inobservation d'une de ces formalités essentielles dont l'omission constitue l'excès de pouvoir ? Nous le croyons.

« Le principe engagé dans cette question est fondamental, il ne s'agit de rien moins que du droit de la défense, dont le libre exercice doit appartenir à tout inculpé. Le conseil impérial statue souvent sur des questions qui touchent à l'honneur ; il prononce des peines très-graves, l'interdiction absolue et perpétuelle du droit d'enseigner ! On doit trouver devant lui les garanties essentielles dont aucune juridiction répressive ne peut s'affranchir.

« Nous ne relirons pas l'article 8 du décret du 29 juillet 1850 ; son texte est clair et précis et nous paraît trancher la question.

« Comment prétendrait-on invoquer contre les termes formels de cet article l'esprit de la législation de 1850 ? Les droits des membres de l'enseignement public ou libre seraient-ils moins protégés par la loi de 1850 et par le règlement d'administration publique du 29 juillet de la même année, que ne l'étaient les droits des membres de l'Université impériale sous le régime du décret du 15 novembre 1811 ?

« D'après ce décret, lorsqu'il y avait lieu de prononcer la réforme ou la radiation, le prévenu était nécessairement entendu ou appelé (art. 100).

« L'article 8 du décret du 29 juillet 1850 a rendu la comparution personnelle facultative pour l'inculpé; il n'est plus appelé nécessairement au conseil, mais seulement s'il le demande. C'est là, entre les deux législations, une différence peu importante. Toutes deux ont évidemment entendu respecter les droits des accusés, toutes deux ont voulu leur assurer les avantages d'un débat contradictoire. Il suit de là, que si le conseil d'État a dans l'affaire Pierquin, jugée en 1851, assuré la stricte exécution de l'article 100 du décret de 1811, il doit, avec une égale vigilance, faire observer le dernier paragraphe de l'article 8 du décret du 29 juillet 1850.

« S'il était besoin d'ajouter un nouvel argument à d'aussi puissantes considérations, nous le trouverions dans le caractère essentiellement juridique des décisions que le conseil impérial est appelé à rendre en matière disciplinaire. Nous avons invoqué le principe de la libre défense, nous avons insisté sur la gravité des peines prononcées ; il nous reste à montrer que la loi de 1850 a voulu faire du conseil impérial un tribunal appelé à rendre des jugements, et qu'à ce point de vue le respect des formes légales lui est tout particulièrement imposé.

« Que s'est-il passé au moment de la préparation de la loi du 15 mars 1850 ? Le projet du gouvernement (art. 63), en donnant au conseil supérieur

Décision du Conseil d'État relative aux instituteurs procurant à leurs élèves des fournitures de papeterie.

3 *mars* 1864 (1).

Un instituteur qui se borne à procurer à ses élèves, dans l'intérieur de son école, les fournitures de papeterie qui leur sont nécessaires, peut-il être considéré comme exerçant la profession de marchand de papier en détail ? Rép. nég.

Le Conseil,

Vu la requête présentée par le sieur Fautrier, instituteur à Saint-Cyr, arrondissement de Toulon (Var), tendant à ce qu'il nous plaise annuler un arrêté du 20 juin 1863, par lequel le conseil de préfecture du Var a rejeté sa demande en décharge de la contribution des patentes à laquelle il a été imposé sur le rôle supplémentaire de la commune de St-Cyr, pour l'année 1862, comme exerçant la profession de papetier en détail, ce faisant lui accorder décharge de ladite contribution, par le motif qu'il se borne à fournir à ses élèves, dans l'intérieur de l'école, les objets de papeterie dont ils ont besoin, et que les

---

la faculé de prononcer disciplinairement l'interdiction absolue du droit d'enseigner, ouvrait un recours, au fond, contre sa décision devant la section du contentieux du conseil d'État. Le projet délibéré par la section de législation du conseil d'État attribuait à l'autorité judiciaire le pouvoir disciplinaire à l'égard des membres de l'enseignement libre ou secondaire. Le rapport de la commission repoussait ces deux systèmes, mais il reconnaissait qu'il s'agissait bien d'organiser une juridiction.

« Revenons, disait le rapporteur, aux vrais principes sur la compétence et la « juridiction. Les Conseils académiques et le conseil supérieur y gagneront « en autorité et en considération, et les parties ne se plaindront certes pas « d'être jugées par leurs juges naturels : car elles le seront avec l'impartialité « et toutes les garanties de forme qu'elles pourraient attendre des tribunaux « ordinaires ou du conseil d'État. »

« Nous concluons à l'annulation de la décision attaquée. »

(1) Même décision, 14 avril 1864.

ressources locales ne peuvent leur procurer qu'avec une irrégularité nuisible à leurs études ;

Vu la loi du 25 avril 1844 ;

Considérant qu'il résulte de l'instruction que le sieur Fautrier se borne à procurer à ses élèves, dans l'intérieur de son école, les fournitures de papeterie qui leur sont nécessaires ; que dans ces circonstances il ne peut être considéré comme exerçant la profession de marchand de papier en détail, imposable aux droits de patente ; que dès lors c'est à tort que le conseil de préfecture du département du Var a refusé de lui accorder décharge des droits de patente auxquels il avait été assujetti en cette qualité (1);

(Arrêté annulé, décharge).

Avis du conseil d'État, relatif à l'acceptation d'un legs fait à une congrégation autorisée, pour la fondation et l'entretien d'une école.

29 *juin* 1864.

La section de l'intérieur,

Vu l'avis de M. le Ministre de la justice et des cultes, ten-

---

(1) Le requérant citait à l'appui de son pourvoi des rapports faits sur des pétitions adressées au Sénat, et sur lesquels ce corps a passé à l'ordre du jour (v. Moniteur des 29 juin 1861, page 296 ; 17 mars 1862, page 394 ; 10 mars 1863, page 356). Voici comment s'est exprimé un des rapporteurs : « Sous l'empire des diverses législations qui ont successivement régi, les unes l'enseignement, et les autres la librairie, les chefs d'établissements, soit primaires, soit secondaires, ont toujours joui de la faculté de fournir à leurs élèves tous les livres et objets de classe nécessaires aux études, et, jusqu'à ce jour, l'autorité judiciaire n'a pas vu dans ce fait une contravention de la loi. »

Le Ministre des finances a fait remarquer que cette vente, autorisée dans un but d'intérêt et de sécurité pour les familles, paraissait d'autant moins passible de la patente qu'elle n'avait pas lieu dans une boutique ouverte au public, mais seulement dans l'intérieur de l'établissement fréquenté par les élèves.

dant à ce que la congrégation des Petites-Sœurs des Pauvres, en raison des reconnaissances légales dont elle a été l'objet et du caractère charitable spécial de ses statuts, soit autorisée à accepter seule le legs qui lui est fait ;

Vu les avis du conseil d'État des 4 mars 1841, 24 janvier 1863 et 10 juin 1863 ;

Considérant que la congrégation des Petites-Sœurs des Pauvres a capacité pour recevoir la libéralité dont il s'agit, puisqu'elle a été autorisée précisément pour secourir et recueillir les pauvres ;

Que dès lors il n'y a pas lieu d'appeler, pour l'habiliter, aucun autre établissement, ni d'appliquer l'avis du 24 janvier 1863, notamment quant à la garde et à la possession du titre ;

Mais considérant que cette capacité ne saurait faire obstacle aux droits de surveillance dévolus par la loi aux autorités instituées par elle, et conforme d'ailleurs à la jurisprudence du conseil d'État formulée dans l'avis du 10 juin 1863, en ce qui concerne les congrégations ou communautés religieuses enseignantes dûment autorisées ;

Est d'avis qu'il y a lieu d'autoriser la supérieure générale de la congrégation hospitalière des Petites-Sœurs des Pauvres et le directeur de l'administration de l'Assistance publique à Paris, à accepter le legs de 4,000 francs fait par la demoiselle Borgnis-Gallanty (1).

---

(1) Cette jurisprudence a été confirmée dans un avis en date du 18 décembre 1867, motivé ainsi qu'il suit :

Le Conseil,

Considérant que, lorsque des libéralités sont faites à des établissements religieux pour les pauvres, la garde des titres de rente ou de propriété doit être confiée au bureau de bienfaisance, seul représentant légal des pauvres

Considérant que les mêmes raisons de décider se rencontrent dans l'espèce soumise au conseil d'État; qu'à la vérité la demoiselle Pagelet, testatrice, a indiqué dans ses dispositions que la remise des titres de rente serait faite aux curés chargés d'en distribuer les arrérages aux pauvres ;

Mais que la volonté de la testatrice n'a pu modifier les règles que chaque

Avis du conseil d'État, relatif à un legs pour l'entretien à perpétuité d'une école congréganiste.

11 *janvier* 1865.

La section de l'intérieur de l'instruction publique et des cultes qui, sur le renvoi ordonné par le Ministre de l'ins-

---

établissement est tenu d'observer, afin de demeurer dans la limite des attributions déterminées par la loi de son institution;

Que c'est par application de ces principes que les avis ci-dessus visés ont prescrit l'immatriculation conjointe des titres de rente, et en outre, dans ce cas, la remise de ces titres à l'établissement civil représentant légal des pauvres ;

Qu'au surplus la demoiselle Pagelet n'a voulu, par la disposition précitée, qu'assurer la distribution par les curés des arrérages destinés aux pauvres, et que sa volonté sera exécutée au moyen de la remise de ces arrérages, que le bureau de bienfaisance sera tenu de faire aux curés, conformément auxdits avis ;

Considérant enfin que, pour que l'accomplissement de la volonté des testateurs soit complétement garantie, il convient de donner aux établissements religieux désignés le moyen de réclamer et d'obtenir les sommes dont la distribution leur est confiée ; que, par suite, des copies certifiées des titres (testament et titres de rente) doivent leur être remises ;

Est d'avis qu'il y a lieu de statuer dans le sens des observations qui précèdent.

Voici la teneur des avis du 24 janvier et du 10 juin 1863, visés dans l'avis du 29 juin 1864.

AVIS DU CONSEIL D'ÉTAT RELATIF A L'ACCEPTATION DES LEGS FAITS AUX FABRIQUES.

24 *janvier* 1863.

(M. LE COMTE DE CHANTERAC, *rapporteur*.)

Vu un extrait du testament olographe du sieur Rambaud, en date du 10 octobre 1858 ;

Vu la délibération du conseil presbytéral de Châtillon, en date du 18 octobre 1859, portant que le bureau accepte au besoin, pour le conseil presbytéral, le legs de 25,000 francs dont il s'agit ;

truction publique, a pris connaissance d'un projet de décret ayant pour objet d'autoriser la commune de Pipriac (Ille-

---

Vu la dépêche de M. le Ministre de l'intérieur du 5 janvier 1860, l'avis du préfet de la Drôme, ainsi que toutes les autres pièces du dossier ;

Vu l'avis du conseil d'État du 4 mars 1841 et celui du 30 décembre 1846 ;

Considérant que lorsque des dons et legs sont faits à une fabrique, à un consistoire, à une cure ou autre établissement religieux, sous la condition expresse que ces dons et legs seront affectés au soulagement des pauvres, ces derniers sont les vrais bénéficiaires de ces libéralités ;

Que les établissements institués sont les intermédiaires appelés par la confiance du testateur ou du donateur à exécuter sa volonté ;

Qu'aux termes de nos lois, le droit de représenter les pauvres appartient aux bureaux de bienfaisance ou aux maires, et à Paris, à l'Administration de l'Assistance publique ;

Considérant que, pour concilier ce principe avec le respect dû à la volonté du testateur, il y a lieu de faire simultanément accepter la libéralité par le représentant des pauvres et par l'établissement institué ;

Que c'est sur ces bases que repose l'avis du conseil d'État du 4 mars 1841, lequel indique la nécessité d'une acceptation conjointe en matière de dons et legs faits à des établissements intermédiaires, avec une affectation spéciale étrangère à leurs attributions ;

Considérant, en ce qui touche la garde et la possession du titre, qu'il est juste de confier ce soin à l'établissement qui représente légalement les pauvres ;

Que, par suite des considérations ci-dessus développées, le titre de propriété et l'immatriculation de la rente doivent également mentionner le nom de l'établissement institué et celui du bureau de bienfaisance ; mais que la possession du titre doit être réservée au représentant légal des pauvres, à la charge, par ce dernier, d'en remettre les arrérages à l'établissement institué, pour en faire l'emploi prescrit par le testateur ;

Est d'avis qu'il y a lieu, à l'avenir, d'autoriser l'acceptation du don ou legs et l'immatriculation conjointe, et, en général, l'inscription de la rente ou du titre de propriété sous les noms réunis de l'établissement religieux institué et du bureau de bienfaisance ou du maire (à Paris, de l'Administration de l'Assistance publique) ;

Et spécialement, en ce qui concerne l'emploi en une rente sur l'État de la somme de 25,000 francs provenant du legs fait par le sieur Rambaud au conseil presbytéral de Châtillon (Drôme), à la condition indiquée ci-dessus, de dire dans le décret d'autorisation qu'indépendamment de l'acceptation conjointe l'immatriculation de la rente à acquérir sera faite au nom du bureau de bienfaisance de Châtillon et du conseil presbytéral de la même ville, et que les

et-Vilaine), à accepter diverses libéralités testamentaires de la demoiselle de Tanouara, a cru devoir apporter à ce

---

arrérages en seront touchés par ledit bureau, à charge de les remettre, à chaque échéance, au conseil, qui en fera l'emploi prescrit par le testateur.

AVIS DU CONSEIL D'ÉTAT RELATIF A L'ACCEPTATION D'UN LEGS FAIT A DES FABRIQUES, CONSISTOIRES, ÉTABLISSEMENTS RELIGIEUX, A LA CHARGE DE FONDER DES ÉCOLES.

10 *juin* 1863.

Le Conseil d'État. . . ,

Considérant que, lorsqu'il s'agit de dons et legs faits à des établissements religieux et affectés à la fondation et à l'entretien d'écoles, il y a lieu de distinguer si les établissements institués sont des fabriques, consistoires, succursales, cures ou évêchés, ou bien si ce sont des communautés religieuses et enseignantes dûment autorisées ;

Considérant, en ce qui concerne les fabriques, consistoires, succursales, cures et évêchés, que les attributions de ces établissements religieux, telles qu'elles sont déterminées par la loi, ne comprennent pas la fondation et l'entretien des écoles ;

Considérant que la loi du 15 mars 1850 sur l'enseignement n'a pas eu pour objet de modifier le caractère ou d'étendre les attributions de ces établissements religieux ; que, par suite, ces mêmes établissements devraient être réputés incapables d'accepter des libéralités faites dans un but étranger à leurs attributions ;

Considérant néanmoins que, lorsqu'une libéralité est faite à ces établissements sous la condition de fonder et entretenir une école, il y a le plus souvent avantage pour les pauvres et pour la commune à profiter du bénéfice d'une pareille disposition ; qu'il convient d'ailleurs, autant que possible, que l'intention charitable du bienfaiteur produise son effet ;

Qu'il y a lieu en ce cas, pour valider la disposition, de faire intervenir la commune à laquelle appartiennent le soin et l'obligation de pourvoir à l'instruction primaire publique, et de l'admettre conjointement avec l'établissement institué à accepter le don ou legs ; que telle est d'ailleurs la jurisprudence du conseil d'État, conforme à son avis du 4 mars 1841 ;

Considérant que l'immatriculation conjointe, c'est-à-dire l'inscription du titre de propriété, faite simultanément sous le nom de l'établissement institué et sous celui de la commune, doit être la conséquence de la double acceptation qui vient d'être indiquée ;

projet quelques modifications au sujet desquelles il est nécessaire de rappeler les termes mêmes du testament et du projet;

Que ce mode de procéder permet de donner un effet à des dispositions qui autrement seraient caduques;

Qu'en ce cas, l'établissement religieux institué conserve un droit de surveillance quant à l'exécution et au maintien de la fondation, mais qu'à la commune appartient celui de diriger l'école, d'en fixer le régime, d'administrer les biens provenant des dons ou legs et d'en percevoir les revenus, conformément aux conditions du décret d'autorisation; qu'ainsi peuvent se concilier tout à la fois les intentions charitables des bienfaiteurs, la faveur que méritent de pareilles donations et le respect des règles tracées par la loi.

En ce qui concerne les libéralités faites aux mêmes conditions que ci-dessus à des congrégations ou communautés religieuses enseignantes dûment autorisées :

Considérant qu'on ne saurait soutenir que ces établissements n'ont pas capacité pour recevoir les libéralités dont il s'agit, puisqu'ils ont été autorisés en vue de l'utilité publique et dans le but précisément de fonder et de diriger des écoles; que l'objet de ces fondations rentre donc dans leurs attributions spéciales;

Mais considérant que, même dans ce cas, il y a lieu d'examiner si les écoles à fonder doivent avoir le caractère d'école communale et publique ou celui d'école libre; que dans le premier cas, celui où l'école devra avoir un caractère communal et public, la commune, ainsi qu'il a été dit, conserve le droit de diriger l'école et d'en fixer le régime; que dans le second cas, celui d'une école libre, la solution ne saurait être la même; qu'en ce dernier cas, l'immatriculation conjointe n'est pas nécessaire: il suffit de l'acceptation simultanée par la communauté religieuse et par la commune, cette dernière ne devant exercer d'autre droit que celui d'une simple surveillance pour l'exécution d'une fondation;

Est d'avis qu'il y a lieu :

1° D'autoriser l'acceptation et l'immatriculation conjointes, et, en général, l'inscription du titre de propriété sous les noms réunis de l'établissement religieux institué et de la commune, quand il s'agit de dons et legs faits à des fabriques, consistoires, succursales, cures ou évêchés, sous la condition de fonder et d'entretenir des écoles, et des dons et legs faits à des communautés religieuses enseignantes dûment autorisées pour la fondation et l'entretien d'écoles devant avoir ou qui auraient le caractère d'écoles communales et publiques;

2° D'autoriser seulement l'acceptation conjointe par l'établissement institué et la commune, quand il s'agit de dons et de legs faits à des communautés

« Voulant assurer à tout jamais, pour la commune de Pipriac, l'existence d'une communauté de religieuses qui se con-

---

religieuses enseignantes, dûment autorisées, à la charge de fonder ou d'entretenir des écoles qui devraient avoir ou qui auraient le caractère d'écoles libres et privées.

A ces deux avis de principe, il faut joindre celui du 22 novembre 1866, rendu dans le même esprit.

AVIS DU CONSEIL D'ÉTAT, RELATIF A L'ACCEPTATION DES LEGS FAITS A DES FABRIQUES OU AUTRES ÉTABLISSEMENTS RELIGIEUX, A LA CONDITION DE FONDER ET D'ENTRETENIR DES ÉCOLES PUBLIQUES.

22 *novembre* 1866.

Le Conseil d'État...,

Considérant que les libéralités faites à des fabriques ou autres établissements religieux, à la charge de fonder ou d'entretenir des écoles publiques, doivent être acceptées conjointement par l'établissement religieux institué et par la commune; que cette règle a été consacrée par l'avis du conseil d'État du 10 juin 1863;

Qu'aux termes du même avis, la garde des titres de propriété, la perception des revenus et la direction de l'école sont attribués à la commune, mais que le droit de surveiller l'exécution des conditions de la libéralité est réservé à l'établissement religieux légataire; que cette jurisprudence, adoptée par le conseil d'État lorsqu'il s'agit de legs ne comprenant que des rentes sur l'État, doit également s'appliquer à des libéralités consistant en immeubles ou en rentes constituées;

Qu'en effet, l'avis du 10 juin 1863 ayant pour but de concilier autant que possible les intentions des bienfaiteurs avec les dispositions des lois et règlements auxquels sont soumis les établissements religieux, la solution doit être indépendante de la nature des biens donnés ou légués;

En ce qui concerne spécialement le legs de divers immeubles faits par l'abbé Ménuel à l'évêque de Grenoble, et celui d'une rente constituée fait par la demoiselle Béhel à la fabrique d'Haveluy, sous la condition de fonder et d'entretenir des écoles publiques dans les communes de Viriville, de Saint-Siméon-de-Bressieux (Isère) et d'Haveluy (Nord);

Considérant que ces legs faits à des établissements religieux, tels que fabriques ou évêchés, et non à des congrégations enseignantes, doivent être affectés à la fondation d'écoles publiques, et que, suivant la distinction établie par l'avis du 10 juin 1863, rien ne s'oppose à l'application des règles rappelées ci-dessus; qu'en effet, il ne saurait y avoir d'inconvénients à confier aux

sacrent à l'instruction et à l'éducation des jeunes filles, surtout des petites pauvres, je donne et lègue à la commune de Pi-

---

communes le soin d'administrer les immeubles et la rente constituée qui ont été légués, d'en percevoir les revenus, et d'en garder et conserver les titres de propriété; qu'il est au contraire plus convenable de conférer ce droit d'administration aux communes, qui, étant appelées à représenter la généralité des habitants, ont, à ce titre, un intérêt majeur et plus direct à l'exécution et au maintien des fondations;

Considérant d'ailleurs que la nature des biens légués par l'abbé Ménuel et par la demoiselle Béhel, et le mode d'administration de ces biens ne présentent aucune circonstance particulière qui puisse faire obstacle à ces principes;

Est d'avis qu'il y a lieu de décider dans le sens des observations qui précèdent.

De son côté, la cour d'appel de Grenoble a prononcé sur l'affaire en litige ainsi qu'il suit :

Arrêt de la cour d'appel de Grenoble, relatif a l'acceptation d'un legs fait a une fabrique.

5 *juillet* 1869.

La Cour...,

Attendu que, par testament en date du 12 novembre 1864, l'abbé Ménuel a légué divers immeubles situés sur Saint-Siméon de Bressieux, à l'évêque de Grenoble, en sa qualité d'administrateur du diocèse, pour fonder à Saint-Siméon un établissement de frères maristes ou de la doctrine chrétienne, ou tous autres à son choix, pour faire l'école aux jeunes garçons de la paroisse; que par ce même testament, il a encore légué à l'évêque de Grenoble sa terre de Chassagne, pour fonder à Saint-Siméon une maison de Sœurs institutrices de la Providence ou des Trinitaires, ou de toutes autres congrégations à son choix; que ces deux legs sont faits dans les conditions suivantes : 1° que les immeubles ne puissent être vendus, et que leurs revenus soient à perpétuité consacrés à l'entretien des écoles; 2° que les frères et sœurs feront réciter aux enfants, dans leurs écoles respectives, certaines prières, et célébrer dans

priac tous mes biens, etc., à charge à elle d'en laisser la jouissance aux religieuses, de quelque ordre qu'elles soient,

---

l'église de Saint-Siméon des messes et services pour le repos de l'âme du testateur et de celles de ses parents ; 3° que les deux écoles ainsi fondées recevront gratuitement les enfants pauvres de Saint-Siméon qui seront désignés par le curé de la paroisse ; que par une disposition finale de son testament, l'abbé Ménuel déclare que si, par des motifs qu'il ne peut pas prévoir, ses légataires ne pouvaient devenir possesseurs des choses léguées, les biens légués deviendraient la propriété de son héritier institué, qui en disposerait comme de son bien propre ;

Attendu que, par décret rendu en conseil le 1er août 1864, l'évêque de Grenoble, tant en son nom qu'au nom de ses successeurs, et le maire de Saint-Siméon au nom de cette commune, ont été autorisés, chacun en ce qui le concerne, à accepter les deux legs ci-dessus sous les clauses et conditions imposées, à l'exception de celles relatives à l'inaliénabilité des immeubles légués, au choix et à la nomination des directeurs et directrices des écoles projetées, clauses dont l'acceptation n'est pas autorisée ; qu'enfin, par un avis du 22 novembre 1866, le conseil d'État a décidé que c'était à la commune et non à l'évêque qu'appartenait le droit d'administrer les immeubles légués, d'en percevoir les revenus et d'en garder les titres de propriété ;

Attendu qu'il résulte clairement des termes du testament et de la qualité ecclésiastique du testateur qu'il a voulu faire deux fondations essentiellement religieuses dans leur but et dans leur moyen ; que le but qu'il se proposait était de donner aux enfants pauvres de Saint-Siméon une instruction et une éducation chrétiennes ; que le moyen adopté par lui était de confier cette éducation à des personnes appartenant à une congrégation religieuse ;

Attendu que, pour réaliser ses intentions, le testateur avait placé sur la tête des évêques successifs de Grenoble la propriété des immeubles dont le revenu était affecté à l'entretien de ses fondations, et confié expressément à ces mêmes évêques le choix des religieux et religieuses chargés de faire l'école aux enfants de Saint-Siméon ;

Attendu qu'en enlevant aux évêques le choix des directeurs et directrices des écoles fondées par l'abbé Ménuel, ainsi que l'administration des biens affectés à l'entretien de ces écoles, on n'a pas tenu compte de la volonté expresse du testateur et on a ouvert, au profit de l'héritier institué, une action en révocation de legs ;

Attendu que la commune oppose une fin de non-recevoir, fondée sur ce que du vivant même de l'abbé Ménuel, les écoles dont il s'agit avaient été confiées à des religieux maristes, et qu'aujourd'hui encore elles sont dirigées par des membres de la même congrégation ; mais que cette fin de non-recevoir ne saurait être accueillie ; qu'en effet, et en premier lieu, il y a violation actuelle

qui seront choisies par le conseil municipal, de concert avec le curé, pour monter l'école, sans que jamais la commune puisse appliquer ces biens à une autre destination. »

Or, l'art. 1 du projet de décret autorise, à la vérité, le maire

---

de la volonté du testateur, par le fait que la gestion des biens donnés a éte enlevée à l'évêque pour être confiée à la commune; attendu, en second lieu, que, pour revendiquer le bénéfice du legs dont il s'agit, la commune avait besoin d'être autorisée, conformément à l'article 910 du code civil ; que le décret du 1er août 1864 accorde, il est vrai, l'autorisation d'accepter le legs, mais refuse l'autorisation d'accepter la clause relative au choix et à la nomination des directeurs et directrices des écoles ; que, dès lors, aux termes de l'article 910 précité, les legs dont il s'agit n'ont pu produire aucun effet au profit de la commune ;

Attendu que lesdits legs étant sans effet faute d'autorisation, la commune ne peut invoquer son désir d'exécuter toutes les volontés du testateur, et prétendre que cette inexécution lui est imposée par une force majeure ;

Attendu que vainement il a été soutenu, au nom de la commune, que les conditions des legs, dont le décret du 1er août 1864 n'a pas autorisé l'acceptation, étaient contraires aux lois et, partant, réputées non écrites, en vertu de l'article 900 du code civil; qu'aucune loi d'ordre public ne prohibe la fondation d'une école, sous la condition qu'elle sera dirigée par des religieux choisis et surveillés par l'évêque du diocèse ;

Attendu que, si la loi du 15 mars 1850 dispose (article 31) que les instituteurs communaux sont nommés par le conseil municipal, la même loi autorise, par ses articles 17, 27 et suivants, l'établissement d'écoles libres, et qu'il suffit de se reporter à la discussion qui a précédé le vote de la loi pour se convaincre que, dans les prévisions des législateurs, la plupart de ces écoles libres devaient être placées sous la direction du clergé ; qu'en supposant que, comme condition d'un legs fait au profit d'une école communale, le testateur ne puisse imposer des conditions relatives aux choix et à la nomination des instituteurs, il faut admettre que, dans l'espèce, l'abbé Ménuel avait en vue la fondation d'une école libre, placée sous la tutelle de l'autorité diocésaine ;

Attendu qu'il est inutile, d'après ce qui précède, d'examiner la question de savoir si la clause d'inaliénabilité des immeubles légués était contraire à la loi, et quelle est la conséquence du refus d'autoriser l'acceptation de cette clause,

La Cour..... confirme.

de Pipriac à accepter le legs fait à cette commune; mais il joint à cette autorisation « la réserve de la clause qui obligerait la commune à en laisser la jouissance à des institutrices congré-

---

Voici le texte de l'arrêt du tribunal de Saint-Marcellin, confirmé par la cour de Grenoble :

24 *avril* 1868.

Le Tribunal,

Attendu que, par son testament, en date du 12 novembre 1854, l'abbé Ménuel a fait à l'évêque de Grenoble, en sa qualité d'administrateur du diocèse, trois legs comprenant chacun divers immeubles : le premier, pour fonder à Viriville une école de frères appartenant à une congrégation; le second, pour fonder une école semblable à Saint-Siméon de Bressieux; le troisième, pour fonder à Saint-Siméon une maison de sœurs institutrices appartenant à une congrégation religieuse; que ces trois legs sont faits sous les conditions suivantes : 1° que les fondations seront perpétuelles et les immeubles inaliénables; 2° que certaines prières seront récitées dans les écoles fondées; 3° que ces établissements recevront gratuitement les enfants pauvres qui leur seront désignés par le curé de la paroisse;

Attendu qu'après avoir fait ces legs et divers autres, l'abbé Ménuel déclare : que si quelques-uns des legs qu'il vient de faire étaient refusés par ses légataires, parce qu'ils les trouveraient trop onéreux, ou parce que, par des motifs qu'il ne peut prévoir, il ne leur serait pas possible d'en devenir possesseurs, les biens non recueillis par ses légataires deviendront la propriété de son héritier institué, qui en disposera comme de son bien propre; qu'enfin l'abbé Ménuel institue pour son héritier universel et pour son exécuteur testamentaire l'abbé Marion, en expliquant que s'il ne transmet à ses parents que son patrimoine personnel, c'est parce qu'il ne veut pas leur donner des biens qui lui sont advenus pendant qu'il était prêtre; que le choix de l'abbé Marion pour son légataire universel, choix évidemment inspiré par l'intention d'employer la fortune qu'il avait reçue de la famille Leblanc en œuvres de bienfaisance, explique et précise la clause par laquelle l'abbé Ménuel a institué subsidiairement son légataire universel, à l'effet de recueillir les legs particuliers qui ne pourraient pas recevoir leur exécution;

Attendu que les circonstances qui viennent d'être relevées et l'ensemble des faits de la cause ne permettent aucun doute sur l'esprit qui a dicté les legs faits à l'évêché; que l'abbé Ménuel voulait, avant tout, faire une chose utile aux intérêts de la religion dont il était ministre, et que ses intentions peuvent se résumer en deux points essentiels : transmission à l'évêché des biens af-

ganistes, laquelle n'est pas approuvée comme contraire aux lois sur l'enseignement. »

Sur quoi la section,

Considérant que la libéralité faite à la commune de Pipriae

---

fectés à ces fondations, emploi de ces biens à l'entretien d'instituteurs congréganistes choisis, surveillés et dirigés par l'évêque ;

Attendu que, si on rapproche ces intentions ainsi caractérisées des résultats auxquels conduit l'exécution du décret du 1er août 1864, qui a déterminé sous quelles conditions et de quelle manière les legs faits à l'évêché pourraient être acceptés, on est forcé de reconnaître *qu'aux termes de ce décret, interprété par les avis du conseil d'État, du 10 juin 1863 et du 22 novembre 1866, l'intervention de l'évêque dans l'acceptation des legs devient purement nominale ; que la propriété et l'administration des biens, le choix des instituteurs et la direction des écoles sont attribués aux communes, de telle sorte qu'au lieu d'une libéralité faite à l'évêché, dans un but éminemment religieux, l'abbé Ménuel se trouverait avoir fait un legs aux communes pour l'entretien d'écoles publiques ;*

Attendu que, dans cette situation, Delphine Vallet, qui représente aujourd'hui le légataire universel de l'abbé Ménuel, est fondée à soutenir que l'évêque était dans l'impossibilité de se mettre en possession des legs qui lui avaient été faits, les biens affectés à ces legs doivent, conformément à la disposition subsidiaire du testament, redevenir sa propriété et lui être restitués ;

Attendu que, pour repousser cette demande, on ne saurait alléguer que le décret du 1er août 1864 s'est borné à faire subir aux legs de l'abbé Ménuel des modifications de forme ou de détail indispensables, et qui ne sont que la conséquence du principe établi par l'art. 900 du code Napoléon, aux termes duquel les conditions impossibles, contraires aux lois ou aux mœurs, sont réputées non écrites dans les testaments ; qu'en droit, la règle exceptionnelle contenue dans l'art. 900 n'est que la consécration d'une présomption d'intention qui cesse d'exister lorsque le testateur a formellement déclaré qu'il entendait que sa volonté fût indivisible et que sa disposition fût exécutée intégralement ou annulée ; que, d'autre part, en fait, le décret dont il s'agit a supprimé les conditions *dont aucune impossibilité matérielle ou légale n'interdisait l'exécution*, et a introduit des changements qui n'atteignent pas les dispositions du testament dans leur mode d'exécution seulement, mais bien dans leur essence et dans leur principe même ;

Attendu qu'on ne saurait pas davantage soutenir que la clause par laquelle l'abbé Ménuel a institué subsidiairement son héritier, pour le cas où ses legs ne pourraient pas être recueillis par ses légataires particuliers, est contraire à l'ordre public et doit, comme telle, être annulée ; qu'en effet, on a toujours le droit de disposer, comme on le veut, dans les limites déterminées par la loi ;

a pour but et pour objet essentiel l'entretien d'une école de filles, confiée à une corporation religieuse enseignante, et qu'ainsi le maintien, dans cette école, de l'enseignement congréganiste ne peut être envisagé comme une de ces conditions qui, aux termes de l'article 900 du code Napoléon,

---

que la disposition par laquelle un testateur, pour le cas où certaines de ses volontés ne pourraient pas être exécutées, déclare qu'il entend transmettre ses biens à une personne capable de recevoir, est régulière et expressément autorisée par l'art. 898 du code Napoléon ;

Attendu que cette institution subsidiaire ne cesserait pas d'être permise alors même qu'elle aurait pour effet de placer le gouvernement dans l'alternative d'autoriser pour le tout ou de rejeter une libéralité faite à un établissement public ou religieux ; que si l'article 910, s'inspirant de graves considérations d'intérêt politique et économique, a voulu assurer à l'État les moyens d'empêcher une trop grande accumulation de la richesse mobilière ou immobilière entre les mains d'êtres moraux ou d'associations qui ne doivent pas devenir trop puissants, la faculté de leur accorder ou de leur refuser l'autorisation de recevoir les libéralités qui leur seraient faites, suffit pour contenir, dans de justes limites, les entraînements du prosélytisme religieux ; que, d'ailleurs, ce droit d'approbation ou de refus est le seul qui soit édicté dans l'art. 910;

Attendu que si, dans quelques cas, il a paru équitable, dans l'intérêt d'héritiers naturels dont la position est digne de faveur, de concilier leurs intérêts et ceux des établissements institués, ces transactions ne sauraient être obligatoires lorsque le testateur, voulant précisément les interdire, a prescrit que ces dispositions seraient révoquées si elles ne recevaient pas leur entière exécution ;

Attendu, enfin, qu'il y a d'autant plus lieu de décider ainsi, qu'il s'agit de l'exécution des testaments, c'est-à-dire du droit de propriété, dont la liberté de tester n'est qu'une manifestation et une conséquence essentielle; que la faculté de disposer doit être exercée avec la liberté la plus entière et respectée de la manière la plus absolue dans les limites déterminées par la loi civile ; qu'une autre interprétation de l'article 910 arriverait à anéantir les dispositions testamentaires dont la loi elle-même, dans ses principes généraux et notamment dans les articles 898 et 1006, consacre la validité ;

Par ces motifs, dit qu'il y a lieu de faire droit à la demande de Delphine Vallet ; prononce l'annulation et la révocation des trois legs de l'abbé Ménuel, que les communes de Viriville et de Saint-Siméon ont été autorisées à accepter conjointement avec l'évêché, par le décret du 1er août 1864; ordonne que Delphine Vallet reprendra la pleine propriété et jouissance des biens qui en faisaient l'objet.

doivent être réputées non écrites, et qui peuvent disparaître tout en laissant subsister le fond de la libéralité ;

Cette jurisprudence a été confirmée par l'arrêt suivant de la cour d'Angers, rendu dans une affaire de même nature.

ARRÊT DE LA COUR D'APPEL D'ANGERS, RELATIF A L'ACCEPTATION D'UN LEGS FAIT A UNE FABRIQUE POUR LA FONDATION ET L'ENTRETIEN D'UNE ÉCOLE.

(AFFAIRE DE LANGOTTIÈRE.)

23 *mars* 1871.

La Cour,

Attendu que le sieur de Langottière est mort en 1861, laissant un testament du 10 avril 1856 et un codicille du 4 décembre 1856, par lesquels il lègue à la fabrique de l'église du Vieil-Baugé une maison et un capital de 8,000 francs, destinés à l'établissement, à l'acquisition du mobilier et à l'entretien de deux sœurs pour soigner les malades et instruire les enfants pauvres ;

Attendu que le testateur a prescrit, comme condition formelle de sa libéralité, que l'emploi de toutes les sommes léguées à l'église de la paroisse du Vieil-Baugé sera fait par les soins de la fabrique de son église et de son curé ; que les sœurs seront choisies par le curé, seront sous sa direction et non sous celle de l'administration municipale de la commune ;

Attendu que le testateur, prévoyant le cas où la maison cesserait d'être habitée par des sœurs, en transfère la jouissance ainsi que celle du mobilier et de la rente à la fabrique, à défaut de la fabrique à la cure, à défaut de la cure et de la fabrique aux pauvres de la paroisse du Vieil-Baugé, à cette condition, toutefois, qu'aussitôt que des sœurs pourraient être rétablies, la jouissance déléguée à la fabrique, à la cure et aux pauvres reviendrait aux deux sœurs ;

Attendu que la fabrique ayant demandé l'autorisation d'accepter ce legs, il a été répondu à cette demande par un décret du conseil d'État du 18 novembre 1863, lequel autorise le trésorier de la fabrique de l'église succursale du Vieil-Baugé, au nom de l'établissement, le maire du Vieil-Baugé au nom de cette commune, et le bureau de bienfaisance de cette localité, à accepter, chacun en ce qui le concerne, et aux clauses et conditions imposées, le legs fait à cette fabrique ; ordonne l'emploi des 8,000 francs légués à l'achat d'une rente 3 p. °/₀, laquelle sera immatriculée au nom de la fabrique et de la commune du Vieil-Baugé ;

Soumet cette autorisation à la condition que les sœurs qui dirigent l'école y recevront les enfants pauvres de la commune, sur la liste dressée en exécution de l'article 45 de la loi du 15 mars 1850 ;

Que, de la sorte, si la fondation que la demoiselle de Tanouara a instituée dans son testament devait être considérée comme contraire aux lois, il faudrait refuser à la commune

---

Et enfin rejette, comme étant contraire à la loi, la clause du testament précité de M. de Langottière, portant que les sœurs établies au Vieil-Baugé seront au choix et sous la direction du curé de cette commune ;

Attendu que les héritiers de Langottière ont, par citation du 2 mars 1867, appelé la fabrique du Vieil-Baugé devant le tribunal d'Angers ; que la fabrique a appelé la commune en cause, et que les héritiers de Langottière ont conclu à ce que la fabrique fût tenue, dans un délai à impartir par le tribunal et sans l'intervention de la commune, à accepter le legs, et à ce que, faute de cette acceptation par la fabrique, le legs fût déclaré caduc ;

Attendu que, sur cette première instance, un jugement du tribunal d'Angers, du 29 juillet 1869, a déclaré les héritiers de Langottière mal fondés dans leur demande ;

Attendu que, par citations des mois d'avril, mai et juin, le maire du Vieil-Baugé a appelé les héritiers de Langottière devant le tribunal de Baugé, et a conclu contre eux à la délivrance du legs dans les termes de l'autorisation, et que les héritiers de Langottière ont mis en cause la fabrique du Vieil-Baugé ;

Attendu que, sur cette seconde instance, un jugement du tribunal de Baugé, du 12 août 1868, a fait délivrance du legs à la fabrique du Vieil-Baugé, conjointement avec le maire de la commune, dans les termes du décret du 19 novembre 1863, et a ordonné que la somme de 8,000 francs sera employée à l'achat d'une rente 3 p. °/₀, laquelle sera immatriculée au nom de la fabrique et de la commune ;

Attendu que les héritiers de Langottière ont formé appel de ces deux jugements et que ces deux appels donnent à juger la question de savoir si le décret d'autorisation a respecté la volonté du testateur, et si, dans le cas où cette volonté n'aurait pas été respectée, il appartient à la justice ordinaire de prononcer la caducité du legs ;

Attendu que l'autorité de la justice ordinaire n'est pas sérieusement contestée et que cette autorité a été reconnue par le décret du conseil d'État du 13 juillet 1870, lequel déclare que si les héritiers de Langottière entendent soutenir que les conditions sous lesquelles la fabrique a été autorisée à accepter ne sont pas conformes à la volonté du testateur, c'est à l'autorité judiciaire qu'il appartient de connaître de leurs réclamations et de décider, par interprétation de ce testament, s'il y a lieu pour les héritiers à se refuser à la délivrance de ce legs ;

Attendu qu'il suffit de comparer les termes du testament avec les conditions imposées par le décret d'autorisation, pour reconnaître que la volonté

l'autorisation d'accepter le legs fait en vue de cette fondation suivant un principe déjà reconnu par l'avis du conseil, en date du 9 janvier 1834 (1); mais qu'il ne saurait être permis de l'autoriser à en recueillir les bénéfices, en lui réservant en même

---

du testateur a été absolument méconnue par le décret, et que, à cette volonté clairement manifestée, le décret a substitué des dispositions destructives de cette volonté ;

Attendu qu'il appartient au conseil d'État d'accorder ou de refuser l'autorisation d'accepter le legs ; mais qu'il ne pouvait lui appartenir de changer les conditions et de créer un testament arbitraire, en remplacement de celui émané de la volonté du testateur ;

Attendu que les héritiers de Langottière agissent en vertu d'un intérêt et d'un devoir : intérêt à réclamer les valeurs du legs non exécuté, devoir de faire respecter les intentions de leur auteur ;

Attendu qu'ils sont donc recevables dans leur demande de caducité des legs et bien fondés dans cette demande, puisque la fabrique de l'église du Vieil-Baugé se trouve dans l'impossibilité d'accepter le legs dans les conditions stipulées par le testateur ;

Par ces motifs, la cour joint les deux appels ;

Déclare caduc le legs fait à la fabrique du Vieil-Baugé par le testament du 10 avril 1856 et le codicille du 4 décembre 1857 ;

Donne acte à la fabrique de ce qu'elle est toujours prête à accepter le legs et à exécuter le testament du sieur de Langottière.

(1) Voici l'avis du conseil d'État auquel il est référé :

Le conseil,

Considérant que, si la donation dont il s'agit est faite en faveur d'une congrégation légalement reconnue, dans des vues de bienfaisance et de charité, il est néanmoins constant que le but de cette fondation est de fonder un hospice dont la direction sera exclusivement confiée à des administrateurs désignés par la donatrice, et qui demeure entièrement en dehors du concours et du contrôle de l'autorité administrative ;

Que ce mode de constitution est contraire aux principes et aux règles consacrés par toutes les lois et ordonnances relatives aux établissements de ce genre, et qu'il y aurait de graves inconvénients à l'autoriser ;

Est d'avis qu'il n'y a lieu d'autoriser l'acceptation de la donation de la dame Bottu de la Baracondière ;

temps la possibilité de la consacrer à une autre école que celle que la testatrice a entendu contribuer à soutenir ;

Considérant qu'en l'espèce, l'acceptation du legs dont il s'agit ne saurait avoir pour effet, comme il est dit dans le rapport joint au projet, d'empêcher la commune de Pipriac d'opter entre l'enseignement laïque et l'enseignement congréganiste : car, quant à présent, le choix de cette commune a été fait et son école confiée à une congrégation dès avant l'intervention de la libéralité de la demoiselle de Tanouara; et que, pour l'avenir, la commune conserve toujours la liberté de recourir, le cas échéant, à des institutrices laïques, sauf, dans ce cas, à ne pas appliquer à son école les fonds légués, d'où il suit que l'institution dont il s'agit ne peut être regardée comme illicite (1) ;

Considérant, en conséquence, que l'art. 1 du projet de décret doit être ramené à la formule ordinaire d'acceptation des legs et donations conditionnels : « en tant que ces conditions ne seront pas contraires aux lois ; »

Par ces motifs,

A été d'avis de remplacer la réserve insérée à l'article 1 par ces mots : « aux clauses et conditions du testament, en tant qu'elles ne sont pas contraires aux lois. » (2)

---

(1) Cette jurisprudence avait été adoptée antérieurement, et d'une façon plus absolue par le ministère de l'intérieur, ainsi que le constate la décision suivante :

« L'obligation de faire tenir à perpétuité une école par des religieuses est contraire aux dispositions de la loi du 15 mars 1850, du décret du 9 mars 1852 et de la loi du 14 juin 1854, d'après lesquels les communes et l'autorité départementale doivent conserver leur liberté d'option entre l'enseignement laïque et l'enseignement religieux. Elle n'est donc pas susceptible d'approbation. » (Décision du ministère de l'intérieur, 1863.)

(2) Le décret rendu, en conséquence (11 janvier 1865), était, conformément à cet avis, ainsi libellé :

....

Art. 1. — Le maire de Pipriac (Ille-et-Vilaine), au nom de cette commune, est autorisé à accepter le legs à elle fait par la demoiselle Nathalie-Marie de

Décret relatif à la création d'une École Normale primaire d'instituteurs à Alger.

4 mars 1865.

NAPOLÉON, etc.,

Sur le rapport de nos Ministres secrétaires d'État aux départements de la guerre et de l'instruction publique, et sur l'avis du gouverneur général de l'Algérie;

Vu l'article 81 de la loi du 15 mars 1850, sur l'enseignement;

Vu les décrets des 14 juillet et 30 septembre 1850, relatifs à la création et à la surveillance des établissements d'instruction publique ouverts aux indigènes de l'Algérie;

Avons décrété et décrétons ce qui suit:

ART. 1. — Une École Normale d'instituteurs est créée à Alger pour les Européens et les indigènes.

ART. 2. — Un arrêté de notre Ministre de l'instruction publique, concerté avec notre Ministre de la guerre et le gouverneur général de l'Algérie, réglera tout ce qui ce qui se rapporte au personnel des maîtres et des élèves à l'enseignement et à l'administration de la nouvelle école.

ART. 3. — Nos Ministres secrétaires d'État aux départements de la guerre et de l'instruction publique, et le gouverneur

---

Tanouara, suivant son testament olographe du 19 mars 1856, de tous les biens, meubles et immeubles, d'une valeur approximative de 17,000 francs, qu'elle possédait dans ladite commune ou aux environs, et ce aux clauses et conditions insérées audit testament, en tant qu'elles ne sont pas contraires aux lois.

général de l'Algérie, sont chargés, chacun en ce qui le concerne, de l'exécution du présent décret.

Décision du conseil d'État, relative à l'inscription d'office pour la création d'une école de filles.

4 *mars* 1865.

L'art. 51 de la loi du 15 mars 1850 porte : « Toute commune de huit cents âmes de population et au-dessus est tenue, si ses propres ressources lui en fournissent les moyens, d'avoir au moins une école de filles, sauf ce qui est dit à l'article 15 ; le Conseil académique peut, en outre, obliger les communes d'une population inférieure à entretenir, si leurs ressources ordinaires le leur permettent, une école de filles. »

Décidé qu'une commune dont la population excédait huit cents âmes, n'était pas fondée à prétendre que ses ressources étaient insuffisantes pour subvenir à la dépense d'une école de filles.

Ainsi décidé par les motifs suivants : l'arrêté préfectoral qui a inscrit d'office la dépense au budget de la commune, et il n'est pas justifié que ces ressources aient été insuffisantes pour acquitter les sommes inscrites par le préfet : la commune objecte que le préfet, pour assurer le payement des sommes dont il avait ordonné l'inscription, a refusé d'autoriser diverses dépenses facultatives, comprises au projet de budget préparé par le conseil municipal et qu'il soutient être nécessaires ;

Mais le préfet n'a fait qu'user d'un droit qui lui appartenait en vertu de l'article 36 de la loi du 18 juillet 1837 ;

Décidé, en conséquence, que le préfet n'avait pas excédé la limite de ses pouvoirs, en ordonnant dans les formes prescrites par l'art. 39 de la loi du 18 juillet 1837, et sur le refus du conseil municipal, l'inscription d'office au budget de la commune.

Le Conseil,

Vu la requête.... pour la commune du Pouget, tendant à ce qu'il nous plaise annuler, pour excès de pouvoir, un arrêté pris par le préfet de l'Hérault en conseil de préfecture, à la date du 6 novembre 1863, à l'effet d'ordonner l'inscription d'office au budget de la commune requérante d'une somme de 150 francs pour l'année 1863, et d'une somme de 250 francs pour l'année 1864, destinées à payer l'indemnité de logement et le traitement de l'institutrice communale, par le motif que les propres ressources de la commune ne lui fournissaient pas les moyens d'entretenir une école de filles, et que dès lors, aux termes de l'article 31 de la loi du 15 mars 1850, elle n'était pas tenue d'avoir une institutrice communale;

Vu les observations du Ministre de l'instruction publique, tendant à ce que le pourvoi soit rejeté, attendu que l'entretien d'une école de filles est une dépense obligatoire pour les communes de plus de huit cents âmes, et que dès lors, sur le refus du conseil municipal de la commune du Pouget de pourvoir à cette dépense, le préfet a pu, sans excéder la limite de ses pouvoirs, user des droits qui lui étaient conférés par l'art. 39 de la loi du 18 juillet 1837;

Vu les observations du Ministre de l'intérieur, tendant à ce que le pourvoi soit rejeté, par le motif que les ressources de la commune étaient suffisantes pour subvenir aux dépenses d'entretien de l'école des filles;

Vu les délibérations en date des 6 février 1862 et 16 janvier 1863, par lesquelles le conseil municipal de la commune du Pouget décide que l'indemnité de logement allouée à l'institutrice communale sera réduite de 150 fr. à 100 fr. et qu'il ne lui sera alloué aucun traitement pour l'année 1863;

Vu le budget de la commune pour l'année 1863 et les chapitres additionnels audit budget, arrêtés par le préfet le 26 décembre 1862 et le 11 juin 1863;

Vu la délibération en date du 22 septembre 1863, par laquelle le conseil municipal refuse d'inscrire au budget de l'année 1864 les crédits nécessaires pour payer l'indemnité de logement et le traitement de l'institutrice communale;

Vu la lettre en date du 29 novembre 1863, par laquelle le sous-préfet de l'arrondissement de Lodève fait connaître au maire de la commune du Pouget, que le préfet a ordonné au conseil de préfecture l'inscription d'office au budget de la commune, pour l'année 1864, d'une somme de 250 fr. et l'invite en conséquence à réunir le conseil municipal pour voter une imposition de 450 fr. pour insuffisances de ressources, au lieu de l'imposition de 200 fr. portée au projet de budget alors soumis à l'examen du préfet;

Vu la délibération en date du 24 avril 1864, par laquelle le conseil municipal, assisté des plus imposés, refuse de voter cette imposition;

Vu le budget de la commune du Pouget pour l'année 1864, arrêté par le préfet le 29 avril 1864, et s'élevant à 6,965 fr. 24 cent. pour les recettes et 6,900 fr. 29 cent. pour les dépenses;

Vu les chapitres additionnels audit budget, arrêtés par le préfet le 18 juillet 1864, et s'élevant pour les recettes à 422 fr. 44 cent. et pour les dépenses à 419 fr. 03 cent.;

Vu la loi du 15 mars 1850;

Vu la loi du 18 juillet 1837;

Vu la loi des 7-14 octobre 1790;

Considérant qu'aux termes de l'article 51 de la loi du 15 mars 1850, toute commune de huit cents âmes de population et au-dessus est tenue, si ses propres ressources lui en fournissent les moyens, d'avoir au moins une école de filles; que la commune du Pouget, dont la population est de neuf cent quatre-vingt-sept âmes, pour établir qu'elle n'est pas tenue d'avoir une école de filles, soutient que ses ressources sont insuffisantes pour subvenir à cette dépense;

Mais constatant que l'arrêté attaqué, en ordonnant l'inscription d'office d'un crédit de 100 fr. sur le budget de l'année 1863, et d'un crédit de 250 fr. sur le budget de l'année 1864, destinés à pourvoir à l'indemnité de logement et à l'entretien de l'institutrice communale, dispose que ces sommes seront imputées sur les ressources ordinaires de la commune, et qu'il n'est pas justifié que ces ressources aient été insuffisantes pour acquitter lesdites sommes;

Que la commune prétend, il est vrai, que le préfet, pour assurer le payement des sommes dont il avait ordonné l'inscription, a refusé d'autoriser diverses dépenses nécessaires comprises au projet de budget préparé pour l'année 1864 par le conseil municipal, mais que le préfet, en rejetant ces dépenses, qui étaient d'ailleurs de celles que la loi considère comme facultatives, n'a fait qu'user d'un droit qui lui appartenait en vertu de l'article 36 de la loi du 18 juillet 1837 ; qu'il suit de là que le préfet n'a pas excédé les limites de ses pouvoirs, en ordonnant, dans les formes prescrites par l'article 39 de la loi du 18 juillet 1837, et sur le refus du conseil municipal, l'inscription d'office au budget de la commune des crédits nécessaires pour assurer, pendant les années 1863 et 1864, l'entretien de l'école communale des filles ;

ART. 1. — La requête de la commune du Pouget est rejetée (1).

---

(1) Voici les observations présentées sur cette affaire par M. le commissaire du gouvernement, L'Hôpital : « Pour les garçons, toute commune doit avoir une école primaire, soit par elle-même, soit en se réunissant à une autre commune (article 36 de la loi du 15 mars 1850). Si ses ressources ordinaires ne lui suffisent pas, l'article 40 lui impose l'obligation de voter ou de subir les trois centimes spéciaux. Ces centimes ne suffisent-ils pas encore ? les fonds du département et de l'État pourvoiront. Dans tous les cas, la dépense de l'école des garçons est obligatoire ; pour les filles, au contraire, elle n'est obligatoire que dans les cas déterminés par l'article 51. »

(Ici M. le commissaire du gouvernement lit l'article dont nous avons cité le texte dans le sommaire). Il continue ainsi :

« C'est la commission de l'Assemblée nationale qui a ajouté dans le § 1er les mots : « Si ses ressources lui en fournissent les moyens. » C'était à toute commune de 800 âmes que le projet du gouvernement imposait l'obligation d'une école de filles, sauf le pouvoir, pour le Conseil académique (aujourd'hui conseil départemental), de l'autoriser, en raison des circonstances, à conserver l'école mixte (arti. 15 de la loi).

« On a pu se demander assurément quelle est, depuis l'addition des mots, « si ses ressources lui en fournissent les moyens, » la différence subsistant entre la commune de huit cents âmes, tenue de par la loi d'avoir une école de

Décision du conseil d'État, relative à la réunion de plusieurs communes pour l'entretien d'une école.

18 *mars* 1865.

L'article 36 de la loi du 15 mars 1850 porte : « Toute commune doit entretenir une ou plusieurs écoles primaires. » Le Conseil académique du département peut autoriser une commune à se réunir à une ou plusieurs communes voisines pour l'entretien d'une école .... »

Le conseil départemental de l'instruction publique (qui de-

---

filles, et la commune de moins de huit cents âmes, à qui le Conseil académique peut l'imposer? Mais indépendamment de ce que, autre chose est l'obligation légale qui ne se discute pas, autre chose l'obligation qui ne résultera que d'une délibération du Conseil académique avec lequel on peut discuter; la nuance est grande entre les termes du § 1er, « si ses propres ressources lui en fournissent les moyens, » et les termes du § 2, « si leurs ressources ordinaires le leur permettent. »

« La question de savoir si les ressources ordinaires permettent, ne comporte qu'un simple calcul dont la base est définie ; il y a beaucoup plus de vague dans l'appréciation des propres ressources de la commune : qu'est-ce que c'est que les propres ressources? Cela est beaucoup plus élastique. La difficulté naissant comme dans l'espèce sera celle-ci :

« La dépense est obligatoire et le préfet a pu l'inscrire au budget, si les propres ressources de la commune sont suffisantes. Elle n'est pas obligatoire, elle ne peut pas être inscrite d'office dans le cas contraire. Mais pour apprécier le caractère de l'inscription d'office et le mérite du recours pour excès de pouvoir, une grande latitude vous est laissée par la disposition de la loi.

« Ce sont toutes les ressources de la commune que vous envisagez, sous la seule condition qu'elles lui soient propres, c'est-à-dire qu'elle ne soit pas dans le cas de les demander à une opération qui la dépossède ou qui l'engage à une aliénation, par exemple, ou à un emprunt.

« Les propres ressources de la commune du Pouget lui fournissent-elles les moyens, et par suite permettent-elles de lui imposer la charge d'entretenir une école de filles?

puis la loi du 14 juin 1854, remplace le Conseil académique du département), peut-il prononcer la réunion contrairement au vœu des conseils municipaux ? Rés. nég.

En conséquence, lorsque le conseil municipal d'une commune a refusé de consentir à la réunion de cette commune à une autre commune pour l'instruction primaire, la décision du conseil départemental de l'instruction publique, qui a prescrit d'office cette réunion pour la suppression de l'école de la première commune, doit être annulée pour excès de pouvoir ;

« D'abord la commune elle-même ne dit nulle part et n'a jamais songé à alléguer que ses ressources fussent en 1863 et en 1864 autres ou moindres qu'elles n'étaient en 1854. Or, en 1854 la commune les a trouvés suffisantes pour créer et ensuite entretenir son école de filles. Si elle dit le contraire aujourd'hui, ce n'est pas du tout que l'état de ses finances ait changé : c'est uniquement que le conseil municipal a été renouvelé et l'administration municipale après lui, et que l'institutrice communale, une sœur de l'ordre de la congrégation de Saint-Martin de Tours, qui vivait sous le patronage et la bienveillance de l'ancienne administration, est mal avec la nouvelle ; considération sans réplique s'il s'agissait d'une dépense facultative que personne ne pourrait imposer à la commune ; considération sans valeur, s'il s'agit d'une dépense obligatoire. Cela dit sur les faits, examinons le droit.

« Qu'a fait le préfet après avoir accompli les formalités prescrites par l'art. 39 de la loi du 18 juillet 1837 ? Après avoir mis le conseil municipal en demeure, il a inscrit d'office au budget de 1863, 150 francs pour le loyer de l'école des filles ; au budget de 1864, 250 francs dont 150 francs encore pour le loyer et 100 francs pour le traitement de l'institutrice. La base des évaluations du loyer à 150 francs, du traitement à 100 francs, n'est pas contestable : il s'agit de dépenses annuelles et variables, 150 francs et 100 francs sont la quotité moyenne des trois dernières années, ou même, disons mieux, sont les quotités annuellement payées dans chacune des années précédentes.

« Puis l'arrêté porte que les divers crédits seront imputés sur les ressources ordinaires de la commune.

« Il ne s'agit donc pas d'une imposition d'office, comme on l'a dit plusieurs fois par erreur dans l'instruction écrite, mais d'une inscription d'office, ce qui est fort différent. Ce n'est pas du tout le cas de la contribution extraordinaire dont parle l'article 39 *in fine*, prévoyant le cas où les ressources de la commune ne pourront pas suffire aux dépenses obligatoires. La commune n'est donc pas fondée à dire : « Mais déjà il me manquait 200 francs par l'effet de « votre inscription d'office, il va m'en manquer 450. Le déficit de 450 est la

Vu la requête pour la commune de Thulay...... contre une décision du 28 décembre 1863, par laquelle le conseil départemental de l'instruction publique du département du Doubs a prononcé la suppression de l'école de cette commune et la réunion des communes de Thulay et des Roche-les-Blamonts pour l'instruction primaire; — ladite requête tendant à ce qu'il nous plaise, — attendu qu'aucune disposition de loi n'autorise les conseils départementaux à prononcer la réunion de deux ou plusieurs communes pour l'instruction primaire sans le consentement des conseils municipaux; — attendu que la décision attaquée a été prise malgré le refus formel du conseil municipal de Thulay, de consentir à la

---

« meilleure preuve que mes ressources sont dépassées et que, par conséquent, « le caractère obligatoire de la dépense disparaît. »

« Il n'en est pas ainsi, puisque c'est sur les ressources ordinaires que se prendra le crédit inscrit d'office.

« Le préfet y a pourvu en ajoutant aux recettes prévues un article de prévision qui n'est que conforme ou même qui est inférieur à une recette réalisée dans les années précédentes, à savoir: le prix de ferme du balayage, en rayant d'autres par trois articles de dépense, savoir: 120 fr. pour entretien d'aqueducs, 80 francs pour entretien du pavage, enfin 90 francs pour dépenses imprévues.

« En avait-il le droit? Messieurs, c'est lui qui règle le budget; aux termes de l'article 36 de la même loi, il peut réduire ou rejeter les dépenses proposées au budget de la commune; aux termes de l'article 37, il peut réduire ou rejeter même le crédit que le conseil municipal peut porter au budget pour dépenses imprévues: il en est le maître si les ressources ordinaires ne peuvent faire face aux dépenses obligatoires qu'au moyen de la suppression ou de la réduction de ce crédit.

« Est-il donc possible de contester au préfet le droit de réduire ou de rejeter les dépenses facultatives comme celles qu'il a rejetées, alors que les articles 33 et 36 lui reconnaissent le pouvoir de rejeter même des dépenses obligatoires s'il estime que d'autres sont plus indispensables; de classer dans l'ordre dont il est juge les dépenses obligatoires elles-mêmes, dussent celles qu'il classerait les dernières sortir ainsi de l'ordre utile?

« Le préfet n'a donc en rien excédé ses pouvoirs; et, il nous appartenait de le dire: nous ajouterons qu'il nous paraît en avoir fait même un bon usage, la résistance de la commune du Pouget au maintien de l'école des filles n'étant, ce semble, aucunement digne d'intérêt ou de ménagement. »

réunion prescrite par la décision, — annuler cette décision pour excès de pouvoir ;

Vu les observations de notre Ministre de l'instruction publique, tendant à l'annulation de la décision attaquée ;

Vu les délibérations des conseils municipaux des communes de Thulay et de Roche-les-Blamonts, des 9 et 16 juillet 1860, 16 et 19 novembre 1863 ;

Vu la loi du 15 mars 1850 sur l'enseignement, article 36 ;

Vu la loi du 14 juin 1834 sur l'instruction publique, article 5 ;

Considérant qu'aux termes de l'article 36 de la loi du 15 mars 1850, le conseil départemental de l'instruction publique peut autoriser une commune à se réunir à une ou plusieurs communes voisines pour l'entretien d'une école ; mais qu'il n'appartient pas audit conseil de prononcer cette réunion contrairement au vœu des conseils municipaux ;

Considérant que par la délibération ci-dessus visée du 19 novembre 1863, le conseil municipal de la commune de Thulay a refusé de consentir à la réunion de cette commune à la commune de Roche-les-Blamonts pour l'instruction primaire du département du Doubs, en prescrivant d'office cette réunion pour la suppression de l'école communale de Thulay, a excédé la limite de ses pouvoirs ;

Art. 1. — La décision du conseil départemental de l'instruction publique du département du Doubs, en date du 28 septembre 1863, est annulée pour excès de pouvoir (1).

---

(1) Voici les observations présentées dans le sens du recours par M. le Ministre de l'instruction publique. « On ne saurait se dissimuler que, en fait, la décision du conseil départemental du Doubs, qui a prononcé la réunion de la commune de Thulay à celle de Roches pour l'instruction primaire, repose sur des motifs plausibles.

« Une école qui coûte à l'État et au département 422 francs par an, et qui ne reçoit habituellement que 12 élèves environ, peut en effet être considérée comme une charge inutile, alors qu'il est constant que ces enfants peuvent se rendre facilement à l'école de la commune voisine, distante de 2 kilomètres

Loi portant organisation de l'enseignement secondaire spécial.

21 *juin* 1865.

Napoléon, etc.,

Nous avons ordonné et ordonnons ce qui suit :

Art. 1. — L'enseignement secondaire spécial comprend : l'instruction morale et religieuse ; la langue et la littérature françaises, l'histoire et la géographie ; les mathématiques appliquées ; la physique, la mécanique, la chimie, l'histoire naturelle et leurs applications à l'agriculture et à l'industrie ; le dessin linéaire, la comptabilité et la tenue des livres.

Il peut comprendre, en outre, une ou plusieurs langues vivantes étrangères ; des notions usuelles de législation et d'économie industrielle et rurale, et d'hygiène ; le dessin d'ornement et le dessin d'imitation ; la musique vocale et la gymnastique.

---

seulement. Mais si cette décision est fondée en fait, il n'en est pas de même en droit.

« Il ne faut pas perdre de vue, en effet, que la loi oblige toute commune à entretenir une ou plusieurs écoles publiques, et qu'afin de rendre possible l'exécution de cette obligation, elle charge le département et l'État de pourvoir à l'insuffisance des ressources communales. L'article 36 de la loi du 15 mars 1850 permet, il est vrai, au conseil départemental d'autoriser la réunion d'une ou de plusieurs communes voisines pour l'entretien d'une école ; mais c'est une faculté qui est accordée à la commune et dont elle est libre d'user ou de ne pas user ; le conseil départemental n'a donc pas le droit de la contraindre à cette réunion et de la prononcer d'office.

« Si donc le conseil départemental du Doubs, en prononçant d'office et malgré les votes des conseils municipaux, la réunion des communes de Thulay et de Roche, pour l'instruction primaire, a pris une mesure utile en elle-même, il faut reconnaître qu'en la prescrivant, il a commis un excès de pouvoir. »

ART. 2. — Dans les communes qui en font la demande, les colléges communaux peuvent être organisés en vue de cet enseignement, après avis du Conseil académique.

ART. 3. — Il est constitué un conseil de perfectionnement près de chacun des établissements dépendant du Ministère de l'instruction publique où est donné l'enseignement secondaire spécial.

ART. 4. — A la fin des cours, les élèves sont admis à subir devant un jury, dont les membres sont nommés par le Ministre de l'instruction publique, un examen, à la suite duquel ils obtiennent, s'il y a lieu, un diplôme.

Les élèves de l'enseignement libre peuvent se présenter devant le jury et obtenir le même diplôme.

ART. 5. — La composition du conseil de perfectionnement, celle des jurys et les conditions d'examen sont réglées par des arrêtés délibérés en conseil impérial de l'instruction publique.

ART. 6. — Le diplôme de bachelier peut être suppléé, pour l'ouverture d'un établissement libre d'enseignement secondaire spécial, par un brevet de capacité, à la suite d'un examen dont les programmes sont réglés par des arrêtés délibérés en conseil impérial de l'instruction publique.

Nul n'est admis à subir cet examen avant l'âge de dix-huit ans.

La condition de stage prescrite par l'article 60 de la loi du 15 mars 1850 n'est pas exigible.

ART. 7. — Les établissements libres jouissent, pour l'enseignement secondaire spécial, du bénéfice de l'article 69 de la loi du 15 mars 1850.

ART. 8. — Les dispositions de la présente loi ne font pas obstacle à ce que les chefs ou directeurs d'établissements d'instruction primaire, fondés en exécution de la loi du 28 juin 1833 sur l'instruction primaire, et de celle du 15 mars 1850 sur l'enseignement, continuent à donner l'instruction primaire, prévue par ces deux lois.

Art. 9. — A dater de la promulgation de la présente loi, l'enseignement primaire peut comprendre, outre les matières déterminées par le paragraphe 2 de l'article 23 de la loi du 15 mars 1850, le dessin d'ornement, le dessin d'imitation, les langues vivantes étrangères, la tenue des livres et des éléments de géométrie.

Arrêté relatif au payement du mobilier personnel des instituteurs et des institutrices publics.

22 *juin* 1865.

Le Ministre secrétaire d'État au département de l'instruction publique ;

Vu le décret du 4 septembre 1863,

Arrête :

Art. 1. — La subvention spéciale de 300 fr. accordée aux communes qui auront voté, aux termes de l'art. 1 du décret du 4 septembre 1863, une somme égale pour l'achat du mobilier personnel de l'instituteur ou de l'institutrice publics, n'est ordonnancée qu'après la livraison intégrale et la vérification udit mobilier.

Art. 2. — Le préfet adresse au Ministre, avec les propositions d'ordonnancement, un certificat délivré par l'inspecteur d'Académie, constatant que les objets composant ledit mobilier sont bien conditionnés et représentent une valeur réelle et vénale de 600 fr..

Art. 3. — MM. les préfets et MM. les inspecteurs d'Académie sont chargés, chacun en ce qui le concerne, de l'exécution du présent décret.

Décret fixant les traitements des professeurs de musique dans les Écoles Normales primaires.

15 *juillet* 1865.

Le Ministre secrétaire d'État au département de l'instruction publique,

Vu l'arrêté ministériel du 30 janvier 1865, relatif à l'organisation de la musique dans les Écoles Normales primaires;

Considérant que l'application de cet arrêté a donné lieu à un surcroît de travail pour les maîtres externes chargés de l'enseignement musical, et qu'il convient de leur assurer un traitement en rapport avec le nombre de leçons qui leur sont confiées;

Arrête :

Art. 1. — A partir de ce jour le traitement des professeurs de musique dans les Écoles Normales primaires sera calculé à raison de 100 francs par an pour un cours qui exige une leçon d'une heure par semaine, de 200 francs pour un cours de deux heures, de 300 francs pour un cours de trois heures, et ainsi de suite, sans que toutefois le montant du traitement total puisse dépasser 1,000 francs.

Art. 2. — MM. les recteurs et les préfets des départements sont chargés, chacun en ce qui le concerne, d'assurer l'exécution du présent arrêté.

Avis relatif à la réhabilitation des instituteurs.

16 *décembre* 1865.

Le Conseil,

Vu l'exposé dans lequel, à l'occasion des réclamations à lui adressées par les sieurs ..... et ....., le Ministre demande l'avis du conseil sur la question de savoir si la réhabilitation fait cesser l'incapacité établie par l'article 26 de la loi du 15 mars 1850;

Vu les articles 5, 26 et 28 de ladite loi;

Vu les articles 619 et 634 du code d'instruction criminelle, ensemble les lois des 3 juillet 1852 et 19 mars 1864;

Ouï le rapport présenté par M. Bonjean;

Considérant que, d'après l'article 5 de la loi du 15 mars 1850, le conseil impérial peut être appelé à donner son avis sur toutes les questions qui lui sont soumises par le Ministre de l'instruction publique;

Considérant qu'aux termes de l'article 634 du code d'instruction criminelle, la réhabilitation fait cesser pour l'avenir, dans la personne du condamné, toutes les incapacités qui résultent de la condamnation;

Que le bénéfice de la réhabilitation, d'abord restreint aux incapacités résultant des condamnations afflictives et infamantes a été étendu, par les lois des 3 juillet 1852 et 19 mars 1864, à celles attachées aux condamnations correctionnelles, et même à la simple destitution prononcée contre certains officiers publics, greffiers, notaires, avoués, huissiers, agents de change, courtiers, etc. ;

Que du texte comme de l'esprit de ces lois, il résulte avec évidence que, dans l'intention du législateur, il n'est pas d'incapacité résultant d'une condamnation quelconque, qui ne soit effacée par la réhabilitation ;

Que pour excepter de cette règle l'incapacité établie par l'article 26, il faudrait une disposition formelle qui n'existe dans aucune loi;

Que c'est d'ailleurs dans ce sens que la question a été jugée par la cour de cassation dans un arrêt du 27 avril 1865, inséré au Moniteur du 30 mai;

Considérant, au surplus, qu'en effaçant les incapacités, la réhabilitation replace purement et simplement, sous ce rapport, le condamné dans la condition commune des autres citoyens, et notamment sous l'empire de l'article 2 de la loi du 28 mars 1850 qui confère au recteur (aujourd'hui remplacé par le préfet) le droit de former opposition à l'ouverture de l'école, dans l'intérêt des mœurs publiques, et au Conseil académique (aujourd'hui conseil départemental) celui de prononcer sans recours cette opposition;

Est d'avis :

1° Que la réhabilitation relève le condamné de l'incapacité établie par l'article 26 de la loi du 15 mars 1850;

2° Que la réhabilitation laisse d'ailleurs entier le droit d'opposition réglé par l'article 28 de la même loi.

Avis relatif à la réduction de la durée réglementaire des classes du jour dans les écoles primaires, d'un temps égal à celui qui serait consacré le soir à la classe d'adultes.

16 *décembre* 1865.

Le Conseil,

Vu la proposition faite par plusieurs comités départementaux;

Est d'avis :

Qu'il y a lieu d'accueillir la proposition de décider la durée réglementaire des classes du jour dans les écoles primaires, d'un temps égal à celui qui sera consacré le soir, à la classe d'adultes, sous la réserve que cette réduction ne descendra pas au-dessous de cinq heures.

Décision du conseil d'État, relative à l'opposition faite à l'ouverture d'une école.

28 *février* 1866.

D'après les articles 27 et 53 de la loi du 15 mars 1850, tout instituteur qui veut ouvrir un pensionnat primaire doit en adresser la déclaration au maire de la commune, au recteur de l'Académie, au sous-préfet et au procureur impérial ;

D'après l'article 28, c'est dans le mois qui suit la déclaration à lui faite, que le recteur peut former opposition à l'ouverture du pensionnat dans l'intérêt des mœurs publiques ; mais les attributions déférées au recteur par la loi du 15 mars 1850, ayant été transférées au préfet par la loi du 14 juin 1854, c'est au préfet que la déclaration que la loi de 1850 prescrivait d'adresser au recteur, doit être faite, et c'est dans le mois qui suit cette déclaration que le préfet peut former opposition à l'ouverture du pensionnat (1).

---

(1) A l'appui de la recevabilité du recours au contentieux, le pourvoi rappelait les arrêts des 15 novembre 1851 (Pierquin), 23 janvier 1864 (Petit-Colas), 9 décembre 1864 (Leroy), — déclarations d'ouverture d'établissement secondaire

Dans l'espèce, déclaration parvenue à la préfecture le 27 mars, décide que l'opposition faite par le préfet, le 28 avril suivant, avait été formée dans le délai.

Vu la requête...... pour le sieur Louis-Philippe-Arsène Rousselle, instituteur libre, tendant à ce qu'il nous plaise annuler pour excès de pouvoir :

1° Un arrêté du 28 avril 1865, par lequel le préfet du département de la Somme a formé opposition dans l'intérêt des mœurs publiques, à l'ouverture d'un pensionnat primaire que le requérant voulait établir à Rosières ;

2° Une décision du 12 juin 1865, par laquelle le conseil départemental de l'instruction publique a déclaré cette opposition recevable par le motif que le délai fixé par la loi pour former opposition ne doit courir qu'à partir du jour où toutes les pièces exigées ont été produites, et que, dans l'espèce, le requérant n'avait pas produit le certificat constatant qu'il avait exercé pendant cinq ans, soit comme instituteur, soit comme maître adjoint dans un pensionnat, et a maintenu ladite opposition,

Attendu que toute opposition à l'ouverture d'un pensionnat primaire, qu'elle soit fondée sur l'intérêt des mœurs publiques ou sur l'observation des formalités exigées par la loi, doit être formée dans le mois qui suit la déclaration de l'ouverture de ce pensionnat; que d'ailleurs, dans l'espèce, toutes les formalités prescrites avaient été remplies, les pièces produites par le requérant, constatant qu'il avait exercé pendant plus de cinq ans comme instituteur, et ces pièces devant, par suite, tenir lieu du certificat qu'on lui reproche de n'avoir pas produit ;

Vu l'arrêté du préfet de la Somme du 28 avril 1865, et la décision du conseil départemental de l'instruction publique, en date du 12 juin 1865;

Vu les observations de notre Ministre de l'instruction publique, et tendant à ce qu'il soit fait droit aux conclusions de cette requête ;

Vu les autres pièces produites et jointes au dossier, notamment la déclaration faite par le sieur Rousselle à la mairie de

Rosières le 21 mars 1865 et le certificat du préfet de la Somme constatant que la copie de cette déclaration et les pièces dont elle devait être accompagnée ont été déposées à la préfecture le 27 mars 1865 ;

Vu la loi du 15 mars 1850, notamment les articles 27, 28 et 53, les décrets des 7 octobre 1850 et 30 décembre 1850, rendus pour l'exécution de cette loi, et la loi du 14 juin 1854, art. 8 ;

Considérant que d'après les articles 27 et 53 de la loi du 15 mars 1850, la déclaration que doit faire tout instituteur qui veut ouvrir un pensionnat primaire, doit être adressée par le postulant non-seulement au maire de la commune où le pensionnat serait établi, mais aussi au recteur de l'Académie, au sous-préfet et au procureur impérial, et que d'après l'art. 28 de la même loi, c'est dans le mois qui suit la déclaration qui lui a été faite, que le recteur peut former opposition à l'ouverture du pensionnat dans l'intérêt des mœurs publiques ;

Considérant que les attributions déférées au recteur par la loi du 15 mars 1850, ayant été transférées au préfet par l'art. 8 de la loi du 14 juin 1854, c'est au préfet que la déclaration de la loi de 1850 prescrivait d'adresser au recteur doit être faite, et c'est dans le mois qui suit cette déclaration que le préfet peut former opposition à l'ouverture du pensionnat primaire dans l'intérêt des mœurs publiques ;

Considérant qu'il résulte de l'instruction que la déclaration que le sieur Rousselle devait adresser au préfet, n'est parvenue à la préfecture de la Somme que le 27 mars 1865 ; que, dès lors, l'opposition faite par le préfet le 28 avril 1865, dans l'intérêt des mœurs publiques, à l'ouverture du pensionnat primaire que ledit sieur Rousselle voulait établir à Rosières, a été formée dans le délai fixé par la loi, et que le requérant n'est pas fondé à demander l'annulation : 1° de l'arrêté du préfet du département de la Somme, en date du 28 avril 1865 comme ayant été pris après l'expiration du délai légal, et étant dès lors entaché d'excès de pouvoir ; 2° de la décision du conseil départemental de l'instruction publique du 12 juin 1865 ;

Art. 1. — La requête du sieur Rousselle est rejetée.

. . . .

Modèle de statuts de société de secours mutuels entre les instituteurs et les institutrices.

19 *mars* 1866.

TITRE I.

Art. 1. — Une société de secours mutuels est établie entre les instituteurs communaux et les institutrices communales du département d.....

Elle a pour but :

1° D'accorder des secours aux instituteurs et institutrices sociétaires atteints de maladie ou de blessures accidentelles les obligeant à cesser temporairement leurs fonctions ;

2° De leur venir en aide, par une indemnité temporaire, dans le cas où soit l'âge, soit les infirmités, ne leur permettraient plus l'exercice de leurs fonctions avant le règlement de leur retraite ;

3° De pourvoir aux frais funéraires de ses membres ;

4° De secourir leurs veuves et leurs enfants en bas âge, s'ils se trouvent dans le besoin ;

Enfin la société pourra aussi, quand ses ressources le permettront, assurer à ses membres une pension de retraite.

TITRE II.

DES SOCIÉTAIRES.

Art. 2. — La société se compose de membres participants et de membres honoraires. Les membres participants ont seuls droit aux secours de la société.

Art. 3. — Sont membres participants de la société tous les instituteurs communaux et toutes les institutrices communales, les instituteurs adjoints dans les écoles publiques, qui auront pris l'engagement de se conformer aux présents statuts et qui ne seraient pas âgés de plus de cinquante ans.

Art. 4. — Sont membres honoraires de la société toutes les personnes qui verseront à la caisse une somme annuelle de .... francs au moins. Les instituteurs communaux et les institutrices communales en exercice ne peuvent pas être membres honoraires.

Art. 5. — Tout membre participant qui viendrait à cesser ses fonctions dans le département conservera néanmoins son titre de membre et tous ses droits, pourvu qu'il continue de remplir les obligations que lui impose cette qualité.

Art. 6. — Cesseront de faire partie de la société :

1° Les membres qui, depuis deux ans, n'auront pas versé leur cotisation ;

2° Ceux qui auront été révoqués de leurs fonctions ; néanmoins, leur réintégration dans l'enseignement public leur donnera le droit de rentrer dans la société ;

3° Ceux qui, à la suite de leur démission des fonctions d'instituteur communal ou d'institutrice communale, renonceront, par lettre au président, aux titres et aux droits de membres de la société.

Art. 7. — La radiation sera prononcée en conseil administratif, et le sociétaire qui en sera l'objet n'aura droit à aucun remboursement.

Art. 8. — Tout membre qui, pour un motif quelconque, aura cessé de faire partie de l'association, ne pourra y être admis de nouveau qu'à la condition de payer sa cotisation à partir de l'époque où sa radiation aura été prononcée, sauf dispense du conseil administratif.

TITRE III.

ADMINISTRATION DE LA SOCIÉTÉ.

Art. 9. — La société est administrée par un conseil administratif qui la représente légalement en toutes circonstances. Ce conseil, dont les fonctions sont gratuites, est composé, non compris le président, de douze membres élus en assemblée générale, choisis parmi les membres honoraires et les membres participants, mais de manière que la majorité soit prise dans ces derniers.

Art. 10. — Conformément au décret du 26 mars 1852, le président de la société est nommé par l'Empereur.

Art. 11. — La société nomme, parmi les membres du conseil, un vice-président, un secrétaire, un secrétaire adjoint et un trésorier.

Art. 12. — Les membres du conseil, ainsi que le vice-président, le secrétaire, le secrétaire adjoint et le trésorier, sont nommés pour trois ans ; ils conservent leurs fonctions jusqu'à leur remplacement. Ils peuvent être réélus.

Art. 13. — Les instituteurs membres participants de chaque canton se réunissent chez l'un d'eux, désigné à l'avance par le président, à l'effet d'élire un délégué du canton et un vice-délégué pris parmi eux et chargé de les représenter dans les assemblées générales. Ces nominations ont lieu à la majorité absolue des suffrages des membres présents. Le procès-verbal de la nomination des délégués est adressé immédiatement au président.

Les fonctions de délégué de canton durent trois ans. Les mêmes membres peuvent être réélus.

Art. 14. — Une commission d'apurement, composée de trois membres nommés par le conseil, vérifie l'exactitude des comptes fournis par le trésorier ; elle est saisie des registres et pièces de comptabilité un mois avant la séance générale du conseil.

Art. 15. — Une commission permanente, composée du président, du secrétaire, du trésorier et de deux autres membres désignés par le conseil, est autorisée à traiter toutes les affaires urgentes qui peuvent survenir entre deux séances du conseil, sauf à faire approuver ces décisions par le conseil à la première séance.

TITRE IV.

FINANCES.

Art. 16. — Le fonds social de secours et de réserve se compose :

1° Des cotisations des membres participants, fixées pour chacun d'eux, et par an, à la somme de..... francs payable par trimestre et d'avance ;

2° Des cotisations versées par les membres honoraires et des sommes données par tous autres ;

3° Des recettes que la société pourrait faire à quelque titre que ce fût.

Art. 17. — Les fonds de la société restent entre les mains du trésorier jusqu'à concurrence de 100 francs.

Art. 18. — Le trésorier verse au nom de la société, à la Caisse d'épargne ou à la Caisse des dépôts et consignations, conformément aux articles 13 et 14 du décret du 26 mars 1852, toute somme de 50 francs excédant le chiffre ci-dessus.

Il a seul qualité pour faire les demandes de remboursement et donner quittance.

Toutefois, les demandes de remboursement ne seront faites valablement par le trésorier que sur autorisation motivée du président du conseil, donnée par écrit.

Le livret donné par la Caisse d'épargne ou par la Caisse des dépôts et consignations est soumis au visa du président, autant de fois que celui-ci le réclame.

Art. 19. — Le délégué de chaque canton perçoit, au moyen d'un livre à souche, la cotisation annuelle des membres participants et honoraires qui y résident; il peut également recevoir tous les dons en argent faits à la société. Si la somme versée donne au déposant la qualité de membre honoraire, avis en est adressé immédiatement au président.

Art. 20. — Du 1er au 31 décembre, les délégués de canton adressent au président les bordereaux des cotisations et versent au trésorier, qui en délivre quittance à souche, toutes les sommes dont ils sont comptables. Le montant des secours provisoires qu'ils ont payés, conformément à l'article 26, est pris pour comptant et porté en recettes par le trésorier, moyennant la remise des pièces justificatives qu'il emploie en dépenses.

Art. 21. — Le trésorier reçoit aussi, en se conformant à l'article précédent et aux lois sur la matière, tous les dons faits à la société et toutes les sommes versées à quelque titre que ce soit.

Art. 22. — La société adressera chaque année, à M. le préfet, un compte rendu de sa situation morale et financière.

TITRE V.

SECOURS.

ART. 23. — Des secours calculés par journée de maladie sont accordés par le conseil, suivant les ressources disponibles de la société et sans pouvoir excéder les neuf dixièmes des recettes annuelles, aux membres participants dont la maladie excéderait trois jours; mais si la maladie prend un caractère chronique, après trois mois le bureau avisera.

Dans le cas où une retenue serait exercée sur le traitement de l'instituteur pour payer les émoluments d'un suppléant, une indemnité de...... par jour lui sera accordée pendant trois mois.

Les frais funéraires des membres participants sont supportés par la société.

Tout sociétaire malade doit faire connaître sa situation au délégué du canton et au président de la société.

Nul n'a droit aux secours s'il ne fait partie de la société depuis six mois au moins.

La société pourra, si ses ressources le lui permettent, accorder des secours temporaires :

1° Aux membres participants dont l'âge ou les infirmités seraient un obstacle à l'exercice de leurs fonctions ;

2° Aux veuves des membres participants;

3° Aux enfants en bas âge des membres participants décédés. Le secours accordé à ces derniers est versé entre les mains du père ou de la mère ou du tuteur.

La société sollicite en outre, et s'il y a lieu, l'admission gratuite de ces orphelins dans les écoles publiques des communes où ils résident, et les délégués des cantons s'assurent qu'ils les fréquentent régulièrement.

ART. 24. — Les demandes de secours sont faites par les

intéressés eux-mêmes ou par un tiers en leur nom ; elles sont adressées directement au président, qui les transmet au délégué du canton de la résidence du réclamant pour avoir l'avis des membres participants du canton.

Art. 25. — Sur l'invitation du président, le délégué du canton réunit les membres participants du canton, il préside l'assemblée et s'adjoint pour composer le bureau le vice-délégué et, à son défaut, le plus âgé et le plus jeune des membres présents. Il consigne dans un procès-verbal, que signent tous les membres présents, le résultat de la délibération ; copie en est aussitôt envoyée au président.

Dans aucun cas, le délégué du canton ne peut permettre qu'on s'occupe de questions étrangères à l'objet de la réunion.

Art. 26. — S'il y a urgence, et si l'avis est favorable à la demande, il peut être accordé un secours provisoire de 40 francs. Ce secours est remis par le délégué du canton sur la simple autorisation du président.

Art. 27. — Toute délibération des réunions cantonales, prise sans l'autorisation préalable et par écrit du président de la société, est nulle.

Art. 28. — L'instituteur résidant hors du département, et qui a conservé la qualité de membre participant, n'est admis à participer aux secours qu'en justifiant de ses besoins par un certificat de l'inspecteur d'Académie de la circonscription à laquelle appartient le lieu de sa résidence et l'avis des membres participants associés du canton où il demeurait avant de quitter le département.

TITRE VI.

CAISSE DE RETRAITE.

Art. 29. — Un fonds de retraite est créé conformément au

décret du 26 avril 1852, et placé à la Caisse des dépôts et consignations.

Art. 30. — Ce fonds se compose :

Des prélèvements faits par la société sur l'excédant des recettes ;

Des subventions spéciales accordées par l'État, le département ou les communes ;

Des dons et legs faits à la société, avec affectation spéciale au service des pensions.

Art. 31. — Conformément à l'art. 6 du décret du 26 avril 1852, la quotité de la pension sera fixée sur la proposition du bureau en assemblée générale, dans les limites déterminées par l'article 8 du même décret.

Art. 32. — Pour être présenté à l'assemblée générale comme candidat à la pension, le sociétaire doit avoir 55 ans d'âge et faire partie de la société depuis au moins dix ans en qualité de membre participant.

TITRE VII.

FONCTIONS DU CONSEIL.

Art. 33. — Le conseil administratif est convoqué par le président dans le premier trimestre de chaque année. Il peut être convoqué extraordinairement toutes les fois que le président le juge nécessaire aux intérêts de la société.

Art. 34. — Le président ouvre et lève les séances, dirige les discussions, pose les questions, les met aux voix et proclame le résultat des votes.

Art. 35. — En l'absence du président, ses fonctions sont remplies par le vice-président ou, à défaut, par le plus âgé des membres présents du conseil. La présence de sept membres au moins est nécessaire pour prendre une délibération.

Art. 36. — Le conseil statue à la majorité absolue des suffrages ; en cas de partage, la voix du président est prépondérante.

Art. 37. — Le président fait à la société, qui se réunit chaque année en assemblée générale, un rapport sur la situation administrative et morale de la société, sur les opérations du conseil et de la commission permanente. La commission d'apurement donne lecture du procès-verbal de la vérification des écritures du trésorier.

Art. 38. — Le trésorier ne siége pas au conseil, lorsque celui-ci reçoit et arrête ses comptes.

Art. 39. — Le procès-verbal de la séance générale est rédigé par le secrétaire ou, à défaut, par le secrétaire adjoint. Il renferme le résumé des documents mentionnés en l'article 32 des décisions prises par l'assemblée générale ; les noms des membres honoraires et participants, décédés dans le courant de l'année qui a précédé l'époque de la session, y sont inscrits. Ce procès-verbal est imprimé et adressé par le président aux membres participants et honoraires.

Art. 40. — Le président est dépositaire des procès-verbaux et autres pièces qui émanent de la société, et qui ne font pas partie du dossier du trésorier.

TITRE VIII.

DISPOSITIONS GÉNÉRALES.

Art. 41. — Un service annuel funèbre est célébré dans chaque canton pour le repos des âmes des membres décédés. Les membres honoraires résidant dans le canton y sont invités.

Ce service a lieu alternativement dans chacune des communes classées d'après leur ordre alphabétique, ou dans la commune désignée d'avance par les sociétaires du canton, qui fixent aussi l'époque à laquelle le service sera célébré, et prennent pour limite depuis le mois de juillet jusqu'au mois de novembre.

Les élèves de la commune désignée sont conduits à l'office.

Les sociétaires délégués des cantons profitent de cette réunion pour réclamer les cotisations et demander l'avis des sociétaires sur les demandes de secours. Ils envoient sans retard au président les listes des membres participants présents, avec l'indication de ceux qui ont payé la cotisation.

Art. 42. — Les dispositions qui précèdent ne pourront être modifiées qu'en assemblée générale, après avis des délégués des cantons et sur l'avis du conseil administratif. Les modifications devront être approuvées par l'administration supérieure.

Décision du conseil d'État, relative à la nomination des instituteurs.

22 *mars* 1866.

Un arrêté préfectoral, par lequel l'instituteur public d'une commune a été appelé à diriger l'école d'une autre commune, sans être remplacé, peut-il être attaqué comme entaché d'excès de pouvoir par la première commune, laquelle se plaint d'avoir été ainsi privée du service de l'instruction primaire? Rés. nég.

(Aucune disposition législative n'imposait au préfet l'obligation de nommer le successeur de l'instituteur déplacé par le même arrêté qui appelait celui-ci à un autre poste.)

L'instituteur public d'une commune qui, sur le rapport de l'inspecteur d'Académie et à titre d'avancement, a été appelé par un arrêté préfectoral à diriger l'école d'une autre commune, peut-il attaquer cet arrêté comme entaché d'excès de pouvoir, en se fondant sur ce que le préfet ne pouvait, aux termes de l'article 33 de la loi du 15 mars 1850 et de l'art. 8 de la loi du 14 juin 1854, le déplacer que par mesure disciplinaire, et que, dès lors, il ne pouvait lui imposer sans son consentement, à titre d'avancement, un changement de résidence ? Rés. nég.

Aux termes de l'article 8 de la loi du 14 juin 1854, le préfet exerce, sous l'autorité du Ministre de l'instruction publique et sur le rapport de l'inspecteur d'Académie, les attributions déférées au recteur par la loi du 15 mars 1850 et par le décret organique du 9 mars 1852, en ce qui concerne l'instruction primaire. L'art. 4 du décret du 9 mars 1852 avait transféré au recteur de nommer les instituteurs publics, que l'art. 31 de la loi du 15 mars 1850 attribuait au conseil municipal.

Aucune disposition législative n'interdit au préfet d'appeler, dans l'intérêt du service public, l'instituteur d'une commune à exercer ses fonctions dans une autre commune.

Le Conseil,

Vu la requête.... pour : 1° la commune de Combloux....; 2° le sieur Bariad, instituteur public à Saint-Sigismond ; ladite requête.... tendant à ce qu'il nous plaise annuler un arrêté du 4 mars 1865, par lequel le préfet de la Haute-Savoie a appelé ledit sieur Bariad, alors instituteur public à Combloux, à la direction de l'école de Saint-Sigismond sans lui donner de successeur ; par le motif : 1° que le préfet, en privant la commune du service de l'instruction primaire, a entendu contraindre le conseil municipal à renoncer à exécuter des travaux communaux régulièrement autorisés et l'obliger à y substituer d'autres travaux, qu'il ne lui appartenait pas d'imposer à l'administration municipale; 2° que le préfet ne pouvait, aux termes de l'article 33 de la loi du 15 mars 1850 et de l'article 8 de la loi du 14 juin 1854, déplacer le sieur

Bariad que par mesure disciplinaire, et que, dès lors, il ne pouvait lui imposer, sans son consentement, à titre d'avancement, un changement de résidence;

Vu les observations de notre Ministre de l'instruction publique, tendant à ce que le pourvoi soit rejeté comme non recevable, par le motif que les actes par lesquels les préfets agissant comme chefs de service de l'instruction primaire, en vertu des pouvoirs qui leur sont conférés par l'article 8 de la loi du 14 juin 1854, nomment ou déplacent les instituteurs publics, ne sont pas susceptibles de nous être déférés par la voie contentieuse ;

Vu la loi du 15 mars 1850, le décret du 9 mars 1852 et la loi du 4 juin 1854;

Vu la loi des 7-14 juin 1790 ;

Sur les conclusions de la commune de Combloux, tendant à ce qu'il soit décidé que le préfet ne pouvait, sans excès de pouvoir, appeler le sieur Bariad, instituteur public de ladite commune, à diriger l'école d'une autre commune sans pourvoir à son remplacement ;

Considérant qu'aucune disposition législative n'imposait au préfet l'obligation de nommer le successeur du sieur Bariad par le même arrêté qui appelait cet instituteur à un autre poste;

Sur les conclusions du sieur Bariad, tendant à ce qu'il soit décidé que le préfet n'aurait pu ordonner son déplacement, sauf dans le cas où il aurait prononcé cette mutation par mesure disciplinaire;

Considérant qu'aux termes de l'art. 8 de la loi du 14 juin 1854, le préfet exerce sous l'autorité de notre Ministre de l'instruction publique, et sur le rapport de l'inspecteur d'Académie, les attributions déférées aux recteurs par la loi du 15 mars 1850 et par le décret organique du 9 mars 1852, en ce qui concerne l'instruction primaire ; que l'art. 4 de notre décret précité du 9 mars 1852, avait référé au recteur le droit de nommer les instituteurs publics, que l'article 31 de la loi du 15 mars 1850 attribuait au conseil municipal ; qu'aucune disposition législative n'interdit au préfet d'appeler, dans l'intérêt du service public, l'instituteur d'une commune à exercer ses fonctions dans une autre commune ; qu'ainsi le préfet du département de la Haute-Savoie, en appelant le sieur Bariad, sur le rapport de l'inspecteur d'Académie et à titre d'avancement, à diriger l'école de la commune de Saint-Sigismond, n'a commis aucun excès de pouvoir ;

ART. 1. — La requête de la commune de Combloux et du sieur Bariad est rejetée :

. . . .

Décret concernant la gratuité des écoles primaires.

28 *mars* 1866.

NAPOLÉON, etc.,

Avons décrété et décrétons ce qui suit :

ART. 1. — L'article 13 du décret du 31 décembre 1853 est remplacé par la disposition suivante :

« Lorsque la liste des élèves gratuits, dressée en exécution des articles 24 et 45 de la loi du 15 mars 1850 et de l'article 10 du décret du 7 octobre 1850, par le maire et les ministres des différents cultes, et approuvée par le conseil municipal, a été arrêtée par le préfet, il en est délivré par le maire un extrait sous forme de billet d'admission, à chaque enfant qui y est porté.

« Aucun élève ne peut être reçu gratuitement dans une école communale, s'il ne justifie d'un billet d'admission délivré par le maire. »

ART. 2. — Notre Ministre de l'instruction publique est

chargé de l'exécution du présent décret qui sera inséré au *Bulletin des Lois*.

Arrêté relatif aux écritures obligatoires pour les instituteurs.

17 *avril* 1866.

Le Ministre de l'instruction publique,

Arrête :

Les seules écritures périodiques dont la tenue est exigible des instituteurs sont les suivantes :

PREMIÈRE CATÉGORIE.

Écritures relatives au recouvrement de la rétribution scolaire.

1° Registre matricule ;
2° Rôles de la rétribution scolaire et écritures qui s'y rapportent ;
3° Registre des déclarations d'abonnements.

DEUXIÈME CATÉGORIE.

Écritures d'ordre et de statistique.

1° Registre d'inventaire du mobilier de l'école ;
2° Catalogue et registre d'entrée et de sortie des livres des

bibliothèques scolaires ; registre des recettes et des dépenses, et état au 31 décembre de ces bibliothèques ;

3° Rapport annuel contenant les renseignements nécessaires à la rédaction des états de situation des écoles et salles d'asile.

TROISIÈME CATÉGORIE.

Écritures relatives à la direction pédagogique de l'école.

1° Registre d'appel ou de présence, de notes et de compositions, conforme au modèle annexé au présent arrêté ;

2° Journal de classe, également conforme au modèle ci-annexé.

Décret relatif à la réorganisation des Écoles Normales primaires.

2 *juillet* 1866.

TITRE I.

DES OBJETS DE L'ENSEIGNEMENT DANS LES ÉCOLES NORMALES PRIMAIRES.

ART. 1. — L'enseignement, dans les Écoles Normales primaires, comprend :

L'instruction morale et religieuse ;

La lecture ;

L'écriture ;

Les éléments de la langue française;
Le calcul et le système légal des poids et mesures;
L'arithmétique appliquée aux opérations pratiques;
La tenue des livres;
Les éléments de l'histoire et de la géographie générale, et particulièrement l'histoire et la géographie de la France;
Des notions des sciences physiques et d'histoire naturelle, applicables aux usages de la vie;
L'horticulture, ainsi que des notions élémentaires sur l'agriculture, l'industrie et l'hygiène;
Les éléments de la géométrie, l'arpentage et le nivellement;
Le dessin;
Le chant;
La gymnastique;
Des notions d'administration communale et de tenue des registres de l'état civil.

Art. 2. — L'instruction religieuse est donnée aux élèves-maîtres, suivant la religion qu'ils professent, par les ministres des différents cultes reconnus par l'État. Ces ministres sont nommés conformément aux dispositions de l'article 7 ci-après.

Art. 3. — La durée du cours d'études est de trois ans. Les matières du programme sont réparties entre les trois années, et l'enseignement des matières inscrites comme facultatives dans l'article 23 de la loi du 15 mars 1850 et dans l'article 9 du 21 juin 1865, commence dès la première année.

L'enseignement est spécial aux élèves de chaque année.

Les élèves de plusieurs années ne peuvent être réunis et recevoir des leçons communes, à moins d'autorisation spéciale, que pour le chant, l'écriture, le dessin, la gymnastique et les travaux d'horticulture.

Art. 4. — A la fin de la seconde année, la commission de surveillance désigne les élèves qui, en troisième année, peuvent être exceptionnellement dispensés de suivre quelques-uns des cours qui portent sur les matières facultatives.

Art. 5. — Les élèves-maîtres sont exercés à la pratique des méthodes d'enseignement dans les écoles primaires annexées aux Écoles Normales.

L'instituteur qui dirige l'école annexe est assimilé sous tous les rapports aux maîtres adjoints. Il peut, en conséquence, être chargé d'une partie de la surveillance. Quand il n'est pas admis à la table commune, il reçoit, en sus de son traitement, une indemnité égale au prix de la pension des élèves-maîtres.

TITRE II.

DE LA DIRECTION ET DE LA SURVEILLANCE.

CHAPITRE PREMIER.

De la direction.

Art. 6. — Le directeur de l'École Normale est nommé par le Ministre de l'instruction publique ; il est chargé, indépendamment de l'économat, des conférences pédagogiques et d'une partie de l'enseignement.

Il dresse, sous l'approbation du recteur, la liste des livres à mettre entre les mains des élèves, ainsi que les livres de lecture composant la bibliothèque de la salle d'étude. Il est personnellement responsable de la tenue des catalogues de livres et des registres de prêt, ainsi que des inventaires du mobilier usuel et scientifique.

Art. 7. — Le directeur est secondé par des maîtres adjoints nommés par le Ministre, et dont la tâche, soit pour l'enseignement, soit pour la surveillance et les écritures, est fixée par le directeur, sous l'approbation du recteur.

Les maîtres adjoints ne peuvent résider hors de l'établissement qu'avec l'autorisation du recteur.

Art. 8. — La surveillance disciplinaire peut être partagée entre les maîtres adjoints et des élèves-maîtres de troisième année, désignés par le directeur parmi les plus méritants.

CHAPITRE II.

De la commission de surveillance et de ses attributions.

Art. 9. — La surveillance de l'École Normale est confiée à une commission de cinq membres, nommés pour trois ans par le recteur, y compris le président.

Le directeur assiste aux délibérations de la commission, avec voix délibérative, hors les cas où elle a à statuer sur des questions qui intéressent sa gestion.

Art. 10. — La commission de surveillance est chargée :

1° De préparer la liste des candidats à l'École Normale, dont elle aura reconnu l'aptitude à la suite de l'enquête prévue par l'article 15 ci-après;

2° D'adresser au préfet, au commencement de chaque année scolaire, un état de propositions pour la répartition des bourses entre les élèves-maîtres des trois divisions;

3° De rédiger le règlement particulier de l'école : ce règlement devra être approuvé par le recteur;

4° De désigner, à la fin de la première et de la deuxième année, les élèves qui sont admis aux cours de l'année supérieure.

Dans le cas de maladie prolongée ou d'absence légitime, la commission peut, sous l'approbation du recteur, autoriser un élève à redoubler le cours de première ou de deuxième année;

5° De dresser, chaque année, le budget, d'examiner les comptes qui lui sont présentés par la direction de l'école, et de consigner ses observations dans un rapport spécial.

Art. 11. — Les membres de la commission de surveillance font, au moins une fois tous les trois mois, la visite de l'école ; ils prennent connaissance des registres sur lesquels sont consignées par le directeur les notes relatives à la conduite, au caractère et au travail de chaque élève, ainsi que des notes résumées que ce fonctionnaire remet au préfet pour le placement des élèves sortants.

La commission de surveillance examine les classes et interroge les élèves. Elle surveille la tenue des inventaires et catalogues et la conservation des collections. Elle se rend compte des travaux d'horticulture des élèves et de leurs progrès dans cet ordre de connaissances.

Art. 12. — Tous les ans, au mois de juillet, la commission de surveillance adresse au recteur de l'Académie, sur l'état et le personnel de l'école, un rapport qui est transmis au Ministre.

Elle reçoit du directeur, à la même époque, un rapport sur tout ce qui concerne les élèves et la discipline. Elle transmet ce rapport, avec ses observations, au préfet, qui le place sous les yeux du conseil général, et au recteur, qui en envoie au Ministre une expédition accompagnée de ses observations.

TITRE III.

DE L'ADMISSION DES ÉLÈVES-MAÎTRES.

Art. 13. — Chaque année, le Ministre détermine, sur l'avis du conseil départemental, eu égard aux besoins du service, le nombre des élèves-maîtres qui peuvent être admis à l'École Normale, soit à leurs frais, soit aux frais du département et des communes, soit aux frais de l'État.

Art. 14. — Les inscriptions des candidats ont lieu du 1er au 31 janvier. Un registre est ouvert, à cet effet, au bureau de l'inspection académique. Aucune inscription n'est reçue qu'après que le candidat a déposé les pièces suivantes :

1° Son acte de naissance constatant qu'au 1er octobre (janvier) (circulaire du 19 mai 1868, page 129) de l'année dans laquelle il se présente, il avait seize ans accomplis au moins ou vingt ans au plus ;

2° Un certificat de médecin, constatant qu'il a été vacciné ou qu'il a eu la petite vérole, et qu'il n'est atteint d'aucune infirmité ou d'aucun vice de constitution qui le rende impropre à l'enseignement ;

3° L'engagement de servir, pendant dix ans au moins, dans l'instruction primaire publique. La signature sera légalisée ; si le candidat est mineur, il produira, en outre, une déclaration par laquelle son père ou son tuteur l'autorise à contracter cet engagement ;

4° Une note, signée de lui, indiquant le lieu ou les lieux qu'il a habités depuis l'âge de treize ans ;

5° Des certificats de moralité, délivrés tant par les chefs des écoles auxquelles il aura appartenu comme élève ou comme sous-maître que par le maire de la commune où il aura résidé.

Art. 15. — Une enquête est faite, par les soins de l'inspecteur académique et des inspecteurs de l'instruction primaire, sur la conduite et les antécédents des candidats.

Au vu des pièces exigées, et d'après les résultats de l'enquête, la commission de surveillance dresse, du 1er au 15 juillet, la liste mentionnée en l'article 10.

Les candidats inscrits sur cette liste sont examinés du 15 au 31 juillet, au chef-lieu du département, par une commission nommée par le recteur, commission dont le directeur fait nécessairement partie.

A la suite de cet examen, les candidats sont classés par ordre de mérite, en nombre égal à celui des places vacantes.

La liste, par ordre de mérite, des élèves admissibles est transmise au préfet, qui prononce l'admission.

Les pensionnaires libres admis à l'école peuvent concourir, à la fin ou dans le cours de chaque année, pour l'obtention des bourses ou portions de bourse devenues libres, soit par suite du renvoi d'élèves boursiers jugés incapables de continuer leurs études, soit pour tout autre motif.

ART. 16. — Les bourses ou portions de bourse entretenues par l'État ou par les départements sont accordées par le préfet, en conseil départemental, sur la proposition motivée de la commission de surveillance et du directeur de l'établissement.

Les boursiers qui n'obtiennent que des portions de bourse s'engagent à payer la portion qui reste à leur charge.

Les boursiers départementaux s'engagent, en outre, à servir pendant dix ans dans le département qui paye leur pension.

Ces engagements, ainsi que l'autorisation nécessaire aux mineurs, devront être légalisés.

Les anciens boursiers départementaux peuvent être relevés, en tout ou en partie, de l'engagement prévu au troisième paragraphe du présent article, par une dispense du préfet, sur l'avis conforme du conseil départemental et de la commission de surveillance.

ART. 17. — Les boursiers qui, par leur fait, sortiraient de l'école avant la fin du cours, ou qui refuseraient d'accomplir leur engagement décennal, sont tenus de restituer à l'État ou au département le prix de la pension dont ils ont joui.

Toutefois, ils peuvent être dispensés de cette obligation par le Ministre, sur l'avis du conseil départemental.

Le montant des restitutions fait retour au fonds sur lequel les bourses étaient payées.

La dispense du service militaire cesse à dater du jour où l'engagement a été rompu.

TITRE IV.

DU RÉGIME INTÉRIEUR.

ART. 18. — Les journées commencent et finissent par une prière commune.

Les jours de dimanches et de fêtes légalement reconnues, les élèves sont conduits à l'office divin sous la surveillance du directeur et des maîtres adjoints.

ART. 19. — Les vacances durent six semaines au plus, non compris le congé de Pâques, qui est de huit jours.

Tout congé, toute sortie particulière, hors une circonstance exceptionnelle dont le directeur est juge, sont formellement interdits pendant la durée du cours d'études.

Le directeur et les maîtres adjoints ne peuvent prendre de congé qu'avec l'autorisation du recteur.

ART. 20. — Les élèves-maîtres sont chargés du service de propreté dans l'intérieur de l'école.

TITRE V.

DE LA DISCIPLINE.

ART. 21. — Les punitions qui peuvent être infligées aux élèves, suivant la gravité des fautes, sont :

La retenue,
La réprimande,
L'exclusion.

Le directeur prononce la retenue.

La réprimande est prononcée, suivant les cas, par le directeur, la commission de surveillance ou le préfet.

L'exclusion est prononcée par le préfet, sur l'avis du directeur, la commission de surveillance entendue.

En cas de faute grave, le directeur peut prononcer l'exclusion provisoire.

Lorsque l'exclusion est prononcée, le Ministre en est immédiatement informé.

Lorsque plusieurs départements sont réunis pour l'entretien d'une École Normale, le recteur de l'Académie où se trouve placée cette école statue sur toutes les questions de discipline et de régime intérieur.

ART. 22. — Tout élève qui, à la fin de l'année, n'est pas jugé en état de suivre les cours de l'année suivante, cesse de faire partie de l'école.

ART. 23. — Le décret du 24 mars 1851 est et demeure rapporté.

Règlement concernant l'examen du brevet de capacité pour les instituteurs et les institutrices primaires.

3 *juillet* 1866.

Le Ministre secrétaire d'État au département de l'instruction publique,

Vu les articles 23 et 46 de la loi du 15 mars 1850 ;
Vu l'article 50 du décret organique du 29 juillet 1850 ;
Vu l'article 9 de la loi du 21 juin 1865 ;
Le conseil impérial de l'instruction publique entendu,

Arrête :

TITRE I.

DE LA COMMISSION D'EXAMEN.

Art. 1. — Aucun examen particulier ne peut avoir lieu en dehors des deux sessions annuelles prescrites par l'article 50 du règlement d'administration publique du 29 juillet 1850.

Le recteur peut, pour des cas graves, autoriser une troisième session.

Les sessions s'ouvrent le même jour, à la même heure, dans chacun des départements composant le ressort académique. Ce jour est fixé par les recteurs, après avis des conseils départementaux.

Art. 2. — Dans chaque ressort académique, les sujets de compositions qui doivent être traités par les aspirants au brevet de capacité sont identiques.

Deux jours avant l'ouverture des sessions des commissions d'examen, le recteur envoie, sous pli fermé de trois cachets, les sujets de compositions à chaque inspecteur départemental.

Chaque sujet de composition est renfermé sous un pli spécial, portant en suscription la nature de la composition, savoir :

1° Pour les aspirants qui se bornent à l'enseignement obligatoire : une dictée d'orthographe, un sujet de rédaction, une question d'arithmétique ;

2° Pour les aspirants qui désirent faire preuve de connaissances plus étendues : une question d'arithmétique et une question de géométrie, appliquées aux opérations pratiques ; un sujet de dessin linéaire et d'ornement ; un récit exposant un des faits principaux de l'histoire ; un sujet de dessin d'imitation; et, pour les candidats qui auront demandé à être interrogés sur les langues vivantes, un thème et une version.

Art. 3. — Chaque sujet de composition est retiré du pli cacheté, séance tenante, en présence des candidats, par le président de la commission, au commencement de chaque épreuve.

Art. 4. — Les épreuves écrites sont examinées et jugées par la commission réunie, qui prononce l'admission aux épreuves orales et dresse la liste, par ordre de mérite, des candidats admis à ces épreuves.

Art. 5. — Les aspirants admis aux épreuves orales sont appelés, selon l'ordre de la liste de mérite, séparément ou par séries, devant le jury entier, pour être interrogés.

Le bureau ne peut, dans aucun cas, se subdiviser en sous-commissions pour procéder à l'examen dans des locaux séparés ou sur divers points d'une même salle.

Les candidats ne sont examinés sur les matières religieuses que par un ministre de leur culte.

Art. 6. — A la fin de la session, le procès-verbal des opérations de la commission, signé par le président et le secrétaire, est envoyé au recteur de l'Académie, accompagné : 1° des compositions écrites faites par les candidats jugés dignes du brevet de capacité; 2° de l'indication des questions posées aux mêmes candidats pour les épreuves orales.

TITRE II.

DES ASPIRANTS AU BREVET DE CAPACITÉ.

Art. 7. — Tout aspirant au brevet de capacité est tenu de

se faire inscrire au bureau de l'inspecteur d'Académie un mois avant l'ouverture de la session, et de déposer, à l'appui de sa demande d'inscription :

1° Un extrait de son acte de naissance ;

2° La déclaration que l'aspirant ne s'est présenté devant aucune commission d'examen dans l'intervalle des quatre mois qui précèdent la session, et qu'il ne s'est fait inscrire pour cette session dans aucun département ;

3° La déclaration, si le candidat veut faire constater son aptitude à l'enseignement primaire facultatif, des matières qui sont réparties en quatre séries par les articles 16 et 17 du présent arrêté, et comprises dans la deuxième partie de l'article 23 de la loi du 15 mars 1851, et dans l'article 9 de la loi du 21 juin 1865.

Art. 8. — La signature de l'aspirant doit être légalisée par le maire de la commune où il réside.

Art. 9. — Ne sont pas admis à l'examen, et, dans tous les cas, n'ont pas droit à la délivrance du brevet de capacité, les candidats qui se trouvent dans les cas d'incapacité prévus par l'article 26 de la loi du 15 mars 1850, et ceux qui auraient fait, pour se conformer à l'article 7 du présent arrêté, de fausses déclarations.

Art. 10. — A l'ouverture de la session, le président de la commission fait l'appel des candidats inscrits. Chaque aspirant, à l'appel de son nom, vient apposer sa signature sur le registre, afin de constater son identité.

Art. 11. — Toute communication entre les aspirants pendant les épreuves est interdite, sous peine d'exclusion.

Art. 12. — Les aspirants au brevet comprenant l'enseignement facultatif sont interrogés, à leur choix, sur les matières comprises dans les quatre séries déterminées aux articles 16 et 17 du présent arrêté. Ils peuvent, en conséquence, subir quatre examens successifs devant la même commission ou devant des commissions étrangères.

ART. 13. — L'examen se divise en épreuves écrites et en épreuves orales; il ne peut porter que sur les matières qui sont l'objet de l'enseignement dans les Écoles Normales primaires.

Pour les épreuves écrites, les aspirants sont réunis, soit ensemble, soit par séries, sous la surveillance d'un ou de plusieurs membres de la commission, désignés par le président.

ART. 14. — Les épreuves écrites pour l'examen des aspirants au brevet simple sont au nombre de quatre, savoir :

1° Une page d'écriture à main posée, en gros, en moyen et en fin, dans les trois principaux genres, savoir : la cursive, la bâtarde et la ronde ; les aspirants font une ligne au moins de chaque espèce d'écriture ;

2° Une dictée d'orthographe d'une page environ, dont le texte est pris dans un livre classique. Ce texte, lu d'abord à haute voix, est ensuite dicté posément, puis relu. Dix minutes sont accordées aux aspirants pour relire et corriger leur travail ;

3° Un exercice de style ;

4° La solution raisonnée d'un ou de plusieurs problèmes d'arithmétique, comprenant l'application des nombres entiers et l'usage des fractions.

Il est accordé une heure pour la composition d'histoire, une heure pour l'écriture et une heure pour l'arithmétique.

ART. 15. — Les épreuves orales pour le brevet simple ont lieu dans l'ordre suivant :

1° Lecture de français dans un recueil de morceaux choisis en prose et en vers : chaque aspirant lira un passage de prose et un passage de poésie ; lecture dans un manuscrit ; lecture du latin dans le Psautier ou dans le livre d'offices ;

Des questions sont adressées aux candidats sur le sens des mots et la liaison des idées dans les morceaux français qu'ils ont lus ;

2° Questions sur le catéchisme et l'histoire sainte ;

3° Analyse d'une phrase au tableau noir ;

4° Questions d'arithmétique et de système métrique.

Des questions sur les procédés d'enseignement des diverses matières comprises dans le programme obligatoire seront en outre adressées aux candidats.

Vingt minutes au plus sont consacrées à chacune de ces épreuves, qui sont communes à tous les aspirants au brevet de capacité.

Art. 16. — Les candidats déjà pourvus d'un brevet simple, et qui ont fait la déclaration prescrite par le paragraphe 4 de l'article 7 du présent arrêté, sont admis de droit et sans retour sur les examens précédents aux épreuves concernant l'enseignement facultatif.

Les épreuves écrites sont, dans ce cas, divisées en quatre séries, savoir :

1° L'arithmétique et la géométrie appliquées aux opérations pratiques ; le dessin linéaire et d'ornement ;

2° L'histoire et la géographie ;

3° Le dessin d'imitation ;

4° Les langues vivantes (thème et version).

Trois heures sont accordées pour la première épreuve, une pour la seconde, une pour la troisième, une pour la quatrième.

Art. 17. — Les épreuves orales ont lieu dans l'ordre suivant :

1re série. — Arithmétique appliquée aux opérations pratiques, tenue des livres, éléments de géométrie, arpentage, nivellement, dessin linéaire et d'ornement, chant.

2e série. — Éléments d'histoire et de géographie ; notions de sciences physiques et d'histoire naturelle applicables aux usages de la vie ; instructions élémentaires sur l'agriculture, l'industrie, l'hygiène et la gymnastique.

3e série. — Dessin d'imitation.

4e série. — Langues vivantes.

Les deux premières épreuves durent chacune une heure la troisième, une demi-heure ; la quatrième, une demi-heure.

TITRE IV.

DU JUGEMENT DES ÉPREUVES.

Art. 18. — Le jury exprime la valeur de chacune des épreuves écrites ou orales à l'aide des signes qui suivent :

10, 9	équivalent à très-bien.
8, 7	— bien.
6, 5	— passable.
4, 3	équivalent à médiocre.
2, 1	— mal.
0	— nul.

Pour l'épreuve d'orthographe, toute copie qui présente plus de trois fautes est rejetée.

Les notes données par les commissions sont le résultat de l'appréciation faite au commencement de chaque épreuve.

Art. 19.— Tout candidat au brevet simple, qui n'obtient pas une moyenne de vingt points pour les épreuves écrites, n'est pas admis aux épreuves orales.

La nullité d'une épreuve est un cas absolu d'exclusion.

Art. 20. — Le brevet simple est accordé aux candidats qui, pour l'ensemble des preuves orales, ont obtenu un maximum de vingt points.

Art. 21. — Pour que mention soit faite, sur son brevet, des matières nouvelles sur lesquelles il aura subi les épreuves prescrites par les articles 16 et 17 du présent arrêté, le candidat doit obtenir un minimum de cinq points pour chacune de ces épreuves écrites ou orales.

TITRE V.

DES ASPIRANTES AU BREVET DE CAPACITÉ.

Art. 22. — Les aspirantes au brevet de capacité de deuxième ordre subissent les épreuves déterminées aux articles 14 et 15 du présent arrêté.

Entre les épreuves écrites et les épreuves orales, elles exécutent, sous la surveillance d'une ou de plusieurs dames désignées à cet effet par le préfet, les travaux à l'aiguille prescrits par l'article 48 de la loi du 15 mars 1850.

Parmi ces travaux, et au premier rang, sont les ouvrages de couture usuelle.

Les aspirantes qui n'obtiennent pas, pour les épreuves écrites, vingt points, et, pour la couture, cinq points, ne sont pas admises aux épreuves orales.

Art. 23. — Les aspirantes au brevet de premier ordre doivent, pour les épreuves écrites, traiter une question d'arithmétique appliquée, ainsi qu'une question élémentaire d'histoire et de géographie, faire un dessin linéaire et d'ornement, et si elles en ont fait la demande, un thème et une version dans une langue vivante.

Les épreuves orales comprennent l'arithmétique appliquée aux opérations pratiques, la tenue des livres, les éléments d'histoire et de géographie, les notions des sciences physiques et d'histoire naturelle applicables aux usages de la vie, le dessin, le chant, l'hygiène, et, si les aspirantes en ont fait la demande, une langue vivante.

Art. 24. — Toutes les dispositions contraires au présent arrêté sont et demeurent abrogées.

Décret concernant la division en classes des directeurs et des maîtres adjoints des Écoles Normales.

1er *octobre* 1866.

NAPOLÉON, etc.,

Avons décrété et décrétons ce qui suit :

ART. 1. — Les directeurs des Écoles Normales primaire et les maîtres adjoints désignés par les articles 5, 6 et 7 du décret du 2 juillet 1866, seront partagés, à partir du 1er janvier 1867, en trois classes et répartis en nombre égal dans chacune de ces classes.

ART. 2. — Notre Ministre secrétaire d'État au département de l'instruction publique est chargé de l'exécution du présent décret.

Extrait d'un arrêté instituant un comité de patronage pour l'enseignement du chant dans les écoles.

8 *février* 1867.

Le Ministre secrétaire d'État au département de l'instruction publique,

Arrête :

ART. 1. — Il est formé au ministère de l'instruction publique un comité de patronage pour développer l'enseignement du chant dans les écoles de l'empire et encourager les orphéons dirigés par les instituteurs.

....

Extrait d'un décret ayant pour objet la nomination d'une commission chargée de préparer un programme pour l'enseignement de l'agriculture.

12 *février* 1867.

NAPOLÉON, etc.,

Avons décrété et décrétons ce qui suit :

ART. 1. — Une commission, présidée par nos Ministres de l'instruction publique et de l'agriculture, du commerce et des travaux publics, est chargée d'étudier et de proposer les mesures nécessaires pour développer les connaissances agricoles dans les Écoles Normales primaires, dans les écoles communales et dans les cours d'adultes des communes rurales.

....

Loi sur l'enseignement primaire.

10 *avril* 1867.

NAPOLÉON, etc.,

Avons décrété et décrétons ce qui suit :

ART. 1. — Toute commune de cinq cents habitants et au-dessus est tenue d'avoir au moins une école publique de filles, si elle n'en est pas dispensée par le conseil départemental, en vertu de l'article 15 de la loi du 15 mars 1850.

Dans toute école mixte tenue par un instituteur, une femme, nommée par le préfet, sur la proposition du maire, est chargée de diriger les travaux à l'aiguille des filles. Son traitement est fixé par le préfet, après avis du conseil municipal.

Art. 2. — Le nombre des écoles publiques de garçons ou de filles à établir dans chaque commune est fixé par le conseil départemental, sur l'avis du conseil municipal.

Le conseil départemental détermine les écoles publiques de filles auxquelles, d'après le nombre des élèves, il doit être attaché une institutrice adjointe.

Les paragraphes 2 et 3 de l'art. 34 de la loi du 15 mars 1850 sont applicables aux institutrices adjointes.

Ce conseil détermine, en outre, sur l'avis du conseil municipal, les cas où, à raison des circonstances, il peut être établi une ou plusieurs écoles de hameau dirigées par des adjoints ou des adjointes.

Les décisions prises par le conseil départemental, en vertu des paragraphes 1, 2 et 4 du présent article, sont soumises à l'approbation du Ministre de l'instruction publique.

Art. 3. — Toute commune doit fournir à l'institutrice, ainsi qu'à l'instituteur adjoint et à l'institutrice adjointe dirigeant une école de hameau, un local convenable, tant pour leur habitation que pour la tenue de l'école, le mobilier de classe et un traitement.

Elle doit fournir à l'adjoint et à l'adjointe un traitement et un logement.

Art. 4. — Les institutrices communales sont divisées en deux classes.

Le traitement des institutrices adjointes est fixé à trois cent cinquante francs.

Le traitement de la première classe ne peut être inférieur à cinq cents francs, celui de la seconde à quatre cents francs.

Art. 5. — Les instituteurs adjoints sont divisés en deux classes.

Le traitement de la première classe ne peut être inférieur à cinq cents francs, et celui de la seconde à quatre cents francs.

Le traitement des adjoints et adjointes tenant une école de hameau est déterminé par le préfet, sur l'avis du conseil municipal et du conseil départemental.

Art. 6. — Dans le cas où un ou plusieurs adjoints ou adjointes sont attachés à une école, le conseil départemental peut décider, sur la proposition du conseil municipal, qu'une partie du produit de la rétribution scolaire servira à former leur traitement.

Art. 7. — Une indemnité fixée par le Ministre de l'instruction publique, après avis du conseil municipal et sur la proposition du préfet, peut être accordée annuellement aux instituteurs et institutrices dirigeant une classe communale d'adultes, payante ou gratuite, établie en conformité du paragraphe 1 de l'article 2 de la présente loi.

Art. 8. — Toute commune qui veut user de la faculté accordée par le paragraphe 3 de l'article 36 de la loi du 15 mars 1850 d'entretenir une ou plusieurs écoles entièrement gratuites peut, en sus de ses ressources propres et des centimes spéciaux autorisés par la même loi, affecter à cet entretien le produit d'une imposition extraordinaire, qui n'excédera pas 4 centimes additionnels au principal des quatre contributions directes.

En cas d'insuffisance des ressources indiquées au paragraphe qui précède, et sur l'avis du conseil départemental, une subvention peut être accordée à la commune sur les fonds de l'État, dans les limites du crédit spécial porté annuellement à cet effet au budget du ministère de l'instruction publique.

Art. 9. — Dans les communes où la gratuité est établie en vertu de la présente loi, le traitement des instituteurs et des institutrices publics se compose :

1° D'un traitement fixe de deux cents francs;

2° D'un traitement éventuel calculé à raison du nombre d'élèves présents, d'après un taux de rétribution déterminé chaque année par le préfet, sur l'avis du conseil municipal et du conseil départemental;

3° D'un supplément accordé à tous les instituteurs et institutrices dont le traitement fixe, joint au produit de l'éventuel, n'atteint pas, pour les instituteurs, les *minima* déterminés par l'article 38 de la loi du 15 mars 1850 et par le décret du 19 avril 1862, et, pour les institutrices, les *minima* déterminés par l'article 4 ci-dessus.

ART. 10. — Dans les autres communes, le traitement des instituteurs et des institutrices publics se compose :

1° D'un traitement fixe de deux cents francs ;

2° Du produit de la rétribution scolaire ;

3° D'un traitement éventuel calculé à raison du nombre d'élèves gratuits présents à l'école, d'après un taux déterminé, chaque année, par le préfet, sur l'avis du conseil municipal et du conseil départemental ;

4° D'un supplément accordé à tous les instituteurs et institutrices dont le traitement fixe, joint au produit de la rétribution scolaire et du traitement éventuel, n'atteint pas, pour les instituteurs, les *minima* déterminés par l'article 38 de la loi du 15 mars 1850 et par décret du 10 avril 1862, et pour les institutrices, les *minima* déterminés par l'article 4 ci-dessus.

ART. 11. — Le traitement déterminé, conformément aux deux articles précédents, pour les instituteurs et les institutrices en exercice au moment de la promulgation de la présente loi, ne peut être inférieur à la moyenne de leurs émoluments pendant les trois dernières années.

ART. 12. — Le préfet du département et le maire de la commune peuvent se pourvoir devant le Ministre de l'instruction publique contre les délibérations du conseil départemental, prises en vertu du deuxième paragraphe de l'article 15 de la loi de 1850, pour la fixation du taux de la rétribution scolaire.

ART. 13. — Dans les communes qui n'ont point à réclamer le concours du département ni de l'État, pour former le traitement des instituteurs et institutrices, tel qu'il est déterminé par les articles 9 et 10, ce traitement peut, sur la demande du conseil municipal, être remplacé par un traitement fixe, avec l'approbation du préfet, sur l'avis du conseil départemental.

ART. 14. — Il est pourvu aux dépenses résultant des articles 1, 2, 3, 4, 5 et 7 ci-dessus comme à celles résultant de la loi de 1850, au moyen des ressources énumérées dans l'article 40 de ladite loi, augmentées d'un troisième centime départemental additionnel au principal des quatre contributions directes.

Art. 15. — Une délibération du conseil municipal, approuvée par le préfet, peut créer, dans toute commune, une caisse des écoles destinée à encourager et à faciliter la fréquentation de l'école par des récompenses aux élèves assidus et par des secours aux élèves indigents.

Le revenu de la caisse se compose de cotisations volontaires et de subventions de la commune, du département ou de l'État. Elle peut recevoir, avec l'autorisation des préfets, des dons et des legs.

Plusieurs communes peuvent être autorisées à se réunir pour la formation et l'entretien de cette caisse.

Le service de la caisse des écoles est fait gratuitement par le percepteur.

Art. 16. — Les éléments de l'histoire et de la géographie de la France sont ajoutés aux matières obligatoires de l'enseignement primaire.

Art. 17. — Sont soumises à l'inspection, comme les écoles publiques, les écoles libres qui tiennent lieu d'écoles publiques, aux termes du quatrième paragraphe de l'article 36 de la loi de 1850, ou qui reçoivent une subvention de la commune, du département ou de l'État.

Art. 18. — L'engagement de se vouer pendant dix ans à l'enseignement public, prévu par l'article 79 de la même loi, peut être réalisé, tant par les instituteurs que par leurs adjoints, dans celles des écoles mentionnées à l'article précédent, qui sont désignées à cet effet par le Ministre de l'instruction publique, après avis du conseil départemental.

L'engagement décennal peut être contracté avant le tirage par les instituteurs adjoints des écoles désignées, ainsi qu'il vient d'être dit.

Sont applicables à ces mêmes écoles les dispositions de l'article 34 de la loi de 1850, concernant la fixation du nombre des adjoints, ainsi que le mode de leur nomination et de leur révocation.

Art. 19. — Les décisions du conseil départemental, rendues dans les cas prévus par l'article 28 de la loi de 1850, peuvent être déférées, par voie d'appel, au conseil impérial de l'instruction publique.

Cet appel doit être interjeté dans le délai de dix jours, à compter de la notification de la décision.

Art. 20. — Tout instituteur ou toute institutrice libre qui, sans en avoir obtenu l'autorisation du conseil départemental, reçoit dans son école des enfants d'un sexe différent du sien, est passible des peines portées à l'article 29 de la loi de 1850.

Art. 21. — Aucune école primaire, publique ou libre, ne peut sans l'autorisation du conseil départemental, recevoir d'enfants au-dessous de six ans, s'il existe dans la commune une salle d'asile publique ou libre.

Art. 22. — Sont abrogées les dispositions des lois antérieures en ce qu'elles ont de contraire à la présente loi.

Décision du conseil d'État, relative au droit de patente des instituteurs.

27 *novembre* 1867.

Décidé que si le réclamant, instituteur libre, avait été autorisé provisoirement par le préfet à recevoir chez lui quelques internes pendant une année scolaire, il n'était pas établi par l'instruction que dans les conditions où il avait usé de cette autorisation, il pût être considéré comme ayant exercé pendant ladite année la profession de maître de pension.

Le Conseil,

Vu la requête présentée par le sieur Vanhès, tendant à ce qu'il nous plaise annuler un arrêté du 5 octobre 1866, par lequel le conseil de préfecture du Nord a rejeté sa demande en décharge du droit de patente, auquel il a été assujetti, pour ladite année, sur le rôle de la commune de Berlaimont, en qualité de maître de pension ;

Ce faisant, — attendu que l'autorisation d'ouvrir un pensionnat lui a été refusée, à raison de l'insuffisance des bâtiments destinés à recevoir les élèves; que si le préfet du Nord lui a permis d'avoir chez lui quelques élèves internes, pour l'aider dans une collection d'histoire naturelle, il ne saurait, pour ce seul fait, être imposé à la patente des maîtres de pension ; — lui accorder la décharge demandée ;

Vu les observations du ministère des finances, tendant au maintien de l'arrêté attaqué, par le motif que le sieur Vanhès n'a présenté aucune réclamation pour l'année 1867, et que l'instruction constate qu'en 1866 son pensionnat était tenu dans les mêmes conditions qu'en 1867 ;

Vu la loi du 25 août 1844, la loi du 18 mai 1850, et le tableau G y annexé;

Considérant que, si le sieur Vanhès, instituteur à Berlaimont, a été autorisé provisoirement par le préfet du Nord à recevoir chez lui quelques internes pendant l'année scolaire 1866, il n'est pas établi par l'instruction, que dans les conditions où le sieur Vanhès a usé de cette autorisation il puisse être considéré comme ayant exercé, pendant ladite année, la profession de maître de pension ; que dès lors c'est à tort qu'il a été imposé et maintenu au rôle de Berlaimont, pour l'année 1866, en qualité de maître de pension ;

Art. 1. — L'arrêté par lequel le conseil de préfecture du Nord a rejeté la demande du sieur Vanhès, est annulé.

Art. 2. — Le sieur Vanhès est déchargé du droit de patente auquel il a été assujetti pour l'année 1866.

Arrêté relatif à la distinction à établir entre les écoles rurales et les écoles urbaines.

29 *décembre* 1867.

Le Ministre, etc.,

Vu l'article 17 de la loi du 15 mars 1850;

Considérant que les règlements en vigueur n'établissent aucune distinction entre les écoles primaires rurales et les écoles urbaines, les élèves des premières comme des secondes sont obligés d'assister, le matin, à une classe qui dure trois heures, et le soir, à une classe de même durée ;

Que, par suite, leur journée est coupée à deux reprises, de telle sorte qu'en dehors des heures de classe, leur temps peut être difficilement utilisé dans les travaux de l'agriculture ou dans ceux de grands établissements industriels où se développent leur activité et leurs forces corporelles ;

Que cette situation amène forcément la désertion des écoles, principalement en été, et nuit beaucoup aux progrès de l'enseignement;

Que, pour faire disparaître en partie ces inconvénients, il suffit de régler, pour les communes rurales, la part de l'école primaire et celle de l'apprentissage, et de fixer les heures des classes, en tenant compte des exigences des travaux agricoles ou industriels;

Le conseil impérial de l'instruction publique entendu;

Arrête :

Art. 1. — Les conseils départementaux sont autorisés à désigner les écoles primaires pour lesquelles ils pourront modifier le règlement, quant à la fixation des heures de travail et de l'époque des vacances, dans le but de concilier les exercices classiques avec les travaux des champs, sans que toutefois la durée totale de ces exercices soit, dans aucun cas, inférieure à trois heures pour chaque jour de classe, et celle des vacances à un mois.

ART. 2. — La désignation faite par les conseils départementaux pourra s'étendre aux écoles communales, situées près de grands établissements industriels, comme les exploitations de mines, les forges, les verreries et établissements analogues, dans lesquels les enfants ont besoin d'être initiés, dès que leur âge le permet, aux travaux de leurs pères, en y trouvant les conditions d'activité et de développement physique qui existent dans les travaux de l'agriculture.

Arrêté fixant le programme de l'enseignement agricole pour les Écoles primaires rurales et les Écoles Normales.

30 *décembre* 1867.

Le Ministre de l'instruction publique,

Arrête :

ART. 1. — Le programme de l'enseignement agricole dans les écoles primaires rurales et dans les Écoles Normales primaires est adopté ainsi qu'il suit :

1° VÉGÉTATION, TERRE, CLIMATS.

1. Aperçu général sur la végétation; durée des végétaux, modes divers de reproduction, par graines, boutures, etc.
2. Des terres, leur nature et leurs propriétés physiques.
3. Régions agricoles; influence du climat.

2° OPÉRATIONS PRINCIPALES DE L'AGRICULTURE.

4. Substances fertilisantes, amendements, engrais. Écobuage.
5. Culture du sol; instruments de culture.
6. Enlèvement des eaux nuisibles à la culture. Drainage.
7. Irrigation et arrosage.
8. Semailles et transplantations.
9. Récoltes, conservation des divers produits.
10. Influence de la chaleur et de la lumière sur les végétaux cultivés. Exposition. Abris.
11. Défrichements.
12. Clôtures, chemins vicinaux, voitures.
13. Constructions rurales.

3° VÉGÉTAUX QUI INTÉRESSENT LA CULTURE FRANÇAISE.

14. Céréales.
15. Légumes secs ou verts.
16. Plantes oléagineuses, textiles, tinctoriales, à produits divers.
17. Plantes fourragères; prairies naturelles et artificielles, fenaison.
18. Racines alimentaires ou industrielles; sucres et alcools.
19. Plantes parasites et animaux nuisibles aux récoltes; moyens préservatifs; animaux destructeurs des animaux nuisibles.
20. Végétaux ligneux; notions générales.
21. Multiplication, pépinières, greffe, éducation, plantation et entretien des arbres.
22. Arbres fruitiers, conduite et taille, variétés principales cultivées en France.

23. Arbres à produits industriels; vignes et vins; pommiers et cidre, mûriers, etc.

24. Plantation, conduite, exploitation des arbres destinés à fournir des bois d'œuvre ou de chauffage.

4° ANIMAUX DOMESTIQUES UTILES A L'AGRICULTURE.

25. Économie du bétail ; principes généraux.
26. Espèce bovine, chevaline, ovine, porcine, etc.
27. Oiseaux de basse-cour.
28. Vers à soie, abeilles.

5° ÉCONOMIE AGRICOLE.

29. Capitaux agricoles, fermier, métayer, propriétaire ; achat et location d'un domaine.

30. Assolement ou succession des cultures ; jachère, repos ; organisation des travaux agricoles.

31. Influence des diverses circonstances sur les systèmes agricoles ; début de l'entreprise ; comptabilité agricole.

6° CULTURE DES JARDINS.

32. Division de l'horticulture en trois parties.
33 Jardin fruitier.
34. Jardin potager.
35. Jardin d'agrément.
36. Végétaux parasites des plantes de jardin ; animaux nuisibles à l'horticulture et moyens de les détruire.

Arrêté relatif au programme pour l'examen d'admission au Écoles Normales primaires.

31 *décembre* 1867.

Le Ministre, etc.,

. . . .

Arrête :

ART. 1. — Le programme de l'examen d'admission aux Écoles Normales primaires est adopté ainsi qu'il suit ;

TITRE I.

NATURE DES ÉPREUVES.

ART. 2. — L'examen d'admission aux Écoles Normales primaires comprend des épreuves écrites et des épreuves orales.

Épreuves écrites.

ART. 3. — Les épreuves écrites sont au nombre de quatre, savoir :

1° Une page d'écriture cursive, en gros, en moyen et en fin. Elle comprend au moins deux lignes de gros, quatre de moyen et huit de fin. Les candidats devront avoir une écriture non-seulement courante, mais encore régulière et déjà formée; il sera tenu compte, dans l'appréciation de cette épreuve, de l'écriture des autres compositions ;

2° Une dictée d'orthographe, d'une page environ, dont le texte est pris dans un livre classique. Ce texte, lu d'abord à haute voix, est ensuite dicté posément, puis relu. Dix minutes sont accordées aux candidats pour relire et corriger leur travail. La ponctuation ne sera pas dictée; on en tiendra compte dans la correction de l'épreuve où elle entrera, si elle est inexacte, pour une faute ou une portion de faute, selon le cas;

3° Un récit tiré soit de l'histoire sainte, soit de l'histoire de France, ou une narration très-simple sur un sujet donné;

4° Des exercices pratiques de calcul, et la solution raisonnée d'un ou plusieurs problèmes d'arithmétique.

ART. 4. — Il est accordé une heure et demie pour la composition de style, une heure et demie pour la composition d'arithmétique, et une demi-heure pour la composition d'écriture.

Épreuves orales.

ART. 5. — Les épreuves orales porteront sur les matières suivantes :

1° INSTRUCTION RELIGIEUSE	Catéchisme. Histoire sainte (Ancien et Nouveau Testament). Évangiles des dimanches.
2° LECTURE	Lecture du français. Explication de la signification des mots, du sens des phrases et du passage tout entier. Lecture du latin et des manuscrits.
3° ÉLÉMENTS DE LA LANGUE FRANÇAISE. . .	Premiers principes de la grammaire. Principales règles de la syntaxe. Explication d'un texte français.
4° ARITHMÉTIQUE. . . .	Pratique des quatre règles (nombres entiers et décimaux) et calcul mental. Principales questions sur la théorie des quatre règles. Système métrique : théorie et pratique.
5° HISTOIRE ET GÉOGRAPHIE.	Résumé de l'histoire et de la géographie de la France.

ART. 6. — Les candidats devront lire le français couramment et distinctement. Ils devront savoir lire aussi le latin et les manuscrits. Les examinateurs feront expliquer le texte français pour apprécier l'intelligence des candidats.

Art. 7. — On s'assurera que les candidats calculent promptement et sûrement, de tête et par écrit.

Art. 8. — Un quart d'heure au plus sera consacré à chacune des cinq épreuves orales ci-dessus.

Art. 9. — Indépendamment de ces épreuves obligatoires, les candidats qui le demanderont pourront être interrogés sur les matières suivantes : 1° chant et orgue ; 2° dessin, pourvu qu'ils aient obtenu dans les matières obligatoires les moyennes nécessaires à leur admission.

TITRE II.

JUGEMENT DES ÉPREUVES.

Art. 10. — Le maximum des points pour chaque épreuve est fixé à dix. La commission exprime par un chiffre la valeur de chacune des épreuves écrites ou orales de la manière indiquée à l'article 18 du règlement du 3 juillet 1866 (page 131).

Art. 11. — Toute copie d'orthographe, contenant plus de quatre fautes, sera considérée comme nulle et entraînera l'exclusion. L'épreuve d'orthographe sera d'ailleurs appréciée comme il suit :

Pour une dictée sans faute.....	10 points.
Pour une faute.............	8
Pour deux fautes...........	6
Pour trois fautes...........	3
Pour quatre fautes.	1

Art. 12. — Les fautes relatives aux accents, aux lettres majuscules et aux traits d'union, quand il ne s'agit pas de l'application d'une règle, ne compteront chacune que pour un quart. Dans le cas où un mot pourrait s'écrire de plusieurs manières, d'après des sens différents, mais également admissibles, comme dans tous les cas de questions grammaticales controversées, il ne sera pas compté de faute.

Art. 13 — Tout candidat, qui n'obtient pas une moyenne de vingt points pour les épreuves écrites, n'est pas admis aux épreuves orales.

Art. 14. — La nullité de l'une des épreuves obligatoires, soit écrites, soit orales, est un cas d'exclusion.

Art. 15. — Chacune des subdivisions des cinq épreuves orales obligatoires sera l'objet d'une note particulière. La note pour chaque épreuve entière sera la moyenne des notes obtenues dans les subdivisions.

Tout candidat qui ne réunira pas un maximum de vingt-cinq points pour l'ensemble des épreuves orales obligatoires ne pourra être placé sur la liste d'admissibilité.

Art. 16. — Le résultat de chacune des épreuves facultatives sera constaté par un nombre de points dont le maximum est fixé à cinq; il en sera tenu compte pour déterminer l'ordre de mérite des candidats déjà admissibles, et, par suite, pour former la liste définitive d'admissibilité à présenter au préfet.

Art. 17. — Les dispositions du présent règlement s'appliquent aussi à l'admission dans les Écoles Normales de filles. Toutefois, aux épreuves écrites sera jointe une épreuve de couture qui, comme les autres, sera appréciée conformément aux dispositions de l'article 10, et dont la nullité sera une cause d'élimination.

Avis relatif à l'addition aux programmes de l'enseignement dans les Écoles Normales, d'un paragraphe relatif à l'enseignement des principes de la protection.

4 *juillet* 1868.

Le Conseil,

Considérant que quelque légitime que puisse être un pareil

vœu, il semble qu'il ne saurait faire l'objet d'une disposition réglementaire, mais bien plutôt d'une circulaire;

Est d'avis qu'il y a lieu de se borner à préparer une circulaire dans le sens ci-dessus énoncé.

Avis relatif à une demande de modification au règlement des Écoles Normales primaires, portant sur un projet de création d'une division préparatoire dans l'intérêt des fils d'instituteurs communaux.

26 *janvier* 1869.

Le Conseil,

Est d'avis :

Qu'il y a lieu d'adopter en principe la création proposée et de l'appliquer ainsi qu'il suit :

L'admission des élèves serait prononcée par le conseil de surveillance de l'École Normale primaire, après un examen.

Les candidats admis seraient classés par ordre de mérite ; des bourses pourraient être accordées par le Ministre aux candidats admis qui seraient fils ou petit-fils d'instituteurs et d'institutrices en exercice ou anciens.

Avis relatif à la question de savoir dans quelle forme les personnes frappées de l'interdiction du droit d'enseigner peuvent obtenir leur réhabilitation.

28 *janvier* 1869.

Le Conseil,

Consulté sur la question de savoir s'il y a lieu d'admettre un mode de réhabilitation au profit de l'instituteur frappé d'interdiction ;

Vu sa délibération en date du 16 décembre 1865, sur les effets de la réhabilitation, en ce qui touche le droit d'enseigner ;

Considérant qu'en conférant aux Conseils académiques le droit de prononcer l'interdiction absolue d'enseigner contre l'instituteur convaincu de fautes graves dans l'exercice de ses fonctions, d'inconduite ou d'immoralité, la loi du 15 mars 1850 a satisfait au vœu de l'honnêteté publique et sauvegardé l'un des plus chers intérêts de la société ;

Considérant, en effet, qu'un instituteur ne peut accomplir sa mission, si, par ses habitudes et ses mœurs, autant que par ses aptitudes professionnelles, il n'inspire à l'administration et aux familles une confiance sans bornes, conditions impossibles à remplir dès qu'une déclaration juridique a signalé sa présence dans l'enseignement comme un danger pour la jeunesse ; que, par conséquent, il est de l'essence de la peine encourue qu'elle soit irrémédiable, l'intérêt public devant en toute circonstance prévaloir sur l'intérêt privé ;

Considérant qu'une différence profonde sépare une telle décision des cas auxquels s'appliquent les articles 632 et 634 du code d'instruction criminelle ;

Que, d'une part, en effet, lorsque l'incapacité d'enseigner n'est qu'un corollaire obligé de condamnations édictées par les tribunaux ordinaires pour les crimes ou délits du droit commun, il n'en résulte pas nécessairement que le condamné auquel un décret de réhabilitation a été accordé, n'ait pas les qualités et ne puisse offrir les garanties qui constituent l'instituteur, tandis que tel est le résultat légal, nécessaire de la décision disciplinaire, qui, n'ayant d'autre cause que l'appréciation des facultés morales et professionnelles de l'instituteur, a prononcé sa déchéance ;

Que, d'autre part, en conformité de l'avis exprimé par le conseil impérial, le 16 décembre 1865, l'effet de la réhabilitation se borne à rendre au condamné sa situation primitive, et que, s'il entreprend d'ouvrir une école, il demeure, comme tout autre citoyen, passible de l'opposition réservée à l'autorité administrative, dans l'intérêt des mœurs publiques, ce qui prévient tous les dangers, tandis que la seule mesure réellement efficace et propre à relever le condamné disciplinairement de la déchéance qu'il a encourue, serait de l'autoriser à rouvrir immédiatement en droit l'école qu'il a fallu fermer, ce qui répugnerait à la prudence la plus vulgaire ;

Considérant qu'il n'y a pas à tirer de conclusion plus favorable de la loi du 10 mars 1864, qui permet aux notaires, greffiers et officiers ministériels destitués de reconquérir le droit de voter dans les élections et de faire partie du jury, parce que la destitution dont ces incapacités sont un accessoire, lequel demeure invariable et hors de toute controverse ;

Considérant qu'en supposant, ce qui reste douteux, que parmi les condamnés disciplinairement, il en est qui rachètent par l'intégrité de leur vie les fautes du passé, il est nécessaire d'inspirer aux hommes qui entrent dans l'enseignement cette pensée salutaire qu'investis d'une sorte de sacerdoce, ils doivent à l'État, aux familles, à la jeunesse, l'exemple constant d'une moralité sans reproche, d'un caractère honorable et sûr, d'une patience et d'un dévouement inaltérables ; et que, si manquant à ces conditions essentielles, ils s'exposent aux sévérités de la juridiction disciplinaire, ils perdront sans retour les avantages d'une position qu'ils n'ont obtenue qu'après de longues et difficiles épreuves et de pénibles sacrifices ;

Considérant, enfin, qu'il faudrait qu'une loi nouvelle intervînt et changeât une jurisprudence qui a mérité le respect universel ;

Émet l'avis que la loi du 15 mars 1850, dictée par l'intérêt bien entendu de la société, ne pourrait, sans inconvénient, subir de modifications.

Décision relative à l'opposition faite à l'ouverture d'une école libre par un maire.

28 *janvier* 1869.

Le Conseil,

Vu la lettre adressée le 23 novembre 1868, par laquelle le maire de la commune de ..... déclare à M. le préfet de ..... qu'il interjette appel devant le conseil impérial de l'instruction publique, d'une décision rendue par le conseil départemental dudit département;

Vu ladite décision en date du 31 octobre 1868, portant qu'il y a lieu d'approuver le local présenté par la dame ....., en religion sœur..... de la congrégation des sœurs de Saint-Joseph de Tarbes, pour y tenir une école primaire libre ;

Vu la déclaration faite le 23 septembre 1868, par ladite dame, à l'effet d'ouvrir cette école dans la commune de ....., ensemble les pièces à l'appui;

Vu le refus d'approuver le local proposé, formulé par le maire de la commune au bas de ladite déclaration ;

Vu la lettre en date du 2 décembre, adressée par le maire au préfet de ....., ensemble un mémoire et des conclusions motivées, présentées par lui à l'appui de son appel;

Vu le rapport de l'inspecteur d'Académie, en date du 26 octobre 1868, adressé au préfet, ensemble le rapport de l'inspecteur des écoles primaires, en date du 21 octobre précédent ;

Vu la lettre du préfet au maire en date du 23 novembre 1863, ensemble la réponse du maire en date du 27 novembre suivant ;

Vu la lettre de l'inspecteur d'Académie, adressée au préfet le 9 décembre 1868 ;

Vu la lettre en date du 2 janvier 1869, à M. le Ministre de l'instruction publique ;

Vu la lettre du préfet à M. le Ministre de l'instruction publique, en date du 11 janvier 1869, constatant la notification au maire de la réunion en séance ordinaire du conseil impérial de l'instruction publique ;

Vu les lois des 15 mars 1850, 14 juin 1854 et 10 avril 1867, art. 19 ;

Considérant que l'appel interjeté par le maire de ..... contre la décision susvisée du conseil départemental de..... présente à décider les trois questions suivantes :

1° Est-il recevable ?

2° Est-il suspensif ?

3° Est-il fondé ?

En ce qui touche la première question :

Considérant qu'aux termes de l'art. 28 de la loi du 15 mars 1850, les oppositions formées à l'ouverture des écoles primaires libres étaient jugées sans recours par le Conseil académique, puis par le conseil départemental, substitué en cette matière au Conseil académique par la loi du 14 juin 1854 ;

Que cette disposition a été modifiée par l'art. 19 de la loi du 10 avril 1867, portant que les décisions du conseil départemental, rendues dans les cas prévus par l'art. 28 de la loi du 15 mars 1850, peuvent être déférées par voie d'appel au conseil impérial de l'instruction publique ; qu'aux termes dudit art. 28 le maire peut refuser d'approuver le local proposé pour une école, et qu'alors il est statué par le conseil départemental ;

Considérant que le refus du maire de ..... d'approuver le local proposé par la dame....., constituera l'un des cas prévus par ledit art. 28, et qu'ainsi le maire de ..... était en droit d'interjeter appel de la décision du conseil départemental, qui a statué contrairement à son refus, et que son appel est recevable.

En ce qui touche la deuxième question :

Considérant qu'il est de droit commun que le recours devant une autorité compétente suspende l'exécution des décisions rendues par une autorité inférieure, à moins qu'il n'en soit autrement ordonné par une disposition légale ;

Qu'aucune disposition légale de la loi du 10 avril 1867 ne déroge à ce principe, à l'égard de l'appel qui serait interjeté par le maire, et qu'ainsi, dans le silence de la loi, on doit reconnaître que l'appel du maire de ..... est suspensif et qu'il y avait lieu de surseoir à l'ouverture de l'école de ladite dame ..... jusqu'à la décision en dernier ressort du conseil impérial ;

Que c'est dans ce sens que l'art. 19 de la loi du 10 avril 1867 a été présenté par les commissaires du gouvernement, qui, dans l'exposé des motifs, se sont exprimés ainsi : « De « quelque part que vienne l'appel, l'intérêt des mœurs ou « celui des enfants s'oppose à ce que l'école soit ouverte avant « que le conseil impérial ait statué en dernier ressort ; »

Qu'à la vérité, l'art. 29 de la loi du 15 mars 1850, en prononçant des peines déterminées contre celui qui, dans le cas d'opposition formée à l'ouverture de son école, l'ouvrirait néanmoins avant qu'il ait été statué sur cette opposition, ou bien au mépris de la décision départementale qui aurait accueilli l'opposition, décide implicitement que l'appel de l'instituteur n'est point suspensif dans ce cas : disposition qui se trouve textuellement reproduite dans la circulaire du 12 mai 1867 ;

Mais considérant qu'il n'est aucunement dérogé par la loi du 10 avril 1867 aux prescriptions de l'art. 29 précité ; que ledit article et ladite circulaire ne sont point applicables à l'appel du maire, mais seulement à l'appel de l'instituteur ; que cette différence a pour motif l'intérêt des bonnes mœurs et de l'hygiène, qui est sauvegardé par l'appel du maire, et qui pourrait être compromis par l'appel de l'instituteur, s'il était suspensif ;

Il y a lieu d'en conclure que l'art. 29 de la loi du 15 mars

1850 et la circulaire du 12 mai 1867 ne font point obstacle légalement à ce que l'appel du maire soit suspensif.

En ce qui touche la troisième question :

Au fond, adoptant les motifs de la décision du conseil départemental, et sans qu'il soit besoin de recourir à une expertise, déclare que le refus du maire de ..... d'approuver le local proposé par la dame ..... est mal fondé, rejette son appel et confirme ladite décision.

Avis relatif à l'insertion des avis du conseil au Bulletin officiel du Ministère de l'Instruction publique.

28 *janvier* 1869.

Le Conseil,

Est d'avis :

Que les décisions doctrinales, adoptées dans le cours de chaque session, seront dorénavant insérées au Bulletin officiel du ministère de l'instruction publique, après en avoir retranché, au préalable, les noms des localités et des personnes.

Décision relative aux Écoles entretenues par les fabriques.

30 *janvier* 1869.

Le Conseil,

Admettant la convenance d'une solution doctrinale pour la

question générale ayant pour objet de savoir si une école primaire, entretenue par une fabrique, doit être considérée comme une école publique ;

Considérant qu'il y a lieu de spécialiser cette solution par application au conseil départemental de....., qui l'a provoquée pour une école de son ressort, et de pourvoir de la sorte, au fur et à mesure que des cas nouveaux analogues se présenteront;

Vu les pièces du dossier relatives à la question de savoir si l'école de la commune de ..... doit être considérée comme une école libre;

Vu les lois des 15 mars 1850 et 10 avril 1867;

Vu l'avis émis par le conseil d'État le 10 juin 1863, sur la question de savoir sous quel nom doivent être immatriculés les titres de rentes provenant de libéralités faites à des établissements religieux, à charge de fonder ou d'entretenir des écoles;

Considérant que l'école de....., sur le caractère de laquelle le conseil impérial est prié de donner son avis, a été fondée en 1831, au moyen d'une libéralité particulière contenue dans le testament du sieur de.....;

Considérant qu'il résulte des circonstances dans lesquelles cette libéralité a été adoptée et employée à sa destination, et notamment du caractère d'école libre donné depuis 1852 à l'école dont il s'agit, qu'il n'y a pas lieu de la considérer comme une école libre;

Est d'avis :

Que le caractère d'école libre doit être conservé à l'école de.....

Avis relatif aux exemptions du service militaire.

30 *janvier* 1869.

Le Conseil,

Vu l'article 79 de la loi du 15 mars 1850;

Considérant que cette loi, en admettant à souscrire l'engagement décennal les novices des associations religieuses voués à l'enseignement et autorisés par la loi, et en les déclarant dispensés du service militaire, s'ils réalisent cet engagement, n'a point entendu et ne pouvait entendre que l'on pût exciper du titre de novice pendant toute la durée de l'engagement;

Considérant que les règlements des écoles primaires fixent à trois années le temps de la préparation fixé par le tirage au sort;

Est d'avis :

Que tout novice âgé de vingt-trois ans doit, pour conserver des droits à l'exemption du service militaire, justifier d'une situation d'instituteur ou d'adjoint dans une école publique.

Décret relatif à l'enseignement de la gymnastique dans les établissements publics d'instruction.

3 *février* 1869.

Napoléon, etc.,

Sur la proposition de notre Ministre de l'instruction publique;

Vu l'article 23 de la loi du 15 mars 1850;

Vu l'arrêté du 13 mars 1854, portant règlement sur l'enseignement de la gymnastique, et le programme y annexé;

Vu l'article 1 de la loi du 21 juin 1865 ;

Vu les articles 46, 73 et 74 de la loi du 15 mars 1850;

Vu le rapport de la commission chargée de préparer un programme de l'enseignement de la gymnastique dans les écoles primaires, les colléges, les lycées et les Écoles Normales primaires, ensemble les programmes rédigés par ladite commission et annexés au présent décret;

Vu l'avis du conseil supérieur de perfectionnement de l'enseignement secondaire spécial ;

Le conseil impérial de l'instruction publique entendu;

Avons décrété et décrétons ce qui suit :

TITRE I.

DES LYCÉES ET COLLÉGES.

ART. 1. — La gymnastique fait partie de l'enseignement donné dans les lycées impériaux et les colléges communaux. Elle y est enseignée conformément au programme n° 2 ci-annexé, dans la mesure indiquée pour chaque élève par le médecin de l'établissement.

Notre Ministre de l'instruction publique détermine le nombre d'heures qui devront être assignées par semaine à cet enseignement; les leçons de gymnastique ne sont pas prises sur le temps des récréations.

ART. 2. — Un maître de gymnastique est attaché à chaque lycée ou collége. Il est nommé par le Ministre.

ART. 3. — Les appareils de gymnastique nécessaires aux exercices qui en comportent l'emploi, conformément au programme, seront construits ou installés dans tous les lycées. Il en sera de même pour les colléges communaux dans la mesure des crédits votés à cet effet par le conseil municipal

TITRE II.

DES ÉCOLES PRIMAIRES COMMUNALES.

ART. 4. — Les conseils municipaux délibéreront, dans leur session de mai 1869, sur les moyens à prendre pour organiser les exercices gymnastiques appropriés aux besoins des écoles primaires communales.

ART. 5. — L'enseignement de la gymnastique dans les écoles primaires communales comprend nécessairement ceux des mouvements et exercices indiqués au programme n° 1 ci-annexé, qui ne comportent l'emploi d'aucun appareil.

Dans les écoles où les appareils et agrès indispensables ont pu être installés au moyen d'une allocation accordée par le conseil municipal, le département ou l'État, ou à l'aide de souscriptions particulières, cet enseignement comprend en tout ou en partie les exercices qui comportent, conformément audit programme, l'emploi d'appareils et d'agrès.

Les exercices gymnastiques sont dirigés par l'instituteur ou par un maître spécial. Ils sont suivis par tous les élèves qui n'en ont pas été dispensés par le maire sur un certificat d'un médecin.

ART. 6. — Des secours pourront être accordés sur les fonds de l'État aux communes qui feront établir des appareils de gymnastique pour leurs écoles.

ART. 7. — Sur la proposition de l'inspecteur d'Académie, le conseil départemental fixe le nombre des leçons à donner par semaine aux élèves des écoles primaires, ainsi que les jours et heures de ces leçons.

TITRE III.

DES ÉCOLES NORMALES PRIMAIRES.

ART. 8. — L'enseignement de la gymnastique est obligatoire dans les Écoles Normales primaires et dans les écoles primaires qui leur sont annexées. Cet enseignement est donné conformément au programme n° 3 ci-annexé pour les Écoles Normales, et au programme n° 1 en ce qui concerne les écoles primaires, sauf les dispenses individuelles accordées par le médecin attaché à l'établissement.

ART. 9. — Les appareils de gymnastique nécessaires pour la complète exécution du programme n° 3 seront établis dans toutes les Écoles Normales primaires.

ART. 10. — Un maître de gymnastique, nommé par le Ministre, est attaché à chaque École Normale primaire.

Le maître de gymnastique de l'École Normale peut être chargé par le recteur d'enseigner aux instituteurs, réunis à cet effet au chef-lieu de canton, le mode d'exécution du programme à suivre dans les écoles primaires.

TITRE IV.

DISPOSITIONS GÉNÉRALES.

ART. 11. — Une commission de cinq membres, nommée par le Ministre de l'instruction publique, est instituée au chef-lieu de chacune des Académies, pour examiner les candidats qui veulent obtenir un certificat spécial d'aptitude à l'enseignement de la gymnastique. Ce certificat est délivré par le Ministre, sur le rapport de la commission. Un arrêté du Ministre détermine les formes et les conditions de l'examen.

ART. 12. — La commission d'examen instituée au chef-lieu de chaque département, en vertu de l'article 46 de la loi du

15 mars 1850, pour juger l'aptitude au brevet de capacité pour l'enseignement primaire, est autorisée, en ce qui touche les épreuves relatives à la gymnastique, à s'adjoindre, à titre consultatif, pour cette partie spéciale de l'examen, une ou deux personnes ayant fait une étude particulière de cet enseignement.

ART. 13. — Notre Ministre de l'instruction publique est chargé de l'exécution du présent décret.

Décret arrêtant le programme de l'enseignement de la gymnastique.

3 *février* 1869.

PREMIÈRE PARTIE.

Mouvements préliminaires.

Formation des pelotons. — Station régulière du corps. — Principes d'alignements sur la droite et sur la gauche. — Faire face à droite et à gauche. — Demi-tour à droite. — Principes du pas modéré et accéléré. — Prendre la petite et la grande distance sur la droite, sur la gauche et sur le centre. — Serrer les intervalles.

Exercices élémentaires.

1er *Exercice.* — Tourner la tête à droite et à gauche, en deux temps.

2e *Exercice.* — Fléchir la tête en avant et en arrière, en deux temps.

3e *Exercice.* — Fléchir la tête vers la droite et vers la gauche, en deux temps.

4e *Exercice.* — Mouvement vertical des bras, sans flexion, en deux temps.

5e *Exercice.* — Mouvement alternatif des avant-bras, en portant le poing à l'épaule, les coudes restant près du corps (flexion et extension), en deux temps.

6e *Exercice.* — Mouvement simultané des avant-bras, en portant les poings aux épaules, les coudes restant près du corps (flexion et extension), en deux temps.

7e *Exercice.* — Mouvement alternatif et vertical des bras (flexion et élévation), en quatre temps.

8e *Exercice.* — Mouvement simultané et vertical des bras (flexion et élévation), en quatre temps.

9e *Exercice.* — Mouvement alternatif de flexion et d'extension des articulations des pieds, la pointe fixée au sol, les mains sur les hanches.

10e *Exercice.* — Mouvement d'extension des membres inférieurs et élévation du corps sur la pointe des pieds, les mains sur les hanches, en deux temps.

11e *Exercice.* — Flexion des extrémités inférieures, les bras dirigés vers le sol, et mouvement vertical des bras (flexion et extension), en quatre temps.

12e *Exercice.* — Mouvement horizontal des bras en avant, en deux temps.

13e *Exercice.* — Mouvement de flexion et d'extension des bras, portés alternativement en avant, en quatre temps.

14e *Exercice.* — Mouvement de flexion et d'extension des bras, portés simultanément en avant, en quatre temps.

15e *Exercice.* — Mouvement de flexion et d'extension des bras, portés alternativement en avant, en plaçant, au deuxième temps, les jambes alternativement en avant, en quatre temps.

16e *Exercice.* — Mouvement de flexion et d'extension des bras, portés simultanément en avant, en plaçant, au deuxième temps, les jambes alternativement en avant, en quatre temps.

17e *Exercice.* — Flexion des articulations des extrémités inférieures, les bras placés horizontalement, en trois temps.

18e *Exercice.* — Flexion des articulations des extrémités inférieures, les bras placés verticalement, en trois temps.

19e *Exercice.* — Flexion de la jambe sur la cuisse (cadence modérée, accélérée ou de course).

20e *Exercice.* — Flexion et élévation de la cuisse sur le tronc, la jambe en demi-flexion (cadence modérée, accélérée ou de course).

21e *Exercice.* — Mouvement simultané (exercice pyrrhique) des extrémités droites ou gauches en avant. (Afin de pouvoir exécuter ces mouvements avec grâce et sans trop de fatigue, les élèves devront préalablement être exercés à faire des mouvements de pronation, de supination du poignet, en traçant dans l'espace un huit de chiffre.)

22e *Exercice.* — Flexion du corps en avant, les mains portées vers le sol, en deux temps.

23e *Exercice.*— Flexion du corps en arrière, les bras portés en arrière et éloignés du corps, en deux temps.

24e *Exercice.* — Flexion latérale du corps, à droite et à gauche, les mains sur les hanches, en deux temps.

25e *Exercice.* — Flexion du corps en avant, sur la cuisse droite ou gauche, et mouvement vertical des bras, en quatre temps.

Le même mouvement s'exécute en pivotant sur les talons (volte-face).

DEUXIÈME PARTIE.

Répétition des principaux exercices de la première partie, auxquels on ajoute les suivants :

Alignements à droite et à gauche, en avant et en arrière. — Marche de front, directe et oblique, et les différents pas. — Marche de front au pas gymnastique, demi-tour et marche en arrière. — Marche de flanc. — Arrêter le peloton marchant par le flanc et le remettre face en tête. — Changer la direction par file. — Marche de flanc au pas gymnastique. — Principes de conversion et des changements de diversion, de pied ferme, au pas accéléré et au pas gymnastique.

Exercices élémentaires par le flanc droit et gauche successivement.

1er *Exercice.* — Flexion et extension latérale des bras, les mains partant des épaules, en deux temps.

2e *Exercice.* — Mouvement d'extension des membres inférieurs sur la pointe des pieds, élévation simultanée et latérale des bras au-dessus de la tête, les doigts allongés, en deux temps.

3e *Exercice.* — Flexion et extension alternative et latérale des bras, en quatre temps.

4e *Exercice.* — Flexion et extension simultanée et latérale des bras, en quatre temps.

5e *Exercice.* — Flexion et extension alternative et latérale des membres supérieurs et inférieurs, en quatre temps.

6e *Exercice.* — Flexion et extension simultanée et latérale des membres supérieurs et alternative des membres inférieurs, en quatre temps.

7e *Exercice.*— Flexion des jambes et mouvement horizontal des bras sur les côtés, en quatre temps.

8e *Exercice.* — Circumduction du bras droit et du bras gauche alternativement, puis des deux bras simultanément.

9e *Exercice.* — Circumduction alternative des jambes, de dehors en dedans et de dedans en dehors, la pointe du pied baissée et en dehors, les mains sur les hanches.

10e *Exercice.* — Lancer alternativement, par un double

mouvement de flexion et d'extension, les bras au-dessus de la tête, et les ramener ensuite dans l'extension sur les parties latérales du corps, en quatre temps. (Le même mouvement avec les deux bras, simultanément.)

11e *Exercice.* — Lancer alternativement les bras en avant par un double mouvement de flexion et d'extension, les porter dans l'abduction horizontale et les laisser tomber sur les côtés du corps, en quatre temps. (Le même mouvement avec les deux bras, simultanément.)

12e *Exercice.* — Même mouvement, en portant alternativement les membres inférieurs correspondants en avant.

13e *Exercice.* — Même mouvement simultané des membres supérieurs et alternatif des membres inférieurs, en quatre temps.

Avis relatif à la durée des classes d'été et à la fréquentation des élèves

17 *juillet* 1869.

Le Conseil,

Vu le règlement des écoles publiques du Bas-Rhin et les modifications proposées,

Est d'avis :

1° Qu'il y a lieu d'adopter les deux modifications dont il s'agit et qui ont pour effet d'ajouter à l'article 18 du règlement le paragraphe suivant :

Dans les communes rurales, l'instituteur pourra, avec l'approbation des autorités locales, ne tenir classe, en été, que pendant trois heures, le matin. Il devra donner avis de cette autorisation à M. l'inspecteur d'arrondissement.

2° D'ajouter également à l'article 44 le paragraphe suivant qui avait été supprimé à tort.

A la fin de chaque trimestre, l'instituteur envoie à l'inspecteur d'arrondissement un bulletin certifié par les autorités locales, et indiquant le nombre moyen d'élèves qui ont fréquenté l'école pendant le trimestre écoulé.

Décision du conseil d'État, relative aux centimes additionnels spéciaux à l'instruction primaire.

11 *août* 1869.

Décidé... que les revenus ordinaires de la ville de Paris n'étaient pas insuffisants, dans le sens de l'article 40 de la loi du 15 mars 1850, pour pourvoir aux dépenses de l'instruction primaire ; — et, qu'en conséquence, les réclamants étaient en droit d'obtenir décharge des centimes additionnels spécialement affectés au service de l'instruction primaire auxquels ils avaient été soumis sur le rôle de cette ville (1).

---

(1) Voici l'analyse des observations présentées par M. le commissaire du gouvernement Aucoc :

« Le conseil a deux questions à examiner : 1° quelle est la portée de l'article 40 de la loi du 15 mars 1850, qui autorise les conseils municipaux à voter trois centimes additionnels pour les dépenses de l'instruction primaire en cas d'insuffisance des revenus ordinaires ?

« 2° Quelle application y a-t-il lieu de faire de cette disposition de loi dans l'espèce ?

« Sur la première question, M. le Ministre de l'intérieur soutient qu'en limitant l'autorisation générale qu'il donnait au cas d'insuffisance des revenus ordinaires, le législateur de 1850 n'a entendu poser qu'une règle de conduite pour les conseils municipaux, et restreindre le pouvoir de coercition de l'autorité supérieure ; mais que les contribuables n'ont pas le droit de se plaindre par la voix contentieuse, quand le conseil municipal a voté l'imposition ;

Le Conseil,

Vu les requêtes sommaires et ampliatives, présentées pour la Compagnie impériale des voitures de Paris.., le sieur Boucher et autres, lesdites requêtes tendant à ce qu'il nous plaise annuler un arrêté du 3 août 1867, par lequel le conseil de préfecture de la Seine a rejeté leurs demandes en décharge de la contribution des trois centimes spécialement affectés au service de l'instruction primaire, et à laquelle ils ont été

« Cette doctrine ne nous paraît pas exacte. L'Assemblée constituante de 1789 avait posé, en principe, qu'aucune autorité locale ne pouvait établir de centimes additionnels sans l'autorisation du pouvoir législatif. On craignait que la bourse des contribuables, épuisée par les dépenses locales, ne fût plus en état de fournir les ressources nécessaires pour les dépenses des services publics intéressant l'État tout entier. Pendant longtemps, toutes les impositions extraordinaires communales ont été autorisées par des lois. A partir de 1848, le pouvoir législatif a délégué au pouvoir exécutif le soin d'autoriser la plupart des impositions communales, après qu'il aurait apprécié, dans chaque cas, l'utilité de la dépense et l'insuffisance des ressources ordinaires;

« Mais, après 1830, on a suivi pour certaines dépenses, dont l'utilité paraissait incontestable, un autre système : le législateur a donné par avance une autorisation générale, sous certaines conditions. C'est ce qu'il a fait en 1833 et en 1850 pour l'instruction primaire ; en 1836, pour les chemins vicinaux. Les conseils municipaux peuvent voter un certain nombre de centimes, avec cette destination spéciale, en cas d'insuffisance des revenus ordinaires ;

« Ils n'ont plus besoin de demander l'autorisation ; mais s'ils ne se renferment pas dans les limites posées par le législateur, limites auxquelles l'autorisation est subordonnée, n'y a-t-il pas une violation du droit des contribuables, violation qui permet le recours par la voie contentieuse ?

« On ne pourrait en douter, si le conseil municipal votait 4 centimes dans le cas où la loi n'autorise que l'imposition de 3 centimes.

« La solution doit-elle être différente, quand il s'agit de la seconde condition posée par le législateur, du point de savoir s'il y a insuffisance des ressources ordinaires ?

« Nous ne pouvons pas l'admettre, et vous ne l'avez pas admis.

« Pour le cas de vote de prestations en nature et des centimes additionnels destinés aux dépenses des chemins vicinaux, vous avez reconnu que les contribuables peuvent contester l'insuffisance des ressources ordinaires. (Arr. du 7 septembre 1861, Delair).

« Vous l'avez également reconnu dans une matière analogue, en matière d'établissement de taxe de pavage ; il nous suffit de citer les arrêts du 8 août 1865 (ville du Mans) et du 12 février 1867 (ville de Nîmes).

imposés, pour l'année 1866, sur les rôles de la ville de Paris : — ce faisant, attendu que l'art. 40 de la loi du 15 mars 1850 n'autorise l'imposition de centimes additionnels au principal des quatre contributions directes, destinées à faire face aux dépenses de l'instruction primaire, que dans le cas où les revenus ordinaires de la commune sont insuffisants; qu'il résulte du compte général des recettes et dépenses de la ville

---

« Il est vrai que le conseil de préfecture de la Seine, dans l'arrêté attaqué, objecte qu'il est impossible d'établir, au point de vue légal, une comparaison entre les dépenses ordinaires et les ressources ordinaires, pour en déduire l'insuffisance de ces ressources, parce que le législateur qui a distingué les ressources ordinaires des ressources extraordinaires n'a pas établi la même distinction pour les dépenses, qui sont divisées dans la loi de 1837 en dépenses obligatoires et dépenses facultatives.

« Mais cette objection ne vous a pas arrêtés et ne vous arrêtera pas davantage ; il y a dans la pratique, dans le cadre des budgets communaux, une distinction faite entre les dépenses ordinaires et les dépenses extraordinaires ; et, d'ailleurs, nous admettrions sans difficulté que, parmi les dépenses extraordinaires, toutes celles qui sont obligatoires, qui correspondent à des dettes, doivent entrer en ligne de compte quand il s'agit d'apprécier l'insuffisance des revenus ordinaires.

« Voilà, croyons-nous, la doctrine telle qu'elle résulte de l'esprit de la législation et de votre jurisprudence.

« Appliquons-la maintenant aux faits de l'espèce. Le budget de la ville de Paris, qui est joint au dossier, présente-t-il une insuffisance des ressources ordinaires pour faire face aux dépenses ordinaires et d'une manière générale aux dépenses obligatoires ?

« D'après le budget de 1866, que nous sommes obligés de prendre tel qu'il a été adopté par l'administration municipale de Paris, les ressources ordinaires s'élèvent à 134,160,000 fr. ; les dépenses ordinaires ne s'élèvent qu'à 90,574,809 fr. Aux dépenses ordinaires nous devons ajouter la somme affectée à l'amortissement de la dette, soit 11,000,000 fr., qui figure dans les dépenses extraordinaires. Il n'est pas justifié qu'aucune autre somme comprise parmi les dépenses extraordinaires, constitue une dette de la ville. Reste donc un excédant de plus de 30,000,000 fr. sur les ressources ordinaires, et la dépense de l'instruction primaire ne monte qu'à 6 millions.

« Il suit de là que la ville de Paris ne se trouve pas dans les conditions où un conseil municipal peut voter, sans autorisation, en vertu de la loi du 15 mars 1850, une imposition extraordinaire de 3 centimes pour l'instruction primaire.

« Par ces motifs, nous concluons à ce qu'il soit accordé aux réclamants décharge de la contribution additionnelle à laquelle ils ont été imposés. »

de Paris, pour l'année 1866, que les recettes ordinaires ont présenté sur les dépenses de même nature un excédant de 43,585,604 fr. 65 cent., et qu'ainsi ces revenus sont suffisants et au delà pour pourvoir aux dépenses de l'instruction primaire, qui ne s'élèvent en totalité qu'à la somme de 5,207,309 fr.; en conséquence, accorder aux requérants décharge de l'imposition à laquelle ils ont été soumis;

Vu la décision attaquée;

Vu les avis de la commission et du directeur des contributions directes;

Vu les observations de notre Ministre de l'intérieur, ensemble l'avis du sénateur-préfet de la Seine, transmis par notre Ministre avec ses observations, lesdites observations tendant au rejet du pourvoi susvisé, par le motif qu'en disposant dans son article 40, que des centimes additionnels, spécialement affectés au service de l'instruction primaire, pourraient être imposés en cas d'insuffisance des revenus ordinaires, la loi du 15 mars 1850 n'a pas entendu restreindre les pouvoirs des conseils municipaux; qu'elle a seulement limité le droit d'imposition qui appartient à l'administration, en cas de refus du conseil municipal; que, d'ailleurs, l'excédant de revenus ordinaires de la ville de Paris ne constitue pas, à proprement parler, un fonds libre dont elle puisse disposer, par suite des engagements qu'elle a contractés pour de longues années;

Vu le budget et le compte général des recettes et dépenses de la ville de Paris, pour l'exercice 1866;

Vu la loi du 28 pluviôse an VIII, celles des 3 et 4 frimaire de l'an VII, la loi du 18 juillet 1837 (art. 31, § 5), celle du 28 juin 1833 (art. 13), et la loi du 15 mars 1850, notamment l'article 40;

Considérant que les pourvois ci-dessus visés présentent à juger la même question; que dès lors il y a lieu de les joindre pour y être statué par un même décret;

Considérant que l'article 40 de la loi du 15 mars 1850 dispose, qu'en cas d'insuffisance des revenus ordinaires, il est pourvu aux dépenses de l'instruction primaire au moyen d'une imposition spéciale votée par le conseil municipal, qui ne

pourra excéder trois centimes additionnels au principal des quatre contributions directes;— qu'il résulte de l'instruction, notamment du compte général des recettes et dépenses de la ville de Paris, qu'en 1866, d'une part, l'excédant des revenus ordinaires sur les dépenses de même nature a été de 43,585,604 fr. 65 c., et d'autre part, que la totalité des dépenses de l'instruction primaire s'est élevée seulement à 5,207,309 francs; que, dès lors, les requérants sont fondés à prétendre que les revenus ordinaires de la ville de Paris n'étaient pas insuffisants, dans le sens de l'art. 40 de la loi susvisée pour faire face aux dépenses de l'instruction primaire, et qu'ainsi c'est à tort que le conseil de préfecture du département de la Seine a refusé de leur accorder décharge de la contribution des trois centimes spécialement affectés au service de l'instruction primaire, à laquelle ils ont été soumis pour l'année 1866, sur les rôles de la ville de Paris;.....
(Arrêté annulé. Décharge.)

Décision du conseil d'État, relative au traitement d'un maître d'École Normale révoqué.

18 *novembre* 1869.

Aux termes des dispositions combinées des art. 33 de la loi du 15 mars 1850 et du décret du 9 mars 1852, les recteurs peuvent suspendre, par mesure administrative, les professeurs de l'enseignement public, avec ou sans privation totale ou partielle de traitement, à la charge d'en rendre compte immédiatement au Ministre qui lève ou maintient la punition.

En informant un maître adjoint dans une École Normale primaire qu'il ne faisait plus partie du personnel de cette école, le recteur de l'Académie n'a pas indiqué qu'il perdait droit à tout ou partie de son traitement; c'est seulement par une décision ministérielle postérieure que ce maître a été définitivement révoqué de ses fonctions : dans ces circonstances, le maître révoqué est-il fondé à demander qu'il lui soit tenu compte de la partie de son traitement courue entre les deux décisions ? Rés. aff.

Mais ce maître, ayant effectivement cessé d'exercer ses fonctions à partir de la décision du recteur, n'est pas fondé à réclamer l'allocation, à partir de cette décision, d'une somme représentant les avantages matériels attachés à l'exercice de ses fonctions.

La mesure dont le demandeur a été l'objet est-elle de nature à ouvrir à son profit un droit à indemnité ? Rés. nég.

Est-il dû des intérêts pour le retard dans le payement d'un traitement ? Rés. nég. — (Aucune disposition de loi ne permet d'allouer des intérêts dans ce cas.)

Le Conseil,

Vu la requête..... présentée pour le sieur Lafage, ancien maître adjoint à l'École Normale primaire de Toulouse, tendant à ce qu'il nous plaise annuler deux décisions des 13 mars et 29 mai 1869, aux termes desquelles notre Ministre de l'instruction publique, statuant sur la réclamation présentée devant lui par le requérant contre une décision du 30 septembre 1863, par laquelle l'inspecteur de l'Académie de Toulouse, faisant fonctions de recteur, lui a fait connaître qu'il ne faisait plus partie du personnel de l'école, a confirmé ladite décision et repoussé la demande du sieur Lafage, tendant à obtenir payement de la partie de son traitement courue depuis la décision précitée du 30 septembre 1863 jusqu'au 7 mars 1864, époque à laquelle il a été procédé par notre Ministre au remplacement du sieur Lafage ; — ce faisant, attendu qu'aux termes de l'art. 8 du décret du 24 mars 1851, combiné avec l'art. 3 du décret du 9 mars 1852, les maîtres adjoints des Écoles Normales primaires, nommés par le Ministre, ne peuvent être révoqués que par lui ; qu'en admettant, qu'en vertu de l'art. 8 du décret précité du 9 mars 1852, ils puissent être suspendus par mesure administrative par les recteurs, ces derniers doivent en rendre compte immédiatement au Ministre ; attendu en fait que le requérant a été, non pas suspendu, mais illégalement révoqué par une décision du recteur du 30 septembre 1863, et que c'est seulement le 7 mars 1864, date de l'arrêté de notre Ministre, qui a procédé au remplacement du sieur Lafage, que sa révocation est devenue définitive ; — annuler les décisions attaquées ; en conséquence, adjuger au requérant : 1° une somme représentant la partie de son traitement courue depuis le 30 septembre 1863 jusqu'au 7 mars 1864, y compris les avantages matériels afférents à sa fonction ; 2° une indemnité de 4,000 fr. à titre de dommages-intérêts ; condamner, en outre, le Ministre au payement des intérêts desdites sommes ; . . . .

Vu, en date du 30 septembre 1863, la lettre de l'inspecteur de l'Académie de Toulouse, faisant fonctions de recteur ;

Vu, à la date du 7 mars 1864, la décision par laquelle notre Ministre de l'instruction publique nomme un maître adjoint à l'École Normale primaire de Toulouse en remplacement du sieur Lafage, démissionnaire ;

Vu les observations du Ministre de l'intérieur, tendant au maintien des décisions attaquées, par le motif que le requérant a été régulièrement suspendu de ses fonctions par le recteur de l'Académie ; qu'à partir de ladite suspension il a cessé de remplir ses fonctions, et que, dès lors, il n'a pas droit au payement de son traitement jusqu'au 7 mars 1864 ;

Vu le mémoire en réplique présenté par le sieur Lafage ;

Vu la loi du 15 mars 1850, notamment l'article 33 ; le décret du 24 mars 1851 (art. 8) et le décret du 9 mars 1852 (art. 3 et 8) ;

En ce qui touche la demande relative au traitement :

Considérant qu'aux termes des dispositions combinées des art. 33 de la loi du 15 mars 1850 et du décret du 9 mars 1852, les recteurs peuvent suspendre, par mesure administrative, les professeurs de l'enseignement public, avec ou sans privation totale ou partielle de traitement, et à la charge d'en rendre compte immédiatement au Ministre qui lève ou maintient la punition ;

Considérant qu'il résulte de l'instruction qu'en informant, par sa décision du 30 septembre 1863, le sieur Lafage qu'il ne faisait plus partie du personnel de l'École Normale primaire de Toulouse, le recteur de l'Académie n'a pas indiqué qu'il perdait droit à tout ou partie de son traitement; que c'est seulement à la date du 7 mars 1864 que le sieur Lafage a été définitivement révoqué de ses fonctions; que, dans ces circonstances, il est fondé à réclamer qu'il lui soit tenu compte de la partie de son traitement courue depuis la décision précitée du recteur, du 30 septembre 1863 jusqu'au 7 mars 1864;

Sur les conclusions tendant à ce qu'il soit alloué au requérant, à partir du 30 septembre 1863, une somme représentant les avantages matériels attachés à sa fonction; — considérant qu'il résulte de l'instruction et qu'il n'est d'ailleurs pas contesté que le sieur Lafage a cessé d'exercer ses fonctions à partir du 30 septembre 1863; que, dès lors, il n'est pas fondé à réclamer l'allocation d'une somme représentant les avantages matériels attachés à l'exercice de ses fonctions;

Sur la demande d'indemnité: — considérant que la mesure dont le requérant a été l'objet n'est pas de nature à ouvrir à son profit un droit à indemnité;

Sur les conclusions relatives aux intérêts du traitement auquel le sieur Lafage a droit: — considérant qu'aucune disposition de loi ne permet d'allouer des intérêts pour le retard dans le payement d'un traitement;

Art. 1. — Il est alloué au sieur Lafage une somme représentant la partie de son traitement de maître adjoint à l'École Normale primaire de Toulouse, courue depuis le 30 septembre 1863 jusqu'au 7 mars 1864.

Art. 2. — Les décisions susvisées de notre Ministre de l'instruction publique, des 13 mars et 29 mai 1869, sont réformées en ce qu'elles ont de contraire à la disposition qui précède.

Art. 3. — Le surplus des conclusions du requérant est rejeté.

Avis relatif au règlement à appliquer aux petites classes dans les écoles.

17 *février* 1870.

Le Conseil,

Ouï l'examen d'un projet de règlement-type pour les petites classes destinées à servir de transition entre l'asile et l'école primaire;

Sur la proposition que la question soit ajournée, afin qu'elle puisse être de sa part l'objet d'un plus ample examen préalable;

Est d'avis qu'il y a lieu d'ajourner.

Avis relatif à l'autorisation demandée pour les élèves-maîtres des Écoles Normales de se présenter aux épreuves du brevet obligatoire à la fin de la 2e année.

17 *février* 1870.

Le Conseil,

Considérant qu'une mesure qui autoriserait les élèves-maîtres des Écoles Normales primaires à se présenter à la fin de la seconde année d'études aux examens donnant lieu à la délivrance du brevet simple, n'offrirait pas des avantages assez certains pour qu'il y eût utilité à modifier le régime établi;

Que du reste aucun vœu n'a été exprimé à cet égard par l'administration rectorale;

Considérant que la minorité des recteurs consultés, qui a donné un avis favorable à la mesure, ne paraît préoccupée que de la nécessité de rendre obligatoires des études de la troisième année; que la majorité, qui a répondu défavorablement, exprime la crainte que la faculté accordée aux élèves-maîtres de subir l'examen pour le brevet simple, à la fin de la seconde année d'études, ne nuise à la fois aux deux parties de l'enseignement: la partie obligatoire et la partie facultative;

Considérant, en outre, qu'il n'est pas possible en droit de détenir, pendant une année, un brevet légitimement acquis ;

Est d'avis qu'il y a lieu de maintenir l'état de choses actuel.

Décret abaissant l'âge des aspirantes au brevet de capacité.

19 *février* 1870.

NAPOLÉON, etc.,

Avons décrété et décrétons ce qui suit :

ART. 1. — L'article 7 du décret du 31 décembre 1853 es rapporté.

La condition d'âge exigée des aspirantes au brevet de capacité pour l'enseignement primaire est abaissée de dix-huit à seize ans.

ART. 2. — Aucune dispense d'âge ne pourra être désormais accordée.

Avis relatif à l'opposition faite par un maire à l'ouverture d'une école.

23 *février* 1870.

Le Conseil,

Vu la déclaration faite le 14 septembre 1869 devant le maire de la commune de ..... par l'abbé ....., desservant de la paroisse de ....., à l'effet d'ouvrir une école primaire libre dans la maison curiale dudit lieu;

Vu le certificat délivré par le maire le 15 septembre, et la lettre adressée par le même magistrat au préfet de ....., le 3 du même mois; constatant que, tout en reconnaissant le local destiné à l'école projetée convenable sous le rapport de l'étendue et de la hauteur, le maire a refusé d'approuver le local, par le motif qu'un presbytère est une maison affectée au logement du desservant, et qu'il a pour unique destination de servir d'habitation au pasteur;

Vu l'arrêté du préfet de ....., en date du 5 octobre suivant, qui, confirmant le refus du maire, s'oppose à l'ouverture de l'école dans le local désigné, et cite l'abbé ..... à comparaître devant le conseil départemental;

Vu la décision du conseil départemental de ....., en date du 22 octobre dernier, qui maintient l'opposition formée à l'ouverture d'une école primaire libre dans le presbytère de....;

Vu l'appel interjeté le 11 novembre 1869 par l'abbé ....., en vertu de l'art. 19 de la loi du 10 avril 1867;

Vu les articles 25, 27 et 28 de la loi du 15 mars 1850, l'art. 7 de la loi du 14 juin 1854, et l'art. 19 précité de la loi du 10 avril 1867;

Vu les articles 1, 2 et 3 du décret du 7 octobre 1850;

Considérant que l'art. 28 de la loi du 15 mars 1850 donne formellement au maire le droit de refuser d'approuver le local désigné par quiconque se propose d'ouvrir une école primaire libre dans la commune, et qu'il n'a ni déterminé ni limité les causes de ce refus;

Considérant qu'il appartient au conseil départemental, et en dernier ressort au conseil impérial d'apprécier, en pareil cas, les motifs du refus du maire et de statuer sur la validité de ce refus;

Considérant que le maire de....... a procédé dans la circonstance, non point comme exerçant les droits de propriété de la commune, mais au nom de l'intérêt scolaire que l'art. 28 de la loi du 15 mars 1850 a confié à sa garde;

Considérant qu'il est de principe et de jurisprudence constante que le presbytère a une affectation publique, qu'il n'est permis à personne de modifier ou de détourner en vue d'un intérêt privé, quelque respectable qu'il puisse être;

Considérant que, si l'art. 23 de la loi précitée admet le titre de ministre de l'un des cultes reconnus par l'État comme suppléant le brevet de capacité exigé pour l'exercice de la profession d'instituteur primaire, ces ministres demeurent, pour tout ce qui n'est pas excepté, soumis aux autres conditions imposées par la loi;

Considérant que le maintien de ces principes et de cette égalité de situation intéresse à la fois l'existence des écoles communales et la loyale pratique de la liberté de l'enseignement;

Considérant dès lors qu'en refusant d'approuver, pour une école primaire libre, la désignation d'un local, que son affectation spéciale et obligatoire rendait inacceptable pour cet usage, le maire de ..... n'a fait qu'une juste et légitime application du droit qu'il tient de l'article 28 de la loi du 15 mars 1850;

Confirme la décision du conseil départemental de ..... et maintient le refus du maire de .....

Avis relatif à un projet de règlement d'études pour les écoles communales, dites allemandes, du département de la Moselle.

23 février 1870.

Le Conseil,

Sur le renvoi qui lui a été fait par S. E. M. le Ministre de l'instruction publique, de toutes les pièces relatives à l'affaire déjà délibérée dans sa session de juillet 1869, concernant l'enseignement dans les écoles primaires communales de la partie de l'ancienne Lorraine, où la langue allemande est restée en usage;

Vu l'avis émis par le conseil, le 15 juillet, qu'il y a lieu de rapporter le programme de l'enseignement adopté pour lesdites écoles par le préfet du département de la Moselle, le 19 mars 1865, sur l'avis du conseil départemental, lequel programme n'avait point reçu l'approbation du Ministre;

Vu la décision en date du 20 juillet, par laquelle M. le Ministre a rapporté le programme, en invitant, sur l'avis du conseil impérial, le Conseil académique du ressort à préparer pour les écoles primaires, dites allemandes, de la Moselle, un nouveau règlement qui devra être soumis conformément à la loi, à l'approbation du Ministre en conseil;

Vu le règlement des écoles communales de la Moselle, adopté par le Ministre en conseil supérieur, le 23 mars 1852, visé par le conseil impérial dans son avis précité;

Vu le projet de règlement nouveau, préparé sur le rapport de M. le premier président Leclerc, par le Conseil académique de Nancy, dans la séance du 19 novembre dernier, en conformité de l'avis de ce conseil, portant qu'il y avait lieu de maintenir le règlement du 4 décembre 1851, approuvé en conseil supérieur le 23 mars 1852, en y ajoutant, toutefois, pour les communes où le besoin s'en ferait sentir, l'autorisation d'enseigner l'écriture aussi bien que la lecture allemande, aux enfants qui savent déjà lire et écrire en français;

Après avoir examiné ce nouveau règlement, transmis par le recteur le 27 novembre 1869, avec annexe du 5 décembre donnant le tableau de l'emploi du temps dans les écoles ;

Est d'avis qu'il y a lieu d'approuver le règlement, en le modifiant sur quelques points de détail et le réduisant aux dispositions suivantes, qui satisferont à ce qu'il y a de fondé dans les réclamations auxquelles l'état de choses existant a donné sujet.

ART. 1. — La base de l'enseignement est la langue française, dont l'étude se généralisera progressivement dans les trois divisions dont se composent lesdites écoles ; mais la pratique de la langue allemande y sera maintenue dans une juste mesure, soit comme moyen nécessaire de communication entre le maître et les élèves, dans la division inférieure et élémentaire, soit dans les divisions intermédiaires et supérieures, par les exercices de traduction et de conversation.

ART. 2. — Pour les enfants catholiques, l'enseignement comprend essentiellement la récitation de la lettre du catéchisme diocésain, qui sera étudié en allemand et traduit en français, ou réciproquement, toutes les fois que le besoin s'en fera sentir.

ART. 3. — Dans tous les exercices, les instituteurs appelleront constamment les élèves à rendre compte en français de ce qui fait l'objet de la lecture ou de l'entretien, qu'ils aient lieu en français ou en allemand.

ART. 4. — Pour le calcul, les maîtres s'attacheront particulièrement à l'usage du français, sans négliger les rapprochements indispensables avec l'allemand, et ils exerceront avec soin les élèves sur toutes les parties du système métrique.

ART. 5. — Dans les écoles dont il s'agit, une demi-heure par jour sera consacrée à la lecture en allemand, aussitôt que les élèves sauront lire couramment le français, et vers l'âge de sept ou huit ans. Une ou deux fois par semaine, cette leçon de lecture pourra être remplacée, dans la première et dans la deuxième division, par une leçon d'écriture allemande.

Art. 6. — La répartition générale des études et l'emploi du temps dans chacune des trois divisions, seront réglés par le Conseil académique, conformément aux présentes dispositions et en vertu de l'article 35 du règlement du 23 mars 1852.

Décision du conseil d'État, relative à une inscription d'office pour le traitement des instituteurs congréganistes.

9 *mars* 1870.

Un conseil municipal a demandé le remplacement par des laïques des frères de Saint-Yon, placés à la tête de l'école communale, et a refusé de voter les traitements de ceux-ci.

Le préfet, s'il a cru devoir, malgré le vœu émis par le conseil municipal, maintenir les frères en fonctions, peut-il, sans excès de pouvoir, sur le refus de ce conseil de voter l'allocation nécessaire pour subvenir à leur traitement, inscrire d'office au budget de la ville cette allocation, conformément à l'article 39 de la loi du 8 juillet 1837? Rés. aff. — Au décret du 9 mars 1852 et de la loi du 14 juin 1854 combinés, les préfets nomment les instituteurs communaux, les conseils municipaux entendus. D'après les lois précitées et celle du 15 mars 1850, article 33, il leur appartient également de décider s'il y a lieu de faire droit à la demande d'une commune tendant à obtenir le changement des instituteurs en exercice. Lorsque ceux-ci sont maintenus par le préfet de la ville, la ville demeure tenue de pourvoir à leurs traitements dans les limites fixées par les lois du 13 mars 1850 et du 10 avril 1867;

Décide toutefois que la ville ne devait, d'après ces lois précitées, payer qu'un traitement d'instituteur et deux d'instituteurs adjoints, et non pas un traitement d'instituteur à chacun des trois frères dirigeant l'école, comme l'avait admis le préfet en procédant à l'inscription d'office.

Le Conseil,

Vu la requête pour le maire de la ville de Nemours, agissant au nom de ladite ville......, tendant à ce qu'il nous plaise annuler, pour excès de pouvoir, un arrêté, en date du 7 septembre 1868, par lequel le préfet du département de Seine-et-Marne, statuant en conseil de préfecture, a inscrit d'office, au budget de la ville de Nemours, une somme de 900 fr. pour le traitement, pendant le second semestre de l'année 1868, des trois instituteurs congréganistes dirigeant l'école communale;

Ce faisant et attendu que la loi du 15 mars 1850 et le décret du 9 mars 1852 donnent aux conseils municipaux le droit de décider si la direction de l'école communale sera confiée à des instituteurs laïques ou à des instituteurs congréganistes; que, par plusieurs délibérations successives, le conseil municipal de la ville de Nemours avait demandé le remplacement des frères de Saint-Yon placés à la tête de l'école communale, par des instituteurs laïques, et qu'il avait expressément refusé de voter le traitement des instituteurs congréganistes pour le second semestre de l'année 1868; décider que le préfet du département de Seine-et-Marne n'a pu maintenir en fonctions les instituteurs congréganistes et inscrire d'office au budget leur traitement pour le second semestre de l'année 1868; attendu, en tous cas, que la ville requérante ne peut être tenue de payer lesdits traitements que dans les limites fixées par la loi du 15 mars 1850 et celle du 10 avril 1867; qu'ainsi c'est à tort que le préfet, par l'arrêté attaqué, attribue un traitement annuel de 600 fr. à chacun des trois instituteurs en exercice (1);

(1) M. Rayard, commissaire du gouvernement, a conclu en ces termes :
La ville de Nemours a conclu en ces termes :
« La ville de Nemours a reçu, vers 1846, plusieurs libéralités formant ensemble aujourd'hui un revenu annuel de 1,125 fr. avec affectation spéciale

Vu la délibération du conseil municipal de la ville de Nemours, relative à la suppression de l'école congréganiste, notamment la délibération du 25 mai 1868, portant refus de voter le traitement des instituteurs pour le second semestre de l'année 1868, et celle du 20 septembre 1868 autorisant le recours devant nous, en conseil d'Etat;

Vu les observations de notre Ministre de l'intérieur, ensemble un rapport du préfet du département de Seine-et-Marne, transmis par notre Ministre;

Vu les observations de notre Ministre de l'instruction publique;

à l'établissement d'une école primaire gratuite dirigée par les frères de la doctrine chrétienne.

« Jusqu'en 1868, les conditions imposées par les bienfaiteurs de la commune furent exécutées, mais, à cette époque, le conseil municipal prit une délibération aux termes de laquelle, renouvelant une demande déjà formée dix-huit mois auparavant, il réclamait la substitution d'instituteurs laïques aux instituteurs congréganistes et refusait, en même temps, de porter au budget, pour le second semestre 1868, la somme correspondante au traitement de trois frères de Saint-Yon chargés de donner l'enseignement aux enfants de la commune.

« Le préfet prit alors un arrêté ordonnant l'inscription d'office au budget municipal d'une somme de 900 fr., représentant six mois de traitement des rois instituteurs.

« La requête soutient que, par cette inscription d'office, le préfet a excédé ses pouvoirs; car il ne lui appartient pas d'obliger le conseil municipal à payer des instituteurs congréganistes alors qu'il s'est formellement déclaré pour l'enseignement laïque; que, en tous cas, il ne pouvait être tenu, suivant la loi du 10 avril 1867, qu'à payer le traitement d'un seul instituteur et de deux instituteurs adjoints, et que c'est à tort que trois traitements d'instituteurs ont été portés au budget.

« Ce pourvoi soulève l'examen des droits et des obligations respectifs des conseils municipaux et de l'administration en matière d'enseignement primaire.

« Sous l'empire de la loi du 15 mars 1850, les conseils municipaux nommaient les instituteurs communaux (art. 31); mais ce pouvoir leur fut retiré par le décret du 9 mars 1852, qui investissait les recteurs, par délégation du Ministre, du droit de nomination, les conseils municipaux entendus. Aujourd'hui, en vertu de la loi du 4 juin 1854, art. 5, le préfet exerce, sous l'autorité du Ministre de l'instruction publique et sur le rapport de l'inspecteur

Vu la loi du 18 juillet 1837, celle du 15 mars 1850, le décret du 9 mars 1852, la loi du 14 juin 1854 et celle du 10 avril 1867;

Considérant que, aux termes du décret du 9 mars 1852 et de la loi du 14 juin 1854 combinés, les préfets nomment les instituteurs communaux, les conseils municipaux entendus; que, d'après les lois précitées et celle du 15 mars 1850, art. 33, il leur appartient également, lorsqu'un conseil municipal réclame le changement des instituteurs en exercice, de décider s'il y a lieu de faire droit à cette demande;

Considérant que le préfet du département de Seine-et-Marne

---

d'Académie, les attributions déférées au recteur par le décret organique du 9 mars 1853.

« Ce n'est donc plus le conseil municipal qui nomme l'instituteur communal; c'est le préfet, sur le rapport de l'inspecteur d'Académie, le conseil municipal entendu.

« Le conseil municipal ne peut qu'exprimer un vœu dont la réalisation appartient au préfet.

« Mais si, sous prétexte que le préfet tarde à prendre en considération le vœu qui est exprimé, le conseil municipal efface de son budget le crédit affecté à l'enseignement primaire, il manque à une obligation qui lui est imposée par la loi du 15 mars 1850, car aux termes de l'article 36 de cette loi, toute commune est tenue d'entretenir une ou plusieurs écoles primaires. Dès lors le droit du préfet est incontestable de rétablir au budget le crédit afférent à cette dépense qui est rangée par la loi du 18 juillet 1837 (art. 30, chapitre XII) parmi les dépenses obligatoires.

« Est-ce à dire pour cela que le préfet ne doive pas tenir compte du sentiment manifesté par le conseil municipal ? Nullement. Nous ne méconnaissons pas l'importance d'un vœu exprimé en pareille matière, et nous pensons que tôt ou tard il doit s'imposer à l'administration. Mais celle-ci est libre d'apprécier les circonstances au milieu desquelles il a été formulé ; elle doit se rendre compte, avant de modifier un état de choses ancien, des conséquences qui pourront se produire. Son devoir est d'avertir le conseil municipal s'il s'engage dans une voie funeste aux intérêts de la commune.

C'est par des considérations graves, en effet, que le préfet du département de Seine-et-Marne a résisté jusqu'à ce jour à se rendre à la demande qui lui a été adressée ; car la substitution d'instituteurs laïques aux instituteurs congréganistes pouvant entraîner la révocation des libéralités faites à la commune, aura vraisemblablement pour résultat d'imposer aux contribuables des charges nouvelles. Le préfet était d'autant plus fondé à ne pas agir avec précipitation

ayant cru devoir, malgré le vœu émis par le conseil municipal de la ville de Nemours, maintenir en fonctions, pendant le second semestre de l'année 1868, les trois frères de l'ordre de

---

que la délibération du conseil municipal avait été prise par onze voix contre dix, et que sur cette question il n'apparaissait pas que la majorité se fût rendue l'organe du sentiment public.

« L'inscription d'office était donc justifiée.

« Mais la commune de Nemours doit-elle trois traitements d'instituteurs ou bien un traitement d'instituteur et deux d'instituteurs adjoints ?

« Le préfet n'ignorait pas que la commune, pour obtenir les trois frères de Saint-Yon, avait contracté vis-à-vis de la congrégation l'obligation de fournir à chacun d'eux un traitement de 600 francs. Aussi, dans un sentiment d'équité pour la congrégation autant que dans un intérêt de dignité pour la commune, il eut en vue plutôt l'exécution du contrat que l'application de la loi.

« Si en contractant avec la congrégation la commune a consenti des engagements pécuniaires plus onéreux que ceux qui sont inscrits dans la loi, sans doute elle a agi avec l'autorisation du préfet ; mais l'intervention de l'administration n'a pu changer le caractère du contrat qui reste soumis à toutes les règles du droit civil, et l'autorité judiciaire serait seule compétente pour statuer sur les difficultés auxquelles il pourrait donner lieu.

« C'était donc dans la loi seule que le préfet devait chercher les obligations de la commune avant de déterminer le chiffre à inscrire d'office au budget.

« La loi de 1850, en imposant à chaque commune l'obligation d'avoir au moins une école, lui impose en même temps l'obligation d'entretenir un instituteur dont le traitement, qui se compose d'une rétribution fixe et d'une rétribution éventuelle, doit être de 600 fr. au moins. Mais la loi du 10 avril 1867 a créé des adjoints qu'elle a divisés en deux classes et qui sont appelés indistinctement à prêter leur concours à l'instituteur d'une école nombreuse. Elle a maintenu aux instituteurs le minimum de traitement de 600 fr. et elle a attribué aux adjoints un minimum de 500 fr. ou de 400 fr., selon la classe à laquelle ils appartiennent. Quelles sont les conditions exigées pour le passage d'une classe dans une autre ? La loi ne le dit pas, et sans doute elles sont tracées dans des règlements particuliers.

« L'école communale de Nemours ne peut donc avoir qu'un instituteur au traitement minimum de 600 fr., les autres ne peuvent être considérés que comme des adjoints.

« Telles sont les règles dans lesquelles devait se renfermer le préfet du département de Seine-et-Marne ; il a méconnu les dispositions de la loi en attribuant aux trois instituteurs de l'école communale un traitement identique : sur ce point son arrêté doit être modifié. »

Saint-Yon dirigeant l'école communale, la ville était tenue de pourvoir à leurs traitements dans les limites fixées par les lois du 13 mars 1850 et du 10 avril 1867 ; que, sur le refus du conseil municipal de voter l'allocation nécessaire, le préfet a dû, conformément à l'article 39 de la loi du 18 juillet 1837, l'inscrire d'office au budget de ladite ville;

Mais, constatant que le préfet, en procédant à cette inscription, a attribué à chacun des trois frères dirigeant l'école communale un traitement d'instituteur, et que la ville est fondée à soutenir que, d'après les lois précitées, elle n'est tenue de payer qu'un traitement d'instituteur et deux traitements d'instituteurs adjoints;

Art. 1. — La somme inscrite d'office au budget de la ville de Nemours, pour l'année 1868, par l'arrêté ci-dessus visé du préfet du département de Seine-et-Marne, est réduite à la somme nécessaire pour pourvoir, pendant le second semestre de ladite année, aux traitements d'un instituteur et de deux instituteurs adjoints. (Arrêté réformé en ce qu'il a de contraire; surplus des conclusions rejeté.)

. . . .

Décret relatif au traitement des instituteurs et des institutrices.

26 *juillet* 1870.

Napoléon, etc.,

Avons décrété et décrétons ce qui suit :

Art. 1. — A partir du 1er janvier 1871, le traitement minimum des instituteurs primaires publics, comptant moins de cinq années de services, est fixé à 700 fr.

Art. 2. — A partir de la même époque, le traitement minimum des instituteurs primaires publics, comptant cinq années de services, est fixé à 800 fr.

Art. 3. — A partir de la même date, un traitement supplémentaire, calculé de manière à élever, après dix ans de services, le revenu scolaire du vingtième des instituteurs au minimum de 900 francs, et, après quinze ans de services, le revenu scolaire du vingtième des instituteurs au minimum de 1,000 francs, pourra être accordé par notre Ministre de l'instruction publique à ceux de ces maîtres qui se distingueront par leurs bons services.

Art. 4. — A partir du 1er janvier 1871, le traitement des institutrices primaires publiques de la 1re classe ne pourra être inférieur à 600 francs, et celui des institutrices de la 2e classe à 500 fr.

Art. 5. — Il sera pourvu aux dépenses résultant des art. 1, 2, 3 et 4 ci-dessus, conformément aux dispositions de l'art. 14 de la loi du 10 avril 1867 et de celles de la loi de finances pour l'exercice 1871.

Art. 6. — A partir du 1er janvier 1871, chacune des classes d'institutrices titulaires et d'instituteurs adjoints, déterminées par les articles 4 et 5 de la loi du 10 avril 1867, comprendra le même nombre de fonctionnaires.

Nul ne pourra être élevé à la 1re classe, s'il ne compte au moins trois années de services dans la 2e classe.

Art. 7. — Notre Ministre de l'instruction publique est chargé de l'exécution du présent décret.

Ordonnance des référés du tribunal de Toulouse, statuant sur la demande formée par une congrégation enseignante contre la commune de Toulouse, à l'effet d'être maintenue en possession provisoire des locaux des écoles communales.

11 *janvier* 1871.

Nous, Président,

Statuant en état de référé,

Attendu que le référé de l'institut des Frères de la Doctrine chrétienne n'entreprend ni les délibérations de la commission municipale de Toulouse qui dressent le budget de la commune ou changent le régime de ses écoles primaires, ni aucun de ses actes relevant de la juridiction administrative, ni des actes de cette juridiction elle-même;

Attendu que, pour leurs droits de propriété ou de possession, pour les obligations civiles qu'ils contractent, les communes et leurs administrateurs restent, à l'égard des tiers, dans le droit commun justiciable, *ratione personæ et ratione materiæ*, des tribunaux ordinaires;

Que, dans l'ordre judiciaire et pour les choses qui sont déjà de son ressort, un juge spécial statue provisoirement, sans toucher au principal, sur tous les cas d'urgence et sur les difficultés qui se produisent à l'exécution des titres parés;

Que c'est bien dans ces conditions comme dans ce but, qui ouvrent la voie expéditive du référé, que l'institut des frères agit aujourd'hui;

Qu'en effet, un ordre émané du président de la commission municipale prescrivait au directeur des frères d'avoir, dans trois jours, à faire évacuer et à remettre à la commune les locaux lui appartenant, qui étaient depuis longtemps affectés à leurs écoles;

Que cette injonction instantanée, si péremptoire et trop prompte, ne permettait pas aux frères d'attendre, sans un péril réel, l'audience du tribunal pour y faire valoir leur opposition; que d'ailleurs la commune ne pouvait être assignée qu'après l'accomplissement de certaines formalités et l'expiration de longs délais;

Qu'ainsi l'urgence du cas est absolue, manifeste, telle que le droit l'exige;

Que la commune, de son côté, rattache aussi en cas d'urgence, s'opposait à celle invoquée par l'institut, afin de rendre cette dernière inefficace à la revendication extrajudiciaire qu'elle aurait été obligée d'exercer avec la célérité qu'exige l'installation immédiate de ses nouvelles écoles;

Qu'il est d'abord sensible qu'en produisant ce conflit d'urgence, la commune plaçant son exception dans les conditions elles-mêmes de l'action, n'aboutit précisément qu'à justifier de plus fort l'intervention du juge du référé dont elle décline la compétence;

Que la raison de droit refuse aussi tout effet attributif de juridiction à l'urgence qui ne serait que relative; qu'elle n'admet pas que par des imprévoyances ou des précipitations on puisse la créer et s'en prévaloir lorsqu'elle s'est ainsi produite;

Que la commission municipale, donnant ses préférences à un système nouveau d'instruction populaire, appréciatrice libre, incontestée du moment de son application comme elle l'avait été de ses avantages, aurait dû se préoccuper des nécessités de son établissement, y pourvoir d'avance, faire pour le logement des écoles projetées, c'est-à-dire se l'assurer, comme elle l'a fait pour le traitement des instituteurs;

Que tout pressant que puisse être l'intérêt de la commission municipale à loger ses classes, l'intérêt de l'institut à ne pas fermer les siennes n'est pas moins respectable; que la commune, libre de satisfaire le sien, ne le peut qu'en s'abstenant de nuire aux droits d'autrui; que le magistrat, dispensateur des prévisions qui les préserveraient du trouble dont ils sont menacés, doit ou retirer la demande ou l'admettre, si elle est fondée ;

Attendu que l'institut des frères invoque ses statuts, où il est stipulé : que, dans le cas où l'on voudrait fermer ses établissements, la suppression ne pourra avoir lieu qu'après avoir été notifiée six mois d'avance au supérieur général ;

Qu'à la vérité, ni la ville ni l'institut ne sont à même de produire les traités intervenus entre eux et qui auraient constaté la consécration de ces statuts ; mais que cette consécration ait été écartée ou non, il est vraisemblable que le représentant de l'institut ne s'est engagé qu'en se conformant aux pouvoirs dont il était investi ; qu'il devait respecter les règles de sa corporation ; qu'il les a sans doute observées à Toulouse comme dans les autres communes ;

Que le référé, ne pouvant solliciter des mesures provisoires sans engager le principal, admet les présomptions à défaut de toute preuve plus décisive ;

Que d'ailleurs, dans la réalité des situations, on ne saurait, sans erreur et sans injustice, assimiler le Frère de la Doctrine chrétienne à un ouvrier payé travaillant pour l'intérêt exclusif d'un patron, à un commis principal louant ses services, et que le chef est libre de congédier à tout instant ;

Que les subsides fournis aux frères ne sont pour eux que le moyen de remplir leur office, une simple assistance, et non pas un salaire qui les désintéresse, et qu'on le voit dans l'écart considérable qui se trouve entre leur allocation et les traitements encore trop médiocres que la commission municipale est obligée d'allouer à ses instituteurs ;

Que c'est, à vrai dire, une association de fait, si l'on veut, qui se forme entre les communes et l'institut pour une entreprise qui poursuit le même but, celle-là y participant par ses locaux et par ses subsides, celui-ci y participant par l'aptitude, la régularité et l'abnégation de ses frères ;

Que, dans les sociétés de fait, la retraite subite de l'un des associés effectuant sa dissolution, alors surtout qu'un long avenir lui paraissait promis par une longue existence, ne peut avoir et n'a pas pour résultat de compromettre l'associé surpris par la rupture au point de le contraindre d'abandonner aussitôt sa tâche, tâche qu'il peut vouloir continuer seul, quoique abandonné désormais à ses propres facultés; qu'il y avait là un préjudice à réparer et qui se réparera justement, en donnant à l'associé abandonné, quel qu'il soit, la latitude que la loi et les usages accordent au locataire;

Qu'enfin, les rôles étant intervertis, la commune jouirait de la faveur due à l'institut, si celui-ci, rompant brusquement son association, entendait reprendre immédiatement les locaux qui lui appartiendraient;

Attendu que, pour ce qui regarde spécialement les maisons des quartiers Saint-Servin, la Daurade, Saint-Nicolas, Saint-Jérôme et les Minimes, la commune n'en a acquis la propriété qu'à des conditions qu'elle a acceptées;

Que l'institut entend conserver les bénéfices de ces conditions, conditions dont il ne serait pas déchu en perdant la direction des écoles primaires de la commune;

Que la commission municipale cependant persiste à soutenir que ses dispositions ayant dégagé sa propriété, lui en ont acquis la libre disposition; qu'en attendant que par le tribunal, seul compétent, il soit statué au principal sur la contestation des parties, l'exécution de leurs titres doit être continuée, telle qu'elle s'est poursuivie jusqu'à ce jour;

Attendu que l'invitation adressée le 26 décembre dernier au directeur des frères pour la remise des établissements appartenant sans condition à la commune est reconnue, puisqu'il y a formé opposition; qu'elle doit, par conséquent, avoir tous les effets d'un congé légal et de la notification prévue par l'art. 14 des statuts de l'institut des frères;

Par ces motifs, avons ordonné et ordonnons :

Que pendant un délai de six mois, à partir du 26 décembre, l'institut des frères conservera la possession des écoles des quartiers de la Dalbade et de Saint-Exupère, à moins qu'avant l'expiration de ce délai il ne les ait abandonnés, ou que par le tribunal il n'en soit autrement disposé;

Ordonnons aussi que l'institut sera maintenu en la possession des maisons appartenant conditionnellement à la commune dans les quartiers Saint-Servin, la Daurade, Saint-Nicolas, Saint-Jérôme et les Minimes, jusqu'à ce qu'au principal il ait été statué sur les prétentions respectives des parties.

Arrêt de la cour de Chambéry, établissant l'incompétence du juge des référés pour statuer sur une demande formée par une congrégation enseignante contre la commune de Coguin, à l'effet d'être réintégrée ou maintenue en possession provisoire des écoles communales.

11 *décembre* 1871.

Le juge des référés est incompétent pour statuer sur la demande formée par une congrégation enseignante contre une commune, à l'effet d'être réintégrée ou maintenue en possession provisoire des locaux des écoles communales, nonobstant une délibération du conseil municipal, approuvée par le préfet, qui retire à la congrégation la direction de ces écoles.

Et il en est ainsi, alors même que la congrégation se fonde sur un contrat purement civil intervenu entre elle et la commune, tel que bail, louage de services, mandat ou société innomée, si le contrat n'est pas prouvé par un titre;

La Cour,

Attendu qu'il est constant, en fait, que les frères de la doctrine chrétienne dirigent depuis longues années l'école communale de Coguin, qu'ils occupaient des locaux appropriés à cette destination par la commune et recevaient de celle-ci une subvention;

Que, par une délibération du 6 août 1871, approuvée par

arrêté de M. le préfet de la Savoie, le 17 du même mois, le conseil municipal de Coguin a décidé qu'à partir de la rentrée scolaire, l'enseignement laïque serait substitué à l'enseignement congréganiste;

Que ces décisions administratives ont été portées à la connaissance des frères de la doctrine chrétienne par lettre du maire de Coguin, du 17 septembre;

Qu'en cet état, par exploit du 26 octobre 1871, les frères ont assigné en référé, devant le président du tribunal de Chambéry, le maire de Coguin, à l'effet d'obtenir un sursis à l'exécution de la délibération précitée, et en même temps leur maintien dans la jouissance des locaux et des subsides ;

Que par ordonnance du 28 octobre 1871, le président du tribunal s'est déclaré incompétent, et que le 4 novembre appel a été interjeté de son ordonnance ;

Que, depuis ladite ordonnance, les frères de la doctrine chrétienne ont été expulsés des locaux qu'ils occupaient ;

Que les appelants reprennent devant la cour les conclusions posées en première instance, et qu'ils demandent, en outre, à être réintégrés dans les locaux où ils résidaient ;

Attendu que les appelants soutiennent en premier lieu que la compétence du magistrat statuant en référé est absolue, et que sa juridiction ne s'exerçant jamais que par des mesures provisoires a, du moins, dans cette sphère particulière, un caractère de plénitude ;

Que, suivant eux, cette latitude s'explique par la nécessité de prévenir de graves inconvénients, souvent irréparables, et qu'elle ne compromet d'ailleurs aucun droit, puisqu'elle réserve aux juridictions compétentes les résolutions définitives; qu'on ne saurait donc appliquer ici la règle de la séparation des pouvoirs ;

Attendu que la défense faite aux autorités judiciaires de s'immiscer dans les actes administratifs a été élevée par le législateur à la hauteur d'un principe constitutionnel ;

Que le magistrat jugeant en référé est essentiellement une autorité judiciaire ; qu'il serait au moins étrange que le président du tribunal ne fût pas soumis à une règle qui gouverne non-seulement le tribunal dont il fait partie, mais encore toutes les juridictions de l'ordre judiciaire, même la plus élevée ;

Qu'en pareille omnipotence, loin de s'appuyer sur la loi, il serait en contradiction avec l'ensemble de toute notre législation ;

Que, vainement, pour justifier cette extension de pouvoirs conférés au juge des référés, on insiste sur le caractère provisoire de ses décisions ;

Qu'il n'est pas douteux, en effet, que le tribunal entier, saisi d'une instance dans laquelle on pourrait invoquer la règle de la séparation des pouvoirs, devrait proclamer son incompétence, même pour ordonner de simples mesures provisoires ;

Que c'est donc avec raison que dans l'ordonnance dont est appel, le président du tribunal s'est déclaré incompétent pour surseoir à l'exécution d'actes administratifs ;

Attendu, en second lieu, que les appelants prétendent que le juge du référé s'est à tort dessaisi entièrement du litige ;

Qu'en dehors des questions administratives, il y avait dans la cause des questions de droit civil qui s'imposaient à son appréciation ;

Qu'en effet, les frères de la doctrine chrétienne, nommés instituteurs communaux, avaient contracté avec la commune de Coguin, et qu'il était intervenu entre eux, soit pour les subsides, soit pour l'occupation des locaux, des engagements respectifs dont l'exécution ou la violation appartenait à l'autorité judiciaire ;

Que tout au moins, si le juge du référé devait se renfermer dans ces limites, il ne lui était pas permis de décliner sa compétence sur ce dernier point ;

Attendu que les frères de la doctrine chrétienne ne produisent pas de convention écrite, et que la commune dénie toute convention verbale ;

Que, sous ce rapport, il y avait un premier obstacle à la juridiction du juge du référé, qui ne peut admettre de simples présomptions dans une matière où la preuve testimoniale ne serait pas admissible ;

Attendu, en outre, et surtout qu'en l'absence de convention écrite le magistrat jugeant en référé eût été dans la nécessité, avant d'ordonner toute mesure, de se livrer à la recherche délicate de la nature de la convention verbale intervenue entre les parties ; de préciser s'il s'agissait d'un bail, d'un louage de services, d'un mandat, d'une société innomée ;

Que ce sont là autant de points qui appartiennent exclusivement à la juridiction compétente pour connaître de l'action principale, et que le juge du référé devant éviter avec soin de rien préjuger au fond, trouvait ainsi dans la cause une nouvelle et décisive raison de s'abstenir ;

Attendu, en dernier lieu, que l'urgence est avant tout la condition essentielle du référé, et que cette urgence doit encore apparaître avec un caractère spécial, c'est-à-dire la nécessité de prévenir un préjudice irréparable ;

Que ces conditions ne se rencontrent pas dans l'espèce ;

Que les frères de la doctrine chrétienne ont été avertis le 17 septembre, mis à cette date en demeure d'aviser, et qu'aujourd'hui ils se sont pourvus d'un autre local dans lequel ils ont ouvert leurs classes ;

Que des instituteurs laïques ont été installés administrativement dans les locaux précédemment occupés par les frères, et qu'une mesure de réintégration, en la supposant possible juridiquement, n'aboutirait qu'à provoquer un regrettable conflit ;

Sans préjudice pour les appelants de leur droit au fond, s'il y a lieu,

Rejette.....

Arrêt de la cour d'Aix, établissant la compétence du pouvoir judiciaire pour maintenir provisoirement en possession des locaux qu'elle occupe, une école congréganiste expulsée.

9 *janvier* 1872.

L'autorité judiciaire est seule compétente pour statuer sur la question de propriété d'une école communale, revendiquée par une congrégation enseignante, à la suite d'une délibération du conseil municipal, lui retirant la direction de l'école avec ordre de l'évacuer ;

Par suite, lorsque la congrégation produit des titres qui, considérés dans leurs apparences, démontrent la légitimité de son occupation, le juge des référés doit, à raison de l'urgence, la maintenir dans la possession des lieux, jusqu'à la décision du fond.

La Cour,

Sur l'exception d'incompétence proposée par le maire de Toulon (1) ;

---

(1) Le 2 août 1871, le conseil municipal de Toulon a pris une délibération retirant aux congréganistes, pour l'attribuer aux laïques, la direction des écoles communales. En conséquence de cette délibération, le maire a prévenu les Dames de la congrégation de Saint-Maur, qu'à dater du 1er octobre elles aient à cesser de diriger l'école communale des filles et à en évacuer les bâtiments. En même temps, le préfet a pris un arrêté nommant à leur place des institutrices laïques.

Les Dames de Saint-Maur ont prétendu être maintenues dans leurs droits d'institutrices communales, et se sont pourvues de ce chef devant la juridiction administrative. En outre, elles ont prétendu qu'elles étaient propriétaires du local de l'école, et elles ont cité le maire de Toulon devant le juge des référés, pour les voir maintenir provisoirement en possession du local.

Le 15 novembre 1871, ordonnance du président du tribunal civil, ainsi conçue :

Attendu que le débat porte sur la question de savoir si les Dames de Saint-Maur seront ou non expulsées de la maison

---

« Attendu que les Dames de Saint-Maur élèvent la prétention d'être maintenues provisoirement en possession, en attendant la solution au principal du litige engagé entre elles et la ville de Toulon, des lieux qu'elles occupent rue Bonnefoy; qu'elles colorent leurs prétentions à ce sujet en s'appuyant sur les contrats intervenus entre elles et la ville de Toulon dès 1721, époque à laquelle la ville, de concert avec l'évêque de Toulon, qui a contribué au payement du prix pour un tiers, acheta cette maison pour les dames de l'évêché, et notamment encore sur la délibération du 4 juin 1830, qui a conféré à perpétuité la jouissance à ladite communauté dudit local de l'évêché, à la condition d'y donner l'enseignement gratuit aux enfants de la cité et principalement aux enfants des familles pauvres, et enfin sur l'ordonnance du roi du 1er décembre 1830;

« Attendu qu'il est juste d'accueillir la prétention des demanderesses à ce sujet, que la décision toute provisoire réclamée par elles est la seule qui sauvegarde véritablement la question du fond et ne se fasse point préjuger; qu'il est hors de doute que l'appréciation de la légalité de la délibération du conseil municipal de Toulon, du 2 août 1871 et de l'arrêté de M. le préfet du Var, nommant des institutrices laïques à la place des Dames de Saint-Maur, dépasse les limites de notre compétence; mais que le maintien en la possession des lieux dont s'agit, comme mesure provisoire, non-seulement n'excède pas les limites de notre compétence, mais encore est la seule qui n'engage pas le fond du procès et n'établisse aucun préjugé à l'égard de l'une ou l'autre des parties; qu'ordonner l'expulsion des demanderesses serait faire pressentir la solution définitive du procès et sortir en réalité des limites de notre compétence;

« Attendu que cette espèce présente une frappante analogie avec celle d'un litige porté devant le juge de paix, et maintenue dans la possession d'une servitude discontinue ou non apparente, lorsque la possession est colorée par un titre; que le juge de paix est sans doute incompétent pour statuer sur la validité du tiers produit, mais que pourtant il a le droit d'en tenir compte dans une certaine mesure, au point de vue seulement de la possession et pour la colorer;

« Attendu qu'il y a lieu, dans l'espèce du référé, par application des mêmes principes et sans statuer au fond, de maintenir les Dames de Saint-Maur dans une possession colorée par des titres dont l'un remonte à 1711, et les autres résultent de la délibération du conseil municipal de Toulon du 4 juin 1830, de l'ordonnance du roi du 16 décembre 1830, et de les autoriser à garder provisoirement cet asile, etc. »

Appel par le maire de Toulon et par les Dames de Saint-Maur.

qu'elles habitent depuis plus de soixante ans, et qu'il présente dès lors un véritable caractère d'urgence ;

Attendu, d'autre part, que ce débat se rattache à une question de propriété, et qu'à ce titre il est essentiellement de la compétence de l'autorité judiciaire, malgré les actes administratifs que la mairie de Toulon invoque, dont le sens et la valeur ne sont nullement contestés, qui sont étrangers à la question à résoudre, et dont l'effet ne saurait être de troubler l'ordre des juridictions.

Sur la demande des sœurs de Saint-Maur :

Attendu que les divers actes produits par ces dames, et notamment l'acte d'acquisition du 31 août 1711 et la concession faite par la ville le 4 juin 1830 sont des titres qui, considérés dans leurs apparences et au point de vue de la légitimité de l'occupation, démontrent qu'en effet l'occupation des Dames de Saint-Maur est légitime, et qu'elle doit leur être provisoirement conservée ;

Par ces motifs,

Autorise les Dames de Saint-Maur à demeurer dans les bâtiments de l'école jusqu'à ce qu'il ait été statué définitivement au fond, sur les droits respectifs des parties, par les juridictions compétentes (1).

Extrait de la loi de finances élevant le traitement des inspecteurs primaires.

21 *mars* 1872.

Le traitement des inspecteurs primaires est fixé ainsi qu'il suit :

1re classe	3,000 fr.
2e classe	2,700
3e classe	2,400

---

(1) Voir les arrêts de la cour de Nîmes (20 mars 1871), de la cour de Dijon (11 août 1869), de la cour de Colmar (28 janvier 1831), concluant dans le même sens ou dans un sens analogue.

Extrait de la loi de finances élevant le traitement des directeurs et des maîtres adjoints des Écoles Normales primaires.

21 *mars* 1872.

Le traitement des directeurs et des maîtres adjoints des Écoles Normales primaires est ainsi fixé :

Directeurs :

1re classe	4,000
2e —	3,300 à 3,600
3e —	2,700 à 3,000

Maîtres adjoints :

1re classe	2,000 à 2,200
2e —	1,700 à 1,900
3e —	1,400 à 1,600

Décret ayant pour objet de classer les aumôniers d'Écoles Normales et de fixer les traitements.

1er *avril* 1872.

Le Président de la République française,

Sur le rapport du Ministre de l'instruction publique, des cultes et des beaux-arts;

Vu l'article 35 de la loi du 15 mars 1850;

Vu l'article 2 du décret du 26 décembre 1855 ;

Décrète :

ART. 1. — Les aumôniers des Écoles Normales primaires sont divisés en trois classes, et les traitements affectés à chaque classe sont fixés ainsi qu'il suit :

Aumôniers de 1re classe,	de 1,600 fr.	à 2,000 fr.
— de 2e —	de 1,100 —	à 1,500
— de 3e —	de 500 —	à 1,000

Jugement du tribunal civil de Saint-Étienne, statuant sur la demande de dommages-intérêts formée par les frères des écoles chrétiennes expulsés des écoles communales de Saint-Étienne.

28 *mai* 1872.

Le tribunal (1),

Attendu qu'il est constant, en fait, que depuis 1805 les Frères des Écoles chrétiennes tiennent dans la ville de Saint-Étienne des écoles dans lesquelles est donnée l'instruction primaire gratuitement ;

(1) La question du procès était celle-ci : les frères expulsés par le conseil municipal le 30 septembre 1870, réinstallés le 1er octobre 1871 par la commission municipale, ont-ils le droit d'exiger de la ville de Saint-Étienne leurs appointements pour l'année pendant laquelle ils n'ont pas donné l'enseignement?

Que depuis cette époque, il s'est formé entre leur société et la ville un contrat par lequel, d'une part, les congréganistes s'engagent à donner leurs soins à l'éducation des enfants qui leur seraient confiés; et d'autre part, la ville de Saint-Étienne à leur donner une subvention annuelle pour faire face aux besoins, à la nourriture et à l'entretien des membres de la congrégation contractante;

Attendu qu'il est encore constant, en fait, que la ville de Saint-Étienne, par suite de demandes successives, employait cinquante-deux frères pour l'instruction primaire, qu'elle s'était obligée de leur payer 600 fr. d'appointements à chacun d'eux;

Attendu que le 21 septembre 1870, la ville de Saint-Étienne, par l'organe de l'autorité municipale, signifia aux frères de l'école chrétienne qu'elle leur retirait toute subvention;

Attendu qu'à la suite de cette mesure, les frères durent quitter les locaux occupés;

Que c'est à raison de ces faits qu'ils ont formé contre la ville une demande en payement du traitement qui leur était dû;

Attendu que la ville a opposé l'incompétence du tribunal;

Attendu, sur ce point, que le tribunal n'a pas à examiner si le conseil municipal avait ou n'avait pas le droit de prendre la délibération en vertu de laquelle la subvention était supprimée aux frères des écoles chrétiennes;

Qu'il suffira de constater qu'il existait un contrat exécuté loyalement depuis plus de soixante-cinq ans entre la ville et la congrégation, pour que le tribunal soit compétent et décide si la violation ou l'interruption précitée de ce contrat a porté préjudice à l'une des parties, et si, à raison de ce, il est dû à la partie qui éprouve le préjudice des dommages-intérêts? que, posée en ces termes, la question ne peut être douteuse;

Qu'en effet, il est constant que les frères, privés subitement de leurs moyens d'existence, de leur domicile et de leur traitement, ont éprouvé un dommage;

Que sans doute, la ville de Saint-Étienne peut retirer ses

engagements, mais à la condition qu'elle se conformera aux lois en vigueur, et en second lieu qu'elle donnera aux frères des écoles chrétiennes le temps moral qui leur permettra de se déplacer sans préjudice;

Sur la fin de non-recevoir tirée de ce que les cinquante-deux frères ne sont pas tous en cause;

Attendu que le tribunal doit ordonner l'exécution du contrat tel qu'il a été accepté par les parties;

Qu'il est constant pour lui que chaque section est dirigée par un frère professeur titulaire nommé spécialement par arrêté préfectoral; que ce frère-directeur se fait assister d'aides et d'auxiliaires, en nombre indéterminé, suivant les besoins de l'école et le nombre des enfants à instruire;

Attendu que le frère-directeur ayant autorité sur tous les membres de la congrégation fixée à Saint-Étienne, produit un état duquel il résulte que cinquante-deux frères auraient été employés à Saint-Étienne au moment où la subvention leur fut enlevée;

Que ce chiffre n'est pas contesté par la ville, que seulement elle soutient que quarante-deux frères congréganistes ne sont pas instancés, qu'on ne peut statuer à leur égard;

Attendu qu'il faut se reporter aux engagements de la ville et à ses précédents agissements;

Qu'elle a toujours et constamment servi la subvention calculée sur le nombre des congréganistes, lequel était changé au fur et à mesure des besoins;

Que dès lors elle n'a pas traité individuellement avec chacun d'eux, et qu'il suffit au tribunal de constater que le nombre de cinquante-deux est exact pour décider qu'il y a lieu d'allouer des dommages-intérêts à cet égard à ce chiffre de frères employés dans les écoles de Saint-Étienne, les quarante-deux frères non mis en cause étant suffisamment représentés par le frère Adonis et les dix autres directeurs des écoles de quartiers;

Attendu que le tribunal ne peut accorder à titre de dommages-intérêts la totalité des émoluments d'une année entière;

Qu'il a des éléments suffisants pour arbitrer ces dommages,

en tenant compte des frais de déménagements précités et pertes de salaire;

Attendu que le tribunal estime qu'en allouant, à titre d'indemnité, à chacun des congréganistes, six mois d'émoluments, il leur accordera une indemnité suffisante;

Attendu que les considérations qui précèdent dispensent le tribunal d'examiner les autres points du litige et les plus amples réclamations des demandeurs;

Par ces motifs :

Le tribunal jugeant en premier ressort et matière ordinaire,

Condamne la ville à payer, soit aux demandeurs, soit au sieur Jacquin, dit frère Adonis, directeur supérieur des écoles chrétiennes à Saint-Étienne, la somme de 15,000 fr. à titre de dommages-intérêts;

Met la ville hors de cause sur toutes les plus amples demandes, fin et conclusion.

Arrêt de la cour de Bourges, prononçant l'incompétence de l'autorité judiciaire dans les contestations survenues entre les communes et les congrégations enseignantes liées par un contrat.

19 *juin* 1872 (1).

La Cour,

Considérant que, préalablement à l'examen de la question

---

(1) Résumé des faits :

Le 13 *novembre* 1853, le conseil municipal de Prémery émettait le vœu de l'installation à Prémery de sœurs de charité comme institutrices communales.

de compétence relevée au procès, il convient de rappeler les circonstances principales dans lesquelles elle se produit;

Considérant, en fait :

Qu'à la suite d'une délibération prise par la commission administrative, le 4 décembre 1853, les sœurs de la Charité et

---

Le 4 *décembre* 1853, par une nouvelle délibération, ce conseil fixait le traitement qui serait alloué aux sœurs, et le chiffre des dépenses affectées au mobilier de l'école.

Le 30 *décembre* 1853, intervenaient entre la commune et les sœurs des conventions verbales déterminant les obligations réciproques des parties de la manière suivante :

ART. 1. — Les sœurs de la charité de Nevers, au nombre de trois, seront chargées de l'école communale de Prémery et de la visite des pauvres malades.

ART. 2. — Les sœurs enseignantes seront placées, quant aux rapports temporels, sous la dépendance et l'autorité municipale; la sœur supérieure aura seule des relations avec l'autorité locale.

ART. 3. — Il sera fourni par la commune, aux sœurs, une maison avec cour, jardin, et convenablement garnie de lits, meubles et des ustensiles nécessaires tant pour elles que pour les classes, ainsi que pour le linge qui leur sera nécessaire; ou bien la commune donnera à la communauté *une somme de* 1,500 *francs, conformément à la délibération du* 4 *décembre* 1853, pour fourniture de tout le mobilier nécessaire dans lequel ne sera pas compris le mobilier des sœurs........

Il sera dressé, à l'entrée des sœurs, un état des lieux et un inventaire du mobilier qui leur sera fourni, ou qu'elles auront fourni au moyen de l'allocation de 1,500 francs........

ART. 4. — La commune payera chaque année aux sœurs *une somme de* 1,300 *francs*, dont 100 francs pour gage de la domestique, pour leur nourriture, etc........

ART. 5. — La supérieure générale et la commune auront respectivement le droit de provoquer le changement des sœurs.

ART. 6. — Dans le cas de la retraite volontaire de la communauté ou de son remplacement par une autre congrégation, la supérieure générale, ou la commune devra prévenir l'autre partie, et s'entendre avec elle sur l'époque de la sortie des sœurs; *cette sortie aura lieu 4 mois au plus tard après la notification faite par celle des parties qui voudra résilier le traité.*

de l'Instruction chrétienne de Nevers ont, par trois d'entre elles, exercé depuis le commencement de 1854, dans la commune de Prémery, les fonctions d'institutrices communales;

Le 14 *janvier* 1871, la commission municipale alors en fonctions à Prémery, prétendant que depuis 18 ans l'école congréganiste n'avait pu prospérer *malgré toutes les faveurs de l'administration*, en face de l'institution laïque dirigée par les demoiselles Barleuf et Genty; que cette école congréganiste était sans profit, et même ruineuse pour le budget communal qui chaque année se soldait par un déficit de 3,200 francs, décida, sur la proposition du maire et à la majorité de cinq voix contre deux, que l'institution dirigée par Mme Cécile Brun cesserait d'être communale à partir du 30 janvier 1871; qu'à partir de cette époque les religieuses attachées à cet établissement cesseront de toucher leur traitement, et qu'elles devront évacuer les lieux actuellement occupés par elles aussitôt que signification de la présente délibération leur sera faite administrativement, et que leur institution serait remplacée par celle de Mlles Barleuf et Genty qui s'engageaient pendant trois ans à donner l'instruction primaire aux jeunes filles de la commune, etc...... »

Le 4 *février* 1871, un arrêté du préfet de la Nièvre donnait son approbation à la décision municipale du 14 janvier.

Le 9 *février* 1871, M. le maire faisait connaître à la supérieure la décision municipale approuvée, et la prévenait que le 15 du même mois inventaire serait dressé par la commission municipale qui recevrait les clefs du château.

Le 12 *février* 1871, le maire prévient ses administrés par voie d'affiche qu'à partir du 15, l'institution communale des sœurs sera remplacée par celle de M^elles^ Barleuf et Genty qui devront donner *l'instruction gratuitement à toutes les jeunes filles de la commune dans le local qu'elles occupent actuellement, et que ne seront soumises à la rétribution scolaire que les élèves apprenant la musique, le dessin, la tenue des livres.*

Le 15 *février* 1871, le maire faisait fermer les portes de l'école.

Le 16 *février* 1871, la supérieure requérait du juge de paix un procès-verbal de constatation de la fermeture des salles de classe et de ses protestations. — Les sœurs refusent de quitter leur établissement, ne voulant céder qu'à la force.

Le 5 *juin* 1871, « la supérieure générale de Nevers déclare au maire de

Que par une délibération du 14 janvier 1871, la commission administrative de cette commune a décidé, sauf approbation de l'autorité supérieure, la substitution de l'enseignement

---

Prémery qu'étant informée de tous les faits, elle s'est déterminée, au lieu de lui demander compte de ses actes devant les tribunaux criminels, et pour ramener la commune de Prémery à l'exécution pleine et entière des lois des 15 mars 1850, 9 mars 1852, 14 juin 1854, et du traité verbal du 30 décembre 1853, à présenter au préfet de la Nièvre le mémoire prescrit par la loi des 18-20 juillet 1837.

« Dans ce mémoire elle se plaint : 1° de la violation de la loi; 2° de la violation du traité verbal; 3° elle demande le payement intégral du traitement des sœurs; 4° le payement d'une somme de 700 francs, restant due sur celle de 1,500 francs, promise par traité verbal; 5° elle informe que par le dépôt de son mémoire à la préfecture, tout doit rester en l'état, et qu'il ne saurait être procédé légalement à aucune expulsion des sœurs de Prémery. »

Le 11 *juillet* 1871, le conseil municipal de Prémery prend une nouvelle délibération par laquelle il déclare persister dans sa décision du 14 janvier 1871.

C'est alors que commence le procès.

Le 22 *juillet* 1871, la communauté des sœurs de la charité fait assigner la commune de Prémery pour : 1° s'entendre condamner à payer les 700 francs qu'elle redoit sur les 1,500 francs originairement promis; 2° à payer le traitement des sœurs, sur les bases du traité, depuis le 30 janvier 1871; 3° à payer 500 fr. à titre de dommages-intérêts; 4° voir dire que le traité verbal du 30 décembre 1853 continuera à recevoir sa pleine et entière exécution, et que défense sera faite de troubler à l'avenir les sœurs de la communauté.

A cette action la commune répond par un déclinatoire d'incompétence, soutenant : 1° que le traité invoqué est un acte administratif; 2° que son contrôle, sa modification, son interprétation, relèvent de l'autorité administrative; 3° que les tribunaux civils sont donc incompétents.

De leur côté, les sœurs répondirent à ce déclinatoire : 1° que la convention verbale du 30 décembre 1853 était purement civile; 2° que du reste, le sens n'en étant pas obscur et ne donnant lieu à aucune interprétation, il n'y avait lieu que d'en ordonner l'exécution; 3° qu'enfin la décision municipale du 14 janvier 1871 ne pouvait avoir aucune influence sur l'appréciation de la demande et la question de compétence.

Le 10 *janvier* 1872, le tribunal correctionnel de Cosne se déclarait *compétent*, disait néanmoins qu'il y avait lieu de *surseoir* pendant le délai de 3 mois, temps pendant lequel les parties se pourvoiraient devant l'autorité compétente, à l'effet de faire rapporter l'arrêté du 4 février 1871.

laïque à l'enseignement des sœurs de l'Instruction chrétienne et la nomination de Mlles Barleuf et Genty en leur remplacement;

Le 5 *février* 1872, 1° appel par les sœurs dudit jugement, en ce que à tort les premiers juges, après s'être déclarés *compétents*, ont cru devoir *surseoir* pour faire statuer sur le mérite d'un arrêté qui n'était pas soumis à leur appréciation et qui n'était ni approuvé ni contesté par les sœurs;

2° Appel incident par la commune, en ce que à tort les premiers juges se sont déclarés *compétents.*

Le 19 *mars* 1872, M. le préfet de la Nièvre, à la sollicitation des sœurs, prenait un arrêté par lequel il rapportait celui du 4 février 1871, sur lequel s'appuyait la commune de Prémery, et refusait d'approuver la délibération du conseil municipal.

Le 13 *mai* 1872, par un nouvel arrêté, le préfet de la Nièvre mandatait d'office au profit des sœurs :

1° Le traitement du 4e trimestre de 1870, soit............	425 fr.
2° Les frais de chauffage pour 1870, soit...................	150
3° Le traitement de l'année 1871, soit....................	1,300
4° Les frais de chauffage de 1871, soit....................	150

L'affaire était en cet état, quand elle vint devant la cour de Bourges qui rendit arrêt le 19 juin 1872.

Cet arrêt n'est pas en accord avec la jurisprudence établie.

D'après la jurisprudence de la cour de cassation et du conseil d'État, l'autorité judiciaire est seule compétente pour statuer sur la validité, l'interprétation, l'exécution des contrats passés entre les communes et les particuliers, lors même qu'ils sont reçus en la forme administrative. Ces actes dans lesquels l'administration stipule dans son propre intérêt, comme le ferait un simple particulier, n'ont pas le caractère d'actes administratifs dont l'interprétation est réservée à l'autorité administrative; contrats de droit civil soumis aux règles du droit commun, ils rentrent dans les attributions de l'autorité judiciaire.

L'autorité administrative est compétente seulement pour connaître des questions relatives à l'accomplissement régulier des formalités administrative auxquelles ces contrats sont soumis. Cette difficulté constitue une question préjudicielle réservée à l'autorité administrative. (Cassation, 2 janvier 1817, 4 septembre 1818, 24 septembre 1825, 26 août 1826, 6 août 1829. — Conse d'État, 30 octobre 1834, 27 août 1837, 16 mars 1848, 26 mars 1850, 10 janvier 1851, 23 mai 1851.)

Le contrat une fois consommé crée des droits auxquels l'administration

Que cette délibération a été approuvée par décision du préfet de la Nièvre, en date du 4 février 1871 ;

Qu'à la date du 16 février même mois, le maire de Prémery a tenté d'expulser les sœurs du local par elles occupé, mais qu'elles ont continué et n'ont pas cessé de l'occuper et d'y maintenir leur école ;

Que le conseil municipal de Prémery ayant, par une délibération du 11 juillet 1871, pris une délibération analogue à celle prise précédemment le 14 janvier, la supérieure de la communauté a, le 22 du même mois, assigné le maire de Prémery devant les tribunaux ;

Qu'aux termes de cette assignation, les premiers juges étaient appelés par la supérieure : 1° à décider qu'un traité verbal, intervenu le 30 décembre 1853 entre la commission administrative de Prémery et la supérieure de la communauté, continuerait de recevoir exécution, et que défense serait faite au maire de la commune de, à l'avenir, troubler ainsi qu'il

---

ne saurait porter atteinte, sous prétexte d'irrégularités dans les actes qui ont précédé ou autorisé la convention. En présence de ces droits acquis, ce n'est plus l'irrégularité de forme, c'est le contrat lui-même qu'il faut désormais attaquer, et la partie ayant qualité à cet effet doit porter son action devant l'autorité judiciaire, seul juge du mérite de la question de forme, en ce sens qu'il peut seul renvoyer à l'autorité administrative, le cas échéant, celles de ces questions préjudicielles que peut faire naître le débat sur le fond même de la contestation. (Conseil d'État, 4 août 1861, 1er février 1866, 9 janvier 1867, 19 mai 1867, 17 avril 1869.)

Ce n'est que dans les questions relatives au traitement des instituteurs et des institutrices, que la jurisprudence admet la compétence exclusive de l'autorité administrative, ainsi que le constate la décision ci-après du conseil d'État, en date du 7 décembre 1844 :

Vu la loi du 28 juillet 1833 et l'ordonnance royale du 23 juin 1836 ;

Vu la loi du 18 juillet 1837 ;

Vu la loi des 16-24 août 1790, titre II, art. 13 ;

Vu le décret du 16 fructidor an III ;

Vu les ordonnances royales des 1er juin 1828 et 12 mars 1831 ;

Vu l'art. 35 de l'ordonnance du 19 juin 1840 ;

l'a fait les sœurs de l'école communale ; 2° à condamner le maire ès-nom au payement d'une somme de 700 francs, restant dus à la supérieure pour avances par elle faites sur le mobilier dû par la commune ; 3° à condamner la commune à payer aux sœurs de l'institution communale de Prémery le traitement auquel elles ont droit d'après le traité susrappelé, à partir du 30 janvier 1871 ; 4° 500 fr. de dommages et intérêts ;

Que le tribunal, rejetant le déclinatoire opposé par la commune, s'est déclaré compétent pour connaître de ces divers chefs, mais que la question relative au traitement réclamé nécessitant l'application de la validité de l'arrêté préfectoral, il a sursis sur le tout, à l'effet par les parties de faire rapporter par l'autorité compétente, dans un délai déterminé, le susdit arrêté ;

Que depuis le jugement et à la date du 19 mars 1871, un nouvel arrêté du préfet de la Nièvre (contre lequel le maire

---

Considérant qu'il s'agit, dans l'espèce, de savoir si la commune de Passavan doit être condamnée à payer à la demoiselle Savary le traitement qu'elle réclame en qualité d'institutrice communale ;

Considérant qu'aux termes des art. 7 et 11 de l'ordonnance du 23 juin 1836, les institutrices communales sont instituées par le recteur de l'Académie; que d'après l'art. 9, un logement et un traitement convenables doivent leur être assurés, soit par des fondations, donations ou legs faits à leur profit comme établissements publics, soit par délibération du conseil municipal dûment approuvée ;

Qu'enfin, aux termes de l'art. 15, elles peuvent être privées de leur traitement par voie administrative, et que le montant peut en être alloué par la même voie à une institutrice remplaçante ;

Que lesdites institutrices étant ainsi préposées à un service public, sous la surveillance et l'autorité de l'administration, les contestations relatives à leur traitement ne sont point du ressort de l'autorité judiciaire.

Art. 1. — L'arrêté de conflit, pris le 7 septembre 1844 par le préfet du Jura, est confirmé.

Art. 2. — Sont considérés comme non avenus l'exploit introductif d'instance du 2 août 1844 et le jugement du tribunal de première instance de Lons-le-Saulnier, en date du 19 août 1844.

s'est pourvu le 31 mai suivant) a rapporté l'approbation préfectorale donnée le 4 février 1871 à la délibération du conseil municipal de Prémery du 14 janvier précédent, et déclaré que cette délibération n'est pas approuvée;

Qu'un autre arrêté préfectoral, en date du 13 mai dernier, a autorisé le receveur municipal de Prémery à payer à la sœur directrice de l'école communale des filles le traitement et les frais de chauffage du 4e trimestre 1870 et de l'année 1871;

Considérant que la question de compétence fait l'objet de l'appel incident de la commune, la disposition relative au sursis faisant l'objet de l'appel principal;

Sur la compétence :

Considérant que, devant la cour, la supérieure de la communauté ne demande plus explicitement, par le dispositif de ses conclusions, que le traité verbal du 30 décembre 1853, réglant par application des lois et règlements sur l'instruction primaire les relations entre la commune de Prémery et l'institutrice communale, continue de recevoir à l'avenir exécution, malgré la délibération du 14 janvier 1871 et l'arrêté préfectoral du 4 février suivant qui l'approuvait, ces actes ayant été rendus en violation des lois; mais que ce chef de demande a été soumis aux premiers juges et était compris parmi ceux sur lesquels portait l'exception de compétence, et qu'il n'a d'ailleurs pas été formellement abandonné devant la cour;

Considérant que cette réclamation, qui formait l'objet principal et l'intérêt caractéristique du procès, constituait manifestement un litige administratif, impliquant l'appréciation nécessaire, au point de vue de la légalité et de la régularité, d'actes de l'autorité administrative, et particulièrement de l'arrêté du préfet, chargé par la loi de la nomination des institutrices communales;

Qu'en supposant légalement possible devant la cour, saisie de la question de compétence par l'appel incident de la commune, la réduction du débat déféré aux premiers juges par la demande principale, la justice ordinaire ne pouvait, dans les circonstances particulières du procès, statuer complétement sur les chefs expressément maintenus;

Considérant, en effet, que les diverses réclamations de la supérieure de la communauté s'appuient et se fondent sur la convention précitée du 30 décembre 1853;

Considérant que cette convention n'est pas produite devant la justice, qu'elle est qualifiée verbale par l'une et l'autre partie ;

Considérant qu'un traité destiné à régler entre une commune réputée mineure par la loi et une institutrice communale leurs relations relativement à un intérêt d'ordre public le plus élevé, l'instruction primaire, par l'application des lois qui régissent cette matière, ne saurait être considéré comme un acte purement civil et privé, ni comme susceptible d'être consenti verbalement par le maire d'une commune sans accomplissement des conditions, formes et approbations auxquelles sont assujettis les contrats par lesquels une commune peut être ainsi obligée ;

Qu'il rentrerait essentiellement par le caractère public des parties, de même que par la nature de son objet, dans les contrats administratifs et se rattacherait, comme l'accessoire au principal, à la situation publique qu'il suppose, aux dispositions des lois et aux actes de l'autorité qui fixent les conditions dans lesquelles s'administre l'instruction publique communale, la nomination ou le déplacement des instituteurs communaux, le quantum du traitement, l'agencement et les convenances du local de l'école, l'importance du mobilier, etc.;

Considérant que la justice ordinaire est incompétente pour, à défaut de production, rechercher la preuve de l'existence et de la consistance d'un tel traité, soit dans une situation de fait plus ou moins prolongée, soit dans des documents administratifs, tels que budgets municipaux et arrêtés préfectoraux, qui en supposeraient la connaissance et l'approbation implicite;

Considérant que, à ce défaut, les divers chefs de demande dont il est la base et qui ne pourraient se juger que par son application, échappent par là même, comme aussi par leur caractère propre, à la compétence judiciaire;

Qu'il est impossible, dans les conditions de fait et en présence des actes rappelés ci-dessus, de ne pas considérer comme impliquant l'existence d'un traité et entraînant l'appréciation des actes administratifs exposés dans le procès, le jugement tant de la réclamation relative au traitement que celle relative à l'indemnité qui se rattache au mobilier, dépenses obligatoires concernant le service administratif de l'instruction primaire publique; — considérant, quant à la demande de dommages et intérêts, que les conditions particulières dans lesquelles elle se présente, ne permettent pas à l'autorité judiciaire, malgré sa compétence générale, de la retenir pour la juger;

Que si le libellé des conclusions signale l'emploi, par le maire de la commune, de procédés dont l'inconvenance ne relèverait pas de la justice, la réclamation se fonde en réalité sur la tentative d'expulsion qui aurait été brusquement et indûment essayée par le maire de Prémery; mais que, étant constant que ces agissements ont eu lieu à la suite et en exécution de l'arrêté préfectoral qui avait, le 4 février, approuvé la délibération municipale du 14 janvier 1871, ce chef particulier de demande porte directement contre l'acte administratif lui-même, qui subsistait lors du jugement, et ne saurait être, dans l'état du procès, retenu séparément des autres;

Considérant qu'au moyen des décisions qui précèdent, il n'y a lieu de surseoir au jugement du procès, comme dans le cas où la justice étant complétement saisie, l'interprétation des actes administratifs devient nécessaire; que la justice se déclarant incompétente, doit se dessaisir;

Dit qu'il n'y a lieu à sursis;

Renvoie les parties à se pourvoir, ainsi qu'elles aviseront;

Condamne la supérieure de la communauté aux dépens de 1re instance et d'appel;

Ordonne la restitution de l'amende consignée, etc.

Arrêt de la cour de Bourges, prononçant l'incompétence de l'autorité judiciaire dans les contestations survenues entre les communes et les congrégations enseignantes liées par un traité.

1er *juillet* 1872 (1).

La Cour,

....
sur la question de compétence relevée par l'appel incident :
Considérant que la fin de non-recevoir opposée à cet appel

---

(1) Résumé des faits :

Le 24 *mai* 1852, le conseil municipal de Cosne décidait, à la majorité de 1 voix, que l'instruction primaire serait confiée aux frères des écoles chrétiennes, en remplacement de l'instituteur laïque alors en fonctions.

Cette délibération, prise en vertu de la loi du 9 mars 1852, expliquée par la circulaire du 3 avril 1852, se bornait à dire :

1° Que le traitement des trois frères s'élevait à 1,800 fr.;

2° Que la commune ferait à ses frais l'appropriation de l'ancienne mairie à la nouvelle école.

En conséquence de cette délibération, valant comme simple avis et approuvée ultérieurement par l'autorité supérieure, les frères congréganistes devinrent instituteurs primaires communaux de la commune de Cosne et exercèrent en cette qualité (non sans luttes et tiraillements incessants, ainsi que l'explique un rapport du frère Hilarius, du 12 mars 1866, à son supérieur général), jusqu'en octobre 1870.

Le 6 *octobre* 1870, le conseil municipal de Cosne décidait, par application de l'article 3 de l'arrêté ministériel du 18 mars 1856, que, moyennant

est sans fondement; que le maire de Cosne n'a pu renoncer ni implicitement, ni explicitement à une exception d'ordre public;

Considérant que, en première instance, la demande du supérieur général des frères des écoles chrétiennes tendait principalement :

1° A ce que le tribunal déclarât que c'était sans droit et contrairement aux conventions verbales d'octobre 1852 et aux lois et arrêtés sur l'instruction primaire, que le maire de Cosne a retiré à M. Froment la direction de l'école communale; que ce retrait ne pouvait avoir lieu que dans les cas prévus par lesdites conventions, en se conformant aux clauses du traité;

2° A ce qu'il fût dit que ce traité continuerait à recevoir sa pleine et entière exécution;

---

une subvention de 2,800 fr. portée au budget, le principal du collége de Cosne serait chargé de l'enseignement primaire avec trois professeurs, dont un pourvu du brevet supérieur et deux du brevet ordinaire.

Le 9 *novembre* 1870, un arrêté préfectoral approuvait l'avis émis, sous forme de décision, par le conseil municipal de Cosne.

Le 19 *novembre* 1870, un nouvel arrêté préfectoral nommait comme instituteur communal M. Parizet, et comme instituteurs adjoints MM. Bordeso et Poupet.

En exécution de ces décisions administratives, les frères furent expulsés du local de l'école.

Le 21 *juillet* 1871, le frère Philippe, supérieur général des frères des écoles chrétiennes, introduisait, contre le maire de Cosne, une action par laquelle il concluait :

1° A la réinstallation de l'école congréganiste;

2° A la remise de tout le mobilier de l'école, comme appartenant à la communauté des frères;

3° Au payement du traitement dû aux frères depuis le jour de leur expulsion (20 novembre 1870), ou de la somme de 2,000 fr.;

Considérant que le jugement dont est appel a déclaré que ces chefs de demande relevaient comme les autres de la compétence du tribunal;

Considérant que, par leur portée directe, par la nature même des appréciations que leur solution rendrait nécessaires, ils avaient un caractère essentiellement administratif; qu'ils supposaient, en effet, l'examen de la légalité et de la régularité, tant des délibérations du conseil municipal de la ville de Cosne, en date des 6 octobre et 16 novembre 1870, portant substitution de professeurs laïques aux frères congréganistes et annexion de l'école primaire au collége communal sous la direction et l'administration du principal (arrêté ministériel du 18 mars 1856, art. 3), que des arrêtés préfectoraux qui ont approuvé et ratifié ces délibérations et nommé le nouvel instituteur communal et les adjoints;

Que ces chefs de demande ne pouvaient évidemment être soumis à la justice ordinaire;

Qu'au surplus, devant la cour, le supérieur des frères ès-noms les a retranchés des conclusions par lui prises, renonçant à les soutenir;

4° A 5,000 fr. de dommages-intérêts.

Cette demande se basait sur l'existence d'un traité ou convention dite civile, que les demandeurs faisaient résulter d'un prospectus qu'ils produisaient et dont ils soutenaient que les conditions avaient été acceptées sans réserve, en 1852, par la municipalité de Cosne, prospectus dont l'acceptation était, selon eux, la condition de tout temps imposée par leur congrégation aux communes qui les appelaient à la tête des écoles primaires.

Les 2e, 3e, 4e chefs de la demande s'appuyaient sur les articles 7 et 14 dudit rospectus.

En réponse à cette demande, la commune :

1° Niait l'existence de la convention alléguée par les frères, parce qu'elle n'était pas signée du maire et n'avait fait, en 1852, l'objet d'aucune délibération du conseil municipal; elle prétendait n'être engagée que par ladite délibération, comme faisant seule la loi des parties et relatant les obligations de la commune;

Considérant que les chefs de contestation en instance expressément au procès par le supérieur comprennent :

1° La demande à fin de condamnation du maire ès-qualités à payer une indemnité, réduite en appel à la représentation de six mois de traitement avec intérêts;

2° La demande de 5,000 francs de dommages et intérêts pour cause de rupture du traité;

3° La remise du mobilier, sinon la somme de 2,000 fr. pour sa valeur;

Considérant que ces divers chefs de demande sont formés, comme les précédents, en exécution d'un traité qui serait intervenu, en 1852, entre le maire de la commune de Cosne et le supérieur des frères des écoles chrétiennes, pour régler leurs obligations respectives, la commune en tant qu'obligée par la loi de pourvoir aux besoins de l'instruction primaire, le supérieur ou son représentant en qualité d'instituteur communal;

Considérant que ce traité n'est pas produit au procès, qu'il est qualifié « verbal » par le supérieur qui l'invoque, et que son existence est déniée par la commune;

2° Elle opposait un déclinatoire tiré de ce qu'alors même qu'il existerait entre les frères et la commune un traité, ce traité serait un acte puremen administratif, dont l'appréciation ne saurait relever de la juridiction civile;

3° Elle demandait, en tout cas, un sursis fondé sur la nécessité de faire statuer sur la validité ou l'invalidité des arrêtés préfectoraux des 9 et 19 novembre 1870, qui substituaient les instituteurs laïques aux congréganistes, arrêtés implicitement mais formellement mis en question par le premier chef de la demande des frères, tendant à la réinstallation de l'école congréganiste.

Le 6 *février* 1872, le tribunal civil de Cosne, par son jugement :

1° Considéra le prospectus comme ayant dû être la base des conventions et comme engageant la commune, qui en aurait consacré l'existence légale;

2° Il se déclara compétent par ce motif que le traité, fût-il un acte administratif, il ne s'agirait que de l'appliquer et non de l'interpréter;

3° Il sursit à statuer au fond pendant trois mois, par ce motif que la demande tendait à modifier les arrêtés préfectoraux des 9 et 19 novembre 1870.

Considérant qu'un tel traité, destiné à régler entre une commune réputée mineure par la loi et un instituteur communal leurs rapports relativement à un intérêt d'ordre public le plus élevé, l'instruction primaire, par application des lois administratives qui régissent cette matière, ne saurait être considérée comme un acte purement civil et privé ni comme susceptible d'être consenti verbalement par le maire d'une commune sans accomplissement des conditions, formes et approbations auxquelles sont assujettis les contrats par lesquels une commune peut être ainsi obligée ;

Qu'il rentrerait essentiellement, par le caractère public des parties, de même que par la nature de son objet, dans les contrats administratifs et se rattacherait, comme l'accessoire au principal, à la situation publique qu'il suppose, aux dispositions des lois et aux actes de l'autorité qui fixent les conditions dans lesquelles s'administre l'instruction primaire communale, la nomination ou le déplacement des instituteurs communaux, le quantum du traitement, l'agencement et les convenances du local de l'école, l'importance de son mobilier, etc., etc. ;

Considérant que la justice ordinaire est incompétente pour, à défaut de production, rechercher l'existence et la consistance d'une telle convention, et décider si elle est prouvée soit par une situation de fait maintenue pendant un temps plus ou moins long, soit par prospectus, lettres ou pièces qui y feraient allusion, soit par des actes administratifs qui en supposeraient la connaissance et l'approbation implicite, tels que les budgets municipaux et les arrêtés préfectoraux qui les approuvent ;

Considérant que les divers chefs de demande dont le traité est la base, et qui ne pourraient se juger que par son application, échappent par là même à la compétence judiciaire, comme aussi par leur caractère propre ;

Que les réclamations relatives au traitement et au mobilier, dépenses obligatoires concernant le service de l'instruction primaire publique, constituent des réclamations purement administratives, où, à l'égard de la demande de dommages et intérêts, les conditions particulières dans lesquelles elle se présente ne permettent pas à l'autorité judiciaire, malgré sa compétence générale, de la retenir pour la juger;

Que non-seulement elle a son principe dans le traité de 1852 qui n'est pas produit, mais qu'elle suppose nécessairement l'appréciation de la légalité ou de l'illégalité de l'arrêté préfectoral du 19 novembre 1870; que cet acte administratif subsiste et doit être, dans l'état, tenu par la justice pour obligatoire; qu'il ne saurait être sursis par elle sur la demande jusqu'à ce qu'il ait été statué sur la validité d'un arrêté qui n'est actuellement l'objet d'aucun recours et qu'aucune des parties n'exprime même la volonté d'attaquer;

Qu'il n'y a donc lieu de surseoir au jugement du procès.

Par ces motifs :

Statuant tant sur l'appel principal que sur l'appel incident,

Infirme le jugement dont est appel;

Dit que l'action a été incompétemment formée devant le tribunal;

Dit qu'il n'y a lieu à sursis.

Renvoie les parties à se pourvoir ainsi qu'elles aviseront.

Condamne l'appelant principal ès-noms aux dépens de première instance et d'appel;

Ordonne la restitution de l'amende consignée, etc.

Extrait de la loi sur le recrutement de l'armée.

27 *juillet* 1872.

L'Assemblée nationale a décrété, le Président de la République a promulgué et promulgue la loi suivante :

....

Art. 20. — Sont à titre conditionnel dispensés du service militaire :

1° Les membres de l'instruction publique.... dont l'engagement de se vouer pendant dix ans à la carrière de l'enseignement aura été accepté par le recteur de l'Académie, avant le tirage au sort, et s'ils réalisent cet engagement.

....

5° Les membres et novices des associations religieuses vouées à l'enseignement et reconnues comme établissements d'utilité publique, et les directeurs, maîtres adjoints, élèves-maîtres des écoles fondées ou entretenues par les associations laïques (1), lorsqu'elles remplissent les mêmes conditions,

---

(1) Aux associations laïques vouées à l'enseignement et reconnues comme établissements d'utilité publique que nous avons déjà signalées il y a lieu d'ajouter les suivantes :

Société des Écoles chrétiennes du faubourg Saint-Antoine, à Paris, rue de l'Hôpital, 70 (23 juin 1820).

Société d'Instruction primaire du Rhône, à Lyon (15 avril 1829).

Société Industrielle, à Nantes (21 mai 1845).

École-Asile Fénelon, à Vaujours (Seine-et-Oise) (5 février 1852).

Société de la Providence, à Nantes (12 septembre 1857).

Société Philomathique, à Bordeaux (27 juillet 1859).

Société Philotechnique, à Paris (11 mai 1861).

Œuvre des Écoles de Bellevue (Seine-et-Oise (7 août 1867).

pourvu toutefois que les uns et les autres, avant le tirage au sort, aient pris devant le recteur de l'Académie l'engagement de se consacrer pendant dix ans à l'enseignement, et s'ils réalisent cet engagement dans un des établissements d'éducation religieuse ou laïque, à condition que cet établissement existe depuis deux ans ou renferme trente élèves au moins;

6° Les jeunes gens qui, sans être compris dans les paragraphes précédents, se trouvent dans les cas prévus par l'article 79 de la loi du 15 mars 1850 et par l'article 18 de la loi du 10 avril 1867, et ont, avant l'époque fixée pour le tirage, contracté devant le recteur le même engagement et aux mêmes conditions.

L'engagement de se vouer pendant dix ans à l'enseignement peut être réalisé pour les instituteurs et pour les instituteurs adjoints mentionnés au présent paragraphe 6, tant dans les écoles publiques que dans les écoles libres désignées à cet effet par le Ministre de l'instruction publique, après avis du conseil départemental.

. . . .

Décret relatif aux traitements des directrices et des maîtresses adjointes des Écoles Normales primaires.

20 *novembre* 1872.

Le Président de la République française,

Sur le rapport du Ministre de l'instruction publique, des cultes et des beaux-arts;

Société d'Éducation de Lyon (31 août 1867).
Association Polytechnique, à Paris (30 juin 1869).
Orphelinat protestant de Plaisance, à Paris (25 juillet 1870).

Vu l'article 35 de la loi du 15 mars 1850, qui prescrit les mesures au moyen desquelles doit être assuré le recrutement des instituteurs communaux ;

Vu l'article 50 de ladite loi qui rend applicables aux écoles de filles et aux institutrices les dispositions de l'article 35 précité;

Vu l'art. 1 de la loi du 10 avril 1867, qui impose à toute commune de 500 âmes et au-dessus, d'avoir au moins une école publique de filles;

Vu l'article 40 de la loi du 15 mars 1850, qui énumère les ressources au moyen desquelles il est pourvu aux dépenses de l'instruction primaire;

Vu l'article 14 de la loi du 10 avril 1867, qui augmente d'un troisième centime départemental les ressources énumérées à l'article 40 de la loi du 15 mars 1850 précité;

Vu l'art. 1 du décret du 26 décembre 1855, relatif au classement des fonctionnaires des Écoles Normales d'instituteurs;

Considérant que les directrices, les maîtresses adjointes des Écoles Normales primaires d'institutrices doivent être placées dans une situation analogue à celle des fonctionnaires des Écoles Normales primaires d'instituteurs;

Décrète:

Art. 1. — Les directrices des Écoles Normales primaires d'institutrices sont divisées en trois classes, et les traitements affectés à chaque classe sont fixés ainsi qu'il suit:

1re classe..............	3,000 fr.	
2e classe..............	2,400 fr.	— 2,600 fr.
3e classe..............	2,000 fr.	— 2,200 fr.

Art. 2. — Les maîtresses adjointes des Écoles Normales primaires d'institutrices sont également réparties en trois classes, et les traitements affectés à chaque classe sont fixés ainsi qu'il suit :

1re classe..............	1,800 fr.	
2e classe..............	1,400 fr.	— 1,600 fr.
3e classe..............	1,000 fr.	— 1,200 fr.

Art. 3. — Le Ministre de l'instruction publique, des cultes et des beaux-arts, est chargé de l'exécution du présent décret.

Décision du conseil d'État, relative à l'avis que le conseil municipal a le droit d'exprimer dans les questions d'option entre les instituteurs laïques et les instituteurs congréganistes.

17 *janvier* 1873.

Le conseil d'État, statuant au contentieux, sur le rapport de la section du contentieux;

Vu la requête présentée par le maire de Roanne, au nom du conseil municipal de cette ville et en vertu d'une délibération de ce conseil, du 26 décembre 1871, ladite requête enregistrée au secrétariat de la section du contentieux du conseil d'État, le 19 février 1872, et tendant à ce qu'il plaise au conseil : annuler pour excès de pouvoir l'arrêté en date du 19 décembre 1871, par lequel le préfet de la Loire, rapportant une décision d'un de ses prédécesseurs, du 20 janvier 1871, qui approuve la délibération du conseil municipal de Roanne, du 11 janvier précédent, relative à la substitution de l'enseignement laïque à l'enseignement congréganiste dans les écoles municipales, a annulé ladite délibération ;

Ce faisant, attendu que la délibération du 11 janvier 1871 était devenue définitive par suite de l'approbation préfectorale qui lui avait été donnée le 20 janvier suivant;

Qu'en donnant cette approbation, le préfet de la Loire s'était conformé à la lettre et à l'esprit de la loi, et avait suivi les prescriptions des circulaires ministérielles sur la matière ; qu'en tout cas, sa décision ne pouvait être réformée par l'autorité préfectorale, qui, ayant épuisé son droit, ne pouvait revenir sur son propre jugement ;

Prononcer la nullité de l'arrêté du 19 février 1872;

Vu l'arrêté attaqué, enregistré comme ci-dessus, le 19 février 1872, et portant :

« Art. 1. — La décision préfectorale en date du 20 janvier 1871, approbative de la délibération du conseil municipal de Roanne, en date du 11 dudit mois, est rapportée.

« Art. 2. — N'est pas approuvée la délibération du conseil municipal de Roanne, en date du 11 septembre 1871, en ce qui concerne la substitution de l'enseignement laïque à l'enseignement par les congréganistes. »

Vu la délibération du conseil municipal de Roanne, en date du 11 janvier 1871, approuvée le 20 janvier par le préfet de la Loire;

Vu la délibération en date du 26 décembre 1871, par laquelle ledit conseil a autorisé le maire de Roanne à former un recours pour excès de pouvoir devant le conseil d'État contre l'arrêté préfectoral du 19 décembre 1871 ;

Vu les observations présentées par le Ministre de l'instruction publique, les 9 avril et 7 mai 1871, en réponse à la communication qui lui a été donnée du pourvoi; lesdites observations enregistrées comme ci-dessus, les 10 avril et 8 mai 1872, et tendant au rejet du pourvoi, par le motif que le conseil municipal de Roanne ayant statué en dehors de ses attributions, sa délibération était nulle et ne pouvait en aucun cas recevoir l'approbation préfectorale ; que dès lors le préfet actuel en avait avec raison prononcé l'annulation ;

Vu toutes les autres pièces produites et jointes au dossier;

Vu la loi du 15 mars 1850, le décret du 9 mars 1852, la loi du 14 juin 1854 et celle du 10 avril 1867 ;

Vu la loi du 18 juillet 1837, celle du 5 mai 1855 et celle du 24 juillet 1867 ;

Vu la loi des 7-14 octobre 1790 et celle du 24 mai 1872;

Ouï M. de Montesquiou, conseiller d'État, en son rapport;

Ouï M. Perret, maître des requêtes, commissaire du gouvernement, en ses conclusions ;

Considérant que par l'arrêté attaqué, du 19 décembre 1871, le préfet de la Loire a rapporté la décision en date du 20 janvier 1871, par laquelle son prédécesseur avait approuvé la délibération du conseil municipal de Roanne, du 11 janvier précédent;

Considérant que par ladite délibération, le conseil municipal de Roanne a décidé : 1° que l'enseignement congréganiste serait remplacé dans les écoles primaires de la ville à partir du 15 février suivant; 2° que la commission d'instruction serait chargée, dans ce délai ou dans un délai plus court au besoin, d'organiser le personnel du nouvel enseignement; qu'il serait créé, dès le 20 janvier, une école de filles;

Considérant qu'aux termes de la loi du 15 mars 1850, article 31 du décret du 9 mars 1852, article 4, et de la loi du 14 juin 1854 combinés, c'est le préfet qui nomme les instituteurs communaux et les choisit, soit parmi les instituteurs laïques, soit parmi les membres des associations religieuses vouées à l'enseignement, et qu'il exerce ces pouvoirs sur le rapport de l'inspecteur d'Académie, le conseil municipal entendu;

Que, d'autre part, c'est le conseil départemental qui fixe, sauf approbation du Ministre de l'instruction publique, le nombre des écoles publiques à établir dans une commune;

Considérant que si le conseil municipal de Roanne avait, aux termes des lois précitées, le droit d'émettre un vœu ou de donner un avis sur le remplacement des instituteurs congréganistes par des laïques et sur la création d'une école de filles, il n'a pu, sans se substituer au préfet et au conseil départemental, prendre des décisions à cet égard et fixer la date à laquelle elles recevraient leur exécution;

Considérant que la délibération du conseil municipal de Roanne, prise en dehors de ses attributions, est nulle de plein droit, aux termes de l'art. 23 de la loi du 5 mai 1855; que l'arrêté préfectoral qui l'a approuvée n'a pu ni changer la nature de cet acte ni le valider;

Que, dès lors, en rapportant ledit arrêté de son prédécesseur, le préfet de la Loire a pris une décision qui n'est pas de nature à être déférée au conseil d'État pour cause d'excès de pouvoir et par application des lois des 7-14 octobre 1790 et 24 mai 1872;

Décide :

La requête du maire de Roanne est rejetée.

Décision du conseil d'État, relative à l'avis que le conseil municipal a le droit d'exprimer dans les questions d'option entre les instituteurs laïques et les instituteurs congréganistes.

17 *janvier* 1873.

Le conseil d'État, statuant au contentieux, sur le rapport de la section du contentieux ;

Vu la requête sommaire et le mémoire ampliatif présentés par les Dames religieuses de Saint-Maur, de Toulon ; ladite requête et ledit mémoire enregistrés au secrétariat de la section du contentieux du conseil d'État, les 1er décembre 1871 et 7 février 1872, et tendant à ce qu'il plaise au conseil : annuler pour excès de pouvoir la délibération en date du 2 août 1871, par laquelle le conseil municipal de Toulon a décidé que tous les établissements d'instruction primaire de la ville seraient confiés à des instituteurs et institutrices laïques, à partir du 1er octobre, et l'arrêté du préfet du Var, du 29 août 1871, rendu sous forme d'approbation de ladite délibération ;

Ce faisant, attendu qu'aux termes de la loi du 15 mars 1850, du décret du 9 mars 1852 et de la loi du 14 juin 1854, combinés, c'est le préfet qui nomme les instituteurs communaux sur le rapport de l'inspecteur d'Académie, les conseils municipaux entendus ; qu'ainsi les conseils municipaux n'ont aujourd'hui que le droit de donner leur avis ou d'émettre un vœu sur la nomination des instituteurs ; que le conseil municipal de Toulon, en décidant qu'à partir du 1er octobre 1871 toutes les écoles communales seraient confiées à des instituteurs et institutrices laïques, est sorti des limites de ses attributions; que sans attendre l'approbation du préfet, le maire a notifié, le 4 août, la décision du conseil municipal aux Dames de Saint-Maur, avec injonction de quitter les lieux à la date fixée ; que l'approbation donnée par le préfet du Var, le 29 août suivant, à une délibération nulle, n'a pu la rendre valable, et que la décision du préfet, considérée en elle-même, est aussi sans valeur, parce qu'elle n'a pas été précédée du rapport ordinaire de l'inspecteur d'Académie, et parce qu'elle n'a pas été rendue dans la forme des arrêtés préfectoraux : prononcer l'annulation de la délibération et de l'arrêté précités ;

Vu la délibération attaquée, revêtue de l'approbation préfectorale et enregistrée comme ci-dessus, le 17 décembre 1871, ladite délibération portant notamment : « 1° Tous nos établissements d'instruction primaire (écoles de garçons et de jeunes filles, cours d'adultes, salles d'asile) seront confiés à des instituteurs et institutrices laïques, à partir du 1er octobre 1871 ; »

Vu les observations du Ministre de l'instruction publique en réponse à la communication qui lui a été donnée du pourvoi, lesdites observations tendant à ce qu'il y soit fait droit par le motif que le conseil municipal de Toulon a excédé ses pouvoirs en prenant une décision, lorsqu'aux termes de l'article 4 du décret du 29 mars 1852, il ne pouvait qu'émettre un avis, et que le préfet ne devait pas revêtir une délibération illégale de son approbation ;

Vu toutes les pièces produites et jointes au dossier, notamment le rapport du préfet du Var au Ministre de l'instruction publique ; ensemble les observations du maire de Toulon, tendant au rejet de la requête des Dames de Saint-Maur, par ce motif que ladite requête n'est ni recevable ni fondée ; que les requérantes n'attaquent les actes du conseil municipal et du préfet qu'au point de vue de la forme ; qu'elles ne contestent pas le droit qu'ils avaient l'un et l'autre, en suivant les règles tracées par la loi, d'opérer dans le corps des instituteurs primaires de la ville de Toulon les changements qui ont été accomplis; que dès lors le recours des Dames de Saint-Maur est irrecevable comme dénué d'intérêt pour elles; que d'ailleurs les actes attaqués sont réguliers; qu'aux termes des lois sur la matière les conseils municipaux ont le droit d'émettre des vœux sur le choix à faire entre l'enseignement laïque et l'enseignement congréganiste, et que les instructions ministérielles prescrivent aux préfets de suivre l'indication donnée à cet égard; que le préfet du Var a obéi à ces prescriptions en donnant à la délibération du 2 août l'approbation que doivent recevoir toutes les délibérations des conseils municipaux; qu'ainsi les requérantes, fussent-elles recevables, ne sont pas fondées dans leur recours;

Vu la loi du 18 juillet 1837, celles du 5 mai 1855 et du 24 juillet 1867;

Vu la loi du 15 mars 1850, le décret du 9 mars 1852, les lois des 14 juin 1854 et 10 août 1867;

Vu le décret du 2 novembre 1864;

Vu la loi des 7-14 octobre 1790 et celle du 24 mai 1872;

Ouï M. de Montesquiou, conseiller d'État, en son rapport;

Ouï Me Jozon, avocat des Dames religieuses de Saint-Maur, de Toulon, et Me Arbelet, avocat de la ville de Toulon, en leurs observations;

Ouï M. Perret, maître des requêtes, commissaire du gouvernement, en ses conclusions;

Considérant que par une délibération du 2 août 1871, le conseil municipal de Toulon a décidé que tous les établissements d'instruction primaire de la ville seraient confiés à des instituteurs et institutrices laïques, à partir du 1er octobre suivant, et que le 4 août, le maire de Toulon a notifié cette décision aux Dames de Saint-Maur, institutrices communales, afin qu'elles prissent leurs dispositions pour avoir à cesser leurs fonctions à l'époque fixée;

Considérant qu'aux termes de la loi du 15 mars 1850, art. 31; du décret du 9 mars 1852, art. 4, et de la loi du 14 juin 1854, art. 8, combinés, c'est le préfet qui nomme les instituteurs communaux, et les choisit, soit parmi les instituteurs laïques, soit parmi les membres des associations religieuses vouées à l'enseignement, et qu'il exerce ces pouvoirs sur le rapport de l'inspecteur d'Académie, les conseils municipaux entendus;

Considérant que le conseil municipal de Toulon ne s'est pas borné à donner un avis ou à exprimer un vœu, comme il en avait le droit, aux termes des lois précitées, sur le remplacement des instituteurs congréganistes par des laïques, dans les écoles de la ville, mais qu'il s'est substitué au préfet en prenant une décision à cet égard et en fixant l'époque à laquelle les instituteurs, régulièrement investis de leurs fonctions, devaient avoir à les cesser;

Que le caractère de décision ne ressort pas seulement des termes de la délibération du 2 août 1871, mais encore de ce fait, que dès le 4 août, avant toute intervention de l'autorité préfectorale, le maire de Toulon l'a notifiée aux Dames de Saint-Maur, institutrices communales en exercice, pour les inviter à s'y conformer;

Considérant qu'il suit de là que le conseil municipal de Toulon a excédé la limite de ses attributions;

Considérant que, si le préfet du Var a approuvé, le 29 août suivant, la délibération dont il s'agit, son approbation n'a pu rendre valable un acte qui est nul de plein droit, puisqu'il règle un objet sur lequel les conseils municipaux ne sont appelés par la loi ni à statuer, ni à délibérer;

Considérant dès lors que les Dames de Saint-Maur sont recevables et fondées à demander l'annulation de la délibération du 2 août et de l'approbation qui y a été donnée par le préfet du Var;

Décide :

Art. 1. — Sont annulés pour excès de pouvoir la délibération en date du 2 août 1871, par laquelle le conseil municipal de Toulon a décidé que tous les établissements d'instruction primaire seraient confiés à des instituteurs et à des institutrices laïques, à partir du 1er octobre 1871, et l'approbation donnée le 29 août 1871 à ladite délibération par le préfet du Var.

Art. 2. — La ville de Toulon est condamnée aux frais de timbre et d'enregistrement.

Décision du conseil d'État, relative à l'inscription d'une imposition d'office pour le traitement d'une seconde institutrice dans une commune régulièrement pourvue d'une école de filles.

17 *janvier* 1873.

Le Conseil, statuant au contentieux, sur le rapport de la section du contentieux,

Vu : 1° la requête sommaire et le mémoire ampliatif présentés pour la commune de Beaumont-le-Roger ; ladite requête et ledit mémoire enregistrés au secrétariat de la section du contentieux du conseil d'État, les 17 janvier et 8 février 1872, et tendant à ce qu'il plaise audit conseil : annuler pour excès de pouvoir un arrêté du préfet du département de l'Eure, en date du 13 décembre 1871, inscrivant d'office au budget de la commune une somme de 9,851 fr. 25 c. sous le titre : « dû à Mlle ....., institutrice communale, pour traitements arriérés depuis 1858 ; 2° la requête présentée pour la même commune, ladite requête enregistrée comme ci-dessus le 8 novembre 1864, et tendant à ce qu'il plaise au conseil, — considérant comme rejetée la réclamation adressée par ladite commune au Ministre de l'intérieur contre l'arrêté du préfet, et sur laquelle le Ministre n'a pas statué dans le délai légal, — joindre la requête à celle déposée pour excès de pouvoir dans la même affaire, contre le même arrêté préfectoral, et annuler la décision attaquée ;

Ce faisant, attendu que la Dlle ..... n'a jamais été institutrice communale à Beaumont-le-Roger ; que l'arrêté préfectoral de 1858, qui lui aurait conféré cette qualité, n'a pas été notifié à la commune ; que la Dlle ..... n'a jamais été installée, n'a jamais figuré sur les listes officielles d'institutrices ; que son prétendu traitement n'a jamais figuré au budget soumis annuellement au contrôle du préfet ; qu'elle n'a jamais reçu que de simples secours, pris sur les fonds pour les dépenses imprévues ; qu'elle n'a pas requis l'inscription d'office et n'a pas reçu d'élèves à titre gratuit dans son école ; que les sœurs de la Providence, au contraire, ont toujours figuré comme institutrices communales sur toutes les pièces officielles et en ont rempli toutes les obligations ; que la commune, imposée au maximum des centimes additionnels affectés à l'instruction primaire, n'a jamais eu l'intention d'avoir deux institutrices communales ;

Prononcer l'annulation demandée.

Vu l'arrêté attaqué du préfet du département de l'Eure, en date du 13 décembre 1871 ; ensemble l'arrêté de mise en demeure, en date du 18 octobre 1871, et la délibération du conseil municipal de la commune de Beaumont-le-Roger, en date du 12 novembre 1871, refusant d'obtempérer à l'arrêté précité ;

Vu la délibération du conseil municipal de la commune de Beaumont-le-Roger, en date du 6 janvier 1872, autorisant le maire à se pourvoir devant le conseil d'État ;

Vu le récépissé, en date du 21 janvier 1872, de la réclamation adressée au Ministre de l'intérieur pour la commune de Beaumont-le-Roger ;

Vu les observations présentées par la D[lle] ..... en réponse à la communication qui lui a été donnée du pourvoi ; lesdites observations enregistrées comme ci-dessus le 14 mars 1872 et tendant au rejet du pourvoi ;

Vu les observations présentées par le Ministre de l'instruction publique; lesdites observations enregistrées comme ci-dessus, le 10 mai 1872, et tendant au rejet du pourvoi, par le motif que la D[lle] ..... a été régulièrement, et sur la demande même du conseil municipal, nommée institutrice communale par arrêté préfectoral du 12 février 1858 ; qu'aucune disposition législative n'exige, pour qu'une institutrice ait droit à son traitement, qu'elle soit officiellement installée ; que la D[lle]..... n'a pas cessé depuis sa nomination de diriger son école ; que, à plusieurs reprises, le maire et le conseil municipal lui ont reconnu la qualité d'institutrice communale ;

Vu le mémoire en réplique présenté pour la commune de Beaumont-le-Roger, ledit mémoire enregistré comme ci-dessus le 8 novembre 1872, et par lequel la commune déclare persister dans ses précédentes conclusions;

Vu l'arrêté du préfet du département de l'Eure, en date du 31 août 1861, nommant la sœur Pachant institutrice communale à Beaumont-le-Roger, en remplacement de la sœur Ledo, nommée à Bourgtheroulde;

Vu les diverses délibérations du conseil municipal de la commune de Beaumont-le-Roger, jointes au dossier;

Vu les budgets de la commune de Beaumont-le-Roger pour les années 1859, 1860, 1861, 1862, 1863, 1864, 1865, 1866 et 1867;

Vu les autres pièces produites et jointes au dossier;

Vu le décret rendu au conseil d'État, au contentieux, le 28 janvier 1870;

Vu la loi du 28 juin 1833, l'ordonnance du 23 juin 1836, la loi du 15 mars 1850, le décret du 9 mars 1852, la loi du 14 juin 1854;

Vu la loi du 18 juillet 1837, article 39;

Vu le décret du 2 novembre 1864;

Ouï M. Le Vavasseur de Pricourt, auditeur, en son rapport;

Ouï Me Guyot, avocat de la commune de Beaumont-le-Roger, en ses observations;

Ouï M. Perret, maître des requêtes, commissaire du gouvernement, en ses conclusions;

Considérant que les deux pourvois ci-dessus visés tendent à l'annulation pour excès de pouvoir du même arrêté; que, dès lors, il y a lieu de les joindre pour y être statué sur un seul et même décret;

Au fond:

Considérant que, aux termes de l'art. 51 de la loi du 15 mars 1850, sous l'empire de laquelle se sont passés les faits qui ont donné naissance au pourvoi, toute commune de huit cents âmes et au-dessus est tenue d'entretenir au moins une école de filles;

Considérant qu'il résulte de l'instruction que la commune de Beaumont-le-Roger a constamment entretenu, dans une maison louée par elle à cet effet, une école de filles ; que l'institutrice qui dirigeait cette école depuis 1849, ayant été en 1861 nommée dans une autre commune par le préfet du département de l'Eure, par arrêté du 31 août 1861, a nommé, en son remplacement, une autre institutrice communale à Beaumont-le Roger, et qu'il a été procédé par le maire à l'installation de cette institutrice; que les budgets annuels de la commune, de 1859 à 1867, portent aux dépenses ordinaires le traitement de l'institutrice communale; qu'il suit de là que la commune de Beaumont-le-Roger a rempli les obligations qui lui étaient imposées par la loi du 15 mars 1850; qu'il n'est pas établi, d'autre part, que la commune ait jamais eu l'intention d'avoir en même temps deux institutrices communales; que l'arrêté du préfet, en date du 12 février 1856, qui nommait la D[lle] ..... institutrice communale pour entrer en fonctions à l'expiration du bail de la maison d'école actuelle, n'a jamais reçu d'exécution; que la D[lle] ..... a même, depuis cette époque, reçu à plusieurs reprises de la commune des subventions à titre de secours comme institutrice libre;

Que de tout ce qui précède il résulte que le préfet du département de l'Eure n'a pas pu, sans excéder la limite de ses pouvoirs, inscrire d'office au budget de la commune la somme de 9,851 fr. 25 comme étant due à la D[lle] ....., institutrice communale, pour traitements arriérés depuis 1858;

Décide :

ART. 1. — Est annulé pour excès de pouvoir l'arrêté en date du 13 décembre 1871, par lequel le préfet du département de l'Eure a inscrit d'office au budget de la commune de Beaumont-le-Roger une somme de 9,851 fr. 25 c. sous le titre dû à Mlle....., institutrice communale, pour traitements arriérés depuis 1858.

....

Décret augmentant le traitement des instituteurs adjoints et des institutrices adjointes.

20 *janvier* 1873.

Le Président de la République française,

Sur le rapport du Ministre de l'instruction publique, des cultes et des beaux-arts;

Vu la loi du 10 avril 1867 ;

Vu le décret du 27 juillet 1870 ;

Vu la loi de finances pour l'exercice 1873, en date du 20 décembre 1872,

Décrète :

Art. 1. — A partir du 1er janvier 1873, le traitement minimum des instituteurs adjoints est porté à 600 fr. ou à 500 fr., selon la classe à laquelle ils appartiennent.

Art. 2. — A partir de la même époque, le traitement des institutrices adjointes est fixé à 450 francs.

Art. 3. — Il sera pourvu aux dépenses résultant de l'exécution du présent décret conformément aux dispositions de l'article 14 de la loi du 10 avril 1867 et de celles de la loi de finances susvisée pour l'exercice 1873.

Art. 4. — Le Ministre de l'instruction publique, des cultes et des beaux-arts, est chargé de l'exécution du présent décret.

Décision du conseil d'État, relative au droit d'annulation exercé par le Ministre de l'instruction publique en matière d'arrêté préfectoral touchant l'instruction primaire.

7 *février* 1873.

Le Conseil, statuant au contentieux, sur le rapport de la section du contentieux ;

Vu la requête sommaire et le mémoire ampliatif produits pour la ville de Toulouse, par le maire dûment autorisé ; ladite requête et ledit mémoire enregistrés au secrétariat de la section du contentieux du conseil d'État, les 18 avril et 12 juillet 1872, et tendant à ce qu'il plaise au conseil : annuler pour excès de pouvoir la décision en date du 19 janvier 1872, par laquelle le Ministre de l'instruction publique a annulé un arrêté du préfet de la Haute-Garonne du 27 décembre 1870, pris pour l'exécution de mesures votées par le conseil municipal de Toulouse, les 22 novembre et 13 décembre précédents, qui déclare vacantes neuf écoles primaires communales, et décide qu'il sera pourvu à la nomination d'instituteurs et d'institutrices adjoints laïques pour la direction desdites écoles ;

Ce faisant, attendu que, pour annuler l'arrêté préfectoral précité, le Ministre de l'instruction publique s'appuie uniquement sur ce que les directeurs des écoles congréganistes déclarées vacantes étaient munis de titres réguliers et n'avaient pas été révoqués par des arrêtés spéciaux ; mais que le préfet avait suffisamment indiqué sa volonté d'user du droit de révocation qui lui appartient, en visant la loi de 1850, sur laquelle ce droit est fondé ; qu'il a d'ailleurs pourvu au remplacement de ces directeurs par des nominations faites conformément aux lois ; qu'ainsi le Ministre, en annulant les décisions régulièrement prises par le préfet, a excédé ses pouvoirs ; que l'arrêté ministériel a eu d'ailleurs des conséquences fâcheuses pour les finances de la ville; qu'en effet, le préfet actuel s'en est autorisé pour imposer d'office le traitement des anciens directeurs des écoles congréganistes par deux arrêtés des 17 février et 21 mars 1872; pour ces motifs, prononcer la nullité de la décision ministérielle attaquée, et, par voie de conséquence, annuler les arrêtés précités du préfet de la Haute-Garonne des 13 février et 21 mars 1872 et condamner le défendeur aux dépens;

Vu la décision ministérielle attaquée, enregistrée comme ci-dessus, le 18 avril 1872;

Vu l'arrêté du préfet de la Haute-Garonne du 27 décembre 1870, annulé par la précédente décision;

Vu la délibération du conseil municipal de Toulouse, du 28 février 1872, qui autorise le maire à se pourvoir au conseil d'État contre la décision du Ministre de l'instruction publique et contre les arrêtés préfectoraux qui en ont été la conséquence;

Vu les observations du Ministre de l'instruction publique, en réponse à la communication qui lui a été donnée du pourvoi; lesdites observations enregistrées comme ci-dessus, le 5 novembre 1872;

Vu toutes les pièces produites et jointes au dossier;

Vu la loi du 15 mars 1850, le décret du 9 mars 1852 et la loi du 14 juin 1854;

Vu la loi des 7-14 octobre 1790 et la loi du 24 mai 1872;

Ouï M. de Montesquiou, conseiller d'État, en son rapport;

Ouï Me A. Périer, avocat de la ville de Toulouse, en ses observations;

Ouï M. Perret, maître des requêtes, commissaire du gouvernement, en ses conclusions;

Considérant que, par un arrêté du 27 décembre 1870, pris pour l'exécution des mesures votées par le conseil municipal de Toulouse, le 22 novembre et le 13 décembre 1870, le préfet de la Haute-Garonne a déclaré vacantes neuf écoles primaires communales de la ville de Toulouse, confiées aux Frères de la Doctrine chrétienne, et a décidé qu'il serait pourvu à la nomination d'instituteurs laïques pour la direction desdites écoles ;

Considérant que, par sa décision attaquée du 19 janvier 1872, le Ministre de l'instruction publique a annulé l'arrêté précité, en se fondant sur ce que les directeurs des écoles congréganistes déclarées vacantes étaient investis de nominations régulières, et que l'arrêté préfectoral qui avait déclaré la vacance des écoles ne pouvait suppléer à l'absence d'une révocation des instituteurs nécessaire pour annuler l'effet des nominations antérieures ;

Considérant qu'aux termes de l'art. 8 de la loi du 14 juin 1854, combiné avec les art. 4 du décret du 9 mars 1852 et 31 et 33 de la loi du 15 mars 1850, c'est sous l'autorité du Ministre de l'instruction publique que le préfet exerce les attributions relatives à la nomination et à la révocation des instituteurs communaux ;

Considérant dès lors que la décision par laquelle le Ministre de l'instruction publique a rapporté l'arrêté préfectoral du 27 décembre 1870 est un acte d'administration pris dans la limite de ses pouvoirs et qui n'est pas susceptible d'être déféré au conseil d'État par la voie contentieuse ;

Décide :

Art. 1. — La requête de la ville de Toulouse est rejetée.

....

Décision du conseil d'État, relative à l'incompétence touchant l'annulation d'un arrêté préfectoral pris en conseil de préfecture.

7 *février* 1873.

Le Conseil, statuant au contentieux, sur le rapport de la section du contentieux,

Vu la requête et le mémoire ampliatif présentés par MM. Lasbaysse, maire, de Soula, Garros et autres, membres du conseil municipal de Pamiers, agissant au nom dudit conseil, en vertu d'une délibération du 25 février 1872, ladite requête et ledit mémoire enregistrés au secrétariat de la section du contentieux du conseil d'État, les 6 mai et 25 juillet 1872, et tendant à ce qu'il plaise au conseil : annuler, pour excès de pouvoir, l'arrêté en date du 10 février 1872, par lequel le préfet de l'Ariége a annulé deux délibérations du conseil municipal de Pamiers, des 27 juin et 24 décembre 1871, qui décident : la première, que les directeurs des écoles primaires de la ville doivent être munis du brevet supérieur et les instituteurs adjoints du brevet élémentaire; la seconde, que le directeur de l'école congréganiste et ses adjoints ne s'étant pas conformés à la décision du conseil, la subvention accordée à l'école des frères sera supprimée à partir du 1er janvier 1872 ;

Ce faisant, attendu que le conseil municipal a agi dans la limite de ses attributions ; qu'en effet, aux termes des lois des 15 mars 1850, 9 mars 1852 et 14 juin 1854, le conseil doit être nécessairement consulté en matière d'instruction primaire, et que les instructions ministérielles reconnaissent qu'il est dans l'esprit de la loi que le vœu de la commune soit toujours accueilli lorsqu'il s'agit du choix à faire entre l'enseignement congréganiste et l'enseignement laïque ; prononcer, pour excès de pouvoir, l'annulation de l'arrêté précité du préfet de l'Ariége avec toutes les conséquences de droit;

Vu l'arrêté attaqué par lequel le préfet, séant en conseil de préfecture, a déclaré, en vertu de l'art. 23 de la loi du 5 mai 1855, la nullité des deux délibérations précitées du conseil municipal de Pamiers, comme portant sur des objets étrangers aux attributions dudit conseil ;

Vu la délibération en date du 25 février 1872, par laquelle le conseil municipal de Pamiers déclare persister dans les résolutions prises par lui précédemment, et autorise le maire à déférer au conseil d'État l'arrêté précité du préfet de l'Ariége ;

Vu les observations du Ministre de l'instruction publique, en réponse à la communication qui lui a été donnée du pourvoi, lesdites observations enregistrées comme ci-dessus le 28 septembre 1872;

Vu toutes les pièces produites et jointes au dossier ;

Vu la loi du 18 juillet 1837;

Vu la loi du 15 mars 1850, le décret du 9 mars 1852 et la loi du 14 juin 1854;

Vu la loi du 5 mai 1855 ;

Ouï M. de Montesquiou, conseiller d'État, en son rapport;

Ouï Me Lesage, avocat des sieurs Lasbaysse et autres, en ses observations;

Ouï M. Perret, maître des requêtes, commissaire du gouvernement, en ses conclusions ;

Considérant qu'aux termes de l'art. 23 de la loi susvisée du 5 mai 1855, toute délibération d'un conseil municipal, portant sur un objet étranger à ses attributions, est nulle de plein droit ; que le préfet, en conseil de préfecture, en déclare la nullité, et qu'en cas de réclamation du conseil municipal, il est statué par un décret, le conseil d'État entendu;

Considérant que l'arrêté en date du 10 février 1872, par lequel le préfet de l'Ariége a déclaré nulles les délibérations du conseil municipal de Pamiers, des 27 juin et 24 décembre 1871, a été pris par application de l'article précité et dans la forme prescrite;

Que si le conseil municipal de Pamiers croyait devoir se pourvoir contre l'arrêté précité, ce n'était pas par la voie contentieuse, pour excès de pouvoir et par application de la loi des 7-14 octobre 1790, mais par la voie administrative, par application de la loi du 23 mai 1855, que son recours aurait dû être formé;

Décide :

La requête des sieurs Lasbaysse, maire, de Soula, Garros et autres, membres du conseil municipal de Pamiers, agissant au nom dudit conseil, est rejetée.

Arrêt du tribunal civil de Montpellier, relative à la recevabilité des actions en diffamation intentées par les instituteurs communaux.

8 *février* 1873.

Les instituteurs publics communaux, congréganistes ou laïques, sont du nombre des personnes agissant dans un caractère public dont parle l'article 3 de la loi du 15 avril 1871, et dès lors, s'ils se plaignent d'une diffamation commise à leur égard, à raison de leurs fonctions, par la presse périodique, la cour d'assises est seule compétente pour statuer simultanément sur l'action publique et sur l'action civile.

Le tribunal,

Attendu que, aux termes de l'article 3 de la loi du 15-22 avril 1871, « en cas d'imputation contre les dépositaires ou agents de l'autorité publique, à l'occasion des faits relatifs à leurs fonctions, ou contre toute personne ayant agi dans un caractère public à l'occasion de ces actes, la preuve de la vérité des faits diffamatoires pourra être faite devant le jury, etc., etc.; » et qu'aux termes de l'article 4, « l'action civile résultant des délits à l'occasion desquels la preuve est permise par l'article ci-dessus, ne pourra (sauf les exceptions) être poursuivie séparément de l'action publique; »

Attendu que les imputations sur lesquelles est fondée l'action civile intentée par les demandeurs sont considérées par eux, dans leur exploit introductif, comme portant atteinte à leur honneur et à leur considération; que c'est par la voie de la presse que ces imputations ont été rendues publiques; que dès lors les demandeurs ne pouvant être considérés comme « dépositaires de l'autorité publique ou agents de l'autorité publique, » il reste à examiner si, dans les faits imputés, les demandeurs auraient « agi dans un caractère public; »

Qu'il ne peut être contesté d'ailleurs que ces faits ne soient relatifs à la qualité d'instituteur communal, ce qui réduit la question à examiner celle de savoir si cette qualité leur confère un caractère public;

Attendu que pour résoudre cette question, il importe de remonter aux principes qui ont fait admettre, pour les cas prévus par l'art. 3 précité et l'art. 20 de ladite loi du 26 mai 1819, une dérogation à la règle qui prohibe la preuve des faits diffamatoires;

Que, selon les expressions de l'exposé des motifs de la loi de 1819, « la vie privée des fonctionnaires n'appartient qu'à eux-mêmes, leur vie publique appartient à tous; » c'est le droit, c'est souvent le devoir de leurs concitoyens de leur reprocher publiquement leurs torts et leurs fautes publiques; « qu'un fait vrai, révélé au public dans ces conditions, ajoute le rapporteur de la loi de 1871, peut être un service rendu à la société; »

Attendu que ces principes sollicitaient une dérogation à la règl de la non-admissibilité de la preuve pour les dépositaires et agents de l'autorité publique; mais que cette dérogation n'épuisait pas toutes les conséquences du principe auquel obéissait le législateur; qu'en dehors des dépositaires et agents de l'autorité, il y avait, en effet, des personnes chargées par l'autorité publique d'un service d'intérêt général, responsables aussi devant le public des torts qu'elles pouvaient encourir dans l'accomplissement du service qui leur était confié, et à l'égard desquelles la révélation de ces torts présentait le même caractère d'utilité générale; que ce sont ces personnes que l'article 30 de la loi de 1871, se conformant à l'article 20 de la loi de 1819, a comprises dans l'exception, sous le nom de « personnes ayant agi dans un caractère public; »

Attendu que l'on ne peut nier que le service de l'instruction primaire ne soit un service d'intérêt général; que d'ailleurs, ceux qui en sont chargés, à titre d'instituteurs communaux publics, sont évidemment investis d'un mandat de l'autorité publique, puisqu'aux termes des art. 31 et suivants de la loi du 15 mars 1850, les instituteurs sont, en général, choisis par le conseil municipal sur une liste d'admissibilité dressée par le conseil départemental de l'instruction publique; qu'ils recevaient, aux termes de ladite loi, l'institution du ministère, attribution que la loi a depuis transférée aux préfets, et enfin un traitement auquel concourent la commune, le département et l'État; que l'instituteur communal public réunit donc toutes les conditions qui constituent la personne revêtue d'un caractère public dans les cas des lois de 1819 et 1871;

Attendu, au surplus, que le législateur lui-même a qualifié les instituteurs communaux de fonctionnaires de l'enseignement; que c'est, en effet, sous cette dénomination collective que les a compris l'art. 4 de la loi du 19 juin 1853, qui a créé pour eux le droit à la pension de retraite, et que la même qualification leur a été donnée dans plusieurs documents officiels;

Attendu qu'il résulte des motifs qui viennent d'être déduits que la preuve des faits imputés était admissible, et que par voie de suite, et conformément à l'art. 4 de la loi de 1871, l'action civile n'a pu être intentée séparément de l'action publique; que, dès lors, le jugement de défaut intervenu sur ladite action doit être rétracté et les parties délaissées à se pourvoir ainsi qu'elles aviseront;

Attendu que les dépens font suite au principal; que, néanmoins, les frais du jugement de défaut doivent rester comme frais frustratoires à la charge des défendeurs;

Par ces motifs,

Le tribunal, faisant droit à l'opposition, rétracte le jugement de défaut;

Ce faisant,

Se déclare incompétent pour statuer sur la demande formée par les sieurs Colomiès et consorts; délaisse les parties à se pourvoir ainsi et comme elles aviseront; etc.

Avis du Conseil d'État, sur la question de savoir: 1° par qui et en quelles formes doivent être acceptées des libéralités faites à des fabriques pour le soulagement des pauvres; 2° au nom de qui doivent être immatriculés les titres de rentes achetés avec le produit de ces libéralités; 3° à qui doivent être confiés la garde des titres de rentes et le soin d'en percevoir les arrérages?

6 *mars* 1873.

Le conseil d'État, qui, sur le renvoi ordonné par M. le Ministre de l'instruction publique, des cultes et des beaux-arts, a pris connaissance d'un projet de décret tendant :

1° A autoriser le trésorier de la fabrique de l'église succursale de Villegenon (Cher) et le maire de Villegenon, à défaut de bureau de bienfaisance, à accepter, chacun en ce qui le concerne, le legs fait à ladite fabrique par le sieur Jean-Louis de Montmorant, suivant son testament olographe du 22 février 1783, et consistant en une somme de 1,200 livres, pour le revenu être employé au soulagement des pauvres de la paroisse par les soins du desservant;

2° A prescrire que le produit de cette libéralité sera placé en rentes 3 p. % sur l'État, immatriculées au nom de la fabrique et des pauvres, et que la garde du titre sera confiée au receveur municipal;

3° A autoriser, dans la même forme, le trésorier de la fabrique de l'église succursale de Santranges, et le maire de Santranges, à défaut de bureau de bienfaisance, à accepter le legs d'une somme de 800 livres fait à cette fabrique par le sieur Jean-Louis de Montmorant, par le même testament et aux mêmes conditions que le legs précédent ;

Vu le testament du sieur de Montmorant, en date du 22 février 1783 ;

Vu les dépêches et pièces comprises au dossier, notamment l'avis du préfet du département du Cher, en date du 11 juillet 1870, et l'avis de l'archevêque de Bourges, en date du 31 mars 1866 ;

Vu la loi du 7 frimaire an V, les lois des 20 ventôse et 16 vendémiaire an V, l'arrêté du 27 prairial an IX, les décrets des 12 juillet 1807 et 14 juillet 1812 ;

Vu les art. 910 et 937 du Code civil, la loi du 2 janvier 1817, les ordonnances du 2 avril 1817 et du 14 janvier 1831, et la loi du 12 janvier 1849 ;

Vu la loi du 18 germinal an X, portant organisation du culte catholique, et le décret du 30 décembre 1809 ;

Vu la loi du 18 germinal an X et le décret du 18 mars 1852, portant organisation des cultes protestants ;

Vu l'ordonnance royale du 25 mai 1844, portant règlement pour l'organisation du culte israélite ;

Vu les avis du conseil d'État, en date des 4 mars 1841 et 30 décembre 1846 ;

Vu l'avis du 24 janvier 1863 ;

Considérant que la jurisprudence dont le projet de décret propose de faire application aux legs laissés par le sieur de Montmorant aux fabriques de Villegenon et de Santranges, pour les pauvres de ces deux paroisses, est fondée sur la pensée, d'une part, que les libéralités destinées à secourir les pauvres ne peuvent pas être acceptées et exécutées sans l'intervention du bureau de bienfaisance ou du maire de la commune ; d'autre part, que le soin de recueillir de telles libéralités n'entre pas dans les attributions légales des fabriques ;

Considérant que ces principes ne sont écrits dans aucune disposition de loi ou de règlement ;

Sur le premier point :

Considérant, d'une part, que la loi du 7 frimaire an V, qui a créé les bureaux de bienfaisance pour recouvrer le droit des pauvres qu'elle établissait temporairement à l'entrée des théâtres, a seulement ajouté à cette mission le soin de diriger les travaux de charité ordonnés par l'autorité municipale, de recevoir les dons qui leur seraient offerts et de répartir les secours à domicile ;

Que l'article 937 du Code civil et l'ordonnance royale du 2 avril 1817 n'appellent également les bureaux de bienfaisance à accepter que les dons et legs qui leur sont adressés ;

Qu'à la vérité la loi du 20 ventôse an V, qui leur rendit applicable la loi du 16 vendémiaire précédent, l'arrêté du 27 prairial an IX et les décrets des 12 juillet 1807 et 14 juillet 1812, ont réparti entre eux et les hospices les biens non aliénés des anciens établissements de bienfaisance qui secouraient les pauvres ou les malades ; mais qu'aucune de ces dispositions n'a prescrit qu'à l'avenir les bureaux de bienfaisance pourraient seuls, et à l'exclusion de tout autre établissement, recueillir des libéralités destinées au soulagement des pauvres ;

Considérant, d'autre part, que si l'art. 937 du Code civil, et l'ordonnance du 2 avril 1817 attribuent aux maires la mission d'accepter les dons et legs faits aux pauvres d'une commune, ces dispositions ont pour objet de donner aux pauvres un représentant légal pouvant accepter et administrer les libéralités qui leur sont adressées sans autre détermination ; mais qu'elles ne s'opposent nullement à ce qu'un autre établissement légalement reconnu puisse être autorisé à recueillir, si elles lui sont adressées directement, et à employer seul, si elles se rattachent à sa mission, des libéralités ayant une destination charitable ;

Sur le second point :

Considérant qu'il ne peut être contesté que sous l'ancien régime les fabriques n'eussent les aumônes dans leurs attributions ;

Que, depuis l'an X, par une suite naturelle des anciennes traditions, l'usage s'est maintenu de quêter dans les églises pour les pauvres de la paroisse, et qu'un grand nombre de libéralités entre-vifs ou testamentaires sont journellement adressées aux fabriques avec une destination charitable, pour être distribuées par le curé ou le desservant;

Que, pour démentir un état de choses fondé sur les considérations morales les plus élevées, et confirmé si unanimement par les mœurs publiques, il faudrait un *texte* qui interdît aux fabriques de recueillir des offrandes pour les pauvres;

Considérant que non-seulement une telle disposition n'existe dans aucune loi ni dans aucun règlement, mais qu'au contraire l'art. 76 de la loi du 18 germinal an X et l'art. 1 du décret du 30 décembre 1809 attribuent expressément aux fabriques l'administration des aumônes;

Que le mot *aumônes*, employé par le législateur avec son sens véritable et traditionnel, ne comprend pas seulement les offrandes qui sont destinées à pourvoir aux frais du culte, mais aussi celles qui sont destinées aux pauvres; que l'interprétation donnée par Portalis à la loi qu'il avait rédigée ne peut laisser à cet égard aucun doute (1);

Qu'il résulte de ce qui précède qu'aucune loi ne s'oppose à ce que les fabriques puissent recueillir seules des libéralités ayant une destination charitable;

Considérant qu'il y a lieu de rechercher, dans chaque espèce, quelle a été l'intention du testateur et d'apprécier quelles

---

(1) « Comment serait-il possible de penser que les fabriques sont exclues du droit d'administrer les aumônes qu'elles reçoivent? Dans ce système, il faudrait aller jusqu'à dire qu'il leur est interdit d'en recevoir, c'est-à-dire il faudrait détruire la liberté naturelle qu'ont les hommes qui consacrent une partie de leur fortune à des aumônes, de choisir les agents de leur bienfaisance et de leur libéralité.

« La loi a prévu elle-même que les fabriques auraient des aumônes à administrer, puisque, par l'art. 76 de la loi du 18 germinal an X, elles sont expressément chargées de cette administration.

« On voudrait donner à entendre que, dans cet article, le mot *aumône* ne s'applique qu'à ce qui est donné pour les frais du culte.

« Mais, 1° jamais le mot *aumône* n'a été appliqué à de pareils dons.

« Il faudrait renoncer à toutes les notions du droit canonique pour con-

sont les mesures à prescrire pour en mieux assurer la fidèle exécution ;

Que la fabrique peut être autorisée à accepter seule, et sans l'intervention du maire ou du bureau de bienfaisance, des sommes destinées à être distribuées aux pauvres par les soins des membres de la fabrique ou du curé ;

Que, s'il s'agit d'une fondation destinée à demeurer perpétuelle et dont les revenus seuls devront être distribués, il convient, tout en autorisant la fabrique légataire à accepter le legs qui s'adresse à elle, à faire immatriculer le titre en son nom et à en conserver la garde, d'autoriser le maire à accepter le bénéfice qui résulte du legs en faveur des pauvres de la commune, et d'ordonner qu'un duplicata du titre lui sera délivré ; que cette mesure, sans lui donner le droit d'exercer un contrôle sur l'emploi que la fabrique et le curé feront des revenus mis à leur disposition, lui permettra de s'assurer dans l'avenir que le capital de la fondation est conservé, et que le revenu est toujours inscrit avec sa destination au budget annuel de la fabrique ;

Considérant que les solutions qui viennent d'être indiquées doivent s'appliquer également aux consistoires des cultes protestants et aux conseils presbytéraux qui, aux termes de l'art. 20 de la loi du 18 germinal an X, sont chargés de « veiller au maintien de la discipline et à l'administration « des deniers provenant des aumônes », et aux consistoires israélites à qui l'ordonnance royale du 25 mai 1844 confère

---

fondre des objets qui ne se ressemblent pas et qui ont toujours été exprimés par des mots différents.

« 2° On lit, dans l'art. 76, qu'il sera établi des fabriques pour veiller à l'entretien et à la conservation des temples, à l'administration des aumônes.

« Il est évident que le législateur a très-bien distingué le soin de l'entretien et de la conservation des temples d'avec l'administration des aumônes. Ce sont deux choses que l'on ne peut indentifier quand la loi les sépare.

« 3° J'en atteste l'histoire de tous les temps : les fabriques ont toujours été en possession de recevoir des aumônes et de les administrer ; la religion a été la première amie des pauvres, et il est impossible de méconnaître tout ce que l'humanité lui doit. » (Portalis, Rapport du 16 avril 1806.)

l'administration et la surveillance des établissements de charité spécialement destinés aux israélites ;

Est d'avis :

1° Sur la question de principe, qu'il convient d'adopter pour règle, à l'avenir, les observations qui précèdent ;

2° Qu'il y a lieu d'autoriser les deux fabriques à accepter les legs du sieur de Montmorant, et à en placer le produit en rentes sur l'État, immatriculées en leur nom, avec mention sur les inscriptions de la destination des arrérages ;

3° Qu'il y a lieu d'autoriser le maire de chaque commune à accepter le bénéfice qui résulte pour les pauvres de ces deux fondations, et de prescrire qu'un duplicata de l'inscription de rente lui sera délivré (1).

Décision du conseil d'État, relative à l'avis que le conseil municipal a le droit d'exprimer dans les questions d'option entre l'enseignement laïque et l'enseignement congréganiste.

21 *mars* 1873.

Le Conseil,

Vu la requête sommaire et le mémoire ampliatif présentés par le maire de Lyon, dûment autorisé, aux termes d'une délibération du conseil municipal de Lyon, en date du 8 août 1872, ladite requête et ledit mémoire enregistrés au secrétariat du contentieux du conseil d'État, les 26 août et 21 décembre 1872, et tendant à ce qu'il plaise au conseil : annuler, pour excès de pouvoir, deux arrêtés du préfet du Rhône, en date des 1er juin et 27 juillet 1872 : le premier, décidant que

---

(1) Un décret en conformité de cet avis a été rendu le 22 mars 1873. (Voir page 720.)

les écoles communales de Lyon seront dirigées partie par des laïques, partie par des congréganistes; le second, fixant la répartition des écoles laïques et des écoles congréganistes dans l'étendue de la ville;

Ce faisant, attendu, en ce qui touche le premier arrêté, qu'aux termes de l'article 36 de la loi du 15 mars 1850 et de l'article 8 de la loi du 10 avril 1867, le droit de créer des écoles primaires gratuites appartient exclusivement à la commune; qu'il résulte de la loi du 15 mars 1850, du décret du 9 mars 1852, de la loi du 14 juin 1854, ainsi que des instructions ministérielles des 3 avril 1852 et 31 décembre 1854, que le droit d'opter entre l'enseignement laïque et l'enseignement congréganiste a été réservé aux conseils municipaux; que le préfet, chargé de nommer les instituteurs, est tenu de se conformer sur ce point au vœu exprimé par les représentants de la population;

En ce qui touche le deuxième arrêté préfectoral, attendu qu'aux termes de l'art. 2 de la loi du 10 août 1867, le nombre des écoles primaires communales est fixé par le conseil départemental sur l'avis du conseil municipal; que l'assemblée municipale n'a pas été appelée à donner son avis sur le nombre des écoles à ouvrir; attendu, dès lors, que les arrêtés attaqués ont été pris en violation de la loi: prononcer l'annulation desdits arrêtés préfectoraux;

Vu les arrêtés attaqués, en date des 1er juin et 27 juillet 1872, enregistrés comme ci-dessus, le 26 août 1872;

Vu la délibération du conseil municipal de Lyon, en date du 8 août 1872, qui autorise le maire de cette ville à se pourvoir contre les arrêtés précités;

Vu les lettres du préfet du Rhône, adressées au maire de Lyon, les 14 mars, 4, 8 et 24 mai 1872;

Vu la délibération du conseil municipal de Lyon, en date du 30 mai 1872, dans laquelle ce conseil déclare qu'en entretenant 114 écoles laïques et gratuites, la municipalité a largement rempli les obligations des lois de 1850 et 1867, et prie M. le préfet du Rhône de n'apporter aucun changement, aucune modification à l'état actuel des écoles municipales laïques;

Vu la décision du conseil départemental de l'instruction publique, en date du 26 juillet 1872, portant fixation du nombre des écoles primaires dans la ville de Lyon;

Vu les observations du Ministre de l'instruction publique, en réponse à la communication qui lui a été donnée du pourvoi, lesdites observations enregistrées comme ci-dessus, le 4 février 1872, et tendant au rejet du pourvoi;

Vu les mémoires en réponse présentés par le maire de Lyon, lesdits mémoires enregistrés comme ci-dessus, les 24 et 26 février 1872, et par lesquels le maire déclare persister dans ses précédentes conclusions;

Vu toutes les autres pièces produites et jointes au dossier;

Vu la loi du 15 mars 1850, le décret du 9 mars 1852, les lois des 14 juin 1854 et 10 avril 1867;

Vu les lois des 7-14 octobre 1790 et du 24 mai 1872;

Ouï M. de Montesquiou, conseiller d'État, en son rapport;

Ouï M. Perret, maître des requêtes, commissaire du gouvernement, en ses conclusions;

En ce qui touche l'arrêté préfectoral du 1er juin 1872, qui porte : « Art. 1. Les écoles communales de la ville de Lyon « seront dirigées par des laïques et par des congréganistes « dans une proportion qui sera ultérieurement déterminée; »

Considérant que, pour demander l'annulation dudit arrêté, la ville de Lyon se fonde sur ce qu'aux termes des lois en vigueur, le préfet était tenu de se conformer au vœu exprimé par le conseil municipal, quant au choix à faire entre l'enseignement laïque et l'enseignement congréganiste;

Considérant qu'il résulte de la loi du 15 mars 1850, article 31; du décret du 9 mars 1852, article 4, et de la loi du 14 avril 1854, article 8, combinés, que c'est le préfet qui nomme les instituteurs communaux et qui les choisit, soit parmi les instituteurs laïques, soit parmi les instituteurs congréganistes, et qu'il exerce ce droit, le conseil municipal entendu;

Que si le conseil municipal de Lyon avait, en vertu des

dispositions précitées, le droit d'émettre un vœu ou d'exprimer un avis, comme il l'a fait dans la délibération susvisée du 31 mai 1872, sur le choix à effectuer entre les deux catégories d'instituteurs, c'est au préfet, sous l'autorité du Ministre de l'instruction publique, qu'il appartenait de prendre une décision à cet égard;

Que, dès lors, la requête de la ville de Lyon n'est pas fondée sur ce point;

En ce qui touche le deuxième arrêté du préfet du Rhône, du 17 juillet 1872, qui porte : « Art. 1. Le nombre des « écoles publiques de Lyon est fixé, conformément à la déci- « sion du conseil départemental de l'instruction publique du « Rhône, à 74 pour les garçons, et 70 pour les filles ;

« Ces écoles seront dirigées, les unes par des maîtres et « des maîtresses congréganistes, etc...., savoir : (suit la « répartition des écoles par canton et par catégorie); »

Considérant que, pour attaquer cet arrêté, la ville de Lyon se fonde sur ce que le préfet aurait fixé le nombre d'écoles primaires communales, bien que le conseil municipal n'eût pas été appelé à donner son avis à cet égard;

Sans qu'il soit besoin d'examiner si le conseil municipal de Lyon, qui avait déclaré, le 30 mai 1872, que la municipalité remplissait largement ses obligations légales, en entretenant 114 écoles laïques, n'avait pas suffisamment fait connaître son avis sur le nombre des écoles communales;

Considérant qu'aux termes de l'article 2 de la loi du 10 avril 1867, le droit de fixer le nombre des écoles de garçons ou de filles à établir dans chaque commune appartient au conseil départemental, sous l'approbation du Ministre de l'instruction publique;

Que c'est le conseil départemental du Rhône qui a arrêté le nombre des écoles communales de Lyon par sa décision du 26 juillet 1872, qui n'est pas attaquée;

Que le préfet du Rhône s'est borné, dans son arrêté du 27 juillet suivant, à prendre comme base le nombre d'écoles ainsi fixé, pour déterminer la proportion à établir entre les deux catégories de maîtres qui devaient les diriger, et qu'il n'a pas en cela excédé la limite de ses pouvoirs ;

Décide :

Art. 1. — La requête de la ville de Lyon est rejetée.

....

Décret autorisant le legs fait par le sieur de Montmorant aux fabriques des églises de Villegenon et de Santranges (Cher), pour le soulagement des pauvres.

22 *mars* 1873.

Le Président de la République française,

Sur le rapport du Ministre de l'instruction publique, des cultes et des beaux-arts ;

Vu le testament du sieur de Montmorant, en date du 22 février 1783 ;

Vu les pièces constatant que depuis plus de quatre-vingts ans les héritiers exécutent ses intentions ;

Vu les autres pièces produites en exécution des ordonnances des 2 avril 1817 et 14 janvier 1831 ;

Vu l'avis du Ministre de l'intérieur ;

Le conseil d'État entendu,

Décrète :

Art. 1. — Le trésorier de la fabrique de l'église succursale de Villegenon (Cher) est autorisé à accepter, aux clauses et conditions imposées, le legs fait à ladite fabrique par le sieur Jean-Louis de Montmorant, suivant son testament olographe du 22 février 1783, et consistant en une somme de douze cents livres (1,200^{l}), pour le revenu être employé au soulagement des pauvres de la paroisse par les soins du desservant.

Le produit de cette libéralité sera placé en rentes sur l'État, au nom de la fabrique de Villegenon. Mention sera faite sur l'inscription de la destination des arrérages.

Le maire de la commune de Villegenon est autorisé à accepter, au nom des pauvres de la commune, le bénéfice qui résulte en leur faveur de la fondation. Un duplicata de l'inscription de rente devra lui être délivré.

Art. 2. — Le trésorier de la fabrique de l'église succursale de Santranges (Cher) est autorisé à accepter, aux clauses et conditions imposées, le legs fait à ladite fabrique par le sieur Jean-Louis de Montmorant, suivant son testament olographe du 22 février 1783, et consistant en une somme de huit cents livres (800^l), pour le revenu être employé au soulagement des pauvres de la paroisse par les soins du desservant.

Le produit de ce legs sera placé en rentes sur l'État, au nom de la fabrique de Santranges. Mention sera faite sur l'inscription de la destination des arrérages.

Le maire de la commune de Santranges est autorisé à accepter, au nom des pauvres de la commune, le bénéfice qui résulte en leur faveur de la fondation. Un duplicata de l'inscription de rente devra lui être délivré.

Art. 3. — Le Ministre de l'instruction publique, des cultes et des beaux-arts est chargé de l'exécution du présent décret.

Ce projet de décret a été délibéré et adopté par le conseil d'État, dans ses séances des 27 février et 6 mars 1873.

Loi relative au conseil supérieur de l'instruction publique.

25 *mars* 1873.

L'Assemblée nationale a adopté,

Le Président de la République française promulgue la loi dont la teneur suit :

Art. 1. — Le conseil supérieur institué près le Ministre de l'instruction publique est composé comme il suit :

Le Ministre, président ;

Trois membres du conseil d'État en service ordinaire, élus par le conseil d'État;

Un membre de l'armée, nommé par le Ministre de la guerre, le conseil supérieur de la guerre entendu ;

Un membre de la marine, nommé par le Ministre de la marine, le conseil d'amirauté entendu;

Quatre archevêques ou évêques, élus par leurs collègues ;

Un délégué de l'Église réformée, élu par les consistoires ;

Un délégué de l'Église de la confession d'Augsbourg, élu par les consistoires ;

Un membre du consistoire central israélite, élu par ses collègues ;

Deux membres de la cour de cassation, élus par leurs collègues;

Cinq membres de l'Institut, élus par l'Institut en assemblée générale et choisis dans chacune des cinq classes;

Un membre du collège de France, élu par ses collègues ;

Un membre d'une faculté de droit, élu par les professeurs des facultés de droit ;

Un membre d'une faculté de médecine, élu par les professeurs des facultés de médecine ;

Un membre d'une faculté des lettres, élu par les professeurs des facultés des lettres ;

Un membre d'une faculté des sciences, élu par les professeurs des facultés des sciences ;

Un membre de l'Académie de médecine, élu par ses collègues;

Un membre du conseil supérieur des arts et manufactures, élu par ses collègues;

Un membre du conseil supérieur du commerce, élu par ses collègues ;

Un membre du conseil supérieur de l'agriculture, élu par ses collègues;

Sept membres de l'enseignement public, nommés par le Président de la République en conseil des Ministres, et choisis parmi les inspecteurs généraux, recteurs et anciens recteurs, professeurs et anciens professeurs des facultés, professeurs du collége de France, professeurs du Muséum d'histoire naturelle, directeur de l'École Normale supérieure, proviseurs des lycées;

Quatre membres de l'enseignement libre, élus par le conseil.

ART. 2. — Les membres du conseil sont élus pour six ans. Ils sont indéfiniment rééligibles.

ART. 3. — Le conseil tient deux sessions par an. En dehors de ces deux sessions ordinaires, il peut être convoqué par le Ministre.

Le Ministre doit, en outre, le convoquer chaque fois que dix de ses membres en font la demande.

Le conseil peut choisir dans son sein des commissions chargées d'étudier, dans l'intervalle des sessions, les questions sur lesquelles il a à délibérer, et de lui en faire rapport.

Quand les questions à examiner seront exclusivement relatives aux établissements d'enseignement public, les commissions nommées devront être choisies en majorité parmi les membres du conseil appartenant à cet enseignement.

ART. 4. — Le conseil supérieur peut être appelé à donner son avis sur les projets de lois, de règlements et de décrets relatifs à l'enseignement, et, en général, sur toutes les questions qui lui seront soumises par le Ministre.

Il est nécessairement appelé à donner son avis :

Sur les règlements relatifs aux examens, aux concours et aux programmes d'études dans les écoles publiques, à la surveillance des écoles libres, et en général sur tous les arrêtés portant règlement pour les établissements d'instruction publique;

Sur la création des facultés, lycées ou colléges;

Sur les secours et encouragements à accorder aux établissements libres d'instruction secondaire;

Sur les livres qui peuvent être introduits dans les écoles publiques et sur ceux qui doivent être défendus dans les écoles libres, comme contraires à la morale, à la Constitution et aux lois.

Il prononce, en dernier ressort, sur les jugements rendus par les conseils départementaux ou académiques dans les cas déterminés par les articles 14, 68 et 76 de la loi du 15 mars 1850 ; toutefois, il ne peut prononcer définitivement l'interdiction de l'enseignement libre, que si sa décision est prise aux deux tiers des suffrages.

Le conseil présente, chaque année, au Ministre, un rapport sur l'état général de l'enseignement, sur les abus qui pourraient s'introduire dans les établissements d'instruction et sur les moyens d'y remédier.

Art. 5. — Sont abrogés les articles 1 et 3 du décret du 9 mars 1852, dans leurs dispositions relatives à la révocation des membres de l'enseignement public.

Les articles 14, 68 et 76 de la loi du 15 mars 1850 sont remis en vigueur (1).

---

(1) *Loi du* 15 *mars* 1850.

Art. 14. — Le Conseil académique donne son avis :

Sur l'état des différentes écoles établies dans le département ;

Sur les réformes à introduire dans l'enseignement, la discipline et l'administration des écoles publiques ;

Sur les budgets et les comptes administratifs des lycées, collèges et Écoles Normales primaires ;

Sur les secours et encouragements à accorder aux écoles primaires.

Il instruit les affaires disciplinaires relatives aux membres de l'enseignement public secondaire ou supérieur, qui lui sont renvoyées par le Ministre ou le recteur.

Il prononce, sauf recours au conseil supérieur, sur les affaires contentieuses relatives à l'obtention des grades, au concours devant les facultés, à l'ouverture des écoles libres, aux droits des maîtres particuliers, et à l'exercice du droit d'enseigner ; sur les poursuites dirigées contre les membres de l'instruction secondaire publique et tendant à la révocation, avec interdiction d'exercer la profession d'instituteur libre, de chef ou professeur d'établissement libre, et, dans les cas déterminés par la présente loi, sur les affaires disciplinaires relatives aux instituteurs primaires, publics ou libres.

Art. 68. — Tout chef d'établissement libre d'instruction secondaire, toute

Arrêté portant création au Ministère de l'instruction publique d'un comité consultatif de l'enseignement public.

25 *mars* 1873.

Le Président de la République française,

Sur le rapport du Ministre de l'instruction publique, des cultes et des beaux-arts ;

Vu l'arrêté du 28 octobre 1852 ;

Vu l'arrêté du 28 septembre 1869 ;

Décrète :

ART. 1. — Le comité des inspecteurs-généraux constitué près le Ministère de l'instruction publique prend le titre de *Comité consultatif de l'enseignement public.*

ART. 2. — Le comité consultatif, présidé par le Ministre,

---

personne attachée à l'enseignement ou à la surveillance d'une maison d'éducation, peut, sur la plainte du ministère public ou du recteur, être traduit, pour cause d'inconduite ou d'immoralité, devant le Conseil académique, et être interdit de sa profession, à temps ou à toujours, sans préjudice des peines encourues pour crimes ou délits prévus par le Code pénal.

Appel de la décision rendue peut toujours avoir lieu dans les quinze jours de la notification devant le conseil supérieur.

L'appel ne sera pas suspensif.

ART. 76. — Le Ministre prononce disciplinairement contre les membres de l'instruction secondaire publique, suivant la gravité des cas :

1° La réprimande devant le Conseil académique ;

2° La censure devant le conseil supérieur ;

3° La mutation pour un emploi inférieur ;

4° La suspension des fonctions, pour une année au plus, avec ou sans privation totale ou partielle du traitement ;

5° Le retrait d'emploi, après avoir pris l'avis du conseil supérieur ou de la section permanente.

Le Ministre peut prononcer les mêmes peines, à l'exception de la mutation pour un emploi inférieur, contre les professeurs de l'enseignement supérieur.

Le retrait d'emploi ne peut être prononcé contre eux, que sur l'avis conforme du conseil supérieur.

est composé de douze inspecteurs généraux désignés par le Ministre, du vice-recteur de l'Académie de Paris, du directeur de l'École normale supérieure, d'un professeur de chacune des Facultés de droit, de médecine, des sciences et des lettres, d'un professeur du collége de France et d'un professeur du Muséum d'histoire naturelle, des directeurs de l'enseignement supérieur, secondaire et primaire au Ministère de l'instruction publique, et du chef de division de la comptabilité centrale.

Art. 3. — Le comité se divise en trois sections. Chaque section se réunit nécessairement une fois par mois.

Le comité se réunit en assemblée générale une fois par trimestre.

Art. 4. — Le comité donne son avis sur les projets de lois, de règlements et de programmes d'études, sur les questions de contentieux administratif et de discipline qui lui sont renvoyées par le Ministre.

Il est consulté sur les questions relatives à l'avancement des fonctionnaires et membres du corps enseignant.

Il délibère sur les vœux émis dans les comités mensuels de perfectionnement, dans les assemblées de facultés et dans les réunions des professeurs des lycées et colléges.

A la fin de chaque année scolaire, le comité consultatif tient une session spéciale pour dresser un tableau général d'avancement de tous les membres du corps enseignant, et proposer, s'il y a lieu, des mutations et des mesures disciplinaires. Pendant cette session, les présidents des jurys d'agrégation sont appelés à siéger dans le comité avec voix délibérative.

Décision du conseil d'État, relative à l'avis que le conseil municipal a le droit d'exprimer dans les questions d'option entre l'enseignement laïque et l'enseignement congréganiste.

28 *mars* 1873.

Le Conseil,

Vu le recours formé par le maire de la commune de Prémery, agissant au nom de cette commune, à ce dûment autorisé par délibération du conseil municipal ; ledit recours enregistré au secrétariat de la section du contentieux du conseil d'État, le 31 mai 1872, et tendant à ce qu'il plaise : annuler, pour excès de pouvoir, un arrêté en date du 19 mars 1872, par lequel le préfet de la Nièvre a rapporté une décision d'un de ses prédécesseurs, en date du 4 février 1871, approuvant une délibération de la commission municipale, en date du 14 janvier précédent, ladite délibération portant que l'école dirigée par la dame ...., religieuse de la congrégation des Sœurs de la Charité et de l'Instruction chrétienne de Nevers, cesserait d'être école communale à partir du 30 janvier 1871 ; qu'à partir de cette époque, les religieuses cesseraient de toucher leurs traitements et devraient abandonner les locaux occupés par elles ; que ladite école serait remplacée par celle des demoiselles....., institutrices laïques ; attendu que la délibération de la commission municipale était devenue définitive par suite de l'approbation préfectorale dont elle avait été revêtue ; qu'en donnant cette approbation, le préfet avait statué dans la limite de ses attributions ; qu'en tout cas, sa décision avait été mise à exécution et ne pouvait, dès lors, être ultérieurement rapportée ; qu'ainsi l'arrêté du 19 mars 1872 est entaché d'excès de pouvoir ;

Vu la délibération de la commission municipale de Prémery, en date du 14 janvier 1871, approuvée le 4 février par le préfet de la Nièvre ;

Vu l'arrêté attaqué dont le dispositif est ainsi conçu :

« Art. 1. — L'approbation préfectorale, donnée le 4 février « 1871 à la délibération ci-dessus relatée du 14 janvier pré- « cédent, est rapportée.

« Art. 2. — N'est pas approuvée la délibération du conseil « municipal de Prémery, en ce qui concerne la suppression « de l'école communale dirigée par les sœurs ; »

Vu la délibération, en date du 20 mai 1872, par laquelle le conseil municipal de Prémery a autorisé le maire à former un recours pour excès de pouvoir devant le conseil d'État contre l'arrêté du 19 mars précédent ;

Vu le mémoire en défense présenté pour la congrégation des Sœurs de la Charité et de l'Instruction chrétienne de Nevers, représentée par sa supérieure générale; ledit mémoire enregistré comme ci-dessus le 10 août 1872, et tendant à ce qu'il plaise :

Attendu que la commission municipale n'avait le droit, ni de révoquer l'institutrice en fonctions, ni de nommer d'autres institutrices communales pour la remplacer, ni de créer une seconde école primaire ; que, par suite, sa délibération était radicalement nulle et n'avait pu être validée par l'approbation préfectorale; que d'ailleurs ladite délibération n'a pas été mise à exécution ; que dans ces circonstances, le préfet a pu rapporter l'approbation mal à propos donnée par un de ses prédécesseurs ;

Rejeter le recours ; pour le cas où l'arrêté du 14 mars 1872 serait annulé, annuler également, pour excès de pouvoir, l'approbation donnée le 4 février 1871 à la délibération précitée ;

Vu les observations du Ministre de l'instruction publique, enregistrées comme ci-dessus le 12 octobre 1872, par lesquelles le Ministre émet l'avis que le recours soit rejeté ;

Vu le mémoire en réplique présenté pour la commune de Prémery; ledit mémoire enregistré, comme ci-dessus, le 3 mars 1873, par lequel la commune persiste dans ses précédentes conclusions, et, en outre, conclut à ce que le recours incident formé par la communauté contre l'arrêté du 4 février

1871 soit rejeté comme non recevable ou mal fondé, et à ce que ladite communauté soit condamnée aux dépens;

Vu les autres pièces produites et jointes au dossier;

Vu la loi du 15 mars 1850, le décret du 9 mars 1852, la loi du 14 juin 1854 et celle du 10 avril 1867;

Vu la loi du 18 juillet 1837, celle du 5 mai 1855, celle du 24 juillet 1867;

Vu la loi des 7-14 octobre 1790 et celle du 24 mai 1872, article 9;

Ouï M. de Saint-Laumer, auditeur, en son rapport;

Ouï Me de Saint-Malo, avocat des sœurs de charité, en ses observations;

Ouï M. David, maître des requêtes, commissaire du gouvernement, en ses conclusions;

Considérant que par l'arrêté attaqué du 19 mars 1872, le préfet de la Nièvre a rapporté la décision, en date du 4 février 1871, par laquelle un de ses prédécesseurs avait approuvé la délibération du conseil municipal de Prémery, en date du 14 janvier précédent;

Considérant que, par ladite délibération, la commission municipale de Prémery avait décidé : 1° que l'école tenue par la dame....., religieuse de la congrégation des Sœurs de la Charité et de l'Instruction chrétienne de Nevers, cesserait, à partir du 30 janvier 1871, d'être communale; qu'audit jour, les religieuses devraient quitter les locaux occupés par elles et qu'elles cesseraient d'avoir droit à leurs traitements;

2° Qu'à partir de la même date, deux écoles communales laïques seraient tenues par les demoiselles....;

Considérant, d'une part, qu'aux termes de la loi du 15 mars 1850, articles 31 et 50 du décret du 9 mars 1852, et article 4 de la loi du 14 juin 1854, combinés, c'est le préfet qui nomme les institutrices communales et les choisit, soit parmi les membres des associations religieuses vouées à l'enseignement, soit parmi les institutrices laïques, et qu'il exerce ces pouvoirs sur le rapport de l'inspecteur d'Académie, le conseil municipa entendu;

Que d'après les articles 33 et 50 de la loi du 15 mars 1850 et de la loi du 14 juin 1854, il appartient également au préfet de prononcer la révocation des institutrices communales, sur le rapport de l'inspecteur d'Académie;

Considérant que, d'autre part, en vertu de la loi du 10 avril 1867, c'est le conseil départemental qui fixe le nombre des écoles publiques à établir dans une commune;

Considérant que, si le conseil municipal de Prémery avait, aux termes des lois précitées, le droit d'émettre un vœu ou de donner un avis sur le remplacement de l'institutrice congréganiste régulièrement en fonctions par une institutrice laïque et sur la création d'une seconde école publique de filles dans la commune, il n'a pu, sans se substituer au préfet et au conseil départemental, prendre des décisions à cet égard et fixer la date à laquelle elles recevraient leur exécution;

Considérant que la délibération du conseil municipal de Prémery, prise en dehors de ses attributions, est nulle de plein droit, aux termes de l'article 23 de la loi du 5 mai 1855; que l'arrêté préfectoral qui l'a approuvée n'a pu ni changer la nature de cet acte, ni le valider;

Que, dès lors, en rapportant ledit arrêté de son prédécesseur, le préfet de la Nièvre a pris une décision qui n'est pas de nature à être déférée au conseil d'État, pour cause d'excès de pouvoir et pour application des lois des 7-14 octobre 1790 et 24 mai 1872;

Décide :

Art. 1. — La requête de la commune de Prémery est rejetée.

. . . .

Décision du conseil d'État, relative au droit de présentation appartenant aux Consistoires pour la nomination des instituteurs.

9 *avril* 1873.

Le Conseil,

Vu la requête sommaire et le mémoire ampliatif présentés pour le consistoire de l'Église réformée de Sainte-Foy (Gironde), ladite requête et ledit mémoire enregistrés au secrétariat général de la section du contentieux du conseil d'État, les 6 janvier et 10 février 1873, et tendant à ce qu'il plaise au conseil : annuler pour excès de pouvoir un arrêté en date du 8 octobre 1872, par lequel le préfet de la Gironde a nommé instituteur public à l'école protestante des Bouhets, commune de Lèves, le sieur ...., qui n'avait pas été présenté par le consistoire dont ressortit cette école;

Ce faisant, attendu qu'aux termes de l'article 31 de la loi du 15 mars 1850, combiné avec les articles 4 du décret du 9 mars 1852 et 8 de la loi du 14 juin 1854, les consistoires jouissent du droit de présentation pour les instituteurs appartenant aux cultes non catholiques ; que le préfet de la Gironde avait reconnu ce droit en invitant le consistoire de l'Église réformée de Sainte-Foy à lui présenter un candidat pour l'école devenue vacante des Bouhets, commune de Lèves ;

Que, si le préfet n'était pas tenu de nommer le candidat proposé par le consistoire qui avait été agréé d'abord sous certaines conditions qui n'ont pu être remplies, ce magistrat ne pouvait s'affranchir d'une prescription formelle de la loi, et qu'en passant outre à la nomination d'un instituteur protestant qui n'a pas été présenté par le consistoire, il a excédé ses pouvoirs ;

Prononcer l'annulation de l'arrêté précité.

Vu la lettre, en date du 8 octobre 1872, par laquelle le préfet de la Gironde notifie au président du consistoire de Sainte-Foy l'arrêté préfectoral attaqué, pris le même jour pour la nomination du sieur ..... au poste d'instituteur public à l'école des Bouhets ;

Vu la délibération, en date du 25 novembre 1872, par laquelle le consistoire de l'Église réformée de Sainte-Foy autorise le président à se pourvoir contre l'arrêté précité ; ladite délibération enregistrée comme ci-dessus, le 6 janvier 1873 ;

Vu la lettre en date du 13 octobre 1871, par laquelle le préfet de la Gironde invite le consistoire de Sainte-Foy à présenter, conformément aux dispositions de l'art. 31 de la loi du 15 mars 1850, un candidat pour l'école protestante des Bouhets, vacante par suite de la démission du titulaire;

Vu les délibérations du consistoire de Sainte-Foy, en date des 22 décembre 1871 et 30 janvier 1872, portant présentation d'un candidat à la direction de ladite école ;

Vu les observations du Ministre de l'instruction publique, en réponse à la communication qui lui a été donnée du pourvoi ;

Ensemble les observations à lui adressées par le préfet de la Gironde, lesdites observations enregistrées comme ci-dessus le 12 mars 1873 ;

Vu la loi du 15 mars 1850, art. 31, le décret du 9 mars 1852 et la loi du 14 juin 1854 ;

Vu les lois du 7-14 octobre 1790 et du 24 mai 1872 ;

Ouï M. de Montesquiou, conseiller d'État, en son rapport ;

Ouï Me Monod, avocat du consistoire, en ses observations ;

Ouï M. David, maître des requêtes, commissaire du gouvernement, en ses conclusions ;

Considérant que le préfet de la Gironde, après avoir mis le consistoire de Sainte-Foy en demeure de lui présenter un candidat pour le poste devenu vacant d'instituteur public à l'école protestante des Bouhets, n'a pas cru devoir agréer le candidat proposé et a, par son arrêté attaqué, du 8 octobre 1872, nommé le sieur ..... qui n'avait pas été présenté par le consistoire ;

Considérant que l'art. 31 de la loi du 15 mars 1850, qui attribue la nomination des instituteurs communaux au conseil municipal, dispose, dans son § 2, que les consistoires jouissent du droit de présentation pour les instituteurs appartenant aux cultes non catholiques ;

Que le décret du 9 mars 1852, art. 4, et la loi du 14 mars 1854, art. 8, en transportant successivement aux recteurs et aux préfets les pouvoirs qui appartenaient aux conseils municipaux pour la nomination des instituteurs, ont expressément réservé le droit de présentation attribué aux consistoires ;

Que si le préfet de la Gironde, aux termes des dispositions précitées, n'était pas tenu d'agréer le candidat présenté en premier lieu, et avait le droit de mettre le consistoire en demeure de lui faire d'autres propositions, il n'a pu, sans excéder ses pouvoirs, nommer à l'école des Bouhets, sur le rapport de l'inspecteur d'Académie, un instituteur protestant qui n'a pas été présenté par le consistoire dont dépend ladite école ;

Décide :

Art. 1. — L'arrêté en date du 8 octobre 1871, par lequel le préfet de la Gironde a nommé le sieur ..... instituteur protestant à l'école des Bouhets, est annulé.

....

Décision du conseil d'État, relative au droit des conseils municipaux d'Algérie, relativement à l'option entre les maîtres laïques et les maîtres congréganistes.

23 *mai* 1873.

Le Conseil,

Vu la requête sommaire, ensemble le mémoire ampliatif présentés par le sieur Vuillermoz, maire d'Alger, dûment autorisé, aux termes d'une délibération du conseil municipal de cette ville, en date du 15 avril 1872; ladite requête et ledit mémoire enregistrés au secrétariat de la section du contentieux du conseil d'État, les 24 avril et 12 octobre 1872, et tendant à ce qu'il plaise au conseil d'État: annuler, pour excès de pouvoir, un arrêté du gouverneur général civil de l'Algérie, du 21 mars 1872, qui a rapporté l'approbation donnée le 27 décembre 1870, par le préfet d'Alger, à une délibération du 9 novembre précédent dans laquelle le conseil municipal d'Alger a décidé qu'il serait notifié aux instituteurs communaux congréganistes, qu'à partir du 1er janvier 1871 la ville n'avait plus besoin de leur concours;

Ce aisant, attendu: 1° que le gouverneur général civil était sans pouvoir pour rapporter l'arrêté préfectoral du 27 décembre 1870; que les attributions des préfets sont en Algérie les mêmes que dans la mère-patrie; qu'au préfet seul il appartenait, si le conseil municipal était sorti de ses attributions, d'annuler sa délibération en conseil de préfecture; qu'en outre cette délibération, régulièrement approuvée, était inattaquable comme ayant reçu son exécution; qu'en effet le recteur avait remplacé les instituteurs congréganistes par des laïques qui avaient été installés et qui étaient en possession régulière de leurs fonctions;

Attendu, en second lieu, que le conseil municipal était en droit de prendre la décision qu'il a prise; qu'il a délibéré en session ordinaire et qu'il est investi par la législation spéciale à l'Algérie, du droit de choisir les instituteurs communaux, en vertu du décret du 30 décembre 1853, qui appelle les conseils municipaux à fixer le traitement de ces instituteurs et qui met exclusivement ce traitement à la charge des communes; que c'est en vain que le gouverneur général civil se prévaut d'une délégation spéciale qu'il aurait reçue du Ministère de l'instruction publique; que le Ministre ne peut pas déléguer l'autorité qui s'attache à ses fonctions; que d'ailleurs le Ministre lui-même était sans droit pour annuler une délibération régulière du conseil municipal d'Alger, approuvée et exécutée; par tous ces motifs, prononcer l'annulation de l'arrêté précité du gouverneur général civil;

Vu l'arrêté attaqué du 21 mars 1872, approuvé par le Ministre de l'instruction publique le 9 avril suivant;

Vu la délibération du conseil municipal d'Alger du 9 novembre 1870, approuvée par le préfet d'Alger le 27 décembre suivant;

Vu la délibération, en date du 15 avril 1872, par laquelle le conseil municipal d'Alger a décidé qu'il y avait lieu de déférer au conseil d'État l'arrêté précité du gouverneur général civil;

Vu la lettre du Ministre de l'intérieur, en réponse à la communication qui lui a été donnée du pourvoi;

Ensemble les observations transmises par le gouverneur général civil de l'Algérie; lesdites observations tendant au rejet du pourvoi, par le motif: 1° que sans s'appuyer sur les décrets des 24 octobre 1870 et 7 octobre 1871, le gouverneur général trouve, dans le décret organique du 10 décembre 1860, des pouvoirs suffisants pour exercer son contrôle sur les actes des préfets;

Que, d'ailleurs, le Ministre de l'instruction publique a donné au gouverneur général civil une délégation spéciale pour prendre l'arrêté attaqué;

2° Que le conseil municipal d'Alger était sans pouvoir pour prononcer le remplacement des instituteurs congréganistes par des laïques;

Que le droit qui lui appartient en Algérie de fixer le traitement des instituteurs communaux n'implique pas celui de les choisir; que le préfet était également incompétent en cette matière, et n'a pu, par son approbation, valider un acte entaché d'illégalité;

Vu le mémoire en réplique fourni par la ville d'Alger; ledit mémoire enregistré comme ci-dessus le 27 mars 1873, et dans lequel le maire déclare persister dans ses conclusions;

Vu les observations présentées par le Ministre de l'instruction publique, en réponse à la communication qui lui a été donnée du pourvoi; lesdites observations enregistrées comme ci-dessus les 28 septembre 1872 et 8 avril 1873, et tendant au rejet du pourvoi pour les motifs indiqués dans le mémoire du gouverneur général civil, et, en outre, pour ce motif qu'à défaut de législation spéciale, la législation de la métropole doit être considérée comme applicable en Algérie, et qu'en vertu de cette législation la délibération du conseil municipal d'Alger était sans valeur, ainsi que l'approbation qui y a été donnée par le préfet;

Vu l'arrêté du 16 août 1848 et le décret du 2 août 1858, relatifs à l'organisation de l'instruction publique en Algérie;

Vu le décret du 30 décembre 1853, relatif au traitement des instituteurs et institutrices publics en Algérie;

Vu la loi du 15 mai 1850, le décret du 9 mars 1852 et la loi du 14 juin 1854;

Vu l'ordonnance royale du 28 septembre 1847, et les décrets des 27 décembre 1866 et 19 décembre 1868, sur l'organisation municipale en Algérie;

Vu le décret du 10 décembre 1860;

Vu le décret du 27 octobre 1870, sur l'organisation politique de l'Algérie (1);

---

(1) *Décret du 27 octobre 1870.*

Le gouvernement de la défense nationale,

Décrète:

....

Art. 7. — Chaque département est administré par un préfet, qui exerce, sous l'autorité supérieure du gouverneur général civil, les attributions conférées aux préfets des départements de la République. Il reçoit les instructions du gouverneur général civil pour toutes les affaires qui intéressent la colonisation et lui rend compte de leur exécution.....

Vu l'arrêté du chef du pouvoir exécutif du 29 mars 1871, qui a nommé le gouverneur général civil actuel de l'Algérie, et celui du 6 mai 1871 qui règle le régime financier de la colonie (1);

---

(1) *Arrêté du* 29 *mars* 1871.

Le président du conseil des Ministres, chef du pouvoir exécutif de la République française;

Arrête :

ART. 1. — M. le vice-amiral comte de Gueydon est nommé gouverneur général civil de l'Algérie.

Il aura sous ses ordres les commandants des forces de terre et de mer, le directeur général des affaires civiles et financières, et, en général, tous les services administratifs concernant les Européens et les indigènes.

Arrêté du 6 *mai* 1871.

Vu la loi de finances du 27 juillet 1870..... etc.;

Vu les deux décrets de la délégation du gouvernement, en date du 4 février 1871, le premier portant répartition, entre les budgets des divers ministères, des crédits alloués par ladite loi au budget de la guerre pour l'ensemble des dépenses du gouvernement de l'Algérie; et le second chargeant le Ministre des finances de la liquidation des dépenses et de la reddition des comptes des exercices 1869 et 1870, en ce qui concerne les services spéciaux du gouvernement général de l'Algérie....

Vu l'arrêté du président du conseil, chef du pouvoir exécutif de la République française, en date du 29 mars 1871, nommant un gouverneur général civil et un directeur général des affaires civiles et financières en Algérie;

Considérant que cet arrêté a pour effet de maintenir à Alger la centralisation du gouvernement et de la haute administration de l'Algérie que les deux décrets précités avaient au contraire eu pour but de répartir entre les divers départements ministériels.....

Arrête :

ART. 1. — Les décrets précités du 4 février 1871 sont rapportés.

Voici le considérant des décrets en date du 4 février 1871 précités :

Considérant que les décrets du 24 octobre 1870..... ont eu pour objet d'assimiler progressivement le régime des départements algériens à celui des départements du continent; que, par ce motif, il y a lieu de rendre à chacun des ministères compétents les attributions et la libre disposition des crédits concernant les services dès à présent assimilables.

Vu la loi du 7-14 octobre 1790 et celle du 24 mai 1872;

Ouï M. de Montesquiou, conseiller d'État, en son rapport;

Ouï Me Mazeau, avocat de la ville d'Alger, en ses observations;

Ouï M. Laferrière, maître des requêtes, commissaire du gouvernement, en ses conclusions;

Considérant que, par son arrêté attaqué du 21 mars 1872, le gouverneur général civil a déclaré nulle et non avenue l'approbation que le préfet d'Alger a donnée le 27 décembre 1870 à une délibération du conseil municipal d'Alger du 9 novembre précédent, ainsi conçue : « Le conseil décide : dès ce jour il « sera notifié aux frères des écoles chrétiennes que la commune « n'a plus besoin de leur concours dès le 1er janvier 1871; « une semblable notification sera adressée aux sœurs de la « doctrine chrétienne. »

Considérant qu'aucune disposition des décrets et règlements spéciaux en Algérie ne confère aux conseils municipaux le pouvoir de décider le changement des instituteurs communaux en exercice;

Qu'en admettant même, ainsi que le fait le Ministre de l'instruction publique, qu'à défaut d'une législation spéciale, celle de la métropole soit applicable à l'Algérie en matière d'instruction primaire, le conseil municipal d'Alger, qui aurait pu émettre un vœu ou exprimer un avis sur une substitution d'instituteurs et d'institutrices laïques aux congréganistes, était sans droit pour prononcer lui-même cette substitution et pour notifier à des instituteurs communaux, régulièrement investis de leurs fonctions, l'époque à laquelle ils devaient les cesser;

Considérant qu'il suit de là que le conseil municipal d'Alger est sorti de ses attributions et que sa délibération précitée du 9 novembre 1870 est nulle de plein droit, aux termes de l'article 23 de la loi du 5 mai 1855, rendue applicable en Algérie par l'article 15 de l'ordonnance du 27 décembre 1866 ;

Considérant que l'approbation donnée par le préfet d'Alger à cette délibération n'a pu en changer la nature ni la valider;

Considérant qu'aux termes des articles 5 et 7 du décret du 24 octobre 1870, qui a institué en Algérie les fonctions de gouverneur général civil, le gouvernement et la haute administration de l'Algérie sont centralisés à Alger dans les mains de ce haut fonctionnaire, et que les préfets exercent, sous son autorité supérieure, les attributions conférées aux préfets des départements de la République;

Considérant dès lors, qu'en déclarant nulle et non avenue la décision d'un fonctionnaire placé sous son autorité supérieure, le gouverneur général civil a fait, dans la limite de ses pouvoirs, un acte d'administration qui n'est pas de nature à être déféré au conseil d'État, par application des lois des 7-14 octobre 1790 et 24 mai 1872;

Décide :

Art. 1. — La requête présentée par le sieur Vuillermoz, maire d'Alger, au nom du conseil municipal, est rejetée.....

....

Décision du Conseil, relative au recours formé par une commune contre une décision du Conseil départemental, touchant la dispense d'entretenir une école de filles.

14 *juin* 1873.

Le Conseil,

Vu le recours formé par le maire de St-Gengoux (Saône-et-Loire), autorisé par une délibération du conseil municipal de ladite commune, en date du 1er août 1872, contre deux arrêtés du conseil départemental de Saône-et-Loire, en date des 18 janvier et 1er août 1872, qui ont décidé que la dispense provisoirement accordée à la commune de St-Gengoux d'entretenir une école primaire publique de filles, est retirée;

Vu les arrêtés ci-après ;

Vu les délibérations du conseil municipal de St- Gengoux, en date des 26 août 1871, 25 mars et 1er août 1872;

Vu l'avis du préfet de Saône-et-Loire, en date du 19 novembre 1872;

Vu les autres pièces jointes au dossier;

Vu la loi du 14 juin 1854, art. 7 ;

Vu les art. 14, 15, 36, 68 et 76 de la loi du 15 mars 1850;

Vu les art. 1 et 19 de la loi du 10 avril 1867 ;

Vu la loi du 19 mars 1873;

Ouï M. de Montesquiou, conseiller d'État, en son rapport ;

Considérant qu'aux termes de l'art. 7 du 14 juin 1854, les appels des décisions prises par le conseil départemental sont portés au conseil supérieur, « en conformité des dispositions » de la loi du 15 mars 1850 ;

Que ladite loi, dans ses art. 14, 68 et 76, détermine les affaires contentieuses ou disciplinaires attribuées au conseil départemental, et pour lesquelles un recours est ouvert devant le conseil supérieur;

Qu'aucune de ces dispositions législatives, non plus que celles des lois du 10 avril 1867 et du 19 mars 1873 ne réservent aux communes le droit de se pourvoir contre les décisions prises par les conseils départementaux en vertu des art. 15 et 36 de la loi du 15 mars 1850 et de l'art. 1 de la loi du 10 avril 1867 pour les dispenser provisoirement d'entretenir une école publique ;

Considérant, d'ailleurs que cette mesure administrative, essentiellement révocable, confiée par le législateur à l'appréciation des conseils départementaux, ne saurait, par sa nature même, être rangée parmi les décisions contentieuses pour lesquelles un recours est ouvert devant le conseil de l'instruction publique ;

Décide :

Le pourvoi formé par la commune de St-Gengoux-le-Royal contre les décisions du conseil départemental de Saône-et-Loire, en date des 18 janvier et 23 juin 1872, est rejeté.

Avis du Conseil, relatif à l'autorisation pour les frères de la Doctrine chrétienne de Nancy d'étendre leur enseignement à toute la France.

19 *juin* 1873.

Le Conseil,

Est d'avis qu'il y a lieu : 1° d'étendre à toute la France, à l'Algérie et aux colonies, l'autorisation d'enseigner accordée à l'institut des Frères de la Doctrine chrétienne de Nancy, pour les trois départements, de la Meurthe, de la Meuse et des Vosges ; 2° d'approuver les modifications introduites dans leurs anciens statuts.

Avis du Conseil, relatif à la demande en reconnaissance légale formée par l'association des Frères de la Sainte-Famille de Belley.

19 *juin* 1873.

Le Conseil,

Émet l'avis qu'il y a lieu d'accueillir la demande en reconnaissance légale formée par l'association des Frères de la Sainte-Famille existant à Belley.

Décision du Conseil d'État, relative au droit d'option des Conseils municipaux.

20 *juin* 1873.

Le Conseil,

Vu la requête présentée par le maire de la ville de Constantine, dûment autorisé par une délibération du conseil municipal de cette ville, en date du 30 avril 1872, ladite requête enregistrée au secrétariat de la section du contentieux du conseil d'État, le 3 octobre 1872, et tendant à ce qu'il plaise au conseil : annuler. pour excès de pouvoir, un arrêté du gouverneur général civil de l'Algérie, en date du 27 mars 1872, rapportant l'approbation donnée le 27 mai 1871, à une délibération du 15 mars précédent, par laquelle le conseil municipal de Constantine a décidé que l'instruction primaire serait organisée sur le pied d'un enseignement exclusivement laïque ;

Ce faisant, attendu :

1° Que pour rendre la délibération du conseil municipal de Constantine pleinement valide et exécutoire, il ne manquait que deux formalités : l'approbation préfectorale et la nomination d'instituteurs laïques par l'autorité compétente, et que ces formalités ont été remplies ;

2° Que le gouverneur général civil a voulu, par un acte d'autorité, détruire un état de chose parfaitement légal et existant depuis plus d'un an, créant à la commune des difficultés administratives et financières insolubles ;

Par tous ces motifs : annuler l'arrêté précité du gouverneur général pour incompétence et excès de pouvoir ;

Vu l'arrêté attaqué, en date du 27 mars 1872 ;

Vu la délibération du conseil municipal de Constantine, en date du 15 mars 1871, approuvée par le préfet de Constantine le 27 mai suivant ;

Vu la délibération en date du 30 avril 1872, par laquelle le conseil municipal de Constantine a décidé qu'il y avait lieu de déférer, pour excès de pouvoir, au conseil d'État l'arrêté précité du gouverneur général civil ;

Vu les observations du Ministre de l'instruction publique, en réponse à la communication qui lui a été donnée du pourvoi ;

Ensemble les observations transmises par le gouverneur général civil de l'Algérie ; lesdites observations enregistrées comme ci-dessus, le 26 décembre 1872, et tendant au rejet du pourvoi, par les motifs :

1° Que l'approbation préfectorale n'avait pu valider une délibération dans laquelle le conseil municipal de Constantine violait ouvertement le décret du 9 mars 1852 et la loi du 14 juin 1854 ;

2° Que la nomination des instituteurs laïques par le recteur n'avait pu créer un droit contraire aux prescriptions de la loi ;

3° Qu'on ne saurait arguer de la situation du budget, préparé sur des bases illégales, le budget d'une commune pouvant toujours être régularisé par une délibération du conseil municipal mieux éclairé ;

4° Que le gouverneur général civil était compétent pour annuler la décision préfectorale, vu qu'il avait à cet effet une délégation du Ministre, en date du 10 février 1872 ;

Vu la lettre du Ministre de l'intérieur, en réponse à la communication qui lui a été donnée du pourvoi ; ladite lettre enregistrée le 8 janvier 1873, et tendant au rejet du pourvoi, en adoptant les motifs présentés par le Ministre de l'instruction publique ;

Vu les autres pièces produites et jointes au dossier ;

Vu l'arrêté du 16 août 1848 et le décret du 2 août 1858, relatifs à l'organisation de l'instruction publique en Algérie ;

Vu le décret du 30 décembre 1853, relatif au traitement des instituteurs et institutrices publics en Algérie ;

Vu la loi du 15 mars 1850 et le décret du 9 mars 1852 et la loi du 14 juin 1854 ;

Vu l'ordonnance royale du 28 septembre 1847 et les décrets des 27 décembre 1866 et 19 décembre 1868, sur l'organisation municipale en Algérie ;

Vu le décret du 27 octobre 1870 sur l'organisation politique de l'Algérie, l'arrêté du chef du pouvoir exécutif du 29 mars 1871, qui a nommé le gouverneur général civil actuel de l'Algérie, et celui du 6 mai 1871 qui règle le régime financier de la colonie ;

Vu la loi des 7-14 octobre 1790 et celle du 24 mai 1872 ;

Ouï M. d'Aillière, auditeur, en son rapport ;

Ouï M. Perret, maître des requêtes, commissaire du gouvernement, en ses conclusions ;

Considérant que, par son arrêté attaqué, du 27 mars 1872, le gouverneur général civil a déclaré nulle et non avenue l'approbation que le préfet de Constantine avait donnée, le 27 mars 1871, à une délibération du conseil municipal de Constantine, en date du 15 mars précédent, décidant que l'instruction primaire serait organisée sur le pied d'un enseignement exclusivement laïque ;

Considérant qu'aucune disposition des décrets et règlements spéciaux à l'Algérie ne confère aux conseils municipaux le pouvoir de décider le changement des instituteurs communaux en exercice ;

Qu'en admettant même, ainsi que le fait le Ministre de l'Instruction publique, qu'à défaut d'une législation spéciale, celle de la métropole soit applicable à l'Algérie, en matière d'instruction primaire, le conseil municipal de Constantine, qui aurait pu émettre un vœu ou exprimer un avis sur la substitution d'instituteurs laïques aux congréganistes, était sans droit pour prononcer lui-même cette substitution ;

Considérant qu'il suit de là que le conseil municipal de Constantine est sorti de ses attributions et que sa délibération précitée du 15 mars 1871 est nulle de plein droit, aux termes de l'art. 23 de la loi du 5 mai 1855, rendue applicable en Algérie par l'art. 15 du décret du 27 décembre 1866 ;

Considérant que l'approbation donnée par le préfet de Constantine à cette délibération n'a pu en changer la nature ni la valider, non plus que la nomination d'instituteurs laïques par le recteur de l'Académie d'Alger ;

Considérant qu'aux termes des art. 5 et 7 du décret du 24 octobre 1870, abrogeant le décret du 10 décembre 1860 et créant en Algérie les fonctions de gouverneur général civil, le gouvernement et la haute administration de l'Algérie sont centralisés à Alger dans les mains de ce haut fonctionnaire, et que les préfets exercent sous son autorité supérieure les attributions conférées aux préfets des départements de la République ;

Considérant, dès lors, qu'en déclarant nulle et non avenue la décision d'un fonctionnaire placé sous son autorité supérieure, le gouverneur général civil a fait, dans la limite de ses pouvoirs, un acte d'administration qui n'est pas de nature à être déféré au conseil d'État, par application des lois des 7-14 octobre 1790 et 24 mai 1872;

Décide :

Art. 1.— La requête présentée par le maire de Constantine, au nom du conseil municipal de cette ville, est rejetée.

. . . .

Décision du Conseil, relative à la liberté appartenant à un chef d'institution secondaire de recevoir dans son établissement des enfants au-dessous de six ans.

24 *juin* 1873.

Le Conseil,

Vu les deux délibérations du conseil départemental de l'Oise, en date des 13 janvier 1872 et 27 juin 1872;

Vu le pourvoi du sieur Ledieu, chef d'institution secondaire à Breteuil, et ses observations à l'appui;

Vu les art. 5 et 14 de la loi des 19 janvier-15 mars 1850 et l'art. 21 de la loi du 10 avril 1867;

Ouï M. Renouard, en ses conclusions;

Attendu qu'aux termes de l'art. 21 de la loi du 10 avril 1867, s'il existe dans la commune une salle d'asile publique ou libre, aucune école primaire, publique ou libre, ne peut, sans l'autorisation du conseil départemental, recevoir des enfants au-dessous de six ans;

Que la loi n'a point imposé la même condition aux autres écoles et a ainsi laissé aux familles le soin de confier leurs enfants de tout âge aux établissements autres que les salles d'asile;

Attendu que les interdictions sont de droit étroit, et ne peuvent être étendues aux cas non prévus par la loi;

Attendu que le conseil départemental de l'Oise, par délibération du 21 décembre 1871, a déclaré l'article précité applicable à toutes les écoles, et a, en conséquence, soumis à la nécessité de l'autorisation le sieur Ledieu, chef d'une institution secondaire libre dans la commune de Breteuil;

Attendu que l'art. 5 de la loi de 1850 confère au conseil supérieur l'attribution de prononcer en dernier recours sur les jugements rendus par les conseils départementaux dans les cas déterminés par l'art. 14, et que, parmi ces cas, sont compris ceux où le conseil départemental prononce, sauf recours au conseil supérieur, sur les affaires contentieuses relatives à l'ouverture des écoles libres, aux droits des maîtres particuliers et à l'exercice du droit d'enseigner ;

Attendu qu'il s'agit d'une contestation élevée sur la question de savoir si un chef d'institution secondaire a la liberté d'ouvrir son école à des enfants au-dessous de six ans, et d'exercer à leur égard le droit d'enseigner;

Qu'il suit de là que le conseil supérieur est compétent pour statuer ;

Annulle la décision du conseil départemental de l'Oise du 21 décembre 1871, et dit que le sieur Ledieu, chef d'institution secondaire à Breteuil, peut recevoir sans autorisation, dans son établissement, des enfants au-dessous de six ans.

Avis du Conseil, relatif à la révision de la législation sur l'instruction publique en Algérie.

28 *juin* 1873.

Le Conseil,

Vu le vœu déposé par M. de Montesquiou ;

Ouï M. de Montesquiou, en son rapport ;

Appelle l'attention de M. le Ministre sur le régime légal de l'instruction publique en Algérie ;

Émet le vœu qu'une commission spéciale, instituée par le Ministre, soit chargée d'étudier cette question sous ses divers aspects.

Avis du Conseil, relatif à la demande formée par l'Association pour l'éducation de la jeunesse ouvrière, en vue de la reconnaissance légale.

30 *juin* 1873.

Le Conseil,

Émet l'avis qu'il y a lieu d'accueillir la demande formée par l'*Association libre pour l'éducation de la jeunesse ouvrière*, à l'effet d'obtenir sa reconnaissance légale comme établissement d'utilité publique.

Décision du Conseil d'État établissant que les conseils municipaux n'ont pas le droit d'exiger des instituteurs le brevet supérieur.

1er *juillet* 1873.

Le Conseil,

Vu l'arrêté du préfet de l'Ariège, en date du 10 février 1872, a été déclaré non recevable, par le motif que ce pourvoi aurait dû être formé par voie administrative ;

Vu le recours adressé par M. le maire de Pamiers, agissant au nom du conseil municipal, en vertu d'une délibération du 25 février 1872, contre l'arrêté préfectoral précité, qui déclare nulles les délibérations dudit conseil, des 27 juin et 24 décembre 1871, portant : la première, que les instituteurs primaires de la ville doivent être munis du brevet supérieur, et les instituteurs adjoints du brevet élémentaire; la seconde, que le directeur de l'école congréganiste et ses adjoints ne s'étant pas conformés à la décision du conseil, la subvention accordée à l'école des frères sera supprimée à partir du 1er janvier 1872 ;

Vu l'expédition dudit arrêté préfectoral ;

Vu la lettre du Ministre de l'intérieur, en date du 4 juin 1873 ;

Vu la loi du 15 mars 1850, le décret du 9 mars 1852, et les lois du 14 juin 1854 et du 10 avril 1867 ;

Vu la loi du 5 mai 1855 ;

Considérant que le conseil municipal de Pamiers, par ses délibérations des 27 juin et 24 décembre 1871, a décidé que les instituteurs primaires communaux de cette ville et leurs maîtres adjoints se pourvoiraient, dans un delai déterminé, de titres ou brevets dont la loi les dispense, et a supprimé les traitements des maîtres congréganistes, faute par eux de s'être pourvus de ces brevets ;

Que lesdites délibérations étaient nulles de plein droit, comme portant sur des objets étrangers aux attributions des conseils municipaux, et que l'arrêté pris par le préfet en conseil de préfecture le 10 février 1872, et déclarant la nullité de ces délibérations, a fait une juste application de la loi ;

Le conseil d'État entendu,

Décrète :

Art. 1. — La réclamation du conseil municipal de Pamiers est rejetée.

. . . .

Décision du conseil d'État, annulant une délibération par laquelle un conseil général a chargé six de ses membres de constater la situation matérielle des écoles primaires dans vingt et un des cantons du département.

17 *juillet* 1873

Le Conseil,

Vu la loi du 15 mars 1850 ;

Vu la loi du 10 août 1871, et notamment les art. 33, 47 et 51 ;

Vu la délibération en date du 12 septembre 1872, par laquelle le conseil général des Bouches-du-Rhône avait chargé une commission de six membres, prise dans son sein, de faire une enquête sur la situation matérielle des écoles primaires du département ;

Vu la délibération en date du 24 avril 1873, par laquelle le conseil, modifiant les termes de sa première décision, charge, en vertu de l'art. 51, § 2, de la loi du 10 août 1871, six de ses membres de recueillir sur les lieux, dans vingt et un des cantons du département, les renseignements nécessaires pour statuer sur les subventions à accorder aux écoles primaires, et ajoute que ces renseignements seront soumis au conseil général à sa prochaine session ordinaire ;

Vu le recours formé contre cette dernière délibération par le préfet des Bouches-du-Rhône ;

Vu les pièces constatant que ce recours a été notifié le 20 mai 1873 au président du conseil général et de la commission départementale, conformément à l'art. 47 de la loi du 10 août ;

Considérant que le deuxième paragraphe de l'art 51 de la loi du 10 août 1871 permet aux conseils généraux de charger un ou plusieurs de leurs membres de recueillir sur les lieux les renseignements qui leur sont nécessaires pour statuer sur les affaires placées dans leurs attributions ;

Mais considérant qu'il résulte des délibérations susvisées que la mission conférée aux membres délégués du conseil général excède les limides déterminées par ledit article ;

Que, en effet, par sa décision du 24 avril, le conseil général des Bouches-du-Rhône organise, pour la majeure partie des écoles publiques du département, une inspection qui appartient exclusivement aux autorités instituées par les lois spéciales, et notamment par la loi du 15 mars 1850 ;

Que, dès lors, le conseil général des Bouches-du-Rhône a excédé ses attributions, faussement appliqué l'art. 51 de la loi du 10 août 1871 et violé les lois spéciales sur l'inspection des écoles ;

Délibère :

ART. 1. — Est annulée la délibération en date du 24 avril 1873, par laquelle le conseil général des Bouches-du-Rhône a chargé six de ses membres de constater la situation matérielle des écoles primaires dans vingt et un des cantons du département.

. . . .

Arrêté relatif à la constitution d'une commission chargée de l'examen des livres classiques.

22 *juillet* 1873.

Le Ministre,

Vu l'article 4 de la loi du 26 mai 1873,

Arrête :

Art. 1. — Tout auteur ou éditeur qui voudra obtenir qu'un ouvrage puisse être introduit dans les écoles publiques devra en déposer trois exemplaires au ministère de l'instruction publique et des cultes, avec une demande signée de lui.

Le Ministre ne fait examiner que les ouvrages imprimés.

Art. 2. — Les ouvrages déposés, si le Ministre estime qu'il y a lieu, sont renvoyés, pour être examinés, à une commission composée des inspecteurs généraux des trois ordres et de membres nommés par le Ministre.

Art. 3. — Chaque ouvrage est l'objet d'un rapport écrit et signé, fait à la commission par un de ses membres.

La commission délibère sur chaque rapport et émet l'avis qu'il y a ou qu'il n'y a pas lieu d'autoriser l'introduction de l'ouvrage dans les écoles publiques.

Art. 4. — Les commissaires sont tenus de faire leur rapport dans le délai d'un mois après la réception de l'ouvrage qui leur est soumis. Dans le cas où ils ne l'auraient pas fait, le volume est remis de droit à un autre examinateur.

Art. 5. — La liste des ouvrages que le Ministre, après l'examen de la commission, a reconnus pouvoir être introduits dans les écoles publiques, est adressée aux membres du conseil supérieur de l'instruction publique en même temps que la lettre portant convocation pour la session prochaine.

Pendant cette session, tous ces ouvrages sont renvoyés, avec les rapports et les avis de la commission, au conseil supérieur de l'instruction publique qui, sur le rapport d'un de ses membres, donne son avis sur l'admissibilité des ouvrages.

Le Ministre statue définitivement.

ART. 6. — Dans l'intervalle des sessions du conseil, le Ministre peut, après avoir pris l'avis de la commission dans les formes tracées par l'art. 3 ci-dessus, interdire l'usage d'un livre dans les écoles libres.

Le conseil supérieur reçoit connaissance de cette décision dans la forme prescrite par l'art. 5, et il est appelé, dans sa plus prochaine session, à donner son avis sur cette interdiction.

ART. 7. — Les auteurs et éditeurs qui entendent faire usage de l'autorisation qui leur est accordée sont tenus de reproduire textuellement, en tête de l'ouvrage, les termes mêmes de l'autorisation ministérielle, et de ne faire aucun changement dans les éditions successives de leur ouvrage, sans être pourvus d'une autorisation nouvelle, le tout sous les peines de droit.

ART. 8. — Un exemplaire de chacun des ouvrages introduits dans les écolos publiques, avec l'autorisation du Ministre, est conservé dans la bibliothèque du ministère. Tous les exemplaires en circulation doivent être conformes à l'exemplaire déposé ; cet exemplaire doit être signé *ne varietur* par le Ministre et par l'auteur ou l'éditeur.

En cas de dissemblance, l'autorisation accordée est retirée *ipso facto*, indépendamment des poursuites judiciaires qui pourront avoir lieu contre le délinquant.

Arrêté relatif au fonctionnement de la commission des livres.

22 *juillet* 1873.

Le Ministre,

Vu le règlement en date du 22 juillet 1873, relatif à l'examen des livres classiques ;

Considérant qu'il importe de régler à l'avance le fonctionnement de la commission instituée par l'art. 2 du susdit règlement ;

Arrête :

Art. 1. — La commission instituée par l'article 2 du règlement du 22 juillet 1873, relatif à l'examen des livres classiques, est partagée en trois sections, savoir :

1° Une section des lettres, à laquelle seront envoyés les livres ayant pour objet l'étude des langues anciennes, de la langue française, des langues étrangères, les grammaires, les dictionnaires, etc. ;

2° Une section des sciences, pour les livres relatifs aux sciences mathématiques, aux sciences physiques et aux sciences naturelles ;

3° Une section des sciences morales, pour les livres d'instruction religieuse et de morale, de droit, d'histoire et de géographie, de pédagogie.

Le président, avec l'agrément de la commission, distribue les membres de ladite commission dans les trois sections.

Art. 2. — La commission pourra, dans certains cas et pour des ouvrages spéciaux, demander au Ministre le choix d'un rapporteur pris en dehors de son sein.

Art. 3. — La commission se réunira deux fois par mois en assemblée générale, sauf le temps des vacances.

Art. 4. — Un jeton de cinquante francs par séance est attribué aux membres de la commission et sera prélevé sur les fonds portés au budget pour frais d'examen des livres classiques.

Art. 5. — Le président adresse tous les trois mois au Ministre un rapport sur l'ensemble des travaux de la commission.

Art. 6. — Les affaires relatives à la commission d'examen des livres classiques (réception et transmission des ouvrages, etc.) sont centralisées au bureau du dépôt des livres et des bibliothèques scolaires.

Avis du Conseil d'État, sur la question de savoir : 1° par qui et en quelles formes doivent être acceptées des libéralités faites à des établissements ecclésiastiques pour la fondation ou l'entretien d'écoles ; 2° au nom de qui doivent être immatriculés les titres de rentes achetés avec le produit de ces libéralités ; 3° à qui doivent être confiés la garde des titres de rentes et le soin d'en percevoir les arrérages. (1)

24 *juillet* 1873.

Le conseil d'État, qui, sur le renvoi ordonné par M. le Ministre de l'instruction publique, des cultes et des beaux-arts, a pris connaissance d'un projet de décret ayant pour objet :

1° D'autoriser le trésorier de la fabrique de l'église succursale de Saint-Georges-de-Luzençon (Aveyron) et le maire de Saint-Georges-de-Luzençon, au nom de cette commune, à accepter conjointement, chacun en ce qui le concerne, et aux clauses et conditions énoncées, un legs fait à ladite fabrique par la demoiselle Galtier, consistant en une somme de 3,000 francs et une maison estimée 3,000 francs, pour l'entretien de sœurs d'un ordre religieux chargées de

---

(1) Il est utile de rapprocher cet avis de principe d'un autre avis relatif aux libéralités faites en général à des fabriques pour le soulagement des pauvres. (Voir p. 711.)

donner l'instruction et l'éducation aux jeunes filles de la paroisse de Saint-Georges ;

2° De prescrire que la somme de 3,000 francs sera employée à l'achat d'une rente sur l'État, qui sera immatriculée aux deux noms de la fabrique et de la commune ; que la destination des arrérages sera mentionnée sur l'inscription, et que la garde du titre sera confiée au receveur municipal ;

Vu le testament et le codicille de la demoiselle Galtier ;

Vu la lettre, en date du 25 avril 1873, par laquelle M. le Ministre de l'instruction publique, des cultes et des beaux-arts, exprime l'opinion que les établissements ecclésiastiques ou religieux ont capacité pour fonder et entretenir des écoles, et indique sous quelles conditions pourrait leur être donnée l'autorisation de recueillir des libéralités ayant cette destination (1) ;

---

(1) Voici la teneur de cette lettre :

MONSIEUR LE PRÉSIDENT ET CHER COLLÈGUE,

Avant de statuer sur l'acceptation d'un legs fait par la demoiselle Galtier à la fabrique de Saint-Georges-de-Luzençon (Aveyron), pour une école de filles, la section de l'intérieur, de la justice, de l'instruction publique, des cultes et des beaux-arts du conseil d'État a désiré connaître mon avis sur la question de savoir dans « quelles conditions doivent être autorisée l'acceptation et l'exécution des legs faits à des établissements religieux pour des écoles, et s'il y a lieu de continuer à appliquer la jurisprudence établie par l'avis du 10 juin 1863. »

Avant d'aborder l'examen de ces questions, je crois indispensable, Monsieur le Président, de soumettre au conseil d'État deux observations préliminaires :

1° Si l'on voulait attacher au terme : établissements religieux son acception rigoureuse, la note que je viens de transcrire n'exprimerait pas vraisemblablement la véritable pensée de la section.

Le législateur a distingué les établissements ecclésiastiques des établissements religieux. La loi du 2 janvier 1817 ne s'occupe que des établissements ecclésiastiques : l'ordonnance du 14 janvier 1831, art. 1 et 4, traite à la fois des établissements ecclésiastiques et des établissements religieux.

Les établissements ecclésiastiques sont destinés à satisfaire à des intérêts d'un ordre général ; ils sont reconnus par la loi dans le sens exact du mot, en ce sens que le seul fait de leur création dans les conditions réglées par le

Vu la lettre en date du 18 mai 1873, par laquelle M. le Ministre de l'intérieur adhère, en principe, aux considérations indiquées par M. le Ministre de l'instruction publique, des cultes et des beaux-arts ;

---

législateur les rend aptes à jouir de la vie civile. Chaque mense épiscopale, chaque chapitre, séminaire, fabrique, cure ou succursale, pour ne citer que les établissements sur lesquels aucun doute ne s'est élevé, n'a pas besoin d'un décret spécial pour exister légalement : tous ces êtres moraux tiennent leur vie civile des lois organiques du culte. Les bâtiments où ils ont leur siége font généralement partie du domaine national ou communal : ce sont des établissements publics, et, par suite, ils sont soumis, dans tous leurs actes, au contrôle administratif.

Les établissements religieux sont des institutions utiles, mais non indispensables ; créés par des particuliers, ils sont reconnus, en vertu de la loi, à titre détablissements d'utilité publique, par des décisions spéciales et en vue d'un but rigoureusement déterminé. Ils sont propriétaires des bâtiments qu'ils occupent, et ils conservent leur autonomie pour tous les actes de droit civil ou privé, relatifs à la gestion de leurs biens, qui ne sont pas expressément soumis à l'examen et à l'autorisation du gouvernement.

Les seuls établissements religieux, *religionis intuitu*, aujourd'hui reconnus, sont les congrégations, communautés et associations religieuses.

Les avis des 10 juin 1863 et 22 novembre 1866 distinguent nettement ce deux classes d'établissements et leur imposent des conditions différentes lorsqu'ils reçoivent des libéralités destinées à des écoles.

La question dont se préoccupe aujourd'hui la section de l'intérieur, de l'instruction publique et des cultes, présente peu de difficultés en ce qui concerne les établissements religieux ; il n'en est pas de même en ce qui touche les établissements ecclésiastiques. Je m'occuperai donc principalement de cette classe d'établissements dans laquelle rentre, du reste, l'espèce qui a soulevé la discussion, le legs fait à la fabrique de Saint-Georges-de-Luzençon.

Je reviendrai plus loin sur l'importance que j'attache à cette distinction.

2° La note de la section ne pose pas la question de savoir si les établissements ecclésiastiques peuvent recevoir des libéralités destinées à des écoles.

C'est, en effet, une question de capacité, qui rentre essentiellement dans le domaine de l'autorité judiciaire ; l'autorité administrative, bien moins encore que le conseil d'État, n'a pas à statuer en pareil cas ; elle n'a d'autre mission que de constater les règles posées par la juridiction compétente et d'étudier les mesures à prendre pour les appliquer aux établissements placés sous son contrôle.

Je ne crois donc pas pouvoir discuter cette question de capacité : je me bornerai à rappeler les solutions qu'elle a reçues depuis quarante ans.

Vu les autres pièces produites ;

Vu les art. 910 et 937 du Code civil, la loi du 2 janvier 1817, les ordonnances des 2 avril 1817 et 14 janvier 1831 ;

Cette capacité présupposée, d'après la jurisprudence civile, j'indiquerai les conditions auxquelles on peut en subordonner l'exercice par mesure administrative.

PREMIÈRE PARTIE.

CAPACITÉ.

« Les établissements ecclésiastiques légalement reconnus peuvent-ils fonder « et entretenir des écoles et, par suite, peuvent-ils acquérir pour cette desti-« nation ? »

I.

Dans l'ancienne législation, cette question ne soulevait aucun doute. Il y avait, en règle générale, dans chaque paroisse, deux écoles dites de charité pour les enfants pauvres, l'une pour les garçons, l'autre pour les filles. D'après les arrêts du Parlement, le temporel de ces écoles était administré par les marguilliers, qui en rendaient compte dans un chapitre particulier du compte général de la fabrique. Le curé avait le gouvernement spirituel de l'école ; il devait la visiter, veiller sur les instructions que l'on donnait et sur les livres qu'on employait, interroger et récompenser les élèves.

Dans le cas de la vacance, les maîtres ou maîtresses étaient choisis par le fondateur, s'il s'était réservé ce droit ; sinon, par l'assemblée générale des habitants de la paroisse. (Jousse, *Gouvernement temporel des paroisses*, p. 238 ; — *Mémoires du clergé*, in-4°, t. Ier, col. 969-1085.)

Les Parlements maintenaient rigoureusement ces principes et leurs déductions.

II.

Pendant le premier tiers de ce siècle, la question de capacité n'a pas été sérieusement agitée, et le conseil d'État a fréquemment autorisé les évêques, les conseils de fabrique, les curés et desservants à accepter des libéralités destinées à des écoles. La controverse date surtout d'un avis du 12 avril 1837, portant : « Que les fabriques n'ont été reconnues comme établissements pu-

Vu la loi du 18 germinal an X, portant organisation du culte catholique, et le décret du 30 décembre 1809 sur les fabriques ;

« blics et autorisées à recevoir et posséder que dans l'intérêt de la célébration du culte et dans les limites des services qui leur sont confiés à cet égard par les lois et décrets ;

« Que les fabriques ne peuvent, en dehors de ces limites, invoquer leur qualité d'établissements publics pour recevoir des donations à l'effet d'établir des écoles ou former toutes autres entreprises étrangères à leurs attributions. »

III.

Le conseil royal de l'instruction publique, saisi de la même question, l'avait résolue dans un sens contraire par l'avis du 10 février 1837 :

« Ce qui est donné à la fabrique, dit cet avis, ne peut être considéré comme donné au préjudice de la commune. Les établissements publics étant des personnes aptes à recevoir ou posséder sous toutes conditions qui n'ont rien de contraire aux lois ni aux mœurs, et aucune loi n'interdisant aux fabriques de recevoir et de posséder sous la condition de fonder des écoles, on ne paraît pas légalement fondé à établir à cet égard, d'une manière générale, cette sorte d'incapacité.

« Dans certains cas particuliers, l'incapacité pourra être de fait appliquée par l'exercice du pouvoir laissé au gouvernement d'autoriser ou de ne pas autoriser l'acceptation des dons et legs faits aux fabriques et autres établissements publics......... Cette intervention discrétionnaire de l'autorité supérieure paraît devoir suffire pour prévenir les inconvénients signalés dans la délibération du conseil d'État. (Donation Jamet à la fabrique de Courtheson. — Vaucluse.)

.... « Toute école primaire, quelle que soit son origine ou sa nature........ contribue nécessairement d'une manière plus ou moins directe à l'avantage de la communauté. »

IV.

Le Ministère de l'instruction publique avait adopté l'opinion de son conseil :

« Je ne vois, en ce qui concerne les intérêts de mon Ministère, écrivait M. Guizot, le 9 mars 1837, aucune difficulté à ce que les fabriques soien autorisées à accepter les libéralités qui ont pour objet le service de l'instruction publique. C'est une heureuse idée que celle de réunir, par un lien aussi

Vu la loi du 18 germinal an X, portant organisation des cultes protestants, et le décret du 26 mars 1852 ;

Vu le décret du 17 mars 1808 et les ordonnances des 29 juin

« étroit que possible, l'intérêt de la religion et celui de l'éducation populaire : « c'est elle qui inspire les donations qui se font assez fréquemment aux fabri- « ques catholiques et aux consistoires des cultes dissidents. L'autorité doit « protection et encouragement à ces dispositions. »

V.

La doctrine de l'avis du 12 avril 1837 était donc contestée par les représentants les plus autorisés des intérêts de l'instruction publique. Elle souleva, dans la pratique, de graves difficultés et de nombreuses réclamations dont le Ministère de l'intérieur crut devoir se préoccuper et se faire l'organe.

Le directeur de l'administration départementale et communale résuma les principales objections contre cette doctrine nouvelle dans un rapport présenté au Ministre de l'intérieur, le 15 mars 1840. Il y exposa les trois opinions qui se produisaient alors :

« 1° Doit-on autoriser la fabrique seule à accepter ? »

« 2° Doit-on autoriser la commune seule à accepter ? »

« 3° Doit-on autoriser la fabrique à accepter la libéralité et la commune à « accepter le bénéfice de la disposition ? »

Il démontra que le premier système laissait la commune sans capacité pour recueillir le bénéfice de la condition attachée à la libéralité, et par suite sans qualité pour poursuivre au besoin l'exécution de cette condition ;

Que dans le second système, qui faisait une attribution de propriété par voie administrative, les héritiers seraient fondés à refuser la délivrance de legs qu'on voulait attribuer à des établissements non institués par le testament ; — que, d'ailleurs, il était impossible d'induire des textes qu'il appartînt exclusivement aux communes d'accepter tous les legs profitant à l'instruction primaire, même ceux qui seraient faits nominativement à des fabriques ;

Que le troisième système levait toutes les difficultés et conciliait tous les intérêts.

VI.

Le Ministre de l'intérieur renvoya l'examen de ce rapport au conseil d'État, qui en adopta les conclusions dans l'avis précité du 4 mars 1841. On s'abstint de se prononcer sur la question de capacité, qui était en dehors de la com-

1819, 20 août 1823 et 25 mai 1844, portant règlement pour l'organisation du culte israélite ;

Vu les avis du conseil d'État des 12 avril 1837, 4 mars 1841, 30 décembre 1846, 10 juin 1863 et 6 mars 1873 ;

---

pétence du conseil d'État ; mais on se plaça, sans discussion, dans une hypothèse contraire à la doctrine de l'avis de 1837, en s'attachant exclusivement « à régler le mode d'autorisation lorsqu'une libéralité est faite à un établisse-« ment capable de recevoir sous condition d'une fondation ou d'un service « qui soit dans les attributions d'un autre établissement également capable de « recevoir : par exemple, si une libéralité est faite à une fabrique, à condition « de fonder une école gratuite, fondation qui rentre dans les attributions de « l'autorité communale. »

Le conseil d'État fut d'avis, comme le Ministre de l'intérieur, qu'on ne pouvait autoriser exclusivement l'établissement bénéficiaire ou l'établissement institué, et que, dès lors, il convenait d'autoriser simultanément les deux établissements.

Ce n'étaient pas exactement les termes de la proposition du directeur de l'administration départementale et communale, qui ne demandait pas l'acceptation conjointe proprement dite, mais bien l'acceptation de la disposition par l'institué et l'acceptation du bénéfice de la disposition par le destinataire, rédaction qui avait le grand avantage de ne soulever aucune question juridique, en donnant à l'administration toutes les garanties compatibles avec le respect des volontés des fondateurs.

VII.

La formule adoptée par le conseil d'État ne tarda pas à susciter de nouvelles difficultés : on se demanda quelle pouvait être, en droit, la conséquence de l'acceptation conjointe, au point de vue de la propriété des biens donnés ou légués. Le conseil d'État fut saisi de la question par le garde des sceaux, Ministre de la justice, dans une espèce où il s'agissait d'une libéralité faite à une communauté religieuse pour les pauvres, et il la résolut par l'avis du 30 décembre 1846, portant que le système de l'acceptation conjointe avait été adopté, « parce qu'il avait paru convenable de faire surveiller par le représen-« tant légal des pauvres, quoiqu'il ne fût pas institué, l'emploi d'une libéra-« lité destinée à leur soulagement ; mais qu'on n'avait pas entendu transporter « au bureau de bienfaisance, même pour partie, les droits de propriété qui « résultent, pour la communauté légataire, des dispositions du testament. »

Le conseil d'État décida en même temps que, pour conserver la trace de la destination que le testateur avait voulu donner à sa libéralité, il suffirait de

Vu l'arrêt de la cour de cassation du 18 mai 1852 (legs Haussmann), l'arrêt de la cour d'appel de Grenoble du 5 juillet 1869 (legs Menuel), et l'arrêt de la cour d'appel d'Angers du 23 mars 1871 (legs de Langottière);

---

rappeler, par une mention sur l'inscription de rente achetée au nom de l'établissement institué, que le capital de la rente provenait d'un legs fait à cet établissement pour une destination déterminée.

VIII.

Ce système des avis du 4 mars 1841-30 décembre 1846 pouvait donner lieu à des objections théoriques ; mais je dois reconnaître qu'ils parurent très-satisfaisants dans la pratique et qu'ils ne soulevèrent aucune objection.

On essaya, il est vrai, d'en restreindre la portée en soutenant que l'avis de 1841 ne s'appliquait qu'aux legs et non aux donations. Cette prétention était évidemment contraire à la généralité des termes de cet avis et aux principes du droit civil.

Les considérants et les motifs de l'avis de 1841 ne sont pas, en effet, spéciaux aux legs. On y emploie le mot libéralité, qui s'applique à toutes les dispositions, soit entre-vifs, soit testamentaires.

La loi civile ne fait d'ailleurs aucune distinction entre la capacité de recevoir par testament et la capacité de recevoir par donation. — Le chapitre II du titre II du livre III du Code civil est intitulé : *De la capacité de disposer et de recevoir par donation entre-vifs ou par testament.*

L'article 902 dit également : « Toutes personnes peuvent disposer et recevoir, soit par donation entre-vifs, soit par testament, excepté celles que la loi « a déclarées incapables ; » et l'article 910 ne fait pas davantage de distinction entre les deux ordres de libéralités.

IX.

Malgré ces tentatives de restriction, le système des avis de 1841-1846 resta en vigueur dans ses parties essentielles, et la doctrine de l'avis de 1837, qu'ils avaient remplacée, fut solennellement condamnée, en 1852, par la Cour de cassation, juge suprême des questions de capacité. Par son arrêt du 18 mai, cette Cour déclara « que les établissements religieux appartenant à l'un des « cultes reconnus par l'État (c'est-à-dire les établissements ecclésiastiques), « et notamment les consistoires, ont capacité pour recevoir des libéralités des-

Vu l'avis du conseil royal de l'instruction publique du 20 février 1837 ;

Considérant qu'il résulte de l'instruction que la demoiselle Galtier avait, depuis 1859, établi dans la maison léguée pour

---

« tinées à des écoles, et qu'aucune disposition de ce genre n'est défendue « par aucun texte. » (Arrêt Haussmann.)

X.

Le conseil d'État suivit encore pendant onze ans les règles qu'il s'était tracées pour assurer l'exécution de ces libéralités ; mais, en 1863, il fit un pas en arrière : à la majorité d'une ou deux voix, il abondonna un système éprouvé par vingt années d'expérience, sans toutefois revenir franchement à la doctrine de l'avis du 12 avril 1837.

Dans l'avis du 10 juin, qui reproduit les règles nouvelles introduites par l'avis du 24 janvier précédent, pour les libéralités charitables, il établit une distinction entre les libéralités faites à des établissements ecclésiastiques pour fonder et entretenir des écoles, et les libéralités faites pour la même destination à des communautés religieuses enseignantes dûment autorisées.

Pour les établissements ecclésiastiques, il émit l'opinion que ces établissesements « devraient être réputés incapables d'accepter des libéralités faites « dans un but étranger à leurs attributions ; » qu'il y avait lieu, toutefois, de valider la disposition en faisant intervenir la commune dans l'acceptation, ainsi que l'avait prescrit l'avis du 4 mars 1841. Mais il ajouta que cette double acceptation devait avoir pour conséquence la double immatriculation, c'est-à-dire l'inscription du titre de propriété faite simultanément sous le nom de l'établissement institué et sous celui de la commune.

Pour les communautés enseignantes, les mêmes règles devraient être suivies si l'école était destinée à avoir le caractère d'école communale et publique ; s'il s'agissait, au contraire, d'une école libre, on n'imposerait que la double acceptation sans immatriculation conjointe.

D'après les avis combinés des 24 janvier 1863 et 22 novembre 1866, la garde et la conservation des titres de rentes ou de propriété et la perception des revenus étaient attribuées au représentant de la commune, qui remettait les arrérages ou revenus à l'institué.

Toutefois, l'avis du 18 décembre 1867 fit une concession aux réclamations qui se produisaient contre ce système. Dans une espèce où la testatrice avait expressément voulu que le titre de rente fût remis au curé chargé d'en distribuer les arrérages aux pauvres, on prescrivit néanmoins la remise de ce titre au bureau de bienfaisance, mais à la charge de délivrer au curé copie certifiée du testament et du titre.

les jeunes filles de la paroisse de Saint-Georges-de-Luzençon, une école libre tenue par des religieuses ;

Que, dans le but de perpétuer sa fondation, elle a légué la

XI.

A côté de ces dispositions restrictives de la liberté des bienfaiteurs, on voyait, après comme avant 1863, le conseil d'État revenir, dans la pratique, à la plus ancienne jurisprudence et reconnaître aux établissements ecclésiastiques, et notamment aux fabriques, la capacité d'acquérir seules, pour fonder et entretenir les écoles, non pas seulement à titre gratuit, mais, ce qui est bien plus décisif encore, à titre onéreux. Parmi les dernières autorisations de ce genre, je citerai les décrets des 21 décembre 1859, fabrique de Saint-Jean-d'Herans (Landes), 22 janvier 1867, fabrique de Saint-Georges-les-Bains (Ardèche) ; parmi les autorisations de libéralités à titre gratuit, le décret du 3 août 1867, Oysonville (Eure-et-Loir), tous rendus sur l'avis conforme du conseil d'État.

XII.

La jurisprudence inaugurée en 1863 n'était donc pas constamment suivie dans la pratique : elle était très-vivement critiquée par les jurisconsultes les plus autorisés.

On l'attaquait dans son principe en faisant remarquer que les incapacités, comme les pénalités, sont de droit étroit et qu'il n'est jamais permis de suppléer, en pareil cas, au silence du législateur ; — qu'on ne pouvait jamais valider, en droit civil, une libéralité faite à un incapable ou réputé tel, en lui adjoignant, par mesure administrative, un tiers capable non dénommé au testament ; — que d'ailleurs cette adjonction était attributive de propriété au profit de tiers non appelés par le testateur, ou quelquefois même exclus formellement par lui, et qu'elle constituait un excès de pouvoir.

On l'attaquait dans son application en signalant les difficultés considérables qu'elle présenterait dans la pratique : notamment pour le renouvellement des inscriptions hypothécaires ou des titres de rentes constituées ; pour la transcription des actes constitutifs de la propriété donnée ou léguée ; pour les baux en forme authentique ; pour l'exercice des actions possessoires et autres actions judiciaires, etc... On ajoutait enfin que ces prescriptions venaient diminuer le patrimoine des pauvres d'un vingtième environ, perçu à titre de remises par le receveur municipal, et qu'elles amèneraient de nombreux procès.

maison et une somme de 3,000 francs à la fabrique de cette paroisse, en indiquant la destination de sa libéralité;

Considérant que le projet de décret proposé autorise, conformément à l'avis du 10 juin 1863, la fabrique à accepter le

---

XIII.

Ces prévisions ne tardèrent pas à se réaliser. Dans les départements de l'Isère et de Maine-et-Loire, des héritiers ou exécuteurs testamentaires de testateurs, dont les dispositions dernières se trouvaient modifiées par les décrets d'autorisation, se refusèrent à délivrer les legs, et demandèrent qu'ils fussent déclarés caducs pour inexécution des conditions sous lesquelles ils étaient faits. Les tribunaux civils et les cours de Grenoble et d'Angers accueillirent ces conclusions, tout en reconnaissant aux établissements ecclésiastiques la pleine capacité d'accepter et d'exécuter les libéralités qui leur étaient destinées.

La cour de Grenoble, dans un arrêt du 5 juillet 1869 (Menuel), reconnaît aux évêques la capacité de fonder et de diriger des écoles, attendu « qu'aucune loi d'ordre public ne prohibe la fondation d'une école, sous la condition qu'elle sera dirigée par des religieux choisis et surveillés par l'évêque « du diocèse... que la loi du 15 mars 1850... autorise, par ses articles 17, « 27 et suivants, l'établissement d'écoles libres, et qu'il suffit de se reporter à « la discussion qui précéda le vote de la loi pour se convaincre que, dans les « prévisions du législateur, la plupart de ces écoles libres devaient être placées « sous la direction du clergé. »

Dans son arrêt du 28 mars 1871, relatif à l'exécution du testament du sieur de Langottière, qui avait légué à la commune de Vieil-Baugé (Maine-et-Loire) une maison et un capital pour établir une école, la cour d'Angers a également reconnu la capacité de la fabrique et lui a donné acte de ce qu'elle était toujours prête à accepter le legs et à exécuter le testament du sieur de Langottière.

Plusieurs autres instances du même genre étaient pendantes ou à la veille de s'ouvrir en 1870 : les héritiers annoncent aujourd'hui l'intention de les reprendre, et dans quelques-unes de ces affaires, notamment dans les départements de l'Aveyron et d'Indre-et-Loire, j'ai cru devoir intervenir à titre de conseil, pour éviter des procès dispendieux entre les fabriques et les communes.

XIV.

Cette lutte des héritiers ou exécuteurs testamentaires contre la jurisprudence

legs, mais seulement à la condition : 1° que la commune interviendra dans l'acceptation conjointement avec la fabrique légataire ; 2° que la rente qui sera achetée au moyen de la somme de 3,000 francs sera immatriculée conjointement aux

---

du conseil d'État avait éveillé l'attention du Ministère de l'instruction publique avant sa réunion au Ministère des cultes. Un de mes prédécesseurs, M. Segris, consulté sur l'exécution de ce legs Langottière à la fabrique de Vieil-Baugé, répondait, le 6 avril 1870, dans le sens où il fut statué, une année plus tard, par la cour d'Angers :

« Il n'y aurait aucun inconvénient, je crois, à garantir les droits de ces « établissements (religieux) que les testateurs ont préférés aux autres, préoc- « cupés qu'ils étaient de garantir, dans l'avenir, l'accomplissement de leurs « intentions. Il faut en convenir loyalement : le testataire qui institue léga- « taire un établissement religieux manifeste clairement sa résolution de lui « attribuer la possession et l'administration des biens qu'il lui lègue. »

(Legs Langottière. — Fabrique de Vieil-Baugé. — Maine-et-Loire.)

XV.

En présence de ces décisions judiciaires, la commission provisoire chargée, en septembre 1870, de remplacer le conseil d'État, crut devoir soumettre à un nouvel examen le système des avis de 1863, et la section de l'intérieur, de l'instruction publique, etc., sur un rapport très-étudié de M. Le Vavasseur de Précourt, fut d'avis qu'on ne pouvait tout au moins maintenir la disposition qui enlevait aux établissements institués légataires la garde des titres de propriété et le soin de toucher les revenus. (Distribution du 3 novembre 1871). La Commission provisoire crut toutefois devoir ajourner l'examen de l'ensemble de la question.

XVI.

Enfin, le nouveau conseil d'État, par son avis du 6 mars dernier sur les libéralités charitables, a abonbonné le système de l'immatriculation conjointe, de la remise des titres à l'établissement bénéficiaire non institué, et a substitué à l'acceptation conjointe par cet établissement l'acceptation du bénéfice de la disposition. Cet avis s'applique aux libéralités faites aux fabriques pour les pauvres ; mais en revenant sur ce point au système soutenu par le Ministère de l'intérieur, en 1840, il a résolu implicitement la question générale.

Il n'y a, en effet, aucune raison de distinguer à ce point de vue de la ré-

deux noms de la commune et de la fabrique ; 3° que la garde du titre sera confiée au receveur municipal et non au trésorier de la fabrique ;

---

daction de décrets, la libéralité faite à une fabrique pour une destination charitable ou pour une destination scolaire. Le problème est toujours le même, et il n'y a aucun motif juridique de lui donner deux solutions différentes.

D'après notre législation rappelée et constatée par l'avis du 6 mars dernier, l'administration et l'emploi des libéralités charitables ne sont pas en dehors des attributions des fabriques. Les libéralités destinées à assurer l'instruction gratuite des enfants pauvres sont assurément une des formes les plus nobles et les plus utiles de la charité : en acceptant ces libéralités, les fabriques et les autres établissements ecclésiastiques reçoivent pour les pauvres et continuent des œuvres que la jurisprudence des parlements rangeait dans leurs attributions.

DEUXIÈME PARTIE.

CONTRÔLE ADMINISTRATIF.

« Quelles conditions convient-il d'imposer à l'autorisation des libéralités « faites pour des écoles, soit qu'elles s'adressent à des établissements ecclésias- « tiques ou à des établissements religieux ?

« Convient-il de maintenir la jurisprudence établie par l'avis du 10 juin « 1863 ? »

L'exposé historique que je viens de faire des divers systèmes produits depuis trente-cinq ans permet de répondre brièvement sur ces deux points et d'indiquer une solution pratique qui évite les inconvénients signalés par l'expérience.

§ 1er.

« Convient-il de maintenir la jurisprudence établie par l'avis du 10 juin « 1863 ? »

I.

En 1837, on s'inspire de ces idées d'incapacité absolue, de minorité des établissements publics, qui étaient encore en vogue, bien qu'elles fussent déjà abandonnées par nos plus éminents jurisconsultes et hommes d'État. —

Considérant que ces conditions ne découlent pas du testament comme une conséquence nécessaire des stipulations qu'il contient en faveur de la commune ; qu'en effet, si la

---

« Ces expressions de tutelle et de minorité sont fausses, disait M. Thiers à la « chambre des députés, le 6 mai 1833, et c'est avec des expressions fausses « qu'on répand dans le pays des erreurs dommageables (1). » — On veut résister alors à la volonté du testateur et on crée des incapacités relatives pour rendre leurs dispositions inutiles lorsque l'institué n'est pas en même temps le bénéficiaire.

En 1841, on passe sous silence cette théorie des incapacités relatives et on adopte le système des acceptations conjointes de l'institué et du bénéficiaire, tout en déclarant, du reste, en 1846, que cette acceptation conjointe n'opère point attribution de propriété au bénéficiaire non institué.

En 1852, la Cour de cassation se prononce sur la question de capacité en faveur des établissements ecclésiastiques ; mais cependant, en 1863, le conseil d'État tire les conséquences logiques du principe de l'acceptation conjointe, à savoir : l'immatriculation conjointe, la remise des titres de rente ou des titres de propriété des immeubles entre les mains du bénéficiaire non dénommé au testament, l'administration des biens et la perception des arrérages ou revenus par ses soins.

Les héritiers et les établissements ecclésiastiques voient dans ces prescriptions une attribution de propriété par voie administrative ; les tribunaux civils leur donnent gain de cause et déclarent la caducité des legs pour inexécution des conditions, c'est-à-dire par le fait de l'autorité administrative.

Le conseil d'État s'émeut de ce conflit et des conséquences fâcheuses de sa jurisprudence ; il l'abandonne en partie en 1871, et complétement le 6 mars 1873, en ce qui concerne les libéralités charitables.

Il me paraît, dès lors, bien difficile qu'il ne l'abandonne pas, en ce qui concerne les libéralités scolaires qui font précisément l'objet des arrêts de la Cour de cassation, des cours de Grenoble et d'Angers.

Je ne crois donc pas avoir à me prononcer sur un système que la jurisprudence des cours judiciaires rend aujourd'hui impraticable.

II.

Mais faut-il revenir au système de 1841-1846 ?

---

(1) M. le président Aucoc, *Conférences sur l'administration et le droit administratif*, t. I, p. 85.

charge imposée à la fabrique constitue au profit des enfants de la paroisse un avantage qui paraît de nature à être accepté en leur nom par le maire, et qui peut donner à l'administra-

---

J'ai dit plus haut que, dans la pratique, ce système n'avait soulevé aucune difficulté. Toutefois, on doit reconnaître qu'il est défectueux dans son principe d'acceptation conjointe, lequel tend juridiquement à créer un second légataire, un copropriétaire. Aussi, les rédacteurs de l'avis de 1863 n'ont-ils fait que tirer de ce principe ses conséquences logiques en imposant l'immatriculation conjointe et la remise des titres à ce copropriétaire constitué par voie administrative.

Je préférerais donc la formule déjà proposée en 1840 par le Ministère de l'intérieur, fréquemment suivie dans la pratique après 1841 et consacrée de nouveau par le conseil d'État dans son avis du 6 mars dernier, formule consistant à faire intervenir l'établissement destinataire pour accepter le bénéfice de la disposition qui l'intéresse.

Cette rédaction ne semble pouvoir soulever aucune difficulté de la part des héritiers, ni aucun conflit entre l'autorité administrative et l'autorité judiciaire, puisque le décret se borne à établir un fait incontestable, à savoir : que la commune, par exemple, est intéressée à ce que les pauvres soient secourus ou les enfants assistés, et que le même décret laisse implicitement à l'autorité compétente le soin de tirer les conséquences de cette déclaration, en habilitant la commune à faire valoir, s'il y a lieu, les droits qu'elle peut en induire.

Ce système n'a donc pas les inconvénients de la théorie de l'acceptation conjointe, et il en offre tous les avantages. J'ai cherché une espèce dans laquelle le régime de 1841 puisse donner des garanties que la nouvelle formule n'assurerait pas aux bénéficiaires, et je n'en ai pas trouvé.

Je n'hésite donc pas à donner à cette formule mon assentiment.

§ 2.

J'ai répondu à la deuxième partie de la question que nous examinons présentement :

« Convient-il de maintenir la jurisprudence établie par les avis de 1863 ? »

Il me reste à répondre à la première partie :

« Quelles conditions convient-il d'imposer à l'autorisation des libéralités « faites pour des écoles, à des établissements ecclésiastiques ou à des établis- « sements religieux ? »

Par établissements ecclésiastiques j'entends, comme je l'ai dit précédemment, les établissements publics constitués par la loi et appartenant à l'un des

tion municipale le droit de veiller à ce que cette charge ne soit pas oubliée, elle ne justifie pas une intervention se produisant dans des termes qui semblent transporter à la com-

---

cultes reconnus par l'État, ainsi que les définit l'arrêt précité de la Cour de cassation du 18 mai 1852.

Par établissements religieux j'entends, avec l'ordonnance du 14 janvier 1831, articles 1 et 4, les congrégations, communautés et associations enseignantes autorisées par le gouvernement comme établissements d'utilité publique.

Cette distinction entre ces deux classes d'établissements a été soigneusement maintenue par les avis des 10 juin 1863 et 22 novembre 1866, qui donnent des solutions différentes pour les deux cas :

« Lorsqu'il s'agit de dons et legs faits à des établissements religieux et « affectés à la fondation et à l'entretien d'écoles, dit l'avis du 10 juin 1863, il « y a lieu de distinguer si les établissements institués sont des fabriques, con- « sistoires, succursales, cures et évêchés, ou bien si ce sont des communautés « religieuses enseignantes. »

Dans le premier cas, ces avis de 1863 et de 1866 exigent l'acceptation conjointe par l'établissement institué et par la commune ; — l'immatriculation conjointe des titres de rente et la remise des titres à la commune non instituée, qui perçoit les revenus et administre les biens.

Dans le second cas, on n'exige que l'acceptation conjointe par la congrégation ou communauté et la commune. Toutefois, si la libéralité est faite pour la fondation d'écoles ayant ou devant avoir le caractère d'écoles communales et publiques, on suit les règles tracées pour la première hypothèse et on exige tout à la fois l'acceptation et l'immatriculation conjointe et la remise des titres de propriété à la commune.

J'ai exposé les motifs qui peuvent déterminer le conseil d'État à abandonner le système établi par les avis de 1863, pour les libéralités destinées aux écoles, ainsi qu'il l'a fait, par son avis du 6 mars 1873, pour les libéralités destinées aux pauvres.

Il ne me reste qu'à indiquer les conditions ou prescriptions du domaine administratif qu'on pourrait substituer aux règles établies par les avis de 1863 pour sauvegarder les intérêts dont ils se préoccupaient, sans soulever les difficultés qui les rendent inapplicables.

I.

LIBÉRALITÉS FAITES POUR DES ÉCOLES A DES ÉTABLISSEMENTS ECCLÉSIASTIQUES.

Il me paraît hors de doute et de contestation qu'on devra d'abord se con-

mune une part dans la propriété des objets légués à la fabrique et dans la direction de l'école, et qui lui attribuent un rôle prépondérant dans l'exécution du legs ;

---

former aux règles établies par le conseil d'État, dans son avis du 6 mars 1873, à savoir :

Si la fondation est en rente sur l'État, mention dans l'immatriculation du titre de la destination des arrérages ; acceptation par le maire du bénéfice de la fondation ; remise au représentant de la commune d'une copie de l'acte constitutif de la fondation (testament ou donation), du décret d'autorisation et de l'inscription de rente.

Mais, en raison de la nature de l'établissement institué, je serais d'avis de réclamer encore quelques conditions accessoires :

1° L'inscription des recettes et dépenses de l'école dans un chapitre spécial du budget et du compte de la fabrique ou du consistoire légataire ou donataire. Cette condition était de rigueur dans l'ancienne jurisprudence sur les petites écoles ou écoles de charité ;

2° Si le legs est fait en vue de la fondation d'une école congréganiste, obligation de choisir les instituteurs ou institutrices parmi les associations ou congrégations reconnues par l'État. Si le legs est fait pour la fondation d'une école laïque, obligation de choisir les instituteurs ou institutrices sur la liste d'admissibilité dressée par les conseils départementaux, en exécution de la loi du 15 mars 1850;

3° L'enseignement donné dans ces écoles devra comprendre les matières qui, d'après l'art. 23 de la loi du 15 mars 1850 et l'art. 16 de la loi du 10 avril 1867, constituent essentiellement l'enseignement primaire.

Indépendamment de ces conditions, qui seraient brièvement indiquées dans les décrets d'autorisation des libéralités, il me semblerait opportun de convenir dès à présent de quelques règles de conduite et de jurisprudence à suivre par le conseil d'État et par l'administration. J'indiquerai les plus importantes à mon avis, sans préjuger les additions ou modifications qui seront ultérieurement suggérées par la pratique :

1° Les établissements ecclésiastiques ne seront autorisés qu'exceptionnellement à recevoir des libéralités qui seraient destinées à des écoles situées en dehors de leur circonscription territoriale ;

2° L'œuvre entreprise devra être et rester ce que le testateur ou donateur a voulu qu'elle soit ;

3° Si le testateur ou ses héritiers n'ont pas fait connaître leurs intentions sur la nature de l'établissement à créer, cet établissement sera et restera un établissement primaire ;

4° Si la fondation est présentement insuffisante, on prescrira la capitalisa-

Considérant que ces conditions sont imposées par le projet de décret, en vue de suppléer à l'incapacité prétendue de la fabrique, soit pour accepter, soit pour exécuter un legs de cette nature ;

Considérant que la première question est essentiellement judiciaire et que, toutes les fois que les tribunaux ont été appelés à se prononcer, ils ont jugé, notamment par les arrêts susvisés, que les établissements religieux appartenant à l'un

---

tion des arrérages, et on fixera un délai maximum pour l'ouverture de l'établissement ;

5° Lorsque le département ou la commune croiront opportun de subventionner l'école, dans le cas de l'art. 36 de la loi du 15 mars 1850, et que l'établissement intéressé y consentira, le budget des ressources spéciales de cette école, qui, dans ce cas, tiendra lieu de l'école communale, sera communiqué chaque année au conseil municipal, sans préjudice, en ce qui concerne les fabriques, de la production des comptes en fin d'exercice, prescrite par l'art. 89 du décret du 30 décembre 1809.

II.

LIBÉRALITÉS FAITES POUR DES ÉCOLES A DES ÉTABLISSEMENTS RELIGIEUX RECONNUS PAR LE GOUVERNEMENT (CONGRÉGATIONS, COMMUNAUTÉS ET ASSOCIATIONS RELIGIEUSES).

Ces établissements ont pleine capacité pour recevoir ces libéralités, dit l'avis du 10 juin 1863, « puisqu'ils ont été autorisés en vertu de l'utilité « publique et dans le but précisément de fonder et de diriger des écoles ; « l'objet de ces fondations rentre donc dans leurs attributions spéciales. »

D'autre part, leur aptitude est rigoureusement déterminée et circonscrite par l'ordonnance ou le décret qui les autorise.

Il pourra donc suffire de réclamer, dans ce cas, l'application des règles générales : mention de l'affectation des rentes dans l'immatriculation des titres ; acceptation par le maire du bénéfice d'une disposition toujours avantageuse pour la commune ; remise à ce fonctionnaire d'une copie des titres et du décret d'autorisation.

Ces clauses et conditions me paraissent suffisantes pour sauvegarder les intérêts dont le gouvernement doit se préoccuper. Elles n'ont rien de gênant pour les établissements ecclésiastiques et religieux, et elles ne sauraient soulever aucune difficulté devant les tribunaux judiciaires, puisqu'elles ne touchent en rien aux questions de capacité et de propriété.

des cultes reconnus par l'État, et en particulier les fabriques et les consistoires, ont capacité pour recevoir des libéralités destinées à fonder ou à entretenir des écoles, à la seule condition d'obtenir du gouvernement l'autorisation exigée par l'art. 910 du Code civil ;

Considérant, sur le deuxième point, que si la loi n'a imposé qu'aux autorités civiles l'obligation de créer et d'entretenir des écoles, aucune disposition n'interdit aux établissements qui représentent les intérêts religieux d'un groupe d'habitants partageant les mêmes croyances, de veiller et au besoin de pourvoir à ce que les enfants de ces habitants reçoivent l'instruction ;

Que, loin de là, diverses dispositions législatives ou réglementaires reconnaissent expressément ce droit aux établissements appartenant aux cultes non catholiques ;

Que l'on peut citer notamment la loi du 18 germinal an X et le décret du 26 mars 1852, sur l'organisation des cultes protestants, qui visent *la discipline ecclésiastique des églises réformées de France*, et qui fixent les attributions des consistoires et des conseils presbytéraux ; le décret du 17 mars 1808 et les ordonnances des 29 juin 1819, 20 août 1823 et 25 mai 1844, qui règlent l'organisation du culte israélite et qui fixent les attributions du consistoire central et des consistoires départementaux ;

Que l'art. 31 de la loi du 15 mars 1850, sur l'enseignement, inspiré par la même pensée, confère aux consistoires le droit de présenter les instituteurs pour les écoles communales protestantes ou israélites ;

Qu'en fait, la plupart des consistoires subventionnent ou entretiennent des écoles et possèdent des rentes et des immeubles qu'ils ont reçus ou acquis dans ce but avec l'autorisation du gouvernement ;

Que, si à l'égard des fabriques, les règlements sont muets et si les autorisations de ce genre ont été plus rares, ce n'est pas parce qu'il existerait dans leur organisation et leurs attributions une différence essentielle créant aux yeux de la loi une inégalité inexplicable, au détriment du culte de la majorité ; c'est par des considérations de fait et parce que, les conseils municipaux pouvant en général être regardés comme représentant naturellement les intérêts et les sentiments de la majorité catholique, l'intervention des conseils de fabrique paraissait inutile, tandis que celle des consistoires était réputée nécessaire pour donner satisfaction aux intérêts religieux des minorités ;

Que cependant, à toutes les époques, des autorisations ont été données aux fabriques, même en dehors des localités où la population catholique était en minorité (1) ;

Qu'en fait, un certain nombre de fabriques emploient des ressources spéciales à soutenir des écoles ;

Que cet état de choses ne paraît avoir jamais présenté aucun inconvénient ;

Qu'au contraire, l'autorité universitaire, à diverses époques, en a reconnu les avantages ainsi que la légalité (avis du conseil royal de l'instruction publique du 10 février 1837 (2) ;

---

(1) Voir, notamment, ordonnance royale du 3 mars 1836 et ordonnance rendue au contentieux, le 19 juin 1838 (fabrique de l'église Saint-Epvre, à Nancy) ; ordonnance royale du 29 novembre 1833 et ordonnance rendue au contentieux le 1er juillet 1840 (fabrique de l'église Saint-Pierre, à Saumur) ; décret du 22 janvier 1867 (fabrique de Saint-Georges-les-Bains, Ardèche).

(2) Extrait de l'avis du conseil royal de l'instruction publique, 10 février 1837 (Rendu, *Code universitaire*, p. 939) :

Considérant que ces établissements publics (les fabriques) étant des personnes morales aptes à recevoir et à posséder sous toutes conditions qui n'ont rien de contraire aux lois ni aux mœurs, et aucune loi n'interdisant aux fabriques de recevoir et de posséder sous la condition de fonder des écoles, on ne paraît pas légalement fondé à établir à leur égard, d'une manière générale, cette sorte d'incapacité.......

Considérant que, suivant l'esprit de la loi de 1833, qui considère, art. 13, les fondations, donations ou legs comme une des premières ressources de l'instruction primaire, la faculté d'unir ensemble les intérêts d'un établissement religieux ou charitable et les intérêts de l'éducation populaire doit être laissée aux donateurs, et que cela est sans inconvénient pour l'ordre public ; attendu que toute école primaire, quelles que soient son origine et sa nature, d'une part, est toujours soumise à la surveillance des autorités instituées par la loi, et, d'autre part, contribue en partie, d'une manière plus ou moins directe, à l'avantage de la communauté.......

lettre de M. Guizot, Ministre de l'instruction publique, du 9 mars 1837 (1); lettre de M. Segris, Ministre de l'instruction publique, du 6 avril 1870; lettre de M. Jules Simon, Ministre de l'instruction publique, du 25 avril 1873);

Considérant qu'aujourd'hui plus que jamais, il importe de multiplier les écoles et, en particulier, d'augmenter le nombre de celles qui sont pourvues de dotations allégeant les charges de l'État, des départements et des communes;

Que presque toutes les fondations de cette nature sont inspirées par le sentiment religieux et confiées à des établissements ecclésiastiques;

Qu'au lieu de décourager les donateurs en subordonnant l'exécution de leurs libéralités à des conditions qui s'écartent complétement de leurs intentions, il est, au contraire, conforme à l'intérêt public, en même temps qu'il est juste, de leur laisser la plus grande liberté compatible avec les exi-

---

(1) « Je ne vois, écrivait M. Guizot le 9 mars 1837, en ce qui concerne les intérêts de mon ministère, aucune difficulté à ce que les fabriques soient autorisées à accepter les libéralités qui ont pour objet le service de l'instruction publique. C'est une heureuse idée que celle de réunir, par un lien aussi étroit que possible, l'intérêt de la religion et celui de l'éducation populaire. C'est elle qui inspire les donations qui se font assez fréquemment aux fabriques catholiques et aux consistoires des cultes dissidents, à la charge de fonder et d'entretenir des écoles. L'autorité doit protection et encouragement à ces dispositions, qui assurent l'instruction primaire par la double surveillance de la fabrique et de la commune, du pasteur et du maire. Il ne suit, du reste, nullement de là une concurrence nuisible aux écoles communales; car, de deux choses l'une : ou la donation sera assez considérable pour que la commune soit dispensée de faire elle-même des sacrifices pour l'établissement d'une autre école publique, ou la donation étant insuffisante pour acquitter la dette de la commune à l'égard de l'enseignement, celle-ci sera obligée d'entretenir une seconde école. Dans l'une comme dans l'autre hypothèse, il sera pourvu à l'instruction de tous les enfants; et, en cas de concurrence, il ne pourra que s'établir entre les deux écoles une émulation utile au bien du service. J'estime, d'ailleurs, que, toutes les fois qu'il sera fait une donation en faveur des fabriques, des évêchés ou des congrégations religieuses enseignantes, à la charge de fonder des écoles publiques, il convient que l'ordonnance autorise l'établissement religieux donataire et l'autorité municipale à accepter simultanément la libéralité. »

gences de la loi, et de se borner à édicter les prescriptions nécessaires pour assurer dans l'avenir l'exécution fidèle et durable de leurs volontés ;

Que, pour atteindre ce but, il convient :

1° D'autoriser, d'une part, l'établissement légataire à accepter la libéralité ; d'autre part, le maire à accepter le bénéfice qui en résulte en faveur des enfants de la commune ;

2° Dans le cas où le montant de la libéralité doit être placé en rente, de prescrire que le titre mentionnera la destination des arrérages ; qu'il sera immatriculé au nom de l'établissement légataire ; qu'il restera en sa possession ; que le maire de la commune recevra une expédition du titre, du testament et du décret d'autorisation ;

3° De prescrire que les revenus et les dépenses de la fondation formeront un chapitre spécial dans le budget de la fabrique ou du consistoire, ainsi que cela se pratique sans difficultés pour les chapelles de secours ;

4° De constater, dans le décret d'autorisation, la nature de l'établissement (école primaire de garçons ou de filles, salle d'asile, etc.) ;

5° Dans le cas où les instituteurs ou institutrices devront être congréganistes, de prescrire qu'ils seront choisis parmi les membres des associations ou congrégations religieuses vouées à l'enseignement et reconnues comme établissements d'utilité publique ;

6° De rappeler que l'enseignement devra porter sur les matières déclarées obligatoires par les lois ;

Considérant que dans ces conditions et en présence du droit qui appartient à l'administration d'apprécier les circonstances de chaque affaire et de refuser, s'il y a lieu, l'autorisation, il n'y a aucun inconvénient et il ne peut y avoir que des avantages à ce que les établissements ecclésiastiques soient, conformément à leurs traditions historiques, autorisés à recueillir, à administrer et à employer les libéralités destinées à des écoles ;

Que l'administration municipale aura titre et qualité, non pour exercer un contrôle sur l'emploi des revenus, mais pour s'assurer que le capital est conservé, et que le revenu est toujours inscrit avec sa destination au budget de l'établissement légataire ;

Que l'établissement légataire, chargé par le fondateur de veiller à la continuation de sa pensée, administrera et employera librement les revenus de la fondation sans qu'aucune confusion puisse s'introduire entre ces revenus et ses ressources normales, et compromettre les services que la loi lui a plus particulièrement confiés ;

Considérant que, pour les solutions ci-dessus indiquées, il n'y a pas lieu de distinguer si, au moment où l'autorisation est demandée, l'école dont il s'agit est publique ou libre ;

Qu'en effet, d'une part, le caractère actuel de l'école peut plus tard être changé ;

Que, d'autre part, l'école, soit libre, soit publique, devra toujours être régie par les prescriptions générales de la loi.

En ce qui concerne spécialement le legs de la demoiselle Galtier :

Considérant qu'il résulte de l'instruction que l'école à la dotation de laquelle est destiné le legs existe depuis plusieurs années ; qu'elle a le caractère d'école libre ; qu'elle est dirigée par des religieuses appartenant à une congrégation légalement reconnue ; qu'elle reçoit gratuitement une partie des élèves ; qu'elle prospère et que le témoignage des autorités universitaires lui est favorable ;

Est d'avis qu'il convient d'autoriser l'acceptation du legs et d'adopter le projet de décret, après l'avoir modifié dans le sens des observations qui précèdent (1).

---

(1) Un décret a été rendu en août 1873, conformément à cette nouvelle doctrine. En voici la teneur :

ART. 1. — Le trésorier de la fabrique de l'église succursale de Saint-Georges-de-Lusençon est autorisé à accepter, aux clauses et conditions énoncées, le legs fait à ladite fabrique par la demoiselle Marie-Anne Galtier, suivant ses testaments publics des 12 et 14 novembre 1867, et consistant en une somme de 3,000 francs et une maison estimée 3,000 francs, pour l'établissement de sœurs vouées à l'éducation des jeunes filles de la paroisse.

Conformément à la demande du conseil de fabrique, la somme de 3,000 fr.

Décret annulant une délibération en date du 24 avril 1873, par laquelle le Conseil général des Bouches-du-Rhône a chargé six de ses membres de constater la situation matérielle des écoles primaires dans vingt-un des cantons du département.

27 *juillet* 1873.

LE PRÉSIDENT DE LA RÉPUBLIQUE FRANÇAISE,

Sur le rapport du Ministre de l'intérieur;

Vu la loi du 15 mars 1850 ;

Vu la loi du 10 août 1871, et notamment les articles 33, 47 et 51 ;

Vu la délibération, en date du 12 septembre 1872, par la-

---

sera employée à l'achat d'une rente sur l'État ; cette rente sera immatriculée au nom de la fabrique, avec mention, sur l'inscription, de la destination des arrérages.

Les revenus et les dépenses de la fondation formeront un chapitre spécial dans le budget de la fabrique.

Les sœurs préposées à l'école devront appartenir à une congrégation vouée à l'enseignement, et légalement reconnue.

L'enseignement donné dans l'école devra comprendre toutes les matières déclarées obligatoires par les lois.

ART. 2. — Le maire de Saint-Georges-de-Lusençon, au nom de cette commune, est autorisé à accepter le bénéfice qui résulte, au profit des enfants en âge de fréquenter l'école, le legs de la demoiselle Galtier.

Il lui sera délivré une expédition de l'inscription de rente et d'un titre de propriété de la maison léguée, un extrait du testament et un extrait du présent décret.

quelle le conseil général des Bouches-du-Rhône avait chargé une commission de six membres, prise dans son sein, de faire une enquête sur la situation matérielle des écoles primaires du département ;

Vu la délibération, en date du 24 avril 1873, par laquelle le conseil, modifiant les termes de sa première décision, charge, en vertu de l'art. 51, § 2 de la loi du 10 août 1871, six de ses membres de recueillir sur les lieux, dans vingt-un des cantons du département, les renseignements nécessaires pour statuer sur les subventions à accorder aux écoles primaires, et ajoute que ces renseignements seront soumis au conseil général à sa prochaine session ordinaire ;

Vu le recours formé contre cette dernière délibération par le préfet des Bouches-du-Rhône ;

Vu les pièces constatant que ce recours a été notifié le 20 mai 1873 au président du conseil général et de la commission départementale, conformément à l'article 47 de la loi du 10 août ;

Considérant que le deuxième paragraphe de l'article 51 de la loi du 10 août 1871 permet aux conseils généraux de charger un ou plusieurs de leurs membres de recueillir sur les lieux les renseignements qui leur sont nécessaires pour statuer sur les affaires placées dans leurs attributions ;

Mais considérant qu'il résulte des délibérations susvisées que la mission conférée aux membres délégués du conseil général excède les limites déterminées par ledit article ;

Que, en effet, par sa décision du 24 avril, le conseil général des Bouches-du-Rhône organise, pour la majeure partie des écoles publiques du département, une inspection qui appartient exclusivement aux autorités instituées par les lois spéciales, et notamment par la loi du 15 mars 1850 ;

Que, dès lors, le conseil général des Bouches-du-Rhône a excédé ses attributions, faussement appliqué l'art. 51 de la loi du 10 août 1871 et violé les lois spéciales sur l'inspection des écoles ;

Le conseil d'État entendu,

Décrète :

ART. 1. — Est annulée la délibération, en date du 24 avril 1873, par laquelle le conseil général des Bouches-du-Rhône a chargé six de ses membres de constater la situation matérielle des écoles primaires dans vingt-un des cantons du département.

....

APPENDICE.

APPENDICE.

Proposition de loi relative à la nomination des instituteurs communaux et à la surveillance des écoles primaires (MM. Martial Delpit, duc de Broglie, Vitet, Saint-Marc-Girardin, Dupanloup, évêque d'Orléans, Wallon, le comte de Sugny, l'abbé Jaffré, général d'Aurelles de Paladines, F. de Corcelle, le comte de Rességuier, Fresneau, le comte de Mérodes, le vicomte de Meaux, le vicomte Arthur de Cumont, G. Moulin, C. de Witt, l'amiral Jauréguibery, le général baron de Chabaud-Latour, Waddington, Ernoul, L. de Lavergne, Ch. de Lacombe, le vicomte Contaut-Biron, de la Orderie, Aubry, Audren de Kerdrel, comte Jaubert, Beulé, général Trochu, Johnston, Mortimer-Ternaux).

27 *mai* 1871.

Art. 1. — L'article 8 de la loi du 14 juin 1854, qui attribue aux préfets la nomination des instituteurs primaires, est abrogé.

Art. 2. — Les instituteurs communaux sont nommés par le conseil municipal de chaque commune, conformément aux dispositions qui suivent :

Le conseil municipal décide d'abord s'il veut un instituteur laïque ou un instituteur appartenant à une des associations vouées à l'enseignement et autorisées par la loi ou reconnues comme établissements d'utilité publique.

Dans le cas où le conseil veut nommer un instituteur laïque, il le choisit sur une liste de cinq candidats qui sera dressée par le conseil départemental, après avoir consulté les délégués cantonaux.

Dans le cas où le conseil municipal aurait opté pour une congrégation religieuse vouée à l'enseignement, il le choisit sur la présentation qui est faite par le supérieur de ces congrégations.

Les consistoires jouissent du droit de présentation pour les instituteurs appartenant au culte non catholique.

Le droit du conseil municipal s'exerce, quelle que soit la cause de la vacance, décès, démission, mutation, avancement.

Si le conseil municipal avait fait un choix non conforme à la loi ou n'en avait fait aucun, il sera pourvu à la nomination par le conseil départemental, un mois après la mise en demeure adressée au maire par le président dudit conseil.

Art. 3. — Dans chaque canton, l'instruction primaire est placée sous la surveillance d'un comité qui prend le nom de *comité des délégués cantonaux*.

Ce comité est composé :

1° De trois membres de droit : le membre du conseil général du canton, le juge de paix, le curé doyen du canton, et dans les cantons où il y a des écoles protestantes, d'un pasteur protestant désigné par les consistoires ;

2° De trois membres au moins et de cinq au plus désignés par le conseil départemental.

Le conseil départemental détermine les écoles particulièrement soumises à la surveillance de chacun des délégués qu'il désigne.

Les délégués sont nommés pour trois ans et rééligibles. Ils se réunissent au moins une fois tous les trois mois, au chef-lieu de canton, pour convenir des avis à transmettre au conseil départemental.

Dans la première réunion qui suit leur nomination, ils élisent un président et un secrétaire pour les trois années de leur exercice, et font connaître la nomination de leur bureau au conseil départemental.

Le bureau est chargé des convocations qui auront lieu tous les deux mois et de celles qui pourraient avoir lieu dans l'intervalle, sur la demande motivée de l'un des délégués. Un extrait du procès-verbal de chaque réunion devra être transmis au conseil départemental.

Le comité des délégués cantonaux fixe, d'accord avec le conseil municipal de chaque commune, le taux de la rétribution scolaire des diverses écoles publiques du canton. En cas de dissentiment entre le comité des délégués et le conseil municipal, le conseil départemental statue définitivement sur cet objet, l'article 12 de la loi du 10 avril 1867 demeurant abrogé.

Il fait au conseil départemental des propositions motivées pour la liste d'admissibilité et d'avancement des instituteurs laïques, pour les récompenses à accorder aux instituteurs primaires, et en général pour les secours et encouragements de tous genres, relatifs à l'instruction primaire dans le canton.

Il donne son avis sur la destination des écoles publiques ou libres du canton aptes à recevoir des stagiaires (1), sur l'autorisation des écoles mixtes quant au culte et quant au sexe (2), sur la réunion d'une ou plusieurs communes voisines pour l'entretien d'une école (3), sur l'autorisation demandée par un instituteur communal d'ouvrir un pensionnat (4).

Les peines disciplinaires mentionnées aux articles 30 et 33 de la loi du 15 mars 1850, ne pourront être prononcées par les autorités compétentes, sans que ces autorités aient pris l'avis du comité des délégués cantonaux.

En cas d'opposition faite à l'ouverture d'une école ou d'un pensionnat libre,

---

(1) Art. 47 de la loi du 15 mars 1850.
(2) Art. 15, § 3 de la loi du 15 mars 1850.
(3) Art. 36, § 2 de la loi du 15 mars 1850.
(4) Art. 52, § 1 de la loi du 15 mars 1850.

conformément au § 1 de l'art. 28 de la loi du 15 mars 1850, le conseil départemental ne statue sur cette opposition qu'après avoir entendu l'avis du comité des délégués cantonaux.

Chaque délégué correspond tant avec le conseil départemental auquel il doit adresser des rapports, qu'avec les autorités locales pour tout ce qui regarde l'état et les besoins de l'enseignement primaire dans sa circonscription.

Chaque délégué cantonal, dans l'étendue de sa circonscription, installe les instituteurs communaux avec l'assistance des autorités locales préposées à la surveillance de l'instruction primaire dans la commune.

En ce qui touche les communes de la circonscription, chaque délégué cantonal donne son avis au conseil départemental sur le nombre des écoles publiques à ouvrir dans chaque commune (1) et sur l'établissement des écoles de hameau (2).

ART. 4. — Dans chaque département, les inspecteurs de l'instruction primaire sont nommés par le Ministre de l'instruction publique, sur une liste triple de présentation dressée par le conseil départemental.

Proposition de loi présentée par M. Henri de Lacretelle.

5 *août* 1871.

ARTICLE UNIQUE. — A partir du 1er novembre 1871, l'instruction primaire sera gratuite et obligatoire dans toutes les écoles de la République.

Proposition de loi ayant pour objet une institution de conférences publiques, présentée par M. Edouard Charton.

21 *août* 1871.

ARTICLE UNIQUE. — Tout instituteur communal, pourvu du brevet complet, fera, chaque semaine, une conférence publique sur l'une des matières de

---

(1) Art. 2 de la loi du 10 avril 1867.
(2) Art. 3 de la loi du 10 avril 1867.

l'enseignement facultatif dans les Écoles normales primaires, et notamment sur les éléments des sciences et des arts applicables aux intérêts locaux, agricoles ou autres.

Proposition de loi ayant pour objet l'instruction primaire obligatoire, présentée par MM. Georges Vacherot, Édouard Charton, Bethmont, H. Martin, Ferry, Flotard, Parent, Varoy, Contaut, Steinheil.

29 *août* 1871.

Art. 1. — L'instruction primaire est obligatoire sur tout le territoire français pour les enfants du sexe masculin.

Art. 2. — Tout mineur âgé de sept ans révolus au moins et de quatorze ans au plus, sera tenu, sous la responsabilité de ses père, mère, tuteur ou autre personne en ayant la garde, de fréquenter assidûment une école publique ou une école privée régulièrement établie, à moins qu'il ne soit justifié que ledit mineur reçoit dans sa famille une instruction suivie et suffisante (le tout sauf ce qui sera dit article 5).

Art. 3. — A l'effet d'assurer l'exécution de cette prescription, les directeurs d'écoles publiques ou privées tiendront à jour une liste de présence de tous les élèves fréquentant leurs écoles.

Cette liste sera par eux déposée chaque mois, sur récépissé, à la mairie de leur commune, pour y être, par les soins du maire ou d'un délégué du conseil municipal, contrôlée avec la liste des jeunes gens de sept à quatorze ans habitant la commune.

Il sera, chaque mois, dressé de cette opération procès-verbal sommaire, indiquant le nom des jeunes gens qui ne se trouveraient pas sur les listes d'école.

Ce procès-verbal sera immédiatement transmis à l'inspecteur primaire du ressort.

Ces opérations seront en outre vérifiées sur place par l'inspecteur primaire ou par les délégués cantonaux, chaque fois que l'un d'eux le jugera convenable.

Art. 4. — Lorsqu'un directeur d'école publique ou privée ne tiendra pas la liste de présence exigée par l'article 3, ou au cas où il n'en fera pas le dépôt mensuel à la mairie, il sera passible d'une amende de 50 à 100 francs.

En cas de récidive dans le délai d'un an, la peine sera doublée. En cas d'une nouvelle récidive dans le même délai, l'instituteur pourra être destitué s'il s'agit d'une école publique, et l'établissement fermé s'il s'agit d'une école libre.

La pénalité sera la même pour le cas où il aurait été commis sur les listes des inexactitudes volontaires.

Art. 5. — Au cas où un mineur de six à quatorze ans suivrait les cours d'une école autre que celle de sa résidence légale, ou au cas où il recevrait dans sa famille l'instruction primaire obligatoire, ses parents ou, à leur défaut, ceux qui sont légalement responsables, devront, à peine de supporter les frais de poursuites qui seraient intentées contre eux, en faire la déclaration au maire de la résidence légale du mineur.

Le maire transmettra dans la huitaine cette déclaration à l'inspecteur primaire du ressort, lequel devra sans retard en contrôler l'exactitude.

L'élève qui recevra l'instruction primaire dans sa famille devra, au moins une fois par an, subir un examen devant l'inspecteur primaire.

Au cas où deux examens successifs ne donneraient pas de résultats satisfaisants, l'élève pourra, sur l'avis motivé de l'inspecteur assisté d'un délégué cantonal, être soumis à l'obligation de suivre les cours d'une école.

Il pourra être appelé de cette décision devant le conseil départemental qui jugera en dernier ressort.

Art. 6. — Il pourra être accordé par l'inspecteur primaire, sur l'avis du maire, des exemptions temporaires de fréquenter l'école aux élèves dont les parents en feront la demande motivée. Ces exemptions ne pourront être accordées pour plus de quinze jours.

Il ne pourra en être accordé plus de quatre au même élève dans le courant d'une année.

Art. 7. — L'obligation de suivre assidûment les cours d'une école cessera :

1° Lorsque l'enfant aura atteint l'age de quatorze ans révolus ;

2° Lorsque, avant cet âge, il aura satisfait à son examen de capacité.

A cet effet, l'inspecteur primaire, assisté d'un délégué cantonal et d'un instituteur du canton, se transportera, au moins une fois par an et à un jour indiqué un mois d'avance, dans chacune des communes de son ressort, à l'effet d'interroger en séance publique, sur toutes les matières de l'enseignement primaire : 1° tous les élèves des écoles ayant atteint ou dépassé l'âge de treize ans ; 2° tous les jeunes gens de la commune au-dessous et au-dessus de cet âge qui auraient demandé par écrit à être admis aux épreuves.

Les candidats qui auront satisfait à cet examen recevront un certificat de capacité ; ils seront immédiatement exemptés de l'obligation de suivre les cours d'aucune école, et leurs parents, tuteurs et autres, seront déchargés de toute responsabilité à cet égard.

Art. 8. — Le programme des matières formant l'objet de l'enseignement primaire sera arrêté chaque année par le conseil supérieur de l'instruction publique.

ART. 9. — Lorsqu'il sera constaté qu'un enfant, soumis à l'obligation de suivre les cours d'instruction primaire, n'a fréquenté aucune école pendant le délai d'un mois, sans motif légitime d'empêchement, le père, ou à son défaut le tuteur, ou, à défaut du tuteur, toute personne en ayant la garde, sera passible d'une peine consistant en trois journées de prestation au moins et dix jours au plus, ou l'équivalent en argent, avec contrainte par corps dont le tribunal fixera la durée.

En cas de récidive dans le courant d'une année, la peine sera du double.

Dans le cas où la même personne aurait encouru quatre condamnations dans le délai d'un an, elle pourra, outre l'amende, être condamnée en un emprisonnement de cinq jours au plus.

Elle sera privée de ses droits politiques pour cinq années au moins, dix ans au plus.

En outre, la garde de l'enfant pourra lui être retirée pour un temps que le tribunal déterminera et qui ne pourra être inférieur à une année.

Pendant le même laps de temps, l'enfant, s'il n'est réclamé par un de ses parents qui en deviendra responsable, sera placé dans un établissement public d'instruction aux frais de la personne qui avait sa garde.

Les frais de son séjour seront avancés par l'État qui en fera le recouvrement sur les biens de la personne condamnée ; et en cas d'insolvabilité constatée de cette dernière, sur les biens personnels de l'enfant ou sur ceux qui pourront lui échoir ultérieurement.

L'action de l'État, en ce cas, ne sera éteinte que par la prescription trentenaire.

ART. 10. — Au cas où l'enfant soumis à l'obligation de l'instruction primaire aura, sans cause légitime, fait plus de cinq jours d'absence dans un mois aux cours de l'école à laquelle il est inscrit, le père ou la personne responsable sera prévenu par écrit, à la diligence et sous la responsabilité civile de l'instituteur. Si le fait se renouvelle le mois suivant, le père ou la personne responsable sera puni de deux jours de prestation au moins, et cinq au plus, ou d'une amende de somme équivalente.

En cas de récidive, la peine sera doublée.

Lorsque la même personne aura subi, pour ce motif, plus de quatre condamnations dans le cours d'une année, le tribunal pourra, suivant les circonstances, lui appliquer les dispositions de l'article 9 et notamment lui enlever la garde de l'enfant et placer ce dernier dans un établissement public, ainsi qu'il est dit à l'article précédent.

ART. 11. — Toutes les poursuites auront lieu devant le tribunal de simple police du canton, à la requête du ministère public, sur le rapport de l'inspecteur primaire du ressort, du maire ou d'un délégué cantonal. Le produit des amendes sera versé dans la caisse communale et affecté au budget de l'instruction primaire.

Art. 12. — A dater de la promulgation de la présente loi, toute personne ayant la garde ou la responsabilité légale d'un mineur âgé de plus de sept ans et de moins de quatorze, ne pourra être admise à exercer aucune fonction publique ou communale, si elle ne produit un certificat délivré par le maire ou par l'instituteur et visé par le maire de la commune, constatant que l'enfant dont elle a la charge fréquente régulièrement une école ou reçoit à domicile l'instruction primaire.

Nul ne sera admis à recevoir des secours de l'assistance publique ou des bureaux de bienfaisance communaux, sans la production préalable de ce certificat.

Art. 13. — Dans les communes où l'instruction primaire n'est pas entièrement gratuite, toute personne hors d'état de subvenir aux frais d'écolage des enfants dont elle a charge, devra en faire la déclaration à la mairie.

Sur le vu du certificat qui en sera délivré par ce magistrat, tout enfant sera admis gratuitement dans les écoles publiques de la commune.

Les livres et autres objets d'écolage indispensables seront aussi, en ce cas, fournis gratuitement.

Les frais seront supportés moitié par la commune et moitié par l'État.

Proposition de loi présentée par M. Henri de Lacretelle.

6 septembre 1871.

Art. 1. — L'instruction primaire est gratuite et obligatoire dans toutes les écoles de la République, pour les enfants des deux sexes.

Art. 2. — Tout enfant âgé de sept ans révolus, sera tenu, sous la responsabilité de ses père, mère, ascendant ou tuteur, de fréquenter les écoles primaires jusqu'à l'âge de quinze ans, sauf l'exception relatée plus loin. Néanmoins, le père de famille pourra conserver ses enfants chez lui, s'il fournit la preuve qu'il leur fait donner l'instruction primaire à domicile ou dans une école libre.

Art. 3. — L'instituteur ou l'institutrice, ou les directeurs et directrices des écoles libres, devront remettre chaque mois au maire de la commune la liste des enfants qui suivent leurs classes. En cas de refus de la part de la famille, ou d'absences multipliées et non justifiées de l'enfant, le maire appellera devant lui les délinquants.

Art. 4. — La peine infligée à ceux qui ont la surveillance de l'enfant, sera une réprimande publique toutes les fois que l'absence aura duré plus de huit jours, sans être justifiée. La peine consistera dans l'insertion des noms sur un placard affiché devant la porte de la mairie s'il y a récidive. Si l'absence est systématique, ou si le refus des parents est constaté, la peine, à la troisième insertion, sera d'une amende de cinq francs pour chaque jour de retard, et d'une interdiction des droits civils pendant deux années. L'amende sera versée dans la caisse de l'école communale.

Art. 5. — Dans les hameaux éloignés de l'école et aux époques des grands froids, et dans tout le territoire de la commune pendant la fenaison et la vendange, il pourra être accordé aux élèves une autorisation de quinze jours d'absence. Cette permission ne sera renouvelée qu'une fois par an.

Art. 6. — L'inspecteur primaire et le médecin cantonal visiteront tous les mois les écoles du canton.

Art. 7. — Les père, mère, ascendant ou tuteur seront à l'abri de toute recherche, si leurs enfants sont inscrits dans une autre école que celle de leur résidence légale.

Art. 8. — A l'âge de douze ans, pour ceux qui entreront dans les écoles de second degré ou dans les lycées et colléges, et de quinze ans pour ceux qui se livreront aux études primaires, les élèves passeront devant un jury composé d'un inspecteur primaire, d'un père de famille résidant dans la commune, et du maire, un examen après lequel il pourra leur être délivré un certificat de capacité. Ils continueront leurs études jusqu'à ce qu'ils aient obtenu un certificat.

Art. 9. — Les communes contribueront aux frais de l'instruction gratuite, dans la proportion de la moyenne des fonds qu'elles consacraient à l'assistance scolaire. Le reste sera fourni par l'État. Le minimum du traitement de l'instituteur et de l'institutrice sera de 1,200 fr. par an. Ils auront droit au logement, à un jardin, au chauffage et à l'éclairage.

Projet de loi sur la retraite des fonctionnaires de l'enseignement primaire, présenté à l'Assemblée nationale.

(M. J. Simon, ministre.)

15 *décembre* 1871.

Article unique. — Les inspecteurs de l'enseignement primaire, les instituteurs et institutrices publics et les directrices de salles d'asile communales sont compris parmi les fonctionnaires du service actif et ajoutés au tableau n° 2, annexé à la loi du 9 juin 1853. Leur pension de retraite est réglée conformément aux dispositions de cette loi relatives aux emplois de la partie active.

Projet de loi sur l'instruction primaire présenté à l'Assemblée nationale.

(M. J. SIMON, MINISTRE.)

15 décembre 1871.

ART. 1. — Tout enfant de l'un et de l'autre sexe, âgé de six ans révolus à treize ans révolus, doit recevoir un minimum d'instruction comprenant les matières obligatoires, soit dans l'école communale, soit dans une école libre, soit dans la famille. Ce minimum d'instruction sera constaté, à la fin de la période scolaire légale, par un examen, conférant, s'il y a lieu, un certificat d'études.

Le conseil départemental pourra déclarer que les enfants employés hors de leur famille, dans l'agriculture ou dans les manufactures, ne seront tenus d'assister, à certaines époques, qu'à une seule des classes de la journée.

Ne seront pas soumis aux sanctions pénales déterminées par l'article 4, les habitants des communes ou portions de communes que le conseil départemental, après l'avis du conseil général, aura déclaré ne pas se trouver dans les conditions qui permettent d'appliquer le principe de l'obligation.

Cette exemption ne vaudra que pour un an. La déclaration du conseil départemental sera transmise, séance tenante, au Ministre de l'instruction publique, qui prendra, avec le concours du préfet et du conseil général, les mesures nécessaires pour qu'une école soit établie pour l'année suivante.

ART. 2. — Une commission scolaire est instituée pour surveiller la fréquentation des écoles. Cette commission est composée du délégué cantonal, du maire, du curé ou du pasteur, et de trois pères de famille désignés par le conseil municipal, et dont un, au moins, devra être pris dans le sein de ce conseil.

La commission scolaire est présidée par le maire, ou, en son absence, par le plus âgé des membres présents. Le procès-verbal des séances, signé par tous les membres présents, sera conservé dans les archives de la mairie.

L'inspecteur de l'enseignement primaire fait partie de toutes les commissions scolaires de son ressort d'inspection.

ART. 3. — Le maire remet chaque année à l'instituteur, quinze jours avant la rentrée des classes, la liste de tous les enfants qui sont dans l'âge où la fréquentation des écoles est obligatoire. Il indique sur cette liste les enfants qui, d'après la déclaration des familles, tuteurs ou patrons, suivent une école libre ou reçoivent l'instruction à domicile.

Il remet à chaque instituteur libre la liste des enfants inscrits pour suivre son école. L'instituteur libre est soumis, pour la constatation de l'assiduité, aux mêmes obligations que l'instituteur public. Lorsqu'un élève quitte l'école, l'instituteur en donne avis au maire, sans délai. La famille est tenue de faire la même déclaration, en indiquant de quelle façon l'enfant recevra l'instruction à l'avenir.

L'instituteur public ou libre adresse, le dernier jour du mois, au président de la commission scolaire et à l'inspecteur de l'enseignement primaire, la liste des élèves qui ont été absents, avec l'indication du nombre et des motifs des absences pour chaque élève.

Ne seront considérées comme valables que les excuses acceptées par la commission scolaire.

La commission scolaire ou l'inspecteur de l'Académie pourront déférer au conseil départemental tout instituteur libre qui ne se conformerait pas aux prescriptions du présent article. Après deux avertissements restés inutiles, le conseil prononcera la suspension pour un mois. En cas de récidive, la peine pourra être élevée à trois mois.

L'instituteur suspendu pourra en appeler au conseil supérieur de l'instruction publique. L'appel sera suspensif.

Art. 4. — Après trois absences non justifiées dans le courant du mois, le père, le tuteur ou la personne responsable sera mandé dans la salle des actes de la mairie, devant la commission scolaire qui, en lui rappelant le texte de la loi, lui expliquera ses devoirs.

En cas de récidive, la commission prononcera l'inscription des nom, prénoms et qualités de la personne responsable, à la porte de la mairie, pendant quinze jours ou un mois ; elle pourra aussi retirer aux familles indigentes la faculté de recevoir des secours publics.

En cas de nouvelle récidive ou après dix absences non justifiées, la commission adressera une plainte au juge de paix qui, après avoir appelé le contrevenant, prononcera une amende de 1 à 10 francs.

Dans le cas d'une nouvelle infraction, l'amende sera doublée. Si, après ces deux dernières condamnations, de nouvelles infractions à la loi se produisent, le tribunal correctionnel, saisi par la commission scolaire ou par l'inspecteur de l'enseignement primaire, prononcera une amende de 20 fr. au moins et de 50 fr. au plus.

En cas de récidive, l'amende sera doublée. Le tribunal pourra, en outre, prononcer la privation des droits civiques pendant trois ans et l'interdiction, pendant la même durée, d'être employé dans les ateliers de l'État, soit comme ouvrier, soit à un autre titre.

A défaut de payement, le total des amendes sera converti en journées de prestations, dont la valeur en argent, de même que le montant de l'amende, sera ajoutée au produit des centimes spéciaux de l'instruction primaire.

Lorsque l'enfant est employé soit dans l'agriculture hors de la famille, soit dans un atelier ou une fabrique, le patron sera mandé en même temps que le père ou tuteur et condamné aux mêmes peines. Il pourra être déclaré solidairement responsable des amendes encourues.

Art. 5. — Chaque année, la commission scolaire délivre, en séance publique, des certificats d'études aux enfants âgés de treize ans révolus qui ont suivi l'école publique ou libre avec assiduité depuis l'âge de six ans révolus. Elle examine sur les matières obligatoires les enfants qui ont reçu l'instruction dans leur famille, et leur délivre, s'il y a lieu, le certificat d'études. Chacun de ces enfants écrit publiquement une dictée dont le texte est fourni par l'inspecteur d'Académie. La dictée est annexée au procès-verbal.

Lorsqu'il est prouvé que l'enfant n'a pas reçu de leçons dans la famille, la commission scolaire ou l'inspecteur de l'enseignement primaire adresse une plainte au tribunal correctionnel, qui peut appliquer le maximum des peines portées à l'article 4.

A la fin de cette session d'examen, le président de la commission scolaire dresse la liste des enfants qui reçoivent l'instruction à domicile. Il en donne lecture à haute voix et la transmet au maire de la commune et au président de la commission cantonale.

Art. 6. — A partir du 1er janvier 1880, aucun citoyen arrivant à l'âge de vingt et un ans ne sera inscrit sur la liste électorale que sur la présentation du certificat d'études. A défaut de ce certificat, il pourra obtenir d'être rétabli sur la liste électorale en écrivant sa demande, sur la table de la mairie, en présence du maire et de deux conseillers municipaux. Procès-verbal de cette formalité sera envoyé par le maire à l'inspecteur d'Académie. La demande de l'électeur sera annexée au procès-verbal.

Art. 7. — L'inspecteur d'Académie, sous l'autorité du recteur, nomme, à titre provisoire, les instituteurs, les institutrices, les directrices des salles d'asile publiques, leurs adjoints et adjointes ; il arrête la liste d'admissibilité à l'École normale primaire et propose au conseil général la nomination des boursiers de l'État et des communes.

Nul n'est nommé instituteur à titre définitif qu'à la suite d'un examen professionnel auquel on ne peut être admis qu'après deux ans d'exercice.

L'examen a lieu devant l'inspecteur d'Académie et deux inspecteurs de l'enseignement primaire du département, désignés par le recteur.

La nomination à titre définitif est ratifiée par le recteur d'Académie, au nom du Ministre de l'instruction publique.

Art. 8. — L'inspecteur d'Académie peut, suivant les cas, avertir, réprimander, suspendre sans privation de traitement, jusqu'à la prochaine réunion du conseil départemental, les directeurs ou directrices d'écoles ou d'asiles ainsi que leurs adjoints ou adjointes. Il peut même prononcer provisoirement la privation partielle ou totale du traitement. Toutes les fois que la suspension est prononcée, le recteur doit être immédiatement averti. Le conseil statue sur la prolongation de la suspension; il peut ordonner la restitution du traitement.

La révocation ne sera prononcée que par le conseil départemental, l'instituteur ayant été entendu ou dûment appelé. L'instituteur révoqué ne pourra exercer des fonctions d'enseignement dans le même canton.

Le conseil départemental peut, après l'avoir entendu ou dûment appelé, frapper l'instituteur communal d'une interdiction absolue.

L'instituteur révoqué ou interdit pourra en appeler devant le conseil supérieur de l'instruction publique dans le délai de dix jours, à partir de la notification de la décision. Cet appel n'est pas suspensif.

Art. 9. — Toutes les fois qu'une école devient vacante par suite de démission, de révocation ou de décès du titulaire, le conseil municipal est mis en demeure d'émettre son avis sur la question de savoir s'il désire que la direction de l'école soit confiée à un instituteur laïque ou à un membre d'une association religieuse vouée à l'enseignement public.

Il peut émettre son avis sur la même question dans la session qui suit le renouvellement intégral de ses membres. Sa délibération est transmise à l'inspecteur d'Académie, qui fait immédiatement une enquête, et au conseil départemental pour statuer. Avant le vote du conseil départemental, l'inspecteur d'Académie lui rend compte des résultats de son enquête ; il expose les motifs de la délibération du conseil municipal et donne ses conclusions.

La partie qui succombe peut en appeler au conseil supérieur de l'instruction publique. Le conseil supérieur est tenu d'entendre, s'ils le demandent, le préfet, l'inspecteur d'Académie, les délégués du conseil municipal et ceux du conseil départemental. Le jugement mentionne qu'ils ont été entendus ou que leurs lettres ou mémoires ont été lus en séance. Cet appel n'est pas suspensif.

Art. 10. — Le local de l'inspection académique, composé au moins d'un cabinet pour l'inspecteur, d'une pièce pour le commis, d'une salle des séances du conseil départemental, ainsi que le mobilier dudit conseil et les frais du bureau de l'inspecteur d'Académie, sont à la charge du département. Ces dépenses sont obligatoires et ne peuvent être prélevées sur les centimes spéciaux de l'instruction primaire.

Art. 11. — L'inspection des établissements d'enseignement primaire publics et libres est exercée

1° Par les inspecteurs généraux de l'instruction publique ;

2° Par les recteurs ou inspecteurs d'Académie ;

3° Par les inspecteurs de l'enseignement primaire et les inspectrices des salles d'asile ;

° Par les membres du comité cantonal, par les maires, et enfin par les curés ou desservants, les pasteurs ou rabins, chacun en ce qui concerne le culte dont il est ministre.

Aucune autre personne ne peut être admise à faire, dans les établissements publics, un acte quelconque de surveillance et d'inspection.

Néanmoins, dans les villes qui comptent au moins vingt établissements publics d'instruction primaire, un contrôleur spécial pourra, avec l'agrément du Ministre, être chargé de la surveillance du matériel; il sera nommé par le maire et payé sur les fonds de la commune.

Art. 12. — Dans chaque canton, les établissements d'instruction primaire sont placés sous la surveillance des membres du comité cantonal d'instruction primaire.

Les membres du comité sont désignés, au nombre de cinq au moins et de douze au plus, pour chaque canton, par le conseil départemental. Un instituteur public de la circonscription, et, si le canton compte au moins six établissements libres, un instituteur libre, font nécessairement partie de chaque comité cantonal, sans cependant prendre part à la visite des écoles.

Le conseil désigne l'instituteur public sur une liste de trois candidats élus par les instituteurs publics du canton, et l'instituteur libre sur une liste de trois candidats élus par les instituteurs libres.

Ces élections se font par un vote au scrutin secret, sur la convocation de l'inspecteur de l'Académie, à l'époque du renouvellement des comités cantonaux, ou après décès ou démission d'un des instituteurs membres du comité.

Art. 13. — Les membres du comité cantonal sont nommés pour trois ans; ils sont rééligibles et révocables par un conseil départemental.

Art. 14. — Les membres du comité cantonal se réunissent au moins une fois tous les trois mois, au chef-lieu du canton, sous la présidence de celui d'entre eux qu'ils désignent.

Ils désignent aussi un secrétaire, qui rédige et conserve les procès-verbaux.

L'inspecteur de l'instruction primaire est toujours informé cinq jours à l'avance de la réunion ; il a le droit d'y assister avec voix délibérative.

Les membres du comité cantonal se répartissent la surveillance des écoles du canton et donnent avis de cette répartition au conseil départemental.

Le comité adresse à ce conseil, par l'intermédiaire de l'inspecteur d'Académie, des délibérations et des rapports. Chacun de ses membres correspond directement avec les autorités locales pour tout ce qui concerne les besoins des écoles dont il est spécialement chargé.

Art. 15. — Le comité cantonal est consulté :

Sur les récompenses et encouragements qu'il convient d'accorder aux instituteurs publics ou libres, et sur les peines qu'il peut y avoir lieu de prononcer contre eux, quand ces peines sont la suspension, la révocation ou l'interdiction. Néanmoins, en cas d'urgence, la peine de la suspension peut être prononcée directement par l'inspecteur d'Académie ;

Sur le nombre des écoles publiques et des salles d'asile publiques à ouvrir dans chaque commune, et sur l'établissement des écoles de hameau;

Sur le taux de la rétribution scolaire dans les écoles et les salles d'asile publiques ;

Sur les autorisations à donner pour l'établissement des écoles mixtes, quant au sexe et quant au culte ;

Sur la création d'écoles d'adultes ;

Sur l'admissibilité à l'examen d'entrée à l'École normale des candidats de la circonscription ;

Sur l'autorisation demandée par un instituteur public d'ouvrir un pensionnat ;

Sur la réunion de plusieurs communes pour l'entretien d'une école.

Extrait du procès-verbal de chaque réunion est transmis au conseil départemental, par l'intermédiaire de l'inspecteur d'Académie.

Chaque membre du comité cantonal assiste, avec les autorités locales, à l'installation de l'instituteur appelé à la direction de l'une des écoles placées sous sa surveillance. Il prend part, de concert avec l'inspecteur de l'instruction primaire, aux examens pour l'obtention du certificat d'études.

Art. 16. — A partir du 1er janvier 1876, nul ne pourra être chargé de la direction d'une école s'il n'est pourvu du brevet de capacité mentionné à l'article 25 de la loi du 15 mars 1850.

Les religieuses qui, à la date du 1er janvier 1876, compteront quatre années d'exercice de la profession d'institutrice, seront dispensées de l'obligation de produire le brevet.

Art. 17. — Les dépenses relatives à l'instruction primaire figureront au premier rang des dépenses obligatoires des communes et des départements. Il y sera pourvu au moyen :

1° Des dons et legs ;

2° Des revenus ordinaires des communes ;

3° En cas d'insuffisance des revenus ordinaires, du produit d'une imposition spéciale de trois centimes ;

4° Du produit de la rétribution scolaire ;

5° Lorsque ces revenus sont épuisés, des ressources ordinaires du département et, en cas d'insuffisance, d'une imposition spéciale de trois centimes additionnels au principal des quatre contributions directes ;

6° Enfin, si les ressources communales et départementales ne suffisent pas, d'une subvention sur les fonds portés chaque année au budget de l'État.

Les dépenses de l'instruction primaire auxquelles il doit être pourvu avant toute autre dépense comprennent : 1° les traitements fixes et éventuels des instituteurs et institutrices, de leurs adjoints et adjointes, des maîtresses des travaux à l'aiguille dans les écoles mixtes, des directrices des salles d'asile et de leurs adjointes ; 2° les frais de construction, réparation, appropriation ou location de maisons d'école ; 3° les frais d'entretien des bâtiments et du matériel scolaire, y compris l'achat des registres scolaires ; 4° les frais de bureau des comités cantonaux, des commissions scolaires et des commissions d'examen pour le brevet de capacité.

Les dépenses d'entretien des cours d'adultes et de chauffage des classes, et celles des fournitures classiques des élèves hors d'état de payer, sont obligatoires et purement communales.

Art. 18. — Il y a dans chaque département une École normale d'instituteurs et une École normale d'institutrices, entretenues aux frais de l'État. Le département est tenu de fournir et d'entretenir le local et les dépendances nécessaires à l'installation des établissements.

Néanmoins, sur la demande des conseils départementaux ou des conseils généraux, le Ministre de l'instruction publique pourra autoriser plusieurs départements à entretenir en commun une seule École normale d'instituteurs ou une seule École normale d'institutrices.

Art. 19. — A partir du 1er janvier 1872, les fonds qui constituent le traitement des instituteurs et des institutrices publics, et qui ont été déterminés par les lois des 15 mars 1850 et 10 avril 1867, sont centralisés à la Trésorerie générale des départements. Les instituteurs et institutrices seront payés mensuellement sur mandats délivrés par les préfets.

Art. 20. — Les attributions conférées par la présente loi aux inspecteurs d'Académie seront exercées en Algérie par le recteur de l'Académie d'Alger.

Le Conseil académique de l'Académie d'Alger exercera les attributions qui sont dévolues aux conseils départementaux de la métropole.

Art. 21. — Dans le courant du mois de mars de chaque année, le Ministre de l'instruction publique présente à l'Assemblée nationale, en séance publique, un rapport sur la situation de l'enseignement primaire.

Art. 22. — Les dispositions des lois antérieures, contraires à la présente loi, sont et demeurent abrogées.

Amendement à la proposition de loi de M. Delpit et ses collègues, relative à la nomination des instituteurs communaux et à la surveillance des écoles primaires, présenté par M. le marquis de la Rochejaquelein.

19 *décembre* 1871.

Art. 1. — Comme au projet de M. Delpit.

Art. 2. — Le choix entre l'enseignement laïque et l'enseignement congréganiste appartient aux pères de famille ; il est soumis à un vote tous les dix ans au moins et chaque fois que l'école laïque devient vacante par suite de décès, démission, mutation, révocation ou avancement du titulaire.

Art. 3. — Chaque père de famille a, dans le vote, autant de voix qu'il a d'enfants au-dessous de l'âge de 12 ans révolus, garçons ou filles, suivant l'école pour laquelle le scrutin a lieu.

Le vote est secret et le père de famille dépose autant de bulletins pliés qu'il a de voix. Si le père est décédé, le tuteur le remplace.

Chaque bulletin porte le mot : laïque, ou le mot : congréganiste.

Art. 4. — L'instituteur ou l'institutrice laïque est nommé par le recteur de l'Académie, sur la proposition du conseil départemental.

L'instituteur ou l'institutrice congréganiste est agréé par le recteur, sur la présentation des supérieurs de la communauté religieuse.

Art. 5. — Lorsque le nombre d'enfants de même sexe dans une commune atteint le chiffre de trois cents, la commune est tenue d'établir une ou plusieurs écoles laïques et une ou plusieurs écoles congréganistes, si les parents, par leur vote, le demandent pour cent enfants au moins.

Si l'enseignement dans la commune est subventionné, chaque école l'est proportionnellement au nombre d'enfants qu'elle reçoit.

Art. 6. — En dehors des écoles communales, quand l'enseignement est gratuit, c'est-à-dire payé par tous les contribuables de la commune, chaque école libre, établie conformément aux lois et offrant les garanties exigées, a droit à une part de subvention proportionnelle au nombre d'enfants qui la fréquentent, et calculée d'après le montant des dépenses réelles de l'enseignement dans la commune.

Quand l'enseignement n'est pas gratuit, chaque école a part à l'indemnité de rétribution fixée pour les enfants indigents.

Art. 7. — Comme l'art. 3 du projet de M. Delpit.

Art. 8. — Comme l'art. 4 du projet de M. Delpit.

Amendement au projet de loi sur la retraite de divers fonctionnaires de l'enseignement primaire, présenté par MM. Bozérian, Leblond, Tassin, Delille, Delorme, Lenoel.

29 *décembre* 1871.

Article additionnel, à insérer entre les articles 1 et 2 du projet du gouvernement :

« Cette pension est basée sur la moyenne des traitements et émoluments de toute nature soumis à retenues, dont l'ayant droit a joui pendant les six années qui ont produit le chiffre le plus élevé. »

Amendement présenté au projet de loi sur l'organisation primaire par MM. de Bonald, Pradié, Calemard de Lafayette.

10 *janvier* 1872.

Art. 2. — Remplacer l'article du projet par celui-ci :

« Il est institué, dans chaque commune ou section de commune formant une circonscription scolaire, un conseil des pères de famille, élu par tous les pères de famille ayant des enfants en âge de fréquenter l'école.

« Seront considérés comme pères de famille et voteront en cette qualité : 1° Les tuteurs d'enfants orphelins ou abandonnés ; 2° les veuves ; 3° les mères de famille munies d'une procuration de leur mari absent de la commune, et sans procuration lorsque le mari sera atteint d'aliénation mentale, frappé d'interdiction, ou aura subi une condamnation à une peine infamante ; 4° les femmes séparées de corps lorsque les tribunaux leur auront laissé le soin de diriger l'éducation de leurs enfants.

« Le conseil des pères de famille se compose de neuf membres ; ils sont élus pour six ans et indéfiniment rééligibles. Ils choisissent parmi eux leur président et leur secrétaire. Le délégué cantonal, le maire, le curé ou pasteur, et l'inspecteur de l'enseignement primaire, ont entrée dans le conseil des pères de famille, mais avec voix consultative seulement.

« Le conseil des pères de famille est consulté sur le choix et la nomination de l'instituteur, sur les récompenses qu'il y aurait lieu de lui décerner et sur les punitions qu'il aurait encourues, et sur tout ce qui intéresse la direction et la bonne tenue de l'école. Il surveille la fréquentation de l'école. »

Art. 7. — Ajouter au deuxième paragraphe ces mots :

« Et sur l'avis conforme du conseil des pères de famille. »

Art. 9. — Remplacer l'article du projet par celui-ci :

« Toutes les fois qu'une école devient vacante par suite d'une démission, de révocation ou de décès du titulaire, le conseil des pères de famille est mis en demeure de déclarer s'il désire que la direction de l'école soit confiée à un instituteur laïque ou à un membre d'une association religieuse vouée à l'enseignement public.

« Il peut se prononcer sur la même question à la première réunion qui suit le renouvellement intégral de ses membres. La décision de la majorité est toujours obligatoire. Toutefois, si le tiers au moins des voix est d'un avis opposé, la question de savoir s'il sera créé une deuxième école communale, conforme au vœu de la minorité, est soumise à l'assemblée entière des pères de famille, composée comme il est dit à l'art. 2, et lorsque le tiers de cette assemblée émet un avis favorable à cette création, la délibération est transmise par l'inspecteur de l'enseignement primaire au conseil départemental, qui statue après enquête et sauf recours au conseil supérieur.

« Le conseil des pères de famille se prononce de la même manière sur la convenance d'établir ou de conserver une école mixte. »

Art. 11. — Ajouter au paragraphe premier :

« 5° Par les délégués du conseil des pères de famille. »

Amendement présenté au projet de loi par M. Antonin Lefèvre-Pontalis.

12 *janvier* 1872.

L'enseignement primaire sera donné gratuitement à tous les enfants dont les familles déclareront qu'elles sont hors d'état de la payer. Cette déclaration sera faite à la mairie de chaque commune.

Amendement présenté à la proposition de loi de M. Delpit et ses collègues, par MM. G. de Belcastel, F. du Temple, de Cazenove, de Pradine, Ch. Combier, le vicomte de Rodez-Benavent, le baron de Vinols, le comte de Vaulchier, A. de Colombet, le marquis de Gouvello, Soury-Lavergne, le comte de Cintré, le marquis de Franclieu, Jaffré, le vicomte de Lorgeril.

19 *janvier* 1872.

Art. 1. — Tous les établissements d'instruction primaire, tenus par un corps religieux enseignant, soit d'hommes, soit de femmes, seront libres et sans autre surveillance que celle de droit commun.

Art. 2. — Seront regardés comme tels les corps religieux pourvus à cet effet de l'institution canonique ou de l'autorisation de l'évêque du diocèse.

Art. 3. — Les établissements religieux d'instruction primaire, dans les conditions qui précèdent, seront reconnus comme personnes civiles capables d'acquérir, de posséder et de transmettre ; ils seront assujettis à l'impôt spécial de mainmorte.

Amendement à la proposition de loi de M. Delpit et ses collègues, relative à la nomination des instituteurs communaux et à la surveillance des écoles primaires, présenté par le M. le marquis de La Rochejaquelein.

24 *janvier* 1872.

Art. 2 de l'amendement. — Le choix entre l'enseignement laïque et l'enseignement congréganiste appartient aux pères de famille, aux mères, aux tuteurs ; il est soumis à un vote tous les dix ans au moins, et chaque fois que l'école laïque devient vacante par suite de décès, démission, mutation, révocation ou mise à la retraite du titulaire.

Proposition de loi sur l'instruction élémentaire, présentée par M. Émile Beaussire.

29 *janvier* 1872.

TITRE I.

De l'instruction primaire en général.

Art. 1. — L'instruction primaire a pour base un enseignement moral et religieux, approprié aux cultes professés par les familles.

Elle comprend, outre cet enseignement :

1° La lecture ; 2° l'écriture ; 3° les éléments de la langue française ; 4° le calcul et le système légal des poids et mesures ; 5° des notions pratiques d'arithmétique, de géométrie, de sciences physiques et naturelles ; 6° les éléments de l'histoire et de la géométrie ; 7° des notions élémentaires sur l'agriculture, le commerce, l'industrie, l'économie politique, le droit usuel et l'hygiène, appropriées aux localités ; 8° le dessin, le chant et la gymnastique ; 9° les rudiments de l'instruction militaire pour les garçons ; 10° les travaux à l'aiguille pour les filles.

Les matières énoncées aux quatre premiers numéros constituent un minimum ndispensable pour l'accomplissement éclairé des devoirs de citoyen.

La loi civile, la loi électorale et la loi militaire détermineront les incapacités ou les avantages dont pourront être frappés ceux qui ne justifieraient pas de ce minimum, ainsi que les avantages qui pourront être faits à ceux qui posséderaient une instruction primaire complète.

Art. 2. — Tout père de famille est obligé de pourvoir, sous la forme et suivant le mode qui lui convient, à l'instruction de ses enfants ou pupilles. Il ne peut être exempté d'en supporter les charges qu'en cas d'insuffisance dûment constatée de ses ressources.

Art. 3. — Toute association formée dans le but de donner l'instruction primaire est reconnue *ipso facto* comme établissement d'utilité publique, à la condition de faire connaître, par une déclaration en forme, au Ministre de l'instruction publique, les noms, professions et domiciles de ses fondateurs ou administrateurs, le siége de son principal établissement et ses statuts.

Le Ministre peut former opposition, devant le conseil supérieur de l'instruction publique, dans l'intérêt de l'ordre social et des bonnes mœurs, contre la reconnaissance légale d'une association enseignante.

L'opposition n'est recevable que si elle est notifiée aux parties dans les trois mois qui suivent leur déclaration. Le jugement du conseil ne peut avoir d'effet que s'il est rendu dans les trois mois qui suivent l'opposition.

L'opposition est suspensive.

Le conseil supérieur peut également, pour les mêmes motifs, retirer aux associations enseignantes le bénéfice de la reconnaissance légale. Ce retrait ne peut être prononcé que sur la demande du Ministre de l'instruction publique, et dans les trois mois qui suivent cette demande.

Les associations auxquelles la reconnaissance légale a été refusée ou retirée restent soumises aux lois qui régissent les associations ordinaires.

Art. 4. — Les associations enseignantes légalement reconnues peuvent obtenir la faculté de déclarer à leurs membres des certificats de capacité ayant la même valeur que les certificats de capacité exigés pour l'enseignement primaire public ou libre, par l'article 25 de la loi du 15 mars 1850.

Cette faculté leur est accordée et peut leur être retirée par le conseil supérieur de l'instruction publique.

Les certificats de capacité, délivrés par les associations, ne sont valables que s'ils portent la mention d'examens subis avec satisfaction, sur les mêmes matières que les examens institués par la loi précitée.

L'article 49 de la loi du 15 mars 1850, relatif aux lettres d'obédience, est abrogé.

Art. 5. — Les établissements d'instruction primaire, dont les directeurs ou les maîtres ne reçoivent pas leur institution de l'État ou des autorités qui le représentent, ont le caracère d'écoles libres, quel que soit leur mode de fondation ou d'entretien.

Ont seuls le caractère d'écoles publiques les établissements d'instruction primaire dont les directeurs ou les maitres sont des fonctionnaires de l'État placés sous la dépendance directe des autorités préposées à l'instruction publique.

Art. 6. — Les écoles soit libres, soit publiques, peuvent être mixtes pour les sexes et pour les cultes.

Les écoles mixtes, pour les sexes, doivent être dirigées par des institutrices ayant satisfait aux mêmes examens que les instituteurs.

Les écoles mixtes, pour les cultes, doivent être tenues de façon à éviter tout ce qui peut blesser la foi de leurs élèves et à leur fournir tous les moyens de recevoir, soit à l'école même, soit au dehors, une instruction religieuse appropriée à leurs cultes respectifs.

TITRE II.

Des institutions municipales concernant l'instruction primaire.

Art. 7. — Les dépenses de l'instruction primaire, dans chaque commune, sont assurées au moyen :

1° Du produit de la rétribution scolaire payée par les familles ;

2° Des dons, legs et fondations des particuliers ;

3° Des ressources ordinaires et extraordinaires des communes jusqu'à épuisement d'une imposition spéciale de trois centimes sur les contributions de toute nature perçues dans chaque commune ;

4° Des ressources ordinaires et extraordinaires des cantons jusqu'à épuisement d'une imposition spéciale de trois centimes sur les contributions perçues dans chaque canton ;

5° Des ressources ordinaires et extraordinaires des départements jusqu'à épuisement d'une imposition spéciale de trois centimes sur les contributions perçues dans chaque département ;

6° D'une subvention sur les fonds portés chaque année au budget de l'État.

Il ne sera recouru aux trois dernières catégories de ressources que si les trois premières sont insuffisantes. La quatrième reste d'abord subordonnée à l'institution d'une organisation administrative des cantons.

Art. 8. — Les dépenses de l'instruction primaire auxquelles il doit être pourvu avant toutes les autres, sur le budget de chaque commune, comprennent :

1° La création, l'entretien ou la subvention d'un nombre d'écoles en rapport avec la population;

2° Le payement, en totalité ou en partie, dans les écoles choisies par les parents, de la rétribution scolaire pour les enfants des familles les plus nécessiteuses.

Art. 9. — Toute commune ou arrondissement municipal, de même que toute section de commune distante de plus de quatre kilomètres du chef-lieu de la commune et comptant une population agglomérée de plus de 300 habitants, doit posséder au moins une école.

Les communes, arrondissements municipaux ou sections de communes d'une population de 3,000 habitants et au-dessus, doivent posséder autant d'écoles qu'ils comptent de fois 3,000 habitants, sans qu'il soit tenu compte des fractions.

Les communes dont la population est inférieure à 3,000 habitants peuvent être autorisées à s'annexer, pour l'instruction primaire, à d'autres communes.

Même autorisation peut être accordée aux communes, quelle que soit leur population, pour les enfants à qui elles ne pourraient offrir des écoles appropriées à leurs cultes.

Art. 10. — Lorsqu'une commune, un arrondissement municipal ou une section de commune, dans les conditions spécifiées à l'article précédent, ne possède qu'une école, cette école doit être apte à recevoir des enfants des deux sexes.

Art. 11. — Lorsqu'il n'existe qu'une école dans une commune où sont célébrés plusieurs cultes, cette école doit être mixte, à moins que l'autorisation spécifiée au paragraphe 4 de l'article 9 n'ait été obtenue.

Art. 12. — Les écoles créées et entretenues directement par les communes portent le nom d'écoles communales.

L'entretien d'écoles communales n'est obligatoire pour les communes que si l'initiative privée, avec ou sans subvention de leur part, ne suffit pas pour les doter du nombre d'écoles qu'elles sont tenues de posséder, en raison de leur population.

Art. 13. — Les communes ont la faculté d'option, pour les écoles communales, entre les écoles libres et les écoles publiques.

Elles ont également la faculté d'option entre les écoles distinctes et les écoles mixtes, soit pour les sexes, soit pour les cultes, sauf les cas spécifiés aux articles 10 et 11, et sous cette réserve que si un seul culte est célébré sur le territoire d'une commune, l'école communale ne peut qu'être appropriée à ce culte.

Art. 14. — Les communes sont représentées, pour ce qui concerne l'instruction primaire, sauf le vote des ressources qui lui sont affectées, par une commission scolaire, composée ainsi qu'il suit, pour chaque commune ou arrondissement municipal :

Le maire ou un de ses adjoints désigné par lui, président ;

Le ministre ou, s'il y en a plusieurs, le plus élevé en dignité, ou à dignité égale, le plus ancien des ministres de chacun des cultes célébrés dans la commune ou dans l'arrondissement municipal ;

Des membres élus par les pères de famille, au nombre de trois pour une population de moins de 3,000 âmes ; de six, pour une population de 8 à 10,000 âmes ; de neuf, pour une population de plus de 10,000 âmes.

Art. 15. — Sont électeurs, pour la nomination des membres élus de la commission scolaire, les pères de famille ou tuteurs inscrits sur la liste électorale pour les élections municipales, dont les enfants ou pupilles ont plus de cinq et moins de vingt et un ans.

L'élection a lieu au scrutin de liste, à la majorité absolue des suffrages pour le premier tour de scrutin, ou, s'il y a lieu à un second tour, à la majorité relative.

Les membres élus sont renouvelés par tiers tous les trois ans. Le sort désignera les deux premiers tiers qui devront sortir. Les membres sortants sont indéfiniment rééligibles.

Art. 16. — La commission scolaire dispose de toutes les ressources affectées d'une manière générale à l'instruction primaire, dans la commune ou l'arrondissement municipal, par la commune elle-même, par le département, le canton ou l'État, par la libéralité des particuliers, ainsi que des fonds provenant des amendes édictées par les articles 35, 38 et 39 ci-après.

Elle a qualité pour recevoir des dons et legs et pour agir, en tout ce qui concerne les intérêts dont elle est chargée, comme personne civile.

Art. 17. — La commission statue sur tous les intérêts de l'instruction primaire dans la commune ou l'arrondissement municipal.

Elle accorde ou refuse aux familles qui en font la demande l'exemption de la rétribution scolaire, conformément aux articles 2 et 8 ci-dessus.

Elle peut accorder des indemnités aux parents qui auraient besoin du travail de leurs enfants, à la condition que ceux-ci fréquentent assidûment les écoles.

Elle surveille le régime des écoles de tout ordre, au point de vue des mœurs, de l'hygiène et de la discipline ;

Elle accorde ou retire les subventions aux écoles privées ;

Elle pourvoit directement aux dépenses des écoles communales, soit pour le matériel, soit pour le payement du traitement des instituteurs ;

Elle exerce, au nom de la commune, la faculté d'option spécifiée à l'article 13.

Art. 18. — Si la commission opte pour une école libre, elle traite directement avec l'instituteur ou avec une association vouée à l'enseignement ;

Si elle opte pour une école publique, elle traite avec le chef de service de l'instruction publique dans le département, aux charges suivantes : fournir un local approprié à l'instruction primaire ; — placer et entretenir dans ce local le mobilier nécessaire ; — garantir pour cinq ans au moins le maintien de l'école publique et le traitement de l'instituteur.

Art. 19. — Le chef de service de l'instruction publique, dans chaque département, nomme, sous l'autorité du recteur, à titre provisoire, les instituteurs ou institutrices attachés aux écoles publiques.

Nul n'est chargé, à titre définitif, de la direction d'une école publique, qu'à la suite d'un examen professionnel, auquel on ne peut être admis qu'après deux ans d'exercice.

L'examen a lieu devant une commission désignée par le recteur.

La nomination définitive est faite par le recteur, au nom du Ministre de l'instruction publique.

Art. 20. — Les salles d'asile sont assimilées aux écoles par les dispositions des articles 12, 13, 17, 18 et 19. Toutefois, l'examen prescrit par l'article 17 ne sera pas exigé pour la direction à titre définitif d'une salle d'asile publique.

TITRE III.

Des institutions cantonales concernant l'instruction primaire.

Art. 21. — Chaque canton est représenté, pour tout ce qui concerne l'instruction primaire, sauf le vote des ressources qui lui sont affectées, par un comité cantonal composé ainsi qu'il suit :

Le membre du conseil général représentant le canton, président ;

Le juge de paix ;

Le plus élevé en dignité ou, à dignité égale, le plus ancien des ministres de chacun des cultes célébrés dans le canton ;

Trois membres au moins nommés au scrutin de liste, à la majorité absolue, ou, s'il y a lieu, à un second tour de scrutin, à la majorité relative par les commissions scolaires du canton. Ces membres portent le nom de délégués cantonaux.

Le nombre des délégués cantonaux sera porté à six dans les cantons qu compteront plus de dix communes ou dont la population dépassera 50,000 habitants.

Les délégués cantonaux sont renouvelés par tiers tous les trois ans, à la suite du renouvellement partiel des commissions scolaires. Le sort désignera les deux premiers tiers qui devront sortir. Les membres sortants sont indéfiniment rééligibles.

Art. 22. — Les communes partagées en plusieurs cantons ou en plusieurs arrondissements municipaux sont considérées, avec les communes rurales faisant partie de leurs cantons, comme ne formant qu'un canton unique, et ne sont représentées que par un seul comité cantonal.

Art. 23. — Le comité cantonal a la surveillance générale de toutes les écoles du canton. Cette surveillance est exercée particulièrement sous la forme de visites trimestrielles ou plus fréquentes, s'il y a lieu, par les délégués cantonaux, qui se partagent, pour ces visites, les communes du canton.

Art. 24. — Le comité cantonal est appelé à statuer :

Sur le taux de la rétribution scolaire dans les écoles et les salles d'asil communales;

Sur l'annexion de pensionnats aux écoles communales;

Sur l'autorisation à donner aux communes qui voudraient se réunir à d'autres communes pour l'entretien d'une école, dans les cas prévus par les deux derniers paragraphes de l'article 9;

Sur les récompenses et encouragements à accorder aux instituteurs publics ou libres.

Il prononce, en premier ressort, sur la plainte d'un inspecteur de l'instruction primaire, contre les instituteurs publics ou libres, après les avoir entendus dans leurs moyens de défense, des peines disciplinaires, telles que la suspension, la révocation ou l'interdiction. Néanmoins, en cas d'urgence, la peine de la suspension peut être prononcée par le chef de service de l'instruction ublique dans le département. Elle ne pourra, dans ce cas, durer plus d'un mois, si elle n'a pas été confirmée par le comité cantonal.

L'instituteur frappé d'une peine disciplinaire peut en appeler au conseil départemental, et, en dernier ressort, au conseil supérieur de l'instruction publique. L'appel n'est pas suspensif.

Art. 25. — Le comité cantonal accorde ou retire les subventions pour l'instruction primaire aux communes du canton.

Il statue sur la création, l'entretien ou la subvention des écoles cantonales.

Il dispose à cet effet de toutes les ressources affectées d'une manière générale à l'instruction primaire dans le canton, soit par le canton lui-même lorsqu'il aura reçu une organisation administrative, soit par le département ou l'État, soit par la libéralité des particuliers.

Il a qualité pour recevoir des dons et legs, et pour agir, en tout ce qui concerne les intérêts dont il est chargé, comme personne civile.

Art. 26. — Lorsque les cantons seront organisés administrativement, chaque canton devra posséder au moins une école du degré supérieur, où seront enseignées toutes les matières de l'instruction primaire et où pourront être enseignées d'autres matières facultatives, telles que les langues vivantes, la littérature générale, les éléments théoriques des principales sciences, etc. Le comité cantonal devra pourvoir à la création et à l'entretien de cette école, si elle n'est pas établie et soutenue, avec ou sans subvention de sa part, par l'initiative privée.

Art. 27. — Les écoles créées et entretenues directement par les cantons portent le nom d'écoles cantonales.

Le comité cantonal a la faculté d'option, pour les écoles cantonales, entre des écoles libres et des écoles publiques.

Il exerce cette faculté de la même façon que la commission scolaire à l'égard des écoles communales.

Les nominations, dans les écoles cantonales publiques, se font comme dans les écoles communales publiques.

TITRE IV,

Des institutions départementales concernant l'instruction primaire.

Art. 28. — Chaque département est représenté, pour tout ce qui concerne l'instruction primaire, sauf le vote des ressources qui lui sont affectées par le conseil départemental, dont la composition et les attributions générales sont maintenues telles qu'elles ont été établies par les lois antérieures.

Art. 29. — Le conseil départemental accorde ou retire les subventions pour l'instruction primaire aux cantons ou aux communes du département.

Il statue sur la création, l'entretien et la subvention des Écoles normales.

Il dispose, à cet effet, de toutes les ressources affectées d'une manière générale à l'instruction primaire dans le département, soit par le département lui-même, soit par l'État ou la libéralité des particuliers.

Il a qualité pour recevoir des dons et legs, et pour agir, en tout ce qui concerne les intérêts dont il est chargé, comme personne civile.

Art. 30. — Chaque département doit posséder deux Écoles normales, l'une pour les instituteurs, l'autre pour les institutrices. Ces deux Écoles normales peuvent avoir des cours communs.

La création et l'entretien des deux Écoles normales sont obligatoires pour les départements, si elles ne sont pas établies et soutenues, avec ou sans subvention de la part des conseils départementaux, par l'initiative privée.

Deux ou plusieurs départements peuvent être autorisés par le conseil supérieur de l'instruction publique, sur la demande des conseils généraux, et après avoir pris l'avis des conseils départementaux, à pourvoir, en commun, à l'entretien d'une seule École normale, soit d'instituteurs, soit d'institutrices.

Art. 31. — Les départements ont la faculté d'option, pour les Écoles normales créées et entretenues par eux, entre des écoles libres et des écoles publiques.

Les conseils départementaux exercent cette faculté au nom des départements, de la même façon que les comités cantonaux et les commissions scolaires à l'égard des écoles cantonales ou communales.

Les nominations, dans les Écoles normales publiques, sont faites, pour les directeurs ou directrices, par le Ministre de l'instruction publique; pour les professeurs, par les recteurs.

Art. 32. — Des Écoles normales publiques peuvent toujours être établies directement aux frais de l'État, par des décrets du pouvoir exécutif, sauf approbation, en ce qui concerne leurs ressources, par le pouvoir législatif.

TITRE V.

De la sanction de l'instruction primaire.

Art. 33. — Les chefs d'établissements publics ou libres d'instruction primaire ou secondaire sont autorisés, sous leur responsabilité, à délivrer à leurs élèves des certificats constatant qu'ils possèdent, soit le minimum, soit la totalité des connaissances qui forment l'objet de l'instruction primaire.

Des copies authentiques de ces certificats devront être remises aux commissions scolaires des communes dans lesquelles résident les parents ou tuteurs des élèves.

En cas de changement de résidence, les parents ou tuteurs ont le droit de se faire délivrer gratuitement de nouvelles copies, qu'ils devront remettre aux commissions scolaires de leurs nouvelles résidences.

Tout certificat reconnu mensonger, soit à la suite d'une inspection, soit par tout autre moyen de constatation, donnera lieu à des poursuites disciplinaires contre le chef d'établissement qui l'aura signé. La peine sera la suspension, et, en cas de récidive, la révocation ou l'interdiction, suivant que le chef d'établissement appartiendra à l'enseignement public ou à l'enseignement libre. Le certificat sera déclaré non avenu, et avis sera donné de cette déclaration aux commissions scolaires qui en ont reçu copie.

Art. 34. — Chaque année, dans le courant des mois de mars, d'avril et de mai, les inspecteurs de l'instruction primaire se transporteront dans les communes ou arrondissements municipaux de leurs circonscriptions respectives, et tiendront, dans chaque commune ou arrondissement municipal, avec l'assistance de la commission scolaire, une session d'examens sur toutes les matières de l'instruction primaire.

Des certificats seront délivrés à ceux qui auront satisfait à ces examens.

Ces certificats porteront mention, pour chaque matière et pour l'ensemble, de la façon *passable*, *bonne*, *très-bonne* ou *parfaitement bonne* dont les examens auront été subis. Ils ne pourront être obtenus que s'il a été répondu au moins d'une façon passable sur les matières formant le minimum de l'instruction primaire.

Des copies authentiques de ces certificats devront être remises à la commission scolaire, et de nouvelles copies devront être délivrées en cas de changement de résidence, comme pour les certificats qui font l'objet de l'article précédent.

Art. 35. — Toute falsification dans les certificats institués par les deux articles précédents, toute supposition de personne dans les examens à la suite desquels ils ont été obtenus, ou dans l'usage qui en est fait, donnent lieu à des poursuites disciplinaires contre les auteurs ou complices devant le conseil cantonal, avec la faculté d'appel devant le conseil départemental, et en dernier ressort devant le conseil supérieur de l'instruction publique, sans préjudice des poursuites correctionnelles ou criminelles, s'il y a connexité avec un délit ou un crime de droit commun. La peine est une amende égale au montant, et en cas de récidive, au double de la contribution personnelle et mobilière du coupable ou de ceux qui sont civilement responsables de ses actes. Si la peine est prononcée contre un instituteur ou une institutrice, elle entraîne, de plus, de plein droit, la suspension pour un an, et, en cas de récidive, l'interdiction ou la révocation.

Art. 36. — Les jeunes gens qui auront mérité à leurs examens la mention *parfaitement bien* pour le tiers au moins des matières, et la mention *très-bien* ou *bien* pour l'ensemble, pourront obtenir sur les fonds dont disposent les commissions scolaires, les comités cantonaux et les conseils départementaux, des bourses dans les écoles des cantons, dans les Écoles normales, ainsi que dans les établissements publics ou libres d'instruction secondaire, Ces bourses seront personnelles et n'entraîneront, pour ceux qui les auront obtenues, que l'obligation de suivre régulièrement, dans un établissement au choix de leurs familles, le genre d'enseignement auquel elles auront été affectées. Les commissaires scolaires, les comités cantonaux et les conseils départementaux veilleront, en ce qui concerne les bourses qu'ils auront accordées, à ce que cette obligation soit remplie.

Des récompenses pécuniaires pourront également être accordées, sur les mêmes fonds, soit aux familles des jeunes gens qui auront mérité lesdites mentions, soit aux écoles dans lesquelles ils auront reçu leur instruction.

Art. 37. — Sont admis à se présenter aux examens tous les enfants ou jeunes gens mineurs âgés de plus de dix ans et résidant dans la commune ou dans l'arrondissement municipal.

Les examens sont obligatoires pour les enfants ou jeunes gens mineurs âgés de plus de treize ans qui ne possèdent pas les certificats institués par les articles 33 et 34.

Art. 38. — Huit jours au moins avant la session d'examens, la commission scolaire convoque, au domicile de leurs parents ou tuteurs, de leurs maîtres ou de leurs patrons, les enfants ou les jeunes gens pour lesquels les examens sont obligatoires.

Elle cite devant elle, dans un délai d'un mois après les examens, les parents ou tuteurs, les maîtres ou les patrons dont les enfants ou pupilles, les domestiques, les apprentis ou ouvriers ne se sont pas rendus à ladite convocation ou bien n'ont pu satisfaire, sur le minimum prescrit, aux conditions de l'examen : et si elle juge qu'il y ait de leur faute, elle leur inflige un avertissement. Si l'année suivante ils n'ont pas tenu compte de cet avertissement, elle peut les frapper d'une amende égale au maximum de la rétribution scolaire dans les écoles de la commune ou de l'arrondissement municipal. Ils restent passibles de la même amende jusqu'à la majorité des jeunes gens, tant qu'ils se rendent coupables de la même négligence. La faculté de recevoir des secours publics peut en outre leur être retirée. Communication de cette dernière décision est faite au bureau de bienfaisance, ainsi qu'à toute autre institution charitable dont le bénéfice appartient ou s'étend à la commune ou à l'arrondissement municipal.

Art. 39. — En cas de mauvais vouloir constaté des enfants ou jeunes gens, les parents ou tuteurs, sur l'avis conforme de la commission scolaire, peuvent user des droits que leur confèrent les articles 383 à 393, ainsi que l'art. 468 du Code civil.

L'amende édictée par l'article précédent peut, d'ailleurs, être infligée directement aux jeunes gens âgés de plus de seize ans.

TITRE VI.

Dispositions générales.

Art. 40. — Un délai d'un an est accordé aux associations enseignantes actuellement existantes et légalement reconnues pour user des droits que leur confère l'art. 4. Jusqu'à l'expiration de ce délai, les congrégations religieuses, femmes, continueront à jouir de la faculté qui leur est accordée par l'article 49 de la loi du 15 mars 1850.

Art. 41. — Un délai de deux ans est accordé aux communes pour se conformer aux prescriptions de l'article 9.

Pareil délai sera accordé aux cantons, lorsqu'ils auront reçu une organisation administrative, pour se conformer aux prescriptions de l'art. 26.

Art. 42. — Les commissions scolaires et les conseils départementaux qui voudraient user, au préjudice d'établissements publics d'instruction primaire actuellement existants, de la faculté d'option qui leur est conférée par les art. 13, 17 et 31, devront notifier leur intention à cet égard, par la voie hiérarchique, au Ministre de l'instruction publique. L'option n'aura d'effet que dans un délai d'un an, à partir de cette notification.

Art. 43. — Les pénalités édictées par les art. 38 et 39 ne pourront être appliquées que deux ans après la promulgation de la présente loi.

Art. 44. — Les dispositions des lois antérieures, contraires à la présente loi, sont et demeurent abrogées.

Amendement au projet de loi présenté par M. Alfred Naquet.

5 *février* 1872.

Intercaler entre les art. 5 et 6 du projet du Ministre :

Art. 6. — Toutes les années, par la voie du concours, il sera choisi un enfant sur cinquante, parmi ceux qui ont atteint leur treizième année et qui ont reçu des certificats d'aptitude, pour recevoir, aux frais de la République, l'instruction secondaire dans les lycées de l'État.

Art. 7. — A la fin de leurs cours d'étude dans les lycées, il sera choisi, toujours par la voie du concours, un élève sur deux parmi ceux qui sont désignés dans l'article précédent. Les élèves choisis seront entretenus aux frais de la nation auprès des écoles de la République (École normale, École polytechnique, École de la marine, École militaire, Faculté de droit, Faculté de médecine) ; ils y recevront l'instruction supérieure.

Art. 12. — Les dispositions des art. 10, 11 et 12 ne seront applicables aux filles que quand l'organisation de l'instruction secondaire des filles sera un fait accompli.

Amendement au projet de loi présenté par M. Paul Morin.

30 *mai* 1872.

Remplacer la rédaction de l'art. 9 par la rédaction suivante :

Art. 9. — Toutes les fois qu'une école devient vacante par suite de la démission, de révocation ou du décès du titulaire, le conseil municipal est mis en demeure de décider si la direction de l'école sera confiée à un instituteur laïque ou à un membre d'une association religieuse vouée à l'enseignement public.

Le conseil municipal est également appelé, dans la session qui suit le renouvellement intégral de ses membres, à se prononcer sur la même question.

Dans l'un comme dans l'autre cas, la délibération du conseil municipal sera transmise à l'inspecteur d'Académie, pour recevoir par ses soins la suite qu'elle comporte.

Amendement au projet de loi présenté par MM. Dréo et Ferrouillat.

12 *juin* 1872.

Art. 1. — L'instruction primaire est obligatoire en France.

Elle est gratuite et laïque dans toutes les écoles publiques.

Art. 2. — L'enseignement primaire comprend :

L'instruction morale, la lecture, l'écriture, les éléments de la langue et de la littérature française, les notions indispensables de droit civil et politique, l'histoire de France et la géographie élémentaire, le calcul et le système légal des poids et mesures, des préceptes d'agriculture et d'hygiène.

Devront aussi faire partie de cet enseignement, l'arithmétique et la géométrie appliqués aux opérations usuelles, des notions élémentaires de physique, de chimie, d'histoire naturelle, et leurs applications principales aux industries agricoles et manufacturières, les éléments généraux d'histoire, de géographie et de cosmographie, le dessin linéaire, le chant et la gymnastique. Néanmoins, en ce qui concerne cette dernière partie du programme, une circulaire ministérielle déterminera celles de ces connaissances dont l'enseignement pourra être momentanément ajourné.

L'instruction religieuse sera exclusivement donnée par les ministres des différents cultes aux enfants dont les parents en auront fait la demande.

Chaque année, le conseil départemental déterminera l'heure à laquelle deux jours par semaine les ministres des divers cultes pourront être admis dans les écoles publiques pour y donner l'enseignement religieux. En aucun cas, cet enseignement ne devra modifier les heures ou la durée des autres études ordinaires de la journée.

Art. 3. — (Comme l'art. 1 du projet).

Art. 4. — Une commission scolaire est instituée dans chaque commune ou section de commune formant une circonscription scolaire, pour surveiller la fréquentation des écoles.

Cette commission est composée du délégué cantonal, du maire et de trois pères de famille, désignés par le conseil municipal, et dont un, au moins, devra être pris au sein de ce conseil.

(Le reste de l'article comme les §§ 2 et 3 de l'art. 2 du projet.)

Art. 5. — (Comme l'art. 3 du projet.)

Art. 6. — Comme l'art. 4 du projet, en supprimant le § 6 et en ajoutant au § 5 :

« Le produit de l'amende sera ajouté au produit des centimes spéciaux de l'instruction primaire »

Art. 7. — Comme la première partie de l'art. 5 du projet, jusqu'à ces mots : « Elle examine, etc...... »

Art. 8. — A substituer aux autres dispositions de l'art. 5 à partir de ces mots : « Elle examine, etc.. .. .. »

« Les enfants qui reçoivent l'instruction dans leur famille sont soumis à deux examens sur les matières obligatoires, le premier à l'âge de dix ans, le deuxième à l'âge de treize ans révolus.

« Ces deux examens seront faits publiquement, au chef-lieu du canton, par le comité cantonal institué par l'art. 16.

« Après le dernier examen, le comité cantonal délivre à ces enfants, s'il y a lieu, le certificat d'études.

« Lorsqu'il est prouvé, par l'un ou l'autre de ces examens, que l'enfant n'a pas reçu de leçons dans la famille, le comité cantonal ou l'inspecteur de l'enseignement primaire adresse une plainte au tribunal correctionnel, qui peut appliquer le maximum des peines portées à l'art. 6.

« A la fin de chaque session d'examen, le président de la commission scolaire dresse, dans chaque commune, la liste des enfants qui reçoivent l'instruction à domicile. Il la transmet au maire de la commune et au président du comité cantonal. »

Art. 9. — (Comme l'art. 6 du projet.)

Art. 10. — Ajouter après le § 1er de l'art. 7 du projet :

« Aucun ministre d'un culte reconnu ou non reconnu par l'État, aucun membre d'une congrégation religieuse ne pourra être nommé directeur ou maître adjoint d'une école publique, directeur ou maître adjoint d'une École normale. »

(Les trois derniers paragraphes de l'art. 7, comme au projet.)

Art. 11. — Les instituteurs publics seront divisés en trois classes, avec allocation, au minimum, des traitements suivants : 1re classe, 1,500 fr. ; 2e classe, 1,200 fr. ; 3e classe, 1,000 fr.

Les maîtres adjoints seront divisés en deux classes avec traitements au minimum, de 900 fr. pour la 1re classe, et de 700 fr. pour la 2e.

Les institutrices seront également divisées en trois classes avec traitements de 1,280 fr., 1,000 fr. et 800 fr. au minimum.

Les adjointes comprendront deux classes : 1re, 700 fr. ; 2e, 500 fr. au minimum.

La classe sera attachée à la personne et non à l'école.

Toutefois, les dispositions qui précèdent, en ce qui concerne le traitement minimum alloué à chaque classe, ne devront recevoir leur exécution absolue qu'à partir du 1er janvier 1876.

Art. 12. — Les écoles publiques dirigées actuellement par des membres d'une association religieuse seront pourvues d'instituteurs laïques, dans le plus bref délai. Néanmoins, les traités intervenus entre des communes et des associations religieuses seront respectés, mais aucun renouvellement ne pourra en être fait à partir de la promulgation de la présente loi.

Art. 13. — Le recteur, sur la proposition de l'inspecteur d'Académie, peut, suivant les cas, avertir, réprimander, suspendre, sans privation de traitement jusqu'à prochaine réunion du conseil départemental, les directeurs ou directrices d'écoles ou d'asiles, ainsi que leurs adjoints ou adjointes. Il peut même prononcer provisoirement la privation partielle ou totale du traitement. Le conseil statue sur la prolongation de la suspension ; il peut ordonner la restitution du traitement.

(Le reste de l'article comme les trois derniers paragraphes de l'art. 8 du projet.)

(Supprimer l'art. 9 du projet.)

Art. 14. — (Comme l'art. 10 du projet.)

Art. 15. — (Comme l'art. 11 du projet, sauf la suppression au 4e § de ces derniers mots : « et enfin par les curés ou desservants, les pasteurs ou rabbins, chacun en ce qui concerne le culte dont il est le ministre. »

Art. 16. — (Prenant la place de l'art. 12 du projet.)

Dans chaque canton, les établissements d'instruction primaire sont placés sous la surveillance des membres du comité cantonal d'instruction primaire.

Ce comité est composé : du conseiller général représentant le canton, président, et de six membres au moins ou douze au plus, désignés, moitié par le conseil général, moitié par le conseil départemental.

Ces délégués cantonaux sont nommés pour trois ans ; ils sont rééligibles et révocables par chacun des conseils qui ont procédé à leur élection.

Un instituteur public de la circonscription, et, si le canton compte au moins six établissements libres, un instituteur libre, font nécessairement partie du comité cantonal, sans cependant prendre part à la visite des écoles.

L'instituteur public est élu par les instituteurs publics du canton, l'instituteur libre par les instituteurs libres. Cette élection a lieu au scrutin secret, sur la convocation de l'inspecteur d'Académie, à l'époque du renouvellement des comités cantonaux ou après décès ou démission d'un des instituteurs, membre du comité.

Art. 17. — (Comme l'art. 14 du projet.)

Art. 18. — (Comme l'art. 15 du projet, sauf à supprimer le 4e aliéna et retrancher du 5e aliéna ces mots : « et quant au culte. »)

Art. 19. — (Substitué à l'art. 16 du projet.)

A partir du 1er janvier 1874, nul ne pourra être chargé de la direction d'une école s'il n'est pourvu du brevet de capacité mentionné à l'art. 25 de la loi du 15 mars 1850.

La même obligation est imposée aux instituteurs adjoints et aux institutrices adjointes dans les écoles du chef-lieu du canton.

Le classement des instituteurs, conformément à l'art. 11, sera déterminé par des brevets de capacité gradués, délivrés à la suite d'examens, dont les conditions seront fixées par un règlement d'administration publique.

Art. 20. — (Comme l'art. 17 du projet, sauf la suppression du 4e §.)

Art. 21. — Aucune subvention de la commune, du département ou de l'État, ne pourra être allouée à une école libre d'enseignement primaire.

Toutefois, cette prescription ne sera pas applicable aux communes que le conseil général aura déclarées être dans l'impossibilité de fonder immédiatement une école publique.

Cette déclaration ne sera valable que pour un an. Elle pourra être renouvelée.

Art. 22. — Intercaler entre le 1er et le 2e § de l'art. 18 du projet, le paragraphe suivant :

« Dans toutes les Écoles normales primaires, il y aura au moins trois cours faits par des membres de l'enseignement supérieur ou de l'enseignement secondaire : un cours de littérature, un cours d'histoire générale et un cours de morale. »

Art. 23, 24, 25 et 26. — (Comme les art. 19, 20, 21 et 22 du projet.)

Proposition de loi faite au nom de la commission chargée d'examiner : 1° le projet de loi sur l'instruction primaire ; 2° le projet de loi sur la retraite de divers fonctionnaires de l'enseignement primaire ; 3° la proposition de M. Delpit et de plusieurs de ses collègues, relative à la nomination des instituteurs communaux et à la surveillance des écoles primaires ; 4° la proposition de M. Charton, ayant pour objet une institution de conférences publiques ; 5° la proposition de M. Beaussire sur l'instruction primaire. — (Membres de la commission : MM. Dupanloup, évêque d'Orléans, président ; de Corcelle, vice-président ; le comte Desbayssins de Richemont, secrétaire ; le vicomte de Meaux, Laslande, Ricord, le comte de Rességuier, Delpit, l'abbé Jaffré, Tailhaud, de Lacombe, Keller, le vicomte de Cumont, Carnot père ; Ernoul, rapporteur).

3 *juillet* 1872.

TITRE I.

DISPOSITIONS GÉNÉRALES.

CHAPITRE I.

Objet de l'enseignement.

Art. 1. — L'enseignement primaire a pour objet les connaissances élémentaires propres à concourir à la première éducation religieuse, morale et intellectuelle des enfants.

Il comprend nécessairement :

L'instruction religieuse et morale ;

La lecture ;

L'écriture ;

Les éléments de la langue française ;

Le calcul et le système légal des poids et mesures ;

Des notions élémentaires sur l'histoire et la géographie de la France ;

Des instructions familières sur l'agriculture et l'horticulture, selon les besoins des localités ;

Les travaux à l'aiguille dans les écoles de filles.

Art. 2. — L'enseignement primaire comprend en outre :

L'arithmétique appliquée aux opérations pratiques ;

La tenue des livres ;

Des notions sur les sciences physiques et sur l'histoire naturelle applicables aux usages de la vie ;

Les éléments de géométrie, l'arpentage, le nivellement, le dessin linéaire, le dessin d'ornement, le dessin d'imitation ;

Des instructions sur le commerce, l'industrie, l'hygiène ;

La gymnastique ;

Le chant.

CHAPITRE II.

DE LA LIBERTÉ DE L'ENSEIGNEMENT.

Art. 3. — L'enseignement primaire est libre.

Tout Français peut exercer dans toute la France la profession d'instituteur primaire communal ou libre, s'il remplit les conditions d'âge, de moralité et de capacité exigées par la loi.

Le père de famille choisit librement l'instituteur de ses enfants. C'est à lui qu'incombe l'obligation morale et qu'appartient le droit imprescriptible de les élever et de les instruire, soit par lui-même, soit par l'instituteur de son choix.

Art. 4. — Des Écoles normales libres peuvent être créées et entretenues en se conformant aux conditions déterminées par la loi.

CHAPITRE III.

DE LA GRATUITÉ DE L'ENSEIGNEMENT.

Art. 5. — L'enseignement primaire est donné gratuitement à tous les enfants dont les familles sont hors d'état de payer.

La liste de ces enfants, dressée chaque année par la commission scolaire, soit d'office, soit sur la déclaration des familles, est soumise au conseil municipal, et, en cas de contestation, définitivement arrêtée par le conseil départemental.

Art. 6. — Dans toutes les communes, même dans celles où la gratuité absolue de l'enseignement primaire est établie, des bons d'école, remboursables sur les fonds communaux, seront délivrés aux parents des enfants admis au bénéfice de l'enseignement gratuit. Ils seront valables pour toutes les écoles de la commune, communales ou libres.

Le conseil départemental pourra cependant, sur la plainte du comité cantonal ou de la commission scolaire, priver une école libre du droit de les recevoir.

CHAPITRE IV.

DE LA PROPAGATION DE L'ENSEIGNEMENT.

ART. 7. — Les communes sont tenues de créer et d'entretenir des écoles partout où cela est nécessaire.

Quand les ressources des communes sont insuffisantes, les départements et l'État leur viennent en aide.

ART. 8. — Le conseil départemental fait dresser, chaque année, un état comprenant : les écoles ayant besoin de réparations indispensables, les villages ou hameaux où il serait nécessaire d'en établir de nouvelles, les dépenses afférentes à ce double objet.

Cet état est transmis au Ministre de l'instruction publique, au président du conseil général et au préfet, qui avisent chacun en ce qui le concerne. Un extrait en est envoyé au maire de chaque commune intéressée.

ART. 9. — Tout département est tenu de pourvoir au recrutement des instituteurs communaux en entretenant des élèves-maîtres, soit dans les établissements d'instruction primaire désignés par le conseil départemental, soit dans l'École normale fondée et entretenue à cet effet par le département, soit dans l'École normale d'un autre département, sait dans une École normale libre.

ART. 10. — Le conseil départemental veille à ce qu'il soit établi, partout où il le juge utile, des écoles pour les adultes et pour les apprentis.

ART. 11. — Une caisse des écoles, destinée à encourager la propagation de l'instruction primaire et à faciliter par tous moyens la fréquentation des écoles communales ou libres, peut être créée par chaque commission scolaire, après autorisation du conseil départemental.

Le revenu de la caisse se compose de cotisations volontaires et des subventions de la commune, du département ou de l'État. Elle peut recevoir des dons et des legs.

Plusieurs commissions scolaires peuvent se réunir pour la formation et l'entretien d'une caisse unique. La caisse est alors administrée par les délégués des commissions scolaires intéressées.

ART. 12. — Il est ouvert chaque année, au budget de l'instruction publique, un crédit pour encourager la fondation d'institutions telles que :

1° Les écoles du dimanche;

2° Les écoles dans les ateliers et les manufactures;

3° Les classes dans les hôpitaux et les prisons;

4° Les cours publics ouverts conformément à la loi;

5° Les classes d'adultes ou d'apprentis;

6° Les bibliothèques de livres utiles;

7° Les autres institutions dont les statuts auront été approuvés par le conseil supérieur de l'instruction publique.

Art. 13. — Les communes, les départements, les établissements publics religieux, tels que les évêchés, fabriques, cures, succursales et consistoires, les communautés religieuses enseignantes, dûment autorisées ou reconnues comme établissements d'utilité publique, peuvent recevoir des dons et legs, à la charge de fonder et entretenir des écoles soit communales, soit libres. Les biens qui en proviennent sont administrés, et les écoles sont tenues conformément aux intentions des donateurs ou testateurs et aux dispositions de la loi.

Art. 14. — Il peut être formé des associations dans le but de fonder, d'entretenir des écoles, et de propager l'instruction primaire.

Les fondateurs ou administrateurs devront faire au directeur départemental de l'enseignement primaire, au préfet et au procureur de la République, si l'association est instituée pour un seul département, au Ministre de l'instruction publique, si elle embrasse plusieurs départements, une déclaration contenant leurs noms, qualités et domiciles, les statuts, l'indication du siége de l'association et du lieu de réunion.

Les administrateurs sont tenus de faire une nouvelle déclaration dans le cas de modification aux statuts.

Art. 15. — Le directeur départemental et le Ministre de l'instruction publique peuvent, soit d'office, soit sur la plainte du préfet ou du procureur de la République, faire opposition dans l'intérêt de l'ordre public, des bonnes mœurs et de la loi, pendant le mois qui suivra le dépôt de la déclaration.

L'opposition motivée est notifiée aux fondateurs ou administrateurs, au siége de l'association ; elle est suspensive.

Art. 16. — Il est statué sur l'opposition par le conseil départemental lorsqu'elle a été faite par le directeur, par le conseil supérieur de l'instruction publique lorsqu'elle est signifiée par le Ministre.

L'affaire est portée à l'une des séances de la plus prochaine session du conseil qui en est saisi. Les représentants de l'association sont entendus s'ils le demandent. Ils peuvent se faire assister ou remplacer par une personne de leur choix.

La décision du conseil départemental peut être attaquée pendant un mois soit par le directeur, soit par les administrateurs de l'association devant le conseil supérieur qui statue dans sa plus prochaine session. Le délai d'un mois court pour le directeur du jour de la décision, pour les représentants de l'association du jour de la notification qui leur est faite.

Art. 17. — S'il n'a été formé aucune opposition dans le délai, ou si l'opposition est rejetée, l'association est définitivement constituée.

Une copie de l'acte constitutif de l'association et de ses statuts est déposée aux archives du conseil supérieur ou du conseil départemental. Les administrateurs de l'association ont droit de se faire délivrer un certificat constatant qu'il n'a pas été formé d'opposition ou que l'opposition a été rejetée.

Art. 18. — Si une association ne se conformé pas à ses statuts, si par ses actes elle porte atteinte à l'ordre public, à la morale ou à la loi, les administrateurs, sur la plainte du directeur ou du Ministre, suivant la distinction établie dans l'article 14, sont appelés devant le conseil départemental ou devant le conseil supérieur, qui prononce, s'il y a eu la peine de l'avertissement, celle de la réprimande, ou ordonne la dissolution.

La décision du conseil départemental peut être attaquée devant le conseil supérieur. L'affaire est instruite et jugée conformément à l'art. 16.

Art. 19. — Les associations formées dans le but déterminé par l'art. 1 peuvent acquérir et contracter à titre onéreux ; elles peuvent recevoir des dons et des legs.

Art. 20. — En cas de dissolution, si les statuts ne contiennent aucune disposition relative aux biens de l'association restés libres après la liquidation et le payement des dettes, leur attribution est réglée ainsi qu'il suit :

Les biens provenant de dons et legs font retour aux donateurs ou à leurs parents au degré successible, et aux parents des testateurs au même degré. Les autres biens sont partagés, suivant les cas, par le conseil supérieur ou par le conseil départemental entre les associations du même genre, et à défaut de ces associations entre les écoles communales ou libres existant dans la circonscription territoriale pour laquelle l'association dissoute avait été fondée.

Art. 21. — Toute personne qui affecte, par donation ou par traitement, des biens-meubles ou immeubles à la fondation et à l'entretien d'une école libre, peut assurer la perpétuité de son œuvre, en chargeant un conseil, dont elle règle la composition, d'administrer ladite école. L'école peut contracter et acquérir. Elle demeure soumise aux lois et règlements qui régissent les écoles libres.

Art. 22. — L'acceptation des dons et legs prévus par les art. 11, 13 19, 21, doit être autorisée par le préfet, sur l'avis du conseil départemental, lorsque les libéralités n'excèdent pas la valeur de 1,000 francs, et si elles n'ont donné lieu à aucune réclamation des familles.

Dans les autres cas, l'autorisation est donnée, sur l'avis du conseil supérieur, par décret rendu en conseil d'État.

TITRE II.

DES ÉCOLES.

Art. 23. — La loi reconnaît deux espèces d'écoles :

1° Les écoles communales qui sont fondées et entretenues sur le budget des communes, avec ou sans le concours des départements et de l'État ;

2° Les écoles libres qui sont fondées et entretenues par des particuliers ou par des associations.

CHAPITRE I.

Des écoles communales.

Art. 24. — Toute commune doit entretenir une ou plusieurs écoles primaires.

Dans les communes où différents cultes sont professés publiquement, des écoles séparées seront établies pour les enfants appartenant à chacun de ces cultes.

Toute commune de 500 habitants et au-dessus, toute commune d'une population inférieure, mais dont le conseil départemental déclare les ressources suffisantes, est obligée de fonder et d'entretenir une école séparée pour les filles.

Art. 25. — Le conseil départemental fixe, après avis du conseil municipal et de la commission scolaire :

1° Le nombre des écoles principales de section, de commune ou de hameau, à établir dans chaque commune, et le lieu où elles doivent être établies ;

2° Les écoles communales auxquelles doivent être attachés un ou plusieurs instituteurs adjoints ;

3° Les écoles dans lesquelles les matières facultatives, énumérées en l'art. 2, peuvent ou doivent être enseignées.

Nulle école ne sera autorisée à recevoir plus de quatre-vingts enfants dans la même salle de classe.

Art. 26. — Le conseil départemental peut autoriser une commune à se réunir à une ou plusieurs communes voisines pour l'entretien d'une école. En cas de réunion de plusieurs communes pour l'enseignement primaire, l'école de garçons et l'école de filles pourront être placées dans deux communes différentes.

Le conseil peut dispenser une commune d'avoir une école communale, à la condition qu'elle s'entende avec une école libre pour procurer l'enseignement primaire gratuit à tous les enfants dont les familles sont hors d'état d'y subvenir.

Il peut également dispenser les communes d'entretenir des écoles séparées pour les enfants de sexes et de cultes différents ; mais cette dispense ne peut être accordée qu'en cas de nécessité et à titre essentiellement provisoire (1).

---

(1) Nouvelle rédaction (2 avril 1873) : *Appel pourra être interjeté devant le conseil supérieur.*

Art. 27. — Aucune école ne peut, sans l'autorisation du conseil départemental, recevoir d'enfants des deux sexes, s'il existe dans la commune une école communale ou libre de filles.

Les écoles mixtes, pour les deux sexes, doivent être dirigées par des institutrices.

Art. 28. — L'instituteur devra toujours appartenir au culte professé par les enfants qui fréquentent l'école, ou, si l'école est mixte, par la majorité des enfants (1).

Art. 29. — Toute commune doit fournir à l'instituteur et à l'institutrice, ainsi qu'à l'instituteur adjoint et à l'institutrice adjointe dirigeant une école de hameau, un local convenable, tant pour leur habitation que pour la tenue de l'école, le mobilier de classe et un traitement.

Le local est visité, avant l'ouverture de l'école, par le délégué cantonal qui fait son rapport au conseil départemental.

La commune doit fournir à l'adjoint et à l'adjointe, qui assistent l'instituteur ou l'institutrice dans la direction de l'école, un logement et un traitement.

Dans le cas où un ou plusieurs adjoints sont attachés à une école, le conseil départemental peut décider, sur la proposition du conseil municipal, qu'une partie de la rétribution scolaire servira à former leur traitement.

Art. 30. — A défaut de fondations, dons ou legs, le conseil municipal délibère sur les moyens de pourvoir aux dépenses de l'enseignement primaire dans la commune.

En cas d'insuffisance des revenus ordinaires, il est pourvu à ces dépenses au moyen d'une imposition spéciale votée par le conseil municipal ou, à défaut du vote de ce conseil, établie par un décret du pouvoir exécutif. Cette imposition, qui devra être autorisée chaque année par la loi de finances, ne pourra excéder quatre centimes additionnels au principal des quatre contributions directes.

Lorsque des communes, soit par elles-mêmes, soit en se réunissant à d'autres communes, n'auront pu subvenir, de la manière qui vient d'être indiquée, aux dépenses de l'école communale, il y sera pourvu sur les ressources ordinaires du département, ou, en cas d'insuffisance, au moyen d'une imposition spéciale votée par le conseil général, ou, à défaut du vote de ce conseil, établie par un décret. Cette imposition, autorisée chaque année par la loi de finances, ne pourra excéder quatre centimes additionnels au principal des quatre contributions directes.

---

(1) Nouvelle rédaction (2 avril 1873) : *Dans ce dernier cas, le vœu des pères de famille sera suivi, en ce qui concerne la participation de leurs enfants à l'instruction religieuse.*

Si les ressources communales et départementales ne suffisent pas, le Ministre de l'instruction publique accordera, sur le crédit qui sera porté annuellement pour l'enseignement primaire au budget de l'État, une subvention nécessaire pour suppléer à cette insuffisance.

Chaque année, un rapport annexé au projet de budget fera connaître l'emploi des fonds alloués pour l'année précédente.

Art. 31. — La rétribution scolaire et la valeur des bons d'écoles sont fixées par le conseil départemental, sur l'avis des conseils municipaux et des délégués cantonaux.

La rétribution scolaire est perçue dans la même forme que les contributions publiques directes; elle est exempte des droits de timbre et donne droit aux mêmes remises que les autres recouvrements.

Art. 32. — Toute commune a la faculté d'entretenir une ou plusieurs écoles entièrement gratuites, à la condition d'y subvenir sur ses propres ressources. Elle peut, à cet effet, établir une imposition extraordinaire qui n'excédera pas trois centimes au principal des quatre contributions directes.

Art. 33. — L'assiduité scolaire devra être rendue plus facile aux enfants et moins onéreuse aux parents par la combinaison des heures et de la durée des classes avec les exigences de la saison et du travail industriel ou agricole.

CHAPITRE II.

Des Écoles libres.

Art. 34. — Tout instituteur ou toute institutrice qui veut ouvrir une école libre, doit préalablement déclarer son intention au maire de la commune où il veut s'établir, lui désigner le local et lui donner l'indication des lieux où il a résidé et des professions qu'il a exercées pendant les dix années précédentes.

Le maire remet immédiatement au postulant un récépissé de sa déclaration et en fait afficher, le jour même, une copie à la porte de la mairie, où elle demeure pendant un mois. Le maire adresse également, dans un délai de trois jours, trois copies signées de lui de la même déclaration, l'une au directeur départemental, l'autre au procureur de la République, la troisième au préfet pour l'arrondissement du chef-lieu, et au sous-préfet pour les autres arrondissements.

Si le maire n'approuve pas le local indiqué, il doit inscrire sur chacune de ces trois copies son avis motivé à ce sujet.

Art. 35. — Le directeur, soit d'office, soit par la plainte du procureur de la République ou du sous-préfet, peut former opposition à l'ouverture de l'école dans l'intérêt des mœurs publiques, pendant le mois qui suit la déclaration faite au maire.

Cette opposition est jugée contradictoirement par le conseil départemental dans sa plus prochaine session. Si l'opposition est admise, le postulant peut faire appel devant le conseil supérieur, qui prononce à la prochaine session. La décision du conseil départemental est provisoirement exécutoire.

Si le maire refuse d'approuver le local, il est statué à cet égard par le comité cantonal dans le mois qui suit l'opposition, sauf recours au conseil départemental.

L'appel, dans les deux cas, doit être interjeté dans les dix jours à partir de la notification de la décision.

A défaut d'opposition, l'école libre peut être ouverte à l'expiration du mois sans autre formalité.

Art. 36. — Les écoles libres pourront, sans rien changer à leur caractère et à leur condition d'écoles libres, recevoir des communes, même quand il y existera des écoles communales, des locaux ou des subventions.

Art. 37. — Les dispositions de l'art. 27 sont applicables aux écoles libres.

CHAPITRE III.

Des Écoles normales.

Art. 38. — Les directeurs des Écoles normales départementales sont nommés par le Ministre sur deux listes de deux candidats chacune, présentées par le Conseil académique et par le conseil départemental.

Les professeurs sont nommés et révoqués par le recteur, les directeurs de l'enseignement primaire et de l'École normale entendus.

Le conseil départemental agrée les ministres des différents cultes nommés par l'autorité diocésaine ou consistoriale et chargés de la direction religieuse.

Art. 39. — La surveillance de l'École normale est confiée à une commission de cinq membres choisis par le conseil départemental, et pour trois ans.

Art. 40. — Des règlements délibérés en conseil supérieur de l'instruction publique déterminent les programmes d'enseignement.

Art. 41. — Toute personne qui veut fonder une École normale libre est tenue de se conformer aux prescriptions des art. 34 et 35 de la présente loi.

Si le directeur départemental forme opposition à l'ouverture de l'école, le conseil départemental prononcera en premier ressort : l'appel devant le conseil supérieur pourra être interjeté soit par le postulant, soit par le directeur.

Dans le cas de non-approbation du local, il sera statué par le conseil départemental, avec faculté de recours devant le conseil supérieur.

CHAPITRE IV.

Des pensionnats primaires, des écoles d'adultes et d'apprentis, des salles d'asile.

Art. 42. — Tout Français âgé de 25 ans, ayant au moins cinq années d'exercice comme instituteur communal ou libre, comme maître dans un pensionnat primaire, et remplissant les conditions énumérées dans l'art. 48, peut ouvrir un pensionnat primaire, en se conformant aux prescriptions des art. 34 et 35 de la présente loi. Toutefois, les instituteurs communaux ne pourront ouvrir un pensionnat qu'avec l'autorisation du conseil départemental, sur l'avis de la commission scolaire.

Le conseil départemental veille, dans l'intérêt de la moralité et de la santé des élèves, à l'exécution de toutes les mesures prescrites par les règlements.

Art. 43. — Les art. 34 et 35 sont applicables aux instituteurs libres qui veulent ouvrir des écoles d'adultes ou d'apprentis.

Les instituteurs communaux ne pourront ouvrir une école d'adultes ou d'apprentis qu'avec l'autorisation du conseil départemental, sur l'avis de la commission scolaire.

Art. 44. — Il ne peut être reçu d'élèves des deux sexes dans les pensionnats primaires ni dans les écoles d'adultes ou d'apprentis.

Lorsqu'une classe d'adultes ou d'apprentis est annexée à une école primaire, les élèves de l'école ne doivent jamais être admis dans les classes des adultes ou apprentis.

Art. 45. — Une indemnité fixée par le Ministre de l'instruction publique, après avis de la commission scolaire et du conseil départemental, peut être accordée annuellement aux instituteurs et institutrices dirigeant une classe communale ou libre d'adultes ou d'apprentis, payante ou gratuite.

Il sera ouvert, chaque année, au budget du Ministère de l'instruction publique, un crédit pour subvenir à cette dépense.

Art. 46. — Toute personne âgée de 25 ans, et n'ayant encouru aucune incapacité, peut réunir des enfants d'un même sexe destinés à être conduits pour y recevoir l'instruction, dans une école communale ou libre, sous la condition de déclarer son intention au maire de la commune, au directeur de l'enseignement primaire, au procureur de la République et au sous-préfet. Un plan du local et l'indication de l'âge des enfants devront être joints à la déclaration. Les dispositions des art. 34 et 35 seront applicables.

Art. 47. — Les salles d'asile sont communales ou libres.

Les salles d'asile communales sont réglées par un règlement arrêté en conseil supérieur, qui détermine : 1° le mode de surveillance et d'inspection de ces établissements ; 2° les conditions d'âge, d'aptitude et de moralité des personnes qui seront chargées de la direction et du service dans les salles d'asile publiques; 3° le traitement de ces personnes, le programme de l'enseignement et des exercices.

Les salles d'asile libres sont soumises aux prescriptions des art. 34 et 35.

Elles peuvent recevoir des secours sur les budgets des communes, des départements et de l'État.

TITRE III.

DES INSTITUTEURS.

CHAPITRE I.

Des conditions d'aptitude et d'exercice.

Art. 48. — Nul ne pourra exercer la profession d'instituteur, s'il n'est âgé de 21 ans accomplis et s'il n'est pourvu d'un brevet de capacité.

Le brevet de capacité peut être suppléé par le diplôme de bachelier;

Par un certificat constatant qu'on a été admis dans une des écoles spéciales de l'État;

Par le titre de ministre, non interdit ni révoqué, de l'un des cultes reconnus par l'État;

Par le certificat de stage;

Par des lettres d'obédience visées par l'évêque diocésain pour les institutrices appartenant à des congrégations religieuses vouées à l'enseignement, dûment autorisées ou reconnues comme établissements d'utilité publique.

Art. 49. — Chaque année, le conseil départemental nomme une commission d'examen, chargée de juger publiquement, à des époques déterminées par le recteur, l'aptitude des aspirants au brevet de capacité, quel que soit le lieu de leur domicile.

Cette commission se compose de sept membres, et est présidée par le directeur départemental : elle choisit son secrétaire. Un délégué cantonal, un ministre du culte professé par le candidat, un membre de l'enseignement public et un membre de l'enseignement libre, en font nécessairement partie.

L'examen ne portera que sur les matières comprises dans l'art. 1. — Les candidats qui voudront être interrogés sur tout ou partie des matières spécifiées dans l'art. 2, en feront la demande à la commission. Les brevets délivrés par le conseil départemental, sous l'autorité du Ministre, feront mention des matières spéciales sur lesquelles les candidats auront répondu d'une manière satisfaisante.

L'examen des institutrices n'aura pas lieu publiquement.

Art. 50. — Le conseil départemental délivre, s'il y a lieu, des certificats de stage aux personnes qui justifient avoir enseigné, pendant trois ans au moins, les matières fixées par l'art. 2, dans les écoles communales ou libres autorisées à recevoir des stagiaires. Les élèves-maîtres, entretenus par les départements, sont, pendant la durée de leur stage, spécialement surveillés par les inspecteurs de l'enseignement primaire.

Art. 51.— Les instituteurs adjoints peuvent n'être âgés que de 18 ans, et ne sont pas soumis aux conditions de l'art. 48, s'ils enseignent sous la direction immédiate de l'instituteur et dans l'école même qu'il dirige.

Art. 52. — Ne seront pas soumis aux prescriptions de l'art. 48 :

1° Les personnes qui, dans un but purement charitable, donneront l'instruction primaire aux enfants avec l'autorisation du comité cantonal ;

2° Celles qui auront obtenu de la commission scolaire l'autorisation d'enseigner dans un hameau qui n'aura pas d'école, et qui sera distant de plus de 2 kilomètres de l'école la plus voisine.

Ces autorisations pourront toujours être retirées par le conseil départemental.

Art. 53. — Sont incapables de tenir une école communale ou libre, un pensionnat primaire, une salle d'asile, une école d'adultes, d'apprentis, ou d'y être employés, les individus qui ont subi une condamnation pour crime ou pour un délit contraire à la probité ou aux mœurs, les individus privés par jugement de tout ou partie des droits mentionnés en l'art. 42 du Code pénal, et ceux qui ont été interdits en vertu des dispositions de la présente loi.

Art. 54. — Les instituteurs ne peuvent exercer aucune fonction administrative sans l'autorisation du conseil départemental.

Toute profession commerciale ou industrielle leur est absolument interdite.

CHAPITRE II.

Du choix, de la nomination, de la suspension et de la révocation des instituteurs.

Art. 55. — Les écoles communales peuvent être dirigées soit par des instituteurs laïques, soit par des instituteurs appartenant à l'une des associations religieuses vouées à l'enseignement, dûment autorisées ou reconnues par État.

L'option appartient aux pères de famille de chaque commune ou section de commune formant une circonscription scolaire.

Les circonscriptions scolaires sont déterminées par le conseil départemental.

Art. 56. — Auront droit de voter :

1° Les pères de famille inscrits sur la liste électorale municipale dont les enfants ont moins de 18 ans ;

2° Les mères de famille résidant dans la circonscription scolaire, lorsqu'elles exercent les droits de la puissance paternelle, ou lorsqu'elles sont chargées de la garde et de l'éducation des enfants ;

3° Les tuteurs à défaut des pères et mères.

La formation des listes électorales spéciales et les conditions dans lesquelles le vote aura lieu, seront déterminées par un règlement d'administration publique.

ART. 57. — Le choix n'est obligatoire que s'il réunit au moins les deux tiers des suffrages exprimés. Si la majorité des deux tiers n'est pas obtenue, et si les ressources de la commune ne permettent pas la création d'une deuxième école, le conseil départemental décide sans recours.

ART. 58. — Toutes les fois que l'école devient vacante par suite de décès, mise à la retraite ou révocation du titulaire, ou lorsqu'il s'est écoulé dix ans depuis le dernier vote des pères de famille, la commission scolaire peut provoquer une nouvelle décision.

ART. 59. — Les instituteurs communaux et les institutrices communales, les directeurs et directrices des salles d'asile, les instituteurs adjoints chargés de la direction d'une école de hameau, sont nommés par la commission scolaire, soit à la création de l'école, soit dans le cas de mutation :

1° Si l'instituteur doit être laïque, sur la présentation de trois candidats choisis par le conseil départemental sur une liste d'admissibilité et d'avancement ;

2° Si les pères de famille ont opté pour une congrégation religieuse, sur la présentation faite par les supérieurs de la congrégation ;

3° Si l'école appartient à un culte non catholique, sur la présentation du consistoire.

Le conseil départemental dresse chaque année la liste d'admissibilité et d'avancement, après avoir pris l'avis du directeur départemental et des directeurs d'Écoles normales (1).

ART. 60. — Si la commission scolaire n'avait pas choisi l'instituteur dans le délai d'un mois, à partir de la présentation par le conseil départemental, il serait pourvu à la nomination par ce conseil.

ART. 61. — Les instituteurs adjoints qui enseignent sous la direction

---

(1) Nouvelle rédaction de l'article (2 avril 1873) : *Les instituteurs communaux et les institutrices communales, les directrices de salles d'asile, les instituteurs adjoints chargés de la direction d'une école de hameau, sont nommés : 1° si l'instituteur doit être laïque, par le directeur départemental..... Les nominations ne sont définitives qu'après approbation du conseil départemental. Cette approbation ne sera donnée que dans la semaine qui suivra celle où la nomination aura été notifiée au conseil.* — Le reste comme au projet.

immédiate de l'instituteur sont nommés et révocables par lui, avec l'agrément de la commission scolaire.

Les instituteurs adjoints appartenant à des associations religieuses sont nommés et révoqués par les supérieurs de ces associations.

Art. 62. — Le conseil départemental désigne les instituteurs chargés de diriger les écoles communales d'adultes et d'apprentis.

Art. 63. — Le directeur départemental peut, suivant les cas, réprimander, suspendre, avec ou sans privation totale ou partielle de traitement, pour un temps qui n'excède pas six mois, ou même révoquer l'instituteur communal et le directeur d'une salle d'asile communale.

Le directeur pourra également, sans suspendre l'instituteur, lui infliger une privation partielle de traitement. Il peut désigner un instituteur suppléant, chargé de remplacer provisoirement l'instituteur suspendu. La révocation ne sera définitive que si elle est confirmée par le conseil départemental.

L'instituteur révoqué est incapable d'exercer la profession d'instituteur, soit communal, soit libre, dans le même arrondissement.

Le conseil peut, après l'avoir entendu ou dûment appelé, frapper l'instituteur communal ou le directeur d'une salle d'asile communale d'une interdiction absolue, sauf appel devant le conseil supérieur de l'instruction publique dans le délai de dix jours, à partir de la notification de la décision. L'appel n'est pas suspensif.

En cas d'urgence, le maire peut suspendre provisoirement l'instituteur communal ou le directeur de la salle d'asile, à charge de rendre compte dans les deux jours au préfet et au président du conseil départemental.

Art. 64. — Tout instituteur libre, directeur d'un pensionnat primaire ou d'une école d'adultes libre, tout directeur d'une salle d'asile libre, sur la plainte du directeur départemental ou du procureur de la République, peut être traduit, pour cause de faute grave dans l'exercice de ses fonctions, d'inconduite ou d'immoralité, devant le conseil départemental, qui peut, suivant les cas, le censurer, le suspendre pour un temps qui n'excédera par six mois, l'interdire de l'exercice de sa profession dans la commune où il est établi, ou même l'interdire d'une façon absolue.

Dans le cas d'interdiction relative ou absolue, il y aura lieu à appel devant le conseil supérieur. Cet appel devra être interjeté dans le délai de dix jours, à compter de la notification, et ne sera pas suspensif. L'instituteur poursuivi devra toujours être entendu dans sa défense ou dûment appelé.

CHAPITRE III.

Du traitement et de la retraite des instituteurs.

Art. 65. — Le traitement des instituteurs communaux se compose :

1° D'un traitement fixe qui ne peut être inférieur à 200 fr. ;

2° Du produit de la rétribution scolaire et des bons d'école;

3° D'un supplément de traitement accordé à tous ceux dont le traitement, joint à la rétribution scolaire et aux bons d'école, n'atteint pas 800 fr.

Après cinq années de service, le traitement minimum est porté à 850 fr.

Le Ministre de l'instruction publique, sur l'avis du conseil départemental, pourra élever à 950 fr., après dix ans, jusqu'à 1,100 fr. après quinze ans de service, le traitement minimum des maîtres qui se seront distingués dans l'exercice de leurs fonctions.

Art. 66. — Les institutrices communales sont divisées en deux classes :

Le traitement de la 1re classe ne pourra être inférieur à 600 fr., et celui de la 2e classe à 500 fr.

Les directrices des salles d'asile sont, quant au traitement, assimilées aux institutrices de 2e classe.

Art. 67. — Les traitements *minima* des instituteurs adjoints et des institutrices adjointes sont fixés de la manière suivante :

1° Instituteurs adjoints dirigeant une école de hameau, 650 fr. ;

2° Instituteurs adjoints attachés à l'école principale : 1re classe, 500 fr. ; 2e classe, 450 fr. ;

3° Institutrices adjointes : 1re classe, 400 fr. ; 2e classe, 350 fr.

Le conseil départemental, sur la proposition du directeur de l'enseignement primaire, détermine la classe à laquelle appartiennent les adjoints et les adjointes.

Art. 68. — Dans les communes où la gratuité est établie, le traitement des instituteurs et des institutrices doit atteindre les *minima* fixés par les art. 65 et 66.

Dans les communes qui pourvoient, sur leurs propres ressources, au payement des instituteurs et institutrices, le traitement ordinaire peut, sur la demande du conseil municipal et avec approbation du conseil départemental, être remplacé par un traitement fixe.

Art. 69. — Les instituteurs communaux et les institutrices communales, les directeurs et directrices des salles d'asile communales sont compris parmi les fonctionnaires du service actif et ajoutés au tableau n° 2 annexé à la loi du 9 juin 1853. Leur pension de retraite est réglée conformément aux dispositions de cette loi relative aux emplois de la partie active. Elle est basée sur la moyenne des traitements et émoluments de toute nature soumis à retenue, dont l'ayant droit a joui pendant les six années qui ont produit le chiffre le plus élevé.

TITRE IV.

DES AUTORITÉS PRÉPOSÉES A L'ENSEIGNEMENT PRIMAIRE.

CHAPITRE I.

Des autorités locales.

Art. 70. — En matière d'instruction primaire et de surveillance des écoles, le département est représenté par le conseil départemental ; le canton, par le comité des délégués cantonaux ; la commune, par une commission scolaire.

§ 1.

Art. 71. — Le conseil départemental, dont la composition est fixée par une loi spéciale, exerce en matière d'enseignement primaire toutes les attributions qui lui sont conférées par la présente loi.

Il décide les programmes des écoles, le plan des études et l'emploi du temps, d'après les règles posées par le conseil supérieur de l'instruction publique (art. 33).

Il a qualité pour recevoir des dons et legs et pour agir, en tout ce qui concerne les intérêts dont il est chargé, comme personne civile.

§ 2.

Art. 72. — Le comité des délégués cantonaux est composé :

1° De membres de droit qui sont : le conseiller général, le juge de paix et le curé doyen du canton ;

2° De trois membres au moins, de sept au plus désignés par le conseil départemental.

L'inspecteur de l'instruction primaire a le droit d'assister et peut être appelé aux séances du comité. Il n'a que voix consultative.

Dans les cantons où il existe des écoles appartenant à des cultes non catholiques reconnus par l'État, le ministre le plus ancien de chacun de ces cultes a droit de séance et voix délibérative au sein du conseil.

Art. 73. — Les communes partagées en plusieurs cantons ou en plusieurs arrondissements municipaux, sont considérées, avec les communes rurales faisant partie de leurs cantons, comme ne formant qu'un canton unique et ne sont représentées que par un seul comité cantonal.

Dans ce cas, le comité cantonal est composé de douze membres, tous nommés par le conseil départemental, mais parmi lesquels doivent nécessairement figurer l'un des conseillers généraux, l'un des juges de paix, l'un des curés doyens de la commune, et, s'il y existe des écoles appartenant à des cultes non catholiques, l'un des ministres de ces cultes.

ART. 74. — Les membres élus du conseil cantonal sont nommés pour trois ans; ils sont rééligibles et révocables par le conseil départemental.

Dans sa première séance, le comité élit un président et un secrétaire.

Les membres du comité se réuniront au moins une fois tous les deux mois au chef-lieu du canton. Une réunion extraordinaire peut être provoquée en cas d'urgence par chaque délégué et par l'inspecteur des écoles; les convocations seront toujours faites par le bureau.

ART. 75. — Le comité est appelé à donner son avis: sur l'opposition faite à la fondation d'une école libre;

Sur la désignation des écoles communales ou libres du canton aptes à recevoir des stagiaires;

Sur l'autorisation, en cas de nécessité absolue, des écoles mixtes quant aux sexes et quant aux cultes;

Sur la réunion d'une ou plusieurs communes pour l'entretien d'une école;

Sur l'autorisation de fonder des pensionnats primaires ou des écoles d'adultes;

Sur la détermination des circonscriptions scolaires;

Sur la fixation de l'heure et de la durée des classes;

Sur les poursuites disciplinaires dirigées contre les instituteurs;

Sur les taux de la rétribution scolaire;

Sur les récompenses ou encouragements accordés soit aux écoles, soit aux instituteurs communaux ou libres.

Extrait de chaque délibération est transmis au conseil départemental par les soins du président.

Le comité adresse au moins une fois par an, au directeur départemental, un rapport sur les écoles du canton.

ART. 76. — Les délégués se partagent, au point de vue de la surveillance et de l'inspection à exercer par chacun d'eux, les communes du canton.

Chaque délégué, dans les communes de sa circonscription, inspecte toutes les écoles au moins une fois entre les deux sessions du comité. Il inspecte, en outre, les écoles libres qui acceptent des bons d'école, et s'assure que les enfants qui en sont porteurs y reçoivent l'instruction.

Il examine le local destiné aux écoles nouvelles, assiste, avec les autorités locales, à l'installation des instituteurs.

Tout délégué a le droit d'assister aux séances du conseil départemental, mais avec voix consultative seulement, quand il s'agit des intérêts des écoles de sa circonscription.

§ 3.

ART. 77. — La commission scolaire est composée:

1° De membres de droit: le maire, le curé, le délégué cantonal dans la circonscription duquel se trouve comprise la commune;

2° De cinq pères de famille dans les communes qui ne dépassent pas 2,000 habitants, de sept pères de famille dans toutes les autres.

Dans les communes où il existe des écoles appartenant à des cultes non catholiques, reconnus par l'État, le ministre le plus ancien de ces cultes assiste aux réunions de la commission avec voix délibérative.

Dans les communes divisées en quartiers ou circonscriptions scolaires, le conseil départemental déterminera le nombre de membres à nommer par chaque quartier.

Art. 78. — Dans les communes divisées en plusieurs cantons ou arrondissements municipaux, il y aura autant de commissions scolaires que de cantons ou d'arrondissements. Le maire pourra se faire remplacer par un adjoint ou par un conseiller municipal.

Chaque circonscription scolaire du canton ou de l'arrondissement urbain aura le droit de nommer un nombre de membres de la commission déterminé par le conseil départemental.

Art. 79. — Les commissaires sont élus pour cinq ans, par toutes les personnes désignées en l'art. 56. Ils sont indéfiniment rééligibles.

La commission s'assemblera régulièrement tous les mois, extraordinairement sur la convocation du président.

Elle est présidée par le délégué cantonal, et nomme son secrétaire.

L'inspecteur primaire y a droit de séance avec voix consultative, quand le réclame ou est appelé.

Art. 80. — La commission scolaire est préposée à la surveillance direction de toutes les écoles communales de la circonscription pour laquelle elle est instituée.

L'entrée de l'école est toujours ouverte à chacun des membres de la commission.

Les ministres des différents cultes sont chargés, en outre, de surveiller spécialement l'enseignement religieux de l'école.

Art. 81. — La commission veille particulièrement : 1° à l'observation de la loi sur le travail des enfants dans les manufactures, quant à la fréquentation de l'école ; 2° à l'assiduité des enfants munis de bons d'école dans les écoles libres qui les acceptent.

CHAPITRE II.

DE L'INSPECTION.

Art. 82. — L'inspection des établissements d'instruction primaire est exercée, conformément aux règlements délibérés en conseil supérieur, par les inspecteurs généraux de l'enseignement primaire, par un directeur de l'enseignement primaire dans chaque département et sous ses ordres, par les inspecteurs primaires.

Art. 83. — L'inspection des écoles libres porte sur la moralité, l'hygiène et la salubrité. Elle ne peut porter sur l'enseignement que pour vérifier s'il n'est pascontraire à la morale et aux lois.

Les écoles libres qui tiennent lieu d'écoles communales (art. 26, 2e §) sont inspectées dans les mêmes conditions que ces dernières.

Art. 84. — Les inspecteurs généraux sont choisis par le Ministre de l'instruction publique, le conseil supérieur consulté.

Le directeur départemental et les inspecteurs des écoles primaires sont nommés par le Ministre, sur une liste de trois candidats présentés par le conseil départemental. Les directeurs départementaux doivent être choisis parmi les inspecteurs d'Académie, les professeurs des Facultés, les proviseurs et censeurs des lycées, les principaux des colléges, les chefs d'établissements secondaires libres, les professeurs des classes supérieures dans ces diverses catégories d'établissements, les agrégés des Facultés, les inspecteurs des écoles primaires et les directeurs des Écoles normales. Les candidats devront avoir le grade de licencié ou dix ans d'exercice.

Le directeur et les inspecteurs primaires peuvent être révoqués par le Ministre, après avis du conseil départemental.

Art. 85. — L'article 69 est applicable aux directeurs départementaux et aux inspecteurs primaires (1).

TITRE V.

DISPOSITIONS PÉNALES.

Art. 86. — Les fondateurs ou administrateurs d'une association relative à l'enseignement primaire, qui n'auraient pas fait les déclarations prescrites par l'art. 14, seront punis d'une amende de 500 à 1,000 fr.

Art. 87. — Les administrateurs d'une association qui continuerait à fonctionner au mépris d'une décision qui la supprime (art. 16), ou de la dissolution prononcée conformément à l'art. 18, seront punis d'une amende de 100 à 1,000 fr. et d'un emprisonnement de 6 jours à trois mois.

Art. 88. — Quiconque aura ouvert ou dirigé une école, un pensionnat ou une salle d'asile, en contravention aux art. 42, 46, 47, 48 et 53, ou avant l'expiration du délai fixé par le dernier paragraphe de l'art. 35, sera pour-

(1) Nouvelle rédaction (2 avril 1873) : *L'art. 69 est applicable aux inspecteurs primaires, ainsi qu'aux directeurs et professeurs d'Écoles normales.*

suivi devant le tribunal correctionnel du lieu du délit, et condamné à une amende de 50 à 500 fr.

L'école sera fermée.

En cas de récidive, le délinquant sera condamné à un emprisonnement de 6 jours à un mois, et à une amende de 100 à 1,000 fr.

Art. 89. — La même peine de 6 jours à un mois d'emprisonnement et de 100 à 1,000 fr. d'amende sera prononcée :

1° Contre celui qui, dans le cas d'opposition formée à l'ouverture de son école, l'aura néanmoins ouverte avant qu'il ait été statué sur cette opposition ou bien au mépris de la décision du conseil départemental qui aurait accueilli l'opposition ;

2° Contre l'instituteur (art. 63 et 64) qui aurait ouvert une école malgré la sentence portée contre lui.

Art. 90. — Quiconque aura contrevenu aux prescriptions des art. 27, 37, 44, sera puni des peines édictées à l'article précédent.

En cas de récidive, l'amende pourra être élevée à 2,000 fr. et la peine d'emprisonnement à six mois.

Art. 91. — Tout chef d'établissement primaire qui refusera de se soumettre à la surveillance et à l'inspection des autorités compétentes, sera traduit devant le tribunal correctionnel de l'arrondissement et condamné à une amende de 100 à 1,000 fr. En cas de récidive, l'amende sera de 500 à 3,000 fr. Si deux condamnations sont prononcées pour la même cause dans l'année, la fermeture de l'établissement pourra être ordonnée par le jugement qui prononcera la deuxième condamnation.

Le procès-verbal des inspecteurs constatant le refus du chef d'établissement fera foi jusqu'à inscription de faux.

Art. 92. — L'art. 463 du Code pénal est applicable aux délits et contraventions prévus par la présente loi.

DISPOSITIONS TRANSITOIRES ET RÉGLEMENTAIRES.

Art. 93. — La présente loi ne sera exécutoire qu'à partir du. . . . . 1873.

Les autorités actuelles continueront d'exercer leurs fonctions jusqu'à cette époque.

Les écoles actuellement existantes ne pourront être soumises à la délibération des pères de famille, prévue par les articles 55 et suivants, que sur une décision formelle de la commission scolaire de leur circonscription, approuvée par le conseil départemental.

Art. 94. — La prescription de l'art. 27, relative à la direction exclusive des écoles mixtes par des institutrices, sera appliquée au fur et à mesure des vacances qui se produiront, et devra être entièrement exécutée dans un délai de dix ans.

Art. 95. — Les dispositions des lois antérieures sont et demeurent abrogées en ce qu'elles ont de contraire à la présente loi.

Amendement présenté à la proposition de loi de la commission par MM. Francisque Rive, de Salvandy, Bardoux, Philippoteaux, le comte Duchâtel, Target, Ricard, Louis Delille, Christophle, Delorme, Seignobos, H. de Choiseul, Duréault, Limpérani, Delacour, René Brice, Bottard, Gailly, Bertauld, de Marcère, Jacques Palotte, Duvergier de Hauranne, Monnot-Arbilleur, E. Cézanne, Wilson.

6 janvier 1873.

Du traitement des instituteurs.

Art. 65. — A partir du 1er janvier 1874 :

1° Le traitement des instituteurs communaux n'a plus qu'une base unique, un traitement fixe;

2° Les instituteurs sont divisés en cinq classes auxquelles sont attachés les traitements suivants :

5e classe	1,000 fr.
4e classe	1,200
3e classe	1,600
2e classe	1,800
1re classe	2,000

3° La classe est attachée à la personne et non à l'école;

4° L'avancement est toujours accordé au choix ; mais aucun instituteur ne peut être promu à une classe supérieure avant d'avoir exercé au moins trois ans dans la classe inférieure;

5° Les communes qui pourvoient aux dépenses du traitement des instituteurs sur leurs propres ressources peuvent toujours ajouter aux traitements légaux des indemnités dont elles déterminent la quotité ;

6° Les ressources d'origines diverses, qui constituaient le traitement des instituteurs, sont centralisées; les instituteurs sont payés mensuellement, sur mandats délivrés par les préfets.

Amendement présenté à la proposition de loi de la commission par M. Alfred Giraud.

8 *janvier* 1873.

Art. 34. — Tout instituteur ou toute institutrice qui veut ouvrir une école libre, doit préalablement déclarer son intention au maire de la commune où il veut s'établir, lui désigner le local et lui donner l'indication des lieux où il a résidé et les professions qu'il a exercées pendant les dix années précédentes. Le maire remet immédiatement au postulant un récépissé de sa déclaration.

Cette déclaration doit, en outre, être adressée par le postulant au directeur départemental, au procureur de la République et au sous-préfet de l'arrondissement qui en délivreront récépissé; elle demeurera affichée, par les soins du maire, à la porte de la mairie pendant un mois.

Si le maire n'approuve pas le local indiqué, il doit, dans le plus bref délai, en avertir le directeur départemental, le procureur de la République et le sous-préfet, et leur faire connaître ses motifs.

Art. 35. — Le directeur départemental, soit d'office, soit sur la plainte du procureur de la République ou du sous-préfet, peut former opposition à l'ouverture de l'école, dans l'intérêt des mœurs publiques, pendant le mois qui suit la déclaration qui lui est adressée.

Le reste comme au projet.

Amendement présenté à la proposition de loi de la commission par M. Maurice.

10 *janvier* 1873.

Rédiger ainsi qu'il suit les art. 65, 66 et 67 :

Art. 65. — Le traitement des instituteurs communaux se compose :

1° D'un traitement fixe qui ne peut être inférieur à 200 fr.;

2° Du produit de la rétribution scolaire et des bons d'école ;

3° D'un supplément de traitement accordé à tous ceux dont le traitement, joint à la rétribution scolaire et aux bons d'école, n'atteint pas 1,000 fr. (au lieu de 800 fr. portés au projet).

Après cinq années de service, le traitement minimum est porté à 1,100 fr. (au lieu de 850).

Le Ministre de l'instruction publique, sur l'avis du conseil départemental, peut élever à 1,200 fr. (au lieu de 950), après 10 ans, et à 1,400 fr. (au lieu de 1,100), après 15 ans de service, le traitement minimum des maîtres qui se seront distingués dans l'exercice de leurs fonctions.

Art. 66. — Les institutrices communales sont divisées en deux classes :

Le traitement de la première classe ne pourra être inférieur à 800 fr. (au lieu de 600) et celui de la deuxième à 650 fr. (au lieu de 500 fr.).

Les directrices de salles d'asile sont, quant au traitement, assimilées aux institutrices de deuxième classe.

Art. 67. — Les traitements *minima* des instituteurs adjoints et des institutrices adjointes sont fixés de la manière suivante :

1° Instituteurs adjoints dirigeant une école de hameau, 700 fr. (au lieu de 650);

2° Instituteurs adjoints attachés à l'école principale : première classe (au lieu de 500 fr.), 600 fr.; deuxième classe (au lieu de 450 fr.), 500 fr. (vote du 9 décembre 1872) ;

3° Institutrices adjointes : première classe (au lieu de 450 fr.), 500 fr.; deuxième classe (au lieu de 350 fr.), 450 fr. (vote du 9 décembre 1872).

Amendement présenté à la proposition de loi de la commission par M. Maurice.

10 *janvier* 1873.

Art. 69. — Ajouter à la fin de l'article :

« Toutefois, le chiffre de la pension de retraite ne pourra être inférieur à 600 fr. pour un instituteur, et à 500 fr. pour une institutrice.

« Le supplément nécessaire sera inscrit au budget comme allocation à la Caisse de retraite des instituteurs primaires. »

Amendement présenté à la proposition de loi de la commission par M. le Marquis de La Rochejaquelein.

22 *janvier* 1873.

Art. 32. — Ajouter à la fin : « et la totalité des ressources affectées annuellement à la gratuité est convertie en bons d'école délivrés à tous les enfants de la commune. »

Amendement présenté à la proposition de loi de la commission par M. le Marquis de la Rochejaquelein.

22 *janvier* 1873.

Art. 59. — Les instituteurs communaux et les institutrices communales, les directeurs et directrices de salles d'asile, les instituteurs adjoints chargés de la direction d'une école de hameau, sont nommés

1° Si l'instituteur doit être laïque, par le directeur départemental (ou inspecteur d'Académie), sur la présentation du conseil départemental;

2° Si les pères de famille ont opté pour une congrégation religieuse, par les supérieurs de la congrégation.

Le conseil départemental dresse chaque année la liste d'admissibilité et d'avancement des instituteurs et institutrices laïques, après avoir pris l'avis du directeur départemental (ou inspecteur d'Académie) et des directeurs et directrices des Écoles normales.

Amendement présenté à la proposition de loi de la commission par M. Maurice.

24 *janvier* 1873.

Art. 5. — Remplacer le 2e § par l'art. 45 de la loi du 15 mars 1850, modifié seulement dans son dernier mot :

« Le maire dresse chaque année, de concert avec les ministres des différents

« cultes, la liste des enfants qui doivent être admis gratuitement dans les « écoles publiques. Cette liste est approuvée par le conseil municipal et défini- « tivement arrêtée par (le préfet) le conseil départemental. »

Amendement présenté à la proposition de loi de la commission par M. Maurice.

24 *janvier* 1873.

Art. 59. — Les instituteurs communaux et les institutrices communales, les directeurs et directrices des salles d'asile, les instituteurs adjoints chargés de la direction d'une école de hameau, sont nommés :

1° Si l'instituteur doit être laïque, par l'inspecteur d'Académie (ou directeur départemental). Les nominations ne seront définitives qu'après approbation du conseil départemental ;

2° Si l'instituteur doit appartenir à une congrégation religieuse, par les supérieurs de la congrégation ;

3° Si l'école appartient à un culte non catholique, par le consistoire.

Le reste comme au projet.

Amendement présenté à la proposition de loi de la commission par MM. Millaud et E. Loustalot.

24 *janvier* 1873.

Art. 2. — Ajouter le paragraphe suivant :

« Toute punition corporelle est absolument interdite dans les écoles publiques ou libres ouvertes sur le territoire de la République. »

Amendement présenté à la proposition de loi de la commission par M. Maurice.

25 *janvier* 1873.

Art. 55. — Remplacer les §§ 2 et 3 par la disposition suivante :

« L'option appartient au conseil municipal. La décision prise devra, avant sa mise à exécution, être communiquée au conseil départemental qui pourra provoquer une seconde délibération. »

Art. 56. — Supprimé.

Art. 57. — Supprimé.

Art. 58. — Supprimé.

Amendement présenté à la proposition de loi de la commission par M. Maurice.

25 *janvier* 1873.

Art. 70. — Remplacer les mots : « la commune par une commission scolaire, » par ceux ci :

« Dans les communes, les autorités locales préposées à la surveillance et à la direction morale de l'enseignement primaire, sont, pour chaque école, le maire, le curé (ou le pasteur) et un ou plusieurs habitants désignés par le conseil départemental, dans toutes les agglomérations qui comptent 1,200 âmes au moins.

« L'entrée de l'école leur est toujours ouverte. »

Amendement présenté à la proposition de loi de la commission par M. Maurice.

27 *janvier* 1873.

Modifier ainsi qu'il suit l'amendement présenté sur l'art. 70 (n° 18, 25 janvier) :

Art. 70. — Remplacer les mots : « la commune par une commission scolaire, » par ceux-ci :

« La commune par une commission communale. »

Amendement présenté à la proposition de loi de la commission par M. Maurice.

27 *janvier* 1873.

Rédiger ainsi qu'il suit les art. 77, 78, 79 et 80 :

Art. 77. — La commission communale est composée :

1° De membres de droit : le maire, le curé (ou le pasteur), le délégué cantonal dans la circonscription duquel se trouve comprise la commune ;

2° De un ou de plusieurs habitants désignés par le conseil départemental qui détermine le nombre des commissaires.

Art. 78. — Dans les communes divisées en plusieurs cantons ou arrondissements municipaux, le conseil départemental pourra instituer plusieurs commissions de surveillance, s'il juge cette mesure utile au bien du service.

Le maire pourra, dans ce cas seulement, se faire remplacer par un adjoint ou un membre du conseil municipal pris dans l'ordre d'inscription au tableau.

Art. 79. — Les commissaires sont nommés pour cinq ans et indéfiniment rééligibles.

La commission s'assemblera régulièrement tous les mois ; extraordinairement, sur la convocation du président.

Elle est présidée par le délégué cantonal et nomme son secrétaire.

L'inspecteur d'Académie (ou directeur départemental), l'inspecteur primaire y ont droit de séance avec voix consultative, quand ils le réclament ou sont appelés.

Art. 80. — La commission communale est préposée à la surveillance et à la direction morale de toutes les écoles communales de la circonscription pour laquelle elle est instituée.

L'entrée de l'école est toujours ouverte à chacun des membres de la commission.

Les ministres des différents cultes sont chargés, en outre, de surveiller spécialement l'enseignement religieux de l'école.

Amendement présenté à la proposition de loi de la commission par MM. Vente et Bottieau.

6 *mars* 1873.

Art. 14, 15, 16, 18, 34, 35, 38, 41, 46, 49, 59, 63, 64, 67 du projet de la commission.

Substituer dans tous ces articles, aux mots : « directeur de l'enseignement primaire dans le département, » les mots : « inspecteur d'Académie. »

Art. 82. — Supprimer les mots : « par un directeur de l'enseignement primaire dans chaque département. »

Art. 84. — A supprimer.

Amendement présenté à la proposition de loi de la commission par MM. Vente et Botticau.

6 *mars* 1873.

Substituer aux art. 7 du projet du gouvernement et 59 du projet de la commission, la disposition suivante :

« Les instituteurs communaux et les institutrices communales, les directeurs et directrices des salles d'asile, leurs adjoints et adjointes, sont nommés par le recteur, comme délégué du Ministre de l'instruction publique :

« 1° S'ils sont laïques, sur la proposition de l'inspecteur d'Académie;

« 2° S'ils appartiennent au clergé catholique ou à une congrégation religieuse, sur la présentation de l'évêque ou du supérieur de la congrégation ;

« 3° S'ils appartiennent à un culte non catholique, sur la présentation du consistoire. »

Amendement présenté à la proposition de loi de la commission par MM. Wolowski, Arthur Legrand, Louis Passy, de Lavergne, Bardoux, Scheurer-Kestner, Warnier (de la Marne), Schœlcher, Germain.

9 *juin* 1873.

Art. 2. — Ajouter aux mots : « des instructions sur le commerce et l'industrie, » ces mots : « et des notions élémentaires d'économie politique. »

Texte modifié de la proposition de loi portant fixation du traitement et de la pension de retraite des instituteurs et des institutrices primaires, présentée par M. Maurice.

9 *juin* 1873.

ART. 1. — A dater du 1er janvier 1874, le traitement des instituteurs communaux se compose :

1° D'un traitement fixe qui ne peut être inférieur à 200 fr. ;

2° Du produit de la rétribution scolaire ;

3° D'un traitement éventuel (1), payé par la commune, en dehors du produit des centimes additionnels affectés au service de l'enseignement primaire, et calculé en raison du nombre d'élèves gratuits présent à l'école, d'après un taux déterminé, chaque année, par le préfet sur l'avis du conseil municipal et du conseil départemental ;

4° D'un supplément de traitement accordé à tous ceux dont le traitement, joint à la rétribution scolaire et à l'éventuel, n'atteint pas 1,000 fr.

Après cinq années d'exercice, le traitement minimum est porté à 1,100 fr.

Le Ministre de l'instruction publique, sur l'avis du conseil départemental, peut élever à 1,200 fr. après dix ans, et à 1,400 fr. après quinze ans de service, le traitement minimum des maîtres qui se seront distingués dans l'exercice de leurs fonctions.

ART. 2. — Le traitement des institutrices communales se compose :

1° D'un traitement fixe qui ne peut être inférieur à 200 fr. ;

2° Du produit de la rétribution scolaire ;

3° D'un traitement éventuel, payé par la commune, et calculé comme il est dit à l'article précédent pour les instituteurs ;

4° D'un supplément accordé à toutes les institutrices dont le traitement fixe, joint au produit de la rétribution scolaire et de l'éventuel, n'atteint pas 650 fr.

Après cinq années d'exercice, le traitement minimum est porté à 800 fr.

---

(1) Loi du 10 avril 1867.

Art. 3. — Les traitements minima des instituteurs adjoints et des institutrices adjointes sont fixés de la manière suivante :

1° Instituteurs adjoints dirigeant une école de hameau, 700 fr. ;

2° Instituteurs adjoints attachés à l'école principale, 1re classe, 600 fr. ; 2e classe, 500 fr. ;

3° Institutrices adjointes, 1re classe, 500 fr. ; 2e classe, 450 fr.

(Vote du 9 décembre 1872.)

Art. 4. — Les instituteurs communaux et les institutrices communales sont compris parmi les fonctionnaires du service actif et ajoutés au tableau n° 2 annexé à la loi du 9 juin 1853. Leur pension de retraite est réglée conformément aux dispositions de cette loi, relatives aux emplois de la partie active. Elle est basée sur la moyenne des traitements et émoluments de toute nature soumis à la retenue dont l'ayant droit a joui pendant les six années qui ont produit le chiffre le plus élevé.

Toutefois, le chiffre de la pension de retraite ne pourra être inférieur à 600 fr. pour un instituteur, et à 500 fr. pour une institutrice.

Art. 5. — Il est pourvu aux dépenses résultant de la présente loi, pour les communes et les départements, en cas d'insuffisance des revenus ordinaires : 1° au moyen des ressources non employées sur les trois centimes additionnels déjà autorisés pour le service de l'instruction primaire ; et 2° au moyen d'une imposition d'un quatrième centime additionnel au principal des quatre contributions directes à voter par les conseils municipaux et les conseils généraux, ou, à défaut de vote, établie par un décret du pouvoir exécutif.

Si les ressources communales et départementales ne suffisent pas, le Ministre de l'instruction publique accordera, sur le crédit qui sera porté annuellement pour l'enseignement primaire au budget de l'État, une subvention nécessaire pour suppléer à cette insuffisance.

Chaque année, un rapport annexé au projet de budget fera connaître l'emploi des fonds alloués pour l'année précédente.

Amendement au projet de loi portant fixation du budget général des dépenses et des recettes pour l'exercice 1874, présenté par Mgr Dupanloup, le Cte Desbassyns de Richemont, le Victe de Meaux, Gaslonde, le Cte Rességuier, Delpit, Tailhaud, de Lacombe, le Vte de Cumont.

28 *juin* 1873.

Art. 1. — Le traitement des instituteurs et des institutrices se compose :

1° D'un traitement fixe qui ne peut être inférieur à 200 fr. ;

2° Du produit de la rétribution scolaire;

3° D'un supplément accordé sur les fonds de la commune, du département ou de l'État, dans les conditions prescrites par l'art. 40 de la loi du 15 mars 1850, à tous ceux dont le traitement, joint au produit de la rétribution scolaire, n'atteint pas les minima suivants :

Le minimum du traitement des instituteurs est fixé à 900 fr.

Après cinq années de service, ce minimum est porté à 1,000.

Un traitement supplémentaire, calculé de manière à élever, après dix et vingt ans de service, le minimum à 1,100 et 1,200 fr., pourra être accordé aux instituteurs qui se seront distingués par leurs bons services, sans que toutefois le nombre des maîtres de chacune de ces catégories puisse dépasser le 20e du nombre total des instituteurs du département.

Art. 2. — Le traitement des institutrices communales ne peut être inférieur, pour la 1re classe, à 700 fr., et pour la 2e classe, à 600 fr.

Un règlement d'administration publique déterminera les conditions d'avancement et le mode de classement des instituteurs et des institutrices, d'après l'importance des localités desservies, le mérite des maîtres et l'étendue du programme des écoles.

Art. 3. — Les minima des instituteurs adjoints et des institutrices adjointes sont fixés de la manière suivante :

1° Instituteurs adjoints dirigeant une école de hameau, 650 fr. ;

2° Instituteurs adjoints attachés à l'école principale, 600 fr. ;

3° Institutrices adjointes, 500 fr.

Art. 4. — Dans les communes qui pourvoient, sur leurs propres ressources, au payement des instituteurs et des institutrices, le traitement ordinaire peut, sur la demande du conseil départemental de l'instruction publique, être remplacé par un traitement fixe.

Art. 5. — Les instituteurs communaux et institutrices communales, les directrices de salles d'asile communales sont compris parmi les fonctionnaires du service actif et ajoutés au tableau n° 2 annexé à la loi du 9 juin 1853.

Leur pension de retraite est réglée conformément aux dispositions de cette loi, relatives aux emplois de la partie active. Elle est établie sur la moyenne des traitements des six années qui ont produit le chiffre le plus élevé pendant la période de douze années de service.

Les membres des associations religieuses n'ont point droit à la retraite, et ne sont point soumis à la retenue du 20e.

Art. 6. — Il sera dressé, par les soins du Ministère de l'instruction publique, un état des écoles primaires existant dans chaque département et des sommes données dans chaque département par l'État, en application de la loi du 10 avril 1867.

AMENDEMENT AU BUDGET DES DÉPENSES SUR RESSOURCES SPÉCIALES.

PROJET DU GOUVERNEMENT.

Art. 19. — En cas d'insuffisance des revenus ordinaires pour l'établissement des écoles primaires communales élémentaires ou supérieures, les conseils municipaux et les conseils généraux des départements sont autorisés à voter pour l'année 1874, à titre d'imposition spéciale destinée à l'instruction primaire, des centimes additionnels au principal des quatre contributions directes.

Toutefois, il ne pourra être voté à ce titre plus de trois centimes par les conseils municipaux et plus de trois centimes par les conseils généraux.

AMENDEMENT.

Art. 19. — Comme au projet.

« Toutefois, il ne pourra être voté, à ce titre, plus de quatre centimes par les conseils municipaux, et plus de quatre centimes par les conseils généraux. »

ERRATA.

Page	68,	ligne	31,	*au lieu de :*	Par les inspecteurs,	*il faut lire :*	Soit par.
—	68,	—	31,	—	parmi les fonctionnaires,	—	par les fonctionnaires.
—	81,	—	12,	—	pourvoi contre la révocation,	—	pourvoi contre la suspension.
—	146,	—	21,	—	aux programmes d'examen,	—	aux programmes de l'examen.
—	209,	—	3,	—	registre spécia,	—	registre spécial.
—	338,	—	1,	—	Décret relatif à la nomination des instituteurs,	—	Décret relatif à la nomination et au traitement des instituteurs, aux écoles de filles et à la rétribution scolaire.
—	371,	—	10,	—	l'inspecteur général Magcis,	—	l'inspecteur général Magin.
—	444,	—	23,	—	Décision relative à l'extension,	—	Décision relative à l'ajournement de l'extension.
—	473,	—	1,	—	Avis relatif à l'admission dans les écoles,	—	Avis relatif à l'âge d'admission dans les écoles.
—	522,	—	24,	—	Constatant,	—	Considérant.
—	543,	—	30,	—	pour 'exécution,	—	pour l'exécution.
—	611,	—	1,	—	Arrêté relatif à la distinction à établir entre les écoles rurales et les écoles urbaines,	—	Arrêté relatif à la distinction à établir, pour la fixation des heures de travail, et de l'époque des vacances, entre les écoles rurales et les écoles urbaines.
—	625,	—	19,	—	Décision relative aux écoles entretenues par les fabriques,	—	Décision relative aux écoles libres entretenues par les fabriques.
—	626,	—	26,	—	comme une école libre,	—	comme une école communale.
—	650,	—	21,	—	Au décret,	—	Aux termes du décret.
—	650,	—	27,	—	par le préfet de la ville,	—	par le préfet.
—	650,	—	29,	—	les lois du 13 mars 1850,	—	les lois du 15 mars 1850.
—	651,	—	33,	—	M. Rayard,	—	M. Bayard.

TABLE DES MATIÈRES

PAR ORDRE CHRONOLOGIQUE

DU TOME II.